통번역과 인지

Translation and Cognition

존 벤자민스 통번역 총서 06
한국통역번역학회

John Benjamins Series – 06

통번역과 인지

Translation and Cognition

Gregory M. Shreve, Erik Angelone 편저 | 박현주, 배문정 옮김

HU:iNE

발간사

1960년대 캣포드(J. C. Catford)와 니다(E. Nida) 이후 통역학을 포괄하는 번역학은 현대적 본격 학문 분야로 부상하기 시작하였다. 캣포드의 '언어학적 접근'과 니다의 성서 번역을 위한 '소통 효과 중심'의 접근에 이어 '문화 전환(cultural turn)'과 '맥락 전환(contextual turn)'의 패러다임 전환을 거치면서 번역학은 학제적 성격(interdisciplinarity)을 더욱더 공고히 하게 되었다.

번역학이 대표적인 학제적 학문분야인 것은 연구대상인 문제와 현상의 설명을 위해 가져오는 이론 틀(frameworks)과 연구방법론(research methodology)의 다양성 때문이라 할 수 있다. 번역학은 번역 과정과 번역 결과물을 모두 연구 대상으로 삼는다. 번역사의 '블랙박스' 안에서 번역 행위를 둘러싸고 연속적으로 이루어지는 무수한 의사결정 과정과 그 과정에 작용하는 다양한 변수들을 설명하는 한편 이들 작용의 가시적 구현체로서의 번역결과물을 모두 다룬다. 이렇다 보니 번역사의 머릿속에서 이루어지는 과정을 들여다보기 위해 사고발화법(Think-Aloud Protocol), fMRI(functional magnetic resonance imaging, 기능적 자기 공명 영상 기법), 통계처리를 포함하는 코퍼스 분석, 담화분석 및 기능문법 등 다양한 인접학문분야의 연구성과와 분석도구를 차용하기도 한다.

그러나 번역학이 언제까지나 학제성에 만족하고 있을 수만은 없다. 번역학의 학제성은 그동안 어쩌면 번역학의 일방적 '짝사랑'이었을 수도 있다는 문제의식이 필요한 시점에 와있다. 프랑스 번역학자 질(D. Gile)의 이야기는 이런 면에서 시사하는 바가 크다.

> [번역학이] 타 학문 분야와 맺은 파트너십은 균형을 이루지 못한 경우가 대부분 이어서, [우월한] 지위, 파워, 재정능력 및 실제 리서치 능력은 일반적으로 파트너 관계에 있는 학문분야에 있다. 뿐만 아니라 학제성이 패러다임의 확산을 도와 결과적으로 자율적인 학문분야로서의 통번역 연구의 지위를 약화시키고 있다.
>
> (질, 2004: p. 29)

질의 이야기는 학제성을 장점으로 부각시켜온 번역학의 입장에서 다시 한 번 곱씹어볼 만하다. 핌(A. Pym) 역시 대표적 번역학 학술지의 하나인『Target』의 역할을 돌아보면서, 번역학이 인접 학문분야의 연구 성과를 도입해오고 있는 반면, 정작 번역학의 연구 성과가 인접 학문분야로 전파되는 경우는 상대적으로 드물다는 점을 지적하고 있다. 그만큼 쌍방향의 균형 잡힌 호혜적 지적(知的) 파트너십은 아니었다는 이야기일 것이다.

이런 시점에서 번역학을 연구하는 우리가 해야 할 일은 번역학 자체의 고유 연구영역을 더 분명히 규정하는 한편, 학문적 엄격성(academic rigor)을 갖춘 연구방법론을 확립하는 일일 것이다. 이런 맥락에서 그동안 전세계적으로 번역학의 다양한 연구 성과와 새롭게 개척되는 연구방법론을 선도적으로 꾸준히 소개해온 존 벤자민스(John

Benjamins) 출판사의 통번역 총서의 기여를 인정해야 할 것이다. 번역학 연구자라면 누구나 이 총서 가운데 최소한 한두 권 이상은 읽어보았을 정도로 번역학의 학문적 성과를 집대성하여 소개하였기 때문이다.『존 벤자민스 통번역 총서』 번역 작업에 누구보다도 바쁘신 교수연구자들이 다수 자원하신 것은 바로 이 총서에 대한 지적 향수(知的 鄕愁) 같은 것이 작용한 때문은 아닐지.

국내 최초의 전문통번역학 연구단체인 한국통역번역학회(KSCI)가 이번에『존 벤자민스 통번역 총서』 가운데 대표적인 업적들을 선별하여 번역 출간하게 된 것은 특별히 의미가 크다. 1998년 학회 창립 이래 국내 최초의 한국연구재단 등재지『통역과 번역』, 국제전문학술지『FORUM: International Journal of Interpretation and Translation』을 발행해오면서 국내외 통번역학의 발전과 소통에 이바지해온 본 학회의 통번역총서 번역 발간이 우리말로 쓰인 번역학 자료에 목말라해 온 연구자들에게 도움이 될 수 있기를 희망한다.

경기침체로 출판계 전망이 장밋빛이지만은 않은 상황에서, "뜻있는 기획출판일수록 대학 출판부에서 맡아야 한다."며 선뜻『존 벤자민스 통번역 총서』 출판 추진에 합의해주신 한국외국어대학교, 특히 가정준 지식출판원장님과 신선호 팀장님께 고개 숙여 감사를 드린다. 학회를 대표하여 출간을 총괄해주신 김대진 서울과학기술대학교 교수님과 실무조정을 도와준 학회 교수님들께도 감사의 마음을 전한다.

2016년 3월 16일

한국외국어대학교 영어통번역학부 교수

존 벤자민스 통번역 총서 기획위원장

정호정

역자 서문

본 저서는 미국통번역사협회(ATA)가 1987년부터 현재까지 발간한 총 19권의 학술 총서 시리즈 중 15번째 책으로 현재 존 벤자민스 출판사가 본 ATA 학술 총서 시리즈의 공식 출판을 담당하고 있다. 본 저서에서는 인지 통번역 연구 분야의 주요 논문들을 집대성해 소개하고 있는데, 이를 통해 인지 통번역학이라는 새로운 학제 간 연구 분야의 핵심 이론과 방법론을 정립하고자 시도했다.

본 저서는 크게 네 개 파트로 구성되어 있다. 먼저 서론에서는 1990년대 후반 이후 약 15년 동안에 걸친 통번역 프로세스 연구 동향을 개괄하면서 혁신적인 통번역 연구 방법론의 등장, 새로운 통번역 연구 설계 패러다임 정립의 필요성 그리고 통번역 연구와 인지과학 연구를 결합하는 학제 간 접근의 필요성에 주목하였다.

이를 바탕으로 이어지는 1부에서는 혁신적 연구 방법론을 채택한 총 6편의 번역 연구 논문을 소개하고 있다. 이들 연구에서는 화면녹화방법, 사고발화법, 키스트로킹, 아이트래킹 등 다양한 번역 프로세스 연구 방법론을 시도하고 있는데, 하나의 연구 방법론을 단독으로 채택하거나 삼각검증법을 통해 복수의 연구 방법론을 결합하는 방식을 취하고 있다. 이러한 혁신적 연구 방법론에 대한 심층적 고찰을 통해 텍스트 분석 중심으로 이루어지던 기존의 코퍼스 분석 연구와 기계번역 연구의 지평이 보다 확대될 수 있을 것으로 기대된다.

다음 2부에서는 프로세스 연구 설계의 문제점과 향후 발전 방안을 다룬 3편의 논문을 소개하고 있다. 특히 이들 논문에서는 전통적 통번역 프로세스 연구에 실증적 인지과학 연구 방법을 결합할 필요성에 주목하면서 이와 관련한 기본 개념 및 원칙들을 제시하고 있다.

마지막 3부에서는 통번역학과 인지과학의 결합을 강조한 총 5편의 논문을 소개하고 있다. 이들 논문에서는 인지과학 분야의 핵심 개념을 적용하여 기존 통번역 연구 결과를 재해석할 필요성을 역설하고 있다. 이러한 학제 간 접근 방법을 통해 심리언어학, 인지심리학, 신경과학 분야의 핵심 이론, 개념 및 연구방법론을 통번역학 연구에 접목함으로써 연구자들은 통번역 프로세스를 보다 심층적으로 이해할 수 있을 것이다.

이처럼 본 저서는 인지 통번역학이라는 새로운 학제 간 연구 분야의 가능성에 주목했다는 점에서 그 의의를 찾아볼 수 있겠지만, 역자들 개개인에게도 상당히 의미가 깊은 책이다. 제1 역자의 경우 박사학위 논문의 연구 주제를 설정하고, 연구를 설계하는 과정에서 본 저서가 중요한 길라잡이 역할을 해 주었다. 그 덕분에 국내에서 최초로 fMRI를 이용해 통역사들의 뇌 활동을 관찰하는 실증적 연구를 시도했고 박사학위 논문을 무사히 마무리할 수 있었다. 한편 제2 역자에게도 통번역과 작업기억을 주제로 한 박사논문의 아이디어를 얻고 성공적으로 집필하는 데 본 저서가 큰 도움이 되었다.

이 과정에서 인지 통번역학 분야에 대한 우리의 이해가 일천하며 앞으로 탐구해 나아가야 할 미지의 영역이 너무나 많다는 깨달음이 더욱 커졌다. 본 저서가 인지 통번역학 분야 연구자로서 이제 막 걸음마를 뗀 역자들에게 큰 자극이 되었듯이 국내 통번역 연구자들에게도 커다란 지적 영감을 줄 수 있을 것으로 기대해 본다.

John Benjamins Series

06 Translation and Cognition

차례

서론

통번역과 인지: 최근 동향

본 저서의 전작이라고 할 수 있는 『통역 및 번역에 있어서의 인지 프로세스(*Cognitive Process in Translation and Interpreting*)』가 10년 전에 출간되었는데, 이 책은 1995년 동일한 주제로 개최되었던 컨퍼런스에 그 바탕을 두고 있다. 이 책은 통번역 학자·심리언어학자·인지과학자들의 공동 참여를 이끌어냄으로써 통번역학 연구 분야의 인지 관련 연구 현황을 살펴보고 통번역 연구의 학제 간 연구를 위한 로드맵을 제시하고자 했다. 특히 이 책에서는 학제 간 협력, 이론적 엄밀성, 연구 방법 혁신 그리고 무엇보다 통번역 프로세스 연구의 개념 및 기초 모형들을 심리언어학, 이중언어학(bilingualism), 제2언어습득론, 기억, 인지 관련 새로운 모형들과 결합할 것을 강조했다. 이러한 컨퍼런스 개최와 뒤이은 책 출판은 통번역학 연구 역사에 있어서 중요한 시점에 이뤄졌는데, 당시는 기존 통번역 프로세스 연구의 한계와 더불어 통번역 프로세스 연구가 가진 커다란 잠재력에 대한 인식이 점차 확대되던 시기였다.

이후 10년 동안 통번역 프로세스 연구는 지속적으로 발전해 왔다. 새롭게 등장한 데이터 수집 방법으로 통번역 프로세스 연구 초기의 주된 연구 방법이었던 발화 보고 방식(verbal protocol)을 보완해 나가기 시작했다. 현재는 통번역학의 오랜 개념인 통번역 능력(translation competence), 통번역 전략(translation strategy)에 대한 재검토가 이뤄지고 있으며 이들 개념은 인지과학 및 뇌과학 분야의 발전에 비춰 재해석되고 있다. 또한 전문성 연구(expertise studies), 메타인지(metacognition) 등 인지과학의 관련 하부 분야들을 통번역 프로세스, 통번역 지식, 통번역 스킬 발달의 차이 등을 이해하는 데 접목시키고 있다. 이에 현 시점에서 본 저서『통번역과 인지』의 출판을 통해 관련 분야의 연구 동향을 다시 한 번 개괄하고 향후 연구 방향을 전망해 보는 것은 상당히 시의적절하다고 하겠다.

본 저서의 내용을 세부적으로 기술하기에 앞서 지난 15년간의 통번역 프로세스 연구의 중요한 동향과 진전 내용을 간략히 살펴보는 것은 필요한 동시에 유익한 일이다. 수년 사이에 프로세스 연구는 언어 중개 실증 연구의 중요한 분야로 자리 잡았다. 이에 통역사 훈련, 통번역 교육, 번역 툴 설계, 통번역 품질 평가 등 통번역 분야 주요 연구 주제의 향후 발전에 기반이 될 것이라는 인식이 확산되고 있다.

1. 통번역 프로세스 연구 최근 동향

지난 15년 동안 통번역 프로세스 연구의 폭발적 증가에 힘입어 일련의 유익한 관련 저서들이 출간되었다. 한센(Hansen, 1999)의『통번역 프로세스 탐구(*Probing the Processes in Translation*)』, 티르코넨-콩디와 야스켈라이넨(Tirkkonen-Condit and Jääskeläinen, 2000)의『통번역 프로세스 탐색 및 매핑(*Tapping and Mapping the Process of Translation and Interpreting*)』, 아우베스(Alves, 2003)의『통번역 연구 삼각 검증(*Triangulating Translation*)』, 하날노레 리-양케(Hannelore Lee-Jahnke)가 편저자를 맡은 2005년 Meta 특집호《통번역 프로세스 및 경로(*Processes and Pathways in Translation and Interpreting*)》그리고 가장 최근에 발간된 괴퍼리히 등(Göpferich et al., 2008)의『눈 들여다보기: 읽기와 번역 처리 과정에 대한 아이트래킹 연구(*Looking at Eyes: Eye Tracking*

Studies of Reading and Translation Processing)』 등이다. 이들 저서들은 관련 연구의 이론적·방법론적 지평을 획기적으로 확장시켰다. 즉 여전히 미스터리로 남아 있는 기데온 투리(Gideon Toury)의 블랙박스(black box) 안에서 '무엇'을 찾을 수 있는지와 더불어 블랙박스 안의 내용물들을 점검하기 위해 '어떻게' 블랙박스를 열 수 있을 것인가 하는 문제를 다루고 있다. 이러한 다양한 저서의 발간은 연구 방법론의 발전과 더불어 연구 설계의 보완을 의미하는 동시에 통번역학과 인지학의 새로운 모형 및 이론 개발 그리고 지속적으로 진화하는 인지과학의 관련 이론과의 통합을 의미한다.

물론 이들 저서들은 하루아침에 갑자기 생겨난 것이 아니다. 이들 저서들은 인지 프로세스에 대한 실증적 연구를 발전시키고자 하는 각국의 다양한 연구자 집단의 노력의 산물이다. 연구자 집단으로는 덴마크의 CRITT, 노르웨이의 EXPERTISE와 EYE-TO-IT, 브라질 미나스 제라이스 연방대학교의 LETRA, 스페인의 PACTE 그룹과 PETRA 그룹, 오스트리아의 TransComp 등이 있다. 지난 수년간 중요한 변화 중 하나 역시 이들 연구자 집단의 등장이다. 과거 몇몇 개별 연구자들이 독자적으로 수행해 오던 통번역 프로세스 연구는 최근 들어 점차 대규모의 국제 공동 연구 형태로 진행되는 양상이다. 한 예로 EYE-TO-IT 연구 프로젝트[1]의 경우 오스트리아, 불가리아, 덴마크, 핀란드, 노르웨이, 스웨덴 출신 연구자들로 구성된 다국적 연구팀이 프로젝트를 수행했다. 앞서 언급한 연구자 집단의 일부 연구자들은 자신들의 연구 결과를 본 저서를 통해 공유하는 데 동의했다.

이처럼 공동 연구가 점차 확대되는 추세는 통번역 프로세스 연구에 있어 환영할 만한 현상이다. 본 저서에 관련 자료와 연구 노력을 공유함으로써 통번역 프로세스 연구의 여러 장애 요인을 극복할 수 있을 것

---

1) EYE-TO-IT 프로젝드에 관한 보다 자세한 내용은 http://cogs.nbu.bg/eye-to-it/ 참소

으로 기대된다. 대규모 연구자 집단의 협력, 효과적인 연구 설계에 대한 합의 도출, 일정 수 이상의 실증 연구 결과물 출판 등을 통해 관련 학제 분야에 있어 다양한 효과를 기대할 수 있을 것이다. 예를 들면 연구 결과의 교류 및 해석이 가능해지고, 데이터 수집 및 분석 방법을 검토·발전시킬 수 있으며, 실험 재연을 통해 연구 결과 및 주장들을 실증적으로 검증할 수 있을 것이다.

이전 저서 『통역 및 번역에 있어서의 인지 프로세스』는 비교적 통번역 프로세스 연구 초기에 집필했기 때문에 당시만 해도 현재와 같은 우호적인 연구 환경이 조성되지는 못했다. 다만 통역 프로세스에 대한 연구는 초기에도 어느 정도 진행이 되었는데 그 배경에는 1970년대 중반 통역 프로세스에 인지적 견해를 접목시키고자 했던 데이비드 거버(David Gerver)와 바바라 모저(Barbara Moser)의 노력이 있었다. 한편 번역 프로세스 연구는 통역 프로세스 연구보다 10년 늦게 시작되었는데 그 선두주자는 우르술라 샌드락(Ursula Sandrock)이었고 파멜라 겔로프(Pamela Gerloff), 한스-피터 크링스(Hans-Peter Krings), 볼프강 뢰셔(Wolfgang Lörscher) 등이 그 뒤를 이었다. 1990년대 중반 『인지 프로세스』라는 책이 출판될 무렵에는 번역 프로세스 연구의 초기 구도와 주요 연구 주제들이 어느 정도 자리 잡게 되었다.

초기 프로세스 연구에서는 일반적인 언어학의 역사와 통번역학 고유의 역사에서 유래하는 개념과 이론들을 자주 활용했다. 사실 좋건 나쁘건 이러한 개념들은 여전히 살아서 통번역학에서 중요한 개념으로 언급되고 있다. 이러한 전통적인 개념 중 하나가 바로 통번역 능력이다. 촘스키 언어학에서 유래된 이 개념은 지난 30년 동안 볼프람 빌스(Wolfram Willss)와 같은 통번역학 학자들에 의해 보다 정교화되었지만 최근에 들어서야 비로소 인지과학과 심리언어학 이론과 적절히 결합되기 시작했다. 『인지 프로세스』가 처음 출판되었을 때만 해도 통번역 능력이 장기 기억, 스키마, 선언적 지식 등의 개념과 어떻게 연관되어 있는지에 대한 검토가 이뤄지지 않았다.

또 다른 전통적인 통번역학의 개념으로는 통번역 단위, 통번역 전략 등이 있는데, 이들 개념들은 모두 통번역 프로세스 연구에 있어 중요한 역할을 담당해 왔다. 하지만 1990년대 중반까지만 하더라도 이 통번역학 개념들은 인지과학 이론과는 별개의 것으로 간주되었다. 본 저서에 포함된 여러 논문을 살펴보면 오늘날의 프로세스 연구자들 사이에 전통적인 통번역학의 초기 이론들과 통번역학 연관 분야의 새로운 관점들을 한데 통합·접목시키고자 하는 움직임이 확산되고 있음을 확인할 수 있다.

많은 오류에도 불구하고 발화 보고 방식과 같이 인지과학에서 빌려온 연구 방법론을 초기에 적극 채택했던 것은 통번역 프로세스에 대한 보다 완전한 그림을 그리고, 통번역 프로세스의 각 단계와 순서 그리고 하부 프로세스를 보다 상세히 기술하고, 나아가 문제점을 안고 있는 전통적인 개념들의 현황을 보다 명확히 파악하고자 했기 때문이었다. 이러한 초기 연구 방법론의 차용은 보다 완벽한 모형 구축을 위한 준비 단계였다고 볼 수 있다. 보다 엄격한 연구 방법론을 적용함으로써, 중요하지만 그동안 간과해 왔던 개념들을 들여다보는 새로운 시각을 확보하고 통번역 단위, 통번역 전략, 통번역 능력 등과 같은 통번역학의 핵심 개념들을 종합해, 보다 완전한 통번역 프로세스 모형을 정립하고자 했다. 통번역 프로세스 연구가 발전함에 따라 관련 개념들이 더욱 견고해지게 되었고, 연구자들은 보다 종합적인 모형을 구축하고자 시도하게 되었다. 통역 연구 분야의 질(Gile)의 노력 모형(effort model, 1995, 1997)이 바로 이러한 야심찬 모형 구축의 좋은 사례이다. 한편 번역 프로세스 연구에서는 아직까지는 보다 일반적이고 널리 채택된 번역 프로세스 모형이 확립되어 있지 않지만, 키스트로크 로깅(keystroke logging), 아이트래킹 등과 같은 새로운 데이터 수집 방법을 통해 보다 완벽한 번역 모형을 구축하고자 노력하고 있으며, 이러한 노력이 현재 번역 프로세스 연구의 주된 관심사로 자리 잡았다.

통번역 프로세스 모형 및 이론을 인지과학, 심리언어학 등 관련 학문 분야의 모형 및 이론과 결합함으로써 새로운 모형을 구축하고자 했다. 한 예로 1990년대 초 일련의 연구(본 저서의 모저-머서 논문)에서는 베들레이(Baddley)의 작업 기억 모형(1986)을 통역 연구에 접목했으며, 슈리브와 다이아몬드(Shreve and Diamond, 1997)는 인지 프로세스의 결론 부분에서 작업 기억 모형이 번역에 시사하는 바에 대해 심층적으로 논의했다. 두 저자는 해당 저서에서 특히 통번역 프로세스 연구와 실증적 인지과학 연구의 지속적인 통합 필요성을 강력히 주장했다. 이에 현재 학제 간 통합과 그에 따른 결과 그리고 다학제성 등이 통번역 프로세스 연구의 핵심 연구 주제로 자리잡게 되었다.

모형 구축과 학제 간 연구를 지원하기 위해 통번역 프로세스 연구는 방법론적 혁신을 모색하기 시작했다. 앞서 언급한 대로 초기 통번역 프로세스 연구는 사고발화법(think-aloud protocol)으로 대변되는 발화 보고 방식을 집중적으로 채택했고, 그 결과 다른 데이터 수집 방식이나 접근 방법은 찾아보기 힘들었다. 1990년대 말로 접어들면서 발화 보고 방식이 가지는 방법론적 한계와 발화 보고 방식으로 수집된 데이터에만 전적으로 의존하게 되는 데서 발생하는 위험을 점차 인식하게 되었다. 연구자들 역시 프로세스 데이터 수집을 위한 다른 수단에도 관심을 가지게 되었으며, 새로운 데이터 수집 방식을 적극 모색하기 시작했다. 그 예가 바로 키스트로크 로깅 소프트웨어 애플리케이션인 트랜스로그(Translog)의 개발이다. 이 소프트웨어 애플리케이션은 번역문을 작성할 때 키스트로크, 삭제, 정지, 마우스 움직임 등 번역사의 텍스트 작성 프로세스 세부 사항들을 포착하는 데 유용한 혁신적인 툴이다[야콥센과 쇼우(Jakobsen and Schou), 1999]. 곧이어 번역 프로세스 데이터 수집을 위한 유용한 툴인 아이트래킹 툴이 등장했다. 바쁜 일정으로 인해 본 저서에는 참여하지 못했지만, 야콥센은 키스트로크 로깅 툴 개발의 선구자인 동시에 아이트래킹 툴과 키스트로크 로깅 방법을 실질적으로 결합하는 메커니즘을 개발하는 등 번역 프로세스 연구 방법론을 개발하는 데 있어 중요한 역할을 수행했다. 본 저서의 여러 논문에서도 밝히고 있듯이 오늘날의 통번역 프로세스 연구는 통번역 프로세스 데이터를 수집·해석하고, 삼각 검증을 통해 재구성하기 위한 새로운 방법과 수단을 적극 모색하고 있다.

통번역 프로세스 연구의 방법론적인 혁신과 더불어 연구 설계 역시 연구자들의 중요한 관심사로 등장했다. 초기 연구는 연구 설계상의 심각한 오류를 안고 있었다. 대부분의 초기 연구는 피험자 수가 상당히 소규모였고 피험자 선정 기준과 샘플링 방법 등이 공개되지 않아 피험자들이 연구 대상 통번역사 집단을 제대로 대표할 수 있는지가 명확하지 않았다. 또한 초기 연구에서는 연구책임자가 소속된 기관에서 하는 연구에 참여할 수 있는 피험자들만을 대상으로 했다. 그 결과 피험자들은 대개 통번역을 공부하는 학생들 혹은 비통번역 전공 학생들이었다. 이러한 피험자 샘플링의 제약으로 인해(소수의 샘플링 혹은 샘플 오류) 초기 연구 결과를 전문적인 통번역 프로세스에 일반화해 적용하기는 어려웠다. 이로 인해 초심자(novice), 숙련가(expert), 전문가(professional) 등의 피험자 카테고리에 대한 실질적인 명확한 정의를 내릴 수 없는 문제—본 저서의 야스켈라이넨 논문에서 지적한 대로—에 직면하게 되었다. 현재의 통번역 프로세스 연구는 연구 설계 관련 문제에 처음으로 성공적으로 대응하고 있다고 평가할 수 있을 것이다. 또한 철저하고도 실증적인 통번역 프로세스 연구가 실제로 무엇을 의미하는지를 명확히 이해하는 것이 점차 중요한 연구 주제로 대두되고 있다. 사실 통번역 프로세스 연구의 연구 패러다임은 본 저서의 여러 논문에서 중요하게 다루고 있는 주제이기도 하다.

정보의 확산 및 연구자 집단 구성 등을 통해 통번역 프로세스 연구를 발전시키는 것이 중요하다는 인식하에 인지 프로세스에서는 언어 고유의 고차원적 프로세스인 통번역을 보다 명확히 이해하기 위한 연구 의제들을 제시했다. 또한 상기 저서에서는 다른 학문 분야에서의 새로운 인지학적 이해를 바탕으로 한 통번역 프로세스 모형을 구축할 필요성을 제기했으며, 통번역학과 인지학을 탐구하는 과정에서 연구 표준을 엄격히 적용할 것을 주장했다. 본 저서에 포함된 다수의 논문에서 알 수 있듯이 지난 수년간의 연구 결과와 이론적 발전은 이전 저서인 『인지 프로세스』가 현재의 통번역 프로세스 연구에 그만큼 긍정적인 영향을 미쳤음을 방증하는 것이다.

2. 통번역과 인지: 최근 연구

본 저서에 포함된 논문에서는 지난 15년 동안의 연구 과정에서 파악한 통번역 프로세스 연구의 3대 주요 연구 동향에 대해 다양한 사례를 제시하고 있다. 이 논문들은 모두 지속적인 방법론상의 혁신을 모색하고 있으며, 연구 표준 및 연구 설계에 보다 많은 관심을 기울이고 있다. 통번역 프로세스 연구 결과를 인지과학 분야 연구 결과 및 이론적 장치들과 결합하고자 하는 열의가 높다는 것을 알 수 있다.

2.1. 방법론적 혁신

언어 표현(verbalization)이 인지 행동의 지표라는 에릭슨과 사이먼(Ericsson and Simon)의 주장을 따라 사고발화법과 회상 구술(retrospection)이 통번역 프로세스 연구의 핵심적인 규범으로 자리 잡았다. 아직까지는 사고발화법을 비롯한 다양한 구술 보고 방법이 프로세스 연구의 중요한 정보원으로서 충분히 활용되고 있지는 않지만 키스트로크 로깅, 아이트래킹, 신경영상 기법 등 새로운 연구 방법의 등장으로 통번역 프로세스 연구 방법론이 더욱 다변화됨으로써 구술 데이터를 보완할 수 있게 되었고 연구 결과에 대한 삼각 검증이 가능해졌다. 삼각 검증 방식은 연구 결과의 수준, 타당도 및 신뢰도 제고를 위해 단일 연구에서 두 개 이상의 데이터 수집 방법을 채택하는 방식을 가리킨다. 지난 10년 사이에 단일 연구에서 복수의 연구 방법을 채택하는 사례가 증가했으며, 본 저서에 포함된 실증 연구의 대부분도 이처럼 연구 방법을 한 개 이상 채택하고 있다. 이제 이러한 삼각 검증 방식은 프로세스 연구에서 하나의 선진 기법으로 간주되고 있다.

본 저서에서 에릭 앙헬론은 전문 번역사와 학생 번역사의 문제해결 행동을 조사·분석하기 위해 화면 녹화 방법과 사고발화법을 채택하고 있는데, 이 두 가지 방법은 모두 불확실성을 관리하는 메타인지적 현상에 중점을 두고 있다. 앙헬론은 문제해결 행위의 발화 및 비발화 지표들을 포착하기 위해 이 두 방법을 사용하고 있다. 삼각 검증 데이터로 앙헬론은 세 부분으로 이뤄진 새로운 문제해결 프로세스 모형을 구축해 전문 번역사와 학생 번역사가 번역 문제에 접근하는 방식이 서로 다르다는 사실을 분명히 보여 주고 있다.

한편 바바라 드래그스테드(Barbara Dragsted)는 키스트로크 로깅과 아이트래킹 방법을 결합하여 학생 번역사와 전문 번역사가 출발어 이해와 도착어 산출 프로세스를 어떻게 조율하는지에 대해 분석했다. 연구 결과 두 집단 간 처리 과정에 있어 흥미로운 차이점을 발견했는데, 전문 번역사의 경우는 출발어 이해와 도착어 산출 프로세스가 보다 통합적으로 이뤄지는 반면 학생 번역사들의 경우에는 이들 두 프로세스를 순차적으로 진행하는 경향이 있음을 확인했다. 드래그스테드의 논문은 초보자와 숙련자 간의 차이를 이해하는 데 있어 중요한 자료인 동시에 프로세스 연구 면에서 아이트래킹 기법과 키스트로크 로깅 기법을 동시에 활용하는 첨단 연구 방법의 사례를 제시하고 있다. 본 논문에서는 아이트래킹 연구자들 사이에서 시도되고 있는 새로운 연구 기법—시선 대 단어 매핑 기법—과 콘셉트—아이-키 스팬—가 방법론적으로 우수함을 증명하고 있다.

그레고리 슈리브, 이사벨 라크루즈(Isabel Lacruz), 에릭 앙헬론은 키스트로크 로깅과 아이트래킹 기법을 결합하여 문장 구역 시 문장구조상의 어려움이 인지적 노력에 미치는 영향을 조사하고, 번역과 문장 구역 간 인지적 차이를 규명하는 실험 연구를 수행했다. 본 연구는 시각적 간섭에 관해 예상치 못한 결과를 도출해 냈을 뿐만 아니라 인지 작용 방식을 파악하는 데 있어 문장 구역이라는 수행 과제가 중요한 의미를 지닌다는 사실도 밝혀냈다. 통번역학 연구자들인 우리는 번역과 통역이라는 수행 과제상의 차이가 처리 과정에 심대한 영향을 미친다는 생각을 가지고 있었지만 여러 형태의 통번역 과제—문장 구역, 요약 번역 등—에 대한 연구 결과를 보고 해당 통번역 과제를 이해하는 것이 과제와 관련된 처리 과정을 이해하는 데 핵심이라는 사실을 다시금 확인할 수 있었다.

안틴 포그너 리드닝(Antin Fougner Rydning)과 크리스티안 미셸 라쇼드(Christian Michel Lachaud) 역시 아이트래킹과 키스트로크 로깅 방식을 결합하여 번역 시 맥락과 번역 스킬이 다의어 단어를 이해하고 재구성하는 데 미치는 영향을 분석했다. 이 연구에서는 전문 번역사와 이중언어 화자가 창의성에 있어 차이가 있으며 전문 번역사는 번역 성과를 높여 줄 수 있는 특정 스킬을 개발할 수 있다는 가설을 세우고 이를 검증했다. 바바라 드래그스테드의 연구에서처럼 본 연구에서는 새로운 데이터 수집 방식을 채택하고 프로세스 연구의 모범적이고 혁신적인 연구 설계를 적용했다. 특히 리드닝와 라쇼드는 번역 프로세스에 대한 양적 분석과 번역 결과물에 대한 질적 분석을 결합했다.

파비오 아우베스(Fabio Alves)와 동료 연구자들은 번역 결과 및 번역 프로세스의 방법론적 통합에 중점을 뒀다. 파비오 아우베스, 에리히 슈타이너(Erich Steiner), 스텔라 뉴만(Stella Neumann), 실비아 한센-쉬라

(Silvia Hansen-Schirra), 아드리아나 파가노(Adriana Pagano)는 연구 방법론에 있어 번역 연구의 양대 산맥인 프로세스 기반 연구와 결과물 기반 연구를 통합하는 혁신적인 접근 방법을 채택했다. 이들 연구자들은 번역 결과물의 구체적인 특징—코퍼스 상에 있어 번역 전환(translation shift) 패턴으로 나타나는 특징—을 번역 과정에서 번역 행동과 직간접적으로 연결시킬 수 있는 방법을 찾을 수 있다면, 코퍼스 분석 및 주석 기법의 발전에 힘입어 이제 프로세스 연구를 위한 새로운 데이터 소스를 쉽게 확보할 수 있을 것이라고 주장한다. 이들 연구자들은 주석 번역 코퍼스와 키스트로크 로깅, 아이트래킹, 회상 구술 기법을 이용해 번역 과제 수행 중 인지적 노력과 관련이 있는 번역 단위를 파악하는 탐색적 연구를 시도했고 그 결과를 논문으로 발표했다. 코퍼스 기반 데이터와 실험 데이터를 모두 사용한 것은 산드라 할베르손(Sandra Halverson) 논문의 주요한 업적이기도 하다.

아이트래킹 방법과 같은 새로운 연구 방법은 키스트로크 로깅 방법이나 구술 보고 방법과는 별개로 채택·사용할 수도 있다. 샤론 오브라이언(Sharon O'Brien)은 통제된 언어와 가독성 간의 관계를 분석하는 데 아이트래킹 방법을 채택해 연구를 수행했다. 아이트래킹 방법을 채택한 해당 연구와 본 저서에 포함된 다른 연구들은 모두 아이트래킹 방법을 단독으로 활용하건 다른 방법과 결합해 사용하건 아이트래킹 방법이 중요한 연구 툴의 하나가 되었음을 보여 주고 있다. 오브라이언의 연구는 아이트래킹과 같은 새로운 프로세스 연구 방법이 기계 번역, 컴퓨터 보고번역 툴 설계 등 응용번역학의 주요 연구 분야에 어떻게 적용 가능한지를 보여 줬다는 점에서 또한 그 의미가 크다고 하겠다.

2.2. 연구 설계: 연구 이슈

새로운 방법론의 개발 및 적용이 프로세스 연구의 유일한 관심사는 아니다. 프로세스 연구를 수행하는 적절한 방법에 대한 논의도 진행 중에 있다. 본 저서에 포함된 일부 논문들의 경우 실증적 번역 연구 분야의 연구 프레임워크의 변화와 발전 문제를 다루고 있다.

예를 들면 리카르도 무뇨즈 마르틴(Ricardo Muñoz Martín)의 논문에서는 기능주의적 프레임워크인 인지적 통번역학(Translatology)에 대해 설명하고 있다. 본 프레임워크에서는 생태학적으로 타당한 실험 패러다임과 상황(situated), 구체화(embodied), 분산(distributed) 인지 연결주의 모형(connectionist models)에 근거한 연구 의제를 확립할 필요가 있다고 주장한다. 무뇨즈 마르틴은 번역 프로세스 연구의 일련의 원칙을 제시하겠다는 야심찬 연구 의제를 설정하면서, 번역 프로세스 연구를 패러다임 형성 전 단계(pre-paradigmatic)로 정의하고 있다. 무뇨즈 마르틴에 따르면 현재는 번역 프로세스 연구의 기본 개념에 대한 합의를 도출하고자 하는 단계로서 일반적으로 수용 가능한 프로세스 모형을 찾고 있다고 볼 수 있다. 무뇨즈 마르틴의 논문에서는 번역 및 번역 프로세스에 관한 레거시 콘셉트와 전통적인 견해를 실증적 인지과학의 새로운 프레임워크 관점을 적용해 비판적으로 검토할 것을 주장한다.

반면 귀데 한센(Gyde Hansen)은 실증적 방법을 프로세스 연구에 일괄적으로 적용하는 데는 주의가 필요하다고 주장하며, 대신 실증적 연구 방법과 "인문학적" 연구 방법을 적절히 혼용해 적용할 필요가 있음을 역설한다. '통합적 서술(integrative description)'이라는 개념을 통해 한센은 실증적 과학 분야와 인문학 분야의 접근 방법을 결합하되 번역 과정에서 수반되는 지적인 엄격함과 인간의 복잡한 인지 작용이라는 측면을 훼손하지 않는 방법을 제안한다. 즉 엄격하고 실증적인 분석적 번역 연구를 맹목적으로 쫓아가기보다는 번역 현상을 종합적으로 분석하는 접근 방법을 동시에 추구함으로써 번역 프로세스의 복잡다단한 사회적·텍스트적 관계를 총체적으로 이해할 필요가 있다.

본 저서에 포함된 논문의 저자들 중 일부는 이론 개발 및 방법론적 혁신 관련 이슈들을 보다 상세히 기술하는 문제에도 관심을 가지고 있다. 이들 논문에서 다루는 이슈 중 가장 중요한 이슈는 높은 수준의 번역 스킬 혹은 전문성을 개발하는 문제에 대한 연구이다. 무뇨즈 마르틴은 번역학 프레임워크에서 번역 전문성에 대한 분석이 실증적 프로세스 연구의 최우선 연구 의제가 되어야 한다고 주장한다. 물론 번역 전문성의 개발 및 초보 번역사, 숙련 번역사, 전문 번역사 간의 차이를 기술하는 것이 번역 프로세스 연구 초창기부터 번역 프로세스 연구자들의 주요 관심사이기는 했지만 초보 번역사와 전문 번역사의 인지적 처리 과정에 관한 수많은 그간의 비교 연구는 다분히 문제의 소지가 있어 보인다. 피험자 카테고리가 제대로 정의되지 않았으며 외국어를 배우는 학생, 번역 전공 학생, 번역사가 아닌 이중언어 화자 등 이질적인 피험자 집단을 상호 비교해 왔으며, 이 과정에서 전문가와 숙련가 집단을 모호하게 정의함으로써 3년 차 번역학 전공 학생들과 진정한 번역 전문가들이 모두 전문가 혹은 숙련가 집단으로 분류되기도 했다. 리타 야스켈라이넨(Ritta Jääskeläinen)은 본 저서에 실린 논문의 제목—모든 전문가는 숙련가인가?—을 통해 중요한 질문을 던지고 있다. 이 질문에 대한 답으로 야스켈라이넨은 프로페셔널리즘, 전문성 및 기타 관련 콘셉트를 정의하는 다양한 방법을 제안하고 있으며, 이전의 프로세스 연구 결과를 돌이켜 보고 이들 연구 결과를 현대적 전문성 연구 관점에서 재조명하고 있다.

3. 프로세스 연구와 인지과학의 통합

수년 사이에 전문성이 프로세스 연구의 주요 관심사로 등장하면서 전문성 연구의 선구자 중 한 사람인 앤더스 에릭슨(Anders Ericsson)의 논문도 본 저서에 포함되었다. 해당 논문에서 에릭슨은 통역에 있어서의 전문성이라는 주제를 다루고 있다. 이 중차대한 연구에서는 통번역학과 관련이 있는 인지과학 분야의 개념 및 모형—전문성 관련 연구 등—을 접목함으로써, '전문가-통번역 성과'라는 관점을 통번역학 연구에 제시하고 있다.

이러한 맥락에서 본 저서의 전작인 『통역 및 번역에 있어서의 인지 프로세스』에 논문을 게재한 바 있는 바바라 모저-머서(Barbara Moser-Mercer)는 본 저서의 다른 논문에서, 통역에 있어서의 전문성 습득 문제를 탐색한다. 본 논문에서는 통역 전문성을 개발·유지하는 과정에서 성인의 뇌가 겪게 되는 잠재적 신경생리학적 변화를 이해하고자 한다. 본 논문에서는 인간의 인지 과정을 보다 잘 파악하고자 다양한 신경영상 기법들을 채택한 다수의 신경생리학 연구 결과를 정리, 제시하고 있다. 본 논문은 연구 주제에 대해 철저한 탐색을 시도했다는 점에서도 주목을 받을 만하지만 그보다는 기존 인지과학 선행 연구들을 활용해 통역이라는 언어 간 전이 활동에 대한 이론적 이해의 폭을 확장하는데 도움을 줄 수 있다는 점에서 특히 그 의의를 찾을 수 있겠다.

통번역 프로세스 연구와 인지과학을 제대로 접목시키기 위해서는 심리언어학, 신경과학, 통번역학 분야의 연구 결과와 모형들을 어떻게 접목할 수 있을지를 파악할 필요가 있다. 때로는 이들 연구 간의 접점이 암묵적이거나 해당 분야의 전문 용어나 이론적 관점의 차이로 인해 접점이 명확하게 보이지 않는 경우도 있다. 브루스 다이아몬드(Bruce J. Diamond)와 그레고리 슈리브는 신경학 및 생리학적 상관성에 관한 최근 연구 결과를 통번역학의 관점에서 살펴봄으로써, 통번역 프로세스 연구와 인지과학 간의 접목을 한 단계 더 업그레이드시키고자 한다. 두 연구자는 이중언어학, 언어 스위칭, 번역 등의 연구 주제를 탐구하는데 신경영상 기법 등 다양한 새로운 데이터 수집 기법을 채택한 최근의 여러 연구 결과를 종합적으로 고찰했다.

통번역 프로세스 연구 모형 개발에 있어 전문성 연구 개념을 채택하고, 이중언어활동에 관한 신경생리학 연구 결과를 접목하고자 하는 노력들이 이뤄지고 있다는 것은 그만큼 프로세스 연구와 인지과학 연구를 통합하고자 하는 노력이 확대되고 있음을 보여 줄 뿐만 아니라 인지과학 분야의 다학제적 접근이 그만큼 증가하고 있다는 방증이기도 한다. 예를 들면, 에릭 앙헬론의 불확실성 관리에 관한 연구는 메타인지라는 개념에 기반을 두고 있는데, 이 개념은 인지와 학습 관련 연구에서 그 출발점을 찾아볼 수 있다. 한편 메타인지 연구 분야는 모저-머서, 아우베스를 비롯해 다른 연구자들의 논문에서도 언급하고 있다.

다학제성은 전작인 『통역 및 번역에 있어서의 인지 프로세스』의 핵심 주제이기도 했으며 본 저서에서도 이러한 다학제성에 관한 관심은 계속되고 있다. 다학제성 관련 연구의 좋은 예가 바로 막심 스타메노브(Maxim Stamenov), 알렉산드 제르가노브(Alexander Gerganov), 이보 포피바노브(Ivo Popivanov)의 논문이다. 심리언어학자들은 이중언어 어휘를 연구할 때 프라이밍(priming) 절차 기법을 활용하는데, 이 기법은 이전에 경험한 자극이 다음에 나오는 자극에 어느 정도 영향을 주는지를 측정하는 기법이다. 이들은 논문을 통해 심리학적 프라이밍 기법으로 번역 과정에서 이중언어 어휘에 대한 액세스를 최적화하는 방법을 개발할 것을 제안하고 있다. 이 논문에서 저자들은 번역 과제의 성공적 완수를 지원하고자 심리학 연구의 프라이밍 기법을 번역 과정에 접목한다. 특히 본 논문에서 의미 있는 부분은 이미 오랜 기간 검증을 거친 심리언어학의 기존 실험 기법을 아이트래킹과 같은 비교적 새로운 기법과 접목함으로써 유용한 연구 기법을 시도했다는 점이다.

마지막으로 산드라 할베르손은 통번역 프로세스 연구가 인지학 분야의 이론 개발과 지속적으로 접목해야 한다고 주장한다. 할베르손은 통번역 프로세스 연구와 인지학 연구의 특정 이론들, 예를 들면 이중언어 의미론과 개념적 표상 모형 등은 코퍼스 기반 번역 연구 결과를 이해하는 데 직접적인 영향을 미친다고 주장한다. 할베르손의 논문은 특히 이중언어 개념적 표상 모형이 코퍼스 기반 번역 현상과 개념들—과다 표상(over-representation), 과소 표상(under-representation), 중력 가설(gravitational pull hypothesis)—을 이해하는 데 있어 어떤 시사점을 주는지에 주목하고 있다. 할베르손은 번역 코퍼스 패턴의 인지적 기반을 이해하기 위해서는 실험적 기법과 코퍼스 기반 기법을 접목해 데이터를 수집할 필요가 있다고 주장한다.

4. 결론

지난 15년 동안의 통번역 프로세스 연구는 다양한 트렌드가 접목되고 통합된 시기라고 특징 지을 수 있다. 새로운 기술의 발전과 더불어 방법론 혁신의 필요성이 증대되었으며 그 결과 아이 트래킹, 키스트로크 로깅과 같은 새로운 혁신적인 데이터 수집 방법이 개발되었다. 영상 기법들을 비롯해 인지과학에 기반을 둔 여러 이론 및 연구 방법론의 영향 덕분에 프로세스 연구 결과를 보다 잘 해석할 수 있게 되었으며, 이들 이론과 연구 방법론들은 향후 프로세스 연구에 있어 더욱 그 역할이 중요해질 것으로 예상된다. 이론적 틀과 연구 패러다임에 대한 새로운 합의가 도출되고 있어 연구의 전반적인 수준을 제고하는 데 도움을 줄 것으로 예상되며, 이에 통번역 프로세스 연구자들은 연구 결과를 보다 확신을 가지고 일반화할 수 있게 되고 자신들의 연구 결과에 대한 다른 연구자들의 검증 역량 역시도 강화될 것으로 기대된다.

학제 간 연구를 위한 국제 협력 및 적극적인 다학제 연구추진 노력 덕분에 본 저서에서는 여러 새로운 연구 결과를 보고할 수 있게 되었다. 이처럼 새로운 연구 결과와 도전 과제를 밝히기는 했지만 이로 인해 우리는 또 하나의 새로운 문제에 직면하게 되었다. 향후 통번역 프로세스 연구의 발전 방향을 전망해 볼 때, 우리는 향후 10년간 적어도 두 개 이상의 중대한 도전 과제에 직면할 것으로 예상된다. 그 중 하나는 키스트로크 로깅, 아이트래킹, 영상 기법 등을 통해 얻게 되는 방대한 양의 데이터를 어떻게 분석하고 해석할 것인가 하는 문제다. 이 새로운 데이터는 우리가 통번역 프로세스의 저변에 자리하고 있는 인지 프로세스를 분석하는 데 있어 삼각 검증 접근법을 적용할 수 있도록 도와줄 뿐만 아니라, 우리는 이들 데이터를 기반으로 보다 방대한 이론을 정립하고자 노력을 기울이게 될 것이다.

강력한 이론적 기반이 없이는 이러한 방대한 양의 데이터를 통합해 통번역과 인지에 대한 일관성 있는 이해를 구축할 수 없다. 따라서 통번역 프로세스에 대한 강력하고 수용 가능한 단일 혹은 복수의 모형을 구축하는 작업이야말로 향후 10년 동안 가장 중요한 과제가 될 것이다. 강력한 모형을 구축함으로써 연구의 방향을 설정하고 실험을 설계하는 데 중요한 출발점을 제공할 수 있을 것이다. 강력한 모형은 검증 가능한 주장을 만들어 낼 수 있으며, 모형을 바탕으로 분석 결과를 평가할 수 있다. 실증 연구가 점차 발전해 가고 새로운 실험 데이터에 대해 설명할 수 있는 근거를 가지게 되면 데이터를 더 잘 설명할 수 있는 새로운 모형들이 등장하게 되고, 그러면 기존의 모형은 수정되거나 폐기될 수 있다. 이것이 바로 단기 기억, 작업 기억과 같은 20세기 후반 심리학의 주요 개념들을 정립해 나아갔던 이론 진화 패턴이기도 하다. 기존의 실증적 연구 결과에 기반해 통번역 프로세스 연구 모형을 정립·방어·평가해 나아가는 일은 새롭게 부상하는 실증 과학의 핵심적인 발전 과정이라고 볼 수 있다.

본 저서에서는 통번역 프로세스 연구 분야에 있어 새로운 이론 정립 및 새로운 실증적 모형 구축의 근간이 되며 동시에 통번역 프로세스 연구 분야의 미래를 밝혀 줄 새로운 지적인 시도들을 발견할 수 있다. 우리는 본 저서에 담긴 논문들이 통번역과 인지 분야의 새로운 모형을 정립하는 데 중요한 기반이 되기를 희망하며, 앞으로의 10년도 지난 10년 동안과 마찬가지로 괄목할 만한 연구의 양적·질적 성장을 기대해 본다.

그레고리 M. 슈리브와 에릭 앙헬론
(Gregory M. Shreve and Erik Angelone)
미국 오하이오주 켄트주립대학교

참고문헌

Alves, Fabio (ed.). 2003. *Triangulating Translation*. Amsterdam and Philadelphia: John Benjamins.

Danks, Joseph, Shreve, Gregory M., Fountain, Stephen B. and McBeath, Michael K. (eds.). 1997. *Cognitive Processes in Translation and Interpreting*. Thouand Oaks, CA: Sage.

Ericsson, K. Anders and Simon, Herbert A. 1984. *Protocol Analysis: Verbal Report as Data*. Cambridge, MA: MIT Press.

Gile, Daniel. 1997. "Conference interpreting as a cognitive management problem." In *Cognitive Processes in Translation and Interpreting*, Joseph E. Danks, Gregory M. Shreve, Stephen B. Fountain, Michael K. McBeath (eds.), 196-214. Thousand Oaks, London and New Delhi: Sage Publications.

Göpferich, Susanne, Kakobsen, Arnt L. and Mees, Inge M. (eds.). 2008. *Looking at eyes. Eye tracking Studies of Reading and Translation Processing*. Copenhagen: Sammfundslitteratur.

Hansen, Gyde (de.). 1999. *Probing the Process in Translation:* Methods and Results. Copenhagen: Sammfundslitteratur.

Jakobsen, Arnt L. and Schou, Lasse. 1999. "Translog documentation." In *Probing the Process in Translation: Methods and Results* [Copenhagen Studies in Language 24], Gyde Hansen (ed.), 151-186. Copenhagen: Samfundslitteratur.

Lee-Jahnke, Hannelore (ed.). 2005. *Processes and Pathways in Translation and Interpreting*. Special Edition of *Meta* 50 (2).

Tirkkonen-Condit, Sonja and Jääskeläinen, Riitta (eds.). 2000. *Tapping and Mapping the Processes of Translation and Interpreting*. Amsterdam and Philadelphia: John Benjamins.

John Benjamins Series

06

Translation and Cognition

제 1 부

방법론적 혁신

번역에서의 불확실성 및 불확실성 관리 그리고 메타인지적 문제해결

에릭 앙헬론(Erik Angelone)
미국 오하이오 켄트주립대학교

본고에서는 번역에서 불확실성 관리를 위해 메타인지 활동이 이뤄진다는 것을 암시하는 행동 지표들을 기록한 탐색적 연구 결과를 보고하고자 한다. 이러한 행동 지표는 번역사에 의해 구술된 것도 있고 구술되지 않은 것도 있다. 번역사들은 번역상의 어려움에 직면하는 순간 불확실성(결정을 내리지 못하는 인지적 상태)을 경험한다. 전문 번역사 1인과 번역을 공부하는 학생 3인의 불확실성 관리 양상을 사고발화법과 화면 녹화 방식을 활용해 삼각 검증 했다. 본 연구에서는 텍스트 차원, 행동적 차원(문제인지, 해법 제안, 해법 평가), 번역 단계 차원(이해, 전환, 번역문 생산)에서 피험자들 간의 메타인지 활동 양상의 차이에 중점을 둔다. 예비 결과에 따르면 불확실성 관리 방식에 있어 전문가와 학생 사이에 실질적인 차이가 있으며 전문성 정도가 이러한 차이에 영향을 미치는 것으로 나타났다.

1. 불확실성 및 불확실성 관리

읽기, 쓰기와 마찬가지로 고차원적 인지 과제인 번역에는 언어 간의 중개(mediation)와 관련된 매우 중요한 문제해결 요소가 추가된다. 번역은 본질적으로 성공적인 과제 완수를 위해 여러 상호 연결된 문제해결 행위를 거치는 일련의 의사 결정 활동이다. 본고의 논의를 위해 '문제해결 행위'를 세 가지 근본적인 번역 관련 인지 프로세스―출발어 이해, 출발어-도착어 간의 의미적 전환, 도착어 텍스트 생산―와 연결시켜 볼 수 있다. 연역적·귀납적 추론, 의사 결정, 자기통제, 자기 성찰과 같은 자유의지에 의한 프로세스(volitional processes)를 포함한, 보다 일반적인 기초적 인지 능력 역시 번역상의 문제해결 과정에 활발하게 동원된다. 번역을 이해와 전환, 번역문 생산이 아무런 방해를 받지 않고 이뤄지는 직선적인 문제해결 과정으로 볼 수도 있다. 그러나 사실상 이해와 전환, 번역문 생산 과정에서 어떤 어려움이라도 발생할 경우 번역은 방해를 받는다. 어려움에 직면한 시점에 번역사의 서술적 혹은 절차적 지식이 흔들리게 되면 이내 불확실성이 나타날 수 있다.

본고에서 불확실성이란 결정을 내리지 못하는 인지적 상태로 정의되며 번역 과정에서 특정 행동 양상을 통해 드러난다. 불확실성이 나타나면 번역 흐름의 중단이 관찰되는데 일반적으로 이는 번역상의 '문제의 접점(problem nexus)'과 관계가 있다. 여기서 접점이란 주어진 텍스트적 속성 및 차원―어휘, 용어, 연어, 구문, 통사, 문장, 거시차원의 특징―이 번역사의 인지 자원 결핍과 맞물리는 지점이다. 번역사의 서술적 혹은 절차적 지식이 이해, 전환 혹은 번역문 생산 문제를 해결하기에 충분하지 않아서 번역사는 주저하게 되고 어떻게 진행해야 할지 확신이 없어지는 것이다.

이러한 번역 흐름 중단은 특징적인 행동에 의해 드러나기 때문에 실험적 연구가 가능하다. 예를 들어 키보드 및 인터페이스 사용에 있어 불확실성을 드러내는 지표에는 도착 텍스트 생산 지연, 삭제 및 수정, 커서 이동, 정보 검색 행위―사전 검색, 전문 용어 검색, 인터넷 검색 등―가 있다. 또한 눈의 움직임, 동공 크기 변화, 특정 두뇌활동 증가 혹은 심지어 갈바닉 피부 반응과 같은 생리적 지표도 있을 수 있다.

실험 상황이 아닌 자연스러운 번역 활동에 있어서 대부분의 불확실성 지표는 비언어적 행동 혹은 생리적인 지표들이다. 그런데 실험 상황에서는 사고발화법과 같은 언어적 프로토콜을 활용해 직간접적 구술의 형태로 나타나는 언어적 지표를 이끌어 내는 것이 가능하다. 이러한 지표에는 직접적인 문제점 언급—"이 용어를 영어로 뭐라고 하는지 모르겠어요"—이나 망설임을 암시하는 질문—"이 어순을 영어에서도 유지해도 될까요?"—, 품질이나 분량에 대한 고민이 드러나는 발언—"호응이 부자연스럽네요"—등이 있다. 불확실성에 대한 언어적 지표를 끌어내는 것이 가치가 있는 이유는 언어적 자기 보고(verbal self-report)에 많은 정보가 포함되어 있기 때문이다. 이렇게 취득된 정보는 불확실성과 관련된 행동을 분류하고 이를 특정 번역 프로세스—이해, 전환, 번역문 생산—나 어휘, 연어, 구문, 통사, 문장과 같은 텍스트 차원 혹은 표층 결속성(cohesion), 심층 결속성(coherence), 장르 규범과 같은 거시적 차원에 연결시키는 데 활용될 수 있다.

티르코넨-콩디(Tirkkonen-Condit, 2000)는 최근 사고발화법을 활용해 번역과 불확실성의 관계를 연구했다. 연구 결과에 따르면 전문 번역사들은 대부분 도착 텍스트의 맥락에서 잠정적인 번역문을 생성해서 시험해 보고 평가함으로써 불확실성을 인지하고 해결하려고 한다. 이러한 역량은 '모니터링'의 한 형태로 볼 수 있는데, 모니터링은 문제해결 과정에 대해 생각하고 계획하며 신중하고 전략적인 통제를 할 수 있는 능력을 수반하는 메타인지 구성 요소 중 하나이다. 몇몇 최근 연구에서는 번역 전문성과 모니터링 간의 관계를 발견했으며, 불확실성과 관련된 이슈들을 직간접적으로 탐구했다[티르코넨-콩디, 2005; 아사디와 세귀노(Asadi and Séguinot), 2005; 한센(Hansen), 2003; 프레이저(Fraser), 2000]. 이들 연구에서는 전문 번역사가 비전문가에 비해 불확실성에 대한 내성이 강하고, 모니터링을 활용해 어떤 번역 대안이 적합했고 적합하지 못했는지에 대한 자체 피드백을 하는 경향이 더 강한 것으로 나타났다(한센, 2003, p.26).

프로세스 중심 번역 연구에서 '불확실성'이 한 가지 현상으로 기록되어 왔음에도 불구하고 '불확실성 관리'에 초점을 맞춘 연구는 거의 없었다. 본고에서는 불확실성 관리를 '이해, 전환 혹은 번역문 생산의 어려움을 극복하기 위한 의식적이고 의도적인 전략의 적용'인 것으로 조작적으로 정의한다. 불확실성 관리를 간접적으로 다룬 기존 연구들에서는 대부분 모니터링이 핵심 개념이었다. 특히 전문 번역사 연구에서 그러했는데, 모니터링 활동과 그 효과가 번역 품질과 상관관계가 있는 것으로 나타났다.

번역에서의 모니터링을 좀 더 정확하게 정의하자면 '문제해결 과정의 특성과 절차에 대해 스스로 생각하고, 해법 도출로 가는 과정에 대한 자가 피드백을 하고, 도출된 해법을 평가할 수 있는 번역사의 메타인지적 능력'이 될 수 있겠다[번역에서의 메타인지 및 모니터링에 관한 논의는 슈리브(Shreve, 2009) 참고]. 티르코넨-콩디와 라우카넨(Tirkkonen-Condit and Laukkanen, 1996)의 사고발화 연구에서는 구두로 잠재적 번역 문제 해법을 평가하는 방식을 사용해 전문성과 성공적인 모니터링 간에 분명한 상관관계가 있음을 보여 줬다. 이들은 또한 후속 연구를 통해 이러한 초기 연구 결과를 확인했고, 모니터링 능력을 전문성의 근본적인 특성으로 재차 강조했으며, 결국 번역 전문성은 모니터링[사이렌과 학카이라이넨(Siren and Hakkarainen), 2002; 한센, 2003], 특히 도출된 해법에 대한 평가적 모니터링(evaluative monitoring) 능력에 달려 있다고 제안했다.

2. 불확실성 관리와 문제해결 번들

평가적 모니터링이 불확실성 관리에서 중요한 역할을 한다는 점은 분명하지만 평가적 모니터링과 불확실성 관리를 동일한 현상으로 보는 것은 옳지 않을 것이다. 평가 혹은 결과물 검수는 불확실성 관리를 위한 몇 가지 가능한 행동적 전략 중 하나일 뿐이다. 좀 더 광범위한 불확실성 관리의 개념을 정립하기 위해서는 평가에 선행하는 관리 전략을 이해하는 것이 필수적이다. 해법 평가(solution evaluation) 외에도 근본적인 불확실성 관리 차원의 문제해결 전략이 두 가지 더 있다. 바로 문제인지(problem recognition)와 해법 제안(solution proposal)인데 두 전략 모두 평가 단계에 선행하는 경우가 대부분이다. 이들 각 관리 전략은 행동적 지표로 설명될 수 있을 것이며 따라서 실증적 연구를 통해 규명될 수 있을 것이다.

문제인지 행동은 직간접적으로 자신의 지식을 평가하는 형태를 띠는 경우가 많다. TAP 연구가 이뤄진다면 문제인지 행동은 "이 단락에서 작가가 무엇을 이야기하고 있는지 모르겠어요"와 같은 직접적인 구술 혹은 "흠…"과 같은 간접적인 구술의 형태로 나타날 수 있다. 말로 표현되지 않은 문제인지 행동은 해당 출발 텍스트를 스크롤하거나 (동시에 말을 할 수도 있고 안 할 수도 있음) 커서 위치를 바꾸는 것과 같이 키보드 사용이 잠시 중단되는 방식으로 드러날 수 있다. 인터넷 검색과 같은 인터페이스 관련 행동도 문제인지를 의미할 수 있다. 또한 기타 덜 가시적이고 말로 표현되지 않는 문제인지의 지표들은 아이트래킹(eye tracking) 연구를 통해 밝힐 수 있을 것이다. 응시점과 둔화된 안구 움직임이 텍스트상 난해한 지점 및 번역사가 최초로 난해함을 인지한 지점과 상관관계가 있을 수 있다.

해법 제안은 보통 문제인지 다음에 나오는데 전략 계획 및 적용으로 구성되며 해법 제안의 직접적인 목표는 직면한 문제에 대한 잠재적인 해법을 수립하고, 티르코넨-콩디가 제안한 대로 그 해법을 시험해 보는 것이다. 관련 지표에는 해당 출발어 용어에 대한 여러 가지 잠재적 도착어 대응어들을 말해 보거나 인터넷에서 찾은 대안들을 읽어 보거나 (그러나 평가하지는 않음), 추후 다시 검토할 목적으로 도착 텍스트에 여러 대안을 플레이스 홀더용으로 타이핑해 두는 것 등이 있다.

그러고 나면 보통 불확실성 관리의 후반부 지표인 해법 평가 행동이 나타나는데 앞선 문제인지와 해법 제안 지표들과 3각 번들(triadic bundles)로 이뤄지는 것이 최적의 조합이다. 여기서 '최적'이라는 말을 사용하는 이유는 아래 연구 결과에서 나타나듯 모든 번역사가 가장 효과적인 문제해결 행동을 보여 주는 것은 아니기 때문이다. 보통 해법 평가는 이미 생성된 도착 텍스트에 대해 이뤄지지만 도착 텍스트 생성과 동시에 진행될 수도 있다. 그 경우 번역사는 해법 제안 단계에서 도출된 여러 가지 대안 중에서 적절한 대응어를 결정한 다음 그것을 도착 텍스트화하는 동시에 평가하는 것이다. 해법 평가의 주요 행동적 지표에는 평가를 위한 정보 검색뿐 아니라 도착 텍스트 단위의 삭제 및 수정도 포함된다. 평가 역시 언어적 프로토콜을 사용한 실험 상황에서 직접 말로 표현될 수 있다—"광고 텍스트에서는 이렇게 직역하는 게 나아요"—. 물론 문제인지와 해법 제안에서와 마찬가지로 말로 표현되지 않는 키보드나 인터페이스 행동으로 나타날 수도 있다. 아이트래킹에서는 반복적으로 이전의 응시점으로 회귀하는 양상(혹은 텍스트 앞부분으로 돌아가 훑어보는 것)이 평가 행동의 징후일 수 있다.

앞서 언급된 바와 같이, 불확실성 관리의 행동적 지표들은 종종 문제인지, 해법 제안, 해법 평가의 3각 구도 혹은 순차적인 번들(sequential bundles)로 이뤄지며 그것이 최적의 구조이다. 이러한 3각 구도 혹은 번들(bundles, 묶음)은 번역사가 이해-전환-번역문 생산 과정을 진행하는 동안 문제의 접점을 맞닥뜨릴 때 나타나는 불확실성과 맞물려 활성화되기 시작한다. 이 번들링(bundling)의 개념이 중요한데, 본고에서는 번들링의 존재가 문제해결과 보다 효과적인 불확실성 관리에 도움이 된다고 본다.

불확실성은 전체적인 번역 프로세스를 구성하는 세 가지 요소, 즉 이해·전환·번역문 생산의 어느 단계와도 연관이 될 수 있다. '이해의 불확실성(comprehension uncertainty)'은 보통 출발어와 관련이 있다. 언어적 지표는 직접적—"이 문장은 이해가 안 되네요"—일 수도, 간접적—번역사가 해당 출발 텍스트를 소리 내어 반복적으로 따라 읽고 이때 번역문 생산이 오래 중단되는 경우가 많음—일 수도 있다. 주된 비언어적 지표로는 사전이나 백과사전 같은 제3의 참고 자료에서 단일 언어(출발어)로 된 정보를 검색하는 것이 있다. '전환의 불확실성(transfer uncertainty)'은 언어 중개와 관련이 있으며, 번역사가 출발 텍스트의 언어 구조—어휘소, 연어, 표준 구문—를 적절한 도착 텍스트 등가물로 대응시키지 못할 때 나타난다. 주된 비언어적 지표로는 용어사전이나 사전 혹은 병렬 텍스트와 같은 이중언어 자료에서 정보를 인출하는 것이 있다. 일반적으로 도착어 대안 도출과 관련된 어떤 행동도 전환 활동으로 볼 수 있다. '번역문 생산의 불확실성(production uncertainty)'은 도착어와 관련이 있으며, 언어적 지표로는 이미 도착 텍스트로 번역된 내용에 대한 직간접적 평가가 가장 대표적인 예이다. 추가, 삭제, 수정과 같은 편집 활동들은 말로 표현이 되건 되지 않건 대부분 번역문 생산 행위로 분류될 수 있다.

<그림 1>은 이해-전환-번역문 생산 과정과 문제인지-해법 제안-해법 평가 번들 간의 병렬적이지만 계층적인 관계를 보여 주고 있다. <그림 1>의 모형에 따르면 한 개 이상의 문제인지-해법 제안-해법 평가 번들이 전체적인 이해-전환-번역문 생산 과정의 각 단계에 포함되어 있다. 이해, 전환, 번역문 생산 과정의 어느 단계에서든 번역사는 어려움에 직

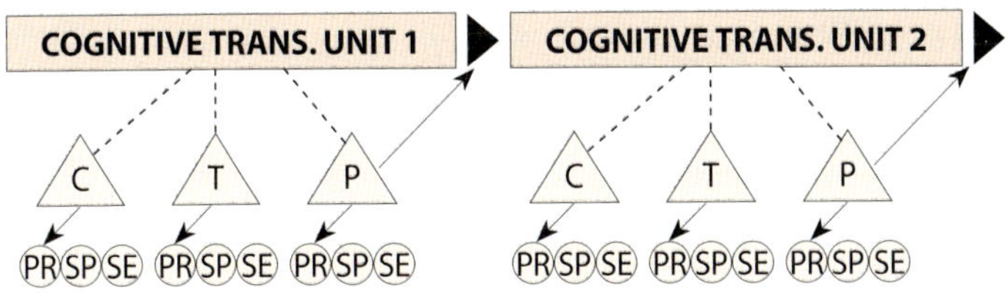

C=이해(comprehension), T=전환(transfer), P=생산(production),
PR=문제인지, SP=해법 제안, SE=해법 평가

<그림 1> 번역 진행 과정 및 번들화된 불확실성 관리

면할 수 있고 그로 인해 불확실성 해결을 위한 전략적 문제해결 과정이 촉발될 수 있다.

<그림 1>은 엄격한 선형적 진행 과정을 보여 주기보다는 전체적인 양상과 경향성을 설명하기 위한 도식이다. 번역사가 전혀 어려움을 느끼지 않는 번역(예: 문제의 접점이 없는 경우)에는 불확실성도 없고, 따라서 불확실성 관리와 문제해결 번들이 활성화되지 않는다. 전문 번역사가 짧고 간단한 텍스트를 번역하면서 이해-전환-번역문 생산 과정을 수차례 반복하면서도 불확실성을 전혀 경험하지 않을 수도 있다. (혹은 어려움이 워낙 경미해서 가시적인 지표가 나타나지 않을 수 있다.) 그러나 이해, 전환, 번역문 생산에서 문제가 발생하면 불확실성 지표가 반드시 나타난다.

이상적으로는 불확실성이 나타날 때마다 문제인지 지표에 의해 그것이 드러나고, 그에 따라 불확실성 관리가 활성화되고 문제해결 번들의 활동이 시작된다. 번역을 잠시 중단하거나 특정 단어 또는 구문에 오랫동안 시선을 고정하거나 직간접적으로 어려움을 표현하는 일—물론 이들은 언어적 프로토콜을 사용한 실험 상황에서만 나타나는 현상이기는 하다—이 전혀 없이 번역이 진행되다가 처음으로 번역이 중단되는 것이 이러한 지표일 수 있다. 문제인지 지표들은 번역 과정에서 나타나는 문제해결의 속성을 이해하는 데 중요한 역할을 한다. 불확실성(인지적 상태)을 행동으로 드러내 줄 뿐 아니라 문제해결 번들의 활동의 시작을 알리고, 뒤이어 나올 해법 모색과 평가 행동을 예측할 수 있게 한다.

앞서 지적된 바와 같이 이해, 전환, 번역문 생산의 모든 인지적 단계에서 불확실성이 나타나는 것은 아니다. 예를 들어 번역사가 어떤 단어를 번역하려 할 때 불확실성에 직면하더라도 해당 단어의 의미는 완전히 이해하고 있을 수 있다. 즉 이해의 불확실성이 발생하지 않은 것이다. 불확실성과 불확실성 관리는 번역사 자신이 번역 대응어를 모른다는 것을 깨달을 때 시작될 수 있다. 따라서 이 사례의 경우 문제인지를 드러내는 행동적 지표—중단, 시선 고정, 말로 표현—는 이해의 불확실성이 아닌 전환의 불확실성을 암시한다. 우리가 문제해결 번들이 나타나는 번역 프로세스를 특정 지을 수 있을 때 우리는 그것을 해당 번들의 '번역 지점(translation locus)'이라 칭한다.

물론 중단이나 시선 고정과 같은 비언어적 지표들이 불확실성이 어느 지점에서 어떻게 일어났는지에 대한 실질적인 실마리는 제공하지 못한다. 따라서 실험 상황에서 언어적 프로토콜 사용을 통해 이해와 관련된 현상—"출발어에 있는 이 단어 뜻을 모르겠어요"—을 전환—"도착어로 이 단어를 뭐라고 하죠?"—및 번역문 생산—"도착어로 이렇게 쓰면 너무 구어적인가요?"—과 관련한 현상들과 구분하는 데 도움이 될 만한 추가 정보를 얻을 수 있다.

번역 과정에서 문제가 발생하면 번역사가 문제해결에 집중하기 때문에 이해, 전환, 번역문 생산의 인지적 흐름이 방해를 받게 된다. 문제인지가 일어나는 번역 지점이 어디든 간에, 번역사는 다음 번역 단위로 넘어가기 전에 해법 제안 및 평가를 할 것이라는 짐작이 가능하다. 한 번들의 활동이 시작되는 시점은 문제인지 지표를 통해 알 수 있다. 한 번들에서 다른 번들로의 이동, 즉 한 인지적 단위의 해법 평가에서 다음 단위의 문제인지 단계 혹은 문제가 없는 번역 단계로의 이행은 번역사가 해당 번들에서는 소위 티핑 포인트에 도달해 다음 단계로 넘어갔음을 암시하는 행동적 지표(exit markers, 종료 표지)를 통해서만 인식될 수 있다. 가장 쉽게 인식 가능한 종료 표시는 당연히 다음 문제인지 지표이다. 그러나 문제가 있었던 부분의 다음 부분에 문제의 접점이 없으면 새로운 이해-전환-번역문 생산 과정의 시작이 이전 과정의 종료를 의미할 수 있다. 본 연구에서는 문제해결 번들의 활동 과정에만 초점을 맞추고 있으며 새로운 문제인지 지표가 나타나면 하나의 번들이 종료된 것으로 간주한다.

티핑 포인트의 개념은 '상태 변화'를 수반하는 이론적 구인으로서, 번역사가 하나의 문제해결 번들을 종료하고 또 다른 번역 프로세스(또 다른 번역 문제해결이 포함될 수도 있음)를 시작하는 지점을 의미한다. 하나의 번들이 종료되는 것은 문제가 성공적으로 해결되었기 때문일 수도 있지만 실패를 인지하거나 해결을 연기했기 때문일 수도 있다(슈리브, 2006). 문제인지-해법 제안-해법 평가 번들들은 두 개의 문제인지 지표 사이에서 혹은 하나의 문제인지 지표와 다른 하나의 종료 표지 사이에서 일어나는 불확실성 관리 활동에 의해 정의되는 '인지적 번역 단위들(cognitive translation units)'로 볼 수 있다.

3. 메타인지와 불확실성 관리

티르코넨-콩디의 모니터링이 불확실성에 미치는 영향에 관한 연구 결과를 보면 언어적 프로토콜을 통해 직간접적으로 표현된 내용에 의해 드러난 불확실성 관리의 메타인지적 측면을 추가적으로 연구해 볼 필요가 있음을 알 수 있다. 메타인지에 관한 대부분의 문헌에서는 메타인지가 문제해결 활동의 결과로 활성화된다고 주장하고 있으며, 슈리브(2009)는 번역에서 나타나는 메타인지는 번역 상황의 특성으로 인해 발생하는 인지적 문제에 의해서만 활성화되고 그 외 다른 원인은 거의 없다고 분명하게 주장한다. 다른 학자들 역시 메타인지를 문제 인식, 문제의 범위와 성격 파악 그리고 해당 문제에 대한 해결 방법 이해와 결부시켰다[데이비드슨 등(Davidson et al., 1994, p.208) 참고].

이해, 전환, 번역문 생산과 같은 번역 프로세스에서 문제가 발생할 시 이러한 문제 지점에서 고차원적 과제 수행을 돕는 것이 메타인지이며, 이는 메타인지적 지식과 통제를 적용함으로써 가능하다[패리스와 위노그라드(Paris and Winograd), 1990; 아르츠트와 아무르-토마스(Arzt and Armour-Thomas), 1992; 슈라우(Schraw), 1994]. 전자는 무엇을 알고 무엇을 모르는지에 대한 인식과 관련이 있고 후자는 계획과 평가 프로세스에 대한 적극적인 통제를 행사하는 것에 해당된다. 읽기, 쓰기와 같은 고차원적 인지 프로세스 분석에는 메타인지적 접근 방식이 많이 활용되었지만[제이콥과 패리스(Jacob and Paris), 1987; 마이힐(Myhill), 2007; 시트코(Sitko), 1998] 프로세스 중심의 번역 연구에서는 그렇지 못했다. 슈리브(2002, 2006, 2009)는 번역 능력을 기술함에 있어 메타인지 문제를 면밀하게 조사한 1세대 연구자들 중 하나이다. 아우베스와 곤사우베스(Alves and Gonçalves, 2004)는 번역 능력과 전문성을 메타인지적 측면에서 연구했다. 이러한 일부 연구들을 제외하면 메타인지는 번역 프로세스 연구에서 도외시되어 왔다고 해도 과언이 아니다.

여러 분야의 메타인지 연구 결과들을 볼 때, TAP와 같은 언어적 보고 방식을 통해 수집된 언어적 행동 데이터가 메타인지 활동을 포착하는 데 유용하게 활용될 수 있을 것으로 보인다[가너(Garner), 1998; 가너와 알렉산더(Garner and Alexander), 1989]. 많은 다른 분야에서 TAP는 메타인지 연구에서 전통적으로 선호되는 방법이었고[바너트와 멩겔캄프(Bannert and Mengelkamp), 2008], "복잡하고 의식적이며 자기통제가 이뤄지는 인지적 프로세스에 대한 가장 효과적인 분석"을 가능케 하는 것으로 여겨져 왔다. 아이러니하게도 이러한 TAP 방식 선호 때문에 메타인지가 번역 연구에서 등한시된 측면이 없지 않다.

번역 연구에서 TAP는 1990년대 중반 이후 비판에 직면했다. 일부 번역 학자들이 자신들이 연구하고자 하는 인지적 프로세스에 대한 내표성 있는 데이터를 TAP가 제공할 수 있는지에 관한 우려를 표명하고 나선 것이다. 예를 들어 투리(Toury, 1995, p.235)는 피험자에게 번역을 하는 동시에 생각을 말로 표현하라고 하면 집중력이 흐트러질 수밖에 없기 때문에 해당 피험자가 한 말은 실제로 진행되는 프로세스를 제대로 반영하지 못한다고 주장했다. 번역사들로 하여금 소리 내어 말하게 하면 평상시보다는 주의가 산만해질 수 있으나 TAP 회의론자들이 주장한 인지적 주의 분산 정도는 과장된 면이 있을 수 있다[야스켈라이넨(Jääskeläinen), 1999]. 특히 회상 TAP가 아닌 번역을 진행하면서 동시에 혼잣말을 하게 하는 솔로 TAP(티르코넨-콩디, 1997, 2000)의 경우 주의력 분산 정도가 더 낮을 수 있다.

반면 언어화(verbalization) 방법 옹호자들은 언어화가 경미한 수행 능력 저하를 수반하기는 하지만 의식적인 과제 수행과 동시에 진행되기만 한다면 TAP는 인지적 프로세스 기록에 있어 신뢰할 만한 방법임을 발견한 에릭슨과 사이먼(Ericsson and Simon, 1984)의 연구를 인용한다. 다시 말해, 언어화 프로토콜이 번역사의 작업 기억에 기반하기만 한다면 인지 프로세스를 포착하는 데 활용될 수 있다는 것이다. 따라서 번역에서의 메타인지 활동은 능동적이고 의식적이며 의지가 결부되어 있다는 특징이 있는 만큼 TAP를 통한 분석에 적합하다고 할 수 있다. 또한 동시 발화로 인한 의도치 않은 부작용이라 할 수 있는 속도 저하는 번역사로 하여금 잠시 멈춰서 문제의 특성과 과제의 중요한 구성 요소들에 대해 좀 더 주의 깊게 생각하게 한다는 점에서 오히려 긍정적으로 작용할 수 있다[베라디-콜레타 외(Berardi-Coletta et al.), 1995, p.205].

TAP의 효용에 관한 이러한 연구에도 불구하고 구술 보고가 가진 근본적인 결함 때문에 대부분의 연구자들은 구술 보고 결과를 키 스트로크 로깅, 화면 녹화 등 다른 데이터 수집 방식을 통해 보완한다. 본 연구에서도 하나의 불확실성 관리 번들 내에 존재하는 여러 문제해결 단계를 구분하는 데 도움이 되도록 직간접적 구술 내용과 함께 화면상의 행동 데이터도 활용하기로 한다. 메타인지적 활동은 문제인지에서 시작해 해법 평가로 마무리되는 3각 행동 구도와 밀접한 관계가 있다는 것이 본 연구에서 주장하는 바이다.

4. 연구 설계 및 방법

4.1. 연구 질문 및 가설

본 예비 연구에서는 메타인지 이론과 TAP 그리고 화면 녹화 방법을 함께 적용해 다음과 같은 연구 질문에 대한 해답을 찾고자 한다.

(1) 번역 과정의 불확실성 관리에 있어 문제해결 번들들은 언제, 어디서, 어떻게 활용되는가?
(2) 이러한 번들과 관련된 메타인지 활동의 정도와 형태는 전문 번역사와 비전문 번역사 간에 어떤 차이를 보이는가?
(3) 어떤 상황에서 불확실성 관리 관련 메타인지 활동이 TAP에 의해 설명되고 어떤 상황에서는 설명되지 못하는가?

가설은 다음과 같다:

(1) 본 연구의 결과는 번역 문제해결 프로세스상의 '불확실성 관리 번들'이라는 행동적 모형을 뒷받침할 것이다.
(2) 본 연구로부터 나오는 데이터는 행동적 모형을 뒷받침할 뿐 아니라 불확실성 관리 활동을 텍스트 차원(textual level)과 번역 지점(translation locus)으로 나눠 설명하는 데도 도움이 될 것이다.
(3) 화면 녹화 프로토콜은 이 모형에 정밀성을 더해 주고 구술된 불확실성 관리 지표 해석의 정확성을 높여 줄 것이다.
(4) 번들된 불확실성 관리지표들(두 가지 독립적인 문제인지 지표들 간에 혹은 하나의 문제인지 지표와 하나의 종료 표지 간에 나타나는 해법 제안과 평가 행동)은 '인지적 번역 단위'의 정의를 가능케 한다.

(5) 비전문 번역사(학생)와 전문 번역사는 모두 불확실성 관리를 위해 메타인지를 활용하지만 메타인지의 정도와 형태는 경험에 따라 차이가 있을 것이다.

4.2. 피험자

본 연구에서는 피험자 4인의 불확실성 관리 양상을 관찰했다. TAP를 활용해 메타인지 활동을 구술하도록 하여 언어적 데이터를 수집한 다음 화면 녹화로 보완했다. 실험 당시 피험자 중 3인은 켄트주립대학교 번역 석사 과정(독일어-영어) 1학년을 마친 학생이었다. 이들 중 한 명은 모국어(L1)가 영어, 다른 한 명은 독일어이고, 나머지 한 명은 독일어와 영어가 모두 사용되는 가정에서 성장했다. 세 학생은 모두 석사 과정 첫해에 2학기에 걸친 정규 번역 교육을 받았을 뿐 아니라 독일어-영어 번역 학부 과정도 이수해 평균 4년의 정규 번역 교육을 받았다. 세 학생 중 전문 번역 경험자는 없다. 본고에서 전문 번역 경험이라 함은 최소 3개월 동안 연 소득의 70% 이상을 차지하는 번역 업무에 종사함을 의미한다.

모국어가 영어인 학생은 정규 독일어 교육을 5, 6년 동안 받았고 그 중 3년은 독일에서 공부했다. 이 학생은 자신의 독일어 능력에 대해 리커트척도 상 5점 만점에 3.5점을 부여했다(1=최저 수준, 5=원어민에 해당하는 최고 수준). 모국어가 독일어인 학생은 9년 동안 정규 영어 교육을 받았고 이 학생은 자신의 영어 능력을 5점 만점에 4점으로 평가했다. 독일어, 영어 이중언어를 구사하는 학생은 자신의 독일어 수준을 4.75점, 영어 수준을 5점으로 평가했다.

본 연구에 참여한 전문 번역사는 켄트주립대학교에서 번역 석사 학위를 취득한 후 10년 이상 독일어에서 영어 방향 전문 번역 경험을 쌓아 왔다. 해당 번역사의 모국어는 영어이고 11년 이상 정규 교육을 통해 독일어를 습득했으며 6년간 독일에 거주했다. 리커트척도상 자신의 독일어 수준을 5점 만점에 4.25점으로 평가했다.

4.3. 실험 재료 및 절차

각 피험자로 하여금 북해에 위치한 보르쿰 섬 여행 가이드(첨부)의 50 단어 길이 발췌본을 독일어에서 영어로 번역하면서 자신의 생각을 소리 내어 말하도록 했다. 피험자들에게 번역 브리프를 제공했고, 목표 독자층은 미국에서 독일 북부를 방문하는 영어 사용 관광객이며, 번역의 목적은 이들 관광객으로 하여금 보르쿰 섬을 방문하고 싶게 하는 것이라고 설명했다. 출발 텍스트는 독일의 국영 철도회사 도이치 반 홈페이지에서 여행 특가상품 소개 페이지에 올라왔던 내용이라는 설명도 덧붙였다.[1] 피험자들이 실험 절차에 익숙해지도록 하기 위해 번역 과제 시작 전에 연습 시간을 가졌다. 피험자들이 원하는 언어로(영어, 독일어 혹은 두 언어 모두 사용하는 것도 허용) 사고 프로세스를 구술하도록 했고 구술 내용은 녹음기로 기록되었다. 독일어로 구술된 내용은 차후 영어로 번역되었다.

번역은 마이크로소프트 워드 문서로 이뤄졌다. 번역 중에 피험자들은 자신들이 사용하고자 하는 모든 인터넷 자료에 접근할 수 있었다. 캠타시아 스튜디오[2] 화면 녹화 소프트웨어가 음성 녹음기와 함께 작동하면서 번역 과정을 시각적으로 기록해 각 피험자가 사용한 다양한 인터넷 자료들도 기록되었다. 시각 데이터는 MPEG-4/H.264 a/v 파일로 저장해 화면 녹화 프로토콜과 TAP의 병치를 가능케 했다. 음성 녹음은 언어로 표현된 메타인지 활동을 포착하기 위한 것이었고 화면 녹화는 추가, 삭제, 수정, 검색, 커서 움직임, 마우스 클릭 등의 형태로 나타난 언어로 표현되지 않은 메타인지 활동을 포착하기 위해 수행되었다.

4.4. 분류 및 분석

번역 완성과 함께 피험자별 TAP 및 화면 녹화 프로토콜 데이터가 수집되었다. 우선 데이터를 구술과 비구술 데이터로 구분했고, 불확실성 관리 과정의 메타인지적 활동 지표로 분명하게 식별할 수 없는 행동들을 걸러 냈다. '식별할 수 없는' 행동이란 구술 내용 및 구술과 동시에 나타난 비언어적 행동 분석, 해당 행동이 일어난 언어적 맥락 분석 등을 통해서는 그 행동의 메타인지적 목적이나 기능을 규정하기 어려웠던 경우를 의미한다.

<표 1> 구술 내용 분류 기준

기준	분류 항목
텍스트 차원(Textual level)	어휘, 용어, 연어, 구문, 통사, 문장, 거시적 차원
행동 차원(Behavioral level)	문제인지, 해법 제안, 해법 평가
지점(Locus)	이해, 전환, 번역문 생산

메타인지를 반영하는 것으로 여겨지는 행동들(구술/비구술)에 대한 분석은 상세한 분류 체계 적용을 통해 보강했다. 이 분류 체계는 불확실성 관리 과정 분석에 있어 일정 수준의 이론적 정밀성을 확보하고 결과 해석에 도움을 주는 것을 목적으로 한다. 문제해결과 관련된 행동적 단계(문제인지, 해법 제안, 해법 평가)에 더해 텍스트 차원(textual level)과 번역 지점(translation locus) 범주를 추가했다. 텍스트 차원과 번역 지점은 문제해결 행동을 텍스트상의 특정 위치와 번역 단계에 따라 각각 분류하기 위한 것이다. 분류하기가 애매한 경우—예를 들어 구술 내용 부족으로 인해 검색 행위가 이해, 전환, 번역문 생산 중 어떤 부분의 어려움을 반영하는지 분명치 않은 경우—, 해당 행동은 '미분류'로 범주화했다. <표 1>에 본 연구를 위해 활용된 분류 기준들이 정리되어 있다.

이 기준들을 구술로 표현되었거나 되지 않은 각 메타인지 지표에 적용했다. 파악된 모든 구술/비구술 행동들을 분류한 후, 각 피험자에 대해 다음과 같은 수치들이 계산했다:

(1) 구술된 메타인지 활동 대 구술되지 않은 활동 비율(%)
(2) 각 텍스트 차원에서의 메타인지 활동 비율(%)
(3) 각 행동 차원에서의 메타인지 활동 비율(%)
(4) 각 번역 지점에서의 메타인지 활동 비율(%)

마지막으로 메타인지 활동 지표들의 순서 역시 살펴봤는데 이는 간섭 없는(uninterrupted) 이해-전환-번역문 생산 과정 및 문제인지-해법 제안-해법 평가 번들들을 파악하기 위한 것이었다. '간섭 없음'으로 분류되려면 한 번들은 '문제인지 지표'에서 시작되어 '해법 평가에서 새로운 문제인지 지표로의 이행'으로 마무리되어야 한다. 만약 또 다른 문제인지 지표가 첫 번째 지표의 해법 제안과 평가 이전에 나타난다면, 해당 번들에는 간섭이 있었던 것으로 간주된다(<표 8>의 예 참고). 각 피험자에 대해 번들된 메타인지 활동 대 번들되지 않은(간섭이 있는) 메타인지 활동의 분포를 계산했다. 이 모든 데이터가 취합된 후 (1) 전문 번역사와 비전문 번역사(학생) 간, (2) 전문 번역사와 독일어-영어 이중언어 구사 학생 간, (3) 이중언어 구사 학생과 나머지 두 학생 간 메타인지 활동과 불확실성 관리 측면의 유사점과 차이점을 평가하기 위한 비교 분석이 이뤄졌다.

4.5. 결과 및 논의

<표 2>는 TAP가 메타인지 활동 측정의 타당한 방법론임을 확인해 준다[바너트와 멩겔캄프, 2008; 프레슬리(Pressley), 2006, p.261]. 상당

한 양의 메타인지 현상이 파악되었고 대부분이 직간접적 구술로 표현되었다. 전문 번역사와 이중언어 구사 학생의 경우 모든 메타인지 활동을 말로 표현했다. 나머지 두 학생도 대부분의 메타인지 활동을 말로 표현했다(각각 84.88%와 91.42%).

<표 2> 메타인지 활동 구술 vs. 비구술

피험자	전체 메타인지 현상	구술	비구술	구술 비율(%)	비구술 비율(%)
전문 번역사	97	97	0	100.00%	0.00%
이중언어 구사 학생	43	43	0	100.00%	0.00%
학생(L1-영어)	86	73	13	84.88%	15.12%
학생(L1-독어)	105	96	9	91.42%	8.58%

구술 데이터 검토 결과, 생각을 소리 내어 말하도록 한 것이 번역 과정을 크게 방해하지는 않은 것으로 나타났다. 화면 녹화 데이터와 구술 데이터를 비교해 보면 구술된 활동이 실제 행해진 프로세스와 거의 일치하고, 이는 구술 내용과 실제 인지 활동 간의 일치를 보여 준 에릭슨과 사이먼의 연구 결과와 일맥상통한다. 본 실험 결과는 번역사가 말로 표현하는 내용과 실제 수행되는 행위는 일치하지 않는다는 투리(1995)의 이론과는 상이하다. 텍스트 규모 대비 구술된 비율이 매우 높다는 점과 발화 내용과 화면/키보드 행동의 일치는 메타인지가 실제로 일어나며 언어로 표현될 수 있다는, 즉 전략적 문제해결 프로세스는 의식적이고 자유 의지에 의한 것이며 작업 기억에서 활발하게 일어난다는 개념에 힘을 실어 준다.

학생 2명의 경우 모든 메타인지 활동을 구술하지는 않았다는 점에서 구술 데이터를 화면 녹화, 키보드, 아이트래킹 및 다른 데이터 수집 방법을 통해 보완할 필요성이 드러난다. 구술이 되지 않은 경우 화면 녹화 프로토콜을 활용할 때 텍스트 차원과 행동 차원 그리고 불확실성 관리 지점을 한층 정밀하게 규명할 수 있었다. 결국 이원적 방법론(dual methodology)을 사용해야만 불확실성 관리에 대한 전체적인 그림을 명확하게 그릴 수 있다.

본 실험 데이터는 또한 학생과 전문 번역사 모두 메타인지를 활용한다는 슈리브의 제안과도 일치한다(2006). 그러나 양적인 측면(총 메타인지 활동의 수)에서 전문성 효과는 두드러지지 않았다. 전문가의 강한 구술 경향(사실상 거의 모든 것을 구술)은 전문 번역사들은 자신들의 사고 프로세스를 쉽게 구술할 수 있으며 이러한 사고 프로세스는 자동화, 절차화, 도식화와 같은 높은 전문성으로 인한 여러 가지 효과로 인해 묻히거나 접근 불가 상태가 되지 않는다는 프레이저(2000, p.112)의 연구 결과를 뒷받침한다. 동시에 학생들이 번역 자체로 인해 갖는 인지적 부담은 자신들의 생각을 구술하지 못할 정도로 크지는 않은 것으로 나타났다. 이렇게 모든 피험자가 메타인지 활동을 구술로 표현했지만 구술을 통해 밝혀진 메타인지 활동의 성격이나 형태는 <표 3>, <표 6> 그리고 <표 9>에 정리된 바와 같이 사실상 전문성에 따라 차이를 보였다.

<표 3> 메타인지가 활용되는 텍스트 차원

피험자	어휘	용어	연어	구문	통사	문장	거시 차원	미분류
전문 번역사	4.12%	35.05%	31.96%	9.28%	8.25%	4.12%	7.22%	0.00%
이중언어 구사 학생	20.93%	39.54%	18.60%	16.28%	0.00%	0.00%	4.65%	0.00%
학생 (L1-영어)	34.89%	13.95%	15.12%	19.77%	3.49%	3.49%	3.49%	5.80%
학생 (L1-독어)	31.43%	31.43%	19.05%	10.48%	0.00%	2.86%	3.81%	0.40%

거시차원(문장 차원 이상=표층 결속성, 심층 결속성, 장르 등)

<표 3>은 텍스트 차원의 경우 전문 번역사와 학생 모두 어휘와 연어에 있어 불확실성을 느끼고 그에 대한 불확실성 관리가 이뤄진다는 점을 시사한다. 그러나 어휘와 연어의 분포에 있어서는 뚜렷한 차이를 보이고 있어, 학생들은 개별 단어에 집중하는 데(어휘에서 높은 비율) 비해 전문 번역사는 맥락 내에서 단어들을 어휘 덩어리로 접근한다는 것(연어에서 높은 비율)을 알 수 있다. 이는 텍스트 차원의 불확실성과 불확실성 관리에 전문성이 영향을 미친다는 방증일 수 있다. 흥미롭게도 전문 번역사의 경우 연어 이상 단위로 넘어가면 비율이 상대적으로 줄어드는데, 이는 일반 통념과는 달리 전문 번역사들이 반드시 문장 수준에서 번역하는 것은 아니라는 연구 결과를 뒷받침한다(아사디와 세귀노, 2005, p.525). <표 6>을 바탕으로 논의될 전문 번역사의 문제인지-해법제안-해법 평가 행동의 패턴을 보더라도 불확실성 관리가 대부분 문장 하부 단위에서 일어나는 것을 알 수 있다. 이는 아사디와 세귀노(2005, p.525)가 제기한 문장을 번역 단위로 볼 것인지에 관한 질문과도 연결된다. 그러나 본 연구에서는 번역 텍스트가 비교적 짧았기(50 단어) 때문에 문장 및 거시 구조적 문제들이 불확실성 관리 행동이 필요할 정도로 심각하지 않았을 수도 있다.

비전문가(학생)들은 단어 차원에서 번역하는 경향이 있다는 전문성 연구 결과들(프레이저, 1996; 티르코넨-콩디, 2000)도 이를 뒷받침한다. TAP와 화면 녹화 프로토콜 결과를 좀 더 면밀하게 살펴보면 학생들은 불확실성 관리의 문제인지 단계에서는 연어를 난해함의 원인으로 지목하지만, 해법 제안 및 평가 단계에서는 연어를 구성하는 요소들을 단어 수준에서 접근하는 것으로 나타났다. 반면 전문 번역사는 연어 차원의 문제를 인지하면 해법 제안 및 평가 단계에서도 연어를 그대로 보존하는 모습을 보였다. (즉 전문 번역사는 두 단어로 이뤄진 연어를 인터넷에서 검색할 경우 따옴표를 이용해 정확한 구문을 검색해 빈도를 추출했다.)

<표 4> 메타인지가 활용되는 행동 차원

피험자	문제인지	해법 제안	해법 평가	미분류
전문 번역사	41.24%	20.62%	25.77%	12.37%
이중언어 구사 학생	20.93%	13.95%	37.21%	27.91%
학생(L1-영어)	30.23%	15.12%	33.72%	20.93%
학생(L1-독어)	29.52%	19.05%	36.19%	15.24%

<표 4>에서는 두 가지 결과에 주목할 필요가 있다. 첫째, 전문 번역사는 학생들에 비해 문제인지 단계에서 메타인지를 눈에 띄게 많이 활용했다. 반면 학생들은 해법 평가 단계의 메타인지 활용 비율이 높았다. 이러한 결과는 전문 번역사가 학생들에 비해 문제의 성격과 범위를 인지하는 역량이 더 뛰어나다는 점을 시사한다. 이는 또한 전문 번역사들이 텍스트 내에서 번역상의 어려움을 암시하는 신호를 인지하고 그에 대응하는 역량이 비전문가에 비해 뛰어나다는 슈리브(2002)의 가정을 재확인한다. 전문가는 학생들에 비해 문제인지 행동을 더 많이 했을 뿐 아니라 문제인지 지표에 이어 다른 불확실성 관리지표가 따라 나오는 경우도 학생들에 비해 많아 보다 균등한 메타인지 활동 분포를 보였다. 해법 제안과 평가에 있어서도 비교적 균등한 분포(각각 20.62%, 25.77%)를 보인 것은 피험자 중 전문 번역사가 유일했다. 이렇게 불확실성 관리에 일정한 순서(sequences)가 드러난다는 것은 앞서 소개된 문제해결 번들 개념에 힘을 실어 주고 실제로 전문가들이 학생들에 비해 문제해결의 단계적이고 순차적인 성격을 더 잘 이해한다는 해석을 가능케 한다. 효과적인 문제인지가 불확실성 관리의 가장 필수적인 요소이며 다음 단계를 위한 촉매제이자 기반이 된다고 보면 전문가들이 문제인지에 많은 시간을 할애하는 것이 타당하다. 문제의 성격과 범위를 효과적으로 파악하면 차후 해법 제안과 평가도 더욱 효과적으로 이뤄질 수 있다.

문제인지 능력 부족이 학생들이 전문가에 비해 해법 평가에 많이 집중하는 한 가지 이유일 수 있다. 혹은 경험 부족으로 인해 자신들의 인지적 자원과 문제해결 능력에 대한 자신감이 부족한 것이 원인일 수도 있다. 전문가는 선행되는 문제인지와 해법 제안 단계에서 좀 더 신중하고 주의 깊게 계획하기 때문에 학생들에 비해 해법 평가에 대한 자신감이 높을 수 있다. 평가에 지나치게 집중하는 것은 초기 문제인지와 해법 제안 단계에 오류가 있다는 신호일 가능성이 높다.

<표 5> 메타인지가 활용되는 지점

피험자	이해	전환	번역문 생산	미분류
전문 번역사	18.56%	47.42%	29.90%	4.12%
이중언어 구사 학생	16.28%	23.26%	60.46%	0.00%
학생(L1-영어)	15.12%	34.88%	44.19%	5.81%
학생(L1-독어)	21.90%	43.81%	33.33%	0.96%

문제해결 프로세스의 결함은 종종 흥미로운 행동으로 이어진다. 예를 들어 화면 녹화 데이터에 따르면 학생들은 번역문을 생산하고 나서 '한참 후'에 해법 제안과 평가를 위한 목적으로 인터넷에서 정보를 검색하는 경우가 많고, 번역문 생산과 그와 관련된 정보 검색 간 시간차가 상당히 길다. 이를 테면 T1이라는 도착 텍스트 단위에 대한 평가(T1의 일부 어휘 항목 검색)가 해당 학생이 T5라는 텍스트 단위를 번역하는 동안에 느닷없이 나타나는 것이다. 이러한 행동은 어떠한 뚜렷한 계기나 설명 없이 나타날 수 있다. 이렇게 '여기저기 옮겨 다니는 행위'는 문제인지-해법 제안-해법 평가의 메타인지 번들들이 상당히 많은 간섭을 받는다는 것을 의미한다. 다시 말해 해당 학생은 번역 과정이 마무리되었어야 하는 시점이 한참 지난 후에도 여전히 자신의 번역문을 평가하고 있는 것이다. 이는 문제해결 프로세스에 문제가 있음을 알리는 대표

적인 신호다. 이러한 '번들 해체' 현상은 <표 6>과 함께 차후 다시 논의될 예정이다.

<표 5>에 따르면 번역 지점에 따른 메타인지 문제해결 활동 양상에 있어서는 전문 번역사와 학생 간에 큰 차이가 없다. 그러나 이중언어 구사 학생을 다른 피험자와 비교해 볼 필요는 있겠다. 이중언어 구사 학생은 전환 지점에서 유의미하게 적은 메타인지 활동을 그리고 번역문 생산 지점에서 유의미하게 많은 메타인지 활동을 보였다. 이중언어 구사가 본 연구의 초점은 아니지만 이중언어 구사 학생의 데이터는 기존 이중언어 구사 연구에서 나온 흥미로운 주장들을 뒷받침한다. 이중언어 구사자의 장기 기억에 좀 더 견고하게 자리 잡은 어휘 및 의미 저장소가 특정 과제(문제인지) 및 특정 인지 프로세스(이해)에는 도움이 되지만 '최종 단계' 과제(해법 평가)와 프로세스(번역문 생산)에 미치는 영향은 적은 것으로 해석될 수 있다.

<표 6> 메타인지 번들링

피험자	간섭 없는 PR-SP-SE 번들	간섭 없는 C-T-P 번들
전문 번역사	64.95%	60.82%
이중언어 구사 학생	53.49%	62.79%
학생(L1-영어)	37.21%	41.86%
학생(L1-독어)	54.28%	47.62%

PR=문제인지, SP=해법 제안, SE=해법 평가, C=이해, T=전환, P=번역문 생산

<표 6>은 전문가와 학생 간 메타인지 활동의 형태 차이에 관해 추가적인 실마리를 제공한다. 전문 번역사는 간섭 없는 문제인지-해법 제안-해법 평가 번들의 비율이 나머지 세 명의 피험자에 비해 높았다. 이는 전문가가 복잡한 인지적 문제해결 전략으로서의 번역의 통합적인 성격에 대한 '메타 인식' 수준이 더 높다는 것을 의미할 수 있다. 전문가

의 경우 불확실성이 처음 발생했을 때 문제인지, 해법 제안, 해법 평가 행동의 전략적인 순환을 통해 불확실성 관리를 성공으로 이끄는 것이다. 본 연구에서 비전문가들은 문제해결 단계들의 번들이 풀리는 경향이 전문가에 비해 많은 것으로 나타났다. 번들들이 방해를 받고, 미완의 상태로 남겨졌으며, 해법 평가가 성공적으로 마무리되지 못했고, 문제인지 역시 제대로 이뤄지지 않았기 때문에 여러 문제 사이를 오가는 경향을 보였다. 모든 학생들이 문제인지에 비해 해법 평가에서 더 높은 비율을 보였다. 이는 해법 평가가 애초에 제대로 진단되지 못한 문제에 대한 해답을 찾아 헤매는 행위로 전락했음을 의미한다. 이렇게 번들이 흔들리고 해체되는 것은 문제해결에 있어 순차적인 계획이 부족했기 때문으로 볼 수 있다. 요컨대 전문가와 비전문가 공히 문제해결을 위해 메타인지 활동을 활용하지만 그러한 활동이 일어나는 방식에는 상당한 차이가 존재하는 것이다. 비전문가의 경우 보다 굴절되고 예측이 어려운 형태로 나타난다.

전문 번역사와 이중언어 구사 학생은 간섭 없는 이해-전환-번역문 생산 측면에서 비교적 유사한 비율을 보였다는 점이 흥미롭다. 이는 전문가가 이중언어 구사 학생이 노출을 통해 발달시킨 것과 동일한 절차를 연습을 통해 발전시켰기 때문일 수 있다. 일화 기억(episodic memory)과 반복된 연습은 번역사의 전문성에 기여하는 중요한 요소이다. 문제인지-해법 제안-해법 평가 번들의 반복적이고 예측 가능한 순환이 번역에서 불확실성 관리를 목적으로 한 메타인지 적용의 전문성을 판가름하는 '황금 지표(golden indicator)'일 수 있다. 전문가 프로토콜 데이터에서 발췌한 <표 7>의 내용은 그러한 번들들이 특정 번역 단위(이 경우 연어 관련)를 인지적 관점에서 정의하는 데 활용될 수 있음을 보여 준다. 이 예에서는 두 개의 번들이 동일한 연어를 정의한다.

반면 <표 8>은 피험자 중 한 학생의 사례인데 해체되고 흐트러진 불확실성 관리의 모습을 보여 주고 있다.

<표 7> PR-SP-SE 번들로 정의된 인지적 번역 단위

구술/행동	텍스트 차원	행동 차원	지점
"taken sie Energie."	연어	문제인지	이해
"re-something… rejuvenate?"	연어	해법 제안	전환
"no."	연어	해법 평가	전환
"taken sie Energie."	연어	문제인지	전환
"rejuvenate? recover?"	연어	해법 제안	전환
"recharge your batteries?"	연어	해법 제안	전환
"there we go… recharge your batteries."	연어	해법 평가	생산
"that will work… that's pretty close."	연어	해법 평가	생산
"Nordsee… that's North Sea isn't it?"			

<표 8> 해체되고 혼란스러운 불확실성 관리지표

구술/행동	텍스트 차원	행동 차원	지점
"die einzigartige Kraft."	연어	문제인지	이해
"einzigartig."	어휘	문제인지	이해
"one of a kind is good."	어휘	해법 평가	생산
"Hochsee."	용어	문제인지	이해
"high seas is good."	용어	해법 평가	전환
"I can't really translate Kraft as strength."	어휘	문제인지	전환
"high-seas climate."	용어	미부류	생산
"und da waehrend des ganzen Jahres."	구문	문제인지	전환

처음 불확실성의 원인이 되는 연어(*die einzigartige Kraft*)는 해법 제안과 평가를 통해 직접적으로 다뤄지지 않는다는 점에 주목할 필요가 있다. 문제인지 관련 언급이 두 번 이뤄진 것은(연어에 관한 문제인지 직후 *einzigartig*에만 초점을 맞춘 문제인지 성격의 구술이 있었음) 문제 진단에 있

어 불확실성이 있었음을 의미한다(연어냐, 어휘냐). 연어가 분리되고 두 개의 어휘적 요소가 개별 단어 차원에서 다뤄지는데 이 역시 뒤에 나오는 단어(*Hochsee*)로 인한 불확실성 때문에 혼란스러운 상태로 진행된다. 따라서 기존 문제해결 과정은 방해를 받고 미완의 상태로 남는다. *Einzigartig*에 대한 해법으로 *one of a kind*가 생산되지만, *Kraft*는 해결되지 못하고 나중에 새로운 어휘 문제로 재등장한다. 또한 이 발췌본에는 해법 제안을 나타내는 지표는 없다는 점도 주목할 만하다.

<표 9> 문제인지 및 불확실성 표시 방식

피험자	직접 구술	간접 구술	오랜 멈춤(3+s)	검색	키보드 행동
전문 번역사	40.00%	32.50%	17.50%	7.50%	2.50%
이중언어 구사 학생	33.33%	11.11%	0.00%	55.55%	0.00%
학생(L1-영어)	15.38%	11.54%	15.38%	57.69%	0.00%
학생(L1-독어)	19.35%	12.90%	22.58%	45.16%	0.00%

<표 9>의 데이터는 문제인지가 처음 드러난 방식에 따라 피험자들이 불확실성 관리를 어떻게 시작하는지에 대한 실마리를 제공해 준다. 앞서 언급했듯이 문제인지는 당면 과제에 주의를 집중시키고 능동적이고 신중한 계획을 통해 다음 단계인 해법 제안과 평가 전략을 가능케 하기 때문에 불확실성 관리에서 중심적인 역할을 한다. 전문 번역사는 직간접적인 구술을 통해 불확실성을 드러내는 경우가 많았고 즉각적인 인터넷 검색은 자제했다. 반면 학생들은 보통 3초 이상 동안 작업을 멈춘 뒤 즉각적인 검색을 통해 불확실성에 직면했음을 드러냈다. 직접적인 구술을 통해 불확실성 인지를 표시하는 경우는 전문 번역사에 비해 적었다.

이러한 데이터를 종합해 보면 전문성 덕분에 전문가는 비전문가에

비해 메타인지를 구술하는 능력이 더 뛰어난 것으로 보인다. 이는 번역에서와 같이 수련을 통해 쌓이는 전문성은 메타인지의 효과적인 사용과 직접적인 상관관계가 있다는 연구 결과 역시 확인해 준다. 전문가들이 문제를 말로 표현하는 경향은 이들이 비전문가에 비해 메타인지적 지식수준이 높고(출발 텍스트에 드러난 실마리에 대한 높은 민감도, 다양한 번역 문제들의 성격 및 자신들의 메타인지 자원의 성격과 정도에 대한 높은 인식 수준) 문제해결 전략과 불확실성 관리 단계를 적극적으로 통제하는 능력인 메타인지 통제 능력이 더 뛰어나다는 점을 보여 준다고 할 수 있다. 학생들의 경우 구술의 비율이 낮았다는 것은 불확실성은 높으면서 자신감은 없다는 방증일 수 있다. 인터넷 검색에 대한 의존성은 자신의 능력에 대한 자신감 부족, 인지 자원 부족, 충분히 발달되지 않은 (혹은 아직 발달되지 않은) 메타인지 불확실성 관리 능력으로 인한 문제해결 능력 부족을 시사한다. 대신 익명의 '타인'의 의견을 더 신뢰하는 것이다.

5. 결론 및 연구 제언

본 연구는 번역의 불확실성 관리의 맥락에서 메타인지 문제해결 활동을 설명하기 위한 다차원적 실증 체계 구축을 목표로 했다. 이를 통한 이차적인 목표는 프로세스 중심 번역 연구에서 메타인지 개념에 대한 면밀한 연구와 응용의 필요성에 관한 인식을 제고하는 것이었다. 본 연구의 예비 결과는 문제해결에 있어 메타인지는 전문성과 밀접한 관계가 있다는 다른 분야에서의 연구 결과를 뒷받침한다.

본 연구의 가설은 실험 결과에 의해 검증되었고 몇 가지 새로운 가설이 가능해졌다. 이러한 가설을 검증하기 위해서는 추가 연구를 통한 훨씬 많은 데이터 축적이 필요하다. 향후 연구에서는 표본 규모를 확대(전문가, 이중언어 구사자, 학생 수 확대)하고 다른 언어 쌍과 텍스트 장르, 텍스트 길이를 가지고 결과를 재검증할 필요가 있겠다. 피험자가 전문가 1인, 이중언어 구사자 1인, 학생 2인으로 소규모였기 때문에 이들만을 대상으로 한 실험 결과를 바탕으로 결론을 내리기에는 무리가 있다. 그러나 본 연구를 통해 얻은 데이터가 두 가지 측면에서 향후 연구를 위한 출발점을 제시해 줄 수 있다.

TAP는 불확실성 관리 프로세스와 관련이 있기 때문에 메타인지 활동을 포착하는 데 매우 유용하다. 메타인지는 여전히 사고발화 방법이 활용될 수 있는 분야인 것이다. 또한 구술을 통해 불확실성 관리 시 번역사의 머릿속에 어떤 일이 일어나는지에 관한 기본적인 아이디어를 얻을 수 있다면, 화면 녹화와 같은 추가적인 방법을 활용해 삼각 검증함으로써 이해-전환-번역문 생산 과정과 문제인지-해법 제안-해법 평가 번들들 사이의 변환 지점에 대한 데이터 해석에 정밀성을 더할 수 있다. 향후 연구에서는 사고발화 데이터를 아이트래킹 데이터와 결합해 불확실성 관리를 삼각 검증하는 것도 흥미로운 방법일 것이다.

<표 10> 불확실성 관리를 위한 메타인지 활동 양상 비교

변수	전문가	비전문가
문제인지가 드러나는 방식	직간접적 구술	긴 침묵과 즉각적인 검색
PR-SP-SE 번들링 경향	강	약
C-T-P 번들링 경향	강	약*
메타인지 활동 지점	큰 차이 없음	큰 차이 없음
메타인지 활동의 행동적 차원	문제인지	해법 평가
메타인지 활동의 텍스트 차원	용어 및 연어	어휘 및 용어
메타인지 활동 구술 정도	높음	높음
인지적 번역 단위를 암시하는 행동	있음	없음

* 다른 학생들과 전문가에 비해 C-T-P 번들링 비율이 높았던 이중언어 구사 학생은 예외

메타인지 활동은 복잡하고 계층적이며 다른 인지 활동 및 관찰 가능한 행동과 맞물려 있기 때문에 측정하기가 어렵다. 본 연구를 처음 구상했을 당시 불확실성 관리의 전문성은 전문가가 비전문가에 비해 메타인지 지표를 더 많이 표현함으로써(예: 직접 구술) 드러날 것이라는 가정이 세워졌다. 실험 결과가 이 가정과 일치하기는 했지만 메타인지와 구술의 양 자체가 전문성 및 과제 수행 개선을 판단하는 지표가 될 수는 없다는 점 역시 드러났다. 오히려 불확실성 관리가 진행된 '방식'이 단순 빈도에 비해 번역의 성공을 가늠할 수 있는 훨씬 신뢰할 만한 지표였다. 슈리브(2006)가 제안한 대로 전문가와 비전문가 모두 메타인지를 활용하기 때문에 성공적인 적용에 관한 평가를 위해서는 활용 여부가 아닌 활용된 방식에 초점을 맞출 필요가 있다. 메타인지적 문제해결과 전문성의 관계를 제대로 이해하려면 불확실성 관리에 있어 전문가와 초보의 메타인지 활동의 정확한 성격과 형태를 좀 더 세부적으로 밝힐 수 있는 연구가 필요하다. <표 10>은 본 연구에서 나타난 전문가와 비전문가의 메타인지 '양상'을 요약해 놓고 있다. 이는 향후 연구에 도움이 될 수 있으며 불확실성 관리에 관한 새로운 연구 질문을 위한 자료가 될 수 있겠다.

미주

1. 출발 텍스트(ST)는 도이치 반 홈페이지에 게재되었던 내용이다: **http://www.hahn.de/regional/view/schholst/spezial1/aktion_d_borkum.shtml**

2. 화면상의 모든 활동을 작업 방해 없이 기록하는 어플리케이션으로 사후 분석을 위한 비디오 재생도 가능하다. 추가 정보는 **http://www.techsmith.com/camtasia.asp** 참고.

첨부

Borkum "Aktiv erholen"

Nehmen Sie sich mal wieder Zeit für lange Strandspaziergänge und tanken Sie Energie. Auf der Nordseeinsel Borkum belebt und regeneriert die einzigartige Kraft des Hochseeklimas — und das während des ganzen Jahres! Dank tausender Aerosole ist die Luft nirgends reiner und schadstoffarmer — Energie pur!

Quelle: http://www.bahn.de/regional/view/schholst/spezial1/aktion_d_borkum.shtml

참고문헌

Alves, Fabio and Gonçalves, José Luiz. 2004. "Modelling translator's competence: Relevance and expertise under scrutiny." In *Doubts and Directions in Translation Studies*, Yves Gambier, Miriam Shlesinger, and Radegundis Stolze (eds), 41-55. Amsterdam: John Benjamins.

Arzt, Alice F. and Armour-Thomas, Eleanor. 1992. "Development of a cognitive-metacognitive framework for protocol analysis of group problem solving in mathematics." *Cognition and Instruction* 9 (2): 137-175.

Asadi, Paula and Séguinot, Candace. 2005. "Shortcuts, strategies and general patterns in a process study of nine professionals." *Meta* 50 (2): 522-547.

Bannert, Maria and Mengelkamp, Christoph. 2008. "Assessment of metacognitive skills by method affect learning?" *Metacognition and Learning* 3: 39-58.

Berardi-Coletta, Bernadette, Buyer, Linda. Dominowski, Roger, and Rellinger, Elizabeth. 1995. "Metacognition and problem solving: A process-oriented approach." *Journal of Experimental Psychology* 21 (1): 205-223.

Davidson, Janet, Deuser, Rebecca and Sternberg, Robert. 1994. "The role of metacognition in problem solving." In *Metacognition: Knowing About Knowing*, Janet Metcalfe and Arthur P. Shimamura (eds), 207-226. Cambridge, MA: MIT Press.

Ericsson, K Anders and Simon, Herbert. 1984. Protocol Analysis. *Verbal Reports as Data.* Cambridge, MA: MIT Press.

Flavell, John. 1979. "Metacognition and cognitive monitoring: A new era of cognitive-developmental inquiry." *American Psychologist* 34: 906-911.

Flavell, John 1987. "Speculations about the nature and development of metacognition." In *Metacognition, Motivation and Understanding*, Franz E. Weinert and Rainer H. Kluwe (eds), 21-29, Hillsdale, NJ: Erlbaum.

Fraser, Janet. 1996. "The translator investigated: Learning from translation process analysis." *The Translator* 2 (1) 65-79.

Fraser, Janet. 2000. "What do real translators do? Developing the use of TAPs from professional translators." In *Tapping and Mapping the Processes of Translation and Interpreting: Outlooks on Empirical Research*, Sonja Tirkkonen-Condit and Riitta Jääskeläinen (eds), 111-121. Amsterdam: John Benjamins.

참고
문헌

Garner, Ruth. 1988. "Verbal report data on cognitive and metacognitive strategies." In *Learning and Study Strategies: Issues in Assessment, Instruction and Evaluation,* Claire E. Weinstien, Ernest T. Goetzand Patricia A. Alexander (eds), 63-76. San Diego CA: Academic Press.

Garner, Ruth and Alexander, Patricia. 1989. "Metacognition: Answered and unanswered questions." *Educational Psychologist* 24: 143-158.

Hansen, Gyde. 2003. "Controlling the process: Theoretical and methodological reflections on research into translation processes." In *Triangulating Translation,* Fabio Alves (ed.), 25-42. Amsterdam, John Benjamins.

Jääskeläinen, Riitta. 1999. *Tapping the Process: An Explorative Study of the Cognitive and Affective Factors Involved in Translating.* Joensuu: University of Joensuu.

Jacobs, Janis and Paris, Scott. 1987. "Children's metacognition about reading: Issues on definition, measurement, and instruction." *Educational Psychologist* 22: 255-278.

Myhill, Debra. 2007 "More than just error correction: Students' perspectives on their revision processes during writing." *Written Communication* 24 (4): 323-343.

Paris, Scott and Winograd, Peter. 1990. "How metacognition can promote learning and instruction." In *Dimensions of thinking and cognitive instruction,* Beau F Jones and Lorna Idol (eds), 15-52. Hillsdale, NJ: Erlbaum.

Pressley, Michael. 2000. "Development of grounded theories of complex cognitive processing: Exhaustive within and between-study analysis of think-aloud data." In *Issues in the Measurement of Metacognition*, Gregory Schraw and James C. Impara (eds), 261, 296. Licoln: Buros Institute of Mental Measurements, University of Nebraska Press.

Shreve, Gregory. 2002. "Knowing translation: Cognitive and experiential aspects of translation expertise from the perspective of expertise studies." In *Translation Studies: Perspectives on an Emerging Discipline,* Alessandra Riccardi (ed.), 150-171. Cambridge: Cambridge University Press.

Shreve, Gregory. 2006. "The deliberate practice: Translation and expertise."

Journal of Translational Studies 9 (1): 27-42.

Shreve, Gregory. 2009. "Recipient- Orientation and Metacognition in the Translation Process." In *Minding the Translation Receiver*, Rodica Dmitriu (ed). Brussels: Les Editions du Hazard.

Sirén, Seija and Hakkarainen, Kai. 2002. "Expertise in translation." *Across Languages and Cultures* 3 (1): 71-82.

Sitko, Barbara. 1998. "Knowing how to write: Metacognition and writing instruction." In *Metacognition in Educational Theory and Practice*, Douglas J. Hacker, John Dunlosky and Arthur C. Graesser (eds), 93-115. Mahweh, NJ: Erlbaum.

Tirkkonen-Condit, Sonja and Laukkanen, Johanna. 1996. "Evaluations – a key towards understanding the affective dimension of translational decisions." *Meta* 14 (1): 45-59.

Tirkkonen-Condit, Sonja. 1997. "Who verbalizes what: A linguistic analysis of TAP texts." *Target* 9 (1) 69-84.

Tirkkonen-Condit, Sonja. 2000. "Uncertainty in translation processes." In *Tapping and Mapping the Processes of Translation and Interpreting: Outlooks on Empirical Research,* Sonja Tirkkonen-Condit and Riitta Jääskeläinen (eds), 123-142. Amsterdam: John Benjamins.

Tirkkonen-Condit, Sonja. 2005. "The Monitor model revisited: Evidence from process research" *Meta* 50 (2) 405-414.

Toury, Gideon. 1995. *Descriptive Translation Studies and Beyond.* Amsterdam: John Benjamins.

번역에서 읽기와 쓰기 프로세스 조정: 미답의 영역 탐구

바바라 드래그스테드(Barbara Dragsted)
덴마크 코펜하겐비즈니스스쿨

본 연구에서는 번역 전공 학생들과 전문 번역사들이 출발어 이해와 도착어 생산 프로세스를 조정하는 방식을 알아보고자 했다. 번역 과정의 읽기와 쓰기 프로세스에 관한 번역사 행동 데이터를 사전 번역, 출발 및 도착 텍스트에 대한 시각적 주의, 읽기와 번역문 생산 모드 간 변환, 아이-키 스팬 그리고 휴지(pauses)를 중심으로 아이트래킹과 키보드 로깅 기술을 활용해 수집 및 분석했다. 데이터 분석 결과, 전문가의 특징이라 할 수 있는 통합적 조정과 학생의 특징이라 할 수 있는 순차적 조정의 구분이 가능했다. 설명하기 어려운 데이터 스트림상의 끊김(즉 휴지)이 여전히 존재하지만 종합적인 아이트래킹 데이터를 통해 번역상 인지적 처리에 관한 지표들을 보다 정확하게 설명할 수 있게 되었다.

1. 서론

번역을 하려면 최소한 두 언어로 읽고 쓰는 능력과 이러한 능력을 조합하고 조정(coordinate)할 수 있는 역량이 요구된다. 번역사들이 출발 텍스트(ST)의 의미를 구축하는 프로세스와 도착 텍스트(TT)로 의미를 표현하는 프로세스를 어떻게 조정하고 한 언어의 이해 프로세스가 다른 언어의 텍스트 생산 프로세스로 어떻게 변환되는지를 이해하는 것이 번역 프로세스 이해에 핵심적인 부분임에도 불구하고 이에 대한 우리의 이해도는 여전히 초기 단계에 머물고 있다. 본고에서는 출발어(SL) 독해와 도착어(TL) 생산 프로세스 간 조정에는 어떤 특징이 있는지 그리고 번역을 전공하는 학생들과 전문 번역사들 사이의 차이점이 규명될 수 있는지 여부에 대한 실마리를 모색하고자 한다.

TT 생산을 기록할 수 있는 '키보드 로깅(keyboard logging)'과 ST 독해와 TT 모니터링 시 번역사의 시선을 추적할 수 있는 '아이트래킹(eye tracking)'과 같이 다양한 번역 프로세스를 모니터할 수 있는 기술들이 나와 있기 때문에 번역의 여러 단계에서 어떤 일이 진행되는지에 대한 한층 심도 깊은 통찰이 가능하다. 본고에서는 번역사들이 번역 과정에서 읽기와 쓰기 프로세스를 수행하고 조정하는 방식을 고찰하기 위해 아이트래킹과 키보드 로깅 방식을 활용한 실험 결과를 보고하고자 한다.[1] 실험을 통해 읽기, 쓰기, 모니터링과 같은 번역 관련 활동들에 대한 데이터를 얻을 수는 있지만 이러한 활동들 간의 조정은 번역사의 머릿속에서 일어나며, 화면과 키보드상에서 볼 수 있는 내용을 통해서는 분명하게 드러나지 않는다. 따라서 우리의 과제는 '조정'의 개념을 조작화하고 기록 가능한 번역사 행동 데이터를 분석 및 해석해, 번역 프로세스 연구에 있어 끝없는 숙제라 할 수 있는 인지적 프로세스에 관한 보다 많은 정보를 도출하는 것이다.

본고에서는 (a) ST와 TT에 대한 시각적 주의(주시 시간 및 응시 지속시간/횟수 측면); (b) 읽기/이해 모드와 생산 모드 간 전환; (c) ST 응시와 대응 TT 생산 간 간격을 의미하는 '아이-키 스팬(eye-key span)'(통역의 청성시차(ear-voice span, EVS) 참고); (d) 휴지(데이터 스트림의 끊김)에 초점을 맞춘다. 이를 통해 사용자 활동 데이터 분석뿐 아니라 실험 결과에 대한 해석 역시 시도될 것이다. 결과 해석은 제한된 정보로 인해 어느 정도는 추측 수준에 머무를 수밖에 없다는 한계가 있지만 번역 과정에서 일어나는 인지적 프로세스를 설명하는 데 도움이 될 만한 타당한 가정을 도출할 수 있기를 기대한다.

2. 통번역에 있어 이해와 생산 프로세스

통역 특히 동시통역과 관련해서 일부 학자들이 이해와 생산 그리고 두 프로세스 간 조정을 연구한 바 있다[예: 질(Gile), 1995, 1997; 세튼(Setton), 1998; 이태형, 1999; 바요 외(Bajo et al.), 2000; 댐(Dam), 2001].

질(1995)에 따르면 동시통역에서는 작업 기억이 세 가지 다른 기능 혹은 '노력(efforts)'을 동시에 처리해야 한다—(1) 출발어(SL)로 이해, (2) 도착어(TL)로 재구성, (3) 통역사가 처리 중인 언어적 요소를 임시로 기억에 저장, 여기에 위의 세 기능을 조정하는 노력도 추가되어야 한다(p.166 이후 참고)—. 질의 모형이 규정한 각 노력은 각기 다른 세그먼트와 관련이 있다: '생산 노력'은 세그먼트 A를 생산하는 것과 관련이 있고, '기억 노력'은 세그먼트 A에 따라 나오는 세그먼트 B를 저장하는 것 그리고 '이해 노력'은 세그먼트 B에 이어 나오는 세그먼트 C를 청취하는 것과 관련이 있다(p.170). 뿐만 아니라, 통역을 진행하는 동시에 품질을 완벽하게 평가하기란 쉽지 않음에도 불구하고 통역사들은 시간 압박과 높은 인지 부담을 겪으면서도 통역 결과물을 모니터하는 노력 역시 기울이게 된다(p.37).

이에 비해 번역 과정에서는 여러 노력이 동시에 진행될 필요는 없다. 동시통역사와 달리 번역사들은 한 번에 한 가지 세그먼트, 한 가지 노력에만 집중하면 된다(p.170). 따라서 번역에서는 '포화'와 '부적절한 처리 노력 관리'와 같은 상황은 거의 일어나지 않고, 통역사와는 달리 번역사는 자신의 모든 인지 능력을 출발 텍스트 읽기와 이해에만 집중한 후 도착 텍스트 생산 단계로 넘어가면 된다(p.185 이후).

그러나 이해와 생산은 번역 과정에서도 지속적으로 공존하며[질, 1995, p.102; 옌센(Jensen), 2001, p.43; 당세트(Dancette), 1970, p.80] 두 가지 별개의 활동으로 쉽게 분리될 수 없다. 번역사는 TL 대응어를 생산하기 위한 목적으로 SL을 읽고 이해하며 이런 의미에서 볼 때, 이해 과정에서도 항상 생산을 염두에 둔다. 하팀과 메이슨(Hatim and Mason, 1990, p.224)은 "번역사는 일반 독자에 비해 더 철저하고 신중한 내용 처리를 한다"고 서술한다. 이는 야콥센과 옌센(Jakobsen and Jensen, 2008, p.109 이후)에 의해서도 확인되었다. 따라서 읽기와 쓰기 노력의 조정은 ST의 의미를 TT 결과물로 전환하기까지의 번역 과정 전체에 걸친 활동으로 볼 수 있다. 본 연구에서는 이렇듯 ST 이해와 ST에서 TT로의 전환 그리고 TT의 모니터링까지도 일부 포함되는 광의적 조정의 개념을 채택하기로 한다.

3. 텍스트 생산 과정에서의 휴지(pauses)

단일 언어 텍스트 생산에서든 번역에서든 휴지는 인지적 처리를 알리는 신호로 여겨져 왔다[버터워스(Butterworth), 1980; 야콥센, 1998; 드래그스테드, 2005; 오브라이언(O'Brien), 2006; 괴퍼리히(Göpferich), 2008]. 한 예로, 스킬퍼로드(Schilperoord, 1996, p.9)는 "텍스트 생산 과정에서 나타나는 휴지는 주의 상태 변화에 수반되는 인지적 프로세스가 행동적으로 반영된 것"이라고 서술했으며 휴지를 통해 표시되는 인지적 활동은 대부분 텍스트 생산을 지속하는 데 필요한 정보를 장기 기억에서 인출하는 과정을 반영한다(p.47). 따라서 휴지는 텍스트 생산 단위들 간의 경계를 나타내는 지표로 해석되어 왔다.

이와 유사하게 번역 연구에서 휴지는 도착 텍스트에서 새로운 생산 단위의 준비를 반영하는, 즉 분절 패턴을 표시하는 역할을 하는 것으로 나타난 바 있다(드래그스테드, 2005, p.64). 최근까지 양적 분석은 키스트로크 로깅 프로그램인 트랜스로그(Translog)와 같은 툴을 활용해 TT 결과물 중심으로 이뤄졌다[야콥센과 쇼우(Jakobsen and Schou), 1999]. 그런데 현재는 아이트래킹 기술의 접목으로 번역사가 ST와 TT를 읽는(TT의 경우 생산과 동시에 읽는 것) 과정에 대한 정보 역시 얻을 수 있게 되었다.

이러한 시선 데이터 덕분에 쓰기 과정에서 나타나는 휴지 중 많은 부분이 ST 읽기나 TT 모니터링에 의한 것임을 알게 되었기 때문에 휴지로 기록되는 데이터의 양은 감소했다. 그러나 데이터 스트림상의 공백(휴지), 즉 기록 가능한 활동이 없는 구간은 여전히 존재한다. 본 연구에서는 휴지의 분포를 분석함으로써 번역 과정에서 끊김이 발생하는 원인을 알아보고자 한다.

4. 연구 설계 및 방법

4.1. 피험자

피험자는 코펜하겐비즈니스스쿨 통번역 석사 과정에 재학 중인 학생 14명과 번역을 공부하고 실제로 번역사로 일한 경험이 8년 이상인 전문 번역사 8명으로 구성되었다[에릭슨(Ericsson), 2000, p.213]. 각 그룹에서 아이트래킹 데이터의 품질이 가장 높고 시선 대 단어 매핑(gaze-to-word mapping)이 가장 정확한 6명씩을 선정했다.

4.2. 절차

본고에서 보고되는 실험들은 학생 피험자들로 하여금 다양한 과제를 수행하도록 한 더 큰 규모의 연구의 일부이다. 이들 학생들이 수행한 과제에는 번역 목적의 읽기, 시간 압박 없는 번역, 시간 압박하에 수행된 번역, 어휘력 검사[다이아랭(Dialang) 검사][2]가 있다. 피험자들은 자신들의 언어 능력(모국어, 제1 외국어, 제2 외국어 등)에 관한 몇 가지 질문을 받았다. 피험자의 시선이 평상시보다 오래, 즉 250밀리초 이상 특정 단어들에 고정되어 있을 때마다 해당 단어들 위쪽에 제시되는 안구유도 사전 프롬프트(eye-generated dictionary prompts)를 활용한 실험 역시 진행되었다[레이너(Rayner), 1998, p.373].

본고에는 시간 압박이 없는 상황에서 진행된 읽기와 번역 과제 데이터만 포함되었다. 읽기 과제에서는 화면에 제시되는 영어로 된 100단어 길이의 짧은 단락을 소리 내지 않고 속으로 읽도록 했다(첨부 A 참조). 해당 단락을 읽은 후에 덴마크어로 번역할 것임을 피험자들에게 미리 설명했기 때문에 이는 '번역을 목적으로 하는 읽기' 과제로 볼 수 있다. 번역 과제에서는 이전과 동일한 텍스트가 제시되었으나 이번에는 해당 텍스트를 평소에 하던 방식대로 번역하도록 지시했다. 그러나 사전이나 기타 번역에 도움이 될 만한 자료 이용은 금지했다.

모든 피험자의 읽기와 번역 프로세스 데이터는 토비 1750 아이트래커(Tobii 1750 eye-tracker)를 사용해 수집했다.[3] 번역이 진행되는 동안 피험자들의 키보드 사용 데이터가 트랜스로그(translog)에 기록되었다(야콥슨과 쇼우, 1999). 안구 움직임은 아이트래킹 소프트웨어인 클리어뷰(ClearView)를 이용해 분석했고 고정된 시선에 기반한 자동 단어 식별을 위해서는 EU의 EYE-TO-IT 프로젝트[4] 과정에서 개발된 툴인 게이즈 투 워드 매핑(Gaze-to-Word Mapping, GWM)을 활용했다. 드래그스테드와 한센(Dragsted and Hansen, 2008)의 연구에서 GWM을 활용한 매핑은 인식률(시선 고정이 바르게 단어에 매핑되는 비율)이 80%로 상당한 불확실성이 있다고 보고하고 있다. 또한 옌센(2008)에 따르면 인식률이 65%에서 75% 사이이다.

5. 결과 및 논의

5.1. 사전 번역

번역을 위한 읽기 과제의 결과는 이 단계에서 번역 관련 활동이 시작되었는지, 즉 사전 번역(pre-translation)이 읽기 과정에서 일어났는지 여부를 확인하기 위한 목적으로 분석했다.

번역을 위한 읽기 과제에서 나온 아이트래킹 데이터를 속으로 읽기와 이해를 위한 읽기 과제의 데이터와 비교했다. 레이너(1998, p.373)는 속으로 읽기에서 평균 응시 지속시간이 225밀리초라고 보고하고 야콥센과 옌센(2008, p.114)은 이해를 위한 읽기에서 평균 응시 지속시간이 205밀리초라고 한 바 있다.[5] 본 연구의 번역을 위한 읽기 과제에서 학생들은 평균 231밀리초의 응시 지속시간을 보였고 전문 번역사들의 경우 245밀리초였다.

따라서 학생들의 평균 응시 지속시간은 레이너(1998, p.373)가 보고한 속으로 읽기 시 응시 지속시간 평균치와 매우 가깝다. 반면 전문 번역사들의 평균 응시 지속시간은 레이너의 속으로 읽기 시 평균치보다 조금 길었고 야콥센과 옌센(2008, p.114)이 보고한 이해를 위한 읽기 시 평균치보다는 상당히 길었다. 전문가들의 읽기 패턴으로 볼 때, 번역을 위한 읽기는 일반적인 읽기에 비해 더 철저하고 신중하다는 것을 알 수 있다(하팀과 메이슨, 1990, p.224).

<그림 1>의 시선 플롯은 번역을 위한 읽기 과제 수행 중 나타나는 학생과 전문 번역사의 행동 양상의 차이를 보여 주고 있다. 시선 플롯 상 점의 크기는 응시 지속시간을 뜻한다. 즉 원의 지름이 길수록 지속시간도 길다는 의미이다. 학생들의 응시 패턴을 보면 시선이 고정되는 경우가 거의 없거나 지속시간이 짧은 데(평균보다 횟수가 적거나 짧음) 비해 전문 번역사들의 경우 시선 고정이 더 빈번히 그리고 길게 일어난다

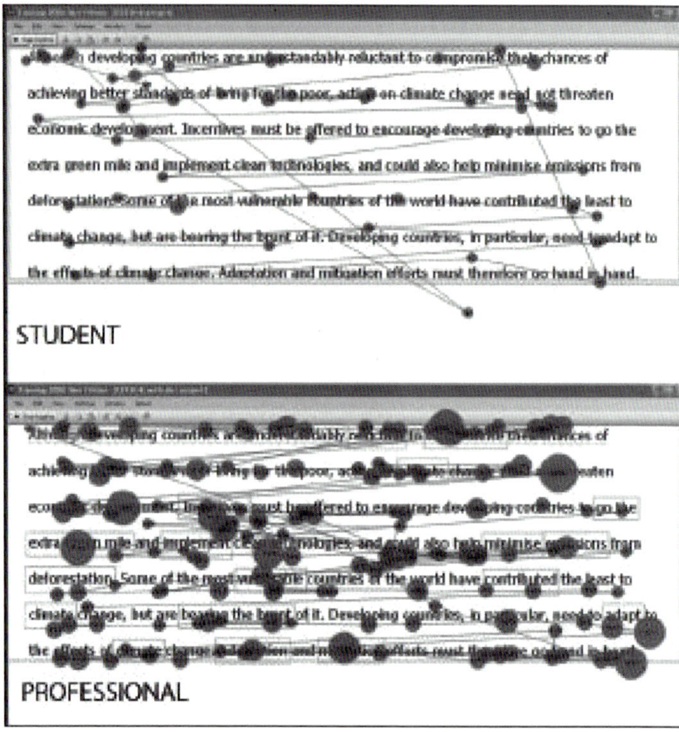

<그림 1> 번역을 위한 읽기 과제 중 시선 플롯(gaze plots)

는 점에 비춰 볼 때, 전문가들은 ST의 의미를 어떻게 TT의 의미로 전환할 것인가에 대한 고민을 이 단계에서 시작하는 것으로 보인다.

본 연구에서 도출된 응시 데이터와 번역을 위한 읽기 과제에 소요된 총시간(학생은 평균 49초, 전문가는 94초)을 종합해 볼 때, 전문 번역사들은 이해를 위한 읽기 이상의 작업으로 자신들의 인지 능력에 부하를 주는 것으로 보인다. 즉 최초 읽기 단계에서 사전 번역이 일부 일어나며 조정 작업도 시작되어 번역 단계에서는 인지 노력 부하가 어느 정도 감소될 수 있는 것이다.

5.2. ST와 TT에 대한 주의 집중

번역 과제에서 ST는 화면 위 창에 나타났고 번역사들은 화면 아래쪽 창에 TT 번역문을 작성했다. 따라서 번역사들의 주의가 거의 동일한 크기의 두 창으로 분산되었다.

여기서 주의(attention)라 함은 시각적 주의, 즉 기록 가능한 안구 고정을 의미한다. 저스트와 카펜터(Just and Carpenter, 1980, p.330)의 '눈-마음의 관계에 대한 가정(eye-mind assumption)'에 따르면 특정 시점에 한 항목이나 단어에 시선이 고정되어 있다는 것은 그 시점에 그 항목이나 단어가 인지적으로 처리되고 있음을 나타낸다. 화면상의 ST와 TT 영역에 대한 시선 관련 데이터 분석 결과가 <표 1>에 제시되어 있다.

<표 1> 평균 과제 수행 시간 및 ST/TT에 대한 시각적 주의

	학생			전문가		
총 과제 소요시간(ms)		672000			427000	
주의 분산	ST		TT	ST		TT
총 응시 시간(ms)	119956		146559	82148		90903
평균 응시 지속시간(ms)	200		233	253		276
응시 횟수	572		540	318		366

학생들은 예상대로 과제 수행에 더 많은 시간을 필요로 했고, 그 결과 전문가들에 비해 총 응시 시간도 더 길었다. 응시가 없는 시간도 전문가 집단(254밀리초)에 비해 학생 집단(406밀리초)이 길었다. 번역문 생산(키스트로크)에 소요된 시간이 한 가지 요인일 수 있겠으나 여전히 설명될 수 없는 부분도 존재한다(아래 휴지 관련 부분 참고).

모든 피험자가 화면의 TT 영역에 더 많은 시각적 주의를 집중했고(총 응시 시간) ST 단어보다 TT 단어를 더 오래 응시했다. 평균 응시 횟수의 경우 ST와 TT를 비교했을 때는 두 집단 모두 중대한 차이를 보이지는 않았으나 두 집단 간 응시 패턴에는 상당히 큰 차이가 있었다. 일반적으로 학생들은 짧은 응시 사례가 다수 나타나는 특징이 있었고 전문가들은 횟수는 적으면서 오래 응시하는 경향이 있었다.

TT 창을 응시하는 횟수가 학생 집단에서 더 높게 나타난 것은 두 집단 간 타자 숙련도 차이가 한 가지 원인일 수 있다. 전문가들은 학생들에 비해 타자 숙련도가 높기 때문에 학생들만큼 자주 자신들의 결과물을 모니터할 필요가 없었을 가능성이 있다.[6]

번역 과제에서 학생들이 평균 572차례 ST를 응시했다는 것은(읽기 과제에서의 평균 129회와 비교해 볼 때) 만약 ST의 100단어 모두를 응시했다면(물론 그렇지는 않았지만), 단어별로 6차례씩 응시한 셈이다. 실제로 일부 단어들은 전혀 응시되지 않았고 6차례 이상 응시된 단어들도 있었다. 따라서 ST 응시는 읽기와 이해만 관련 있는 것이 아니다. ST에 여러 차례 시선이 고정되는 동안 TT 생산에 대한 계획과 ST 이해를 TT 생산으로 변환시키는 노력이 이뤄지는 것으로 볼 수 있다. ST 응시 및 재응시에 대한 분석은 아래에 논의될 예정이다.

5.3. 이해와 생산 모드 간 전환

전환은 일반적으로 화면상 한 곳에서 다른 곳으로의 응시 지점 이동으로 정의된다. 평균 전환 횟수는 <표 2>에 정리되어 있다.

두 집단 모두 전환의 대다수는 화면의 ST 혹은 TT 영역 내에서 일어났다. 즉 눈의 움직임은 보통 ST와 TT를 읽는 과정을 따라갔다. ST 영역에서의 응시 양상은 일반적인 이해를 위한 읽기는 물론이고 번역을 위한 읽기 과제 시 나타난 패턴과도 큰 차이가 있었다(야콥슨과 옌센,

<표 2> 평균 전환 횟수

	학생	전문가
ST/TT 전환	81	65
ST/ST 전환	491	308
TT/TT 전환	459	328

2008). 이는 프로세스의 직접적인 목적이 번역문 생산인 경우 의미는 근본적으로 다른 방식으로 구성된다는 것을 암시한다.

화면의 ST와 TT 영역 간 번역사의 시선 이동은 이해와 생산 프로세스를 조정하는 과정에서 번역사의 주의가 ST와 TT 사이에서 이동한다는 것을 직접적으로 드러내 보여 준다. 학생들은 평균 81차례 그리고 전문가들은 65차례 ST, TT 간 시선/주의 이동이 있었다. 그러나 ST에서 TT 영역으로의 시선 이동이 반드시 TT가 생산되고 있음을 암시하는 것은 아니다. 많은 ST, TT 간 시선 이동이 번역사가 같은 생산 단위를 가지고 '씨름'하고 있거나 이전에 생산된 TT를 모니터하거나 ST를 다시 읽을 때 발생한다(여기에는 물론 조정이 수반됨).

안구 움직임을 키스트로크 로깅과 함께 분석해 보면(시선 데이터만 따로 분석하는 것에 비해) ST 읽기/이해와 TT 생산 모드 간 전환의 한층 정교하고 복잡한 그림을 볼 수 있다. 본고에서는 이해에서 생산으로의 주의 이동이 새로운 번역문 생산 단위 혹은 번역 세그먼트 초기에 나타나는 것으로 정의한다. 번역사가 새로운 TT 단위를 쓰기 시작하는 것이 이해에서 생산으로 주의가 전환된다는 신호로 해석되며 이 과정에 조정과 변환 노력이 들어가는 것으로 보인다. 번역사의 시선이 화면의 ST 영역으로 다시 이동하면 이는 번역사의 주의가 ST 이해 모드로 돌아갔다는 것을 암시한다. 번역사는 생산을 지속하고 다음 번역 단위의 생산을 준비하기 위해 ST 내용을 '인출'하는 것이다.

새로운 번역문 생산 단위의 시작을 이해 모드에서 생산 모드로의 이동(그리고 조정/변환 노력)을 판단하는 결정적인 기준으로 사용함으로써 <표 3>과 같은 결과가 도출되었다.

<표 3> 생산 단위의 수

	학생	전문가
평균	47.5	62.6
범위	28-60	48-91

분석 결과 ST 이해에서 TT 생산 모드로의 이행에 있어 학생과 전문가 사이에 차이가 드러났다. 전문가의 경우 계속해서 ST와 TT 사이를 이동했고 조정/변환이 즉각적이었으며 TT를 생산하는 동시에 ST로 시선이 돌아가거나 시선이 계속 ST 창에 머무르기도 했다. 숙련된 통역사와 마찬가지로 전문 번역사 역시 예측 전략을 활용할 수 있기 때문에 ST 읽기와 거의 동시에(발화와 동시에 청취하는 동시통역과 비교 가능) 혹은 심지어 그 전에 TT를 생산하는 것이 가능한데, 본고에서는 이를 '통합된 조정(integrated coordination)'이라 칭하기로 한다[질, 1995, p.170; 키르히호프(Kirchhoff), 2002, p.115; 푀히하커(Pöchhacker), 2004, p.133]. 이에 비해 학생들은 ST와 TT를 더 큰 덩어리 단위로 처리하고 생산했고, 조정은 다소 독립적인 프로세스로 ST 이해 이후 TT 생산 이전에 이뤄졌으며 휴지와 연관되는 경우도 있었다(아래 참고). 이러한 프로세스는 '순차적 조정(sequential coordination)'이라 칭하기로 한다(발화 내용을 들은 후 나중에 통역하는 순차 통역과 비교 가능).

통합된 생산과 조정, 짧은 생산 단위를 전문가의 특징으로 그리고 긴 덩어리로 순차적으로 접근하는 방식을 학생의 전형적인 패턴으로 보는 구분은 경험이 풍부한 번역사는 의미 단위와 긴 번역 세그먼트별로 처리하는 데 비해 학생은 개별 단어와 같은 짧은 어휘 단위에 집중할 것이라는 직관적인 개념과는 배치되는 것처럼 보인다[뢰셔(Lörscher),

1996, p.30]. 그러나 ST와 TT 간 빈번한 이동과 통합된 처리 방식이 전문가의 특징이라고 해서 전문 번역사들이 큰 의미 단위별 처리를 하지 않는다는 의미는 아니다. 오히려 전문가들은 읽기와 쓰기 프로세스를 동시에 조정하고, ST의 의미를 구성함과 동시에 TT를 생산하는 능력이 있는 것으로 보인다.

이러한 프로세스상 차이점은 ST 단어 응시와 TT 대응어 생산 시작점 간 시차(<표 4> 참조) 차이에서도 반영된다. ST 읽기와 TT 쓰기가 순간적인 변환을 통한 통합된 프로세스라면 ST 응시와 TT 대응어 생산 간 시차가 짧을 것이라는 예상이 가능하다. 또한 조정/변환이 독립적인 프로세스로 이뤄지는 순차적인 처리의 경우 시간 차가 길 것으로 예상할 수 있다.

5.4. 아이-키 스팬

'아이-키 스팬(eye-key span, EKS)'이라는 용어(드래그스테드와 한센, 2008, p.18)[통역의 EVS와 비교 가능, 예: 퐈히하커, 2004, p.117; 르데레르(Lederer), 2002, pp.134-135]는 ST 단어 응시 시점과 TT 대응어 생산을 위한 최초 키스트로크 시점 간의 시차를 의미한다. 아이-키-스팬(EKS)을 효과적이고 체계적으로 분석하기 위해 '아이-키 매니저(eye-key manager)'가 아이트래킹과 키스트로크 로깅 통합 기술에 추가 스크립트로 개발되어 <표 4>와 같이 EKS값을 주출할 수 있었다.[7]

<표 4> 평균 아이-키 스팬(초 단위)

	학생	전문가
최초 응시 시점으로부터의 EKS(초)	58.6	19.7
최종 응시 시점으로부터의 EKS(초)	7.2	2.8

아래에 설명된 EKS값들은 피험자당 30개 단어 쌍(ST와 TT)을 골라 TT 대응어 생산 시작 시간에서 ST 단어에 시선이 처음 고정된 시간을 빼는 방식으로 밀리초 단위로 계산했다. 예를 들어 'better'라는 ST 단어에 시선이 고정된 시간이 10,000밀리초였고 번역 대응어인 'bedre'가 생산된 시간이 10,800밀리초였다면 EKS는 800밀리초인 것이다. 특히 ST 단어들에는 몇 차례 반복적으로 시선이 고정되기도 했기(아래 참고) 때문에 EKS값은 해당 ST 단어에 처음 시선이 고정된 시점을 기준으로(최초 응시 시점으로부터의 EKS) 혹은 마지막으로 시선이 고정된 시점을 기준으로(최종 응시 시점으로부터의 EKS) 또는 원칙적으로는 그사이에 일어난 모든 응시 시점을 기준으로도 계산될 수 있다.

'최종 응시 시점으로부터의 EKS'는 읽기 모드에서 쓰기 모드로의 즉각적인 전환 노력, 즉 번역사가 TT 단어 생산을 시작하는 시점까지 걸리는 시간을 해당 ST 단어에 마지막으로 시선이 고정된 시점으로부터 계산한 값을 의미한다. 이 시점에 이르기 전까지 번역사는 그 단어를 몇 차례 응시했을 수 있으며, 최초 응시 시점으로부터의 EKS는 대응어 생산에 선행되는 전체 준비 혹은 계획 단계를 포함하는 것으로 보인다.

5.4.1. 최종 응시 시점으로부터의 아이-키 스팬

최종 응시 시점으로부터의 EKS에는 예외 없이 조정/변환 노력이 포함된다. 이 시간 동안 ST 단어에 대한 응시가 화면의 TT 창에 타이핑되는 TT 대응어로 활발하게 변환되기 때문이다.

전문 번역사들의 최종 응시 시점으로부터의 EKS는 동시통역사들의 EVS에 상응한다. 퐈히하커(2004, p.117)는 거버(Gerver, 2002)와 르데레르(2002)를 인용하며 출발어 발화 속도가 평균 수준인 경우 동시통역에서 EVS는 2, 3초가 매우 일반적임이 입증되었다고 했다.

평균 EKS 2.8초에는 짧게는 5밀리초까지 작은 값도 포함되어 있다.

이는 이해와 생산이 거의 동시에 일어날 수 있고 조정/변환은 통합된 노력이며(위 참고), 때로는 문장 구성 요소에 대한 번역사의 예측['통사적 예측(syntactic anticipation)', 파히하커, 2004, p.133]도 함께 일어난다는 것을 뜻한다. 조정이 통합된 프로세스라는 것은 ST 단어에 대한 응시는 보통 번역문 생산 직전에 일어난다는 의미일 수 있다. 즉 최종 응시와 번역문 생산 사이에는 응시가 일어나지 않는다는 것이다.

학생들에게서 관찰된 7초 이상의 긴 EKS값에는 번역문 생산 단위 직전에 선행하는 휴지가 포함될 수 있다(아래 참고). 뿐만 아니라, 학생들은 번역 대상 ST 단어에 대한 마지막 응시와 번역 대응어 생산까지의 시간 동안 번역 대상 ST 단위가 아닌 다른 단어들을 몇 차례 응시했을 수 있다. 따라서 한 ST 단어에 대한 마지막 응시는 그에 대한 TT 대응어 생산이 이뤄지는 시점보다 상당히 오래전일 가능성이 있다. 마지막 응시에 대한 기억은 ST의 의미가 충분히 구축되고 TT 표현으로 변환될 때까지 작업 기억에 저장되는 것이다.

그렇기 때문에 평균 약 7초의 시차는 학생들이 ST에 기반해 의미를 구축하고 번역문 생산을 위해 모드를 전환하기까지(올바른 키를 찾는 물리적 노력도 포함) 소요되는 시간을 나타낸다. 이러한 행동적 패턴은 학생들의 특징으로 드러난 긴 ST 덩어리를 읽고 나서 모드를 전환해 TT 생산을 시작하는 순차적 처리 모드와 일치한다.

5.4.2. 최초 응시 시점으로부터의 아이-키 스팬

어떤 피험자도 텍스트 전체를 먼저 읽고 번역을 시작한다는 징후는 없었다(번역을 위한 읽기 과제에서 이미 읽었기 때문일 수 있음). 따라서 최초 응시 시점으로부터의 EKS값이 특히 학생 집단에서 높다는 것은 TT를 생산하기 위해 각 ST 부분을 이해하기 위한 많은 노력을 기울인다는 또 하나의 징후일 수 있다.

피험자 중 한 학생의 사례를 바탕으로 작성한 <표 5>의 예는

"*Incentives must be offered to encourage developing countries to go the extra green mile*"이라는 ST와 관련된 응시(왼쪽 열)와 키스트로크(오른쪽 열) 데이터를 보여 주고 있으며 TT 생산으로 이어지는 ST 응시 패턴도 이를 통해 알 수 있다. 위의 굵은 글씨로 쓰인 단어들은 *skal* [must be] *tilbydes* [offered] 그리고 *initiativer* [incentives]로 번역된다. 표에 정리된 수치들은 응시와 키스트로크가 일어난 시간을 밀리초 단위로 기록한 것이다.

<표 5> 학생 피험자 1인의 응시/키스트로크 패턴 예

ST 응시	시간	TT 키스트로크	시간
Incentives	133122		
must	133341		
reluctant	139103		
compromise	139302		
understandably	143110		
developing	143848		
understandably	144227		
understandably	144566		
compromise	145304		
poor	160735		
on	161014		
action	161473		
action	171880		
on	173874		
of	196622		
Incentives	196961		
Incentives	197460		
must	197799		

ST 응시	시간	TT 키스트로크	시간
be	198297		
encourage	198477		
Incentives	199394		
offered	199733		
encourage	200052		
be	200590		
developing	201048		
extra	201746		
mile	202105		
Incentives	202424		
living	203022		
must	203202		
offered	203401		
		skal	205597
offered	206033		
Incentives	206711		
Incentives	207389		
living	208046		
Incentives	208226		
Incentives	208405		
must	208645		
must	209143		
encourage	209582		
developing	209960		
must	210379		
Incentives	210579		
offered	210977		

ST 응시	시간	TT 키스트로크	시간
encourage	211296		
		tilbydes	212829
offered	215722		
Incentives	216161		
encourage	216380		
Incentives	216759		
		initiativer	217864

이 예에서, ST상 *Incentives*에 대한 최초 응시 시간과 덴마크어 TT *initiativer*의 타이핑이 일어난 시간 사이의 EKS는 85초이다. 최초와 최종 응시 사이에 *Incentives*는 10회 응시되어 이 구절에서 가장 많은 어려움을 야기하는 단어인 것으로 보인다. 하지만 이 학생은 *Incentives* 외의 다른 ST 단어들도 여러 차례 재응시하는 모습을 보여, 이런 행동을 통해 TT 생산 모드로 진행하기 전에 ST 의미 구축에 도움을 받는다는 추측을 해 볼 수 있다.

비교를 위해 같은 구절을 번역한 전문 번역사 1인의 예를 <표 6>에 정리했다.

<표 6> 전문 번역사 1인의 응시/키스트로크 패턴 예

ST 응시	시간	TT 키스트로크	시간
Incentives	53950		
be	54289		
encourage	54648		
Incentives	54848		
		der	55278
offered	55845		

ST 응시	시간	TT 키스트로크	시간
		skal	56087
Incentives	56163		
		tilbydes	56712
must	57499		
		incitamenter	57996

이 예에서는 한 ST 단어를 응시하면 이는 대부분 TT 생산으로 이어졌다. *Incentives*에 대한 최초 응시와 *incitamenter* 생산 간 EKS는 약 4초에 불과했고 *Incentives*를 응시한 것도 세 차례뿐이었다. 평균적으로 전문가들은 학생들에 비해 최초 응시 시점으로부터의 EKS가 짧았고(19.7초) TT 생산을 위한 준비 과정에서 재응시하는 횟수가 적었다.

최초 응시 시점으로부터의 EKS값과 대응어 생산 전 ST 단어 응시 횟수에 있어서는 두 집단 간 차이가 있었지만 번역 단계에서는 두 집단 모두 ST 재응시 사례가 많았다.

앞서 표에 정리된 대로 학생들의 평균 ST 응시 횟수는 572회였고 전문가들의 경우 318회였다(100단어로 구성된 ST에서). <그림 2>의 시선 플롯 예들은 동일한 피험자가 번역 과제와 번역을 위한 읽기 과제에서 보여 준 응시 양상을 대비시키고 있다.

번역 과제와 번역을 위한 읽기 과제 시 응시 행동의 차이는 응시 지속시간과 횟수에 있었다. 번역에서 재응시 횟수가 높은 원인과 각 응시 당시에 무슨 일이 일어나는지에 관한 해석은 현재로서는 추측 수준에 머무르고 있다. 최초 응시는 번역사가 일반적인 읽기에서와 마찬가지로 '그 단어를 부호화하고 하나의 의미를 선택하고 […] 문장 및 담화 내에서 그 단어의 위치를 결정'함으로써 단어를 해석하는 지점이라는 것이 한 가지 설명이 될 수 있겠다. 이것은 저스트와 카펜터(1980, p.330)의 '즉시성 가정(immediacy assumption)'이다. 최초 응시 당시 선택한 의미는

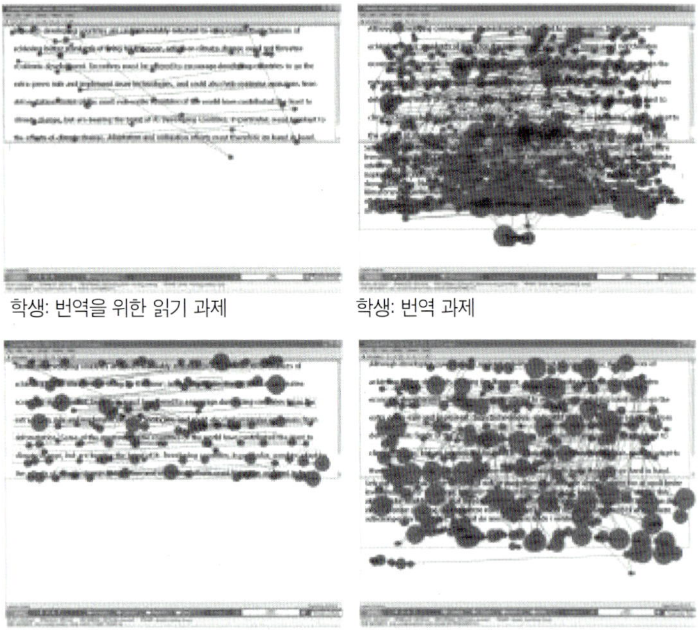

학생: 번역을 위한 읽기 과제 / 학생: 번역 과제

전문가: 번역을 위한 읽기 과제 / 전문가: 번역 과제

<그림 2> 읽기와 번역 과제 중 시선 플롯

틀리거나 모호한 것으로 판명될 수 있기 때문에 같은 단어를 재차 응시하는 것은 지속적인 의미 구축 과정 그리고 번역 대응어를 떠올리고 TT 영역에 그 단어를 쳐 넣기 위한 준비와 관련이 있을 수 있다. 즉 해당 단어에 대한 최종 응시 시점으로부터의 EKS는 ST의 의미가 TT 표현으로 활발하게 변환되는 지점인 것이다.

이러한 해석을 받아들이게 되면 ST 단어에 대한 최초 응시 시점에서 시작되어 ST의 의미가 점진적으로 구축되며, TT 대응어가 번역사의 잠재의식 속에서 형성되어 가는 '수동적인' 변환 프로세스와 번역문 생산 직전 최종 응시 시점으로부터 시작되어 실질적인 변환이 일어나는 '능동적인' 변환 프로세스를 이분법적으로 구분하게 되기가 쉽다. 그런데 이는 본 연구에서 사용한 방법론 및 기술이 첨단이기는 하나 결점이 있다는 방증이다. 본 연구에서 도출된 데이터로는 실제로는 매우 복잡한 인지 프로세스를 단순화시킨 모형만을 구축할 수 있다. 그럼에도 불구하고 수동·능동 변환 프로세스의 구분은 아이-키 데이터를 통해 이해 프로세스가 TT 생산으로 변환되는 과정을 설명하는 토대가 될 수 있다.

앞서 설명한 대로 번역사가 실제 번역 작업 과정에서 수행하는 노력에 추가되는 조정 작업은 최초 읽기 단계에서 일어날 가능성이 있다. 번역을 위한 읽기 과제의 시선 데이터를 보면 특히 전문가들은 단순히 이해를 위한 읽기에 그치는 것이 아니라 인지적 처리도 수행했음을 알 수 있다.

5.5. 휴지: 기록 가능한 데이터 스트림의 끊김

통번역과 텍스트 생산에 있어 휴지 및 분절에 관한 과거 분석들은 대부분 결과물 데이터를 기반으로 이뤄졌다(예: 스킬퍼로드, 1996; 메아드(Mead), 2002; 드래그스테드, 2005). 번역에서는 키보드 로깅 툴인 트랜스로그가 휴지와 분절 분석에 활용되어 왔다(예: 야콥슨, 2003; 드래그스테드, 2005; 오브라이언, 2006). 최근까지 트랜스로그는 키보드 사용과 번역문 생산 과정에서 나타나는 휴지와 같은 번역 결과물만 기록했다. 휴지는 다음 생산 단위를 계획하거나(주로 ST를 읽음으로써) TT 결과물을 모니터링하는 형태의 인지적 노력이 이뤄지고 있다는 신호로 받아들여졌다. 그런데 이제는 키보드 로깅과 아이트래킹 기술의 통합으로 읽기와 쓰기 프로세스를 모두 기록하는 것이 가능해졌다.

따라서 아이-키 데이터 수집과 분석 방법을 통해 번역사가 TT를 생산하고 있지 않을 때 일어나는 활동에 대한 좀 더 정확한 정보를 얻을 수 있어 번역사의 행동 데이터를 번역의 모든 단계에 걸쳐 입수할 수 있게 되었다. 즉 ST 읽기는 아이트래킹으로, TT 생산은 키스트로크 로깅으로 그리고 TT 모니터링과 다시 읽기는 아이트래킹과 키스트로크 로깅을 모두 활용해 기록할 수 있다. 그럼에도 불구하고 여전히 데이터 스트림에 끊어지는 부분 즉 추적 가능한 행동이 없는 휴지가 발견된다. 번역사가 화면을 보고 있지도, 키보드를 조작하고 있지도 않은 상태가 존재하는 것이다.

데이터에 따르면 학생들의 경우 1초 이상 지속된 휴지가 평균 76차례 있었다.[8] 이에 비해 전문가들은 평균 36차례였다.[9] 모든 피험자가 키보드를 보지 않고 작업할 만큼 타이핑에 능숙하지는 않기 때문에 키보드를 보기 위해 화면에서 시선을 돌렸을 때 휴지가 발생했을 수 있다는 설명이 가능하다. 따라서 본 연구에서는 특히 타이핑에 능숙하지 않은 학생들의 경우 대부분의 휴지가 타이핑 관련이며 번역문 생산 과정에서 일어난 것으로 가정했다.

<표 7> 휴지의 분포(평균)

	학생	전문가
생산 관련 휴지	40%	36%
ST 읽기 관련 휴지	40%	31%
TT 모니터링 관련 휴지	20%	33%

그러나 <표 7>에 나타나듯이, 타이핑/번역문 생산과 직접적으로 관련이 있는 휴지의 비율은 비교적 낮았다. 또한 '생산 관련 휴지'의 반 정도만 새로운 생산 단위 전에 일어났다(ST 읽기-이해에서 TT 생산 모드로의 이행). 그러므로 순차적 처리 모드에서 생산 단위들 앞에는 보통 휴지가 일어나고 이는 조정/변환 노력 및 번역문 생산을 위한 준비가 이뤄진다는 신호일 것이라는(드래그스테드와 한센, 2008, p.25) 예상을 뒷받침할 수 있는 충분한 증거를 발견하지는 못했다.

번역문 생산 관련 휴지의 일부는 생산 모드로의 이행이나 올바른 키를 찾기 위해 화면에서 키보드로 시선을 전환하는 것으로 설명될 수 있지만 대부분의 휴지의 경우 명확하게 설명할 수 있는 방법이 없어 보인다. 그런데 특히 학생들은 ST를 읽거나 TT를 모니터링하는 과정에서 특별한 이유 없이 자주 화면에서 시선을 떼는 경향이 있는 것이 사실이다.

물론 추가적인 연구가 필요하겠지만 과제가 어렵거나 열심히 집중할 때 피험자의 시선이 표류한다는 점에서, 휴지는 특별히 어려운 인지적 처리가 진행되는 신호일 수 있다는 해석이 가능하다. 따라서 번역사들은 적절한 번역문을 생각하거나 ST의 의미를 이해하려고 노력할 때 화면에 보이는 단어로 인해 방해받지 않기 위해 화면에서 시선을 돌리거나 심지어 눈을 감는 것일 수 있다[동시통역 시 눈을 감는 행위에 관해서는 랑베르(Lambert, 2004, p.304) 참고]. 그렇기 때문에 이해와 번역의 어려움은 장시간 지속되는 응시와 여러 차례 재응시에서뿐만 아니라 '응시의 결핍', 즉 휴지에서도 관찰될 수 있다.

본 연구의 통합 아이-키 기술을 통해 수집된 행동 데이터에 나타난 휴지 패턴과 안구 움직임 데이터가 없는 번역문 생산 데이터에 나타난 패턴을 비교해 보면 중대한 차이들이 발견되는데, 그 이유는 앞서 이미 설명된 대로 과거에 읽기와 모니터링과 관련된 휴지로 기록되었던 것들이 더 이상 휴지로 기록되지 않기 때문이다. 한 예로, 휴지와 통사적 경계가 명확하게 동시에 나타나지 않기 때문에 지금 우리가 관찰하는 패턴은 훨씬 임의적인 듯 보인다. 그러나 스킬버로드(1996, p.47)가 제안한 대로 휴지의 대다수는 텍스트 생산을 지속하는 데 필요한 정보를 장기 기억에서 인출하는 인지 활동을 암시하며, 이러한 휴지가 진행되는 동안에는 ST(나 TT)로 인한 주의 분산은 전혀 없이 오로지 장기 기억을 검색하는 작업만 이뤄질 수 있다.

6. 결론 및 연구 제언

본 연구의 주된 목표는 SL/TL 간 조정과 한 언어의 이해 프로세스가 다른 언어의 텍스트 생산 프로세스로 변환되는 방식을 고찰하고 그에 대한 이해의 폭을 넓히는 것이었다. 아이트래킹과 키스트로크 로깅이 통합된 기술을 활용함으로써, 번역에 있어 읽기와 쓰기 프로세스에 관한 행동 데이터를 수집할 수 있었다. 이러한 데이터의 분석과 해석 그리고 일부 가정들을 종합해 도출된 결론은 학생과 전문 번역사의 행동은 여러 가지 측면에 있어 차이가 있지만 두 집단 간 유사점 역시 존재한다는 점이다.

우선 이해와 생산의 '통합된 조정'과 '순차적 조정'의 구분을 제안했다. 통합된 조정은 주로 전문가들의 처리 방식으로써 ST와 TT에 대한 주의가 계속해서 전환되고, EKS값이 낮으며 이해와 생산 프로세스가 중복된다는(동시통역 방식 참조) 특징이 있고, 순차적 조정은 학생들에게서 전형적으로 나타나는 처리 방식으로써 높은 응시 횟수, 장시간의 이해 및 생산 프로세스, 독립된 변환 노력, 높은 EKS값, 한 번에 하나의 과제에 집중하는 것을 선호하는 경향 등이 그 특징이다. 또한 번역을 위한 읽기 과제에서도 두 집단 간 응시 패턴의 차이를 발견했는데 이러한 차이는 전문가들의 조정 프로세스는 실제 번역 과제 전에 시작되는 데 비해 학생들의 읽기 방식은 일반적인 이해를 위한 읽기와 유사하다는 점을 시사한다.

뿐만 아니라, 기록 가능한 행동이 없는 휴지의 횟수가 학생 집단에서 전문가 집단에 비해 높게 나타났다. 이는 타이핑 능숙도의 차이 때문에 학생들이 전문가들에 비해(화면에서 시선을 돌려) 키보드를 오래 봐야 한다는 것으로 어느 정도는 설명이 가능하지만 대다수의 휴지는 ST나 TT를 읽는 과정에서 발생했다. 이는 휴지가 어려운 인지적 처리가 이뤄지고 있다는 신호일 수 있음을 시사한다. 번역사들은 화면에 보이는 단어로 인해 주의가 분산되지 않도록 하기 위해 다른 곳으로 시선을 돌리거나 눈을 감기도 하는 것으로 보인다. 어려움에 직면했을 때 다양한 전략을 구사하는 것이다. 즉 번역문 생산을 지속하기 위한 자극으로 활용하기 위해 ST 단어나 이전에 써 놓은 TT 표현으로 회귀해 재차, 오래 응시하기도 하고 혹은 ST로부터 자유로워지기 위해 화면에서 시선을 돌려 자극을 배제할 수도 있다.

전체적으로 읽기와 쓰기 간 조정 및 ST 의미의 TT 표현으로의 변환은 전문가들보다 학생들에게 더 어려운 작업인 것으로 보인다. 이는 높은 응시 횟수, 긴 아이-키 스팬, 빈번한 휴지를 통해 드러났다. 두 집단 간 차이는 ST에 대한 응시 횟수에서도 나타났지만 ST 단어에 대한 재응시 횟수는 두 집단 모두 높게 나타났다. 이에 우리는 불완전하지만 '수동적' 변환 프로세스와 '능동적' 변환 프로세스를 구분할 것을 제안했다. 수동적 변환 프로세스는 ST 단어에 대한 최초 응시 시점에 시작되어 의미와 TL 표현이 번역사의 잠재의식 속에서 서서히 구축되는 것이고 능동적 변환 프로세스는 ST 단어에 대한 최종 응시 시점에서 시작되며 이 시점에 의미가 TL 표현으로 활발하게 변환된다.

본 연구에서 사용한 통합 기술들이 읽기와 쓰기 프로세스에 관한 종합적인 데이터를 제공하기는 하지만 번역 프로세스에는 측정 가능한 활동이 없는 미지의 영역이 여전히 존재하고 번역사의 블랙박스 안에서 어떤 일이 일어나는지에 관해서는 많은 부분 밝혀지지 않았다. "뇌는 아프리카 지도와 같다. 대부분이 미답의 상태인 것이다. 최고의 이성과 창의성이 바로 이러한 미지의 영역에서 활동한다"[10]는 말이 있다. 번역 과정에서 나타나는 휴지, 긴 아이-키 스팬, 높은 재응시 횟수와 같은 기저의 의사 결정 프로세스의 성격에 대한 보다 깊은 통찰을 얻기 위해서는 우리의 방법론이 더 발전되고 정교화될 필요가 있다. 향후 연구에서는 행동적 특성이 어느 정도까지 텍스트적 요소, 즉 전문 용어, 복잡한 통사 구조, 은유적 표현 등에 의해 설명될 수 있는지 탐구해 볼 수 있겠다. 이번 연구에서 구축한 실험 구성에 사고발화법(think-aloud protocol, TAP)을 접목하는 것도 유용한 정보를 얻을 수 있는 한 방법일 것이고, TT 모니터링과 편집을 시선 관점에서 분석하는 것도 자연스러운 다음 연구 수순이 될 것이다.

미주

1. 피험자는 번역 전공 학생들과 전문 번역사들로 구성되었으며 실험은 '통번역에 있어 이해 및 결과물 생산 프로세스'에 관한 연구 프로젝트와 연계해 코펜하겐비즈니스스쿨의 번역과 번역 기술 연구 및 혁신 센터(CRITT)에서 진행되었다. 해당 프로젝트는 덴마크 문화 및 커뮤니케이션 연구 위원회의 연구비 지원을 받아 수행되었다.

2. 다이아랭(Dialang)은 유럽연합(EU)에서 개발한 진단 검사로 EU에서 사용되는 모든 언어에 대한 검사가 가능하다(http://www.dialang.org/english/index.htm).

3. http://www.tobii.se

4. 프로젝트 설명은 http://cogs.nbu.bg/eye-to-it/ 참고

5. 야콥슨과 옌센(2008)의 데이터는 학생과 전문 번역사 대상 실험을 통해 얻은 수치의 평균치이다. 레이너(1998)는 상세한 피험자 정보를 제공하지 않고 있다.

6. 총 과제 소요시간 대비 응시 시간 비율이 타자 숙련도 차이의 잣대가 될 수 있다. 총 과제 소요시간 대비 응시 시간의 비율이 높다면 이는 타이핑 숙련도가 높음을 의미한다. 번역사들은 자판보다 화면을 보는 데 더 많은 시간을 할애할 수 있기 때문이다. 당연히 이번 실험에서도 전문가들의 총 과제 소요시간 대비 평균 응시 시간 비율은 1:4, 학생들의 경우는 1:2.5로 전문가들의 타자 숙련도가 더 높았다. 이는 휴지의 분포에 관한 함의를 내포하기도 한다.

7. 스크립트 작성에 도움을 준 코펜하겐비즈니스스쿨의 로라 볼링(Laura Balling) 박사께 감사의 뜻을 표한다.

8. 1-2초 휴지는 번역 과제 관련 인지적 처리를 암시하는 것으로 나타났다(예: 야콥센, 1998; 드래고스테드, 2005).

9. 전체적인 과제 수행 시간과 행동 양상(통합적 vs. 순차적)의 차이를 고려할 때 휴지의 횟수가 전문가 집단에서 크게 낮은 것은 놀랄 만한 결과가 아니다.

10. 바벳 슈로더(Barbet Schroeder) 감독의 1969년 영화, <구름에 가린 계곡(La Vallée)> 대사

첨부

읽기 및 번역용 텍스트

Although developing countries are understandably reluctant to compromise their chances of achieving better standards of living for the poor, action on climate change need not threaten economic development. Incentives must be offered to encourage developing countries to go the extra green mile and implement clean technologies, and could also help minimise emissions from deforestation. Some of the most vulnerable countries of the world have contributed the least to climate change, but are bearing the brunt of it. Developing countries, in particular, need to adapt to the effects of climate change. Adaptation and mitigation efforts must therefore go hand in hand.

Bajo, Maria T., Padilla, Francisca and Padilla, Presentación. 2000. "Comprehension processes in simultaneous interpreting." In *Translation in Context,* Andrew Chersterman, Natvidad G. San Salvador and Yves Gambier (eds.), 127-142. Amsterdam/Philadelphia: John Benjamins.

Butterworth, Brian. 1980. "Evidence from pauses in speech." In *Language Production. Volume 1. Speech and Talk,* Brian Butterworth (ed.). 155-176. London: Academic Press.

Dam, Helle B. 2001. "On the option between form-based and meaning-based interpreting: The effect of source text difficulty on lexical target text form in simultaneous interpreting." *The Interpreter's Newsletter* 11: 27-55.

Dancette, Jeanne. 1997 "Mapping meaning and comprehension in translation. Theoretical and experimental issues." In *Cognitive Processes in Translation and Interpreting*, Joseph H. Danks, Gregory M. Shreve, Stephen B. Fountain and Michael K. McBeath (eds.), 77-103. Thousand Oaks: Sage.

Dragsted, Barbara. 2005. "Segmentation in translation – differences across levels of expertise and difficulty." *Target* 17 (1): 49-70.

Dragsted, Barbara and Hansen, Inge G. 2008. "Comprehension and production in translation: a pilot study on segmentation and the coordination of reading and writing processes." In *Looking at Eyes. Eye tracking Studies of Reading and Translation Processing* [Copenhagen studies in Language 36], Susanne Göpferich, Arnt L. Jakobsen and Inger M. Mees (eds.), 9-29. Copenhagen: Samfundslitteratur.

Ericsson, K. Anders 2000. "Expertise in interpreting: An expert-performance perspective." *Interpreting* 5 (2): 187-220.

Gerver,David. 2002. "The effects of source language presentation rate on the performance of simultaneous conference interpreters." In *The Interpreting Studies Reader*, Franz Pöchhacker and Miriam Shlesinger (eds.), 53-66. London/New York: Routledge.

Gile, Daniel. 1995. *Basic Concepts and Models for Interpreter and Translator Training*. Amsterdam/Philadelphia: John Benjamins.

Gile, Daniel. 1997. "Conference interpreting as a cognitive management problem." In *Cognitive Processes in Translation and Interpreting*, Joseph H. Danks,

Gregory M. Shreve, Stephen B. Fountain and Michael K. McBeath (eds.), 196-214. Thousand Oaks: Sage.

Göpferich, Susanne. 2008. *Translationsprozessforschung - Stand - Methoden-Perspektiven*. Tübingen: Gunter Narr.

Hatim, Vasil and Maso, Ian. 1990. *Discourse and the Translator*. London/New York: Longman.

Jakobsen, Arnt L. 1998. "Logging time delay in translation." In *LSP Texts and the Process of Translation* [Copenhagen Working Papers 1]. Gyde Hansen (ed.), 71-101. Copenhagen: Copenhagen Working Papers in LSP.

Jakobsen, Arnt L. 2003. "Effects of think aloud on translation speed, revision and segmentation." In *Triangulating Translation: Perspectives in Process Oriented Research*, Fabio Alves (ed.), 69-95. Amsterdam/Philadelphia: John Benjamins.

Jakobsen, Arnt L. and Schou, Lasse. 1999. "Translog documentation." In *Probing the Process in Translation: Methods and Results*. [Copenhagen Studies in Language 24]. 151-186, Copenhagen: Samfundslitteratur.

Jakobsen, Arnt L. and Jensen, Kristian T.H. 2008. "Eye movement behavior across four different types of reading task." In *Looking at Eyes. Eye tracking Studies of Reading and Translation Processing* [Copenhagen Studies in Language 36], Susanne Göpferich, Arnt L. Jakobsen and Inger M. Mees (eds.), 103-124. Copenhagen: Samfundslitteratur.

Jensen, Astrid. 2001. *The Effects of Time of Cognitive Processes and Strategies in Translation* [Copenhagen Working Papers 2]. Copenhagen: Copenhagen Working Papers in LSP.

Jensen, Christian. 2008. "Assessing eye tracking accuracy in translation studies." *In Looking at Eyes. Eye tracking Studies of Reading and Translation Processing* [Copenhagen studies in Language 36], Susanne Göpferich, Arnt L. Jakobsen and Inger M. Mees (eds.), 157-174. Copenhagen: Samfundslitteratur.

Just, Marcel A. and Carpenter, Patricia A. 1980. "A theory of reading: From eye fixation to comprehension." *Psychological Review* 87 (4): 329-354.

Kirchoff, Hella. 2002. "Simultaneous Interpreting: Interdependence of variables in the interpreting process, interpreting models and interpreting strategies." In *The Interpreting Studies Reader*, Franz Pöchhacker and Miriam Shlesinger (eds.), 111-119. London/New York: Routledge.

Lambert, Sylvie. 2004. "Shared attention during sight translation, sight interpretation and simultaneous interpretation" *Meta* 49 (2) 294-306.

Lederer, Marianne 2002. "Simultaneous interpretation: Units of meaning and other features." In *The Interpreting Studies Reader*, Franz Pöchhacker and Miriam Shlesinger (eds), 131-140. London/New York: Routledge.

Lee, Tae-Hyung. 1999. "Simultaneous listening and speaking in English into Korean simultaneous interpretation." *Meta* 44 (4): 560-572.

Lörscher, Wolfgang. 1996. "A psycholinguistic analysis of translation processes." *Meta* 41 (1): 26-32.

Mead, Peter. 2002. "Exploring hesitation in consecutive interpreting." In *Interpreting in the 21st Century. Challenges and Opportunities*, Giuliana Garzone and Maurizio Vietzzi (eds.), 73-82. Amsterdam/Philadelphia: John Benjamins

O'Brien, Sharon. 2006. "Pauses as indicators of cognitive effort in post-editing machine translation output." *Across Languages and Cultures* 7 (1): 1-21.

Pöchhacker, Franz. 2004. *Introducing Interpreting Studies*, London/New York: Routledge

Rayner, Keith. 1998. "Eye movement in reading and information processing: 20 years of research." *Psychological Bulletin* 124 (3): 372-422.

Schilperoord, Joost 1996 *It's about Time: Temporal Aspects of Cognitive Processes in Text Production*. Amsterdam: Rodopi.

Setton, Robin. 1998. "Meaning assembly in simultaneous interpretation." *Interpreting* 3 (2): 163-199.

John Benjamins Series

06

Translation and Cognition

문장 구역 과제 중 인지적 노력과 통사적 혼란 그리고 시각적 간섭

그레고리 M. 슈리브(Gregory M. Shreve),
이사벨 라크루즈(Isabel Lacruz), **에릭 앙헬론**(Erik Angelone)
미국 오하이오 켄트주립대학교

문장 구역 과정에서는 인지적 노력을 재분배하기가 어렵기 때문에 이해 단계에 문제가 발생하면 번역에 비해 문장 구역에서 더 큰 혼란이 야기될 가능성이 높다. '혼란스러운(**disruptive**)' 실험 텍스트 처리 과정에서 관찰된 시선 움직임을 통해 혼란이 인지에 미치는 영향에 대한 중요한 정보를 얻을 수 있다. 통사적 복잡성이 인지에 미치는 영향을 규명하기 위해 자극 텍스트의 통사적 복잡성을 조작하는 방식으로 실험이 이뤄졌다. 실험 결과, 예측했던 통사적 복잡성의 효과가 드러났고 문장 구역이 번역에 비해 통사적 혼란에 더 민감한 것으로 나타났다. 또한 문장 구역은 계속적인 출발 텍스트의 존재로 인해 시각적 간섭에 특히 민감한 것으로 나타났다.

1. 문장 구역의 인지적 부담

'문장 구역(sight translation)'은 번역이나 통역에 비해 덜 어렵고 부담스러운 것으로 여겨지기도 한다. 문장 구역에서 통번역사는 문어 텍스트를 읽음과 동시에 혹은 읽은 직후에 처리하고 '소리 내어 읽기'를 할 때와 같은 가능한 한 자연스러운 어조로 발화한다. 그런데 일부 전문가들은 문장 구역도 특유의 인지적 부담을 동반하기 때문에 사실상 상당히 어렵다고 주장한다. 미켈슨(Mikkelson, 1995)은 문장 구역이 동시통역만큼이나 어려울 수 있고 이 두 형태의 언어 간 중개 행위는 동일한 정신적 프로세스를 거친다고 주장한다. 문장 구역을 동시, 순차 통역과 모두 비교하는 심도 깊은 실험을 한 바 있는 아그리포글리오(Agrifoglio, 2004, p.43)도 이에 동의하며, "문장 구역은 복잡하고 독특한 기술이며 문장 구역이 통역사에게 주는 인지적 부담은 동시, 순차 통역보다 결코 적지 않다"고 지적한다.

미켈슨에 따르면 텍스트 제시 방식(시각 vs. 청각)에 상관없이 문장 구역을 위해서는 통역을 할 때와 마찬가지로 출발 텍스트의 의미를 처리하고 도착 텍스트를 생산함과 동시에 신속하게 다음 부분으로 넘어가야 하고 실시간으로 부담을 견뎌야 하며 이러한 프로세스를 계속해서 반복해야 한다. 실제로 미켈슨은 "일부 통역사들은 다른 형태의 통역보다 문장 구역을 어려워하는데, 이는 메시지가 종이에 적혀 있을 때는 통역의 본질이라 할 수 있는 개별 단어보다 의미에 집중하는 것이 더 어렵게 느껴지기 때문"이라고 주장한다. 미켈슨은 문장 구역에서만 나타나는 두 가지 인지적 어려움을 정확하게 지적했다. 바로 문어로 된 메시지로 인한 '시각적 간섭'과 의미보다는 단어에 집중하게 되는 경향이 그것이다.

아그리포글리오(2004, p.44)는 미켈슨의 견해에 동조하며, "인지심리학 연구에서 드러난 바와 같이 독해와 청취 프로세스는 완벽하게 유사한 것은 아니"라고 지적한다. 문장 구역에서 문어로 된 출발 텍스트를 읽는 것과 통역에서 구어로 된 출발 텍스트를 듣는 것의 차이 때문에 문장 구역만의 독특한 어려움이 발생한다. 문어로 된 텍스트는 그 특성상 구어로 된 텍스트보다 통사, 어휘, 문체 면에서 더 복잡한 경우가 많다. 또한 문어 텍스트는 더 복잡한 명제를 내포하는 경우가 많아 내포문과 같은 복잡한 문장 구조를 보이는 경향이 있다. 뿐만 아니라 문어 텍스트에는 구어 텍스트에서는 생략되거나 축약되는 결속 장치 및 수사적 구조가 들어가기도 한다.

문장 구역 시 발생하는 어려움은 문어 원문상의 정보가 어휘에서 텍스트적 측면에 이르기까지 모든 언어적 차원에서 구어 출발 텍스트보다 훨씬 밀도가 높고 복잡함에도 불구하고 실시간으로 읽으면서 생산을 해야 한다는 점에 있다. 따라서 이해 프로세스에 가해지는 부담은 통역보다 문장 구역에서 훨씬 클 수 있다. 단, 특정 통역 상황(예: 낭독되는 과학 논문 동시통역)의 경우 문장 구역과 조건이 유사할 수 있다.

아그리포글리오(pp.46-47)는 문장 구역의 인지적 어려움은 단지 문어 텍스트의 복잡성뿐 아니라 과제 수행 중에 출발 텍스트를 여전히 볼 수 있다는 사실과도 연관이 된다고 주장한다. 출발 텍스트가 금방 사라지기 때문에 발화가 일어나는 시점에는 이미 되돌아가서 확인하는 것이 불가능한 통역 상황과는 차이가 있는 것이다. 아그리포글리오는 출발 텍스트가 남아 있으면 실시간 과제 수행 중에도 번역사의 시선과 주의가 계속해서 출발 텍스트를 향하게 되기 때문에 중대한 간섭의 원인이 된다고 주장한다. 다니엘 질(Daniel Gile, 1997, p.204)은 문장 구역에서의 중대한 '언어 간섭 위험'에 대해서도 언급한 바 있다. 이러한 간섭은 출발어의 문법적, 통사적 구조로 인해 발생할 수도 있지만(번역에서도 마찬가지일 수 있음) 읽기와 듣기의 근본적인 차이로 인해 발생하기도 한다.

사람들은 읽는 상황보다 듣는 상황에서 의미를 더 쉽게 기억하는 경향이 있다. 읽는 상황에서는 텍스트에 직접적으로 시각적으로 노출되기 때문에 단어와 표현 등을 기억하게 되기가 쉽기 때문이다. 아그리포글리오(p.48)가 정리했듯이 "읽기와 듣기 상황에서 사람들은 같은 요소에 집중하지 않는다. 듣는 상황에서는 메시지의 요지에 주의를 기울이게 되는 데 비해 읽기 상황에서는 텍스트 내의 실제 단어를 기억하는 경향이 있다." 따라서 직관적인 예상과는 달리 종이에 쓰인 단어들이 문장 구역을 돕는 것이 아니라, 오히려 텍스트에서 의미를 추출하는 능력을 방해하는 정보 잡음(information noise)의 원인이 되는 것이다.

이러한 관측을 바탕으로 아그리포글리오는 비에찌(Viezzi)의 문장 구역 과정의 기억력 보존에 관한 초기 연구들(1989a, 1989b, 1990)에 기반해 정보처리의 깊이에 관한 흥미로운 주장을 내놓았다. 비에찌는 기억 속에 보존되는 출발어 내용의 양이 동시통역보다 문장 구역에서 더 적다는 점을 발견했다. 아그리포글리오에 따르면 기억력 향상은 정보가 시연되는 길이보다 정보처리의 깊이에 더 많은 영향을 받는다는 크레이크(Craik)와 록하트(Lockhart)의 가설(1972)로 이러한 결과를 설명할 수 있다. 문장 구역 시에는 글로 쓰인 출발 텍스트를 볼 수 있기 때문에 통역 상황에서처럼 텍스트상의 정보를 아주 심층적으로 처리해야 할 필요는 없다. 통역의 경우 출발 텍스트가 순간적으로 머물고 사라지기 때문에 정보를 더 깊고 의미 있게 처리해 기억에 저장해야 성공적인 통역이 이뤄질 수 있다.

문장 구역 시에는 출발 텍스트가 있기 때문에 시간 제약이 있는 상황에서도 언어적 요소들을 피상적으로 훑어보는 작업을 반복적으로 하며 심층적인 처리는 전혀 하지 않는 것으로 보인다. 이러한 추측을 확인하기 위해서는 추가 연구가 필요하지만, 이중언어 읽기와 문장 구역을 위한 읽기를 비교한 이번 기초 연구에서, 실시간 번역을 위한 읽기 과제 수행 시 시선이 텍스트 앞부분으로 회귀하는 사례가 크게 증가하면서 문장 구역에 대한 '피상적 훑어보기 가설(shallow-scan hypothesis)'를 뒷받침할 만한 증거가 일부 발견되었다.

2. 문장 구역과 인지적 노력

문장 구역 과정에는 동시통역과 구별되는 인지적 특징이 있다. 이러한 차이는 출발어 입력과 주로 관련이 있으며 듣기 대비 읽기의 인지적 부담과 구어와 문어 텍스트의 성격상의 차이에 기인한다. 다니엘

질의 노력 모형(1997, p.198)을 활용한다면, 문장 구역의 인지적 과정은 몇몇 노력(efforts), 즉 주의와 기억력과 같은 유한한 인지적 자원을 놓고 경쟁하는 활동으로 특징 지워질 수 있다. 질은 동시통역에 동원되는 노력에는 L[listening(청취): 입력 신호 분석에서부터 어휘 접근 및 의미 표상에 이르기까지 모든 이해 관련 활동]+P[production(생산): 의미의 정신적 표상 구축에서부터 발화 계획 및 발화에 이르는 모든 활동]+M[demand for short-term memory(단기 기억)]+C[Coordination(조정): 나머지 세 가지 노력을 관리하는 노력]가 있다고 봤다.

질에 따르면 문장 구역에서는 통역의 청취와 분석 노력이 R 노력(읽기와 분석)으로 대체되고 P(생산) 노력은 통역과 유사하다. 질은 문장 구역의 경우 특별한 기억력이나 조정 노력은 필요하지 않다고 한다. 따라서 노력 모형의 관점에서 보면 문장 구역은 통역에 비해 간단해 보인다:

SI=L+P+M+C → ST=R+P

질은 동시통역과 문장 구역을 비교하면서, 문장 구역에서는 기억력이나 조정 노력이 크게 필요 없기 때문에 자원을 읽기와 생산에 재분배할 수 있다고 주장한다. 이에 비해 아그리포글리오는 동시통역에서와 마찬가지로 문장 구역에서도 시간 제약하에서 출력 신호 수신과 목표 신호 생산이 중복되기 때문에 기억력과 조정 노력이 동원될 수도 있다고 주장했다:

> 문장 구역에서 통역사는 자신의 인식의 리듬을 통제할 수 있기는 하지만 순조로운 과제 수행은 읽고 있는 동안 재구성이 시작될 때만 가능하다. 또한 언어 간 통사적 차이로 인해 일부 정보는 기억 속에 저장해 뒀다가 발화해야 도착어에 자연스럽게 반영되는 경우가 있다.
>
> 아그리포글리오, 2004, p.45

아그리포글리오는 문장 구역이 어려운 주된 이유는 문어 출발 텍스트의 본질적인 복잡성이나 구조보다는 "R, M 그리고 P 노력을 순조롭게 조정하면서 동시에 출발어로 인한 시각적 간섭과도 싸워야 한다"는 사실과 더 많은 관련이 있다고 결론짓는다(2004, p.47). 따라서 문장 구역 시에도 동시통역에서보다는 적지만 단기 기억에 다소 간의 부담이 지워지며(아래 수식에서 소문자 m으로 표시), 동시에 수행되는 읽기와 생산 관리 그리고 가장 중요한 출발 텍스트의 간섭 억제와 관련된 상당한 조정 노력이 들어간다.

ST=R+P+m+C

3. 문장 구역과 번역: 노력의 실험적 조작

번역과 문장 구역은 문어 텍스트를 읽고 분석한다는 측면에서는 공통점이 있다. 그러나 문장 구역은 실시간으로 읽기와 동시에 생산이 이뤄져야 한다는 부담 때문에 동일한 시간을 놓고 볼 때는 번역에서보다 문장 구역에서 많은 이해(읽기와 분석) 노력이 일어난다. 문장 구역 도중에 이해에 문제가 발생하면 인지에 더 많은 지장을 주고 오류의 횟수와 결과물의 품질에도 더 많은 영향을 준다. 번역에서는 번역사가 이해와 번역문 생산 모두에 인지적 자원을 할당할 수 있어, 좀 더 오랜 시간을 두고 보다 전략적으로 노력을 분배할 수 있고 출발 텍스트 차원의 문제에 직면하더라도 문제해결 전략을 적용할 시간이 있기 때문에 그로 인한 부정적 영향이 최소화된다.

문장 구역과 번역을 비교해 볼 때, 높은 수준의 도착 텍스트를 생산할 필요가 없다면 이해와 생산에 배분되는 상대적인 인지적 처리 노력의 양이 달라질 것이라는 예상이 가능하다. (대부분의 경우 그러하듯이) 구어로 생산하는 것이 문어로 생산하는 것보다 간단하다면 그리고 (일반적으로 그러하듯이) 텍스트적 유창성에 대한 기대 수준이 번역에 비해 문장 구역에서 낮다면, 문장 구역에 들어가는 생산 노력이 번역에 비해 낮을 것으로 추정해 볼 수 있다. 또한 질의 재분배 논리를 따르자면, 문장 구역에서 생산이 우선순위가 아니라면 이해가 더 많은 인지적 자원을 할당받는다. 결과적으로 생산에 대한 노력은 차후에 재분배되어야 하고 그러한 노력을 분배할 시간이 충분치 않기 때문에 문장 구역이 번역에 비해 이해 단계의 읽기와 분석 프로세스상의 문제에 더 민감할 수밖에 없다. 또한 듣기 상황에 비해 읽기 상황에서 의미보다 단어에 집중하는 경향이 있다면 이 또한 통사, 어휘 및 기타 언어적 문제에 대한 민감도를 높이는 데 일조할 것이다. 이로써 문장 구역이 출발 텍스트로 인한 혼란이나 간섭에 상당히 민감하다는 앞서 인용된 연구 결과들이 설명될 수 있겠다.

읽기와 쓰기의 차이와 이해와 생산의 우선순위 차이 그리고 문장 구역과 번역 간 노력 배분의 차이가 존재하기 때문에 출발 텍스트에 의도적으로 혼란스러운 구간(disruptions)을 삽입하는 방식의 실험적 조작을 했을 시, 문장 구역과 번역의 이해와 생산 프로세스가 서로 다른 방식으로 영향을 받을 것으로 가정된다. 문장 구역의 결과물은 읽기와 동시에 생산되어야 하기 때문에 '혼란스러운(disrupted)' 실험 텍스트 처리 과정의 행동을 아이트래킹과 음향 녹음을 활용해 기록한다면 텍스트상의 혼란으로 인해 영향을 받는 인지 프로세스, 특히 읽기 및 이해와 관련된 인지 프로세스에 관한 중요한 정보를 얻을 수 있을 것이다. 동공의 크기, 응시, 회귀와 같은 아이트래킹 데이터와 휴지, 반복, 침묵, 불필요한 채움어(filler words)와 같은 발화 데이터는 문장 구역 상 직면하는 번역에 국한된 문제뿐 아니라 질과 아그리포글리오 등이 상정한 일반적인 언어적·시각적 간섭의 효과를 반영할 수도 있다. 마찬가지로 키스트로크 로그와 번역 분석을 통해 얻을 수 있는 데이터를 통해서는 실험적 조작으로 인한 이해 프로세스의 혼란뿐 아니라 조작의 영향이 줄어드는 양상도 밝혀낼 수 있어 결과적으로 두 과제 간 인지적 차이를 밝혀내는 데 도움이 될 수 있다.

3.1. 연구 방법

시각적 간섭, 노력의 재분배 그리고 텍스트 조작으로 인한 이해 프로세스 혼란에 대한 문장 구역의 민감도에 관한 추정들을 고찰 및 검증하기 위한 연구가 2009년 켄트주립대학교에서 진행되었다. 연구 설계 과정에서 피험자가 혼란을 느낄 만한 부분이 출발 텍스트에 의도적으로 삽입되었다. 각 피험자는 출발 텍스트 몇 개를 문장 구역하고 번역했다. 각 텍스트에는 거의 동일한 두 개의 버전이 있었는데 한 버전에는 통사적으로 복잡한 단락이 있었고 나머지 한 버전에서는 동일한 단락이 보다 간단한(복잡하지 않은) 통사 구조로 다시 쓰였다. 각 텍스트는 여러 피험자에 의해 문장 구역 및 번역되었고 각 피험자는 두 과제(문장 구역, 번역)를 모두 수행했으나 한 텍스트당 하나의 과제만을 수행했다. 이 실험에서 독립 변수는 통사적 복잡성이었는데 향후 연구에서는 어휘의 밀도와 같은 다른 변수들도 사용될 수 있을 것이다. 종속 변수에는 문장 구역의 구두 결과물의 경우 안구 움직임 패턴과 오류가 있었고, 번역의 서면 결과물의 경우 키스트로크 패턴, 휴지, 오류가 있었다.

3.2. 피험자

켄트주립대학교 대학원에서 번역을 전공하는 학생 11명이 본 연구에 참여했다. 그 중 7명은 석사 과정 2학기, 4명은 4학기 학생으로서 모두 전공 언어가 스페인어-영어였다. 피험자 중 5명은 전문적인 번역 경험이 있었으나 2년을 넘지는 않았다. 평균 연령은 26세였고 여성이 7명, 남성이 4명이었다. 피험자 중 10명은 모국어가 영어였고 1명은 스페인어였다. 영어가 모국어인 피험자들은 정규 교육을 통해 스페인어를 평균 8년 동안 학습했다. 스페인어가 모국어인 피험자는 정규 교육을 통해 영어를 10년 동안 학습했다.

3.3. 실험 절차

실험은 각 피험자에 대해 개별적으로 이뤄졌다. 각 피험자는 컴퓨터 앞에 앉아 같은 내용의 설명을 들었으며 그 후 아이트래킹 장치가 피험자에 맞게 조정되었다. 각 피험자는 스페인어 '연습 텍스트'를 읽도록 지시를 받았다(이 텍스트는 소규모 이중언어 읽기 베이스라인 연구에도 사용되었다). 이 스페인어 연습 텍스트는 주제, 길이, 난이도 면에서 4개의 실험 텍스트와 유사했다. 연습 텍스트를 읽은 후 각 피험자는 두 개의 스페인어 텍스트를 문장 구역했다. 그 중 한 텍스트는 'A' 텍스트로, 나머지 하나는 'B' 텍스트로 지정된 것이었다. 피험자들에게 A 텍스트가 먼저 주어졌고, A 텍스트 문장 구역 완료 후 B 텍스트를 화면에 띄우기 전에 몇 분간의 휴식을 취하도록 했다. 따라서 모든 피험자가 두 개의 다른 텍스트—하나는 A 버전으로 다른 하나는 B 버전으로—를 문장 구역한 것이다. 결과적으로 각 피험자는 두 개의 복잡한 문단과 두 개의 평이한 문단을 문장 구역했다. 시간제한은 없었고 각 세션은 30분가량 소요되었다.

3.4. 실험 텍스트

이중언어 읽기 베이스라인 연구를 위해서는 104단어로 구성된 스페인어 텍스트 한 개가 모든 피험자에게 제시되었다. 문장 구역과 번역 실험을 위해서는 4개의 스페인어 텍스트가 사용되었다. 모든 텍스트는 미국번역협회에서 실시한 인증 시험 텍스트에서 가져왔으며 주제는 모두 관광이었다. 문장 구역과 번역에 사용된 4개의 텍스트는 각각 159에서 171단어로 구성되어 평균 길이는 167단어였다. 각 텍스트는 비슷한 길이로 된 두 개의 단락으로 구성되었다.

각 텍스트의 한 단락은 A와 B, 2개의 버전으로 만들어지도록 조작했다. AOI(Area of Interest, 관심 부분)로 지정된 단락의 한 부분을 통사적으로 조작했다는 것 외에 길이, 어휘, 의미는 두 버전이 동일했다. AOI들은 각각 약 36단어로 구성되어 길이가 모두 동일했다.

각 텍스트의 A 버전은 통사적으로 복잡하지 않은(non-complex, NC)

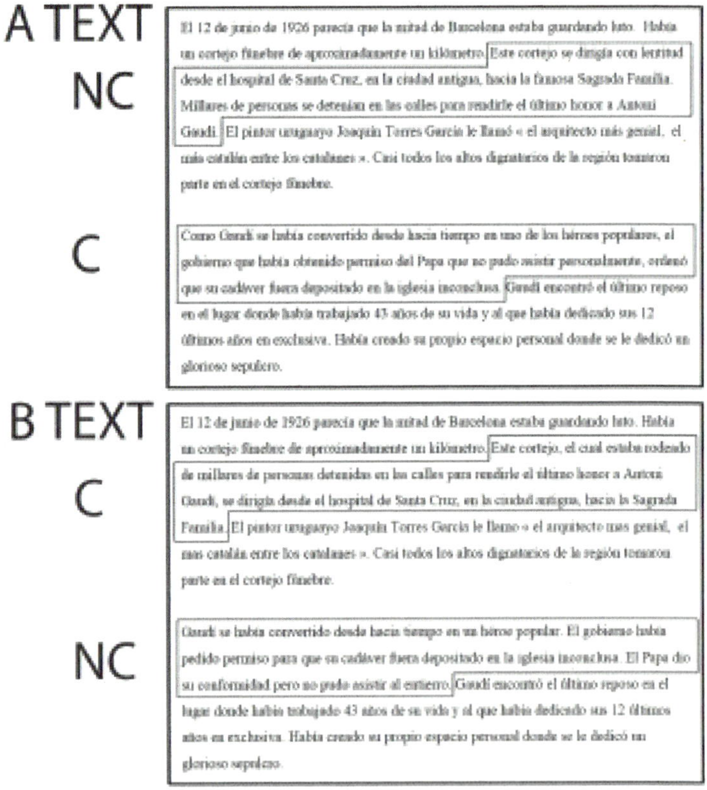

El 12 de junio de 1926 parecía que la mitad de Barcelona estaba guardando luto. Había un cortejo fúnebre de aproximadamente un kilómetro. Este cortejo se dirigía con lentitud desde el hospital de Santa Cruz, en la ciudad antigua, hacia la famosa Sagrada Familia. Millares de personas se detenían en las calles para rendirle el último honor a Antoni Gaudí. El pintor uruguayo Joaquín Torres García le llamó « el arquitecto más genial, el más catalán entre los catalanes ». Casi todos los altos dignatarios de la región tomaron parte en el cortejo fúnebre.

Como Gaudí se había convertido desde hacía tiempo en uno de los héroes populares, el gobierno que había obtenido permiso del Papa que no pudo asistir personalmente, ordenó que su cadáver fuera depositado en la iglesia inconclusa. Gaudí encontró el último reposo en el lugar donde había trabajado 43 años de su vida y al que había dedicado sus 12 últimos años en exclusiva. Había creado su propio espacio personal donde se le dedicó un glorioso sepulcro.

El 12 de junio de 1926 parecía que la mitad de Barcelona estaba guardando luto. Había un cortejo fúnebre de aproximadamente un kilómetro. Este cortejo, el cual estaba rodeado de millares de personas detenidas en las calles para rendirle el último honor a Antoni Gaudí, se dirigía desde el hospital de Santa Cruz, en la ciudad antigua, hacia la Sagrada Familia. El pintor uruguayo Joaquín Torres García le llamo « el arquitecto mas genial, el mas catalán entre los catalanes ». Casi todos los altos dignatarios de la región tomaron parte en el cortejo fúnebre.

Gaudí se había convertido desde hacía tiempo en un héroe popular. El gobierno había pedido permiso para que su cadáver fuera depositado en la iglesia inconclusa. El Papa dio su conformidad pero no pudo asistir al entierro. Gaudí encontró el último reposo en el lugar donde había trabajado 43 años de su vida y al que había dedicado sus 12 últimos años en exclusiva. Había creado su propio espacio personal donde se le dedicó un glorioso sepulcro.

<그림 1> 실험 자극 텍스트

AOI를 포함하는 첫 번째 단락과 통사적으로 복잡한(complex, C) AOI를 포함하는 두 번째 단락으로 구성되어 있었다. B 버전은 통사적으로 복잡한 AOI를 포함하는 첫 번째 단락과 복잡하지 않은 AOI를 포함하는 두 번째 단락으로 이뤄져 있었다. 통사적으로 복잡하지 않은 AOI들은 짧고 간단한 문장으로 되어 있었다. 통사적으로 복잡한 버전은 일부 관계사 절을 포함하도록 수정했다. 따라서 모든 A 버전 텍스트의 첫 번째 단락 AOI는 복잡하지 않고 두 번째 단락 AOI는 복잡한 구조였다. 또한 모든 B 버전 텍스트의 첫 번째 단락 AOI는 복잡하고 두 번째 단락 AOI는 복잡하지 않았다. '통사적으로 복잡한'과 '통사적으로 복잡하지 않은'의 조작적 정의는 공식적인 것은 아니다. <그림 1>은 실험 자극 텍스트 샘플이며 복잡한 AOI와 복잡하지 않은 AOI가 음영으로 표시되어 있다.

3.5. 아이트래킹 데이터

토비(Tobii)사의 클리어뷰(Clearview) 소프트웨어를 탑재한 토비 1750 아이트래킹 시스템을 활용해 문장 구역의 발화 데이터와 동공 크기를 포함한 기본적인 아이트래킹 데이터를 동시에 수집했다. 번역의 키스트로크 데이터는 트랜스로그(Translog) 소프트웨어를 활용해 수집했다. 아이트래킹 데이터는 인지적 처리, 주의 집중, 이중언어 읽기와 문장 구역 과정의 노력의 패턴에 관한 정보를 제공한다. 사용된 데이터에는 응시 빈도 및 지속시간, AOI 응시, 회귀 빈도 및 지속시간 그리고 회귀 대비 응시 비율 등이 있었다.

3.6. 연구 목표 및 가설

문장 구역 연구에는 크게 두 가지 목표가 있었다. 첫 번째는 문장 구역 시 시선의 움직임을 이해하고 문장 구역과 이중언어 읽기의 일반적인 차이점을 조사하는 것이었다. 이는 노력과 활발한 처리를 나타내는 아이트래킹 데이터 수치들이 이중언어 읽기에 비해 문장 구역에서 높다는 가정을 바탕으로 했다. 두 번째 목표는 어휘의 난해함이나 통사적 복잡성과 같은 문장 구역 텍스트의 특성을 조작하는 것이 시선 움직임과 같은 노력 관련 데이터에 영향을 줄 수 있다는 가설을 검증하는 것이었다. 노력 관련 데이터를 기준으로 문장 구역과 번역을 비교하고 그 결과를 바탕으로 문장 구역과 번역 사이의 중요한 프로세스 차이를 나타내는 지표가 될 수 있는 패턴을 발견하기 위한 연구인 것이다. 구체적인 가설은 다음과 같다:

1. *문장 구역의 경우 출발 텍스트 한 부분의 통사적 복잡성이 증가할수록 이해는 더 어려워지고 혼란스러워진다. 이러한 혼란은 오류 증가를 통해 그리고 처리 노력 증가를 암시하는 아이트래킹 데이터(예: 응시 횟수 증가, 응시 지속시간 증가, 회귀 횟수 증가)를 통해 확인될 수 있다.*
2. *번역의 경우 보다 많은 시간을 두고 노력을 재분배할 수 있고 출발 텍스트의 어려움에 대한 민감도가 문장 구역에 비해 낮다. 따라서 출발 텍스트의 통사적 밀도 증가에 따른 이해와 생산 노력 혼란이 문장 구역에 비해 덜 심각할 것이다. 이러한 혼란은 키스트로크 로그(예: 휴지, 휴지 지속시간, 커서 움직임)와 도착 텍스트 오류 데이터를 통해 측정될 수 있다.*

이로써 종속 변수 분석이 완성되는 것은 아니다. 본고에서는 예비 연구 결과만을 보고하고자 한다. 녹음된 발화 내용과 번역 결과물에 대한 보다 상세한 분석(예: 오류 분석) 및 보다 정교한 시선 플롯과 아이트래킹 데이터의 시선 경로 분석 등은 아직 이뤄지지 않았다.

4. 이중언어 읽기와 문장 구역: 베이스라인 연구

앞서 논의된 바와 같이 문장 구역의 인지적 특성의 대부분은 읽기 프로세스의 근본적인 성격에 기인한다. 그러나 문장 구역의 경우 일반적인 단일 언어 읽기 프로세스에 추가되는 조건이 몇 가지 있다. 첫째, 텍스트 이해는 두 언어 간(본 연구에서는 한 명을 제외한 모든 피험자에게 있어 언어 방향이 L2 → L1이었다)에 이뤄져야 한다. 따라서 문장 구역에서는 읽기의 인지적 프로세스가 단일 언어 읽기에 비해 많은 노력과 주의 그리고 장단기 기억에 대한 접근을 필요로 할 것으로 추정할 수 있다. 문장 구역에는 '구두 생산 제약(oral production constraint)'(출발 텍스트에 대한 번역문을 구두로 생산)이 추가된다는 점에서 또 하나의 조건이 적용된다. 예를 들어 큰소리로 낭독 시 속으로 읽을 때보다 응시 지속시간이 더 길어진다는 연구 결과가 있다[레비-쇼엔(Levy-Schoen), 1981]. 마지막으로 '번역 제약(translation constraint)'으로 인해 추가되는 조건이 있다. 문장 구역의 경우 작업 기억에서 동시 혹은 거의 동시에 처리가 일어나기 때문에 인지 부하와 노력이 증가하는 것이다.

우리는 단일 언어 읽기와 이중언어 읽기를 비교하는 연구를 실시하지는 않았으나 이중언어 구사자들은 자신들이 더 편하게 생각하는 언어로 읽을 때 응시 지속시간이 더 짧고, 도약 안구 운동 시간이 길고, 회귀 횟수가 적을 것으로 가정했다[알타리바 외(Altarriba et al.), 1996; 친코타, 히스나와 언더우드(Chincotta, Hysna and Underwood), 1997]. 즉 단일 언어 읽기에 비해 이중언어 읽기가 더 많은 노력이 필요할 것으로 가정한 것이다. 문장 구역은 이중언어 읽기보다 많은 노력을 필요로 한다는 주장에 대한 증거를 제시하기 위해 우리는 피험자들을 대상으로 소규모 베이스라인 연구를 실시했다. 이중언어 읽기와 문장 구역의 노력 데이터에 어떤 차이가 나타난다면 번역 제약을 한 가지 원인으로 추정할 수 있을 것이다. 번역에 대한 과거 아이트래킹 연구에서 이미이 점에 대한 규명이 시작되었다. 한 예로, 야콥센과 옌센(Jakobsen and Jensen, 2007)은 이해를 위한 읽기와 번역을 위한 읽기에 있어 아이트래킹 데이터의 차이에 관해 보고한 바 있다.

본 베이스라인 연구에서는 104단어로 구성된 자극 텍스트가 제시되었고 피험자는 그 텍스트를 속으로 읽으라는 지시를 받았다. 총 소요시간, 응시 횟수, 회귀 횟수, 평균 응시 시간, 회귀에 대한 응시 비율을 측정했다. 이 읽기 과제의 결과를 문장 구역 과제의 결과와 비교했다. 읽기 텍스트(104 단어)가 문장 구역 텍스트(평균 167단어)보다 짧았기 때

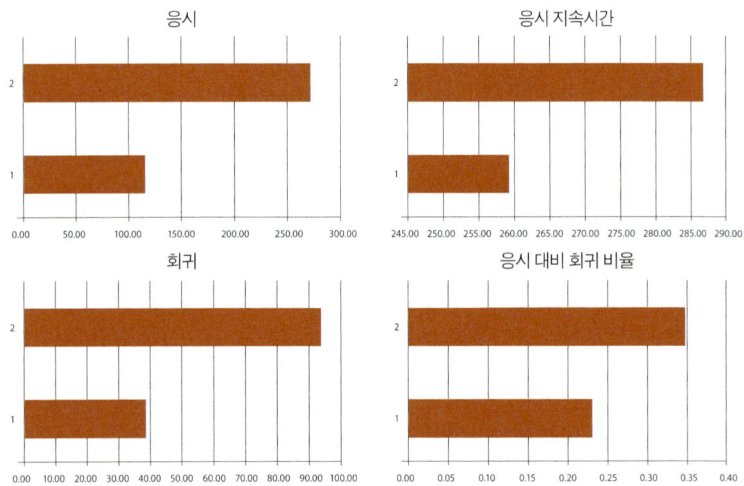

<그림 2> 이중언어 읽기(1)와 문장 구역(2) 비교

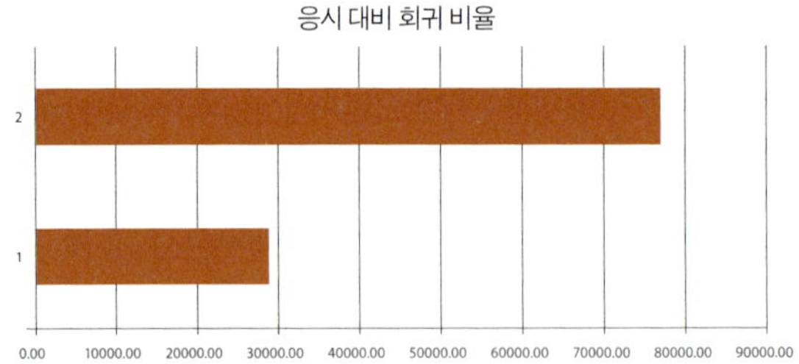

<그림 3> 이중언어 읽기 소요시간(1)과 문장 구역 소요시간(2) 비교(단위: 밀리초)

문에 결과 해석을 위해 문장 구역 데이터를 텍스트 길이에 따라 조정했다. 응시 횟수가 많았던 것은 텍스트 처리가 어려웠기 때문이 아니라 읽어야 할 단어의 수가 더 많았기 때문이라는 점에서, 조정을 통해 높은 응시 횟수에 대한 보정이 이뤄진 것이다[풀 외(Poole et al.), 2004].

베이스라인 연구 결과는 이중언어 읽기에 비해 문장 구역에서 응시가 더 빈번히 일어나고 지속시간이 더 길며(밀리초 단위) 회귀도 더 빈번하고 응시 대비 회귀 비율도 더 높다는 점을 분명하게 보여 줬다(<그림 2> 참조). 문장 구역에서 회귀가 훨씬 많이 일어났고(거의 4:1) 응시의 많은 부분이 회귀에 의해 나타났다. 이는 문장 구역 과정에서 번역을 목적으로 하는 '단서 찾기' 활동이 이뤄진다는 의미일 수도 있지만 아그리포글리오와 비에찌가 예측한 대로 재읽기와 출발 텍스트에 대한 피상적인 리허설이 반복적으로 일어나는 것으로 해석될 수도 있다.

전체적으로 문장 구역에서 응시 횟수가 더 높고 평균 응시 지속시간이 더 길었다는 것은 번역이라는 과제가 읽기에 상당한 영향을 준다는 점을 시사한다. 그 결과 읽기에 소요된 총시간도 더 길어졌다. 그러나 차후 논의될 연구 설계의 문제('논의 및 시사점: 베이스라인 연구' 부분 참고)로 인해 응시 지속시간(<그림 3> 참조)을 본 연구에서 사용하는 것이 타당한지 여부에 대해서는 의문이 남는다.

5. 문장 구역 실험

앞서 언급된 바와 같이 우리는 이해 프로세스가 출발 텍스트 조작으로 인해 여러 다른 방식으로 실질적으로 방해를 받을 것으로 가정했다. 물론 어휘적 난해함과 어휘 빈도, 명제의 복잡성 혹은 기타 언어적 속성 역시 조작의 대상이 될 수 있겠지만 본 연구에서는 통사적 복잡성만 조작했다.

아이트래킹은 문장 처리에 영향을 주는 통사적, 의미적 그리고 화용적 요소들에 민감한 것으로 드러난 바 있다[레이너(Rayner), 1998; 레이너, 세레노, 모리스, 슈마우더 그리고 클리프톤(Rayner, Sereno, Morris, Schmauder, and Clifton), 1989; 트랙슬러, 모리스 그리고 씰리(Traxler, Morris, and Seely), 2002]. 켐퍼 등(Kemper et al., 2004)을 포함한 일부 학자들 역시 회귀의 횟수와 지속시간 증가가 문장 분석의 어려움과 연관이 있음을 밝혀냈다. 이러한 이론적 근거를 바탕으로 우리는 통사적 조작으로 인한 효과(통사적 효과)가 있을 것이며 그 효과는 인지적 노력 증가를 암시하는 시선 움직임으로 표현될 것이라는 예상을 할 수 있었다.

5.1. 문장 구역 결과

각 AOI에 대해 총 소요시간, 총 응시 횟수, 총 회귀 횟수를 측정했다. 각 피험자가 번역한 2개의 복잡한 AOI와 2개의 복잡하지 않은 AOI에 대해 위 측정치들의 평균을 계산했다. 응시 지속시간이 1,000밀리초를 넘는 경우 분석에서 제외했는데 이에 해당하는 데이터는 전체의 2%도 되지 않았다. 평균 읽기 소요시간은 복잡한 AOI의 경우 25,307밀리초, 복잡하지 않은 AOI의 경우 24,218밀리초였다. 이들 평균치의 차이를 절대적인 수치로만 보면 복잡한 AOI에서 소요시간이 더 길 것이라는 예상과 일치하지만, t 검정 결과 그 차이가 통계적으로 유의미하지 않은 것으로 나타났다($p > .05$). 평균 응시 횟수는 복잡한 AOI의 경우 94, 복잡하지 않은 AOI의 경우 87이었다. 이들 수치의 차이 역시 t 검정 결과에 따르면 통계적으로 유의미하지 않았다($p > .05$). 평균 회귀 횟수는 두 AOI 모두 31이었다. 따라서 복잡하고 복잡하지 않은 AOI 처리를 위한 노력 관련 데이터를 기준으로 볼 때 통사적 효과는 두드러지지 않았다.

이러한 결과를 보다 명확히 하고 조작으로 인한 혼란 양상을 찾기 위해 버전별로(A 혹은 B) 텍스트를 구분해 추가 분석이 이뤄졌다. A 텍스트들의 AOI들(복잡하지 않은 첫 번째 AOI와 복잡한 두 번째 AOI)과 B 텍스트들의 AOI들(복잡한 첫 번째 AOI와 복잡하지 않은 두 번째 AOI)을 비교한 것이다. 이 분석의 결과는 <표 1>에 정리되어 있다.

<표 1> 출발 텍스트를 버전 A, B로 구분한 결과

	A 텍스트 AOI 1(첫 번째) 복잡하지 않음	A 텍스트 AOI 2(두 번째) 복잡함	B 텍스트 AOI 1(첫 번째) 복잡함	B 텍스트 AOI 2(두 번째) 복잡하지 않음
소요시간 (ms)	19,104	27,558	22,955	29,332
응시	73	101	86	101
회귀	26	35	28	35

A 텍스트의 경우 복잡한 AOI들의 평균 소요시간이 27,558밀리초, 복잡하지 않은 AOI들의 경우 19,104밀리초였다[t(10)=2.09, p=.06]. 따라서 A 텍스트의 경우 피험자들이 복잡하지 않은 AOI들보다 복잡한 AOI들에 더 많은 시간을 소요했고 그 차이도 통계적으로 유의미한 수치에 가까웠다. 평균 응시 횟수는 복잡한 AOI의 경우 101, 복잡하지 않은 AOI는 73이었다(t(10)=2.05, p=.06). 평균 회귀 횟수는 복잡한 AOI의 경우 35, 복잡하지 않은 AOI는 26이었다(p > .05). 피험자들이 복잡하지 않은 AOI보다 복잡한 AOI에서 더 많은 회귀를 보였지만 그 차이는 통계적으로 유의미하지 않았다.

B 텍스트의 경우 복잡한 AOI들의 평균 소요시간이 22,955밀리초, 복잡하지 않은 AOI들의 경우 29,332밀리초였다(p > .05). 따라서 피험자들이 복잡한 AOI보다 복잡하지 않은 AOI에 더 많은 시간을 소요했지만 그 차이는 통계적으로 유의미하지 않았다. 평균 응시 횟수는 복잡한 AOI의 경우 86, 복잡하지 않은 AOI는 101이었다(p > .05). 따라서

복잡하고 복잡하지 않은 AOI들의 평균 응시 횟수에는 유의미한 차이가 없었다. 평균 회귀 횟수에 있어서도 복잡하고 복잡하지 않은 AOI들 간에 유의미한 차이가 없었다($p > .05$).

5.2. 첫 번째 단락 분석

버전별 텍스트 분석 결과, A 텍스트는 통사적 복잡성 효과를 보였지만 예상과는 달리 B 텍스트는 그렇지 않았다. 수치상으로 볼 때 B 텍스트의 평균치들은 사실상 예상과는 반대 방향으로 움직였다. 순서를 되짚어 보자면, 모든 피험자가 A 텍스트를 먼저 문장 구역하고 B 텍스트를 나중에 했다. 모든 A 텍스트에서 첫 번째 단락의 AOI가 복잡하지 않았고 두 번째 단락의 AOI가 복잡했다. 모든 B 텍스트에서 첫 번째 단락의 AOI가 복잡했고 두 번째 단락의 AOI가 복잡하지 않았다. 따라서 우리는 통사적 조작으로 인한 혼란이 B 텍스트들의 첫 번째 단락에 나타날 것으로 예상했다. 그러나 결과는 그렇지 않았다. 예상과 달리 B 텍스트들의 두 번째 단락에서 계속해서 복잡하지 않은 AOI를 문장 구역했음에도 불구하고 수행 능력 감소가 나타나 시간이 오래 걸리고 응시와 회귀 횟수도 더 많았다.

이러한 뜻밖의 결과를 이해하기 위해 A 텍스트들의 첫 번째 단락 AOI들(복잡하지 않음)과 B 텍스트의 첫 번째 단락 AOI들(복잡함)을 비교하는 추가 분석을 실시했다. 그 결과, 복잡하지 않은 AOI들의 평균 소요시간은 19,104밀리초, 복잡한 AOI들의 평균 소요시간은 22,955밀리초였다($t(10)=2.35$, $p < .05$). 첫 번째 단락에서 피험자들은 복잡하지 않은 AOI보다 복잡한 AOI에 더 많은 시간을 소요했고 그 차이는 통계적으로 유의미했다. 평균 응시 횟수는 복잡한 AOI의 경우 86, 복잡하지 않은 AOI는 73이었다($p > .05$). 따라서 그 차이는 통계적으로 유의미하지 않았으나 복잡한 AOI에 비해 복잡하지 않은 AOI에 대한 응시 횟수가 적었다. 평균 회귀 횟수는 복잡한 AOI의 경우 28, 복잡하지 않은 AOI는 26이었다. 그 차이는 통계적으로 유의미하지 않았으나($p > .05$), 응시 횟수와 회귀 횟수의 평균치들은 예상된 경향성을 보인 것이다.

동공 크기 데이터도 시선 움직임 데이터와 일치하는지 알아보기 위해 분석되었다. 데이터에 따르면 첫 번째 단락에서 두 번째 단락보다 동공 크기가 컸던 것으로 나타났다. 동공 크기를 인지적 노력이나 부하의 지표로 해석한다면, 두 번째 단락보다 첫 번째 단락에서 더 많은 노력이 기울여진 것으로 볼 수 있는데 이는 시선 움직임 데이터와 상반된다. 동공 크기 데이터 역시 통사적 효과를 보여 주지 않는다. 사실 복잡하지 않은 단락에서 복잡한 단락보다 동공 크기가 컸고 그 차이는 통계적으로 유의미했다. 데이터를 텍스트 유형에 따라 비교했을 때 그리고 복잡하고 복잡하지 않은 단락을 전체적으로 비교했을 때 모두 같은 결과가 나왔다(<표 2> 참조). 동공 크기는 통사적 혼란이나 인지적 노력에 대해 특별히 민감한 지표가 아닐 수 있다거나 조명 상태나 스트레스 혹은 기타 다른 요인이 결과를 혼동시켰을 수 있다는 추측 외에는 동공 크기 데이터 결과에 대해서는 설명할 방법이 없다[골드버그와 위칸스키(Goldberg and Wichansky), 2003]. 이러한 이유 때문에 동공 크기 측정치는 아이트래킹 연구에서 종종 비난의 대상이 되기도 했다(풀, 2004).

<표 2> 동공 크기 데이터

A 텍스트 AOI 1(첫 번째) 복잡하지 않음	A 텍스트 AOI 2(두 번째) 복잡함	B 텍스트 AOI 1(첫 번째) 복잡함	B 텍스트 AOI 2(두 번째) 복잡하지 않음
4.085678264	3.919939	4.015108	3.901948

문장 구역 결과를 정리하자면, 텍스트 버전과 단락 위치에 따라 결과를 분류했을 때 예측했던 통사적 효과가 나타났다(그 차이는 유의미했음). 그 효과는 모든 A 텍스트(간단한 A 대 복잡한 A), 즉 피험자가 처음

번역한 텍스트들에서 나타났다. 그런데 첫 번째 단락만 모두 조사했을 때도(간단한 A 대 복잡한 B) 해당 효과가 나타남을 알 수 있었다. 이러한 흥미로운 결과에 대한 설명은 결론 부분에서 다루도록 하겠다.

6. 번역 실험

위에 설명된 문장 구역 절차와 동일하게 번역 과제에서도 역시 11명의 피험자가 각각 두 단락으로 구성된 텍스트 2개를 번역했다. 전체적으로는 문장 구역 과제와 동일한 자극이 사용되었지만 각 피험자에게는 본인이 문장 구역에서 다루지 않은 텍스트가 주어졌다. 도착 텍스트는 노트북 컴퓨터로 트랜스로그 인터페이스 내에서 작성되었으며 출발 텍스트가 화면 위쪽, 도착 텍스트가 화면 아래쪽에 나타났다.

문장 구역 과제와 마찬가지로 시간제한은 없었고 피험자들은 어떤 자료에도 접근할 수 없었다. 문장 구역 과제에서와는 달리 피험자들은 이미 작성한 도착 텍스트를 계속해서 다시 보면서 참고할 수 있었다. 번역 데이터는 키스트로크 로깅 소프트웨어인 트랜스로그를 사용해 수집했다[야콥센과 쇼우(Jakobsen and Schou), 1999]. 피험자들로 하여금 한 텍스트 번역 후 짧은 휴식을 가진 후 다음 텍스트를 번역할 수 있도록 했다. 모든 피험자가 문장 구역 과제 완료 후 번역 과제를 시작했다.

6.1. 결과

작성된 도착 텍스트의 각 AOI에 대해 다음과 같은 수치들을 측정하고 평균을 계산했다: (1) 총 소요시간, (2) 총 휴지 길이, (3) 휴지 대비 키스트로크 비율, (4) 총 마우스 움직임 혹은 화살표 클릭 횟수 그리고 (5)

분당 텍스트 생산량. 총 소요시간은 밀리초 단위로 측정했고 총 휴지 길이는 트랜스로그의 기본 휴지 단위 간격 1초를 기준으로 각 AOI에서 나타난 총 휴지의 수를 바탕으로 계산했다(휴지 길이는 문장 구역 데이터와의 일관성을 위해 밀리초 단위로 변환했다). 그러고 나서 총 휴지 길이를 총 소요시간에서 빼는 방식으로 휴지 대비 키스트로크 비율을 계산했다. 마우스 클릭과 커서 움직임 빈도는 피험자별로 트랜스로그 로그 파일 데이터에 나타난 대표 아이콘 발생을 기준으로 했다. 분당 텍스트 생산량은 분당 평균 키스트로크 수로 측정했다.

<표 3> 번역 과제에서 총 휴지 길이

피험자	복잡한 AOI	복잡하지 않은 AOI
1	25.50초	14.50초
2	87.00초	50.50초
3	83.50초	126.00초
4	49.00초	50.50초
5	53.00초	41.50초
6	18.50초	16.00초
7	29.50초	46.50초
8	25.50초	24.00초
9	47.00초	39.50초
10	31.00초	21.50초
11	42.50초	41.00초
평균	44.70초	42.90초

앞서 언급한 어떠한 측정치들에 있어서도 통사적으로 복잡한 AOI와 복잡하지 않은 AOI 간 통계적으로 유의미한 차이는 없었다. 복잡한 AOI에 비해(키스트로크 수: 134.25) 복잡하지 않은 AOI(키스트로크 수: 147.28)에서 분당 텍스트 생산량이 많기는 했지만 그 차이는 통계적으

로 유의미하지 않았다($p > .05$). 통사적 복잡성을 조작한 것이 번역 수행 능력에 두드러진 영향을 미치지 않았고 텍스트 생산이나 이해에 있어서도 가시적인 영향이 없었다. 따라서 문장 구역이 번역에 비해 통사적 혼란에 더 민감할 것이라는 우리의 두 번째 가설이 확인된 것으로 볼 수 있다.

번역에 있어 휴지를 문장 구역의 장시간 응시(및 회귀)와 유사한 변수로 본다면, 통사적 조작이 휴지에 영향을 줄 것이라는 예상도 할 수 있을 것이다(<표 3> 참조). 그러나 실제로는 그렇지 않았다. 복잡한 AOI에 대한 평균 휴지 길이는 44,700밀리초 그리고 복잡하지 않은 AOI의 경우 42, 090밀리초였다($p > .05$).

문장 구역에서 관찰된 A와 B 텍스트 간 차이가 번역 데이터에서는 나타나지 않았고, 문장 구역 과제에서 관찰된 첫 번째와 두 번째 단락 간 수행 능력 하락도 번역 과제에서는 나타나지 않아 그러한 현상은 문장 구역 과제 특유의 현상인 것으로 보인다.

7. 논의 및 시사점

7.1. 베이스라인 연구

이해를 위한 이중언어 읽기와 문장 구역을 위한 읽기를 비교한 결과, 평균적으로 피험자들은 문장 구역을 위한 읽기에 비해 이중언어 읽기에서 응시 횟수가 적었고 응시 지속시간이 짧았으며 회귀의 횟수도 적었다. 예상치 못했던 결과는 아니지만 이러한 결과는 조심스럽게 해석될 필요가 있다.

연습 텍스트에 대한 지시 사항이 잘못 전달되어 피험자들로 하여금 연습용 텍스트를 속으로 읽도록 했다. 물론 문장 구역에서는 '소리 내어'

발화하도록 했다. 만약 연습용 텍스트도 소리 내어 읽게 했다면 문장 구역과 '이중언어 읽기' 비교가 보다 직접적이고 유용했을 수 있다. 소리 내어 읽는 행위(레비-쇼엔, 1981; 레이너, 1998)는 평균 도약 안구 운동과 응시 지속시간(225밀리초 대 275 밀리초)이 길어지는 결과를 낳는 것으로 드러난 바 있다. 따라서 응시 지속시간을 '번역 조건'으로 인한 추가 노력의 지표로 사용하기에는 무리가 있다. 이번 실험 결과(260밀리초 대 287밀리초)의 일부는 번역이 아닌 소리 내어 읽기에 기인한 것일 수 있다.

7.2. 문장 구역

문장 구역 실험은 몇 가지 중요한 결과를 도출했다. 통사적으로 복잡하고 복잡하지 않은 AOI에 대한 '전체 평균' 비교 결과는 어떠한 측정치에서도 통계적으로 유의미하지 않았고, 통사적 조작으로 인한 혼란이 시선 움직임 패턴을 통해 드러날 것이라는 첫 번째 가설을 뒷받침하지 못하는 듯했다.

모든 피험자가 A 텍스트를 먼저 그리고 B 텍스트를 두 번째로 문장 구역했고 모든 A 텍스트는 첫 단락이 복잡하지 않았고 두 번째 단락이 복잡한 구조를 가지고 있었기 때문에 피로나 기타 교란 요인으로 인해 전체 평균치에서 통사적 복잡성 효과가 가려질 수 있다고 판단했다. 예상했던 효과가 나타나지 않은 이유를 이해하기 위해 텍스트 버전에 따른 추가 분석, 즉 A 텍스트들과 B 텍스트들의 비교가 이뤄졌다. 분석 결과, A 텍스트들에는 통사적 복잡성 효과가 나타나 가설과 일치했으나 B 텍스트들은 그렇지 않았다. 따라서 두 과제의 시간적 진행과 관련된 어떤 요인이 결과에 영향을 준 것으로 보인다.

A와 B 텍스트의 차이에 관한 보다 정교한 설명을 위해, 첫 번째와 두 번째 단락의 AOI를 비교한, 즉 텍스트상 '위치'에 따른 비교 역시 이뤄졌다. 첫 번째 단락에 위치한 복잡하고 복잡하지 않은 AOI들의 평균을

산출하고 비교한 결과, 여기에서도 통사적 복잡성 효과가 발견되었다. 피험자들이 복잡하지 않은 AOI보다 복잡한 AOI에 유의미하게 더 많은 시간을 소요한 것이다. 반면 두 번째 단락에 위치한 AOI의 경우 복잡한 AOI 평균과 복잡하지 않은 AOI 평균이 유의미한 차이를 보이는 경우가 전혀 없었다. 따라서 이번 연구의 첫 번째 가설은 첫 번째 단락의 결과에 의해 다시 한 번 뒷받침되었다.

흥미롭게도 모든 A 텍스트과 모든 첫 번째 단락은 통사적 복잡성에 의해 영향을 받았는데 B 텍스트들과 두 번째 단락들은 그렇지 않았다. 이는 문장 구역 과제의 시간적 진행과 관련된 어떤 요인이 작용할 것이라는 추측을 확인해 준다고 할 수 있다. 이러한 요인으로 인해 첫 번째 단락에 비해 두 번째 단락 처리에서 인지적 수행 능력이 하락하는 것이다.

7.3. 번역

번역 실험에서는 복잡하고 복잡하지 않은 AOI의 평균 간 어떠한 차이도 통계적으로 유의미하지 않았다. 더욱이 A와 B 텍스트 평균 간 혹은 첫 번째와 두 번째 단락 AOI 평균 간에 문장 구역에서는 차이가 있었지만 번역에서는 차이가 없었다. 이러한 결과는 A와 B 텍스트 간 그리고 첫 번째, 두 번째 단락 간에 근본적인 차이가 없다는 개념을 확인해 준다. 이는 동시에 시간적 진행과 관련된 요인이 문장 구역에서의 단락 간 그리고 텍스트 간 수행 능력 하락을 설명해 줄 수 있을 것이라는 가설을 뒷받침한다.

7.4. 문장 구역에서의 수행 능력 하락

본 연구에서 단연 가장 이해하기 어려운 결과는 B 텍스트 데이터에서 나타난 첫 번째와 두 번째 단락 사이의 분명한 수행 능력 하락이다.

A 텍스트에서의 수행 능력 하락은 통사적 조작에 의한 것으로 볼 수 있지만 B 텍스트의 경우는 어떻게 설명할 것인가? 응시 지속시간, 응시 횟수, 회귀 횟수와 같은 아이트래킹 측정치들은 과제가 진행되면서 모두 증가했는데 이는 인지적 처리에 점점 많은 노력이 들어간다는 것을 암시한다. 이러한 수행 능력 하락은 예측했던 통사적 조작 효과를 발견함으로써 첫 번째 가설이 확인된 것보다 더 흥미로웠다.

피로 효과가 한 가지 요인일 수 있다. 문장 구역이 진행되면서 피험자가 피로해지고 기울이는 노력도 증가하는 것이다. 그러나 실험용 텍스트들은 매우 짧았고, 과제 수행 시간도 짧았으며 시간제한도 없었다. 피로 효과가 있을 수는 있지만 첫 번째와 두 번째 단락 사이의 수행 능력 하락에 대한 설명은 될 수 없어 보인다.

이러한 단락 간 수행 능력 하락을 설명할 수 있는 다른 요인들도 있을 것이다. 한 가지 요인으로 스트레스로 인한 주의력 문제가 있을 수 있다. 문장 구역 경험이 없는 사람들의 경우 과제가 진행되면서 통사와 같은 텍스트상의 특정 이슈들에 집중하는 것에 점점 많은 어려움을 느낄 수 있다. 메타인지가 증가하면서 속도가 느려질 수도 있다(텍스트가 길어질수록 자신이 제대로 하고 있는지에 대한 내면의 질문이 점점 많아질 수 있다). 이러한 요인들은 독립적으로든 통합적으로든 두 번째 단락에서 소요시간이 길어지는 원인일 수 있다. 이 결과는 작업 기억에 텍스트 표상을 축적했기 때문에 나타난 현상일 수도 있다. 즉 과제가 진행되면서 더 많은 내용을 기억 속에 보존해야 하니 속도가 느려지고 보다 많은 기억 노력이 필요해지는 것이다. 그러나 자극 텍스트가 짧고 비교적 간단했다는 점을 고려하면 이는 신빙성 있는 설명이 되기 어렵다.

그런데 문장 구역에는 계속적인 출발 텍스트의 존재로 인한 시각적 간섭 억제와 관련된 상당한 C(coordination, 조정) 노력이 동원될 수 있다는 개념으로도 단락 간 수행 능력 하락을 설명할 수 있을 것이다. 관찰된 수행 능력 저하를 시각적 간섭과 연결시킨다면 간섭은 과제가 진행되면서 노력도 증가한다는 시간적 요소를 설명할 수 있을 것이다. 그러나 시각적 간섭의 가능성을 받아들이면 A 텍스트들에서 발견된 효과 역시 시각적 간섭으로 설명할 수 있다는 문제가 생긴다. 즉 A 텍스트 중 복잡하지 않고 복잡한 부분 간에 드러난 인지적 노력의 차이 역시 통사적 조작이 아닌 시각적 간섭에 기인한 현상일 수 있다는 것이다. 그렇다면 처음에 세운 가설은 첫 단락 간 비교를 통해서만 인정될 수 있다.

7.5. 연구 제언

이번 연구 결과로 인해 향후 연구에 대한 많은 아이디어를 얻을 수 있었다. 다른 종류의 텍스트적 조작의 효과도 연구 대상이 될 수 있겠으나 그뿐 아니라 시각적 간섭 현상에 대한 추가 연구를 위해 실험 프로토콜을 정교화할 필요가 있다. 이번 연구에서 시각적 간섭은 문장 구역 과정의 인지적 처리 전반에 나타나는 중요한 요소인 것으로 드러났으며 추가적으로 연구해 볼 가치가 있다. 자극 텍스트에 대한 통사적 혹은 어휘적 조작이 들어가는 실험을 제대로 해석하려면 간섭이 인지적 처리에 어떠한 영향을 미치는지를 이해할 필요가 있다.

우리는 이번 연구를 통해 실험 절차 수정을 위한 중요한 교훈 역시 얻을 수 있었다. 우선 조작의 성격을 정함에 있어 좀 더 형식을 갖출 필요가 있겠다. 예를 들어 본 연구에서 수행한 통사적 조작은 스페인어가 모국어인 연구원이 비공식적으로 고안한 것이었다. 결과를 보다 잘 통제하고 정교함을 개선하기 위해서는 향후 실험에서는 통사적 조작에 있어 위치, 유형, 객관적 난이도와 같은 구체적인 요소들이 파악되고 통제되어야 한다.

또한 피험자들에게 주어지는 자극을 보다 신중하게 배합하는 방식으로 수정이 이뤄질 수 있을 것이다. 예를 들어 문장 구역과 번역 실험 모두 피험자들이 번역하는 두 텍스트의 순서를 교차시키지 않았다. 순서로 인한 영향을 보다 잘 통제하기 위해 향후 실험에서는 피험자에게 주어지는 자극의 순서를 교차시킬 것이다. 즉 첫 피험자가 A 텍스트를 먼저 번역하고 B 텍스트를 나중에 했다면 다음 피험자는 B 텍스트를 먼저, A 텍스트를 나중에 번역하도록 하겠다.

추가 수정 방법으로는 자극 텍스트를 좀 더 면밀하게 분석하고 해당 텍스트의 언어적 속성을 설명하는 프로토콜을 개발하는 것이 있을 수 있다. 본 연구에서 사용된 자극 텍스트들도 비교적 문제가 없다고 여겨졌기 때문에 선정되었고 미국번역협회 표준 인증 시험에 사용된 것들이지만 문장 구역 녹음 내용 관찰 결과, 자극 텍스트가 피험자들의 인지적 능력에 비해 어려운 어휘적·통사적 구조를 포함하고 있었던 것으로 나타났다. 피험자들에게 크게 어렵지 않을 것으로 예상했으나 문제가 되었던 어휘 항목들이 있었고 피험자들이 어려움을 느낀다는 것이 녹음에서 드러났다.

사실 문장 구역 중 회귀에 의한 시선 고정을 예비 분석한 결과 가장 길게 지속된 회귀의 많은 부분이 어려운 어휘 항목에 대해 나타났고 통사 구조로 인한 회귀의 수는 상대적으로 적었다. 그렇다면 문장 구역에서 어휘 처리가 통사적 처리보다 많은 비중을 차지하는 것인가? 통사적 조작이 문장 구역에서 이해 프로세스에 혼란을 가져올 가능성이 가장 높은 조작이 맞는 것인가? 본 연구에서 도출된 데이터를 통해 제기된 이러한 어휘 처리 문제들에 대한 주가 분석 및 연구가 이뤄질 필요가 있겠다.

8. 결론

이번 연구를 통해 초기에 세운 두 주요 가설이 조건부로 확인되었다.

문장 구역은 통사적 조작에 민감하다는 점을 발견했고 예측했던 효과도 실험을 통해 일부 발견했다. 시각적 간섭으로 인한 효과가 없었을 때는 복잡한 통사 구조가 복잡하지 않은 구조에 비해 많은 처리 노력을 필요로 했다. 또한 예측했던 대로 통사적 조작이 번역에 비해 문장 구역과 이해(아마 통사적 조작이 읽기를 방해하기 때문에)에 더 뚜렷한 영향을 미치는 것으로 나타났다. 번역의 경우 작업 기억 부담이 적고 노력이 분배될 수 있고 읽기도 방해를 덜 받기 때문이다. 가장 중요하면서 상당히 의외였던 발견은 "계속적인 출발 텍스트의 존재가 도착어 표현 그리고 속으로 읽기(silent reading)와 구역(oral translating) 간의 조정에 영향을 미쳐 문장 구역에 있어 최대의 장애물이 되는 듯하다"는 아그리포글리오의 견해(2004, p.61)를 뒷받침하는 결과가 나왔다는 점이다.

참고
문헌

Agrifolio, Marjorie. 2004. "Sight translation and interpreting: A comparative analysis of constraints and failures." *Interpreting* 6 (1): 43-67

Altarriba, Jeanette, Kroll, Judith, Sholl, Alexandra and Rayner, Keith. 1996. "The influence of lexical and conceptual contraints on reading mixed-language sentences: Evidence from eye fixation and naming times." *Memory & Cognition* 24; 477-492.

Chincotta, Dino, Hyönä, Jukka and Underwood, Geoffrey. 1997. "Eye fixations, speech rate and bilingual digit span: Numeral reading indexes fluency not word length." *Acta Psychologica* 97 (3): 253-276.

Craik, Ferfus I. and Lockhart, Robert S 1972. "Levels of processing: A framework for memory research." *Journal of Verbal Leaning and Verbal Behaviour* 11: 671-684.

Gile, Daniel. (1997). Conference interpreting as a cognitive management problem. *In Cognitive processes in translation and interpreting*, Joseph H Danks, Gregory M. Shreve, Stephen B. Fountain and Michael K. McBeath (eds.), 196-214. Thousand Oaks, CA: Sage Press.

Goldberg, Joseph H. and Wichansky, Anna M. 2003. "Eye tracking in usability evaluation: A practitioner's guide." In *The mind's eye: Cognitive and applied aspects of eye movement research*, Jukka Hyönä, Ralph Radach and Heiner Deubel (eds.), 493-516. Amsterdam: Elsevier.

Jakobsen, Arnt L. and Jensen, Kristian. 2007. "Coordination of comprehension and text production in written and oral translation tasks." Presentation, 13th Annual Conference on Architectures and Mechanisms for Language Processing (AMLaP), Turku, Finland. August 27th, 2007.

Jakobsen, Arnt L. and Schou, Lasse. 1999. "Translog Documentation." In *Probing the Process in Translation: Methods and Results*, Gyde Hansen (ed.), 151-186. Copenhagen: Samfundslitteratur. [Copenhagen Studies in Language 24]

Kemper, Susan, Crow, Angela and Kemtes, Karen. 2004. "Eye fixation patterns of high and low span young and older adults: Down the garden path and back again." *Psychology and Aging* 19: 157-170.

Kemper, Susan and Liu, Chiung-Ju 2007. "Eye movement of young and older adults during reading." *Psychology and Aging* 22 (1): 84-93.

Levy-Schoen, Ariane. 1981. "Flexible and/or rigid control of oculomotor scanning behavior." In *Eye movements: Cognition and visual perception*, Dennis F Fisher, Richard A. Monty and John W. Senders (eds.), 299-316. Hillsdale, NJ: Erlbaum.

Mikkelson, Hooly 1995. "Introduction to Sight Translation Chapter from the Interpreter's Edge Third Editions." https: //www.acebo.com/sitintro.htm (accessed August 29, 2009). p.84.

Poole, Alex, Ball, Linden and Phillips, Peter. 2004. "In search of salience: A response time and eye movement analysis of bookmark recognition." In *People and Computers XVIII-Design for Life: Proceedings of HCI 2004*, Sally Fincher, Panos Markopolous, David Moore and Roy Ruddle (eds.), 363-378. London: Springer Verlag Ltd.

Rayner, Keith. 1998. "Eye movements in reading and information processing: 20 years of research." *Psychological Bulletin* 124: 372-422.

Rayner, Keith, Sereno, Sara C., Morris, Robin K., Schmauder, A. Réne and Clifton, Charles. 1989. "Eye movements and on-line language comprehension processes." *Language and Cognition Processes* 4 (3/4): 21-49.

Traxler, Matthew J., Morris, Robin K. and Seely, Rachel E. 2002. "Processing subject and object relative clauses: Evidence from eye movements." *Journal of Memory and Language* 47: 69-90.

Viezzi, Maurizio. 1989a. "Information retention as a parameter for the comparison of sight translation and simultaneous interpretation: An experimental study." *The Interpreters' Newsletter* 2: 65-69.

Viezzi, Maurizio. 1989b. "Sight translationi: An experimental analysis." In *Aspects of English: Miscellaneous papers for English teachers and specialists*, John M. Dodds (ed.), 109-140. Udine: Campanotto.

Viezzi, Maurizio. 1990. "Sight translation, simultaneous interpretation and information retention." In *Aspects of applied and experimental research on conference interpretation*, Laura Gran and Christopher Taylor (eds.), 54-60. Udine: Campanotto.

번역 과정의 재구성 문제

맥락은 이해 과정의 다의성은 감소시키지만 생산 과정의 창의성은 증가시킨다

안틴 포그너 리드닝(Antin Fougner Rydning),
크리스티안 미쉘 라쇼드(Christian Michel Lachaud)
노르웨이 오슬로대학교

본 연구에서는 전문 번역사와 이중언어 구사자가 맥락상에서 제시되는 영어 다의어와 맥락 없이 독립적으로 제시되는 다의어를 노르웨이어로 번역하는 양상을 살펴본다. 번역 전문성이 정보 이해와 번역문의 품질에 미치는 영향을 키스트로크와 시선 움직임 데이터를 통합하여 실험적으로 측정했다. 이러한 방법은 **EYE-to-IT** 유럽 연구 프로젝트의 일환으로 개발되었다. 구체적으로는 전문 번역사와 이중언어 구사자 간에 창의성의 차이가 있고 전문 번역사들은 기량 향상을 위한 특별한 전략을 발전시켰을 것이라는 연구 질문을 검증하고자 했다. 연구 결과, 맥락은 다의성은 감소시키지만 재구성의 다양성을 증폭시킴으로써 창의성을 증진시키는 것으로 나타났다. 또한 전문 번역사와 이중언어 구사자 사이에 흥미로운 질적 차이 역시 발견되었다.

1. 서론

다의어(polysemous words) 연구의 대부분은 단일 언어 구사자들이 맥락을 배제한 채 처리한 개별 단어들에 집중하고 있다. EYE-TO-IT 유럽 연구 프로젝트의 일환으로 고안된 본 실험 연구에서는 맥락과 이중언어(bilingualism)라는 요소를 도입함으로써 연구 주제를 번역으로 확장한다.[1] 번역 전문성이 있는 노르웨이어-영어 이중언어 구사자들(전문 번역사)과 번역 전문성이 없는 일반 이중언어 구사자들(이중언어 구사자)로 하여금 다의어들이 포함된 영어 텍스트를 노르웨이어로 번역하고, 번역 텍스트에 등장한 것과 동일한 다의어들을 노르웨이어로 코드 전환하도록, 즉 맥락을 배제한 채 번역하도록 했다. 맥락과 전문성 수준이 번역 과정의 이해와 생산에서 다의어 처리에 어떠한 영향을 주는지 판단하기 위해 아이트래킹(eye tracking)과 키 로깅(key logging)을 활용해 시선 움직임과 타이핑된 결과물을 기록할 수 있는 실험을 설계했다. 데이터는 양적·질적 방법으로 분석되었다. 본 연구에서는 맥락이 이해에 있어서는 다의성을 해소하는 효과가 있지만 생산 과정에서 내용을 재구성할 때는 다의성을 증폭시키는 효과가 있음을 보여 주는 증거를 제시할 것이다. 연구 내용과 결과를 소개하기 전에 간략한 통번역학적 배경 설명을 통해 이론적 틀을 구축하도록 하겠다.

텍스트 번역은 단어, 신태그마(syntagma) 그리고 독립된 문장을 번역하는 것과는 다른 메커니즘에 의존한다. 혼동을 피하기 위해 통번역학에서는 두 가지 다른 용어로 각 상황을 일컫는다. 텍스트의 의미를 한 언어에서 다른 언어로 전환하는 것을 '번역(translation)'이라 하고, 단어나 독립된 문장들을 언어 간에 변환하는 것을 '코드 전환(transcoding)'이라 한다.

전문 번역의 목적은 어떤 단어나 신태그마에 의해 연상된 의미(sense), 즉 맥락과 의사소통 상황에 의해 실현되는 의미를 전달하는 것이다[셀레스코비치(Seleskovich), 1975, 1976; 르데레르(Lederer), 1981, 1994; 리드닝(Rydning), 2008]. 번역에서 가장 먼저 일어나는 정신적 활동은 해석적 분석이다. 메시지 내의 개념이나 아이디어가 이해되고 나면, 번역사는 단순히 출발 텍스트의 기표(signifiant)를 변환하는 것이 아니라 도착어의 기표를 이용해 독자가 가장 이해하기 쉬운 방법으로 재구성하기 위한 노력을 한다. 이러한 재구성 단계에서 번역사는 개념화된 의미와 그것이 가장 잘 표현될 수 있는 언어적 형태 사이에서 고민하게 된다.

번역은 '메시지 등가(message equivalents)', 즉 의사소통 상황을 고려해 맥락 내에서 발화의 등가를 만들어 내는 것인 데 비해 코드 전환은 '대응 단어들(word correspondences)' 간 정렬, 즉 하나의 기의(signifié)에 대한 두 개의 기표를 연결하는 것이다. 소쉬르(Saussure)의 용어로, 번역은 '빠롤(parole)', 즉 주어진 상황에서의 언어 사용에 해당하고 코드 전환은 '랑그(langue)', 즉 어떠한 시스템으로서의 언어 차원으로 볼 수 있다.

1.1. 이해 단계에서 맥락이 주는 다의성 해소 효과

다의적인 영어 단어를 맥락이 있는 상황과 맥락이 없는 상황에서 노르웨이어로 전환하는 경우를 대비시키면 번역과 코드 전환의 차이가 직접적으로 드러날 것으로 예상된다. 맥락은 의미의 가변성을 축소시키기 때문에 다의성을 해소하는 효과를 가질 것으로 가정된다. 셀레스코비치와 르데레르(1989)가 통역에 관한 연구에서 지적했듯이 맥락을 벗어난 상태에서 한 단어가 갖는 다양한 의미는 맥락상에 등장할 때는 감지조차 되지 않는다:

> A moins de vouloir jouer sur les mots, le locuteur ne prend conscience dans les mots qu'il e'met que de ce qu'il veut dire et l'auditeur, a moins d'avoir mauvais esprit, entend le vouloir dire; l'interprétation montre que ce vouloir dire est désigné par des acceptions uniques et des traits de signification, et mon par l'intégralité polyvalente ou polysémique des mots. La plupart des acceptions et des traits de signification que détient une langue ne s'actualisent pas dans le méme discours. La polyse'mie est

un fait de langue, et non un phénomène de discours

셀레스코비치와 르데레르, 1989, p.249

수집된 실험 데이터에서 발췌한 아래 예에서 드러나듯 맥락은 다의성 축소에 도움을 준다. 메리엄-웹스터 사전에는 'prize'라는 단어에 대해 다음과 같은 두 가지 뜻이 정리되어 있다: (1) 대회나 경품 행사에서 제공되거나 사람들이 얻기 위해 노력하는 것 그리고 (2) 매우 소중한 것.

이 단어를 맥락 없이 전환하라고 했을 때 피험자들의 답변에는 노르웨이어로 상기 두 의미에 해당하는 *pris*와 *premie*가 모두 포함되어 있었다. 그러나 노벨상이라는 맥락에서 prize를 번역하라고 했을 때는 모든 피험자가 prize의 첫 번째 의미만 선택했다. 이러한 선택은 맥락이 가지는 다의성 해소 효과로 설명될 수 있다. 맥락은 다의적 단어의 적절한 의미를 선택하는 데 도움이 되는 것이다.

1.2. 재구성 단계에서 맥락이 주는 다의성 증폭 효과

출발어에서 문맥상 적절한 의미가 선택되었을 때 그것이 반드시 도착어에서 '가장 직접적인' 대응어로 번역되는 것은 아니다. 사실상 번역사가 맥락과 해당 담화의 의사소통적 기능에 의해 실현된 의미를 이해하고 나면 도착어로의 전환은 여러 가지 다른 형태로 이뤄질 수 있다. 본 연구의 데이터에서 발췌한 두 가지 예를 통해 이를 확인할 수 있다:

(1) *By giving us this prize, the Norwegian Nobel Committee has given important support to the proposition that peace is inextricably linked to poverty.*

맥락이 주어지지 않았을 때는 모든 피험자가 *proposition*을 *forslag*

로 코드 전환했다. 숙련되지 않은 번역사 1명(이중언어 구사자)과 전문 번역사(번역사) 5명이 *proposition*을 코드 전환할 때 다음과 같은 의미들을 떠올렸다:

a. forslag/tilbud(proposition/offer)(이중언어 구사자 1명)
b. forslag/påstand(proposition/assertion)(번역사 2명)
c. forslag/frieri/påstand(proposition/marriage proposal/assertion)(번역사 1명)
d. forslag/proposisjon(proposition/parliamentary proposal)(번역사 1명)
e. sentens/forslag(sentence/proposition)(번역사 1명)

이중언어 구사자들과 번역사들이 *proposition*이라는 단어를 (맥락 내에서) 번역했을 때는 다음과 같은 11개의 결과물이 나왔다:

a. foslag(proposition)(이중언어 구사자 2명)
b. påstand(assertion)(이중언어 구사자 3명과 번역사 5명)
c. tanken(thought)(이중언어 구사자 2명과 번역사 2명)
d. idéen(idea)(이중언어 구사자 2명과 번역사 1명)
e. uttalelsen(statement)(이중언어 구사자 1명)
f. spørsmålet(question)(이중언어 구사자 1명)
g. forestillingen(conception)(이중언어 구사자 1명)
h. teorien(theory)(번역사 1명)
i. standpunkt(point of view)(번역사 1명)
j. synet(view)(번역사 1명)
k. det(this)(이중언어 구사자 1명)

상기 목록을 통해 알 수 있듯 'proposition'이라는 단어에 대해 맥락이 없는 경우(5개)에 비해 맥락이 있는 경우 2배(11개) 이상 많은 종류의 결과물이 만들어졌다. 맥락이 있는 경우 13명의 이중언어 구사자들이 8가지 다른 답을 제시했는데 그 중 하나는 오류가 있었다(상기 목록에서 k). 또한 11명의 번역사들이 6개의 다른 답을 제시했는데 그 중 3가지가 이중언어 구사자들의 답과 일치했다(상기 목록에서 b, c, d). 이중언어 구사자 2명만이 코드 전환에서 선호되었던 답인 forlag를 유지했다. 나머지 9개 중 어떤 단어도 노르웨이어 사전에는 'proposition'에 대응되는 단어로 실려 있지 않지만 맥락상으로는 9개 단어 모두 의미가 통하는 등가어인 것으로 나타났다. 대부분의 피험자가 맥락 내에서 'proposition'을 번역할 때는 재구성 과정에서 '번역 전환(translation shift)', 즉 창조적인 대안을 택했다.

두 번째 예는 다의어인 'story'가 역시 다의어인 'telling'과 연어로 등장하는 경우이다:

(2) *World's income distribution gives a very telling story.*

맥락이 주어지지 않았을 때 'story'는 *historie*(15)나 동의어인 *fortelling*(11)으로 코드 전환되었다. 전문 번역사 2명과 이중언어 구사자 2명이 모두 위의 두 동의어를 제시했고 전문 번역사 2명은 다음과 같은 대안도 추가로 제시했다:

a. eventyr(fairy-tale)
b. beretning(narration)

맥락이 주어졌을 때는 다음 14가지 옳은 답이 제시되었다:

a. historie(story)(번역사 2명)

b. i så henseede(in this respect)(번역사 1명)

c. dette(this)(번역사 3명과 이중언어 구사자 2명)

d. bilde(picture)(번역사 3명과 이중언어 구사자 2명)

e. seg selv(itself)(번역사 1명과 이중언어 구사자 1명)

f. er svært betegnende(is very characteristic)(번역사 1명)

g. er avslørende(is revealing)(번역사 1명)

h. mye(a lot)(번역사 1명)

i. er svært beskrivende(is very descriptive)(이중언어 구사자 1명)

j. avslører(reveals)(이중언어 구사자 1명)

k. sier sitt(says it all)(이중언어 구사자 1명)

l. sprog/språk(language)(이중언어 구사자 2명)

m. eksempel(example)(이중언어 구사자 1명)

n. det meste(the most)(이중언어 구사자 2명)

코드 전환에서 제시되었던 4개의 답(*historie, fortelling, eventyr, beretning*) 중 첫 번째 단어만 번역사 2명에 의해 번역에서 다시 사용되었다. 그러나 그 두 번역사 모두 'story' 앞에 나오는 'telling'은 *megetsigende*(놀라운) 혹은 *klar*(분명한)으로 바꾸었다. 이들은 맥락 내에서 재구성 시 번역 전환 전략을 사용했는데 맥락 없이 코드 전환할 때는 두 번역사 모두 'telling'을 가장 직역에 가까운 대응어인 *talende*로 전환했다.

나머지 피험자들이 선택한 13개의 대안 모두 어휘와 통사 측면에서 원문의 언어적 형태와는 상당히 다르다. 이 모든 대안이 원문만큼의 정확한 뜻을 전달하지는 않아도 모두 수용 가능한 번역 대응어들이다. 따라서 두 번째 예는 이미 첫 번째 예에서 관찰된 바 있는 맥락이 등가어 생산을 증폭시키는 효과를 가진다는 점을 확인해 준다.

번역을 단순히 단어나 신태그마의 잠재적인 의미들 중 하나를 재생산하는 것이 아니라 출발어 단어나 신태그마에 의해 연상된 의미를 재구성하는 것으로 본다면, 이들 두 예는 "맥락은 번역사가 원문 메시지의 의미를 도착어로 다시 표현하기 위해 활용할 수 있는 언어적 수단을 10배 증폭시키는 효과가 있음[딜라일(Delisle, 1988), p.50]"을 보여 준다. 재구성 단계에서 번역사들은 자신이 이해한 개념을 독자가 최대한 알기 쉽게 도착어로 표현하고 감정 및 문화적 표지와 같은 모든 미묘한 요소를 전달하기 위해 자신의 창조적 자유를 활용한다.

상기 두 가지 예에서 피험자들이 제안한 다양한 대안을 보면 이들이 서로 다른 추론의 경로를 거쳤기 때문에 서로 다른 개념적 표상을 만들어 낸 것이 결국 서로 다른 언어적 표현으로 이어졌음을 알 수 있다. 번역 프로세스를 잘 모르는 사람들은 발화의 의미를 재구성하는 것이 도착어로 대응어를 재생산하는 것과 같다고 생각하지만 사실 그렇지 않다. 상기 예들이 보여 주듯이 동일한 해석일지라도 도착어에서 서로 다른 방식으로 표현될 수 있는 것이다.

2. 가설

우리는 초기 데이터를 통해 다음과 같은 가설을 세울 수 있었다:

1. 맥락은 이해 과정에서 전문성 수준과 상호작용한다: 맥락은 다의어들의 모호성을 해소하는 데 도움을 주는 것으로 알려져 있다. 그러나 숙련된 번역사가 '맥락이 있는 경우'와 '맥락이 없는 경우' 다의어를 일반 이중언어 구사자와 다른 방식으로 처리하는지 여부는 불분명하다. 이와 관련해 전문 번역사들은 정보 이해 과정의 효율성 증진을 위해 어휘 구조나 의미 처리와 관련된 읽기 전략을 발전시켰다는 가설을 세워 볼 수 있을 것이다[아론슨과 페레즈(Aaronsen and Ferres), 1984, 1986; 마시조와 바요(Macizo and Bajo), 2006;

플라사드(Plassard), 2007]. 그러한 전략의 존재는 응시 횟수 감소와 짧은 응시 지속시간과 같은 시선 움직임을 통해 드러날 수 있다. 전문성과 관련된 처리 방식 차이는 맥락 내에서 단어를 읽을 때 특히 분명하게 드러나는 반면 독립된 단어를 읽는 데는 특별한 전략이 필요 없을 것이므로 맥락이 없는 상황에서는 전문성과 관련된 중대한 차이가 없을 것으로 추정한다.

2. 맥락은 생산의 가변성에 영향을 준다: 맥락은 다의어들의 모호성을 해소해 줄 수 있기 때문에(예: 맥락은 의미의 가변성을 축소시킨다), 번역의 가변성을 감소시킬 것으로 생각할 수 있다. 그러나 우리의 예상은 그 반대이다. 텍스트 내용 재구성에 동원되는 창의성의 영향을 고려했기 때문이다. 따라서 번역 가변성 측정을 위해 개발한 지수인 '일치율(agreement rate)'은 맥락이 없는 경우보다(다양성 적음) 있는 경우에 더 낮을 것으로(다양성 많음) 예측된다.
3. 맥락이 있는 경우 번역 전문성은 번역 품질을 향상시킨다: (맥락이 주어진 상태에서 번역한) 결과물은 전문 번역사가 일반 이중언어 구사자에 비해 높은 품질을 보일 것으로 예상된다. 맥락이 없는 상황에서는 특별한 차이가 관찰되지 않을 것이다. 피험자들의 결과물을 질적으로 분석함으로써 이러한 가설을 검증할 것이다.

3. 실험 설계

3.1. 데이터 수집 및 측정 기술

본 연구에서는 스파코프(Špakov, 2006)가 대학 연구소 두 곳과 기업 한 곳으로 구성된 컨소시엄과 협업해 개발한 새로운 툴이 사용되었다.[2] 번역 프로세스를 행동·인지적 관점에서 연구하기 위해 개발된 이 기술은 두 개의 데이터 소스, 즉 아이트래커(eye tracker)에서 기록되는 시선 움직임과 키보드와 마우스를 통해 기록되는 자판 사용 및 탐색 활동을 동기화해 번역사 행동의 다변적 분석을 가능케 한다. 이번 연구에서 사용된 아이 트래커는 토비 1750 원격 아이트래커이다. 이 아이트래커를 활용해 피험자가 화면을 응시하고 있을 때 샘플링 레이트 60Hz로 시선의 위치를 샘플링했다. 실험과 아이트래커를 관리하는 소프트웨어 인터페이스로 트랜스로그(Translog)[야콥센과 쇼우(Jakobsen and Schou), 1999]를 사용했다. 트랜스로그를 통해 모든 지시 사항과 자극이 피험자에게 제시되었고 마우스와 키보드상의 모든 행동이 기록되었다. 실험을 위해 조용한 방 안에 간단한 개인용 컴퓨터 한 대와 추가 모니터링 스크린 한 대가 설치되었다.

3.2. 피험자

피험자들은 모두 노르웨이어와 영어를 구사하는 이중언어 구사자들이면서 모국어는 모두 노르웨이어였다. 피험자들은 영어-노르웨이어 번역 전문성에 따라 두 그룹으로 나눠져 전문성이 없는 피험자는 이중언어 구사자로, 번역 전문성이 있는 피험자는 전문 번역사로 분류되었다. 이중언어 구사자 31명과 전문 번역사 16명이 실험에 참가했다. 전문 번역사들은 최소 10년의 활발한 번역 경험을 기준으로 선정되었다.

선정된 모든 피험자는 전자 방식의 다이아랭 검사(Dialang test, SOCRATES 프로그램을 통해 개발)를 통해 영어 능숙도 점수를 부여받았다. 이중언어 구사자들의 평균 점수는 885.69(최저: 559; 최고: 1000; 표준편차: 133.4)였다. 전문 번역사들의 평균 점수는 939.23(최저: 759; 최고: 1000; 표준편차: 61.3)이었다.

전문 번역사 3명과 이중언어 구사자 9명의 데이터는 아이트래커의 기술적 문제와 아이트래커와 키 로깅 시스템 동기화 문제로 사용되지 못했다. 따라서 최종 분석을 위해서는 두 그룹 간에 13명씩 균형을 맞추기 위해 남은 이중언어 구사자 22명 중 13명의 데이터만 사용했다.

이들 이중언어 구사자 중 11명이 여성, 2명이 남성이었고 평균 연령은 23.08세(최저: 20; 최고: 28; 표준편차: 2.4)였다. 전문 번역사 그룹은 여성 9명, 남성 4명으로 구성되었고 평균 연령은 45.31세(최저: 27; 최고: 66; 표준편차: 11.6)였다.

전문 번역사들에게는 1,000크로나(120유로), 이중언어 구사자들에게는 300크로나(35유로)의 금전적 보상이 주어졌다.

3.3. 과제 및 실험 내용

피험자들은 화면에 제시되는 자료를 자신의 컴퓨터에서 번역할 때처럼 가능한 한 자연스럽게 번역하라는 지시를 받았다. 실험 상황을 현실과 최대한 유사하게 만들기 위해 시간제한은 두지 않았다. 그러나 품질에 대한 통제는 있었다. 실험 시작 전에 모든 피험자가 노르웨이어로 번역 목적(skopos)에 대한 설명을 들었다[페르미어(Vermeer), 1996]. 피험자들의 번역이 한 노르웨이 신문(*Aften-posten*)의 문화 칼럼인 *Arena Kulturspaltene*에 게재될 것이라는 내용이었다. 인터넷이나 종이 사전 사용은 허용되지 않았다.

총 소요시간은 약 1시간 30분이었고 피험자가 모든 필요한 문서들을 읽고 서명하는 것(15분 소요)으로 실험 세션이 시작되었다. 그리고 다음 15분 동안에는 실험에 대한 준비가 이뤄졌다(아이트래커 조정, 동기화 확인, 피험자에게 과제 설명, 연습 제공). 본 실험 시간은 약 1시간이었고 각 피험자의 읽기와 번역 속도에 따라 약간의 차이가 있었다.

3.4. 실험 텍스트

아래 실험 텍스트는 2006년 오슬로에서 있었던 노벨 평화상 시상식에서 무함마드 유누스 박사가 영어로 했던 수상 강연에서 한 단락을 발췌한 것이다. 총 208단어로 구성되어 있고 그 중 40개의 다의어가 본 연구를 위해 사용되었다.

> *Ladies and Gentlemen: By giving us this prize, the Norwegian Nobel Committee has given important support to the proposition that peace is inextricably linked to poverty. Poverty is a threat to peace. World's income distribution gives a very telling story. Ninety four percent of the world income goes to 40 percent of the population while sixty percent of people live on only 6 per cent of world income. Half of the world population lives on two dollars a day. Over one billion people live on less than a dollar a day. This is no formula for peace. The new millennium began with a great global dream. World leaders gathered at the United Nations in 2000 and adopted, among others, a historic goal to reduce poverty by half by 2015. Never in human history had such a bold goal been adopted by the entire world in one voice, one that specified time and size. But then came September 11 and the Iraq war, and suddenly the world became derailed from the pursuit of this dream, with the attention of world leaders shifting from the war on poverty to the war on terrorism. Till now over $ 530 billion has been spent on the war in Iraq by the USA alone.*
>
> 노르웨이 노벨 위원회, 2006

강연의 도입 부분을 선정한 것은 이 부분이 유익하면서 전문 용어도 없고 정보 전달 성격이 있으면서 동시에 연사의 견해도 표현하고 있으며 그 자체로 독립된 메시지를 담고 있기 때문이다. 이러한 점 때문에 피험자들이 불필요하게 지치지 않고 내용에 흥미를 느낄 것으로 판단했다.

3.5. 분석에 사용된 단어들

상기 노벨상 텍스트에서 평균 6.5글자로 이뤄진(최소: 3; 최대: 12; 표준편차: 2.2) 영어 다의어 40개가 선정되었다. 이 단어들의 다의성은 콜린스 로버트 전자사전으로 단일어 기준 의미의 수를 세는 방식으로 검증되었다(평균 4.43개 의미; 최소: 1; 최대: 15; 표준편차: 3.6). 번역된 상태의 노르웨이어 다의성은 노르웨이어 인터넷 사전 *Ordnett*을 사용해 입증되었고 단일어만 고려 대상이 되었다(평균 2.9개 의미; 최소: 1; 최대: 15; 표준편차: 2.4). 이 40개 단어들 중 텍스트에 한 번 이상 등장하는 단어의 경우 단일어로 처음 등장하는 것이 선정되었다.

구글 검색 엔진을 사용해 영어 빈도가 산출되었다(글자 배열 순서를 엄격하게 맞춘 상태에서 해당 단어를 포함하는 페이지 수. 영어로 된 페이지에 국한. 노르웨이에 국한. 백만 단위로 산출). 평균 빈도는 2.38(최소: 0.002; 최대: 12.4; 표준편차: 3.9)이었다.

3.6. 실험 인자 및 조건

본 실험에서는 맥락과 전문성이라는 2개의 인자(factor)가 조작되었다. 맥락 인자는 두 개의 수준(level), 즉 맥락의 존재(노벨상 평화상 텍스트 맥락에서 제시된 단어들)와 부재(독립적으로 제시된 단어들)를 대비시켰다. 전문성 인자는 높은 번역 숙련도(전문 번역사)과 번역 숙련도 부재(번역사가 아닌 이중언어 구사자)라는 두 개의 수준을 대비시켰다. 첫 번째 가설을 검증하기 위해 맥락과 전문성을 교차시켰다. 두 번째 가설 검증을 위해 맥락이 독립적으로도 사용되었다. 세 번째 가설을 검증하기 위해는 맥락과 전문성이 모두 사용되었다. 실험 설계상 두 인자를 교차시켜 4개의 조건이 만들어졌다(이중언어 구사자 코드 전환, 이중언어 구사자 번역, 번역사 코드 전환, 번역사 번역). 또한 본 연구에서는 사용되지 않았으나 두 개의 조건이 추가로 설계에 포함되었다(이중언어 구사자 읽기, 번역사 읽기).

4. 데이터 및 연구 방법

4.1. 행동 데이터세트

수집된 총 측정치는 3,120개(피험자 13명×40개 항목×3개 조건×2개 집단)였다. 실험을 통해 시선 움직임과 키스트로크 정보가 수집되었다.

최초 응시 지속시간(밀리초 단위)과 총 응시 지속시간(밀리초 단위)이 아이트래킹 데이터에서 추출되었다. 최초 응시 지속시간은 단어를 읽고 인식하는 데 필요한 최소한의 시간이다. 총 응시 지속시간은 번역 과정에서 특정 단어가 응시되는 누적 시간, 즉 해당 단어에 대한 첫 응시와 그 후 일어나는 모든 응시를 포함하는 시간을 의미한다.

피험자가 무엇을 타이핑했는지 판독하기 위해 키 로그에서는 키 식별(key identification)만 고려되었다. 특정 단어에 대해 각 그룹의 피험자들이 제시한 가장 높은 유사 번역 수를 측정함으로써 단어별로 '번역 일치율'이 계산되었다(최대 13개 응답). 계산은 맥락이 있는 경우와 없는 경우를 분리해서 이뤄졌다. 맥락이 없는 경우 이중언어 구사자들은 10.75의 평균 일치율(최저: 4; 최고: 13; 표준편차: 2.8)을 그리고 전문 번역사들은 10.78(최저: 3; 최고: 14; 표준편차: 2.7)의 일치율을 보였다. 맥락이 주어진 경우 이중언어 구사자들의 평균 번역 일치율은 9.03(최저: 2; 최고: 13; 표준편차: 3.5), 전문 번역사들은 9.63(최저: 3; 최고: 14; 표준편차: 3.4)이었다. 이 수치들은 분석 단계에서는 퍼센트로 계산되고 표시되었다. 코드 전환 과정에서 일부 피험자는 하나 이상의 답을 수차례 제시했다. 이 경우 양적 분석에서 일치율 계산을 위해서는 처음 제시한 답만 반영되었고 질적 분석에서는 모든 대안이 고려되었다. 맥락이 주어진 경우의 결과물 분석 시에는 전체 텍스트가 고려 대상이 되었다.

4.2. 데이터 처리

최초 응시 지속시간과 총 응시 지속시간을 각 단어의 원 데이터에서 추출한 후 피험자별로 그리고 항목별로 필터링했다. 범위 중앙값 ±3 MAD를 벗어나는 모든 값은 분석에 포함시키지 않았다.

1. *최초 응시 지속시간*: 처음에 903개(28.94%) 측정값이 누락되어 있었고 525개가 피험자나 항목별로 필터링을 통해 제외되었다(16.83%). 따라서 분석은 1,692개 값(54.23%)에 대해 이뤄졌다. 누락된 값의 비율이 높은 것은 아이트래커 관련 기술적 문제와 피험자가 키보드와 화면을 번갈아 보는 실험 상황에 기인한다. 필터링 된 값의 비율이 높은 것은 데이터 잡음의 비중이 컸기 때문이다. 시선 움직임은 샘플링 레이트가 낮은 아이트래커를 사용해 피험자의 행동이 느슨하게 통제되는 상황에서 수집되었다. 결과적으로 누락된 샘플들이 응시 위치 파악에 더 많은 영향을 줬다. 더욱이 일부 피험자들은 특정 안과 질병이 있거나 안경을 착용하고 있어 아이트래커의 정확도가 저하되었다. 그러나 측정값의 수가 감소했음에도 불구하고 누락치 처리 방법을 사용해 가용 데이터만으로 통계 분석을 할 수 있었다.
2. *총 응시 지속시간*: 처음에 873개 측정값이 누락되어 있었고(27.98%) 642개가 피험자나 항목별로 필터링을 통해 제외되었다(20.58%). 따라서 분석은 1,605개 값(51.44%)에 대해 이뤄졌다.
3. *번역 일치율*: 번역 일치율은 필터링이 필요치 않아 바로 통계 분석이 이뤄졌다.
4. *품질 평가*: 노르웨이 정부 인증 전문 번역사이자 본고의 공동 저자인 안틴 리드닝이 26개 번역본을 평가했다. 연구 범위에 맞게 4개의 변수만 선정해 실험 조건들이 전체적인 번역 품질에 미친 긍정, 부정적인 영향을 분석했다(다음

부분 참고). 이 4가지 변수는 다의어들이 도착 텍스트로 얼마나 잘 전환되었는지를 평가하기에 적합한 질적 요소들이다.

데이터는 MLwiN 2.1을 활용한 다층 모델링 기법(영국 브리스톨대학교 다층 모델링 센터)으로 분석했다. 피험자와 항목은 교차 수준 모형에서 확률 변수로 설정했다. 두 실험 인자와 그들 간 상호작용은 고정 변수로 설정했다. 누락치들은 대체하지 않았다. 최초 응시 지속시간, 총 응시 지속시간 그리고 번역 일치율 분석을 위해 이 모형을 사용했다.

5. 양적 분석 결과

5.1. 시선 데이터

5.1.1.최초 응시 지속시간

통계 분석 결과는 <그림 1>, <표 1>, <표 2>에 제시되어 있다.

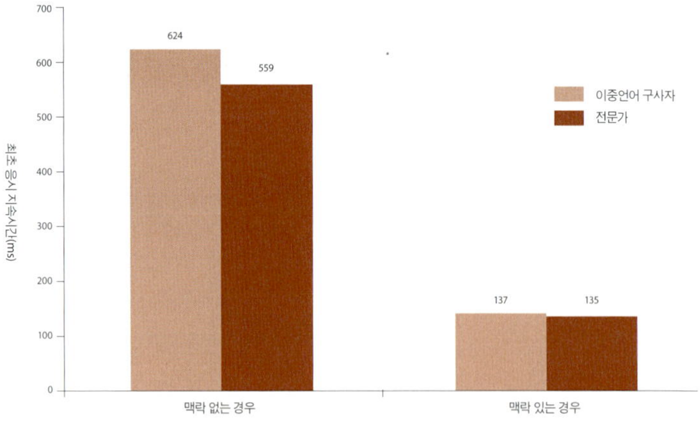

<그림 1> 최초 응시 지속시간에 대한 집단별 맥락 효과

<표 1> 주 효과 및 상호작용

인자(factor)	효과 크기(effect size, ms)	$\chi^2(1, N = 1114)$	p <
집단	-33.5	0.9	0.35
맥락	-455.3	64.8	0.0001
집단 * 맥락	67	5.1	0.025

<표 2> 대비

대비		델타(밀리초)	$\chi^2(1, N = 1114)$	p <
이중언어 구사자·코드 전환	전문가·코드 전환	64.9	2.8	0.094
	이중언어 구사자·번역	486.6	96.9	0.0001
	전문가·번역	488.8	166.1	0.0001
전문가·코드 전환	이중언어 구사자·번역	421.8	119	0.0001
	전문가·번역	423.9	168.6	0.0001
이중언어 구사자·번역	전문가·번역	2.2	0.1	0.96

최초 응시 지속시간을 분석한 결과, 맥락이 없는 경우 맥락이 있는 경우에 비해 단어 응시 시간이 455밀리초 긴 것으로 나타났다($\chi^2(1, N=1114)=64.8; p < .0001$). 맥락과 전문성 간에는 유의미한 상호작용 효과가 있었다($\chi^2(1, N=1114)=5.1; p < .03$). 맥락이 주어졌을 때 이중언어 구사자와 전문 번역사는 최초 응시 지속시간에 있어 유의미한 차이를 보이지 않았다($\chi^2(1, N=1114)=0.003; p < .96$). 그러나 맥락이 없는 경우 이중언어 구사자들(624.1밀리초)이 전문 번역사(559.2밀리초)에 비해 최초 응시 지속시간이 길다는 경향성이 나타났다($\chi^2(1, N=1114)=2.8; p < .10$).

5.1.1. 총 응시 지속시간

통계 분석 결과는 <그림 2>, <표 3>, <표 4>에 제시되어 있다.

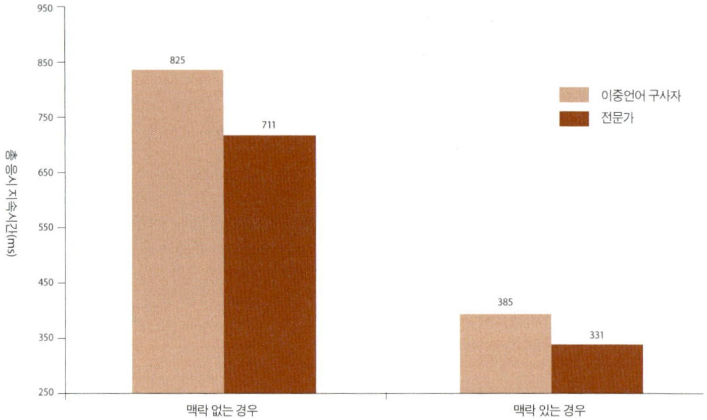

<그림 2> 총 응시 지속시간에 대한 집단별 맥락 효과

<표 3> 주 효과 및 상호작용

인자(factor)	효과 크기(effect size, ms)	$\chi^2(1, N = 1090)$	p <
집단	-84.4	2.9	0.087
맥락	-409.6	68.9	0.0001
집단 * 맥락	168.8	0.4	0.55

<표 4> 대비

대비		델타(밀리초)	$\chi^2(1, N = 1090)$	p <
맥락 없음. 이중언어 구사자	맥락 없음. 전문가	-114.4	2.5	0.12
	맥락 있음. 이중언어 구사자	-439.7	43.9	0.0001
	맥락 있음. 전문가	-494.1	54.7	0.0001
맥락 없음. 전문가	맥락 있음. 이중언어 구사자	-325.2	20.1	0.0001
	맥락 있음. 전문가	-379.6	27.1	0.0001
맥락 있음. 이중언어 구사자	맥락 있음. 전문가	-54.3	0.7	0.42

분석 결과, 맥락은 총 응시 지속시간에 대해 주 효과가 있는 것으로 나타났다($\chi2(1, N=1090)=68.9$; $p < .0001$). 다의어들은 맥락이 없는 경우(767.9밀리초)보다 맥락이 있는 경우(358.3밀리초) 더 짧은 시간 응시되었다. 또한 미미한 전문성 효과가 관찰되었다($\chi2(1, N=1090)=2.9$; $p < .09$). 전문 번역사들(520.9밀리초)은 이중언어 구사자들(605.3밀리초)보다 단어를 84.4밀리초 짧게 응시하는 것으로 나타났다.

5.2. 키 로그(번역 일치율)

통계 분석 결과는 <그림 3>에 제시되어 있다.

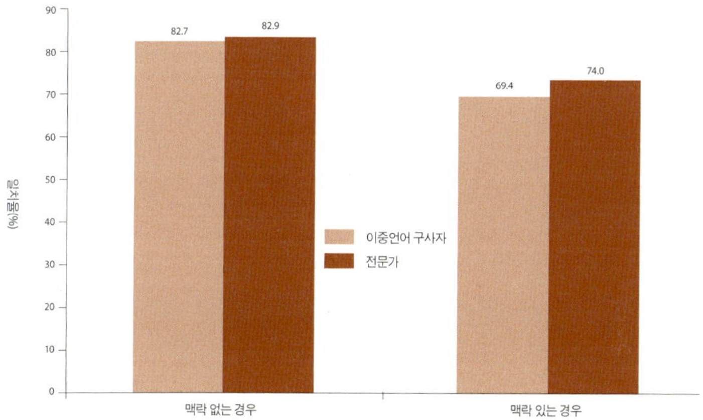

<그림 3> 번역 일치율에 대한 집단별 맥락 효과

<표 5> 주 효과 및 상호작용

인자(factor)	효과 크기(effect size, ms)	$\chi^2(1, N = 160)$	p <
집단	2.4	0.4	0.52
맥락	-11.1	8.8	0.0031
집단 * 맥락	4.8	0.4	0.55

<표 6> 대비

대비		델타(밀리초)	$\chi^2(1, N = 160)$	p <
맥락 없음. 이중언어 구사자	맥락 없음. 전문가	0.2	0.1	0.99
	맥락 있음. 이중언어 구사자	-13.3	6.3	0.013
	맥락 있음. 전문가	-8.7	2.7	0.11
맥락 없음. 전문가	맥락 있음. 이중언어 구사자	-13.5	6.5	0.011
	맥락 있음. 전문가	-8.8	2.8	0.095
맥락 있음. 이중언어 구사자	맥락 있음. 전문가	4.6	0.8	0.39

분석 결과, 맥락의 주 효과가 관찰되었다. 일치율은 맥락 없이 처리된 단어들 대비 맥락이 주어진 상황에서 처리된 단어들에서 11.06%(1.44 단어) 감소했다($\chi^2(1, N=160)=8.7, p < .005$). 맥락이 있는 상황과 없는 상황 모두, 이중언어 구사자와 전문 번역사의 일치율에는 유의미한 차이가 없었다. 이중언어 구사자들은 맥락이 있고(69.4%, 9.03 단어) 없음(82.7%, 10.75 단어)에 따라 일치율에 있어 유의미한 차이를 보인 데 비해($\chi^2(1, N=160)=6.3; p < .013$) 전문 번역사들은 미미한 차이만 보였다($\chi^2(1, N=160)=2.8; p < .10$).

5.3. 양적 분석을 통한 결론

첫 번째 가설은 시선 움직임 분석으로 확인되지 못했다. 최초 응시 지속시간 분석을 통해 맥락과 전문성 간의 유의미한 상호작용이 드러났지만 상호작용의 방향은 예상과 달랐다. 맥락이 주어졌을 때는 두 집단 간 다의어 읽기에 있어 차이가 나타나지 않았다. 전문 번역사들이 이중언어 구사자들에 비해 더 나은 읽기 능력을 보여 준 것은 맥락이 주어지지 않았을 때였다. 전문 번역사들이 이중언어 구사자들에 비해 독립된 다의어들을 쉽게 인식하거나 번역에 접근하는 시간, 즉 단어에서 시선을 돌려 키보드에 타이핑을 시작하는 시간이 더 짧았다. 총 응시 지속시간을 통해서는 전문 번역사들이 이중언어 구사자들에 비해 텍스트가 있고 없는 경우 모두 전체적인 읽기 속도가 더 빠르다는 것이 확인되었다. 전문 번역사들은 시간 압박이 전혀 없음에도 불구하고 지금까지 연마해 온 역량 덕분에 자신들이 생산해야 하는 정보를 신속하게 인출한 것으로 보인다.

두 번째 가설은 확인되었다. 맥락이 없는 경우보다 맥락이 있는 경우에 피험자들의 번역 대안이 다양했던(낮은 일치율) 실험 결과를 통해 맥락이 창의성을 개선시킨다는 점이 분명하게 드러났다. 따라서 맥락은 피험자들의 창의적인 행동을 유도해 단순히 원문을 따르기보다 노르웨이적 규범에 따라 의미를 재구성하게 된 것으로 보인다. 이러한 효과는 두 집단에서 모두 나타났고 전문가와 이중언어 구사자 간의 차이는 발견되지 않았다. 그런데 번역 대안들의 미묘한 특성들을 모두 포착하기가 어렵다는 점을 고려할 때 번역 일치율은 충분히 민감하지 않았을 수 있다. 이러한 측면은 세 번째 가설의 결과를 평가하는 질적 분석에서 고찰하도록 하겠다.

6. 질적 분석 결과

6.1. 전문 번역사와 이중언어 구사자 간의 질적 차이

일치율 분석에서는 맥락이 있는 경우 이중언어 구사자(69.4%)와 전문 번역사(74%) 간에 유의미한 차이가 없었지만 질적 분석에서는 두 집단 간 흥미로운 차이가 나타났다.

번역 품질 판단을 위해 4가지 인자를 선정했다: *문맥적 등가*, *문맥적 축약*, *오류*, *누락*. 첫 번째 두 유형은 '번역 전환(translation shift)'의 범주로 묶일 수 있다. 번역 전환은 전체적인 번역 품질에 긍정적인 영향을 준다. '번역 결함(translation flaws)'으로 간주될 수 있는 마지막 두 유형은 전체적인 번역 품질에 부정적인 영향을 준다.

전문 번역사는 비전문가와 비교할 때 구체적으로 어떠한 품질 관련 능력을 보유하고 있는지 알아보기 위해 이러한 4가지 요인 각각에 대해 두 전문성 수준을 비교하는 구체적인 질적 분석을 실시했다.

6.2. 번역 전환

번역 전환은 통사, 관점 및 기타 형식 면에서 출발어 구조와는 다른 도착어로 의도된 의미를 재구성하는 방식이다. 이는 번역사가 출발어의 어휘, 통사, 문화적 표지로부터 자유로울 수 있음을 의미한다. 번역 전환은 창의성이 명시적으로 드러난 결과이다. 딜라일(1998, p.61)이 언급한 대로 "재구성은 단순히 개념에 이름을 붙이는 것 정도가 아니다. 번역사는 의식하지 못한다 하더라도, 재구성은 근본적으로 지능적인 행위이며 일련의 '살아 움직이는 활동들'이다". 본고에서는 번역 전환 중 '문맥적 등가', 즉 문맥에 의해 결정되는 어휘적 차이와 '축약'에만 초점을 맞출 것이다.

6.2.1. 문맥적 등가

본고에서 '문맥적 등가'라는 용어는 도착 텍스트상 단어나 신태그마를 가리킨다. 출발 텍스트의 단어나 신태그마에 직접 대응되지는 않지만 동일한 의미를 표현한다. 결과적으로 번역에 사용된 단어가 코드 전환에서 선택된 단어와 달라진다. 이와 관련해 2가지 예를 통해 창의성 측면의 차이를 설명하고자 한다. 첫 번째는 한 이중언어 구사자의 예이고 두 번째는 한 전문 번역사의 예이다. 해당 전문 번역사는 15가지 항목에서 문맥적 등가를 사용함으로써 최고의 창의성을 보여 주는 데 비해 이중언어 구사자의 경우 4개 항목에서만 문맥적 등가가 나타나 전문가에 비해 낮은 창의성을 보여 준다:

(1) 이중언어 구사자:

a. blide(picture) – forslag(proposition)

b. om dagen(pr day) – dag(day)

c. femti prosent(fifty percent) – halve(half)

d. menneske(person) – menneskelig(human)

(2) 번역사:

a. tanken(thought) – forslag(proposition)

b. knyttet(linked) – koblet(connected)

c. greie sg(do with) – leve(live)

d. dagen(pr day) – dag(day)

e. oppskrift(receipe) – formel(formula)

f. tusenåret(thousand year) – millennium(millennium)

g. kom sammen(came together) – samlet(gathered)

h. banebrytende(pioneering) – historisk(historic)

i. femti present(fifty percent) – halve(half)

j. menneskehetens(humanities') – menneskelig(human)

k. uredd(dauntless) – ambitiøst(ambitious)

l. samlet(gathered) – stemme(voice)

m. anga en spesifikk(gave a specific) – spesifiserte(specified)

n. tall(number) – størrelse(size)

o. gjennomføring(the carrying out) – forfølgelse(pursuit)

(품질 분석 결과) 문맥적 등가를 가장 많이 사용한 전문 번역사가 최고 품질의 번역을 한 번역사인 것으로 드러났고 문맥적 등가를 가장 적게 사용한 이중언어 구사자의 번역 품질은 전체 피험자들 중 가장 낮았던 것으로 나타났다.

피험자 26명의 번역에서 사용된 문맥적 등가의 수를 비교한 결과, 전문 번역사들이 이중언어 구사자들에 비해 이러한 재구성 전략을 거의 두 배 자주 사용했다. 출발 텍스트에서 어휘적 변화를 만들어 낼 수 있는 능력은 이중언어 구사자들에 비해 전문 번역사들이 훨씬 잘 발달해 있는 것으로 보인다.

6.2.2. 맥락에 의해 결정되는 축약

맥락에 의해 결정되는 축약 역시 또 하나의 전략으로써, 출발 언어로 번역하는 동안 정보를 압축시키는 것을 의미한다. 동일한 의미적 요소들이 더 적은 수의 단어들로 압축되거나[아래(1), (2)번 예] 복합어[아래(3)번 예]로 바뀌는 것이다.

(1) reduced by half – halvere(*to half*)

(2) in one voice – enstemmig(*unanimously*)

(3) formula for peace – fredsformel(*peace formula*)

이 전략은 두 집단에서 상당히 고르게 사용되어 전문 번역사들만의 특별한 능력으로 간주되기는 어렵다.

6.3. 번역 결함

6.3.1. 누락

두 가지 유형의 누락이 구분될 필요가 있다: '코드 전환되지 않는 단어', 즉 문맥이 없는 경우의 누락과 '번역되지 않은 단어', 즉 문맥이 있는 경우의 누락. 비교에 앞서 먼저 두 유형을 각각 살펴보기로 한다. 코드 전환의 경우 이중언어 구사자들만 다음 단어들을 누락했다:

(1) 코드 전환되지 않은 단어들(8)

a. support(1)

b. inextricably(3)

c. bold(1)

d. derailed(2)

e. pursuit(1)

이중언어 구사자들이 이 단어들을 코드 전환하지 않은 것은 그 뜻을 영어로 몰랐기 때문이거나 노르웨이어 대응어의 존재를 간과했을 수 있다. 전문 번역사의 경우 코드 전환에서 누락이 있었던 사람은 아무도 없었다. 이러한 차이는 전문 번역사들이 영어 다이아랭 검사에서 더 높은 점수를 받았고 분명한 연령 차로 인해 영어에 대한 노출 기간도 더 길었던 점이 원인일 수 있다. '맥락이 없는' 상황에서 이중언어 구사자들은 8차례 누락을 보였지만 이 중(맥락이 있는 상황에서) 번역되지 않은 단어는 없었다. 번역의 경우 아래와 같이 두 집단 모두 일부 누락이 있었다.

(2) 번역되지 않은 단어들

a. 이중언어 구사자(15)

i. inextricably(2)

ii. important(1)

iii. great(4)

iv. historic(1)

v. bold(2)

vi. voice(1)

vii. suddenly(3)

viii. pursuit(1)

b. 전문 번역사(3)

i. bold(1)

ii. inextricably(1)

iii. half(1)

번역되지 않은 단어의 수와 코드 전환되지 않은 단어의 수를 비교하면 이중언어 구사자들은 코드 전환 시(8)보다 번역 시(15)에 거의 2배 많은 누락을 했다는 것을 알 수 있다. 이는 이중언어 구사자들의 경우 원문의 모든 뉘앙스를 번역해야 한다는 인식이 낮다는 방증일 수 있다. 또한 맥락이 주어진 경우 이중언어 구사자들은 전문 번역사들(3)에 비해 번역 누락 횟수가 5배 높았다. 전문 번역사들은 코드 전환에서는 누락이 전혀 없었으나 번역에서는 3명이 누락을 보였다. 이 누락 사례들은 문맥상 필요에 의한 것이 아니었기 때문에 집중력 부족이 원인으로 보인다.

맥락이 주어진 경우 전문 번역사들의 누락(번역되지 않은 단어들)이 적었던 것은 이들이 이중언어 구사자들에 비해 노련하다는 점을 시사한다. 전문 번역사들이 문맥적 정보를 바탕으로 추론하는 데 보다 능숙한 것으로 보인다. 또한 원문에 표현된 모든 뉘앙스를 도착어로 전환할 것으로 기대된다는 것을 알고 있는 듯했다.

6.3.2. 오류

두 가지 맥락적 상황에서 나타난 오류, 즉 '코드 전환 오류'와 '번역 오류'의 목록을 먼저 정리한 후 이 두 유형의 오류를 서로 비교하고 집단 간 비교도 실시하고자 한다.

(1) 코드 전환 오류

a. 이중언어 구사자(10)

i. inextricably(6):

-unfravikelig(*irrevocable*)

-uungåelig(*inevitable*)

-i stor grad(*to a great extent*)

-uadskikkelig(*inseperable*)

-utvilsomt(*undoubtless*)

-omvendt proporsjonalt(*reversely proportional*)

ii. pursuit(1)

-overtale(*convince*)

iii. threat(2)

-behandle/en godbit(*treat/a sweet*)

iv. bold(1)

-skillet(*bald*)(이유: 동음이의어, 거의 동형이의어)

b. 전문 번역사(9)

i. inextricably(5)

-uavvendelig(*inescapable*)

-uvurderlig(*inestimable*)

-ufravikelig(*irrevocable*)

-uforklarlig(*inexplicable*)

-uferakommelig(*impossible to get away from*)

ii. pursuit(2)

-tidsfordriv(*passtime*)

-oppnåelse(*achievement*)

iii. threat(1)

-strupe(*throat*)

iv. billion(1)

-billion(*one thousand billion*)

두 집단 모두 같은 수(4)와 유형의 코드 전환 오류를 보였다. 결과적으로 코드 전환 오류는 전문 번역사가 가진 특별한 능력에 대한 추가 정보를 제공하지는 못한다.

번역 오류란 부정확하고 부적절한 번역을 의미한다.

(2) 번역 오류

a. 이중언어 구사자(9)

i. inextricably – i stor grad(*to a great extent*)(1)

ii. pursuit – etterfølge(*follow*)(2)

iii. bold – stort(*great*)/ bredt(*large*)(2)

iv. derailed – glemte bort(*forgot*)(1)

v. omvendt proporsjonalt(*reversely proportional*)(1)

vi. came – skjedde(*happened*)(1)

vii. derailed – forhindret(*prevented*)(1)

b. 전문 번역사(7)

i. inextricably – uvilkårlig, ufravikelig(2), uomtvistelig(4)

ii. size – sted(*place*)/ konkretisert(*concretisized*)(2)

iii. billion – billion(*one thousand billion*)(1)

이중언어 구사자들이 잘못 코드 전환한 첫 세 단어—*inextricably, pursuit, bold*—는 번역에서도 오류가 있었다. 전문 번역사들의 경우 4명이 *inextricably*의 코드 전환에서 오류를 보였으나 그 중 3명이 번역 시에는 바르게 번역했다. 이러한 비교를 통해 전문 번역사들이 이중언어 구사자들에 비해 다의어의 의미를 추론하는 데 있어 맥락을 활용하는 능력이 더 뛰어나다는 것을 알 수 있다.

잘못 번역된 단어의 유형에 있어서도 두 집단 간 분명한 차이가 있었다. 놀랍게도 한 전문 번역사가 *size*를 sted(place, 장소)로 번역했다. 이러한 오류는 부주의에서 비롯된 것으로 보인다. *Tid og sted*(time and place, 시간과 장소)와 같은 노르웨이 관용구의 연어 구조를 따르는 습관으로 인해 간섭을 받은 것이다. billion의 경우 단어를 그대로 옮기면 모양은 같아 보이지만 뜻이 달라진다. 노르웨이어로 billion은 영어로 a thousand billion, 즉 1조라는 뜻이 되는 것이다. 번역 오류를 낸 이중언어 구사자의 수(9)는 전문 번역사(7)에 비해 근소하게 높았다. 결과적으로 번역 오류의 수는 두 집단 간의 중대한 차이를 드러내지는 않는다. 그러나 오류의 유형은 능력의 차이에 관한 실마리를 제공한다. 전문 번역사들은 이중언어 구사자들에 비해 중심적인 내용어에 있어서는 오류가 적었다. 이는 전문 번역사들이 도착어로 주요 개념을 재구성하는 데 좀 더 집중하기 때문인 것으로 보인다.

6.4. 상기 4가지 요소가 번역의 품질에 미치는 누적 효과

본 연구 데이터에서 가져온 마지막 예가 위에서 다룬 4가지 요소가 번역의 품질에 미치는 누적 효과를 잘 보여 준다. 아래 예를 보면 원문이 먼저 제시되어 있고 이중언어 구사자 한 명이 노르웨이어로 번역한 번역본이 전문 번역사 한 명의 번역본과 대조되어 있다. 또한 두 번역본은 모두 영어로 역번역된 문장과 함께 제시되어 있다.

(1) 영어 원문(다의어는 이탤릭체로 표시):

"Never in human history had such a *bold goal* been adopted by the entire world in one *voice*, one that *specified* time and *size*."

(2) 이중언어 구사자의 번역:

"Aldri før i *menneskenes* tidsalder hadde et slikt bredt *mål* blitt en realitet for alle verdens land, et mål som *spesifiserte* tid og *størrelse*."

(3) 이중언어 구사자 번역에 대한 역번역

"Never in the age of the people had such a *large goal* become a reality for all the world's countries, a goal which *specified* time and *size*."

(4) 전문 번역사의 번역

"Aldri *menneskehetens* historie har hele verden *vært samlet* om et *så ambitiøst mål*, et som anga *en spesifikk* tidsramme og klare *tall*."

(5) 전문 번역사 번역에 대한 역번역

"Never in the history of *mankind* had the whole world *agreed* on such an *ambitious goal*, one which *sets a specific* time schedule and clear *figures*."

전문 번역사는 단 하나의 대응어 *mål* – 'goal'만 자신의 번역에 그대로 유지했다. 이 번역사는 (1) 4개의 문맥적 등가를 만들어 냈고: 'human'에 대해서는 *menneskeheten*(mankind), 'bold'에 대해서는 *ambitiøs*(ambitious), 'specified'에 대해서는 anga *en spesifikk*(set a specific), 'size'에 대해서는 *tall*(figures); (2) "adopted [···] in one voice "에 표현된 의미를 전달하기 위해 한 차례 문맥적 축약을 했고[*vært samlet*(agreed)]; (3) 누락이나 (4) 오류는 없었다. 이 번역사의 노르웨이어 번역은 자연스럽고 이해하기 쉬우며 원문의 의미를 표현하는 데 충실한 것으로 평가된다.

반면 이중언어 구사자는 (1) 문맥적 등가를 *menneskene*(people)에서 단 한 번 사용했고, (2) 나머지 다의어들 중 3개는 대응어로 번역했고 (*mål* – 'goal', *spesifiserte* – 'specified', *størrelse* – 'size'), (3) 한 번 누락이 있었고('in one voice'), (4) 한 단어를 잘못 번역했다['bold'를 bredt(large)로]. 또한 분석 대상인 40개 다의어 외 2개 단어를 부적절하게 번역했다: 'history'가 tidsalder(age)로 'adopted'가 blitt en realitet(become a reality)로 번역된 것이다. 이 번역은 흐름이 자연스럽지 않고 즉시 이해가 되지 않고 영어 원문에서 표현된 의미에 완전히 충실하지 않기 때문에 부실한 번역으로 평가된다.

4개 요소들의 종합적 효과를 집단 간 비교한 결과, 번역 전환의 사용과 번역 결함 회피가 번역 품질에 분명한 기여를 하는 것으로 나타났다.

6.5. 질적 분석을 통한 결론

질적 분석을 통해 세 번째 가설이 확인되었다: 번역 전문성은 맥락이 주어질 때 보다 적절한 재구성을 가능케 함으로써 번역 품질을 증진시킨다. 전문 번역사들은 3개 요소에 있어 이중언어 구사자들과 차이가 있음이 입증되었다: (1) 문맥적 등가 생산 능력, (2) 중대한 내용 오류 회피, (3) 불필요한 누락 회피. 두 집단 간 행동에 있어 차이가 없었던 요소는 문맥적 축약뿐이었다.

7. 결론

본 연구에서는 맥락과 번역 능숙도가 이해와 다의어 재구성에 미치는 영향을 조사했다. 3가지 가설이 세워졌다. 첫 번째 가설은 일반 이중언어 구사자들과 비교했을 때 전문 번역사들은 읽기와 이해 과정에서 자신들의 기량을 향상시키기 위한 구체적인 능력을 발전시켰다는 것이다. 두 번째는 전문 번역사들이 일반 이중언어 구사자들보다 창의적일 것이라는 가설이었다. 세 번째는 전문 번역사들이 번역 전환을 활용해 높은 품질의 번역을 만들어 내기 위한 창의적 능력을 발전시켰을 것이라는 가설이었다.

첫 번째 가설은 상호작용의 방향이 예상과 달라 확인되지 않았으나 다의어 처리 시 전문 번역사들이 일반 이중언어 구사자들에 비해 뛰어난 읽기 능력을 보인다는 점에서 두 집단 간 읽기에 있어 차이는 나타났다. 이러한 결과는 전문 번역사들이 매우 포괄적인 독해 능력을 가지고 있다는 일반적인 견해와 일치한다.

> Il est généralement admis que traduire est la façon la plus accomplie, la plus complète de lire. [...] Praticien des textes, le traducteur se livre à une lecture avertie, minutieuse, discriminante [···]
>
> 플라사드, 1989, p.269

맥락이 피험자들로 하여금 보다 많은 대안을 만들어 내게 함으로써 창의성을 개선시킨다는 점이 드러나면서 두 번째 가설도 확인되었다. 이러한 결과는 원문 메시지를 도착어로 재구성함에 있어 번역사에게는 창조적 자유가 있다는 점을 재확인해 주며 델라일의 "도착어의 기표가 코드화된 언어에서처럼 용례에 의해 결정되지 않는 한 같은 해석도 도착어에서 다른 방식으로 표현될 수 있다(델라일, 1988, p.65)"는 가정도 뒷받침한다.

예상대로 번역 전문성이 번역 품질 개선에 도움이 된다는 결과가 나오면서 세 번째 가설도 확인되었다. 이 가설은 두 번째 가설과도 밀접하게 연결되는데 발화의 의미를 이해한 전문 번역사는 단어가 아닌 의미를 가지고 발화 내용을 재구성한다는 것이다. 발화의 의미는 그 발화의 언어적 표현에 의해서만 떠올려질 수 있다. 이는 의미는 단어에 속하는 것이 아니라 특정 인지적 틀을 구축하는 개인의 능력에 속한다는 것을 뜻한다. 이렇게 성공적인 해법을 메타인지적으로 인식하는 능력은 이중언어 구사자들보다 전문가들에게서 더 잘 발달해 있는 것으로 보인다. 번역의 품질을 결정하는 4가지 요소를 기반으로 피험자들의 결과물을 비교해 봤을 때 전문 번역사들이 이중언어 구사자들에 비해 창의적이고 자연스럽게 도착어로 재구성하는 모습을 보였다. 전문 번역사들은 문맥적 등가를 좀 더 빈번하게 사용한 데 비해 이중언어 구사자들은 코드 전환에서 사용한 대응어를 번역에서도 그대로 사용하는 것을 선호했다. 이러한 결과는 일치율에 기반한 양적 분석에서는 드러나지 않았던 두 집단 간 재구성 전략의 차이를 보여 준다.

전문 번역사들은 실험에 사용된 다의어들의 의미를 이해하는 데 있어 맥락에 보다 많이 의존했다. 따라서 이들은 도착어로의 재구성 과정에서 이중언어 구사자들에 비해 출발 텍스트의 언어적 형태에 덜 구애받는 모습을 보였다. 번역 전문성이 높기 때문에 이러한 전략이 가능한 것으로 볼 수 있다. 이와 같이 번역과 코드 전환을 대비시킨 다의어 처리 실험 연구는 이번이 처음이기 때문에 다른 연구와 비교하는 것이 불가능하지만 이번 연구 결과는 '맥락이 없는 상황'에서 언어 시스템으로부터 표준적인 대응어를 인출하는 것과 '맥락이 있는 상황'에서 개념을 재창조하는 것의 차이는 대수학에서 미지수가 하나인 상태의 방정식과 두 개인 상태의 방정식의 차이와 비슷하다는 딜라일(1998)의 견해를 뒷받침해 준다. 방정식은 수학적 혹은 논리적 표현들 간 등가를 표현하는 공식인데, 적합한 번역문을 찾는 작업도 그 목표가 두 개의 발화에 대해 비슷한 의미적 무게를 부여하는 것인 만큼 이 역시 등가를 위한 노력이다. "두 경우 모두, 관계 정립은 두 개의 미지수에 부여되는 값에 달려 있다(딜라일, 1998, p.93)."

향후 연구에서는 시간 압박을 조작해 인지 부하를 높이는 시도를 해 볼 필요가 있겠다. 그러한 연구를 통해 본고에서 논의한 읽기 프로세스 및 번역 전략과 관련된 두 집단 간 더 많은 차이가 드러날 수 있을 것이다.

미주

1. 제6차 프레임워크 프로그램 우선순위(6th Framework Programme Priority), 정보 사회 기술(Information Society Technologies), 계약 번호 517590

2. 코펜하겐비즈니스스쿨의 번역과 번역 기술 연구 및 혁신 센터, 탐페레대학교의 컴퓨터-인간 상호작용 연구소, 토비 테크놀로지 AB.

참고문헌

Aaronsen, Doris and Ferres, Steven. 1986. "Reading Strategies for Children and Adults: A Quantitative Model." *Psychological Review* 93 (1): 89-112.

Aaronsen, Doris and Ferres, Steven. 1986. "Reading Strategies for Children and Adults: Some Empirical Evidence." *Journal of Verbal Learning and Verbal Behavior* 23 (2): 189-220.

Chesterman, Andrew. 1997. *Memes of Translation*. Amsterdam/Philadelphia: John Benjamins.

Delisle, Jean. 1988. Translation: *An Interpretive Approach*. Ottawa: The University of Ottawa Press.

Jakobsen, Arnt Lykke and Schou, Lasse. 1999. "Logging target production with Translog." *In Probing the Process in Translation: Methods and Results* [Studies in Language 24], Gyde Hansen (ed.),155-172. Copenhagen: Samfundslitteratur.

Lederer, Marianne. 1994. *La traduction aujourd'hui – Le modéle interprétatif.* Paris: Hachette.

Lederer, Marianne. 1981. *La traduction simultanée – fondements théoriques.* Paris: Lettres Modernes Minard.

Macizo, Pedro and Bajo, Teresa. 2006. "Reading for repetition and reading for translation: Do they involve the same processes?" *Cognition* 99 (1): 1-34.

Plassard, Freddy. 2007. *Lire pour traduire*. Paris. Presses Sorbonne Nouvelle, Paris.

Rydning, Antin Fougner. 2008. "La démarche de l'expert-traducteur face à un probléme de reformulation." *META* 53 (4): 748-764.

Seleskovitch, Danica. 1976. "De l'expérience aux concepts." *Etudes de Linguistique Appliquee* 24: 64-91.

Seleskovitch, Danica. 1975. *Language, Langues et mémoire – étude e la prise de notes en intérpretation consécutive*. Paris: Lettres Modernes Minard.

Seleskovitch, Danica and Lederer, Marianne. 1989. *Pédagogie raisonnée de l'interprétation. Collection «TRADUCTOLOGIE » no 4*. Paris: Didier Erudition Opoce.

Špakov, Oleg. 2006. “Gaze-To-Word Mapping Tool.” http: //www.cs.uta.fi/~oleg/gwm.html

Vermeer, Hans J. A. 1996. *Skopos Theory of Translation: Some Arguments For and Against.* Heidelberg: Textcontect.

John Benjamins Series

06 Translation and Cognition

번역 단위와 문법적 전환

결과물 기반 번역 연구와 프로세스 기반 번역 연구의 통합을 향해

파비오 아우베스(Fabio Alves), **아드리아나 파가노**(Adriana Pagano)
브라질 미나스제라이스연방대학교
스텔라 뉴만(Stella Neumann), **에리히 슈타이너**(Erich Steiner)
독일 자르란트대학교
실비아 한센-쉬라(Silvia Hansen-Schirra)
독일 게르메스하임, 마인츠 요하네스 구텐베르크대학교

본고에서는 코퍼스 그리고 프로세스 기반 접근법을 기반으로 주석 번역 코퍼스와 키로깅, 아이트래킹, 회상 구술을 결합해 번역 과정의 인지적 노력과 관련된 번역 단위들을 파악하기 위한 탐색적 연구 결과를 보고하고자 한다. 이 주석 코퍼스는 번역 과정에서 일어나는 (탈)은유화 프로세스와 연관된 문법적 전환을 분석하기 위해 사용된다. 코퍼스 분석 결과는 독일어-영어 번역사 2인의 역번역 분석을 통해 얻은 프로세스 데이터와 결합된다. 프로세스 데이터와 결과물 데이터의 결합으로 번역의 인지적 처리 과정에서 일어나는 (탈)은유화와 관련된 번역 단위의 성격이 분명하게 설명된다.

1. 서론

결과물 기반 연구와 프로세스 기반 연구의 통합은 번역학계의 오랜 목표였다. 귀데 한센(Gyde Hansen, 2002)은 프로세스 데이터와 결과물 데이터 처리의 어려움 해결에 관한 논문들을 통해 두 방식의 통합을 위한 실험 기반 접근법을 처음으로 제안한 학자들 중 한 명이다. 아우베스와 파가노(2003)와 매갈헤스와 아우베스(Magalhães and Alves, 2004)도 코퍼스 기반 접근 방식을 심리언어학 실험으로 보완하면서 결과물과 프로세스 데이터의 결합을 시도하고 있다(아래 참조). 물론 관점은 다르지만 실비아 한센(Silvia Hansen, 2003) 역시 비슷한 시도를 하고 있다. 그러나 이 두 가지 방식을 통합시키는 최상의 방법이 무엇인가에 대해서는 아직 결론이 나지 않은 상태이다. 현재 진행 중인 '컴퓨터 및 기계 번역 모델링을 위한 번역 텍스트 생산: 전문 번역사의 번역 프로세스에 나타나는 (탈)은유화[(de)metaphorization]'(PROBRAL)라는 프로젝트에서는 번역 단위와 문법적 전환 혹은 체계 기능 언어학자들이 고안한 (탈)은유화[할리데이와 매티에센(Halliday and Matthiessen], 1994, 2004)와 같은 번역 과정의 범주 변화에 대한 연구를 통해 이 문제의 해결을 모색하고 있다.[1]

현재 번역학계에서는 번역 결과물과 프로세스에 대한 실증적 연구가 모두 이뤄지고 있다. 실험 연구는 번역되지 않은 텍스트 대비 번역된 텍스트의 특징을 이해하는 데 도움이 될 수 있을 뿐 아니라[결과물 중심 연구: 예: 투리(Toury), 1995; 베이커(Baker), 1996; 올로한과 베이커(Olohan and Baker), 2000; 한센, 2003; 테이크(Teich), 2003; 뉴만, 2003; 슈타이너, 2001, 2008; 한센-쉬라, 뉴만과 슈타이너, 2007] 번역사들과 일반 이중언어 구사자 및 다중언어 구사자의 인지적 특성이 어떻게 다른지 연구함으로써 번역 능력의 속성을 규명하고(PACTE, 2003, 2005, 2008; 슈리브(Shreve), 2006) 결과물 기반 분석 결과에 대한 실험적 데이터를 제공할 수도 있다(프로세스 중심 연구). 번역된 텍스트의 특징으로 여겨지는 것들이 적어도 어느 정도는 번역 과정에서 직간접적으로 관찰되는 행동과 상관관계가 있을 수 있다는 점에서 두 유형의 연구는 서로 관련이 있다. 두 연구 분야 모두 지난 10년 동안 흥미로운 결과를 도출해 왔다. 그러나 결과물과 프로세스 중심 연구 모두 여전히 중대한 도전에 직면해 있는데 이러한 도전은 통합된 접근 방식(예: 결과물과 프로세스 데이터 결합)으로만 극복될 수 있다(아우베스, 2003).

PROBRAL 프로젝트의 목적은 번역 단위(translation unit)의 인지적 처리에 있어 초기 단계의 번역뿐 아니라 번역 프로세스의 연속적인 단계들에서 나타나는 일련의 변화를 연구하는 것이다. 구체적으로는 '(탈)은유화' 과정, 즉 출발 텍스트에서 의미를 풀고(unpacking) 도착 텍스트에서는 다시 묶는 [(re)packing] 프로세스를 연구한다. 이 연구에서는 실험 심리언어학과 양적 코퍼스 기반 언어학에서 차용한 방법론들이 통합 적용된다.

1.1. 코퍼스(말뭉치)와 프로세스

본 연구에서 결과물 기반 연구는 코퍼스 사용에 의존한다. 주석 코퍼스가 원시 코퍼스에 비해 언어적 설명에 대한 보다 풍부한 데이터를 제공하기 때문에 본 연구에서 사용하는 코퍼스들에는 언어적 주석이 달려 있다. 또한 이들은 단일 언어 텍스트, 비교 텍스트, 이중언어 병렬 텍스트로 된 이질적인 코퍼스들로서 모두 언어 간 차이로 인해 나타나는 번역의 특성들을 파악하기 위해 활용된다(테이크, 2003; 한센-쉬라 외, 2007). 뿐만 아니라 출발 텍스트와 도착 텍스트 간 전환이나 범주 변화 분석을 위해 번역된 텍스트들의 정렬이 이뤄졌다. 정렬된 세그먼트(segment) 간 차이를 통해 (탈)은유화의 행동적 증거를 찾을 수 있다.

두 개의 다른 언어 체계로 인한 제약(대조 제약, contrastive constraints)이나 사용역(register) 관련 특징으로 설명되지 않는 결과는 번역 프로세스 자체에 기인하는 것으로 여겨진다. 상관관계 연구에서 공분산이 관찰되었다는 이유만으로 독립변수와 종속변수 간 인과관계가 있다고 볼 수는 없기 때문에 이러한 가정은 심리언어학 실험을 통해 검증되어야 한다(본 장 마지막 절 참고). 실비아 한센(2003)은 번역 과정에서 (탈)은유화가 나타난다는 증거를 제시하는 예비 연구를 통해 코퍼스 연구 결과를 실험 상황에서 검증할 수 있는 한 가지 접근 방식을 소개한다.

결과물 기반 그리고 프로세스 기반 연구 모두 데이터 분석과 해석의 관계가 많은 관심의 대상이다. 코퍼스 기반 번역 연구에서는 번역에 관한 상위 차원의 가설들과 그러한 가설을 뒷받침하기 위해 코퍼스에서 가져온 하위 차원의 언어적/텍스트적 지표들 간에 방법론적 간극이 큰 경우가 많다. 다시 말해, 추출된 언어적 현상과 가설적 구인 간의 연결고리는 매우 간접적이고 생각보다 복잡하다. 가설상 개념과의 연결고리가 실험적으로 정립된 지표들을 사용함으로써 이러한 문제를 피할 수 있다면 코퍼스 탐구는 생태학적 타당도가 높은 많은 양의 실제 결과물 데이터를 제공할 수 있다. 그런데 결과물은 그것을 창출한 프로세스의 종료 지점이기 때문에 사후 데이터만 제공한다는 단점이 있다. 이에 비해 심리언어학 검사를 통한 실험적 데이터는 풍부한 프로세스 데이터를 제공하며 인지적 처리에 대한 보다 직접적인 접근을 가능케 하는 반면 그러한 인위적인 상황에서 얻은 결과물 데이터는 코퍼스에 존재하는 데이터보다는 훨씬 규모가 작을 수밖에 없다. 따라서 결과물과 프로세스 중심의 연구 방법을 조합한다면 번역 과정의 (탈)은유화 현상 연구를 위한 보다 많은 실증적 프로세스 및 결과물 증거를 제공할 수 있을 것이다. 탈은유화는 슈타이너(2001)가 상정한 가설로서, 번역학자들이 발전시킨 번역 텍스트의 명시화(explicitation) 가설과 긴밀하게 연계한 검증이 현재 이뤄지고 있다[블룸-쿨카(Blum-Kulka), 1986; 올로한과 베이커, 2000; 엥겔룬드-디미트로바(Englund-Dimitrova), 2005].

PROBRAL 프로젝트에서 채택한 연구 방법론은 결과물과 프로세스 중심 연구를 결합시킨다. 독일과 브라질 연구팀이 도입한 공동 연구 프로토콜을 통해 결과의 비교 가능성이 확보되었다. 번역을 실험 데이터에 기반해 모델링하기 위한 목적으로 번역 텍스트의 패턴과 속성(실험 코퍼스를 통해 파악된 대로)을 번역 과정에서 나타나는 행동에 매핑

(mapping)시켰다('탐색적 연구' 부분 참고). 실험 코퍼스 분석은 CroCo의 주석 방법론에 따라 수행했다(아래 '결과물 기반 연구' 참고). 실험 코퍼스의 주석, 정렬, 분석이 이뤄지고 나면, 이 프로젝트에서 매우 중요한 다음 단계는 타당한 문법 은유 지표들을 설정해 코퍼스에서 조회될 수 있도록 하는 것이다. 코퍼스가 정렬되어 있기 때문에 어떤 지표가 조회 및 검색되면 해당 지표와 관련된 번역도 검색될 수 있다. 검색 결과는 출발 텍스트와 도착 텍스트 사이에 일어난 언어적 전환의 특징에 따라 분류된다. 이러한 '전환 양상 분류(shift grouping)'는 이번 장에 소개되는 탐색적 연구 및 기타 추가 실험을 위한 기반이 된다. 아이트래킹 데이터와 같은 프로세스 기반 데이터와 결과물 기반 데이터를 결합하는 것은 번역사의 번역 수행 능력과 결과물의 패턴을 파악하고 번역 과정에서 일어나는 언어적 정보의 묶기와 풀기(packing and unpacking)를 추적하는 데 도움이 된다('프로세스 기반 연구' 참고).

1.2. 묶기와 풀기 그리고 은유화와 탈은유화

언어적 정보를 묶고 푸는 프로세스는 '문법 은유'의 개념에 기반해 (탈)은유화로 설명되어 왔다. '문법 은유'란 "의미와 문법 범주 간 매핑(mapping)이 서로 다르면서도 유사한 의미를 갖는 형태들이 언어에 존재하는" 현상을 의미한다(할리데이와 매티에센, 1999, p.7). 즉 텍스트에 표현된 상태 및 사건은 여러 다른 형태로(절, 구 등) 부호화될 수 있다는 것이다. 발화가 '은유적'일수록 표현된 상태와 사건의 참여자(participant)와 프로세스(process) 간의 관계는 더 함축적이다. 할리데이와 매티에센(1999, p.545)이 언급한 대로:

> 문법 은유의 효과 중 하나는 많은 의미적 관계를 함축적으로 만든다는 데 있다: 어떤 사건이 절(clause)로 기술되면 의미적 관계들이 문법적 요소들의 배열을

통해 분명히 드러나지만, 그 사건이 명사로 기술되면 그렇지 않거나 일부만 그러하다. (*his energy balance approach to strength and fracture*와 *he investigated how strong [glass] was, and how it fractured, using [the idea that] the energy [...] balanced out*을 비교해 보라.) 전반적으로 문법 은유가 많이 사용될수록 독자는 텍스트 이해를 위해 더 많은 지식을 필요로 한다.

번역의 경우 출발 텍스트와 도착 텍스트 간 체계적 차이의 발생을 문법 은유를 통해 설명할 수 있을 것이다. 슈타이너(2001, p.10)는 번역 과정에서 번역사는 출발 텍스트에서 문법 은유를 풀고(unpack) 나서 도착 텍스트에서는 완전한 재묶기(re-pack)를 하지 않을 수 있다고 가정한다. 재묶기와 재은유화 과정이 축소될 수 있는 것은 두 언어의 언어적 혹은 텍스트 유형적 속성의 차이 때문일 수도 있고 사용역 측면의 이유가 있을 수도 있으며 번역사의 노력이나 능력 부족 혹은 아직 알려지지 않은 다른 요인이 있을 수도 있다. 부분적인 혹은 불완전한 재묶기로 인해 특정 언어적, 텍스트적 패턴이 도착 텍스트에 나타난다. 최근 몇몇 연구에서 (탈)은유화의 실증적 패턴의 증거가 발견되었다; 실바(Silva, 2007)와 파가노와 실바(2008)는 전문 연구원들이 번역한 결과물들을 조사해 포르투갈어에서 영어로의 번역에서 (탈)은유화 지표들을 발견했다.

실비아 한센(2003)은 결과물과 프로세스 기반 연구가 결합된 설계를 통해 슈타이너의 가정을 검증했다. 여기에는 심리언어학 실험이 포함되었는데 사고발화법(think-aloud protocol, TAP)과 문장 완성, 게이팅(gating), 어휘 판단 과제를 결합한 실험 설계를 활용했다. 한센의 연구에서 프로세스 기반 부분의 결과는 (탈)은유화 가정이 옳을 수 있지만 시간 압박과 번역사의 전문성 수준과 같은 특정 요소들에 따라 달라질 수 있음을 시사한다. 이러한 한센의 예비 연구 결과는 현 프로젝트를 위한 귀중한 정보를 제공했다.

본고의 나머지 부분에서는 번역 단위(translation unit)의 성격을 간단히 논의하고 그것이 번역 프로세스에서 어떻게 나타나는지를 실증적으로 기술하기 위한 제안을 하기로 한다. 번역 단위 매핑은 정보의 묶기와 풀기가 일어날 수밖에 없는 경우(즉 은유와 언어 체계의 차이가 많아 추가 처리 노력이 필요한 경우) 발생하는 문법적 전환이나 범주 변화와 상관관계가 있는 것으로 가정된다. 마지막으로 번역 결과물을 그 결과물을 가능케 한 프로세스와 연관 지어 조사하기 위해 두 개의 언어 단위에 초점을 맞춘 탐색적 연구가 소개된다. 또한 향후 보다 큰 규모의 연구를 위한 연구 방법을 제안하고자 한다.

2. 결과물 기반 연구

번역 연구에서 번역된 텍스트가 원문 텍스트와 체계적으로 어떻게 다르고 왜 다른지에 관한 질문은 전자 코퍼스의 증가와 함께 연구도 크게 늘어나면서 상당 기간 동안 이슈가 되어 왔다. 소수의 출발 텍스트들과 그 번역본에 대한 사례 기반 대조 분석들을 통해 번역된 텍스트의 특징이 기술된 바 있지만 보다 큰 규모의 실증적 검증은 없는 상태였다(예: 블룸-쿨카, 1986). 이러한 초기 연구들을 바탕으로 베이커(1996)는 출발어에 상관없이 번역 텍스트 코퍼스의 언어적 패턴에서 발견되는 '번역 보편소(예: 명시화 혹은 단순화)'의 개념을 내놓았다.

CroCo 프로젝트의 코퍼스 기반 연구에서는 언어적 주석을 훨씬 많이 활용하고 출발 텍스트를 보다 많이 고려함으로써 이전 연구 방법들을 한층 발전시켰다. 번역문의 텍스트적 속성에 관한 보다 의미 있고 상세한 결과를 얻기 위해 언어적 주석 코퍼스는 필수적이다. 풍부한 주석 사용은 '명시화'와 같이 지극히 추상적인 개념들과 그들의 존재에 대한 증거로 해석되는 표면화된 텍스트적, 언어적 현상 사이의 간극을 줄

이는 데 도움이 된다.

우리는 또한 코퍼스에서 발견되는 모든 번역문의 속성이 보편적이지는 않으며(예: 번역이라는 행위 자체의 결과) 해당 언어 쌍의 대조적 차이 그리고 심지어 번역 방향에 의해서도 영향을 받을 수 있다고 가정한다[예: 텍스트의 유형적 차이가 번역 전환(translation shift)을 활용해 보완되어야 하는 경우]. 비교 코퍼스뿐 아니라 병렬 코퍼스를 활용해 번역문과 원문을 비교해 보면 '비침 현상(shining through)'(출발어 간섭으로 인한 언어적 현상)이나 '규범화(normalization)'(도착어의 전형적인 특징이나 패턴이 번역에서 더욱 과장되는 경향으로 인한 현상)와 같은 번역문의 속성들을 감지할 수 있다(테이크, 2003). 또한 출발 텍스트를 많이 고려하면 도착 텍스트에서 관찰된 패턴들을 더욱 구체적으로 설명할 수 있다(한센-쉬라 외(2007) 참고).

이러한 설계 원칙에 따라 CroCo 코퍼스(뉴만과 한센-쉬라(2005) 참고)는 영어 원문(EO)과 그에 대한 독일어 번역본(GTrans) 그리고 독일어 원문(GO)과 그에 대한 영어 번역본(ETrans)으로 구성되어 있다. 두 번역 방향 모두 8개 사용역(register)으로 표현되어 있으며 각 사용역별로 총 3만 1,250 단어로 된 최소 10개의 텍스트가 있었다. 전체적으로 Croco 코퍼스는 약 백만 단어로 이뤄져 있다. 또한 사용역 중립적인 참조 코퍼스가 독일어(GR)와 영어(ER) 비교를 위해 포함되어 있으며 여기에는 17가지 사용역의 2,000개 단어 샘플이 들어가 있다. 따라서 이 종합 코퍼스에는 비교 부분과 병렬 부분이 모두 포함되어 있다.

텍스트 사용역에는 정치 에세이(ESSAY), 픽션 텍스트(FICTION), 설명 매뉴얼(INSTR), 대중 과학 텍스트(POPSCI), 회사 내 커뮤니케이션(SHARE), 준비된 연설(SPEECH), 관광 책자(TOU), 웹사이트(WEB)가 있다. 이러한 사용역들이 선정된 것은 영어-독일어 언어 쌍의 번역 속성을 연구하는 데 유용하기 때문이다. 모든 텍스트는 품사, 형태소, 구절 구조, 문법적 기능에 대해 메타 정보로 주석이 달려 있다. 의미 관계에 대한 주석은 현재 작업 중에 있다. 마지막으로 모든 텍스트는 단어, 구, 문법적 기능, 절 그리고 문장 차원에서 정렬되어 있다(한센-쉬라 외(2006) 참고). 검색 테크닉은 이러한 다층적 주석과 정렬의 조합을 목표로 하며, 번역된 문장 쌍의 '피상적' 구조와 '언어적으로 심층적인' 구조의 비교 그리고 번역 전환의 정량화를 가능케 한다.

2.1. 번역 단위와 문법 은유

이제 본 연구에서 조사된 두 가지 현상, 즉 문법 은유와 번역 단위에 대해 살펴보고자 한다. 전체적으로는 이중언어 상황의 문법 은유, 구체적으로는 병렬 번역 코퍼스의 개념을 활용함으로써, 언어 간 문법적 차이와 번역 전환이 전통적인 접근 방식에서 제안된 것(예: 비네와 다르벨네(Vinay and Darbelnet, 1958))보다 정밀하고 철저하게 범주화될 수 있다. 다음과 같은 '은유화 전략들(metaphorization strategies)'이 CroCo 코퍼스에서 범주화되고 정량화될 수 있다(슈타이너(2001)의 모형을 보다 정교화한 한센(2003) 참고):

(1) 은유화(metaphorization, 도착어 표현이 출발어 표현 보다 더 은유적);
(2) 탈은유화(de-metaphorization, 출발어 표현이 도착어 표현보다 더 은유적);
(3) 재은유화(re-metaphorization, 두 언어에서 동일한 정도의 문법 은유 사용).

문법 은유 연구의 첫 단계는 동사구를 명사구로 전환하는 '명사화'와 같은 품사 변화를 조사하는 것이다. <표 1>은 예비 실험에서 사용된 텍스트 사용역과 유사한 사내 커뮤니케이션 사용역, SHARE를 활용해, 품사 분포와 번역 전환의 특징적인 부분을 보여 주고 있다[쿨로 등(Čulo et al., 2008) 참고]. 참조 코퍼스(ER과 GR)와 사용역 통제 코퍼스(EO_SHARE와 GO_SHARE)가 모두 번역 과정에서 해결되어야 할 언어

간 차이를 보인다. 그러나 이러한 차이를 해석하는 것은 항상 간단하지는 않다.

<표 1> 품사 통계(%)

사용역	명사	형용사	동사	부사
ER	24.60	6.24	15.72	4.63
GR	22.93	9.20	13.04	5.02
EO_SHARE	29.14	6.97	13.83	3.15
GO_SHARE	25.30	10.69	11.64	4.30

이 표를 보면 명사와 동사의 비율은 독일어보다 영어 텍스트에서 높다.[2] 이러한 차이는 대조 참조 코퍼스(ER, GR)와 사용역 통제 코퍼스(EO_SHARE, GO_SHARE)에서 모두 관찰된다. 이는 두 언어 간에 실제로 나타나는 차이인 것으로 보여 동사와 명사 간 전환의 형태로 번역에 영향을 줄 것으로 예상된다. 이러한 전환은 품사 태그들을 활용해 정렬된 단어 쌍을 조회함으로써 코퍼스에서 검색될 수 있다.

<표 2> 품사 변화 빈도(%)

변화 유형	E-G	G-E
동사-명사	24.31	16.98
동사-형용사	11.69	02.80
동사-부사	06.95	00.25
형용사-명사	17.43	09.48
형용사-동사	01.84	09.92
형용사-부사	01.42	11.58
명사-형용사	13.89	21.63
명사-동사	05.74	16.98

변화 유형	E-G	G-E
명사-부사	03.40	01.08
부사-형용사	10.06	01.34
부사-명사	03.05	01.59
부사-동사	00.21	06.36

<표 2>는 SHARE에 나타난 양 번역 방향의 여러 가지 품사 전환[비네와 다르벨네의 용어로는 치환(transposition)]의 빈도를 보여 주고 있다. 총 40,090개의 영어-독일어 정렬 단어 쌍 중에서 1,411개(3.52%)가 전환이었고 37,694개의 독일어-영어 정렬 단어 쌍 중에서 1,572(4.17%)개가 전환이었다. 전환의 유형을 비교해 보면 영어-독일어의 경우 동사에서 x로의 정렬이 더 많았으나 독일어-영어의 경우 x에서 명사로의 정렬이 더 적고 명사에서 x로의 정렬이 더 많았다. 이는 영어 번역에서 독일어 원문보다 명사가 덜 빈번하게 사용된다는 것을 의미한다.

다음 예 (1)은 영어에서 독일어로 번역 시 나타나는 명사화 전환 사례를 보여 준다.

(1) a. We mapped these three stages to our business strategy, [⋯] the third stage focusing on the four elements that we could influence or control, as mentioned above. (EO_SHARE_001)

b. Wir haben unsere Geschäftsstrategie genau auf diese drei Phasen abgestimmt. [⋯]. In der dritten Phase liegt der Schwerpunkt auf der Beeinflussung und Steuerung der bereits angesprochenen vier Faktoren. (GTrans_SHARE_001)

예 (1)은 원문의 동사가 번역본의 명사로 전환되면서 행위자 we가 생략되어 법성(modality)이 사라지고 *influence*와 *control*의 주체가 모호해지는 결과를 낳았음을 보여 준다.

번역 단위에 대한 결과물 기반 분석은 출발 텍스트와 도착 텍스트의 문법적 단위를 대상으로 이뤄진다. 이러한 단위들은 의미적 등가성이나 등가적 문법 범주와 같은 공통점을 바탕으로 서로 정렬되고 연결된다. 앞서 지적된 바와 같이 CroCo 코퍼스에는 정렬과 주석이 다층화되어 있다. 즉 텍스트는 품사나 문법 기능과 같은 속성에 대해 주석이 달리고 나서 단어, 구, 문법 기능, 절 그리고 문장 차원에서 정렬된다. 주석이 달린 혹은 정렬된 세그먼트는 상위 범주(예: 단어는 구와 문법 기능에 속하고 절은 문장에 속함)와 상위 범주 정렬에 속한다는 점에서 그 구조는 계층적 이다. 두 문장의 번역에 전환이 없으면 단어, 구, 문법 기능 그리고 절이 모두 정렬되고 출발 텍스트와 도착 텍스트상 각각의 요소들이 모두 동일할 것이다. 그러나 보통 번역 과정에는 문법 기능 측면에서 여러 가지 변화가 나타난다. 정렬된 두 문장에서 두 개의 명사가 일치할 수는 있지만 출발 텍스트에서는 그 명사가 주어 역할을 하고 도착 텍스트에서는 목적어 역할을 할 수 있다. 두 명사는 단어 차원에서는 정렬이 되었지만 문법 기능은 정렬되지 않은 것이다.

번역으로 인해 전환이 일어난다면, 코퍼스의 다층적 주석과 정렬은 두 가지 중요한 정렬 전환 현상을 파악할 수 있게 한다: (a) 정렬 대상이 없는 부분, 즉 번역 대응어가 없는 출발 텍스트의 일부분(비어 있는 고리, empty links)[3] 그리고 (b) 상위 차원 정렬 부분의 일부가 아닌 하위 차원의 정렬 부분, 예를 들어 하위 차원 정렬이 상위 차원 정렬과 '교차'하는 경우(교차하는 선, crossing lines). 교차 상황에서, 주석을 바탕으로 번역 과정에서 단순히 문법 기능이 변화한 것인지 다른 종류의 교차가 일어났는지 파악하는 것이 가능하다. 여기서 교차란 출발 텍스트에서 한 문장(그리고 그 정렬 대상)과 관련이 있는 절이 도착 텍스트에서 다른 문장(그리고 그 정렬 대상)과 연관 관계가 생기는, 즉 다른 문장 정렬로 넘어간 상황을 의미한다(한센-쉬라 외(2006)의 훌륭한 예 참조).

CroCo 코퍼스에서 여러 차원의 정렬 현상을 분석해 보면 번역으로 인해 나타날 수 있는 전환의 성격을 파악하는 데 도움이 된다. 가령, 3가지 CroCo 사용역, FICTION, SHARE, SPEECH는 절 정렬에서 비어 있는 고리와 관련된 놀라운 결과를 보여 준다(<표 3> 참조). 모든 영어 원문 하부 코퍼스와 모든 영어 번역 하부 코퍼스가 그에 대응되는 독일어 텍스트에 비해 비어 있는 고리들이 많다. 영어 번역문의 경우 SPEECH에서 비어 있는 고리가 가장 많았다. SPEECH의 경우 절(clause)의 35.26%가 독일어 출발 텍스트상에 연결되는 절이 없다. 따라서 절에 있어 비어 있는 고리의 수가 많다는 것이 영어 텍스트의 특징으로 보인다.

<표 3> 절 정렬(Alignment of clauses)

사용역	정렬(%)	비정렬(%)
EO_FICTION	86.65	13.35
GTrans_FICTION	89.59	10.41
EO_SHARE	77.64	22.36
GTrans_SHARE	89.18	10.82
EO_SPEECH	80.02	19.98
GTrans_SPEECH	94.04	05.96
GO_FICTION	92.98	07.02
ETrans_FICTION	84.74	15.26
GO_SHARE	91.23	08.77
ETrans_SHARE	73.82	26.18
GO_SPEECH	80.52	19.48
ETrans_SPEECH	64.74	35.26

아래의 예 (2)와 (3)은 비어 있는 고리를 빈번하게 받는 영어 종속절들이 독일어 출발 텍스트상 명사 구조로 표현되는 문법 은유의 보다 부합적인 버전이라는 것을 보여 준다.[4] 이러한 패턴으로 인해 독일어 텍스트에 비해 명확하고 밀도가 낮은 영어 문장 형식이 만들어지며 이는 번역에 있어 명시화의 지표로 해석될 수 있다. 예 (2)에서 전치사구 *zur Sicherung von Beschäftigung*의 두 명사화 부분이 정형절*(when it comes to)*과 비정형절*(safeguarding jobs)*로 번역되었고 정형절의 경우 사실상 독일어 전치사의 번역이다.

(2) a. [Mittlerweile ist anerkannt,] [dass es zur Sicherung von Beschäftigung vor allem auf Flexibilität ankommt.] (GO_SPEECH_007)

b. [It has now been recognized] [that flexibility is the most important factor] [when it comes to] [safeguarding jobs.] (ETrans_SPEECH_007)

예 (3)에서 독일어의 분사 전치 수식어 *in Kyoto eingegangenen*이 약속을 한 행위자를 명확하게 해 주는 후치 수식 관계절로 바뀌었다. 또한 전치사구 *zur Verminderung der Treibhausgase*는 부정사 *to reduce*로 번역되면서 절을 만들었다.

(3) a. [Die Staats- und Regierungschefs der Europäischen Union haben in Göteborg erneut ihre Bereitschaft bekräftigt,] [die in Kyoto eingegangenen Verpflichtungen zur Verminderung der Treibhausgase zu erfüllen.] (GO_SPEECH_001)

b. [In Gothenburg the EU heads of state and government reaffirmed their willingness] [to fulfill the commitments] [they made in Kyoto] [to reduce greenhouse gases]. (ETrans_SPEECH_001)

예 (2)와 (3)은 대부분 더 큰 단위가 번역에 관여되기 때문에 번역 단위가 구 차원으로 내려갈 수는 없음을 보여 준다.

선 교차에 대한 논의에서는 번역사들이 번역을 하면서 서로 다른 문법 단위 사이를 어떻게 이동하는지를 보여 줌으로써 이 점을 더욱 명확하게 해 줄 것이다. 코퍼스 데이터를 바탕으로 한 번역 단위의 정의 측면에서, '선 교차 현상'은 병렬 버전에서 사용된 단어들의 문법적 역할의 다양성에 대한 실마리를 제공해 준다(비어 있는 고리와 교차하는 선의 역할에 대한 보다 광범위한 논의를 위해서는 현재 준비 중인 한센-쉬라의 논문 참조). 예 (4)는 정렬된 단어들(*Veränderungen*과 *changes*)이 이들이 속한 상위 차원 세그먼트에서 서로 다른 문법 기능(원문에서는 전치사 목적어이고 번역문에서는 직접 목적어)을 하고 있음을 보여 준다.

(4) a. Nach wie vor ist der Zinsüberschuß nach Risikovorsorge mit 9,7 Mrd DM die bei weitem wichtigste Ertragskomponente. Allerdings weisen die unterschiedlichen wichtigste Ertragskomponente. Allerdings weisen die unterschiedlichen Steigerungsraten der einzelnen Ergebniskomponenten [auf die Veränderungen im Geschäft] hin. (GO_SHARE_009)

b. Although net interest income after provision for losses on loans and advances, at DM 9.7 billion, is still by far the most important component of income, the individual figures highlight [the changes in our business]. (ETrans_SHARE_009)

<그림 1>은 출발 텍스트에서 도착 텍스트 방향(예: EO_FICTION)과 반대 방향(예: GTrans_FICTION)에서 나타나는 선 교차 양상을 모두 보여 주고 있다. 사용역에 의한 차이가 가장 두드러졌기 때문에 이런 종류의 선 교차는 사용역과 관련이 있다는 가정이 가능하다.

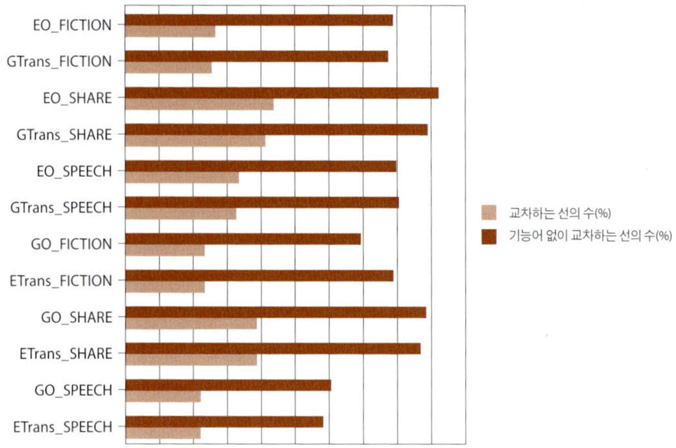

<그림 1> 단어와 문법 기능 측면의 선 교차

FICTION		SHARE		SPEECH	
E2G	G2E	E2G	G2E	E2G	G2E
dobj => subj	probj => dobj	compl => probj	probj => dobj	dobj => probj	subj => dobj
compl => dobj	dobj => subj	dobj => subj	subj => compl	dobj => compl	subj => compl
subj => dobj	fin => pred	dobj => probj	subj => dobj	compl => probj	probj => compl
dobj => fin	compl => subj	compl => dobj	probj => compl	subj => dobj	dobj => compl
dobj => probj	subj => dobj	dobj => compl	dobj => compl	dobj => subj	probj => dobj
fin => dobj	dobj => compl	compl => subj	fin => pred	pred => fin	dobj => subj
adv_mod -> dobj	fin -> compl	probj -> dobj	dobj -> subj	compl -> dobj	fin -> compl
pred -> fin	pred -> fin	subj -> dobj	compl -> dobj	compl -> subj	fin -> pred
compl -> subj	fin -> subj	fin -> pred	adv_mod -> compl	subj -> compl	fin -> subj
adv_cause -> dobj	fin -> dobj	pred -> fin	subj -> probj	compl -> fin	compl -> subj

<그림 2> 사용역과 번역 방향별 교차하는 선

전체적으로 문법 기능들의 빈도를 비교하면 분포상의 차이를 알 수 있다. 그런데 기능에 따라 추가적인 대조적 차이가 있을 수 있다. 예를 들어 간접 목적어(독일어에서 여격 목적어), 전치사 목적어 그리고 보어는 두 언어에서 빈도의 차이를 보여, 같은 언어 내에서의 원문과 번역본 간에는 유사점이 더 많고 출발 텍스트와 도착 텍스트 간에는 교차하는 선이 나타난다.

<그림 2>에서는 번역 방향과 사용역에 따라 분명한 전환 패턴이 있음을 보여 준다. 예를 들어 영어 사용역에서는 전치사 목적어를 피하려는 경향이 있어 독일어 하부 코퍼스의 전치사 목적어와 영어 하부 코퍼스의 (보통) 직접 목적어 간의 선 교차가 일어난다. <그림 2>를 보면 이런 현상이 양방향에서 모두 일어난다는 것을 알 수 있다. 다양한 독일어 기능어들이 영어에서 보어로 바뀌고 그 반대 방향의 전환도 일어난다. 독일어 전치사 목적어에서 영어 직접 목적어로의 전환은 특정 사용역에만 국한된 것이 아닌 일반적인 전략일 수 있다. 이러한 선 교차가 FICTION과 SHARE처럼 성격이 다른 사용역에서 모두 가장 빈번하게 나타나는 전환의 유형이고 SPEECH에서도 상당히 자주 나타나기 때문이다. 아래 예 (5)는 SPEECH 사용역에서 이러한 전환이 일어난 사례이다.

(5) a. Daher setzen wir uns nachdrücklich für die Schaffung eines europäischen Systems der Finanzaufsicht ein. (GO_SPEECH_002)

b. Hence we expressly support the establishment of a European system of financial supervision. (ETrans_SPEECH_002)

예 (5)에 나타나는 선 교차 유형은 주로 어휘로 인한 것이다. 독일어 동사 *sich einsetzen*은 목적어를 위해 전치사 *für*를 취한다. 본 연구 결과에 따르면 영어에 비해 독일어에서 전치사 목적어를 취하는 동사의 빈도가 높으며 이는 번역의 속성을 설명함에 있어 언어 유형과 사용역이 중요하다는 방증이다. 또한 번역 단위는 문법 기능이나 심지어 단어 차원에서도 단순한 일대일 대응으로 정의될 수 없다. 비어 있는 고리와 교차하는 선에 관한 논의를 통해 번역사는 번역 과정에서 여러 다른 언어적 단위와 차원을 탐색한다는 점이 분명하게 드러났다.

아래 프로세스 기반 부분에서는 번역 행위의 '덩어리(chunk)'들이 휴지(pauses)에 의해 어떻게 구분되어 코퍼스 기반 정렬 세그먼트로 매핑될 인지 단위를 구성하는지 보여 주고자 한다. 이러한 방법으로 코퍼스 기반 정량화와 심리언어학적 설명이 실험적 연구 설계에 함께 적용될 수 있다.

3. 프로세스 기반 연구

심리언어학 실험은 1980년대 이후 프로세스 중심 번역 연구에서 주요 연구 방법으로 자리 잡았다. 번역 프로세스 연구의 초기 단계에서는 주된 실험 데이터는 피험자가 번역과 동시에 혹은 사후에 구술로 보고하는 방식인 TAP에서 나왔다[에릭슨과 스미스(Ericsson and Smith, 1980) 참고, 주석 참고 문헌은 야스켈라이넨(Jääskeläinen, 2002) 참고].

시간이 지나면서 TAP에 거의 전적으로 의존함으로써 발생한 방법론적 결점을 보완하기 위해 다른 연구 방법들이 도입되었다. TAP를 보완하기 위한 초기 데이터 도출 방법으로는 키스트로크 로깅(keystroke logging)이 있다[야콥센(Jakobsen), 1999, 2006; 한센, 2002; 아우베스, 2003; 엥겔룬드-디미트로바, 2005]. 최근에는 번역 프로세스 연구에서 아이트래킹(eye tracking)과 같은 다른 데이터 수집 기술도 활용해 왔다[오브라이언(O'Brien), 2006; 야콥센과 옌센(Jakobsen and Jensen), 2008; 아우베스, 파가노와 실바, 2009]. 이들 연구자들은 저스트와 카펜터(Just and Carpenter, 1980)의 '눈-마음의 관계에 대한 가정(eye-mind assumption)'에 기반해, 시선 응시를 인지적 처리를 들여다보는 창이자 번역사의 마음속에서 일어나는 일에 대한 간접적인 증거로 봤다.

결과 입증을 위해 두 가지 이상의 데이터 도출 테크닉을 함께 사용하는 것이 번역의 인지 프로세스와 프로세스와 결과물 간 접점에 관한 데이터를 보다 효과적으로 포착하는 방법으로 제안되었다(야콥센, 1999; 아우베스, 2003). 예를 들어 아우베스와 베일(Alves and Vale, 2009)은 트랜스로그(translog) 키 로그 파일, 트랜스로그 환경 밖에서 일어나는 행동 기록을 위한 캠타시아(Camtasia) 화면 녹화, 번역 프로세스 직후에 수집되는 회상 프로토콜[트랜스로그의 재생(replay) 기능 사용], 코퍼스 기반 접근 방식을 바탕으로 수집된 주석 도착 텍스트 등을 포함한 다양한 데이터 소스를 결합할 것을 권고한다. 이러한 조합은 번역에 있어 프로세스와 결과물 간 접점에 대한 포괄적인 데이터를 수집하고 내적인 인지 프로세스와 외적인 번역 결과물을 연결시키는 수단을 제공한다.

결과물과 프로세스의 연결은 CORPRAT(the Corpus on Process for the Analysis of Translations, 번역 분석을 위한 프로세스 코퍼스)의 주된 목표 중 하나이다(파가노, 매갈헤스와 아우베스, 2004). CORPRAT 프로젝트에서는 번역사의 수행 능력 그리고 나아가 프로세스-결과물 관련 특성들에 관한 연구를 소규모 코퍼스에 적용되는 데이터 도출 테크닉을 활용해 수행할 것을 제안한다. 2002년에 구축된 CORPRAT은 CORDIALL(http://letra.letras.ufmg.br)의 하부 코퍼스이며 번역 데이터 분석을 위한 혁신적인 방법론적 접근으로서, 키스트로크 로그, 아이트래킹, 오디오 녹음, 화면 녹화 이미지 그리고 주석 도착 텍스트라는 다섯 가지 보완적 데이터 측면에서 프로세스 관련 현상들을 기록하는 것을 목적으로 한다.

CORPRAT은 LETRA 프로젝트의 중심적인 부분이다.[5] LETRA

관련 연구들은 다음과 같은 가정들을 기초로 한다:

(1) 말하기/쓰기, 듣기/읽기를 제외하면 번역 과정에서 일어나는 대부분의 활동들은 직접 관찰이 불가능하다.
(2) 실시간 읽기(시선 고정)과 실시간 쓰기(텍스트 흐름, 휴지, 삭제 및 재타이핑으로 드러나는 텍스트 타이핑에 있어서의 반복성(recursiveness)) 과정의 행동을 조사함으로써 번역 프로세스에 대한 실마리를 얻을 수 있다.
(3) 번역 과제는 특정한 읽기 능력을 요한다. 예를 들어 이해를 위한 읽기는 번역 목적의 읽기와는 다르다.
(4) 번역 단위는 미시 단위들의(micro-units) 집합체인 거시 단위(macro-unit)로 모델링 될 수 있다.

표 4에 LETRA 프로젝트의 일부 연구 결과들이 정리되어 있다.

<표 4> LETRA에서 수행한 실험 연구 결과

연구	주요 결과
아우베스(2003)	트랜스로그©(키스트로크와 휴지 분석용), 유도 회상 프로토콜, 코퍼스 기반 분석을 결합하는 것이 변수 통제와 보다 신뢰할 만한 프로세스 중심 데이터 확보를 위해 중요하다.
아우베스와 곤사우베스(Alves and Gonçalves, 2003)	절차적, 개념적 부호화라는 적합성 이론(relevance-theory)의 개념들을 활용하는 것은 번역의 추론 프로세스에 접근하는 데 매우 중요하다.
파가노, 매갈헤스와 아우베스(2004)	소규모 코퍼스에 대한 의존성과 프로세스와 결과물 기반 데이터의 교차 분석 필요성을 이유로 CORDIALL/CORPRAT 구조 제안
아우베스와 매갈헤스(2004)	번역에 있어 프로세스와 결과물 간의 접점을 파악하기 위한 시도로 번역사의 인지적 리듬을 분석하고 초보 번역사들의 인지적-담화적 특징을 조사하기 위해 야콥센(2002)의 연구 결과 적용
아우베스(2005)	번역사들의 인지적 리듬과 분절 패턴을 비교하는 과정에서 서로 다른 번역사 프로필 등장

연구	주요 결과
부흐바이츠와 아우베스(Buchweitz and Alves, 2006)	번역과 역번역 과제에서 초보와 전문 번역사들 간의 차이; 역번역에서 번역 프로세스를 보다 많은 텍스트 부분으로 분해: 경험이 많은 그룹에서 더 많은 수정 나타남
아우베스와 곤사우베스(2007)	언어에 대한 연결주의(connectionist) 접근법과 적합성 이론의 원칙들에 기반해 번역사의 능력 모형 제시
실바(2007), 파가노와 실바(2008)	피험자의 특정 분야에 대한 전문 지식이 반복성(recursiveness)과 텍스트 분절 성향 및 길이 등에 미치는 중대한 영향
아우베스와 리파리니 캄포스(Alves and Liparini Campos, 2009)	번역 기술(번역 메모리 시스템)이 내외부 지원의 형태에 미치는 영향
아우베스와 베일(2009)	번역 과정의 번역 단위 모델링과 미시, 거시 번역 단위의 개념 소개

3.1. 번역 단위

본고에서 '번역 단위(translation unit, TU)'의 정의는 매우 중요하다. 아우베스와 베일(2009)은 번역 프로세스 연구에 있어 TU 개념의 발전 과정을 처방적(prescriptive), 기술적(descriptive) 관점에서 개괄하며 대부분의 연구자들이 TU 파악을 위해 출발 텍스트와 도착 텍스트 세그먼트 간 일종의 등가를 제안했음을 보여 줬다. 이들 연구자들은 드래그스테드(Dragsted, 2004, p.32)를 바탕으로, 처방적 측면에서 TU는 "SL/TL의 등가 구축을 위한 가장 적절한 세그먼트"로 볼 수 있다고 지적한다[비네와 다르벨네, 1995; 캐트포드(Catford), 1965; 벨(Bell), 1991; 투리, 1995]. 기술적, 인지 중심적 관점에서 드래그스테드(2004, p.32)는 TU는 "실제로 처리되고, […] 특정 데이터세트에서 (간접적으로) 관찰될 수 있는 인지 프로세스를 근거로 파악되는 세그먼트"로도 묘사될 수 있다고 주장한다. 이 그룹에 속하는 연구자들로는 겔로프(Gerloff, 1987), 크링스(Krings, 1986), 뢰셔(Lörscher, 1991) 그리고 아우베스(1995)가 있다.

본 연구의 범위 내에서, TU를 결과물과 프로세스 중심의 관점에서 모두 고려할 수 있는 방법을 찾을 필요가 있다. 아우베스와 베일(2009)은 아우베스(1995, 2005)에 기반해, 시간(time)과 번역사의 주의 집중(focus of attention)이 TU를 정의하고 특정 시점에 어떤 유형의 단위가 처리되고 있는지를 파악하는 데 중요하다고 주장한다. 아우베스(1995)에 따르면 TU는 번역 프로세스에서 특정 시점에 번역사의 주의를 집중시키는 ST(출발 텍스트) 세그먼트이다. TU가 ST 세그먼트라 하더라도 진행되는 도착 텍스트 생산 분석을 통해 휴지(생산이 일어나지 않는 간격)들 사이에 위치한 도착 텍스트 생산 세그먼트로서의 TU를 그때그때 포착할 수 있다. 이 도착 텍스트 세그먼트는 출발 텍스트 세그먼트에 매핑될 수 있는 것이다. 이들 세그먼트는 TU와 상관관계가 있지만 동일하지는 않다. 생산 세그먼트는 TT(도착 텍스트)나 텍스트 생산 프로세스에서 관찰될 수 있는 텍스트의 일부분인 데 비해 TU는 번역사의 주의 집중을 반영하는 휴지 간격에 의해 시간적으로 파악될 수 있다.

4. 결과물과 프로세스 데이터를 결합한 탐색적 연구

4.1. 연구 설계

독일어가 모국어(L1)인 두 피험자가 기업 홈페이지에서 발췌한 318 단어 길이의 텍스트를 역번역했다(독일어에서 영어로). 시간 제약은 없었고 피험자들은 발췌된 텍스트가 있는 웹사이트를 제외하고는 자유로운 인터넷 사용이 허용되었다. 과제 수행 중에 트랜스로그를 활용해 키스트로크가 기록되고 시선 움직임이 토비 T60 아이트래커로 추적되었다. 번역 완료 후, 피험자들에게 막 완성된 번역본의 작업 과정을 다시 보여 주며 그에 대해 언급하도록 하고 번역 과정에서 중요하다고 생각했던 이슈나 요소들을 강조해 달라고 요청했다.

탐색적 연구였고 텍스트 내의 특정 부분을 조작하지는 않았다. 번역 단위(TU)로의 분절화 지표와 문법 (탈)은유화 전략의 적용에 대한 증거를 찾아내기 위한 연구였다.

4.2. 결과물 기반 연구 결과

번역 단위를 파악하고 문법 (탈)은유의 증거를 제시하는 데 도움이 되는 코퍼스 현상들이 앞서 논의되었다. 비어 있는 고리와 교차하는 선은 도착 텍스트 생산에서 출발 텍스트와는 다른 번역을 요하는 번역 단위에 의해 촉발되는 인지적 처리를 나타내는 지표들로 여겨진다. 이번 절에서는 이러한 분석 유형을 탐색적 연구에서 사용된 텍스트 세그먼트들에 적용하는 것에 관해 논의하고자 한다.

탐색적 연구에서 사용된 출발 텍스트 중 한 문장(아래 (6) 참조)이 이러한 두 가지 현상을 상당히 잘 보여 준다. 피험자 1(이하 S1)은 이 문장을 TT1과 같이 그리고 피험자 2(이하 S2)는 TT2와 같이 번역했다.

(6) ST. Im Jahr 1982 kommt Howard Schultz zu Starbucks.

TT1. The year of 1982 brings Howard Schultz to Starbucks.

TT2. In 1982 Howard Schultz joins Starbucks.

문법적으로 독일어 원문은 시간 부사구로 시작하고 그 뒤에 술어가 따라 나온다. 독일어에서는 드물지 않은 형태로써, 주어(Howard Schultz)가 술어 뒤에 배치되고 그 뒤에 장소-방향 부사구가 나온다. 문법적으로 분석하면 정렬 측면에서 다음과 같은 해석이 가능하다.

TT1

TT1은 원문의 개별 단어 순서에 가깝게 따라간다. 이로 인해 문장 앞부분의 기능어들(the, of)과 동사를 제외하면 모든 단어가 단어 차원에서 정렬된다. 이 단어들을 문법 기능에 매핑시켜 보면 TT1은 비어 있는 고리를 받는 직접 목적어(*Howard Schultz*)를 추가로 도입한다. 원문에는 이에 대응되는 문법 기능이 없기 때문에 비어 있는 고리가 되는 것이다. 주어, 술어 그리고 장소 부사구는 정렬이 되고 원문의 시간 부사구(*Im Jahr* 1982)는 비어 있는 고리를 받는다.[6] 따라서 다음과 같은 단어와 문법 기능 간 교차하는 선이 발견된다: 동사에 선행하는 정렬된 단어들(*Im Jahr* 1982과 *The year of* 1982)은 동일한 문법 기능에 포함되지 않는다. TT1에서 이 단어들은 원문의 *Howard Schultz*와 정렬되는 주어를 형성한다. 이러한 단어 대 문법 기능 매핑의 변화는 번역에 있어 문법 기능의 순서가 표준화되는 결과를 낳는다: 주어-술어-직접 목적어-장소 부사구.

TT2

동사만 제외하고 TT2의 모든 단어가 원문의 단어들과 정렬된다. 그러나 원문에는 장소 부사구에 전치사가 추가로 들어가 있고 번역에는 생략되어 있는 추가 어휘 항목 *Jahr*(year)가 있다. 따라서 원문에 있는 두 항목 모두 비어 있는 고리가 된다. 문법 기능 측면을 보면 원문의 장소 부사구는 직접 목적어로 대체되어 이 두 기능에 대한 비어 있는 고리가 생긴다. 모든 다른 기능들—주어, 시간 부사구, 술어—은 정렬이 된다. 이러한 상황은 다시 선 교차로 이어진다: 고유명사인 *Starbucks*는 정렬이 되는데 *Starbucks*가 들어가 있는 문법 기능(ST에서는 장소 부사구, TT2에서는 직접 목적어)은 정렬되지 않는다.

두 피험자는 (6)의 문장에 접근하는 방식이 서로 다르지만 두 번역 모두 비어 있는 고리와 교차하는 선 측면에서 유사한 현상을 보인다. 두 피험자 모두 타동사 사용으로 인해 문장 구성 요소들의 순서를 재배치해야 했고, 이로 인해 단어 대 문법 기능 매핑에 변화를 줬고 두 부사구 중 하나를 버리는 대신 직접 목적어를 넣었다.

단어 차원에서는 동사와 기능어들을 제외하고는 정렬이 잘 이뤄진다. 반면에 문법 기능은 영어와 독일어 간 언어적 차이로 인한 재배열로 정렬이 잘되지 않고 있다. 개별 단어들뿐 아니라 이들 단어들이 속한 (공식) 그룹들, 즉 구 역시 정렬이 될 수 있기 때문에 구 정렬은 번역 단위 측면에서 문법 기능보다 안정적일 수 있고 더 유용할 수 있다.

이제 탐색적 연구의 두 번째 연구 대상이었던 문법 은유를 살펴보기로 한다. 문법 은유는 서로 다른 문법적 세그먼트에 매핑되는 의미 단위들을 의미하기도 한다. 앞서 설명된 대로 은유화의 수단 중 하나가 치환 혹은 문법적 전환이다. 이러한 현상들은 코퍼스에서 정렬된 세그먼트를 조회함으로써 발견할 수 있다. 아래의 (7) 세그먼트 원문과 두 개의 번역본은 흥미로운 은유 패턴을 반영한다.

(7) ST. Wir sind davon überzeugt, dass erfolgreiche Unternehmensführung und soziale Verantwortung sich nicht widersprechen.

TT1. We firmly believe that business success and social responsibility do not necessarily contradict each other.

TT2. We are convinced that successful management and social responsibility are not contradictory.

동사 *sich widersprechen*(to contradict each other)의 번역을 중점적으로 보자면, S1의 번역본은 특이점이 없다. 단순히 영어 등가어를 사용함으로써 동사를 그대로 재생산했다. 그러나 S2는 동사 대신 연결 동사(be 동사)를 사용하고 형용사를 주격 보어로 뒀다. 이러한 전환을 단순히 치환이라 [비네와 다르벨네(1995)처럼] 부를 수 없는 이유는 이것이 단순한 품사 변화 이상의 의미를 갖기 때문이다. 체계 기능적 용어로(할리데이와 매티에센, 2004), 두 동사 모두 관계적 프로세스(relational processes), 즉 두 개체 간 관계를 표현하는 프로세스로 분석될 수 있다. 그럼에도 불구하고 원문의 *sich widersprechen*는 두 개체를 확인하는 프로세스로 해석될 수 있는 데 비해 TT2는 한정적으로 해석되어야 한다. 또한 주된 의미를 전달하는 동사 대신 연결 동사를 사용함으로써 해당 절이 표현하는 의미가 보다 정적으로 변화했다.

그러나 결과물 데이터를 통해서는 S2가 이 버전을 택한 이유를 설명할 수 없다. 원문에서는 크게 번역의 어려움을 야기할 부분이 없어 보인다. 그렇기 때문에 S1은 부합적 번역을 선택한 것이다. S2의 번역에 대한 설명은 아래에 이어지는 프로세스 기반의 실험 데이터 분석을 통해 이뤄져야 한다.

4.3. 프로세스 기반 연구 결과

문법적 전환뿐 아니라 번역 단위를 매핑하는 것을 목적으로 하는 프로세스 중심 분석법은 앞서 논의된 바 있다. 본 절에서는 이러한 유형의 분석을 탐색적 연구에 사용된 텍스트 세그먼트에 적용하는 것에 대해 논의하기로 한다.

<그림 3>은 S1이 (7)에 제시된 세그먼트를 번역하는 과정을 보여 준다. 기호 ⌫로 표현된 삭제와, 글자와 스페이스 바 기호 ◇로 표현된 텍스트 생산 그리고 * 기호로 표현된 휴지가 기록되어 있다. 아우베스와

✱✱✱✱✱✱✱✱WEe◆fi✱rmly◆believe◆that◆✱✱✱✱✱✱✱business◆success◆and◆social◆responsibility✱✱✱✱✱✱◆are◆not◆✱contradictions✱◆in◆terms.◆✱✱⌫⌫⌫⌫⌫⌫⌫⌫⌫⌫⌫⌫⌫⌫⌫⌫⌫⌫⌫⌫⌫⌫⌫⌫⌫⌫⌫⌫⌫⌫⌫⌫⌫do◆not◆necessarily◆contradict◆each◆other.◆

<그림 3> S1의 텍스트 생산 세그먼트에 나타난 번역 프로세스 데이터

베일(2009)의 견해와 마찬가지로 이러한 휴지들은 실시간으로 매핑되는 인지 단위의 지표인 것으로 가정한다.

아우베스와 베일(2009)은 휴지로 간주되려면 텍스트 생산 프로세스가 얼마나 오래 중단되어야 하는지에 관해 상세하게 논의하고 있다. 본고에서는 1초 이상의 간격을 휴지로 규정하고자 한다. 대부분의 학자들이 아주 짧은 중단을 휴지로 간주하면 자동 프로세스, 오타 수정 혹은 기타 실시간 텍스트 생산 상황 등을 파악할 수 있을 것이라는 데 동의하고 있는데 우리의 탐색적 연구에 대한 논의에서는, 1초 휴지가 매우 의미 있을 수 있다는 증거를 제공할 것이다. 기준을 1초로 잡지 않았다면 놓칠 수 있었던 증거가 발견되었기 때문이다. 이에 비해 아주 긴 휴지 간격은 번역사가 무엇을 생각하고 무엇을 하고 있었는지에 관해 모호한 아이디어만 제공할 수 있을 뿐이다. 다행히 번역 프로세스 연구에 아이트래킹 기술이 도입되면서(오브라이언, 2006; 야콥센과 옌센, 2008; 아우베스, 파가노와 실바, 2009), 번역사가 출발 텍스트와 도착 텍스트를 번갈아 응시하고 검색하는 과정에서 나타나는 긴 휴지 간격이 시선 움직임을 바탕으로 분석될 수 있어서 키 로깅으로 제공된 정보를 보완할 수 있게 되었다. 이것이 어떻게 가능한지에 관해서는 다음 부분에서 설명하고자 한다.

4.4. 미시·거시적 번역 단위 파악

아우베스와 베일(2009)에 따르면 번역 단위는 키 로깅으로 기록되는 휴지로 시작해 다음 휴지에 의해 번역이 중단될 때까지 진행된다. 휴지는 계획(내부 지원, internal support)이나 검색(외부지원, external support)으로 인해 일어날 수 있다. 즉 번역 대안 검색, 생산한 번역문 평가, 새로운 원문 텍스트 세그먼트 읽기 등을 위해 휴지가 발생할 수 있는 것이다. 번역이 진행되면서 이전에 번역한 세그먼트로 수정, 삭제 혹은 텍스트 변화는 전혀 없이 단순히 검토만을 위해 되돌아갈 수 있다. 이러한 반복되는 움직임은 미시적 그리고 거시적 번역 단위(TU)라는 두 가지 상호 관련된 유형의 단위로 분석될 것이다.

'미시적 TU'는 계속적인 TT 생산의 흐름으로 정의되며 여기에는 계속적인 ST와 TT 세그먼트 읽기가 포함될 수 있고 번역 과정에서 키 로깅 그리고/혹은 아이트래킹 소프트웨어로 기록되는 휴지로 구분된다. 미시적 TU는 특정 시점에 번역사의 주의를 집중시키는 ST 세그먼트와 상관관계가 있을 수 있다. '거시적인 TU'는 잠정적인 최초 번역에서 TT에 나타나는 최종 결과물에 이르기까지 동일한 ST 세그먼트에 대한 번역사의 주의를 따라가는 모든 중간 단계 텍스트 생산들로 구성된 미시적 TU들의 집합체로 정의된다. 따라서 거시적 TU는 특정 미시적 TU를 촉발시킨 초기 주의 집중에 해당하는 프로세스가 진행되면서 나타난 모든 텍스트 생산 세그먼트—수정, 삭제, 대체 등—을 포함한다. 이러한 생산 세그먼트들은 일련의 미시적 TU들로서 함께 주석이 달릴 수 있고 결국 거시적 TU를 구성한다. 미시·거시적 TU는 모두 텍스트 생산 세그먼트와 휴지로 구성된다. 이 두 가지 유형의 단위를 조작적으로 정의하기 위해 미시적 TU는 삭제, 추가 그리고 실시간으로 일어나는 기타 가능한 변화들을 포함하는 텍스트 생산 세그먼트로 이뤄지며 기준으로 설정한 1초 미만의 두 휴지들 사이에 위치하는 것으로 한다.

아래 <그림 4>는 (7)에 소개된 세그먼트를 1초 이상의 휴지들을 기준으로 미시적 TU들로 구분함으로써 번역 과정의 미시·거시적 TU들 간의 관계를 보여 준다. 이를 통해 S1의 경우 해당 텍스트 세그먼트를 번역하는 동안 7번의 휴지가 있었다는 것을 알 수 있다. 동사 *sich vidersprechen*의 번역은 *are, not, contradictions, in terms*라는 텍스트 세그먼트를 포함하는 3개의 순차적인 미시적 TU로 나눠진다. 그러고 나서 S1은 10초 간의 휴지를 보인 후 3개의 이전 텍스트 세그먼트를 삭제하고 *do not necessarily contradict each other*를 적는다. 그 이

✱✱✱✱✱✱✱✱WEe◆fi

✱rmly◆believe◆that◆

✱✱✱✱✱✱✱business◆success◆and◆social◆responsibility

✱✱✱✱✱✱◆are◆not◆

✱contradictions

✱◆in◆terms.◆

✱✱⌫⌫⌫⌫⌫⌫⌫⌫⌫⌫⌫⌫⌫⌫⌫⌫⌫⌫⌫⌫⌫⌫⌫⌫⌫⌫⌫
⌫⌫⌫⌫⌫⌫do◆not◆necessarily◆contradict◆each◆other.◆

<그림 4> S1 번역에 나타난 미시·거시적 TU

후에는 더 이상의 수정이 없이 최종 번역본이 된다. 아우베스와 베일(2009)에 따르면 이러한 4개의 미시적 TU가 함께 거시적 TU를 형성한다.

S1의 번역 프로세스에서는 *contradictions*의 은유화가 드러나고 은유화 직후 동사의 형태로 재은유화가 일어난다. 이 모든 즉각적인 변화는 순차적으로 일어난다. 그러나 항상 그렇지는 않을 수도 있다. 번역사들이 초안 단계의 다른 단계에서 실시간 수정을 위해 혹은 최종 수정 단계에서 이전 번역 단위들로 다시 돌아가는 경우가 상당히 자주 발생한다. 이러한 개념은 동일한 세그먼트에 대한 S2의 번역 프로세스 데이터를 살펴볼 다음 부분에서 미시·거시적 TU 판단을 위해 다시 다뤄질 예정이다.

4.5. 번역 단위와 문법적 전환의 상관관계

4.5.1. (탈)은유화

앞서 언급했듯이 (7)에 제시된 세그먼트에 대한 S1의 번역은 부합적인 결과물을 보여 줬다. 그러나 S2는 원문에 특별히 번역상 어려운 부분이 없었음에도 불구하고 상당히 다른 번역을 택했다. 이에 대한 설명

초안 단계

✱✱✱✱We♦are♦conc⌫vinced✱♦[✱15.701]that♦✱✱✱success✱ful♦[
✱44.623]do♦not♦contract⌫⌫dict✱✱✱ion✱←←←←←←←←←←←←←←
←←✱⌫⌫⌫⌫⌫⌫are♦no←←←←←←[✱49.640]leader⌫⌫⌫⌫⌫⌫
✱management♦✱✱✱and♦social♦[✱01:17.774]resp✱onsibilit✱y♦✱⇨.
♦

수정 단계

[🖱]✱✱✱✱✱[🖱]t→[ShftCtrl→]✱in♦conc⌫flict[✱10.846][🖱]✱co
ntradictory[✱26.575][🖱]

<그림 5> 초안 단계와 수정 단계의 S2 번역 프로세스 데이터

✱✱✱✱We♦are♦conc⌫vinced✱♦
[✱15.701]that♦
✱✱✱success
✱ful♦
[✱44.623]do♦not♦contract⌫⌫dict
✱✱✱ion
✱←←←←←←←←←←←←←←←←
✱⌫⌫⌫⌫⌫⌫are♦no←←←←←←
[✱49.640]leader⌫⌫⌫⌫⌫⌫
✱management♦
✱✱and♦social♦
[✱01:17.774]resp
✱onsibilit
✱y♦
✱⇨.♦

최종 수정 단계에서의 변화

[🖱]✱✱✱✱✱[🖱]t→[ShftCtrl→]
✱in♦conc⌫flict
[✱10.846][🖱]
✱contradictory
[✱26.575][🖱]

<그림 6> S2의 번역에서 미시적 TU들이 하나의 거시 TU를 구성하는 모습

은 아래의 프로세스 기반 실험 데이터 분석을 통해 이뤄져야 한다. <그림 5>는 (7)에 제시된 문장에 대한 S2의 번역을 보여 주고 있다. 그런데 이번에는 해당 원문 세그먼트의 번역이 초안과 최종 수정 단계로 분리되어 있다.

<그림 6>은 <그림 5>의 세그먼트를 1초 이상의 휴지로 구분된 미시적 TU들로 분해함으로써 미시·거시적 TU들 간의 관계를 보여 주고 있다. S2는 해당 텍스트 세그먼트를 번역하는 동안 20차례의 휴지 간격을 보여 S1의 7차례에 비해 훨씬 횟수가 많다는 것을 알 수 있다. 이러한 현상 자체로 S2가 이 세그먼트의 번역에 훨씬 많은 노력을 기울였음을 알 수 있다. 동사 *sich widersprechen*의 번역은 초안 단계에서 *do not contract* 삽입, *ct* 삭제 및 *dict* 삽입, *ion* 삽입, 커서 움직임만 있고 텍스트 변화는 없는 미시적 단위 그리고 *do not* 삭제와 *are no* 삽입과 같은 텍스트 세그먼트를 포함하는 4개의 순차적 미시 TU들로 분해되었다.

흥미롭게도, S2는 이 단계에서 2차례의 매우 긴 휴지를 보여 준다. *Successful*을 쓴 후 거의 45초 그리고 *leader*를 쓰기 전 49초의 휴지가 있었던 것이다. S2는 또한 *Unternehmensführung und soziale Verantwortung*의 번역을 연기했다가 *sich widerprechen*에 대한 해법을 찾은 후에야 해결했다. 최종 수정 단계에서, S2는 동사 번역에 다시 집중하고 해당 프로세스를 5개의 미시적 TU로 세분한다. 여기에는 *no* 뒤에 *t*를 삽입해 *not*으로 변경, *in conflict* 삽입, 생각을 위한 휴지, *in conflict*를 *contradictory*로 교체 그리고 이미 생산된 번역에 대한 평가를 위한 거의 27초에 달하는 휴지가 포함된다.

아우베스와 베일(2009)에 따르면 이들 9개의 미시적 TU들이 함께 거시적 TU를 구성하며 여기에는 번역 과정에서 일어난 모든 변화가 포함된다. S2가 생산한 번역에서, 거시적 TU는 초안 단계 4개, 최종 수정 단계 5개, 총 9개의 TU에 의해 최종 번역본에 매핑된다. 이 9개의 TU들이 함께 동사 *sich [nicht] widersprechend*에 대한 영어 번역을 *are not contradictory*로 하겠다는 결정을 설명해 준다.

S2가 이 세그먼트를 번역하는 데 더 많은 노력을 기울인 이유를 설명하는 데 있어, 독일어 형용서 *erfolgreiche*를 *successful*로 번역한

후 관찰된 첫 번째 긴 휴지를 살펴보는 것이 흥미로울 수 있겠다. 이 시점에 S2는 명사구 *erfolgreiche Unternehmensführung und soziale Verantwortung*를 처리하기 시작했다. 그러나 45초의 휴지 후에 나타난 것은 동사 *sich widersprechend*를 번역하려는 시도이다. S2의 행동을 설명하는 데 있어 키 로킹에만 의존한다면 무슨 일이 일어나고 있었는지를 알아내는 것이 불가능할 것이다. 그러나 아이트래킹 데이터도 함께 활용하면 이에 대한 설명을 어느 정도 제시할 수 있을 것이다.

아래 <그림 7>과 <그림 8>은 45초 동안 S2가 외부 지원을 활용했고 인터넷 사전 LEO(www.leo.org)에 접근했음을 보여 준다. S2는 현재 번역 중인 세그먼트에 대한 해법만 모색하기보다 동사 *sich widersprechend*에 대한 번역 대안들을 검색했다. <그림 7>은 시선 응시가 강하게 나타났으며 그 동사에 대해 제공된 해법인 *to contradict*에 주로 집중했음을 보여 준다.

그럼에도 불구하고 S2는 사전 검색 결과에 만족하지는 않는 듯했고 그래서 이번에는 명사 *Widerspruch*를 선택해 검색했다. <그림 8>은

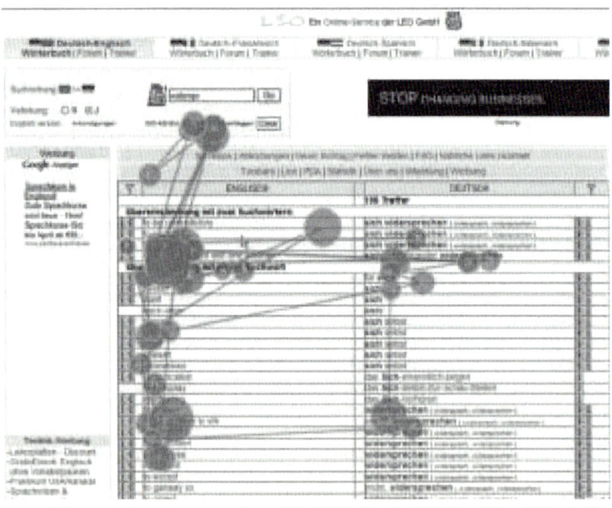

<그림 7> *sich widersprechend*를 위해 S2가 사용한 외부 지원 사례

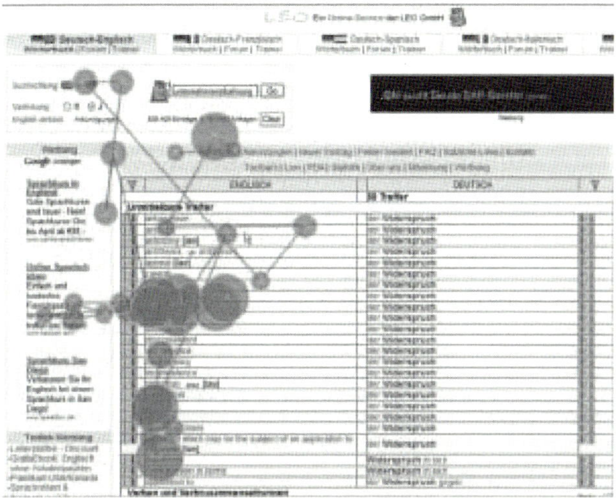

<그림 8> *Widerspruch*를 위해 S2가 사용한 외부 지원 사례

시선 응시가 주로 명사 *contradiction*에 집중되어 있음을 보여 준다.

이러한 두 가지 행동은 순차적으로 매우 짧은 시간 안에 일어난다. 검색은 번역 프로세스에서 32”:18’이 지난 후에 시작된다. 첫째, <그림 7>에 나타나 있듯이, S2는 *sich widersprechend*에 대한 번역을 검색한다. 그러고 나서 32”:43’에 S2는 검색 창에 *Widerspruch*를 적는다. 이후, 32”:57’에 S2는 트랜스로그 화면으로 돌아와 *do not contradict*를 썼다가 바로 동사 뒤에 접미사 *ion*을 타이핑함으로써 명사 *contradiction*으로 바꾸고 조동사 *do not*을 삭제하고 연결 동사를 사용해 *are no*로 대체한다. 선형적 재현의 1초 간격 뷰에서만 가시화되는 동사에서 명사로의 빠른 변화는 키스트로크 데이터뿐 아니라 스크린 로깅과 아이트래킹 데이터를 고려함으로써 설명될 수 있다. 데이터를 보면 인지적 처리(S2가 동사 고려)가 타이핑(이전 번역 단위 타이핑)에 앞서 진행되고 있다. 아래 <그림 9>는 트랜스로그 화면상에서 이런 현상을 보여 주고 있는데 이 단계에서는 피험자가 동사와 명사를 모두 고려하다가 그 중 한 형태를 먼저 쓰고 다른 하나를 나중에 쓰면서 2개의 미시적 TU가 되었다. Do not contradict - ion - are no 세그먼트 주변의 시선 응시 기록을 보면 S2가 이 세그먼트 처리에 많은 노력을 기울였음을 알 수 있다. 이 프로세스에서 첫 번째 행위는 재은유화, 두 번째는 은유화로서 하나의 옵션이 선택되기 전까지는 원문이 전달하는 정보의 풀기와 재묶기에 동사와 명사가 모두 들어가는 것으로 이해된다. 앞서 논의된 저스트와 카펜터의 눈-마음의 관계에 대한 가정에 따라, 인지적 처리 측면에서 볼 때 *sich widersprechen*을 번역하는 것이 그보다 앞서 나온 명사구 번역보다 우선시되었다는 추론을 할 수 있다. 그러고 나서 그 번역이 동사에서 명사로 바뀌었고 그 상태가 초안 단계에서 계속 유지되었다.

시간이 지나서 33":16에 S2'는 명사 *Unternehmensführung*에 대한 번역을 검색하기 위해 LEO 화면으로 돌아간다. 즉 보다 어려운 부분으로 보이는 *sich [nicht] widersprechen*의 등장으로 중단되었던 명사구 번역으로 돌아간 것이다.

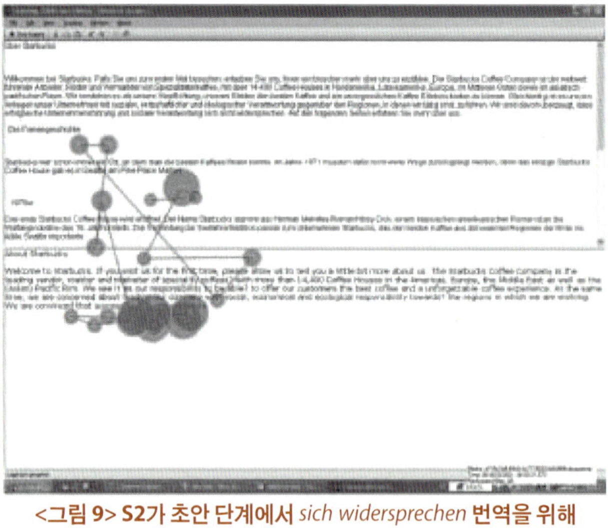

<그림 9> S2가 초안 단계에서 *sich widersprechen* **번역을 위해 명사와 동사 사용 사이에서 결정하는 동안 일어난 시선 응시**

최종 수정 단계로 진행하면서도 S2는 여전히 초안 단계에서 한 *sich [nicht] widersprechen* 번역에 만족하지 못하는 듯했고 1:23":16'가 지난 시점에 다시 그 부분을 고민했다. 아래 <그림 10>과 <그림 11>은 S2가 LEO로 돌아가서 *sich widersprechen*을 다시 검색하는 프로세스를 보여 주고 있다.

<그림 10>의 트랜스로그 화면의 원문 부분에는 시선 응시 기록이 없다. 시선 응시는 트랜스로그 화면의 도착 텍스트 부분에만 집중되어 있는데 정확하게 *are no contradiction*이 *are not in conflict*로 바뀌고 최종적으로 *are not contradictory*로 바뀐 세그먼트 주변이 응시 대상이다. <그림 11>은 외부 지원이 있었고 검색 결과 *in conflict*와 *contradictory*라는 두 대안이 모두 제시되어 최종 결정이 내려지기 전까지는 두 대안 모두 트랜스로그에 타이핑이 되었음을 보여 준다.

S2가 제공한 번역은 보다 한정적이다. 주된 의미를 전달하는 동사 대신 연결 동사를 사용함으로써 해당 절이 표현하는 의미가 보다 정적으

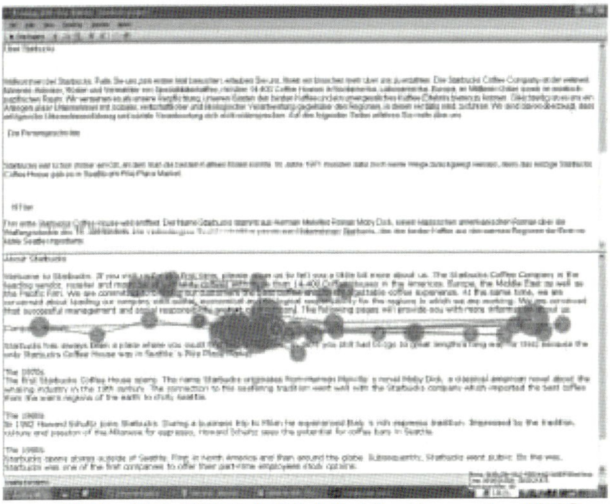

<그림 10> S2가 최종 수정 단계에서 *sich widersprechen* **번역을 재고하는 동안 일어난 시선 응시**

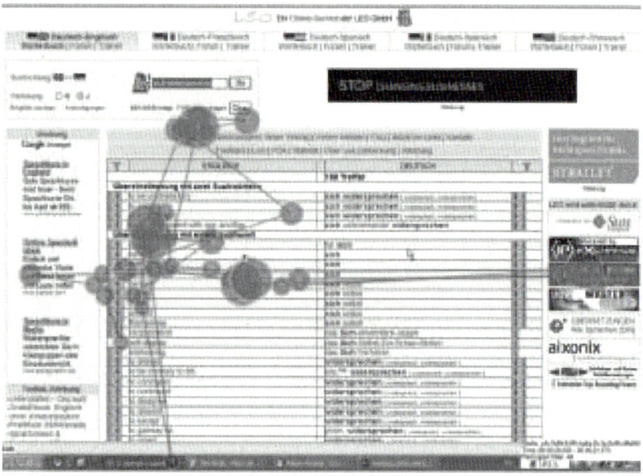

<그림 11> 최종 수정 단계에서 S2가 *sich widersprechen*를 위해 활용한 외부 지원 사례

로 변화했다.

이렇게 동사(*to contradict*)에서 명사(*contradiction*)로 그리고 또 다른 명사(*conflict*)로 그리고 최종적으로 형용사(*contradictory*)로 이동하는 4단계 프로세스는 거시적 TU가 등장하는 양상뿐 아니라 번역 과정에서 나타나는 재은유화와 은유화 사례들 그리고 그것들이 어떻게 설명될 수 있는지 역시 보여 준다.

끝으로 원문에서 전달된 정보를 도착 텍스트에 풀고 다시 묶는 시도를 하는 동안에 S2는 자신의 행동을 모니터링하고 있었다는 점을 짚고 넘어가는 것이 중요하겠다. 검색과 결정이 매우 빠르게 일어났지만 S2의 회고에 따르면 해당 부분을 번역하면서 동시에 메타인지 활동이 일부 일어나고 있었다. 최종적으로 형용사 *contradictory*를 선택한 것에 대해 S는 다음과 같이 말한다:

> 앞에서도 말했는데… 고민하고 있었다…. 나는 'conflict(충돌)'가 마음에 들지 않았다. 기업용 텍스트에 쓰기에는 너무 (?)이기 때문이었다…. 기업들은 부정적

인 단어를 쓰지 않을 것으로 생각했다…. 그래서 다시 'contradictory(모순되는)'로 바꾼 것 같다.

S2의 회고 내용을 보면 사용역을 인식하고 있었음을 알 수 있고 이는 번역 과제 수행에 상당한 메타인지 요소가 동원될 가능성이 있고 고차원적 사고에 접근하면서 번역 과정의 인지적 프로세스에 대한 활발한 통제가 이뤄진다는 슈리브(2006)의 견해와도 일맥상통한다. 슈리브(2006, p.29)가 언급한 바와 같이, "번역 메타인지는 번역사가 활발한 통제가 요구되는 번역에 동원되는 정신적 프로세스 그리고 보다 중요하게는 이러한 의식적인 통제 지점에서 어떤 의식적인 전략이 적용될 수 있는지에 대한 분명한 지식과 인식이 있다고 가정한다".

본 절에서 논의된 내용은 예비적일 뿐 아니라 잠정적인 제안에 불과하다. 이러한 제안은 프로젝트에서 수행될 본 실험에서 실증적으로 검증될 것이다. 그러나 데이터 분석을 통해 발견된 사항은 몇 가지 있다: (a) 번역 프로세스 연구에 있어 짧은 휴지 간격 사용의 가치에 대한 예비 증거; (b) 번역 프로세스 연구에 있어 눈-마음의 관계에 대한 가정의 관련성; (c) 번역 과정의 문제해결과 의사 결정을 매핑하는 데 있어 키로깅과 아이트래킹 통합의 중요성; (d) 번역사의 인지적 처리에 있어 은유의 역할; (e) 번역에 있어 쓰기 프로세스(타이핑)와 의사 결정 프로세스의 분리; 그리고 (f) 보다 방법론적인 측면에서, 인터넷 자료 검색 행동을 스크린 로깅과 아이트래킹을 활용해 기록하는 것의 효용.

5. 결론

지금까지 번역 텍스트에 대한 결과물 중심의 코퍼스 기반 연구 방법론(CroCo)을 설명하고 의미론과 어휘 문법을 유연하게 연결하기 위한 주요 개념으로 '문법 은유'의 개념을 소개했다. 이는 번역에서 언어 체계 및 사용역 혹은 번역 처리 관련 이유로 광범위하게 활용된다. 문법적 전환(범주 변화)의 특성과 전통적인 SL-TL 매핑의 어휘 문법적 범주 간 비어 있는 고리와 교차하는 선과 같은 정렬 현상을 논의했다.

범주 변화와 정렬 현상은 코퍼스 기반의 결과물 중심 설계에서 나타날 수 있다. 그렇기 때문에 여러 언어와 사용역 그리고 원문과 번역문 간에 나타나는 범주와 정렬의 차이의 특성과 분포를 파악해 명시화나 단순화와 같은 번역 현상에 대한 설명을 모색할 수 있다. 관찰된 차이의 원인이 이러한 데이터를 통해 항상 분명하게 드러나는 것은 아니다. 이는 실증적, 양적 연구에서 잘 알려진 문제이고 이 문제는 번역 프로세스 이해를 위한 모형을 만들어 진행 중인 프로세스를 매우 상세하게 관찰하고 그 결과를 활용해 코퍼스에 들어 있는 결과물 데이터의 패턴을 설명하는 방식으로 접근될 수 있을 것이다.

LETRA에서 추구하는 프로세스 기반 접근법의 주된 관심사는 번역의 미시·거시적 단위를 파악하는 것인데 이는 결과물 기반 관점에서 연구된 현상들 기저의 프로세스에 대한 타당한 모형들을 제공할 수 있다. 역으로 이러한 프로세스 기반 모형들은 프로세스 각 단계의 데이터를 결과물 중심 연구에서 나온 체계적인 패턴에 연결시킴으로써 보완될 필요가 있다.

우리는 '문법 은유'의 지표로 해석되는 출발 텍스트와 도착 텍스트의 차이점들(교차하는 선, 비어 있는 고리, 범주 변화)을 프로세스의 순차적 단계들에 대한 연구로 드러난 미시·거시적 번역 단위들 내의 구체적인 프로세스들과 연결시킨 탐색적 연구에 대해 논의했다. 진행 중인 프로세스를 상세하게 들여다보기 위해 키스트로크 로깅, 아이트래킹, 회상 프로토콜을 통해 얻은 데이터를 함께 활용했다.

탐색적 연구에서 우리는 새로운 데이터 도출 테크닉을 활용함으로써 결과물과 프로세스 연구 데이터를 삼각 검증할 필요성을 강조했다. 특히 아이트래킹 데이터는 대규모로 오래 진행되는 텍스트 이해와 텍스트 생산을 관찰하는 데 있어 과거에 비해 한층 강력하고 널리 활용되는 도구로 자리 잡고 있다[카키넨, 회내와 키난(Kaakinen, Hyönä and Keenan, 2003); 바우라스, 회내와 니에미(Vauras, Hyönä and Niemi, 1992); 필리크와 샌포드(Filik and Sanford, 2008) 참고]. 우리의 목표는 새로운 상황, 가령 회상 프로토콜과 면접 과정에도 아이트래킹 기술을 도입하고 반구조화 면접, 출발 텍스트 읽기, 번역, 도착 텍스트 생산 과정에서 나타나는 두뇌활동에 대한 신경 영상 데이터 등의 추가 데이터 소스를 활용해 삼각 검증을 확대하는 것이다. 이 모든 새로운 프로세스 중심 데이터는 결과물 중심 연구를 통해 얻은 데이터와 대조해 철저히 검증되어야 한다[한센-쉬라 등(2007); 슈타이너(2008) 등 참고]. 이로써, 한편으로는 결과물 중심 접근법에서 관찰과 설명 간의 간극을 좁히고, 다른 한편으로는 프로세스 데이터를 이론에 기반한 결과물 중심의 다층적 코퍼스에서 나온 고도로 구조화되고 생태학적으로 유효한 결과물 데이터와 대비해 검증하기를 기대한다. 이를 통해 결과물 중심 연구와 프로세스 중심 연구가 각각의 방법론적 약점들을 일부 극복할 수 있기를 희망한다.

미주

1. PROBRAL 292/08 프로젝트는 독일의 자르란트 대학교와 마인츠 대학교(게르메스하임) 그리고 CroCo(http://fr46.uni-saarland.de/croco/)와 브라질 벨루오리존치 소재 미나스제라이스 연방대학교의 LETRA(번역 실험 연구소, Laboratory for Experimentation in Translation) 연구진이 공동으로 수행하고 있다. 독일의 DAAD와 브라질의 CAPES 재단이 연구비를 지원하고 있다.

2. 현 시점에서는 품사 태거(POS tagger)가 복합어를 분해하지 않아 영어-독일어의 비교 통계에 시스템적 오류가 생긴다.

3. '비어 있는 고리'는 현재의 언어 차원에만 해당한다. 연결되는 대상이 없는 요소나 그 일부가 일종의 '보상'으로 다른 차원에서는 정렬이 될 수 있다.

4. 절 차원의 CroCo 분류에서는 문법적 의존성은 고려되지 않았다. 한 단위가 서술어와 그 서술어에 의존하는 다른 단위들을 포함하는가 하는 문제만 다뤄진다.

5. LETRA에서 수행되는 연구는 번역, 회의 통역, 자막 처리 등에 대한 연구들로부터 나온 실증적 데이터를 기반으로 한다. 이 연구들의 실험 설계에는 시간 압박, 전문 지식, 담화 지식, 번역 보조도구 사용(번역 메모리), 과제 유형 및 텍스트 유형과 같은 독립 변수들이 포함되어 있었다.

6. 번역사가 시간을 나타내는 표현을 주어로 뒀는데 이는 독일어에서는 의인화로 지극히 유표적인 형태가 된다.

참고
문헌

Alves, Fabio. 1995. *Zwischen Schweigen und Sprechen: Wie Bildet sich eine Transkulturelle Brükke?* Hamburg: Dr. Kovac.

Alves, Fabio. (ed.). 2003. *Triangulating Translation: Perspectives in Process Oriented Research.* Amsterdam: John Benjamins.

Alves, Fabio. 2005. "Ritmo cognitive, meta-função e experiência: parâmetros de análise processual no desempenho de tradutores novatos e experientes." In *Competência em tradução: cognição e discurso,* Fabio Alves, Celia Magalhães and Adrianna Pagano (eds_, 109-169. Belo Horizonte: UFMG.

Alves, Fabio. 2007. "Cognitive effort and contextual effect in translation: a relevance-theoretic approach." *Journal of Translation Studies* 10 (1): 18-35.

Alves, Fabio and Gonçalves, José Luiz. 2003. "A relevance theory approach to the investigation of interferential processes in translation." In *Triangulating Translation: Perspectives in Process Oriented Research,* Fabio Alves (ed.), 3-24. Amsterdam: John Benjamins.

Alves, Fabio and Magalhães, Celia. 2004. "Using small corpora to tap and map the process-product interface in translation." Volume especial sobre conceitos, relevância e aplicações da Lingüística Computacional. *Tradterm* 10: 179-211.

Alves, Fabio and Gonçalves, José Luiz. 2007. "Modelling translator's competence relevance and exertise under scrutiny." In *Translation Studies: Doubts and Directions. Selected papers from the IV Congress of the European Society for Translation Studies*, Yves Gambier, Miriam Shlesinger and Radegundis Stolze (eds.), 41-55. Amsterdam: John Benjamins.

Alves, Fabio and Liparini Campos, Tania 2009. "Translation technology in time: Investigating the impact of translation memory systems and time pressure on types of internal and external support." In *Behind the Mind: Methods, Models and Results in Translation Process Research.* Susanne Göpferich, Arnt L. Jakobsen and Inger M. Mees (eds.), 191-218. Copenhagen: Samfunslitteratur.

Alves, Fabio and Vale, Daniel. 2009. "Probing the unit of translation in time: Aspects of the design and development of a web application for storing, annotating, and querying translation process data." Across *Languages and Cultures* 10 (2): 251-273.

Alves, Fabio, Pagano, Adriana and Silva, Igor. 2009. "A new window on orientation in the translation process: Mapping translators' metacognitive activity through the combined use of eye tracking data and retrospective protocols." Paper presented at the International Workshop on Translation Process research at the University of Graz in April 2009.

Baker, Mona. 1996. "Corpus-based translation studies: The challenges that lie ahead." In *Terminology, LSP and Translation. Studies in Language Engineering in Honour of Juan C. Sager,* Harold Somers (ed.), 175-186. Amsterdam: John Benjamins.

Bell, Roger. 1991. *Translation and Translating: Theory and Practice*. London and New York: Longman.

Blum-Kulka, Shoshana. 1986. "Shifts of Cohesion and Coherence in Translation." *In Interlingual and Intercultural Communication,* Juliane House and Shoshana Blum-Kulka (eds.), 17-35. Tübingen: Narr.

Buchweitz, Augusto and Alves, Fabio. 2006. "Cognitive adaptation in translation: an interface between language direction, time, and recursiveness in target text production." *Letras de Hoje* 41: 241-272.

Catford, John C. 1965. *A Linguistic Theory of Translation.* London: Oxford University Press.

Dragsted, Barbara. 2004. *Segmentation in Translation and Translation Memory Systems. An Empirical Investigation of Cognitive Segmentation and Effects of Integrating a TM system into the Translation Process.* Unpublished PhD thesis. Copenhagen Business School.

Čulo, Oliver, Hansen-Schirra, Neumann, Stella and Vela, Mihaela. 2008. "Empirical studies on language contract using the English-German comparable and parallel CroCo Corpus." In Proceedings of the LREC 2008 Workshop *"Building and Using Comparable Corpora", Marrakesh, Morrocco, 31 May 2008*. 47-51.

Englund-Dimitrova, Birgitta. 2005. Expertise and Explicitation in the Translation Process. Amsterdam: John Benjamins.

Ericsson, K. Anders and Simon, Herbert A. 1980. "Verbal reports as data."

Psychological Review 87 (3): 215-251.

Filik, Ruth and Sanford, Anthony J. 208. "When is cataphoric reference recognissed?" *Cognition* 107 (3): 1112-1121.

Gerloff, Pamela. 1987. "Identifying the unit of analysis in translation: Some uses of think-aloud protocol data." In *Introspection in Second Language Research*, Claus Faerch and Gabriele Kasper (eds.), 135-158. Philadelphia: Multilingual Matters.

Halliday, Michael A. K. and Matthiessen, Christian M. I. M. 2004. *An introduction to functional grammar.* 3rd ed. London: Arnold.

Halliday, Michael A. K. and Matthiessen, Christian M. I. M. 1999. Construing experience through meaning. *A language-based approach to cognition.* London: Continuum.

Hansen, Gyde (ed.). 2002. *Empirical Translation Studies: Process and Product.* Copenhagen: Samfundslitteratur.

Hansen, Silvia. 2003. The Nature of Translated Text. *An Interdisciplinary Methodology for the Investigation of the Specific Properties of Translations.* Saabrüken: DFKI/Universität des Saarlandes.

Hansen-Schirra, Silvia, Neumann, Stella and Steiner, Erich. In preparation. *Cross-linguistic Corpora for the Study of Translations – Insights from the language pair English-German.* Berlin: de Gruyter.

Hansen-Schirra, Silvia, Neumann, Stella and Steiner, Erich. 2007. "Cohesive explicitness and explicitation in an English –German translation corpus." *Languages in Contrast* 7 (2): 241-265.

Hansen-Schirra, Silvia, Neumann, Stella Neumann and Vela, Mihaela. 2006. "Multi-dimensional annotation and alignment in an English-German translation corpus." In *Proceedings of the 5th workshop of NLP and XML (NLPXML-2006): Multi-Dimensional Markup in Natural Language Processing, EACL 2006,* 4 April 2005, Trento, Italy, 35-42.

Jakobsen, Arnt Lykke 1999. "Logging target text production with Translog." In *Probing the Process in Translation: Methods and Results,* Gyde Hansen (de.), 9-20. Copenhagen: Samfundslitteratur.

Jakobsen, Arnt Lykke 2002. "Translation Drafting by Professional Translators and by Translation Students." In *Empirical Translational Studies: Process and Product,* Gyde Hansen (ed.), 191-204. Copenhagen: Samfundslitteratur.

Jakobsen, Arnt Lykke. 2005. "Investigating expert translators' processing knowledge." In *Knowledge Systems and Translations*, Helle V. Dam, Jan Engberg and Heidrun Gerzymisch-Arbogast (ed.), 173-189. Berlin/New York: Mouton de Gruyter.

Jakobsen, Arnt Lykke and Jensen, Kristian T H. 2008. "Eye movement behavior across four different types of reading task." In *Looking at Eyes: Eye tracking Studies of Reading and Translation Processing,* Susanne Göpferich, Arnt L. Jakobsen and Inger M Mees (eds.), 103-124. Copenhagen: Samfundslitteratur.

Jääskeläinen, Riitta. 2002. "Think-aloud protocol studies into translation: An annotated bibliography." *Target* 14 (1): 107-136.

Just, Marcel and Carpenter, Patricia. 1980. "A theory of reading: From eye fixation to comprehension". *Psychological Review* 87: 329-354.

Kaakine, Johanna K., Hyönä, Jukka and Kennan, Janice M. 2003. "How prior knowledge, WMC and relevance of information affect eye fixations in expository text." Journal of Experimental Psychology: Learning, Memory and Cognition 29 (3): 447-457.

Krings, Hans Peter. 1986. *Was in den Köpfen von Übersetzern vorgeht. Eine empirische Untersuchung zur Struktur des Überetzungsprozesses an fortgeschrittenen Französischlernern* Tübingen: Narr.

Lörscher, Wolfgang. 1991. *Translation Performance, Translation Process and Translation Strategies. A Psycholinguistic Investigation.* Tübingen: Gunter Narr.

Neumann, Stella. 2003. *Textsorten und Übersetzen. Eine Korpusanalyse englischer und deutscher Reiseführer.* Frankfurt: Peter Lang.

Neumann, Stella and Hansen Schirra, Silvia. 2005. "The CroCo Project: Cross-linguistic corpora for the investigation of explicitation in translations." In *Proceedings from the Corpus Linguistics Conference Series,* 1. http: //www.corpus.bham.ac.uk/PCLC/cl-134-pap-pdf.

O'Brien, Sharon. 2006. "Eye tracking and translation memory matches." *Perspectives: Studies in Translatology* 14 (3): 185-205.

Olohan, Maeve and Baker, Mona. 2000. "Reporting 'that' in Translated English Evidence for Subconscious Processes of Explicitation?" *Across Language and Cultures* 1 (2): 141-158.

PACTE. 2003. "Building a translation competence model." In *Triangulating translation: Perspectives in process oriented research,* Fabio Alves. (ed.), 43-66. Amsterdam: John Benjamins.

PACTE. 2005. "Investigating translation competence: Conceptual and methodological issues" Meta 50 (2): 609-619.

PACTE. 2008. "First results of a Translation Competence Experiment: 'Knowledge of Translation' and 'Efficacy of the Translation Process.'" In *Translator and Interpreter Training. Issues, Methods and Debates,* John Kearns (ed.), 105-126 London: Continuum.

Pagano, Adriana, Magalhães, Celia and Alves, Fabio. 2004. "Towards the construction of a multilingual, multifunctional and corpus: Factors in the design and applications of CORDIALL." *Tradterm* 10 (1): 143-151.

Pagano, Adriana and Silva, Igor. 2008. "Domain knowledge in translation task execution: Insights from academic researchers performing as translators." In *Proceedings of the XVIII FIT World Congress*. Shanghai: Foreign Language Press. CD-Rom.

Shreve, Gregory 2006. "The deliberate practice: Translation and expertise." *Journal of Translation Studies* 9 (1): 27-42.

Silva, Igor. 2007. *Conhecimento exxperto em tradução: afteriҫão da durabilidade de tarefas tradutórias realizadas por sujeitos não-tradutores em condições empírico-experimentais.* Unpublished MA thesis, Universidade Federal de Minas Gerais.

Steiner, Erich. 2001. "Translations English-German: Investigating the relative importance of systemic contrasts and of the text type 'translation.'" *SPRIKreports* 7: 1-49.

Steiner, Erich. 2008. Empirical studies of translations as a mode of language contact – 'explicitness' of lexicogrammatical encoding as a relevant dimension." In *Language Contact and Contact Languages*, Peter Siemund and Noemi Kintana (eds.), 317-346. Amsterdam: John Benjamins.

Teich, Elke. 2003. *Cross-Linguistic Variation in System and Text. A Methodology for the Investigation of Translations and Comparable Texts.* Berlin/New York: Mouton de Gruyter.

Toury, Gideon. 1995. *Descriptive Translation Studies and beyond.* Amsterdam: John Bejamins.

Vauras, Marja, Hyönä, Jukka and Niemi, Pekka. 1992. "Comprehending coherent and incoherent texts: Evidence from eye movement patterns and recall performance." *Journal in Research on Reading* 15 (1): 39-54.

Vinay, Jean-Paul and Darbelnet, Jean. 1995. *Comparative Stylistics of French and English. A methodology for Translation.* Amsterdam: John Benjamins.

통제 언어와 가독성[1]

샤론 오브라이언(Sharon O'Brien)
아일랜드 더블린시티대학교

우리는 아이트래킹을 활용해 전통적인 가독성 지표들과 IT 텍스트들에 적용된 통제 언어(CL) 규칙 간 상관관계를 연구했다. 피험자들이 해당 텍스트들에 대해 느끼는 가독성과 피험자들의 텍스트 회상 정도 그리고 불어, 스페인어, 간체 중국어로 기계 번역된 상태의 가독성과 수용 가능성을 평가했다. 과제 소요시간과 응시 횟수, 응시 지속시간 데이터에 따르면 가독성 지표에 의해 '읽기 어려운' 것으로 평가된 텍스트의 가독성이 CL 규칙 적용으로 소폭 개선되는 것으로 나타났다. 통제 언어와 가독성 간의 관계는 복잡하다는 결론을 내리며 향후 연구에서는 텍스트 복잡성과 텍스트 제시 방법, 작업 기억 용량과 같은 요소를 고려할 것을 제안한다.

1. 서론

통제 언어(controlled language, CL) 규칙은 번역 가능성(translatability), 이해 가능성(comprehensibility), 가독성(readability), 유용성(usability) 개선을 목적으로 어휘와 문법, 문체에 대한 제한 사항을 명시하고 있다. CL 규칙이 기계 번역 품질에 미칠 수 있는 긍정적인 영향을 보여 주는 많은 연구가 존재한다[예: 미타무라와 나이버그(Mitamura and Nyberg),

1995; 캄프라스 외(Kamprath et al.), 1998; 번스(Bernth), 1999; 나이버그 외, 2003]. 또한 CL 규칙의 목적은 복잡성과 모호성을 감소시키는 것이기 때문에 결과적으로는 텍스트의 가독성을 개선시킨다는 주장이 있어 왔다[예: 스파기아리, 보자드와 카네슨(Spaggiari, Beaujard and Cannesson), 2003; 루써(Reuther), 2003]. 그러나 CL이 가독성에 미치는 영향에 대한 연구는 거의 이뤄지지 않았다. 본고에서는 양적, 질적 방법을 모두 활용해 CL과 가독성의 관계를 실증적으로 연구하고자 한다.

CL 규칙이 실제로 모호성을 감소시킨다면 2차적으로는 텍스트의 가독성 개선으로 이어질 것이라는 가정이 가능하다. 우리의 첫 번째 가설은 CL 규칙에 따라 쓰인 텍스트는 그러한 통제 없이 쓰인 텍스트에 비해 '읽기가 쉽다'는 것이다. 두 번째 가설은 통제된 텍스트가 MT(기계 번역) 시스템에 의해 번역된다면 통제되지 않은 텍스트에 대한 기계 번역에 비해 가독성과 수용 가능성이 높다는 것이다.

이러한 가설을 검증하는 데 있어 어려운 문제 중 하나는 '가독성'을 어떻게 정의하고 측정하느냐이다. 크리스탈(Crystal, 1992, p.326)은 가독성을 "문자 언어를 읽고 이해하기 쉬운 정도"라고 정의한다. 밀러와 킨취(Miller and Kintsch, 1980, p.335)는 가독성을 읽는 사람의 능력에 좌우되는 속성으로 본다: "텍스트와 독자의 산문 처리 능력 간의 상호작용." 1980년대 IBM의 연구는 "문법적 복잡성, 전문용어 남용, 잘못된 그래픽 사용을 가독성을 저해하는 요소"로 언급하면서 가독성에 대한 다소 다른 견해를 내놓았다[하기스(Hargis, 2000, p.128)]. 따라서 가독성은 주로 텍스트의 속성에 좌우되거나 이해와 관련된 기능이거나 혹은 읽는 사람과 그 사람의 교육 수준 및 처리 능력에 의해 결정되는 것으로 볼 수 있다. 하나의 합의된 정의가 없다는 것이 가독성이라는 개념을 연구하고자 할 때 봉착하게 되는 한 가지 문제이다. 본고에서는 가독성을 읽기의 용이성을 증진시키거나 감소시키는 텍스트의 속성으로 보고 시선 움직임을 통해 이를 측정하고자 한다. 우리의 관심사는 글쓰기와 가독성이다. 질과 스틸(Gilles and Still)은 클레어(Klare, 1963)를 인용하며 읽기와 쓰기의 차이에 관한 중요한 지적을 한다. 즉 가독성이 높다고 해서 항상 잘 쓰인 글은 아니라는 것이다(2005, p.49). CL 규칙은 글쓰기의 지침이 되는데 그것이 과연 높은 가독성으로도 이어질까?

가독성에 관한 주요 문헌들은 대부분 상당히 오래전에 쓰여졌다[예: 플레시(Flesch), 1948; 데일과 찰(Dale and Chall), 1948; 거닝(Gunning), 1968]. 상기 가독성 연구자들은 텍스트 가독성을 자동으로 측정하기 위한 공식을 개발했다[예: 플레시-킨케이드(Flesch-Kincaid), 데일-찰(Dale-Chall), 포그(Fog), 프라이 그래프(Fry Graph), SMOG, 자동 가독성 지수(Automated Readability Index)]. 공식들은 여러 가지 기준을 사용해 개발되었지만 보통 문장 길이, 단어 빈도, 단어당 음절 수가 기준이 되었고[두베이(Dubay), 2004], 특정 텍스트를 읽기 위해서는 미국 초등학교 수준의 읽기 능력이 필요하다고 보고 미국 학교에서 사용되는 텍스트에서 발췌한 '기준(criterion)' 구절들을 기반으로 만들어졌다. 일부 학자들은 이 때문에 가독성 공식들의 보편적인 적용 가능성이 의문시된다는 견해를 피력한다[질과 스틸, 2005; 코나트서(Connatser), 1999].

이러한 가독성 공식들을 활용해 문장 길이 및 어휘적 관점에서 어떤 텍스트의 일반적인 복잡성 정도는 알 수 있겠지만 그 텍스트를 읽고 이해하고 번역하는 데(기계 번역이든 사람이 하는 번역이든) 얼마나 많은 인지적 노력이 동원되는지에 관해서는 알 수 있는 것이 거의 없다. 읽기 과정의 인지적 노력은 아마 아이트래킹(eye tracking) 방법을 활용하면 보다 잘 측정할 수 있을 것이다. 읽기에 관한 많은 연구가 아이트래커를 활용해 수행되었고[레이너(Rayner, 1998)]와 라다치 등[(Radach et al., 2004) 참고] 일부는 텍스트 난이도도 고려했다[클레어, 슈포드와 니콜스(Klare, Shuford and Nichols), 1957]. 보다 최근에는 모라브칙과 킨취(Moravcsik and Kintsch, 1995)가 잘 쓰인 텍스트와 낮은 품질로 다시 쓰인 텍스트가 회상에 미치는 영향을 연구했다. 아이트래킹은 또한 번역 과정과[괴퍼리히 외(Göpferich et al.), 2008] 번역 툴과의 상호작용(오브라이언, 2006, 2008)을 연구하는 데도 활용되어 왔다. 그러나 구체적으로 통제 언어, 가독성 그리고 번역 가능성을 아이트래킹 방법으로 연구한 사례는 없었다.

본 연구는 다음 두 가지 문제를 연구한 카드웰(Cadwell, 2008)의 예비 연구를 기반으로 한다: 가독성의 개념이 통제 언어 분야에서도 가치가 있는가 그리고 CL 규칙이 텍스트 가독성을 높인다는 것을 입증할 수 있는가? 카드웰은 시만텍(Symantec Corporation)의 지원 부서 직원을 위한 교육 자료로 사용되는 바이러스 체크 소프트웨어에 등장하는 텍스트의 코퍼스를 선정했다.[2] 그는 가장 널리 사용, 검증되고 신뢰할 만한 공식 중 하나인 플레시의 가독성 측정 공식(Flesch Reading Ease)[두베이(2004)]과 플레시-킨케이드 지수(Flesch-Kincaid Grade level)를 가독성 지표로 활용해 '읽기가 매우 어려움', '다소 어려움', '상당히 쉬움'과 같은 가독성 평가 어구에 맞는 구절 세 개를 골라냈다. 그러고 나서 통제 언어 체커[Controlled Language Checker(CL Checker)]로 알려진 소프트웨어 프로그램을 사용해 가독성 개선에 초점을 맞춘 사전 정의된 규칙(예: 문장 길이는 25단어를 초과해서는 안 된다)을 적용해 그 텍스트들의 통제 언어 버전을 만들었다. 또한 CL Checker에 의해 표시된 규칙들—CL 문헌에서 보통 '번역 가능성 규칙'이라고 하는 규칙들—에 따라 텍스트들을 편집했다. 그러고 나서 그 CL 버전 텍스트에 대한 가독성 점수를 추출했다. 점수가 개선되기는 했지만 아주 근소한 개선이었다.[3] 이러한 근소한 개선은 흥미롭고 본 연구의 결과를 일부 설명하는 데 도움이 될 수 있기 때문에 차후 이 주제를 다시 연구해 보고자 한다.

카드웰은 설문지와 읽기 시간 측정을 활용해 전문가 집단(시만텍 직원)과 비전문가 집단 모두를 대상으로 텍스트들의 CL 전후 버전 가독성을 비교했다. 단기 기억에 키워드를 저장하는 정도가 가독성의 지표라는 가정을 바탕으로 카드웰은 응답자들에게 텍스트에 등장했던 단어들과 등장하지 않은 동의어 3개를 보여 주며 텍스트에 포함되어 있었던 키워드를 고르도록 했다. 또한 어떤 버전의 텍스트가 읽기에 더 쉬웠는지에 대한 의견도 요청했다. 전문가와 비전문가를 불문하고 대다수의 응답자가 CL 버전이 '더 읽기 쉬웠다'고 평가했고 두 집단 모두 CL 버전에 있었던 키워드를 더 많이 기억했다. 그러나 읽기 속도를 측정했을 때 평균적으로 CL 텍스트의 읽기 속도가 비 CL 텍스트보다 낮았다. 흥미롭게도 두 집단 모두 영어가 모국어가 아닌 사람들이 CL 버전이 더 읽기 쉽다고 느끼는 것으로 보였다. 카드웰의 연구 결과는 흥미롭지만 카드웰 자신도 자신의 연구에 여러 가지 결점이 있다고 지적한다. 예를 들어 읽기 속도가 스톱워치를 이용해 단순하게 측정되었기 때문에 부정확할 가능성이 있다. 또한 세 가지 텍스트 간 가독성의 차이가 충분히 크지 않았다고 한다. 카드웰의 제안에 따라, 우리는 가독성 등급의 양극단에 있는 (즉 '상당히 쉬움'과 '매우 어려움') 두 텍스트를 활용해 2차 가독성 테스트를 수행하고 읽기 활동을 보다 정확하게 측정하기 위해 아이트래커를 사용하기로 했다. 가독성의 중간 등급에 속하는 텍스트를 제거함으로써, 읽기 용이성에 있어 두 텍스트 간 보다 극명한 대조가 나타나기를 기대했다. 아이트래커 사용을 통해 읽기 난이도의 좋은 지표로 여겨지는 응시 횟수와 지속시간을 측정할 수 있게 되었다[클리프톤 외(Clifton et al.), 2007]. 우리는 또한 카드웰의 회상 테스트를 확대해 키워드 목록뿐 아니라 빈칸 메우기와 주관식 회상 문제도 하나 포함시켰다. 카드웰의 연구에 또 한 가지 추가된 사항은 영어로 된 출발 텍스트의 가독성과 세 가지 도착 언어(불어, 스페인어, 중국어)로의 가독성, 수용 가능성 그리고 (기계) 번역 가능성의 상관관계 조사이다. 사용된 정확한 방법론은 아래에 정리되어 있는데 그에 앞서 우선 가독성 연구에서의 아이트래킹 활용에 대해 간단히 논의하기로 한다.

2. 아이트래킹과 가독성

카키넨과 회내(Kaakinen and Hyönä, 2005)에 따르면 글을 읽을 때 시선은 여러 다른 유형의 움직임을 보인다: 전 방향 일차 패스(forward first-pass), 일차 패스 다시 읽기(first-pass re-reading) 그리고 되돌아보기(look-backs). 이들 각 유형은 서로 다른 텍스트 처리 과제를 반영한다. 전 방향 일차 패스 응시는 텍스트 정보의 초기 처리를 반영하고; 일차 패스 다시 읽기는 '텍스트 정보의 통합적 처리(p.242)' 혹은 이해 문제를 반영하며; 되돌아보기는 텍스트 정보를 작업 기억에 저장할 필요를 반영한다. 회내와 누르미넨(Hyönä and Nurminen, 2006)은 이러한 방식을 사용해 성인들의 읽기 행동을 빠른 선형적 읽기(fast linear reader), 느린 선형적 읽기(slow linear reader), 주제 구조 처리(topic structure processing)로 범주화했다. 시선 움직임의 유형과 읽기 유형이 읽기 연구에서 중요한 요소들이기는 하지만 그러한 변수들을 고려하는 것은 본 연구의 범위에는 포함되지 않는다. 그러나 결론 부분에서 이들 주제에 대해 다시 언급할 예정이다.

클리프톤 등(2007, p.248)에 따르면 특정 단어에 시선이 고정된 시간은 단어 의미 파악의 난이도에 의해 영향을 받는다. 그렇다면 읽기의 어려움에 대한 아이트래킹 연구는 응시 횟수와 지속시간과 같은 수치에 초점을 맞출 필요가 있을 것이다. 즉 응시 횟수가 많고 지속시간이 길수록 해당 부분을 이해하기가 더 어려운 것으로 추정할 수 있는 것이다. 본 연구에서는 이러한 가정을 바탕으로 동일한 텍스트의 통제 언어와 비통제 언어 버전에 대한 응시 지속시간과 응시 횟수를 측정하고자 한다.

3. 연구 방법

3.1. 텍스트

앞서 언급된 바와 같이, 우리는 카드웰의 연구 결과를 반복 검증하기 위해 카드웰이 사용한 세 개의 텍스트 중 두 개를 재사용했다. 이들 텍스트는 플레시-킨케이드와 플레시의 가독성 측정 공식을 활용해 선정되었고 하나는 '쉬운' 텍스트로(텍스트 1), 다른 하나는 '어려운' 텍스트(텍스트 3)로 분류되어 있었다. 이 텍스트들은 바이러스 체크 소프트웨어의 IT 서브 도메인에서 가져온 것이다. 이들 텍스트는 시만텍의 기술 지원 직원들을 위한 정보 교육 자료이기 때문에 적절히 전문적인 내용을 담고 있다. 해당 분야 사전 지식의 영향에 대해서는 차후 논의하고자 한다.

CL Checker를 활용해 각 텍스트가 시만텍의 CL 규칙을 준수하고 있는지 여부가 체크되었다. 텍스트들은 특히 '가독성' 유형 규칙을 중심으로 편집되었지만 '기계 번역 가능성' 규칙 역시 고려되었다. CL 전 텍스트는 'A' 텍스트로, CL 후 텍스트는 'B' 텍스트로 표시되었다. 그런데 CL 전 텍스트들도 원 저자들이 이런 유형의 기술적 문서를 작성할 때 정해진 문체 규칙을 준수하기 때문에 비교적 품질이 높아 CL 규칙 실행 후에도 크게 두드러지지 않는 미세한 변화만 있었다. 물론 CL 전후 텍스트들의 차이를 보다 뚜렷하게 하기 위해 매우 품질이 낮은 텍스트를 사용할 수도 있었겠지만 그렇게 하려면 인위적인 상황을 만들어야 할 것이다: 다국적 IT 기업들이 작성한 텍스트들의 품질이 아주 낮은 경우는 드문데(최소한 영어 텍스트의 경우) 이는 자신들의 이미지에 부정적인 영향을 줄 수 있기 때문이다.

CL 규칙은 보통 문장이나 문장 하부 단위 세그먼트들에 적용된다. 마찬가지로 MT 결과물도 일반적으로 문장 단위에서 평가되고 텍스트에는 거의 주의를 기울이지 않는다. 그러나 본 연구는 문장 단위 혹은 하부 문장 단위 분석에 관심이 있는 것이 아니었다. 우리가 단어나 문장을 읽을 때 강한 하향적 효과(top-down effect)가 나타난다는 견해가 있다. 카키넨과 회내(2005, p.253)에 따르면 "현재, 읽기에 있어 시선 움직임 통제 모형은 단어 차원 프로세스를 강조하고… 보다 상위 차원은 지금까지는 배제되어 왔다". 그래서 본 연구에서는 문장 분석에 집중하는 대신 텍스트 차원에 초점을 맞춰 읽기 용이성을 분석하기로 했다(물론 번역 평가를 위해 문장 단위 분석으로 회귀하기는 했다). 텍스트들은 짧았으나(평균 192 단어) 최소 100단어는 들어가야 한다는 가독성 공식의 요건은 충족했다. 텍스트들이 비교적 짧기는 하지만 제목이 있고 해당 주제에 대한 단락 한 두 개가 들어가 있는 자연스럽고 독립된 단위들이었다. 텍스트 스크롤은 아이트래킹에 어려움을 야기하기 때문에 짧은 텍스트들은 아이트래킹 방법론에도 적합했다.

피험자들이 텍스트 유형과 실험 상황에 익숙해지도록 하기 위해 실험 텍스트와 유사한 텍스트를 화면에 제시하고 읽도록 하는 연습 과제가 주어졌다. 피험자들에게 이 실험이 텍스트 가독성에 관한 것이라는 정보는 줬지만 텍스트에 어떠한 처리가 되었는지에 대해서는 알려 주지 않았다.

두 번째 읽기에서 읽기 용이성 효과와 익숙함으로 인한 효과의 혼동을 피하기 위해 모든 피험자가 CL 버전(B 텍스트)을 먼저 읽도록 했다. 그런데 돌이켜 보면 일부 피험자에게는 A 텍스트를 먼저 읽게 하고 일부에게는 B 텍스트를 먼저 읽게 하는 방식으로 혼합했으면 더 나았을 것으로 생각된다. 피험자들이 두 번째 텍스트가 '익숙했다'고 보고하면서 두 번째 세션 텍스트 제시 순서 관련 이슈가 드러났다('회상 결과' 부분 참고). 카드웰의 연구에서는 읽기 세션들 사이에 7일의 시간 간격이 있었는데 카드웰은 이 정도의 간격은 익숙함 효과를 줄이거나 제거하는 데 충분하지 않다는 결론을 내렸다. 이에 우리는 4주의 간격을 갖기로 했다. 그럼에도 불구하고 피험자들은 텍스트가 친숙했다는 보고를 했다. 이 문제에 관해서는 결과 부분에서 보다 상세히 논의하기로 한다.

3.2. 피험자

피험자들은 실험 참가를 자원한 더블린시티대학교 대학원생 및 연구원들이었다. 모두 모국어가 영어였다. 19명이 자원했지만 14명(여성 12명, 남성 2명)의 데이터만을 분석했다. 모든 아이트래킹 연구가 그렇듯, 다양한 이유에서 일부 피험자들을 제외했다(예: 아이트래커에 부적합, 실험 상황이기 때문에 평상시처럼 텍스트를 읽지 않았다는 진술 등). 피험자 5명은 컴퓨터 과학을 공부한 배경이 있었고 나머지 9명은 인문학과 사회과학을 공부한 사람들이었다.

피험자별로 개별적으로 실험을 진행했다. 피험자는 아이트래커(토비 1750, 50Hz) 앞에 앉아서 보정을 마친 후 툴 바 외에는 다른 아이템이 없는 브라우저에 제시된 텍스트를 읽었다. 글자 크기는 14(제목은 18)로 설정되었다. 아이트래킹 데이터 분석은 토비 스튜디오 소프트웨어 패키지(버전 1.2.38)로 진행했다.

3.3. 읽기 동기부여, 회상 그리고 이해

두베이는 "새로운 연구에서는 어휘와 문장 구조뿐 아니라 독자의 읽기 능력, 사전 지식 그리고 동기부여가 텍스트 가독성에 기여하는 중요한 요소라는 점이 규명될 것이다"라고 말한 바 있다(2004, p.28). 카키넨 등(2003)은 피험자들에게 일종의 '읽기 관점(즉 목적)'을 제시하는 것이 텍스트 처리 행동에 영향을 주는지 여부를 연구했다. 이들의 과거 연구에서는 읽기 관점 제시가 피험자로 하여금 해당 관점과 관련된 정보를 오래 처리하고 관련 없는 정보에 비해 많이 회상하게 한다는 것을 보여 줬다. 두 연구 모두 아이트래킹과 사고발화법(TAP)을 활용했다. 본 연구에서는 피험자들이 특정 명제에만 집중해 다른 명제들을 배제하는 것을 원치 않았기 때문에 피험자들에게 특정 읽기 관점을 제시하지 않았다. 그러나 피험자들에게 읽은 직후 텍스트 내용 회상과 이해 정도를 테스트할 것이라고 설명함으로써 읽기와 이해에 대한 동기부여는 하려고 노력했다. 피험자들은 텍스트에 등장한 주요 단어 회상과 문장 빈칸 채우기 방식으로 테스트가 이뤄질 것이라는 점을 인지하고 있었다. 이러한 정보를 준 이유는 피험자들이 단순히 피상적으로만 텍스트를 읽는 것이 아니라 이해를 염두에 두고 읽도록 하기 위함이었다. 피험자들에게 "평소대로 읽으라"고 주문했고 텍스트는 단 한 번만 읽을 수 있었다. 문장 일부나 전체를 다시 읽는 것을 막지는 않았지만 텍스트 자체를 처음부터 다시 읽지는 않을 것을 요청했다. 이는 모든 피험자의 텍스트 노출 정도를 동일하게 하기 위함이었다.

그러나 읽고 이해하는 것은 복잡하고 그것을 테스트하기 위해 우리가 활용할 수 있는 수단은 간접적일 수밖에 없다(두베이, 2004, p.29). 특히 회상 테스트는 해당 피험자가 텍스트를 '이해했다'는 것을 항상 증명하지는 못한다(카키넨과 회내, 2005). 텍스트 이해를 위해 사전 지식을 동원해야 할 때도 있다. 본 연구에서는 피험자들이 바이러스 방지 소프트웨어의 개념을 알 수는 있어도 그 분야의 전문가이거나 사전 지식이 있는 것으로 여겨지는 사람은 아무도 없었다. 따라서 피험자들이 텍스트의 일부분들을 기억했다 하더라도 그것이 그 텍스트를 '이해했다'는 의미는 아니다. 맥나마라 등(McNamara et al., 1996, p.7)은 회상 테스트가 피험자가 회상해 낸 텍스트에 의존해 이해에 관한 상당히 피상적인 지표만을 제공한다고 지적한다. 한편 텍스트 일부를 기억하지 못한다 하더라도 피험자들이 그 텍스트를 이해하지 못했다고 자동적으로 결론을 내릴 수는 없다. 작업 기억 용량의 개인 차가 영향을 줄 수 있기 때문이다[다네만과 카펜터(Daneman and Carpenter), 1980].

회상 테스트의 이러한 방법론적 어려움에도 불구하고 회상에 관한 카드웰의 연구 결과를 반복 검증할 수 있을지 확인하기 위해 회상 테스트를 포함시키기로 결정했고, 카키넨과 회내(2005, p.248)를 따라 텍스트 '의미의 요지'에 대한 주관식 회상도 추가해 피험자의 전반적인 내용 이해도를 파악하고자 했다. 마지막으로 소리 내어 읽기는 읽기 시간에 영향을 주는 것으로 알려져 있기 때문에 피험자들에게 텍스트를 속으로 읽도록 지시했다(p.242).

3.4. 사전 지식

킨취(1998)의 '구성 통합(construction integration)' 이론에 따르면 독자의 배경 지식이 텍스트 이해에 중요한 역할을 한다. 따라서 배경 지식이 없거나 아주 적을 경우 해당 텍스트의 주제는 독자의 지식 속에(장기 작업 기억) 들어 있지 않고 이해 프로세스는 용량이 제한적인 단기 작업 기억에 의존해야 한다[카키넨, 회내와 키난(Kaakinen, Hyönä and Keenan), 2003, p.448]. 모라브칙과 킨취(2003, p.448)는 전문 지식은 항상 텍스트 이해에 도움을 준다고 주장한다. 사전 지식이 없으면 텍스트 표상이 독자에 의해 구축되어야 하기 때문에 추가로 시간이 걸린다(카키넨, 회내와 키난, 2003). 과거 연구에서 낮은 사전 지식 조건에서 강한 '관점' 효과가 나타났기 때문에 카키넨과 회내의 연구(2005, p.243)에서는 텍스트 내용에 대한 사전 지식이 '없거나 매우 적은' 피험자들이 선정되었다.

본 연구의 피험자들도 '낮은 사전 지식' 조건에 부합했다. 이러한 조건을 선택한 이유는 두 가지였다: 방법은 달랐지만 해당 텍스트는 이미 높은 수준의 사전 지식이 있는 피험자들을 대상으로 테스트가 된 바 있고(카드웰, 2008) 우리는 전반적으로 어떤 차이가 관찰될지에 관심이 있었다. 또한 사전 지식수준이 낮으면 피험자의 사전 지식으로 인한 감춤 효과(masking effect)도 없을 것이라는 가정도 했다. 몇몇 연구에 기반해 카키넨과 회내(2003)는 높은 사전 지식 조건에서는 이해 프로세스가 자동화되어 분석을 위해 가용한 데이터가 없다(적어도 TAP를 사용하는 경우에는)고 언급하기도 했다.

3.5. 피험자들의 견해

두 번째 읽기가 마무리된 후, 우리는 피험자들에게 자신들의 텍스트 회상 및 텍스트 가독성에 관한 피드백을 요청했다. 피험자들은 텍스트 친숙도, 자신들이 생각하는 회상 수준, CL 규칙을 활용해 편집된 텍스트를 알아내는 능력을 묻는 세 가지 질문을 받았다(결과 참고).

3.6. 기계 번역 평가

서론에 언급된 바와 같이, CL 규칙의 궁극적인 목표 중 하나는 텍스트의 번역 가능성(특히 기계 번역 가능성)을 개선하는 것이다. 그렇기 때문에 본 연구에 MT 평가를 포함시킬 필요가 있었다. 네 개의 텍스트는 모두 해당 분야에 맞게 조정된 시스트란(Systran) 버전 5를 사용해 불어, 스페인어, 간체 중국어로 기계 번역되었다. 언어당 한 명의 평가자에게 각 TL 문장의 수용 가능성과 가독성을 평가하도록 요청했다. 평가자들에게 상세한 오류 분류표를 제공하고 모든 텍스트에 대해 오류 분석을 요청했다. 평가자들은 어떤 텍스트가 통제되고 어떤 텍스트가 통제되지 않았는지 모르고 있었다. 언어당 한 명의 평가자로는 분명 한계가 있지만 MT 평가가 본 연구의 초점은 아니었기 때문에 평가자를 한 명만 뒀다. 각 평가자는 매우 높은 수준의 자격을 갖추고 있었다. 모든 평가자가 통제 언어와 기계 번역 평가가 전문 분야인 박사 학위 소지자이거나 이러한 주제를 연구하는 박사과정 학생이었다. 세 명의 평

가자 모두 해당 분야와 텍스트 유형, MT 평가 절차에 관해 많은 지식을 가지고 있었다.[4]

평가자들에게 평가 순서는 임의로 정해도 무방하다는 설명을 했다. 수용 가능성 평가를 위해서는 아래와 같은 4점 척도를 제공했다:

(1) '이상적': 문장이 문법에 맞고 모든 정보가 포함되었다.
(2) '수용 가능': 문장이 완벽하지는 않지만 분명히 이해는 가능하고 모든 중요한 정보가 정확하게 전달되었다.
(3) '그런 대로 수용 가능': 맥락/시간이 주어지면 해석이 가능할 수 있고 일부 정보가 바르게 전달되었다.
(4) '수용 불가능': 전혀 이해할 수 없고 정확하게 전달된 정보가 없거나 거의 없다.

가독성에 대해서도 다음과 같은 4점 척도를 사용하도록 했다:

(1) '가독성 높음': 마치 모국어로 쓰인 것처럼 읽힌다. 읽기가 쉽고 읽다가 멈출 필요가 없다.
(2) '가독성 있음': 비교적 읽기가 쉽지만 처리를 위해 잠시 멈추거나 어떤 것을 다시 읽기 위해 문장 안에서 잠시 뒤로 돌아가야 할 수 있다.
(3) '다소 어려움': 모국어로 쓰인 것처럼 읽히지 않고 읽으면서 한두 번 멈추거나 한두 구절/단어를 다시 읽기 위해 뒤로 돌아가야 할 수 있다.
(4) '매우 어려움': 구조가 일반적으로 TL에서 기대되는 문법적 문장에 부합하지 않아 읽기가 어렵다.

또한 평가자들에게 필요하다고 생각하는 의견을 평가 스프레드시트에 적도록 요청했다. 수용 가능성과 가독성 점수를 매긴 후에는 각 문장에 대한 상세한 오류 분석을 주문했다. MT 결과물 평가에 사용되는 오류 범주화 방식에는 여러 가지가 있다. 그 중 우리는 빌라 등(Vilar et al., 2006)의 오류 분류법을 사용하기로 했다. 빌라 등(2006)의 오류 분류법이 상당히 상세하고(동시에 상당히 실용적) 저자들이 MT 평가에서 점점 일반화되어 가고 있는 자동화된 평가 도구(예: Bleu, Nist 등)와 비교해 유용성을 검증하기도 했기 때문이다. 이 분류법에 따르면 다섯 가지 주요 오류 범주가 있다: (1) 단어 누락, (2) 어순, (3) 단어 부정확, (4) 미등록어, (5) 구두법. 각 범주에는 몇 가지 하부 범주가 있는데 여기에는 열거하지 않겠지만 'MT 평가 결과'라는 제목의 결과 부분에 소개되어 있다(<표 9>). 평가자들에게 오류 분석 역시 순서는 임의 추출 방식으로 하도록 요청했다. 또한 오류의 수는 한 번만 세도록 했고 특정 오류가 어떤 범주에 속하는지 확실하지 않을 때는 가장 가까워 보이는 범주에 넣거나 '위 보기 중 해당사항 없음'을 선택하도록 했다.

4. 결과

우선 회상에 대한 질적 결과를 보고한 후 아이트래킹 결과 그리고 MT 평가 결과의 순으로 보고하고자 한다.

4.1. 회상 결과

회상 테스트는 세 가지 질문에 대답하는 것으로 이뤄졌다. 첫 번째 질문에서는 피험자에게 방금 읽은 텍스트에 등장했던 단어들을 표시(박스에 체크하는 방식)하도록 했다. 여섯 개의 단어를 목록으로 제시했고 바르게 선택된 단어와 잘못 선택된 단어의 수를 기록했다. 두 번째 질문에서는 텍스트에 등장했던 두 문장을 각 문장에 두 단어씩을 빈칸으로 둔 채로 제시하고 정확히 텍스트에 등장한 단어를 그대로 사용해 빈칸을 채우도록 했다. 세 번째 질문은 주관식 회상 방식으로써, '텍스트에서 묘사된 스캐너의 전반적인 기능은 무엇인가요?'와 같은 텍스트 내용에 대한 일반적인 질문이었다. 세 번째 질문의 목적은 피험자가 텍스트 내용을 기본적으로 이해했는지 여부를 파악하는 것이었다. 피험자들의 답변을 분석하고 나서 (a) 예, (b) 예, 그러나 모호함, (c) 아니오 중 하나로 평가했다. 피험자의 답변이 너무나 모호해 과연 내용을 이해했는지 확신할 수 없을 때는 '아니오'로 기록하고, 적절한 답을 했으나 세부 사항이 부족한 경우에는 '예, 그러나 모호함'으로 그리고 텍스트의 요지를 이해했다는 확신을 주는 답이 제시된 경우에는 '예'로 기록했다. 세 번째 질문에 대한 평가는 주관적이라는 점을 인정하지만 통제된 텍스트와 통제되지 않은 텍스트 간 차이가 있는지, 있다면 어떤 차이가 있는지 확인하는 데는 여전히 유용할 것으로 판단했다. 우리는 회상과 텍스트의 통제 버전 간에 양의 상관관계가 있을 것이라는 가설을 세웠다. <표 1>에는 네 개 텍스트 모두에 대해 목록에서 바르게 회상된 단어와 잘못 회상된 평균 단어 수(각각 총 2개와 4개 중)와 문장 안에서 바르게 회상된 평균 단어 수(총 4개 중)가 제시되어 있다.

<표 1> 회상 통계 수치

텍스트	목록에서 바르게 회상된 평균 단어 수(2개 중)	목록에서 잘못 회상된 평균 단어 수(4개 중)	문장 안에서 바르게 회상된 평균 단어 수(4개 중)
A1	1.79	1.21	1.00
B1	2.00	0.71	0.64
A3	1.86	2.14	2.00
B3	1.93	2.14	1.57

이 수치들을 보면 목록에서 바르게 회상된 단어의 수는 통제되지 않은 버전들(A1, A3)에 비해 통제된 버전들(B1, B3)에서 다소 높았고, 잘못 회상된 단어의 수는 통제되지 않은 버전에서 더 높았지만 텍스트 3에서는 이 수치들이 동일했다. 따라서 통제된 버전이 목록에서 단어를

회상하는 것에 있어서는 근소한 이점이 있는 것으로 보인다. 그러나 문장에서 바르게 회상된 단어들의 경우 상황이 반대여서 통제되지 않은 텍스트에서 성공적인 회상의 평균치는 1.5인 것에 비해 통제된 버전의 경우 1.1이었다. 따라서 통제된 텍스트 회상이 더 쉬울 것이라는 우리의 예상은 일부만 맞아떨어졌다. 문장 맥락에서의 회상에 비해 목록에서의 회상에서 예상했던 경향성이 더 강하게 나타난 것이다. 이러한 결과는 CL 텍스트가 목록에서의 키워드 회상에 근소하게 유리했던 카드웰의 결과와 유사하다. 그러나 카드웰은 완전한 문장 내에서의 회상은 검사하지 않았다.

피험자들은 읽기 과제를 마친 후 세 가지 질문을 받았다. 이 질문들은 주관적이었지만 텍스트와 읽기 과제, 자신들의 회상 능력에 관한 피험자들의 생각을 들여다볼 수 있게 해 준다. 세 가지 질문들은 다음과 같다:

(1) 두 번째 읽을 때 텍스트가 어떻게 느껴졌나: 생소하게, 다소 익숙하게, 매우 익숙하게?

(2) 자신의 두 번째 회상 과제를 어떻게 평가하겠는가: 더 잘했다, 더 못했다, 변화 없다?

(3) 두 번째 제시된 텍스트들을 어떻게 평가할 수 있겠는가: 읽기가 더 쉬웠다, 첫 번째와 동일했다, 읽기가 더 어려웠다?

<표 2>, <표 3>, <표 4>에는 이 질적 조사의 결과가 제시되어 있다.

<표 2> 두 번째 읽기 세션 후 익숙한 정도에 대한 피험자들의 자가 평가

질문 1	생소함	다소 익숙함	매우 익숙함	복합적인 답변: A3 다소 익숙함; A1 생소함
	0	5	6	3

<표 3> 두 번째 읽기 세션 후 회상 능력에 대한 피험자들의 자가 평가

질문 2	더 잘했음	더 못했음	변화 없음	복합적인 답변: A3 더 잘했음; A1 변화 없거나 더 못했음
	5	0	7	2

<표 4> 두 번째 읽기 세션 후 텍스트 가독성에 대한 피험자들의 자가 평가

질문 3	더 쉬웠음	동일했음	복합적인 답변: A1 더 어려웠음 A3 동일했음	복합적인 답변: A3 더 어려웠음; A1 동일했음
	4	4	3	3

상기 설문조사에서 피험자들은 평균적으로 두 번째 읽기에서 텍스트들이 다소 혹은 매우 익숙하다고 느낀 것으로 나타났다. 그러나 피험자 3명은 A1과 A3 간의 차이를 느껴 A1을 생소하다고 평가했는데 A1은 플레시-킨케이드 점수로는 가장 읽기 용이성이 높은 텍스트였기 때문에 상당히 의외의 답변이었다. 피험자들은 또한 A3/B3에 비해 A1/B1이 이해하기가 더 어렵게 느껴졌다고 자발적으로 보고했다. 이 역시 플레시-킨케이드 가독성 점수와는 상반되는 것으로 보인다.

피험자 7명이 자신들의 회상 능력에 대해 두 번째 읽기에서 '변화가 없었다'고 평가했고 5명은 '더 잘했다'고 답변했으며 2명은 텍스트에 따른 복합적인 답변을 제시했다. 이미 보고한 바와 같이 회상 결과에 나타난 CL 텍스트의 이점은 아주 근소했고 그나마도 목록에서의 회상에서만 그러한 이점이 나타났다. 실제 회상 성공률과 마찬가지로 회상에 대한 견해도 복합적임을 알 수 있다. 피험자들은 두 번째 읽기에서 자신들의 회상 능력이 크게 개선되었다는 확신이 없었다는 결론을 내릴 수 있다. 실제로 많은 피험자가 텍스트를 읽은 직후인데도 기억할 수 있는 내용이 너무 적다는 사실에 놀랐다고 자발적으로 보고했다. 따라서 피험자들이 두 번째 읽기에서 텍스트들이 '익숙'했다고 보고했다 하더라도 텍스트에 등장한 키워드들을 그대로 기억하는 능력에는 한계가 있었다. 이는 다시 앞서 언급된 이해 수준의 차이 문제와 연결된다. 결론 부분에서 이 문제를 다시 논의하도록 하겠다.

두 번째 텍스트들의 가독성에 대한 피험자들의 의견은 4명이 더 쉬운 것으로, 4명이 첫 번째 텍스트들과 동일한 것으로 평가하고, 6명이 텍스트에 따라 상반된 견해를 내놓으면서 모호한 결과가 되었다. 피험자들이 느끼기에 통제되지 않은 텍스트가 통제된 텍스트에 비해 어렵지 않았다는 점은 분명하다.

카드웰(2008, p.40)은 피험자들에게 어떤 버전이 '더 읽기 쉽다'고 느꼈는지 물었다. 이 질문에 대해 전문가와 비전문가 집단 모두 대부분의 피험자가 CL 텍스트들을 선택했다. 그러나 본 연구에서는 읽기 용이성에 대한 평가와 CL 텍스트 간 연결고리가 훨씬 약한 것으로 드러났다. 이제 아이트래킹 데이터에서 얻은 결과를 제시한 후 다시 이 문제에 대해 추가적으로 논의하도록 하겠다.

4.2. 아이트래킹 결과

4.2.1. 총 과제 시간

총 과제 시간은 응시(fixation gaze), 비약 운동(saccadic movement), 비응시(non-gaze) 시간을 합한 수치이다. 이 수치를 통해 각 텍스트 처리에 소요된 시간을 알 수 있다(<표 5>).

<표 5> 텍스트별 총 과제 시간 평균

총 과제 시간 평균(초)	텍스트 A1	텍스트 B1	텍스트 A3	텍스트 B3
평균	58.08	73.51	69.35	66.26
중간값	53.48	69.67	71.99	67.34
표준편차	03.26	02.71	01.86	00.76

'쉬운' 텍스트의 통제된 버전인 텍스트 B1은 텍스트 A1에 비해 평균적으로 처리 시간이 오래 걸렸다. 반면 '어려운' 텍스트의 통제된 버전인 텍스트 B3은 텍스트 A3에 비해 처리 시간이 적게 걸렸다. B1과 B3 텍스트들은 임의 추출 방식으로 피험자들에게 제시되었기 때문에 B1 처리에 더 오랜 시간이 걸린 것의 원인을 과제나 텍스트 유형 및 해당 분야에 대한 친숙도 증가로 볼 수 없다. B3의 처리 시간이 짧았던 것은 CL 규칙 적용에 기인한 것으로 잠정적으로 가정할 수 있을 것이다.

4.2.2. 응시 횟수

<표 6> 모든 텍스트 응시 횟수

응시 횟수	텍스트 A1	텍스트 B1	텍스트 A3	텍스트 B3
평균	173	197	210	175
중간값	171	182	210	167
표준편차	39	63	34	51

<표 7> 문자당 평균 응시 횟수

응시 횟수	텍스트 A1	텍스트 B1	텍스트 A3	텍스트 B3
평균	173	197	210	175
문자 수(공백 제외)	776	828	1162	1172
문사당 평균 응시 횟수	0.22	0.24	0.18	0.15

응시 횟수는 관심 영역(Area of Interest, AOI) 내에서 일어나는 응시의 수이다. 본 연구에서는 화면상에 텍스트가 나타나는 영역을 AOI로 정의했고 피험자당 응시 횟수를 계산했다. 텍스트를 읽는 과정에서 특정 시선 움직임을 '응시'로 규정하기 위한 요건에 대해서는 학자들 간 이견이 있지만 본 연구에서는 'EYE-TO-IT' 연구 프로젝트에서 사용한 기

준—40픽셀, 최소 지속시간 100밀리초—을 활용하기로 했다. <표 6>은 텍스트당 응시 횟수 평균 및 중간값 그리고 표준편차를 보여 준다.

CL 텍스트가 읽기에 더 쉬웠다면, 비CL(A) 텍스트에 비해 CL(B) 텍스트의 평균 응시 횟수가 더 낮을 것으로 예상할 수 있다. 그런데 A1, B1의 경우 그렇지 않았다. 그러나 A3, B3에서는 예상했던 결과가 나왔고 이러한 차이는 유의미한 것으로 나타나(p < 0.01, t=2.417, df=13) B3가 CL 규칙을 적용한 수정으로 가독성이 개선된 것으로 볼 수 있다.

텍스트별로 단어와 문자 수는 모두 다르다. 텍스트당 문자 수(공백 제외)를 기준으로 한 응시 횟수를 보면 B3에서 문자당 응시 횟수가 가장 낮았고 A3가 그 뒤를 이어 이 역시 CL 규칙이 가독성 측면에서 B3에 긍정적인 영향을 줬음을 시사한다.

4.2.3. 응시 지속시간

응시 지속시간은 AOI 내에서 밀리초 단위로 기록되는 응시 길이(주시 필터 설정에 따라)이다. <표 8>은 각 텍스트에 대한 평균 응시 지속시간을 보여 주고 있다.

<표 8> 평균 응시 지속시간(밀리초)

평균 응시 지속 시간(ms)	텍스트 A1	텍스트 B1	텍스트 A3	텍스트 B3
평균	245	237	249	235
중간값	241	247	244	241
표준편차	3	7	3	4

A1과 B1 간 응시 지속시간 평균과 중간값의 차이는 근소하다. A3에서 B3로 가면서 평균은 낮아지지만 중간값은 매우 비슷하다. 또한 '쉬운' 텍스트와 '어려운' 텍스트 간 평균 응시 지속시간 차이는 크지 않다. 따라서 응시 횟수 측면에서 B3에서는 긍정적인 효과에 대한 증거가 일

부 발견되었으나 응시 지속시간 측면에서는 통제되지 않은 텍스트에서 통제된 텍스트로의 변화에서나 쉬운 텍스트에서 어려운 텍스트로의 변화에서나 분명한 효과가 나타나지 않았다.

4.3. 아이트래킹 결과 논의

카드웰(2008)의 가독성 점수에 따르면 텍스트 A1과 B1은 A3와 B3에 비해 '읽기가 쉬운' 것으로 평가되었다(A1=71.1 플레시의 가독성 측정 공식; B1=71.3; A3=17.8; B3=19.2). 아이트래킹 데이터가 상기 가독성 지표들을 정확하게 반영한다면 A3와 B3에 비해 텍스트 A1과 B1의 응시 횟수와 총 응시 지속시간이 더 낮을 것으로 예상할 수 있다. 텍스트 A1은 응시 횟수와 총 과제 시간에 있어 우리의 예상에 부합했지만 B1은 그렇지 않았다.

통제된 버전과 통제되지 않은 버전의 비교에서도, 통제되지 않은(A 텍스트) 버전에 비해 통제된 버전(B 텍스트)이 더 읽기가 쉽다는 것이 아이트래킹 데이터를 통해 입증될 것이라는 기대를 할 수 있다. 응시 횟수의 경우 B3가 A3에 비해 현격히 낮았다. 그러나 A3와 B3 간 응시 지속시간에는 거의 차이가 없다. 그럼에도 불구하고 CL 규칙이 B3의 읽기 용이성에 영향을 줬다는 증거는 일부 존재한다.

A1과 B1에 대한 예상은 빗나갔다. B1(더 쉬울 것으로 추정되었던)이 응시 횟수가 더 많고 지속시간이 더 길었기 때문이다. 즉 B1은 CL 규칙 적용으로 인한 이점이 없었던 것이다.

전체적으로 아이트래킹 데이터는 텍스트 B3는 CL 규칙 적용으로 가독성이 개선되었지만 '쉬운' 텍스트 B1은 그렇지 않았다는 점을 시사한다. 그렇다면 CL 규칙은 보다 복잡한 텍스트에 더 많은 영향을 준다고 볼 수 있는가? 이 문제는 결론 부분에서 다시 다루도록 하겠다.

4.4. MT 평가 결과

'연구 방법' 부분에 언급했듯이 네 개 텍스트를 모두 세 개 언어로(불어, 스페인어, 간체 중국어) 기계 번역한 MT 결과물에 대한 평가가 실시되었다. 우리는 기계 번역된 텍스트의 수용 가능성과 가독성에 있어 통제된 텍스트와 통제되지 않은 텍스트 간에 차이가 있는지 여부를 알고자 했다. 언어당 한 명의(그러나 경험 많은) 평가자에 의한 주관적 평가였기 때문에 이 평가를 빌라 등(2006)의 상세한 오류 분류법을 활용한 오류 분석으로 보완했다. 우리는 통제된 텍스트에서 통제되지 않은 텍스트보다 오류가 적게 보고될 것으로 예상했다. 또한 평균적으로 통제된 텍스트에서 가독성과 수용 가능성이 더 높을 것으로 예상했다.

4.4.1. 기계 번역된 텍스트의 가독성/수용 가능성

<그림 1>은 세 개의 도착 언어로 번역된 네 개 텍스트의 수용 가능성과 가독성 점수를 보여 주고 있다. 수용 가능성과 가독성에 있어 가능 점수의 최대치는 4점(이상적/가독성 높음)이고 최저치는 1(수용 불가능/읽기가 매우 어려움)이었다. 점수는 문장 기준으로 적용된 후 텍스트별 평균치를 산출했다. 'FR-A'는 불어 텍스트 하나당 '수용 가능성' 평균 점수이고 'FR-R'은 '가독성' 평균이며 세 언어에 대해 모두 이런 방식으

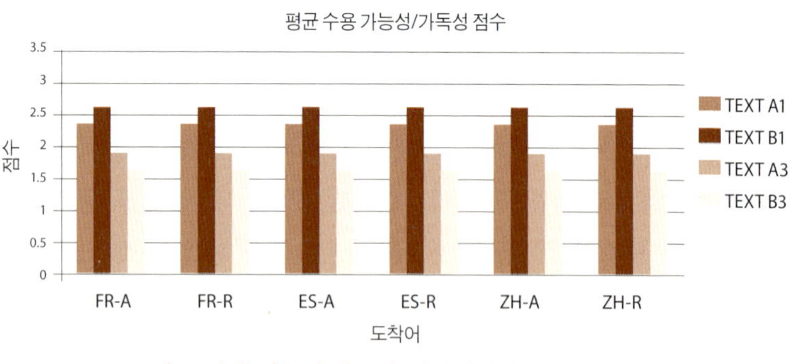

<그림 1> 수용 가능성/가독성: 기계 번역된 3가지 도착 언어

로 표기되어 있다.

불어의 경우 수용 가능성은 A1에서 B1로 가면서 높아지는데 A3에서 B3로 가면서는 오히려 떨어진다. 가독성은 A1에서 B1으로 가면서 증가하고, A3에서 B3로 가면서도 수용 가능성 점수와는 반대로 가독성은 증가한다. 그렇다면 매우 잠정적이나마 통제 언어 규칙은 불어 기계 번역 텍스트의 수용 가능성/가독성이 근소하게 높아지는 데 기여한다고 볼 수 있을 것이다.

스페인어의 경우 A1과 B1의 수용 가능성은 동일한 데 비해 A3에서 B3로 가면서는 조금 증가한다. 가독성은 A3와 B3 간에는 수용 가능성과 동일한 경향성을 보이는데 A1에서 B1으로 가면서는 점수가 낮아진다. 따라서 CL 규칙이 복잡한 텍스트에 대해서는 약간의 긍정적 효과를 가져오지만 쉬운 텍스트에 대해서는 중립적이라고 볼 수 있다.

간체 중국어의 경우 수용 가능성은 A1에서 B1으로 가면서 떨어지지만 A3에서 B3로 가면서는 증가한다. 가독성에 있어서도 마찬가지이다. 스페인어와 마찬가지로 복잡한 텍스트에 대해서는 CL 규칙이 약간의 긍정적인 효과를 가져오지만 쉬운 텍스트에는 부정적인 영향을 준다.

전체적으로 보다 복잡한 텍스트의 경우 통제된 텍스트일수록 수용 가능성/가독성이 증가하지만 쉬운 텍스트는 그렇지 않다. 이는 아이트래킹 데이터에서 도출된 결론과도 유사하다.

4.4.2. 기계 번역된 텍스트의 오류 분석

<표 9>는 텍스트별로 보고된 오류의 수와 전체 오류의 수를 보여 주고 있다. 'FA1'은 불어로 번역된 텍스트 A1을 칭하고; 'ZHA1'은 중국어로 번역된 텍스트 A1; 'SA1'은 스페인어로 번역된 A1을 의미한다. 불어로 번역된 텍스트 1의 경우 CL 규칙이 적용되었을 때 오류가 소폭 감소했음을 알 수 있다(22 vs. 25). 그러나 스페인어의 경우 CL 규칙 전후 오류의 수가 동일했고(21) 중국어의 경우 오히려 증가했다(20 vs. 26). 텍스

<표 9> MT 결과물에 대한 오류 분석

오류 유형/텍스트	FA1	SA1	ZHA1	FB1	SB1	ZHB1	FA3	SA3	ZHA3	FB3	SB3	ZHB3
오류 없음	2	3	1	3	2	1	2	2	0	2	2	0
단어 누락: 내용어	0	3	0	0	2	0	4	2	0	1	0	0
단어 누락: 불필요한 채움어(filler)	2	0	1	2	0	1	1	0	2	4	2	0
어순: 단어 차원: 국지적 범위	3	1	2	2	2	1	0	2	0	0	1	0
어순: 단어 차원: 긴 범위	0	0	0	0	0	0	0	0	0	0	0	0
어순: 구 차원: 국지적 범위	2	0	3	0	0	5	0	0	1	0	0	1
어순: 구 차원: 긴 범위	0	0	4	0	0	7	0	1	5	0	1	3
단어 부정확: 의미: 잘못된 어휘 선택	3	0	2	4	1	2	7	2	3	10	5	10
단어 부정확: 의미: 잘못된 중의성 해소	5	9	1	5	7	2	6	12	0	3	12	0
단어 부정확: 부정확한 형태	2	1	0	2	5	0	5	0	0	11	1	0
단어 부정확: 단어 추가	0	2	3	1	3	2	4	12	0	6	12	0
단어 부정확: 문체	2	1	2	0	1	3	4	3	0	7	4	0
단어 부정확: 관용구	0	0	0	0	0	0	0	0	1	0	0	1
미등록어: 미등록 어간	0	0	0	0	0	0	0	0	0	0	0	0
미등록어: 처음 보는 형태	0	0	0	0	0	0	0	0	0	0	0	0
구두법	1	0	1	1	0	1	1	4	0	1	1	0
위 보기 중 해당사항 없음	5	4	1	6	9	1	6	1	0	2	1	0
총 오류 수	25	21	20	22	21	26	45	40	19	51	39	19

트 3의 경우 스페인어에서는 오류 수가 매우 경미한 감소를 보였고(40 vs. 39) 중국어에서는 동일했으며 불어의 오류 수는 증가했다(45 vs. 51).

기록된 오류의 비율은 불어와 스페인어 모두 '쉬운' 텍스트에 비해 복잡한 텍스트에서 상당히 높았다(불어는 25 vs. 45, 스페인어는 21 vs. 40). 그러나 그러한 효과가 중국어에서는 드러나지 않았다(20 vs. 19).

5. 결론 및 연구 제언

우리는 아이트래킹을 활용해 카드웰의 실험들을 일부 반복 검증함으로써 가독성 지표들과 읽기 용이성 간의 관계에 대한 보다 많은 정보를 얻을 수 있기를 기대했다. 우리의 가설은 (1) CL 규칙에 따라 쓰인 텍스트는 그러한 통제 없이 쓰인 텍스트에 비해 '읽기가 쉽고' (2) 통제된 텍스트가 MT(기계 번역) 시스템에 의해 번역된다면 통제되지 않은 텍스트에 대한 기계 번역에 비해 가독성과 수용 가능성이 높다는 것이다.

카드웰의 연구에서 피험자의 대다수가 읽기가 더 쉬운 텍스트로 CL 텍스트를 선택했다. 우리의 아이트래킹 데이터를 보면 CL 규칙 적용이, 물론 아주 근소한 정도이고 가독성 공식에 의해 '어려운' 텍스트로 분류된 텍스트에 한해서이지만, 실제로 읽기 용이성을 증가시킨다는 것을 알 수 있다. 세 가지 언어로 기계 번역된 텍스트에 대한 수용 가능성/가독성 평가 역시 CL 규칙이 가독성과 수용 가능성에 대한 수관적인 평가에 작지만 긍정적인 영향을 준다는 것을 보여 줬다. 물론 이러한 효과 역시 복잡한 텍스트에만 국한되었고 오류 분석에서는 두 종류의 텍스트 모두 번역 결과물의 품질 개선에 대한 증거가 나타나지 않았다.

이러한 결과를 종합해 볼 때, CL 규칙의 효과가 보다 복잡한 텍스트에 국한되기는 했지만 우리의 가설들이 부분적으로는 확인되었다고 볼 수 있다. 향후 연구에서는 가독성 수준이 텍스트 복잡성 정도와 어떠한 상관관계가 있는지 보다 철저하게 조사해 볼 수 있을 것이다. 다른 가독성 지표들과의 상관관계를 검증해 보는 것도 흥미로울 것이다.

본 연구에서 관찰된 가독성 개선은 상당히 제한적이다. 그에 대한 원인으로 방법론에 대한 의문을 제기해 볼 수 있다. 가독성에 있어 보다 뚜렷한 차이가 있는 텍스트들을 사용했어야 할까? 그러한 방식을 취할 수도 있었다. 하지만 대부분의 문서 작성자들, 특히 기술 문서 작성자들은 원래 읽기 쉬운 텍스트를 쓰려고 노력하기 때문에 텍스트 간 뚜렷한 차이를 두려면 인위적인 상황을 설정해야 했는데 그 방법은 그리 매력적이지 않았다.

두 읽기 과제 간 시간 간격 4주가 텍스트에 대한 친숙함이 거의 사라지는 데 충분한 시간일 것으로 예상했다. 그런데 많은 피험자가 두 번째 읽기 과제 당시에도 텍스트가 익숙하게 느껴졌다고 보고했다. 이러한 의견이 회상 개선과 상관관계를 보이지는 않았다. 그렇다면 보다 긴 시간 간격이 필요할 것인가, 아니면 텍스트에 대한 기억을 장기 기억에서 지우는 것은 불가능한 것인가? 이러한 방법론적 질문들을 동일한 혹은 편집된 텍스트의 재읽기를 연구할 때 고려할 필요가 있다.

회상 테스트에 관해 두베이는 "읽기 능력이 뛰어난 사람들도 간단한 텍스트에서 지워진 단어의 65% 이상을 바르게 완성시키기는 어렵다"고 말한다. 또한 맥나마라 등(1996, p.7)은 회상 테스트는 주로 구축된 텍스트에 기반하기 때문에(상황 모형 구축을 통해 얻을 수 있는 보다 깊은 수준의 이해에 비해) 비교적 피상적인 이해의 지표라고 언급한다. 이는 가독성 연구에서 주된 지표 중 하나로 사용되고 있는 회상 테스트를 이해도를 테스트하는 수단으로 사용하는 것이 옳은가에 관한 의문을 갖게 한다. 일부 학자들은(예: 하기스, 2000, p.126) 가독성 연구는 이해도 측정을 넘어 텍스트에서 제공되는 정보의 유용성을 테스트하는 것으로 확대될 필요가 있다고 주장한다. 코나트서(1999, p.284)가 서술한 대로 "기술 문서 독자의 대부분은 무엇인가를 하기 위해 읽는다. 따라서 문서의 유용성 테스트가 해당 텍스트가 기술적 정보를 얼마나 효과적으로 전달하는지를 측정하는 데 훨씬 더 적합하다".

출발 텍스트와 인간 혹은 기계가 번역한 텍스트 이해에 대한 CL 규칙의 영향을 테스트하는 데 있어 다음 단계는 해당 문서 사용자가 텍스트에 쓰인 설명을 얼마나 잘 행동으로 옮기느냐를 조사하는 것이 될 수 있다. 번역된 설명과 번역되지 않은 설명 간 비교도 흥미로울 수 있다.

본 연구 데이터에 따르면 CL 규칙이 적용되었을 때 가독성에 부정적인 영향을 주는 경우도 있다. CL 규칙이 읽기 행위 자체에 부정적인 영향을 줄 수도 있을까? 예를 들어 모든 문장을 25 단어 이내로 맞춤으로써 단조로운 문체를 만들고 여러 다른 유형의 절 관계를 통해 제공되는 풍부한 맥락상의 실마리를 잃어버리는 것인가(하기스, 2000)? 맥나마라 등(1996, p.5)은 사전 지식이 적은 독자에게는 완전히 결속성 있는 텍스트가 도움이 되겠지만 지식수준이 높은 독자는 '보다 활발한 처리'를 자극하는, 즉 빠진 정보에 대한 추론이 필요한 텍스트에서 더 많이 배운다고 경고한다. CL 텍스트가 비모국어 독자에게는 도움이 되지만 모국어 독자, 그중에서도 지식수준이 높은 독자에게는 악영향을 주는 것일까? 이 역시 추가 연구가 필요한 질문이다.

회내와 누르미넨(2006)은 성인 독자들의 읽기 방식에는 크게 세 가지가 있음을 보여 줬다. 빠른 선형적 읽기(fast linear reader), 느린 선형적 읽기(slow linear reader), 주제 구조 처리(topic structure processing)가 그것인데 이 중 빠르거나 느린 선형적 읽기 방식을 가진 독자들이 대다수라고 한다. 텍스트 내에서 앞부분을 돌아보는 행위(look-back)에 있어 이 세 유형의 독자들이 상당히 다른 행동을 보인다. 회내와 누르미넨은 읽기 방식이 텍스트의 정신적 표상에 영향을 준다고 주장한다. 예를 들어 이들의 연구에서 주제 구조를 처리하는 방식으로 읽는 피험자들이 읽은 후 텍스트 요약을 더 잘했다. 따라서 향후 연구에서는 텍스트 제시 방법과 읽기 유형 그리고 작업 기억 용량도 고려해 볼 수 있겠다.

요컨대 본 연구에서는 단순히 "CL 규칙이 가독성과 번역 가능성을 개선하는가"라는 질문에서 더 나아가 텍스트 사용자의 요건, 지식수준, 읽기 유형, 작업 기억 용량 그리고 텍스트 제시 방식까지 고려하는 새로운 차원으로 연구가 발전할 필요가 있음을 보여 줬다.

미주

1. 글의 읽기 쉬운 정도를 나타내는 **readability**는 우리말로 '가독성', '독이성', '이독성' 등으로 번역되는데 본 번역에서는 그 중 가장 사용 빈도가 높은 '가독성'이라는 표현을 사용하기로 한다[예: 홍정하, 최재웅, 유석훈(2011)].

2. 더블린의 시만텍 팀의 도움에 감사를 표한다.

3. 예를 들어, 카드웰의 '쉬운' 텍스트는 CL 규칙이 적용된 후 플레시의 가독성 측정 공식에서 점수가 71.1에서 71.3으로 개선된 것에 그쳤고 '가장 어려운' 텍스트의 경우 17.8에서 19.2로 개선되었다.

4. 기꺼이 시간을 내준 세 분의 평가자께 감사를 표한다.

참고문헌

Bernth, Arendse. 1999. “EasyEnglish: A Confidence Idex for MT”. In *Proceedings of the 8th International Conference on Theoretical and Methodological Issues in Machine Translation,* Chester College, England, 120-127.

Cadwell, Patrick. 2008. *Readability and Controlled Language.* Unpublished MA dissertation. Dublin City University.

Clifton, Charles, Staub, Adrian and Rayner, Keith. 2007. “Eye Movements in Reading Words and Sentences.” *In Eye movements: A window on mind and brain,* Roger V. Gompel, Martin Fisher, Wayne Murray and Robin L. Hill (eds.), 341-372. Amsterdam: Elsevier.

Connatser, Bradford R. 1999. “Last rites for readability formulas in technical communication.” *Journal of Technical Writing and Communication* 29 (3): 271-287.

Crystal, David. 1992. *An encyclopedic dictionary of language and languages.* Oxford, UK; Cambridge, MA, USA: Blackwell.

Daneman, Meredyth and Carpenter, Patricia. 1980. “Individual differences in working memory and reading.” *Journal of Verbal Learning and Verbal Behavior* 19 (4): 450-466.

Dale, Edgar and Chall, Jeanne. 1948. “A formula for predicting readability: Instructions.” *Educational Research Bulletin* 27 (1): 11-28.

DuBay, William H. 2004. *The principles of readability.* Costa Mesa, CA: Impact Information.

Flesch, Rudolf. 1948. “A new readability yardstick.” *Journal of Applied Psychology* 32 (3): 221-233.

Giles, Timothy and Still, Brian. 2005. “A syntactic approach to readability.” *Journal of Technical Writing and Communication* 35 (1): 47-70.

Göpferich, Susanne, Jakobsen, Arnt L. and Mees, Inge. (eds.). 2008. *Looking at eyes: Eye-tracking studies of reading and translation processing.* [Copenhagen studies in Language 36]. Frederiksberg: Samfundslitteratur.

Gunning, Robert. 1968. *The technique of clear writing.* New Yokr: McGraw-Hill.

Hargis, Gretchen. 2000. “Readability and computer documentation.” *ACM Journal of Computer Documentation* 24 (3): 122-131.

Hyönä, Jukka and Nurminen, Anna-Mari. 2006. "Do adult readers know how they read? Evidence from eye movement patterns and verbal reports." *British Journal of Psychology* 97: 31-50.

Kamprath, Christine, Adolphson, Eric, Mitamura, Teruko and Nyberg, Eric. 1998. "Controlled language for multilingual document production: Experience with Caterpillar Technical English." In Teruko Mitamura et al. (eds) *Proceedings of the Second International Workshop on Controlled Language Applications-CLAW 98',* Language Technologies Institute, Carnegie Mellon University, Pittsburgh, 51-61.

Kimtsch, Walter, Patel, Vimla L. and Ericsson, K. Anders. 1999. "The role of long-term working memory in text comprehension." *Psychologia: An International Journal of Psychology in the Orient* 42: 186-198.

Kimtsch, Walter. 1998. *Comprehension: A paradigm for cognition.* Cambridge, England: Cambridge University Press.

Klare, George. 1963. *The measurement of readability*. Ames, Iowa: Iowa State University Press.

Klare, George R., Shuford, Emir H. and Nichols, William H. 1957. "The relationship of style difficulty, practice, and ability to efficiency of reading and retention." *Journal of Applied Psychology* 41: 222-226.

Kaakinen, Johanna and Hyönä, Jukka. 2005. "Perspective effects on expository test comprehension: Evidence from think-aloud protocols eyetracking, and recall." Discourse Processes 40 (3): 239-257.

Kaakinen, Johanna, Hyönä, Jukka and Keenan, Janice. 2003. "How prior knowledge, WMC, and relevance of information may affect eye fixation in expository text." Journal of Experimental Psychology: Learning, Memory and Cognition 29 (3): 447-457.

McNamara, Danielle, Kintsch, Eileen, Butler Songer, Nancy and Kintsch, Wlater. 1996. "Are good texts always better? Interactions of text coherence background knowledge, and levels of understanding from text." *Cognition and Instruction* 14 (1): 1-43.

Miller, James and Kintsch, Walter. 1980. "Readability and recall of short prose passages: A theoretical analysis." *Journal of Experimental Psychology: Human Learning and Memory* 6 (4): 335-354.

Mitamura, Teruko and Nyberg, Eric. 1995. "Controlled English for Knowledge-Based MT: Experience with the KANT System.: In *Proceedings of the 6th International Conference on Theoretical and Methodological Issues in Machine Translation*, Leuven, Belgium, 158-172.

Moravcsik, Julia and Kintsch, Walter 1995. "Writing quality, reading skills, and domain knowledge as factors in text comprehension." In *Reading and Language Processing,* John Henderson, Murray Singer and Fernanda Ferreira (eds.),232-246. New York, London: Psychology Press.

Nyberg, Eric, Mitamura, Teruko and Hujisen, Willem-Olaf. 2003. "Controlled language for authoring and translation." In *Computers and Translation: A Translator's Guide,* Harold Somers (ed.), 245-282. Amsterdam: John Benjamins.

O'Brien, Sharon. 2008. "Processing fuzzy matches in translation memory tools: An eye-tracking analysis.' In *Looking at eyes: Eye-tracking studies of reading and translation processing,* Susanne Göpferich, Arnt L. Jakobsen and Inge Mees (eds.), 79-102. Frederiksberg: Samfundslitteratur.

O'Brien, Sharon. 2006. "Eye-tracking and translation memory matches." *Perspectives: Studies in Translatology* 14 (3): 185-205.

Radach, Ralph, Kennedy, Alan and Rayner, Keith. 2004. *Eye movements and information processing during reading*. Hove: Psychology Press.

Rayner, Keith. 1998. "Eye movements in reading and information processing: 20 years of research." *Psychological Bulletin* 124: 372-422.

Reuther, Ursula. 2003. "Two in one- Can it work? Readability and translatability by means of Controlled Language." In *Proceedings of the Joint Conference combining the 8th International Workshop of the European Association for Machine Translation and the 4th Controlled Language Applications Workshop (CLAW 2003),* 15th -17th May, Dublin City University, Ireland, 124-132.

Roturier, Johann. 2006. *An investigation into the impact of controlled English rules on the comprehensibility, usefulness and acceptability of machine translated technical documentation for French and German users*. Unpublished PhD dissertation. Dublin City University.

Spaggiari, Laurent, Beaujard, Florence and Cannesson, Emmauelle. 2003. "A controlled language at Airbus." In *Proceedings of the Joint Conference combining the 8th International Workshop of the European Association for Machine translation and the 4th Controlled Language Applications Workshop (CLAW 2003),* 15th -17th May, Dublin City University, Ireland, 151-159.

Vilar, David, Xu, Jia, D'Haro, Luis Fernando and Ney, Hermann. 2006. "Error analysis of statistical machine translation output." In *Proceedings of LREC-2006: Fifth International Conference on Language Resources and Evaluation.* Genoa, Italy, 222-28 May, 697-702.

John Benjamins Series

06 Translation and Cognition

제 2 부

연구 설계 및 이슈

패러다임과 인지통번역학

리카르도 무뇨즈 마르틴(Ricardo Muñoz Martín)
스페인 라스팔마스 그란카나리아 대학교

본고에서는 상황적 인지, 구체화된 인지, 분산된 인지의 공통적 특징을 바탕으로 기능주의적 인지통번역학에 대한 10가지 제안이 이뤄진다. 이러한 접근법은 통번역을 창조적 모방에 기반한 대인 활동으로 본다. 이는 또한 실증적이고, 생태학적인 그리고 심리적 현실성이 있는 전문성 연구에 관한 발달적 관점을 채택하며 전문성과 절차화가 실증적 연구의 최우선순위가 되어야 한다고 제안한다. 인지통번역학의 이론과 연구 사이의 상호작용 증진을 위한 실험 패러다임 정립이 시급하다는 견해 역시 제시한다. 마지막으로 이 분야 개별 연구 프로젝트들의 평가에 활용될 수 있는 일반 연구 기준 확립을 제안한다.

1. 서론

통번역 학자들 사이에서는 스노우(Snow, 1959)가 기술한 소위 '두 문화 논쟁(the debate of the two cultures)'이 늘 있어 왔다. 이러한 논쟁은 인문학적 접근법과 과학 중심 접근법을 분리시킨다. 이러한 구분이 본고에서 필자의 주된 관심사는 아니다. 번역과 통역이 하나의 분야로 여겨지든 두 가지 다른 분야로 여겨지든 과학-인문학 스펙트럼 전체를 아우르는 다양한 관점과 접근법을 수용하며 이러한 다양한 차이점들은 긍정적으로 작용한다[모저-머서(Moser-Mercer), 1991]. 따라서 필자는 통번역에 대한 과학적, 인지적 접근법이 통번역학이라는 넓은 분야의 모든 영역과 관심사에 적합한 방법이라는 주장을 하려는 것은 아니다. 그러나 본고의 주된 목표 독자층이 번역과 통역을 공부하고 프로세스 연구를 수행하는 학자들이라는 점을 감안할 때 통번역과 인지의 과학, 즉 '인지통번역학'에 관한 보다 많은 탐구가 필요하다 하겠다.

본고에서 필자는 마음(mind)에 대한 새로운 이해를 위한 길을 열어준 '연결주의(connectionism)'와 '구체화된 인지(embodied cognition)', '상황적 인지(situated cognition)' 그리고 '분산된 인지(distributed cognition)'에 관해 일부 언급할 예정이다. 또한 이를 바탕으로 인지통번역학을 발전시키기 위한 원칙들을 제안할 것이다. 마지막으로 이 원칙들의 관점에서 이론과 연구와의 관계를 고찰하고자 한다. 우선 용어를 먼저 소개하기로 한다. 본고에서 필자는 '패러다임(paradigm)'이라는 용어를 두 가지 의미로 사용할 것이다. 첫 번째 의미는 인식론적인 것으로 특정 시기에 특정 분야의 관행을 결정하는, 일반적으로 수용되는 관점의 채택을 의미한다[쿤(Kuhn), 1962]. 쿤은 또한 어떤 패러다임이 널리 받아들여지기 전 시기를 칭하는 '전 패러다임 단계(pre-paradigmatic stage)'라는 개념을 고안했다. 이 개념은 학문적 변화가 새로운 학문적 원리와(혹은 기존 이론에 대한 도전) 결과 해석방법 개발보다 연구 질문과 방법들을 만들어 내는 쪽으로 더 빠르게 진행되고 있는 인지통번역학의 현재 상태를 잘 설명해 주는 듯하다. '패러다임'의 두 번째 의미는 '실험 패러다임(experimental paradigm)'과 같은 표현에서 쓰이는 의미이다. 본고에서는 첫 번째 의미에 중점을 둘 것이며, 우선 통번역 분야와도 관계가 있는 연결주의의 새로운 경향들을 일부 살펴보기로 한다.

2. 마음에 대한 새로운 이해를 향하여

병렬 분산처리 혹은 연결주의[펠드만과 발라드(Feldman and Ballard), 1982]는 복잡한 두뇌의 구조에 관한 이론으로서 상호 연결된 네트워크의 개념을 통해 인간의 지적 능력을 설명하려고 한다. 이러한 네트워크는 입력과 출력 사이의 복잡한 관계를 모델링하고 데이터에서 패턴을 찾아내기 위해 비선형적 통계 전략을 적용하는 수학적 단위들의 집합체이다. 이런 많은 네트워크들은 기능적으로 생물학적 뉴런을 모방한다고 해서 '인공신경망(artificial neural network)'이라 불린다. 사실상 신경망이 안면 인식이나 읽기와 같은 능력을 학습할 수 있다는 것이 실험을 통해 입증되었고 이 분야 연구자들은 정신적 프로세스를 연구하는 것은 그것을 가능하게 하는 신경 시스템을 연구하는 것과 마찬가지라고 생각한다. 이러한 접근법은 '고전적' 인지과학의 정보처리 패러다임에서 주장하는 정신적 표상은 생물학적, 신경학적 주제와는 별개로 연구될 수 있다[버틀러(Buttler, 1994) 참고]는 개념과는 상반된다. 연결주의 개념은 마음의 작용을 두뇌의 작동 원리에서 찾고자 하기 때문이다.

연결주의 이론에서 중심이 되는 개념은 '활성화(activation)'이다. 이는 입력[가중치(weight)]이 개별 유닛에 미치는 영향 및 신경망 내 연결을 의미한다. 이들 신경망은 그 망을 통과하는 정보에 의해 내부 구조가 변하고 신경 단위들 간 연결의 강도(가중치)를 수정함으로써 기억이 형성된다. 따라서 신경망은 역동적인 시스템이며, 연결주의자들은 인지적 활동을 '비기호적 프로세스(non-symbolic processes)'의 속성이 발현되는 것으로 설명하려고 한다. 연결주의의 기본 원리는 뇌는 국지적 명제 표상들을 계열적으로 처리(serial processing of localized propositional representations)하는 것이 아니라 분산된 표상들을 병렬적으로 처리(parallel processing of distributed representations)한다는 것이다. 이는 마음을 기호 처리 메커니즘으로 봤던 인지과학의 고전적 패러다임에 대한 중대한 도전이었다. 연결주의에서는 경험을 통해 계속해서 수정되는 거대한 학습 시스템 혹은 학습 시스템들의 집합체만 있을 뿐이다[맥클리랜드(McClelland), 1998]. 최근의 많은 인지 연구에서는 복잡한 상황에서의 적절한 행동(즉 인지적 통제)은 입력 내용을 개별적인 연속적 덩어리로가 아니라 계속해서[스파이비(Spivey), 2007] 병렬적으로 처리하는 뇌 영역들 간 상호작용의 역동적 결과물이라는 점[오브라이언과 오피(O'Brien and Opie), 1999]을 분명히 하고 있다.

연결주의는 항상 고전적 패러다임에 대한 대안으로만 여겨지지는 않지만[고밀라와 칼보(Gomila and Calvo), 2006] 실제로 고전적 패러다임의 대안이라 할 수 있는 다른 접근법들에 힘을 실어 준 것은 분명하다. 이들 접근법들은 마음과 뇌의 관계를 설명하기 위해 종종 연결주의를 활용한다. 머릿속에서 무슨 일이 일어나는지에만 관심이 있는 인지과학의 고전적 패러다임은 마음의 작용을 설명하는 데 불충분하다고 생각하는 학자들이 증가하고 있고, 이들은 마음과 몸 그리고 환경 간 상호작용의 역학 관계를 연구하기 위한 초점의 변화를 요구한다. 고전적 패러다임에서는 지각(perception)과 같은 하위 프로세스는 상위 프로세스(사고, 문제해결)와는 독립적인 것으로 여겨졌으며 이러한 패러다임은 임의로 추상적 기호들을 만들어 냈다. '구체화된 인지' 그리고 '상황적 인지'는 이러한 관점을 거부하고 인지를 상호작용과 경험을 통해 구축된 표상들을 그때그때 사용하는 역동적인 자기 조직화 현상으로 본다는 점에서 유사하다[바렐라, 톰슨과 로쉬(Varela, Thomson and Rosch), 1991].

'구체화된 인지'는 개념들은 감각 운동 프로세스에 기반을 두고 형성되기 때문에[바르살로(Barsalou), 2008] 인지 주체의 몸이 그 주체가 세상을 이해하고 지식을 구조화하는 방식에 중요한 역할을 한다고 서술한다[레이코프와 존슨(Lakoff and Johnson), 1980, 1999]. 다시 말해, 우리가 특정 방식으로 생각하는 것은 우리의 몸이 있기 때문이다.[1] 이러한 관점에서, 인지적 프로세스는 실시간 환경에서 일어나고 인지 주체는 환경적 도전에 적응하고 반응한다. 따라서 구체화된 인지의 또 다른 주장은 그것이 '상황적'이라는 것이다[윌슨(Wilson), 2002, p.627; 앤더슨(Anderson), 2003].

'상황적 인지[레이브(Lave), 1988]'는 인간의 사고가 지각과 행동이 함께 발달하는 것과 같은 방식으로 환경에 적응한다고 주장한다: "우리의 사고의 많은 부분은 […] '내부에서' 생성되는 표상과 계산의 복잡한 형태로 작용하는 것이 아니라 '외부'와의 상호작용에 집중한다[프리덴버그와 실버만(Friedenberg and Silverman), 2006, p.444]". 즉 인지는 당면 과제와 관련된 입력과 출력의 맥락에서 일어나는 것이다. 브룩스(Brooks, 1991)와 같은 초기 연구들은 지능적 행동은 내적 표상의 결과라기보다는 마음의 배태성(embeddedness of the mind)의 결과라고 주장한다. 세상이 행동을 유도하기 때문에 명확한 표상은 필요가 없다. 오늘날 정신적 표상에 대한 상황적 견해는 이보다는 완화되어 내적 표상들에 대한 다음과 같은 견해가 일반적이다:

> 종종 불완전하고 부분적이며 맥락에 민감하고, 유기적 경계 밖의 표상적 영역을 확장시킴으로써 재생산된다기보다는 재구축되는 것이다[윌슨(2004)]. 따라서 기억의 안정성은 여러 다른 종류의 외부 자원들과 신경적 자원들 간 보완적 상호작용으로 유지된다는 예상을 할 수 있다.
>
> 서튼(Sutton), 2008, p.229

내적 표상들은 "그렇기 때문에 행동과 맥락에 따른 통제 구조로 가장 잘 이해될 수 있을 것이다[클라크(Clark), 1997, p.51]". 따라서 "특정 상황에 대한 모든 관련 세부 사항을 정신적으로 저장하고 조작하려고 노력한다기보다는 우리는 세상 밖, 즉 그 상황 자체에서 그러한 세부 사항들을 물리적으로 저장하고 조작한다(윌슨, 2002, p.629)". 사실, 위노그라드와 플로레스(Winograd and Flores, 1986, p.99)는 "전문가들은 행동을 하기 위해 형식화된 표상을 필요로 하지 않는다"고 생각한다. 이러한 견해들이 통번역학이 지금까지 스코포스, 텍스트 유형 그리고 심지어 문제해결 전략과 같은 개념들을 다뤄 온 방식에 미칠 수 있는 영향은 실로 막대하며 신중하고 철저한 검토가 요구된다.

인지가 환경에 좌우된다고 볼 때, 외부 상황은 물체도 될 수 있고 타인의 상징적 프로세스도 될 수 있다. 이것이 '분산된 인지(distributed congnition)'이다[허친스(Hutchins), 1995]. 많은 인지적 프로세스들이 과학계가 그러한 것처럼 사회적 집단의 구성원들 사이에서 분산되어 있고[타가드(Thagard), 1993, 1994, 1997], 분산된 인지라는 접근 방식은 전문 번역사들과 학생 번역사들이 하나의 결과물을 만들어 내는 복잡한 과제를 함께 수행할 때 이 두 그룹이 일하는 방식을 연구함에 있어 특히 중요할 수 있다. 협업은 현지화(localization)처럼 특이한 번역 상황으로 여겨질 수 있겠지만 오늘날 대부분의 번역 프로젝트에는 고객과 교열자가 함께 출석하기 때문에 그들 간 상호작용 역시 이런 관점에서 연구될 수 있을 것이다.

상기 요약된 사항들을 기반으로 인지통번역학 패러다임을 위한 제안을 하고자 한다. 물론 통번역학 전반에 적용되는 이슈들도 일부 제기할 예정이다.

3. 인지통번역학을 위한 토대

3.1. 통번역학의 목적은 통번역이라는 특별하고 복잡한 의사소통 활동과 그 결과물에 대한 현실적이고 상세한 설명을 제공하는 것이다.

여기서 말하는 의사소통 활동에서는 최소한 두 개 언어가 사용되기 때문에 특별하다. 또한 이 활동이 복잡한 이유는 통번역사들(연구 대상인 인지 주체들)의 입장에서 볼 때 의사소통 참여자가 둘이 아니라 적어도 셋이기 때문이다: 작가/화자, 번역사/통역사, 통번역 대상자.[2] 통번역사들은 자신의 역할을 두 개의 단일언어 의사소통 상황에 참여하는 것으로 생각할 수 있지만 통번역 수행 과정에서 자신들의 머릿속에서는 이들 두 상황이 다양한 방식으로 통합된다. 통번역 대상자들의 의사소통 목적에 대한 고려가 원문 해석에 영향을 줄 수 있고 그러한 해석의 결과가 통번역사들로 하여금 특정 방식으로 자신들의 통번역 초안을 구성하도록 할 것이다. 이렇게 두 개의 다른 언어로 이뤄지는 두 가지 의사소통 프로세스와 연관된 개념적 구조들의 융합 때문에 통번역의 의사소통 프로세스가 개별적이지만 복잡하다는 특징을 갖는 것이다.

3.2. 통번역학은 통역과 번역을 설명하기 위해 인지적 접근법을 포함해야 한다.

통번역사들의 정신적 활동은 인간의 모든 통번역 프로세스에서 동일하다. 따라서 통번역 연구의 초점을 통번역사의 정신적 활동에 두는 것은 통번역의 종류와 상황의 다양성으로 인한 수많은 변수를 줄이는 데 도움이 된다. 또한 오늘날의 감각 인식, 추상, 비교, 연상, 개념적 융합과 같은 정신적 프로세스나 활동이 1만 년 전과 비교해 크게 다르다는 증거는 없기 때문에 통번역에서의 인지 연구는 사회적 변화를 거치면서도 변치 않을 지식을 생산할 수도 있을 것이다. 마음이 작용하는 방식이 미래에 크게 변화할 것이라는 전망도 없어 보인다.

3.3. 인지통번역학은 과학적, 실증적 연구에 기반할 필요가 있다.

번역물은 사회적으로 정의된 상품이며[투리(Toury), 1995a], 대학에서 발전된 번역에 대한 지식은 여러 가지 방식으로 그 사회의 복지를 개선시킬 수 있다. 통번역학은 무엇보다 실용적인 지식 분야로서 (통)번역과 (통)번역 생산 그리고 (통)번역사 교육의 품질 개선에 집중한다. 따라서 통번역학 연구는 관찰 가능한 통번역 현실에 확고히 기반해야 한다. 구상된 개념의 심리적 현실을 입증하고 그러한 개념들을 설명하는 데 사용한 방법의 생태학적 타당도를 확보하는 것이 이 분야의 발전에 매우 중요하다. 인식론적 관점에서, 일각에서는 통번역학이 응용과학이 될 수 없다고 생각할 수 있다. 그러나 그럼에도 불구하고 체계성과 일반화 가능성과 같은 일반적인 과학적 지식의 속성과 심리적 현실이나 생태학적 타당도와 같은 실증적 고려가 견고한 통번역학 발전을 위한 근간이 된다.

3.4. 인지통번역학은 자체의 방식으로 인간의 통번역 활동을 설명하고 현재 마음과 뇌에 대해 일반적으로 알려진 것들과 조화를 이룰 필요가 있다.

상기 문장은 레이코프(1990, p.40)가 인지언어학에 관해 서술한 내용을 각색한 것인데 어떠한 통번역과 인지에 관한 모델이 나오더라도 일관성을 유지하기 위해 매우 중요한 내용이다. 당연한 것처럼 보일 수 있겠지만 인지통번역학의 발전은 이미 오류가 입증되었거나 현재 인지과학계에서도 일반적으로 틀린 것으로 받아들여지고 있는 의미론과 화용론의 구분과 같은 과거의 학문적 기조를 버리지 못하는 무의식적인 습성으로 인해 심각하게 저해될 수 있다. 앞서 지적된 대로 인지통번역학은 일련의 기본 원리와 개념에 대한 합의를 이룰 필요가 있고 시대에 뒤떨어진 개념에는 도전할 수 있어야 한다. 또한 이 분야의 새로운 기조들은 다른 인지과학 분야의 연구 결과와 조화를 이룰 필요가 있다 (심사 완료된 무뇨즈 논문 a 참고).

3.5. 인지통번역학은 기능주의적이다

인지통번역학이 내재적으로 기능주의적일 수밖에 없는 것은 정신적 상태는 사람들이 환경과의 상호작용에서 발견하는 문제들을 해결하기 위해 역동적으로 만들어 내는 도구로 여겨지기 때문이다[블록(Block), 1996]. 정신적 상태가 뇌의 기능적 속성을 설명하거나 이해하기 위해 상정되기 때문이 아닌 것이다:

> 뇌의 기능적 분석은 그 목적이 환경 안의 유기체의 특징을 파악하려는 것인지 모듈의 특징을 파악하려는 것인지에 따라 매우 다른 결과를 가져온다. 전자는 창발적이고 유용한 '적응(adaption)'이고 후자는 '귀속적 목적(ascribed purpose)'이다. 전자의 관점은 유기적이고 발생적이며 진화적인 데 비해 후자는 설계자의 관점이다.
>
> 클랜시(Clancey), 1997, p.353

설계자적 관점은 통번역사가 통번역 수행에 대한 계획을 지휘하는 것으로 여겨졌던 초기 통번역학적 기능주의와 연관이 될 수 있다(홀츠-맨태리, 1984; 라이스와 페르미어, 1984). 리스쿠(Risku, 2002, p.524)가 서술한 대로 초기 기능주의에서는 "사람과 텍스트는… 그들만의 목표와 기능과 의도를 만들도록 허용하는 행동 혹은 행동들의 틀에서 고려되어야 한다"고 봤다. 그러나 내재적 기능주의 관점에서는 목표와 계획은 보통 행동이 시작되고 나서 나타나기 때문에 이차적인 행동적 현상이다:

> 상황적 행동에 어떤 문제가 생길 때, 생각을 해 보기 위한 목적으로 규칙과 절차가 명시화되고 그러고 나면 그 행동은 규칙과 절차를 따르게 된다.
>
> 서치만(Suchman), 1987, p.54

다시 말해, 통번역사들은 논리적인 계획을 만들고 이행하기 위해 복잡한 가상의 상황에서 몇몇 주체들과 객체들을 추출하는 것이 아니라 번역 문제를 해결하는 동안 자신들의 행동을 합리화, 즉 자신의 번역을 정당화할 필요가 있을 때[고객이나 상사와의 관계에서 혹은 사고발화법(TAP) 시] 자신들의 행동에 동기(motives)를 부여하는 것으로 보인다.

3.6. 번역되거나 통역되는 것은 텍스트나 담화가 아니라 해석이다

"신호는 무언가를 한다. 아무 의미 없는 것을 담고 있을 리 없다(레디, 1979, p.306)." 의미는 정신적 프로세스들 간의 상호작용에서 나타난다[처치랜드와 세흐노브스키(Churchland and Sejnowski), 1992, p.2]. 또한 비트겐슈타인(Wittgenstein, 1953, p.43)이 단어의 의미는 그것의 용법이라고 서술하면서 지적한 대로 모든 의사소통 상황에서 신호에는 의미가 부여된다. 특정 자극에 의미를 부여하기 위해 사람들은 저장된 정보 중 관련이 있을 수 있는 모든 정보를 작업 기억으로 활성화시킨다[드메이(De Mey, 1982)의 'context' 부분 참고].[3] 활성화된 정보와 프로세스들은 언어적인 특성만 가지고 있는 것이 아니기 때문에 의미는 개념적이기도 하고 백과사전적이기도 하다(그렇기 때문에 언어는 의미를 모두 표현하지 못한다). 이러한 접근법대로라면 물론 서로 간에 큰 차이는 없겠지만 무한히 다양한 해석이 존재하게 된다. 각각의 이해 행위는 특별하고, 따라서 번역과 통역도 마찬가지이다. 의미를 창출하기 위해, 화자들은 경험을 추출하고 비교하고 은유화함으로써 만들어 낸 개념과 구조를 구축하고 혼합하고 사용한다(레이코프와 존슨, 1980; 레이코프, 1987; 존슨, 1987). 그렇게 하기 위해, 매우 유사한 신체적 경험에서 출발하고 이러한 개념을 사회적 상호작용을 통해, 주로 언어라는 사회적 도구를 활용해 지속적으로 수정한다. 그렇기 때문에 해석에 한계가 있다. 이 모든 것을 종합할 때 형태와 내용 간에 그리고 의미론적 의미와 화용론적 의미 간에는 차이가 없다는 결론을 내릴 수 있다[랭가커(Langacker), 1987, pp.154-166; 기본(Givón), 1989, p.323]. 따라서 '외연적-내포적'과 같은 구분이나 'sense'와 같은 개념들은 심리적 현실성이 부족하기 때문에 인지통번역학의 틀에서는 차지할 수 있는 자리가 없다.

3.7. 통번역은 대인 활동이다

"책이나 도서관에는 문화가 없다… 실제로 각각의 새로운 세대의 살아 있는 뇌에 신중하게 공들여 재구축되지 않으면 문화는 전혀 없다[레디(1979, p.309)]." 사람들이 가진 정보와 지식의 기반은 각기 다르지만 동시에 자신들의 사회 연결망과 정보 범위 내에 있는 다른 사람들의 정보 및 지식 기반과는 상당히 유사하다. 정보와 지식이 사회화를 통해 평준화되고 시간의 흐름과 함께 상호작용을 통해 역동적으로 수정되기 때문이다. 따라서 문화는 문화소들(culturemes)로 구분될 수 없음은 물론이고[페르미어(1993, p.8) vs. 코데(Codde, 2003) 참조] 하나의 개체로 볼 수도 없다[디마지오(DiMaggio), 1997]. 문화는 서로 상호작용하는 개인들의 마음속에 위치하고 있다. 따라서 마르틴(2005, 2008)은 문화 대신에 '비계(scaffolding)'[클라크(Clark), 1997]와 '문화적 모델(cultural model)'[퀸과 홀란드(Quinn and Holland), 1997]의 개념을 사용할 것을 제안한다. 이러한 문화에서 대인적 개념으로의 변화는 통번역에 대해서도 새로운 관점을 갖게 하는 계기가 되어 통번역을 너 이상 '문화 간' 현상으로 보지 않는다. 통번역을 문화 간 현상으로 보는 관점은 지나친 일반화와 단순화의 우려가 있는 견해를 강요함으로써 실증적 데이터 해석을 왜곡시키는 경향이 있기 때문이다.

3.8. 통번역은 일종의 창조적 모방이다

번역학에서 전통적으로 'imitio(모방, 흉내)'을 거부한 것은 퀸틸리아누스와 호라티우스(Quintilian and Horace)가 그랬듯 수사학에서 imitio가 'inventio(발명, 발견, 독창력)'에 비해 낮은 가치가 부여된 것에서 비롯되었을 수 있다. Inventio는 창의성과 관련이 있고 "통상 소수의 영재들만이 가지고 있는 신비로운 요소인 것으로 여겨진다[니렌버그(Nierenberg), 1982, p.3]". 무어맨과 램[(Moorman and Ram), 1994, pp.8-10]은 창의성을 "참신하고 유용한 결과물로 이어지는 인지적 주체의 계획된 내적 프로세스"로 정의한다.[4] 다마시오(Damasio, 2001)는 정보처리가 창의성에 영향을 준다고 주장하고 랭가커(1987)는 이해는 창의적이라고 주장하며 도드(Dowd, 1989)는 창의성이 수평적, 확산적 사고력을 키우고 사람들로 하여금 문제를 여러 다른 시각에서 볼 수 있게 해준다고 서술한다. 따라서 통번역이 창의적인 행위라는 데에는 의심의 여지가 없다. 그러나 동시에 통번역은 기본적으로 모방적인 행위라는 데에도 반론의 여지가 없다.

독자들은 보통 읽고 있는 바로 그 시점과 상황에서 자신들이 구상하는 세상과 연계된 개념적 구조를 원문 텍스트를 통해 구축한다. 번역에 대해서는 그 이상의 것이 기대될 수 있다: 독자들은 종종 번역이 원문 텍스트의 상징적 코딩까지도 표현하고 재생산할 것을 기대한다. 특히 문학 번역에서 독자들은 원작 작가의 '문체의 맛'을 원하고, 정치 법률 번역에서도 번역본이 원문 텍스트의 상당히 세부적인 부분까지 전달할 것을 기대한다. 이런 경우 번역사들은 원문 텍스트를 자신들의 새로운 버전에서 다른 언어로 모방하기 위한 모델로 활용한다. 그런데 모방은 위와 같은 특정 종류의 텍스트 번역 시 나타나는 의도적인 행위에만 국한되는 것이 아니다. 번역사들은 직역 및 절차화된 번역이 여의치 않을 때만 보다 깊은 정신적 처리 전략, 즉 문제해결과 의사 결정으로 들어가며[무뇨즈, 1994, 1995, pp.177-181; 투리, 1995b, pp.191-192; 트리코넨-콩디(Tirkkonen-Condit), 2005], 문제없이 번역된 많은 부분들이 언어가 허락한다면 그에 대응되는 원문 텍스트의 상징적 코드화를 재생산하는 경향이 있다. 따라서 번역은 일반적으로 원문 모방을 수반하는데 모방이 항상 가능한 것이 아니기 때문에 때로는 창의적인 경우가 있다. 모방이 불가능한 것은 언어적 차이 때문만은 아니고 번역문이 새로운 의사소통 상황들에서 여러 다른 사람들에 의해 사용되기 때문이다. 창의성은 학습되고 개발될 수 있고[쿡(Cook), 1998; 게하니(Gehani), 1998] 번역하는 방법을 배우는 것은 관습과 규범을 벗어나지 않는 범위 내에서 모방을 통해 창의성을 일구어 나가는 일로 볼 수 있다(투리, 1988).

3.9. 번역 전문성은 자연스러운 인지 능력의 지속적인 개발을 의미한다

번역 전문성은 백지 상태에서 발전되지 않는다. 번역은 보다 단순한 많은 행동적 요소들이 동원되는 복잡한 행위이다[드 그루트(De Groot), 2000]. 이들 중 읽기, 쓰기, 개념 구조를 구축하고 융합하는 능력과 같은 요소들은 번역사들이 번역을 시작하기 오래전에 이미 다양한 수준으로 발달시켜 왔다. 따라서 번역 능력은 무의 상태에서 습득되는 것이 아니라 사람들이 새로운 생태학적(사회적, 상호작용적) 요구 사항들을 충족시키기 위해 자신들이 기존에 가지고 있던 능력을 개발함으로써 길러진다[베리(Berry), 1987; 스미스와 개서(Smith and Gasser), 2005]. 번역 능력, 즉 다른 언어로 같은 뜻을 만드는 능력은 외국어 단어 하나를 배우는 순간에 탄생하는 것으로, 한 언어 내에서 말을 바꿔 쓰는(rewording) 능력의 자연스러운 확장이다(심사 완료된 무뇨즈 논문 b 참고). 이런 의미에서, 번역 능력은 이중언어 구사자들뿐 아니라 모든 사람이 가질 수 있는 자연스러운 능력이다[해리(Harry, 1977) 참고]. 그렇다고 전문적인 고품질 번역이 쉽다는 의미는 물론 아니다. 높은 수준의 번역을 위해서는 상식을 축적하고 방대한 규범과 규칙을 학습하고 여러 가지 툴에 대한 실용적인 기술을 습득하고 경제적이고 효과적이며 유익한 방식으로 번역을 수행하기 위해 정신적 활동들을 최적화하는 등의 노력이 필요하기 때문이다. 그렇기 때문에 번역 전문성 개발을 위해서는 상황적 학습과 피드백이 중요하고 그것이 번역 교육 프로그램의 기본이 된다.

한편, 번역을 10년 이상 동안 지속적으로 수행한 전문가들 사이에서도 능력에 있어 다양한 차이가 존재한다. 전문 번역사들은 계속해서 자신들의 복잡한 행동을 변화시켜 나가기 때문에 전문성 개발은 끝없이 진행된다. 그렇기 때문에 한 개인의 전문성은 개인적 배경과 노출 정도의 함수로 볼 수 있고 존재하는 전문가의 수만큼이나 다양한 버전의 전문성이 존재할 수 있다. 물론 여러 다른 분야의 전문성 연구에서 드러났듯이, 전문 번역사들은 공통점도 분명히 있다. 그러나 우리는 여전히 전문 번역사라는 것이 무엇이고[핌(Pym), 1994], 전문 번역사를 정의하는 특성에는 어떤 것들이 있는지 알지 못하기 때문에 전문성 연구가 인지통번역학의 최우선 과제가 되어야 한다.

3.10. 인지통번역학은 번역사와 환경 간 상호작용에 초점을 맞춰야 한다

번역 프로세스라는 개념은 세 가지 차원에서 이해될 수 있다. 첫째, 번역에서 역할을 하는 일련의 정신적인 상태와 활동들 그리고 그것들이 구축되고 실행되는 방식으로 구성된 근본적인 차원을 의미할 수 있다. 두 번째 차원에서, 번역 프로세스는 번역을 할 때 함께 진행되는 읽기, 쓰기, 정보 활용, 컴퓨터 사용, 수정, 교정 그리고 때로는 디자인, 인쇄 혹은 출판에 이르는 하부 과제들 및 관찰 가능한 활동들을 모두 아우르는 개념일 수 있다[구아덱(Gouadec, 2005) 참고]. 기본적인 정신적 메커니즘과 작용은 직접 관찰될 수는 없지만 상위 차원에서 관찰되는 행동을 통해 가정될 수 있기 때문에 번역 프로세스의 이러한 두 가지 차원은 서로 밀접하게 연관되어 있다. 그러나 이 두 차원은 정신적 활동과 그들 사이의 상호작용에 관한 서로 다른 관점으로 이어지기 때문에 혼동되어서는 안 된다. 예를 들어 평가를 위한 정신적 활동이 읽기나 번역문 구성과 같은 관찰 가능한 활동에 존재하더라도 후자는 다른 정신적 활동도 수반한다.

번역을 텍스트 읽기, 검색, 정보 인출, 타이핑, 수정 등의 반복적이고 목적 지향적이며 의식적인 과제들의 독립적인 집합체로 보는 두 번째 차원의 관점은 실제 번역 현장의 상황을 완벽하게 반영하지는 않기 때문에 세 번째 차원의 관점을 채택하는 것이 도움이 될 것이다. 세 번째 차원에서는 번역 프로세스가 고객이 번역사에게 연락하는 순간에 시작되어서 번역본이 독자에게 도달하거나 번역료가 번역사에게 지급되는 순간에 종료되는 그 전체 기간으로 이해될 수 있다[캔터 외(Cantor et al.), 2005]. 실제 시장 상황에서는 더 많은 계획과 조율, 원문 분절, 전문 용어 제공, CAT 도구 사용, 제3자에 의한 교정 및 편집 혹은 단순히 새로운 텍스트를 원문에 덮어쓰기 하는 것 등의 중요한 변이들이 생길 수 있다. 팀 프로젝트에서는 많은 번역사들이 문제해결을 위해 동료들과 협업하고 해당 프로젝트에서 특징적으로 발생하는 문제들을 일관성 있게 해결하기 위해 공동의 전략을 모색하는 경향이 있다. 따라서 이러한 시각에서 볼 때, 번역에는 최종 결과물 생산에 참여하는 모든 작업자의 역할과 인지적 기여, 그들 간의 관계와 상호작용 그리고 프로젝트 관리나 번역료 청구와 같은 추가적인 일들이 모두 포함된다. 이러한 상황들은 분산된 인지의 관점에서 다뤄질 수 있다. 어떤 방식이 되든 세 번째 차원에서의 연구는 미뤄 둬서는 안 될 것이다. 시장 상황에 대한 보다 심도 깊은 지식이 실험 설계의 생태학적 타당도 개선으로 이어질 수 있기 때문이다.

서론에서 언급한 '패러다임'의 두 번째 의미를 고찰하기 위한 지면을 남겨 두기 위해 상기 제안들은 간단히 정리했다.

4. 인지통번역학 벤치마킹

행동 과학에서 '실험 패러다임(experimental paradigm)'은 특정 실험들이 수행되는 방식을 의미하기 때문에 여기서 '패러다임'은 구체적인 절차적 표준을 의미한다. 일반적으로 실험 패러다임은 연구자들이 공유하는 특정 이론적 기반과 연관되어 있고 연구자들은 그 이론적 기반의 오류를 입증하려 할 때도 그것을 사용한다. 그러나 번역 프로세스 연구에서 집단과 피험자 분류, 데이터 수집 절차, 변수 정의 그리고 결과 해석은 여전히 상식 수준의 지식에 의존할 때가 있다. 예를 들어 개념 정의, 특히 조작적 정의는 연구를 위한 기본적인 도구이지만 학계에서 '서로 경쟁하지 않는(과학적 개념의 정의들은 응당 서로 경쟁해야 하는데)' 여러 다른 정의들이 존재한다면, 이는 그 분야의 연구가 미성숙한 단계임을 시사한다. 통번역학에서도 다른 분야와 마찬가지로 이론과 연구 간 상호의존성은 필수적이고[당세트와 메나드(Dancette and Ménard), 1996], 그러한 상호의존성이 장려되어서 개념 형성, 모델 구축 그리고 실증적 연구의 호혜적인 피드백이 회복될 수 있어야 한다.[5] 결국

> 번역학계 내의 이론 형성은 그 자체가 목적이었던 적이 없다. 이론 형성의 목표는 언제나 실질적인 행동과 그 결과에 대한 통제 가능한 연구를 위한 탄탄한 기반을 닦고 정교한 기준의 틀을 제공하는 것이었고 이론은 궁극적으로 그러한 목표를 달성할 수 있느냐를 놓고 평가받는다.
>
> 투리, 1988, p.11

실증적 통번역학에 대한 여러 다른 접근법이 존재한다는 것은 실증적 통번역 연구자[6]들이 수용하는 공통된 실험 패러다임을 만들 필요성이 있다는 의미이다. 통번역학에 새로운 인지 이론적 패러다임이 나온다면 실험 설계를 개선하는 데 도움이 될 것이고 실험 연구들은 통번역에 대한 보다 발전된 이론의 고안으로 이어질 것이다. 즉 우리는 인지통번역학의 벤치마킹을 시작해야 한다. 현재 맥락에서 '벤치마킹'은 개별 연구 프로젝트들을 평가하는 일반적인 연구 기준을 수립하는 것으로 이해되어야 한다.

이론적 패러다임들은 연구 방법에 일부 제약을 가하며 본고에서 제안되는 패러다임도 예외가 아니다. 예를 들어 인지심리학은 자기성찰법(introspection)을 거부하고 인지철학 역시 그에 대해 의구심을 제기한다. 그 이유는 명확하게 의식적이거나 무의식적인 현상은 극소수이고 그사이의 회색 지대가 양극단의 명백한 경우들보다 크기 때문이다[바스(Baars), 1988]. 이러한 관점 대신 인지통번역학은 의식과 무의식을 연속체상의 두 개의 극점으로 볼 수 있을 것이다. 사고의 흐름에서 일부는 완전히 의식적이거나 통제되지는 않을 수 있고 따라서 회고적 합리화 과정에서 많은 부분이 구성(construction)될 수 있기 때문이다. 보링(Boring, 1953)[바스(1998, pp.17-18)에서 재인용]에 따르면

> 인간의 의식은 추론된 구성물로 다른 심리적 현실들이 그러한 것처럼 추정에 의한 것이다. 진정으로 즉각적인 관찰, 거짓말할 수 없는 회고는 존재하지 않는다. 모든 관찰은 시간이 걸리는 프로세스이고 그 과정에서 오류가 있을 수밖에 없다.

이러한 견해는 번역 연구에서 사용되는 TAP의 문제점을 떠올리게 한다. TAP는 한 세대의 선구자적인 과학적 연구자들에게 매우 유용한 도구였다. TAP는 번역 프로세스에 대해 우리가 현재 가지고 있는 지식의 대부분을 구축하는 데 도움을 줬고 여전히 예비 연구, 적응적 연

구, 질적 연구에 있어 유용하다. 그러나 TAP를 번역 연구에 적용하는 것이 타당한가에 관한 비판[투리, 1991; 세귀노(Séguinot), 1996]과 함께 방법론적 문제들[버나디니(Bernardini), 1999, 2001; 리(Li), 2004]이 제기되면서 실증적 번역 프로세스 연구의 데이터 수집을 위한 절차로서의 입지가 약해지고 있다. TAP가 키보드 로깅과 같은 다른 데이터 수집 절차와 함께 사용되는 경우에도 마찬가지이다[야콥센(Jakobsen), 2003].

피험자들의 즉각적인 회상의 성격 역시 불분명하다. 피험자들이 번역 시 사용하던 것과 같은 정신적 구조를 활용하고 있는지, '사후 구성'이 이미 많은 작용을 하고 있는지 알 수가 없기 때문이다. 회상 데이터는 프로세스가 실제로 어떻게 일어나는지에 관한 간접적 지표로 사용되어서는 안 되겠지만 피험자들이 자신들이 번역하는 동안 머릿속에 일어났던 일을 '구성(construct)'하는 방법으로는 훌륭하다. 이를 통해 번역사들이 자신들의 과제를 어떻게 생각하는지에 관한 실마리를 얻을 수 있다. 번역 과제, 행동적 루틴(routine), 인지 스타일 그리고 결과물에 대한 체계적 견해들 간 상관관계가 과제의 개념화, 결과물의 품질, 번역 전문성 발달 사이의 관계를 학습하는 데 도움이 될 수 있다. 문제해결에 대한 여러 다른 은유적 개념화의 영향을 관찰한 겐트너와 겐트너(Gentner and Gentner, 1982)가 사용한 연구 전략들은 이 분야에서 돌파구를 찾기 위해 참고할 수 있는 훌륭한 모델이다.

이론적 고려는 생태학적 타당도의 개념 측면에서도 연구 방법에 영향을 줄 수 있다. 니서(Neisser, 1976, 1987)와 기타 연구자들이 인지심리학의 많은 실험이 실험실 상황에만 적용된다고 지적했는데 이는 올바른 지적이었다. 우리는 이런 일이 통번역학에서는 일어나지 않도록 노력해야 한다. 과학계에서 비생태학적 실험에서 나온 결과가 의심을 받는다면 통번역학에서도 동일한 우려가 있을 수밖에 없다.[7] 예를 들어 실험 목적을 위해서는 전체 텍스트를 쉬지 않고 번역해야 하기 때문에 연구자들은 실제 번역 상황에서 사용되는 평균 텍스트 길이보다 훨씬 짧은 원문 텍스트를 사용하게 되는데 길고 짧은 번역 과제들 사이의 차이는 아직 설명되지 않고 있다.

이론적 틀은 또한 새로운 연구 주제를 제안하고 과거에는 흥미롭지 않다고 여겨졌던 분야에 대한 새로운 관심을 불러일으킬 수 있다. 문제해결은 통번역학에 있어 지난 수십 년간 주된 관심 분야 중 하나였고, 많은 접근법이 번역 프로세스를 일련의 교차하는 정신적 활동 혹은 처리 방식으로 봤다:

> 번역 프로세스에는 아무런 문제없이 거의 자동적으로 번역이 되는 부분이 있고 속도가 느려지고 수많은 고민이 필요해서 문제해결식 접근법과 전략의 적용이 필요해지는 부분이 있다.
>
> 엥겔룬드-디미트로바(Englund-Dimitrova), 2005, p.26

문제해결 프로세스가 절차화된 루틴으로 인해 자유로워진 인지적 자원들의 도움을 받는다는 데 대한 합의가 생겨나고 있는 것으로 보인다. 또한 어려운 점이 없는 번역에도 번역사들의 판단이 들어가기 때문에 즉각적으로 떠오르는 번역에 의문을 제기하는 자체 평가 과정이 분명히 존재한다. 이러한 관점에서 볼 때, 어려움이 없는 부분들도 문제해결 전략이 적용되는 부분들만큼이나 흥미로울 수 있다. 또한 각각의 번역 문제가 특정 시점에 특정 번역사에 의해 인식되는 독특한 특징들이 있기 때문에 번역에 관해 저장되어 있는 정보는 어려움이 없는(반복적으로 나타나는) 번역문에서 더욱 가시적으로 나타난다. 물론 문제해결이 중요하지 않다는 의미는 아니다. 여기서 지적하고자 하는 것은 절차화되고 '무의식적인' 프로세스 연구를 포함하는 방향으로 학문적 관심을 옮길 필요도 있다는 점이다.

과거 유사한 경험들에서 발견되는 절차와 해법을 내면화하고 저장하는 것이 번역 학습과 전문성 개발에서 나타나는 중요한 특징이다. 그러나 유사한 능력을 가진 것으로 가정되는 초보와 전문가를 비교할 때 전문성은 승자 독식의 개념으로 접근되어서는 안 된다. 전문가들도 능력의 차이가 다양하고 주제 분야의 변화에 따라 기량이 평상시만큼 나오지 않을 수도 있다. 학생들 역시 각기 다른 배경으로 인해 각기 다른 경로를 통해 전문성을 기를 것이다. 언어를 습득할 때와 마찬가지로 많은 중간단계를 거치게 된다. 따라서 번역 전문성을 연구하려면 발달적 관점을 취하고 번역 전문성을 다양한 양상이 있는 연속체로(모듈이 아닌!) 봐야 한다. 문제와 해법의 유형들과 결과물의 품질 간 상관관계를 검사해 번역 전문성 발달 단계와 연계할 수 있을 것이다. 종단적 연구들[예: 슈미트(Schmidt), 2005; 한센(Hansen), 2008; PACTE[8] 그리고 진행 중인 TransComp[9]]이 과제 절차화와 특정 유형의 문제들에 대한 문제해결 루틴의 내면화 발달 과정을 추적함으로써 학생들과 다른 피험자들의 전문성 개발 방식을 연구하는 데 도움이 될 수 있다.

일부 독자들에게는 필자가 제안한 10가지 원칙이 인지적 접근법이 통번역학에 제공할 수 있는 것들의 맛보기 정도일 뿐이라고 생각되었을 수 있고 별로 새로울 것이 없다고 생각하는 독자도 있을 것이다. 이 원칙들이 반드시 지켜져야 하는 규칙인 것도 아니다. 그러나 필자는 "학문 연구에서 단연 가장 위험한 것은… 개인이 특정 학파의 사고 체계에 통달할 수 있다는 점이 아니라 특정 학파가 개인의 사고 체계를 지배할 수 있다는 것이다"라는 샘슨(Sampson, 1980, p.10)의 견해에 동의한다. 이들 원칙이 단순히 한 번 읽히고 잊히는 것이 아니라 통번역에 대한 우리의 논리적인 사고에 뿌리를 내리게 된다면 지대한 영향력을 발휘할 수 있을 것이다. 타바코츠카(Tabakowska, 1993, p.20)는 인지언어학을 통번역에 적용하는 것에 관해 쓴 바 있는데 필자는 이것이 인지통번역학 전체에 해당되는 내용이라고 생각한다: 그것의 가치는 "새로운 발견을 하는 데 있는 것이 아니라 기존의 충분한 근거가 있는 학설들에 대한 체계적이고 일관성 있는 설명을 위한 이론적 틀을 제공하는 데 있다". 이론은 실험 연구를 통해서만 개선되거나 오류가 입증될 수 있기 때문에 그 둘 사이의 정상적인 관계를 재정립하기 위한 공통의 기본 절차에 합의해야 하겠다.

미주

1. 이러한 프로세스들을 개념적 은유(conceptual metaphors)를 통해 다른 영역으로 확장시킬 수 있는 우리의 능력 덕분이기도 한다. 은유는 "한 가지 종류의 것에 대해서도 마치 다른 종류인 것처럼 생각할" 수 있게 해 준다; 결과적으로, 은유는 우리의 물리적 경험에 바탕을 두는 영역 간 사상(mapping)으로 볼 수 있다[레이코프와 누녜즈(Lakoff and Núñez), 2000, p. 6]. 개념적 은유는 통번역학의 이론적 발전에 있어서도 매우 중요하다. 예를 들어, 마르틴(2005, 2008)은 도관은유(conduit metaphor)의 무의식적인 사용[레디(Reddy), 1979]은 라이스와 페르미어(Reiss and Vermeer, 1984) 그리고 홀츠-맨태리(Holz-Mänttäri, 1984)의 틀을 저해할 수 있다는 설득력 주장을 한다. 도관은유는 또한 '출발 텍스트', '도착 텍스트'와 같은 통번역학에서 널리 받아들여지는 용어들에서도 찾아볼 수 있다.

2. 오늘날 통번역 프로세스 참여자는 보통 이보다 많다: 고객, 교열자, 프로젝트 매니저, 다른 통번역사 등. 그러나 이 중 많은 사람이 출판과 같은 다른 텍스트 생산 상황에서도 동일하게 나타나는 참여자들이다.

3. 일반적으로 사람들은 신호를 이해하는 데 필요한 것보다 많은 정보를 활성화시킨다. 몇 밀리초 후, 통합 프로세스가 모든 무관한 정보를 폐기하고[건스바커(Gernsbacher) 1990, pp. 88-167] 이미 작업 기억에 존재하고 활성화되어 있는 다른 정보와 관련된 요소들의 활성화를 강화한다. 따라서 구트(Gutt, 1991)의 표현대로, 맥락을 일종의 필터로 볼 수 있을 것이다. 그러나 구트는 맥락을 사전에 정의되고 확정된 개체로 보는 데 비해, 여기서 맥락은 상향식 프로세스를 통해 이미 처리된 정보를 통합함으로써 상호적으로 진화하는 역동적 '프로세스'로 간주된다[라차트(Lachat), 1998].

4. 본고에서는 지면 관계상 상황적 인지와 분산된 인지에서 제기할 수 있는 창의성의 '내적' 특성에 관한 문제를 다루지 않겠지만 칙센트미하이(Csikszentmihalyi, 1996)는 참고해 볼 만하다.

5. 연속적인 이론적 모델을 적용하려는 일련의 시행착오적 시도의 역사라 할 수 있는 자동 기계 보조 번역의 내부 역사[아크만(Akman), 2000]가 좋은 예일 수 있다. 자동 번역에서는 각 단계에서 새로운 어플리케이션들뿐 아니라 새롭고 보다 현실적인 모델들도 개발되었다. 그것들 중 일부는 지금까지도 여전히 공존하고 있기는 하다: 규칙 모델, 어휘와 문법 모델, 의미론적 모델, 통계적 그리고 지식 기반 시스템.

6. 물론 실증적 연구를 하는 모든 통번역 학자가 인지적 패러다임에 관심이 있는 것은 아닐 수 있다. 코퍼스 연구가 그러한 예가 될 수 있겠다. 하지만 프로세스 연구의 방대한 데이터로 인해 실험 결과가 코퍼스화되고 있어서 그들 간 인터페이스를 만들 필요성이 생길 수 있다. LETRA Lab(UFMG)의 CORPRAT 코퍼스가 이런 방향의 구상이다. Transcomp Research Group(그라즈 대학교)도 TAP에서 나온 프로세스 데이터를 코드화하는 표기 시스템을 개발했다.

7. 여기서는 비생태학적 실험의 결과가 무의미하다고 여겨질 수 있다. 그러나 그렇다고 해서 복잡한 연구 설계에서 자연주의적 데이터와 상호 참조하기 위한 추가 데이터 수집을 위해 실험실 유형의 전략을 사용해서는 안 된다는 의미는 아니다.

8. http://fti.usb.es/pacte/Projectes/projectesingles.htm

9. http://gams.uni-graz.at/fedora/get/container:tc/bdef:Container/get

참고
문헌

Akman, Varol. 2000. "Introduction to the special issue on philosophical foundations of artificial intelligence" *Journal of Experimental and Theoretical Artificial Intelligence* 12 (3) 247-250.

Anderson, Michael L. 203. "Embodied cognition: A field guide." *Artificial Intelligence* 149 (1): 91-130.

Baars, Bernard J. 1988. *A Cognitive Theory of Consciousness*. Cambridge: University Press.

Barsalou, L. W. 2008. "Grounded cognition." *Annual Review of Psychology* 59: 617-645.

Bernardini, Silvia. 1999. "Using think-aloud protocols to investigate the translatioin process: Methodological aspects." *In RCEAL Working Papers in English and Applied Linguistics* 6, J.N. Williams (ed.), 179-199. Cambridge: University Press.

Bernardini, Silvia. 2001. "Think-aloud protocols in translation research. Achievements, limits, future prospects." *Target* 13 92): 241-263.

Berry, John W. 1987. "The comparative study of cognitive abilities." In *Intelligence and Cognition: Contemporary Frames of Reference,* Stephen H. Irvine and Sidney E. Newstead (eds.), 393-420. Dordrecht: Nijhoff.

Block, Ned. 1996. "What is functionalism? A revised version of the entry on functionalism in *The Encyclopedia of Philosophy Supplement,* Macmillan." Available on line at http: //wwww.nyu.edu.gsas/dept/philo/faculty/block/papers/functionalism.pdf

Brooks, Rodney A. 1991. "Intelligence without representation." Artificial Intelligence Journal 47: 139-159.

Butler, Keith. 199. "Neural constraints in cognitive science." *Minds and Machines* 4 (2): 129-162.

Cantor, Scott B., Byrd, Theresa L., Groff, Janet Y., Reyes Yesenia, Tortolero-Luna, Guillermo and Mullen, Patricia 2005. "The language translation process in survey research: A cost analysis." *Hispanic Journal of Behavioral Sciences* 27: 364-370.

Churchland, Patricia and Sejnowski, Terrence. 1992. The Computational Brain.

참고
문헌

Cambridge, MA: MIT.

Clancey, William J. 1997. Situated Cognition: *On Human Knowledge and Computer Representations*. Cambridge: University Press.

Clark, Andy. 1997. *Being There: Putting Brain, Body and World Together Again*. Cambridge, Ma: MIT.

Codde, Philippe. 2003. "Polysystem theory revisited: A new comparative introduction." *Poetics Today* 24 (1): 91-126.

Csikszentmihalyi, Mihaly. 1996. *Creativity: Flow and the Psychology of Discovery and Invention.* New York: Harper-Collins.

Damasio, Antonio R. 2001. "Some notes on brain, imagination and creativity." In *The Origins of Creativity*, Karl H. Pfenninger, Bruce Adolphe and Valerie R. Subik (eds.). 59-68. New York: Oxford University Press.

Dancette, Jeanne and Mérnard, Nathan. 1996. "Modéles empiriques et expérimentaux en traductologie: questions d'épistémologie." *Meta* 41 (1): 139-156.

De Groot, Anette M. B. 2000. "A complex-skill approach to translation and interpreting." In *Tapping and Mapping the Processes of Translation and Interpreting*, Sonja Tirkkonen-Condit and Riitta Jääskeläinen (eds.), 53-68. Amsterdam: Benjamins.

De Mey, Marc. 1982. The Cognitive Paradigm. Chicago: University Press.

DiMaggio, Paul. 1997. "Culture and cognition." *Annual Review of Sociology* 23: 263-288.

Dowd, E. Thomas. 1989 "The self and creativity: Several constructs in search of a theory." In *Handbook of Creativity: Perspectives on Individual Differences,* John A. Glover, Royce R. Ronning and Cecil R Reynolds (eds.), 233-242 New York: Plenum.

Englund-Dimitrova, Birgitta. 2005. *Expertise and Explicitation in the Translation Process.* Amterdam: Benjamins.

Feldman, Jerome and Ballard, Dana. 1982. "Connectionist models and their properties." *Cognitive Science* 6: 204-254.

Friedenberg, Jay and Silverman, Gordon. 2006. *Cognitive Science: An Introduction to the Study of Mind.* Thousand Oaks, CA: Sage.

Gehani, R. Ray. 1998. *Management of Technology and Operations.* New York.: Wiley and Sons.

Gentner, Dedre and Gentner, Donald R. 1982. *Flowing Waters or Teeming Crowds: Mental Models of Electricity* [Report # 4981]. Cambridge, MA: Bold Beranek and Newman.

Gernsbacher, Morton Ann. 1990. Language Comprehension as Structure Building. Hillsdale, NJ: Erlbaum.

Givón, Talmy. 1989. Mind, Code, and Context: Essays in Pragmatics. Hillsdale, NJ: Erlbaum.

Gomila, Toni and Calvo, Paco. 2006. Embodying Cognition: Towards an Integrated Approach. Workshop Summary available at http: //www.eucognition.org/embodying_cognition_2006/workshop_theme.pdf

Gouadec, Daniel. 2005. Modélisation du processus d'exécution des traductions." *Meta* 50 (2): 643-652.

Gutt, Ernst A. 1991. *Translation and Relevance. Cognition and Context.* Oxford: Blackwell.

Hansen, Gyde. 2008. "Kommunikative Kompetenz in Übersetzungsprozessen: Eine Langzeitstudie." *Redit* 1: 48-56.

Harris, Brian. 1977. "The importance of natural translation." *Working Papers in Bilingualism* 12: 96-114.

Harris, Brian. 1988. "What I really meant by 'Translatology.'" *TTR* 1 (2): 91-96.

Holz-Mänttäri, Justa. 1984. *Translatorisches Handeln. Theorie und Methode.* Helsinki: Annales Academiae Scientarum Fennicae.

Hutchings, Edwin. 1995. *Cognition in the Wild.* Cambridge, MA: MIT.

Jakobsen, Arnt L. 2003. "Effects of think aloud on translation speed, revision and segmentation." In *Triangulating Translation: Perspectives in Process Oriented Research,* Fabio Alves (ed.), 69-95. Amsterdam: Benjamins.

Johnson, Mark. 1987. *The Body in the Mind. The Bodily Basis of Meaning, Imagination, and Reason.* Chicago: University Press.

참고
문헌

Kuhn, Thomas S 1962. *The Structure of Scientific Revolutions*. Chicago: University Press.

Lachat Leal, Cristina. 1998. "Análisis del concepto de context en la teoría de la relevancia." In *Estudios de lingüística cognitiva*, José Luis Cifuentes Honrubia (ed.), 103-112. Alicante: Universidad.

Lakoff, George and Johnson, Mark. 1980. *Metaphors We Live By*. Chicago: University Press.

Lakoff, George and Johnson, Mark. 1999. *Philosophy in the Flesh: The embodied Mind and Its Challenge to Western Thought.* New York: Basic Books.

Lakoff, George and Núñez, Rafael E. 2000. *Where Mathematics Comes From*. New York: Basic Books.

Lakoff, George. 1987. *Women, Fire and Dangerous Things.* Chicago: University Press.

Lakoff,George. 1990. "The invariance hypothesis: Is abstract reason based on image-schemas?" Cognitive Linguistics 1 (1): 39-74.

Langacker, R. 1987. *Foundations of Cognitive Grammar*, Vol. 1. Stanford: Univeristy Press.

Lave, Jean. 1988. Cognition in Practice: *Mind, Mathematics and Culture in Everyday Life.* Cambridge: University Press.

Li, Defeng. 2004. "Trustworthiness of think-aloud protocols in the study of translation processes." *International Journal of Applied Linguistics* 14: 301-313.

Martín de León, Celia. 2005. *Contendores, Recorridos y metas. Metáforas en la traductología funvionalista*. Frankfurt: Peter Lang.

Martín de León, Celia. 2008. "Skopos and beyond. A critical study of functionalism." *Target* 20 1: 28.

McClelland, James L. 1998. "Complementary learning systems in the brain: A connectionist approach to explicit and implicit cognition and memory." *Annals of the New York Academy of Sciences* 843: 153-169.

Moorman, Kenneth and Ram, Ashwin. 1994. A Functional Theory of Creative Reading. [College of Computing technical report no. 94-01]. Atlanta: Georgia

Institute of Technology. Available online at ftp: //ftp.cc.gatech.edu/pub/coc/tech_reporats/1994/GIT-CC-94-01.ps.Z

Moser-Mercer, Barbara. 1991. "Paradigms gained or the art of produce disagreement." In *Bridging the Gap. Empirical Research in Simultaneous Interpretation,* Sylvie Lambert and Barbara Moser-Merver (eds.), 17-23. Amsterdam: Benjamins.

Muñoz Martín, Ricardo. 1994. La lingüística cognitive, la teoríade la traducción y la navaja de Occam [Cognitive linguistics, translation theory, and Ocham's razor]." Unpublished resentation and the First International Conference on Translation and Interpreting. University of Havana, Cuba, December 7-9, 1994.

Muñoz Martín, Ricardo. 1995. *Lingüística para traducir.* Barcelona: Teide.

Muñoz Martín, Ricardo. In Press a. "Leave no stone unturned: On the development of cognitive translatology." *Translation and Interpreting Studies* 5 (2).

Muñoz Martín, Ricardo. In Press b. "Nomēn mihi legio est: A cognitive approach to natural translation." In *Interpreting...Naturally,* María Jesús and Amparo Jiménez (eds.). Castellón, Spain: Universitat Jaume I.

Neisser, Ulric. 1976. *Cognition and Reality*. San Francisco: Freeman.

Neisser, Ulric. 1987. *Concepts and Conceptual Development: Ecological and Intellectual Factors in Categorization.* Cambridge: University Press.

Nierenberg, Gerard I. 1982. *The Art of Creative Thinking.* New York: Barnes and Noble.

O'Brien, Gerard and Opie, Jon. 1999. "A connectionist theory of phenomenal experience." *Behavioral and Brain Sciences* 22: 127-148.

Pym, Anthony. 1994. "Ideologies of the expert in discourses on translator training." In *Problems and Trends in the Teaching of Interpreting and Translation,* Yves Gambier and Mary Snell-Hornby (eds.). 481-497. Misano: Istituto San Pellegrino.

Quinn, Naomi and Holland, Dorothy. 1987. "Culture and cognition." In *Cultural Models in Language and Thought*, Dorothy Holland and Naomi Quinn (eds.), 3-42. Cambridge: University Press.

참고 문헌

Reddy, Michael J. 1979. "The conduit metaphor: A case of frame conflict in our language about language." *In Metaphor and Thought*, Andrew Ortony (ed.), 284-324. Cambridge: University Press.

Reiß, Katharina and Vermer, Hans. 1984. *Grundlegung einer allgemeinen Translationstheorie.* Tübingen: Niemeyer.

Risku, Hanna. 2002. "Situatedness in translation studies." *Cognitive Systems Research* 3 (3): 523-533.

Sampson, Geoffrey. 1980. *Schools of Linguistics*. Stanford: University Press.

Schmidt, Morena Azbel. 2005. *How Do You Do It Anyway? A Longitudinal Study of Three Translator Students Translating from Russian into Swedish.* Stockholm: Almqvist and Wicksell.

Séguinot, Candace. 1996. "Some thoughts about think-aloud protocols." *Target* 8 (1): 75-95.

Smith, Linda and Gasser, Michael. 2005. "The development of embodied cognition: Six lessons from babies." *Artificial Life* 11 (1-2): 13-30.

Spivey, Michael. 2007. *The Continuity of Mind.* New York: Oxford University Press.

Suchman, L. 1987 *Plans and Situated Actions:* The Problem of Human Machine Communication. Cambridge: University Press.

Sutton John. 2008. "Remembering." In *The Cambridge Handbook of Situated Cognition,* Philips Robbins and Mura Aydede (eds.), 217-235. Cambridge: University Press.

Tabakowska, Elżbieta. 1993. *Cognitive Linguistics and Poetics of Translation.* Tübingen: Narr.

Thagard, Paul. 1993. "Societies of minds: Science as distributed computing." *Studies in History and Philosophy of Science* 24: 49-67.

Thagard, Paul. 1994. "Mind, society, and the growth of knowledge." *Philosophy of Science* 61: 629-645.

Thagard, Paul. 1997. "Collaborative knowledge." *Nous* 31 (2): 242-261.

Tirkkonen-Condit, Sonja. 2005. "The Monitor Model Revisited: Evidence from Process Research." *Meta* 50 (2): 405-414.

참고
문헌

Toury, Gideon. 1988. "A handful of paragraphs on "Translation" and "Norms"." In *Translation and Norms*, Christina Schäffner (ed.), 10-32. Clevedon: Multilingual Matters.

Toury, Gideon. 1991. "Experimentation in translation studies: Achievements, prospects and some pitfalls." In *Empirical Research in Translation and Intercultural studies*, Sonja Tirkkonen-Condit (ed.), 45-66. Tübinen: Narr.

Toury, Gideon. 1995a. "The notion of "assumed translation"—An invitation to a new discussion." In *Letterlijkhei, Woordelijheid,* Henri Bloemen, Erik Hertog, and Winibert Segers (eds.). 135-147. Antwerpen: Fantom.

Toury, Gideon. 1995b. *Descriptive Translation Studies and Beyond.* Amsterdam: John Benjamins.

Varela, Francisco, Thompson, Evan and Rosch, Eleanor. 1991. *The Embodied Mind* Cambridge, MA: MIT.

Vermeer, H. J. 1983. "Translation theory and linguistics." In Näkökohtia käänämisen tutkimuksesta, Pauli Roinila, Ritva Orfano, and Sona Tirkkonen-Condit (eds.), 1-10. Joensuu: University Press.

Wilson, Margaret. 2002. "Six views of embodied cognition." Psychonomic Bulletin and Review 9 (4): 625-636.

Winograd, Terry and Flores, Fernando. 1986. *Understanding computers and Cognition: A New Foundation for Design*. New York: Addison-Wesley.

Wittgenstein, Ludwig. 1953. *Philosophical Investigations*. Trans. By Gertrude. E. M. Anscombe. Oxford: Blackwell.

번역 프로세스에 대한 통합적 서술

귀데 한센(Gyde Hansen)
덴마크 코펜하겐비즈니스스쿨

실증적 번역 연구자들은 과학적 연구 패러다임의 엄격한 연구 기준을 충족하기 위해 지속적으로 노력한다. 그러나 번역의 인지적 프로세스 연구에는 복잡한 심리 사회적 활동에 대한 주관적 관찰을 포함해 매우 질적인 데이터에 기반한 결과가 많이 활용된다. 프로세스 연구에서 '인간의 번역'이라는 복잡한 이슈가 과학적 패러다임의 틀에서만 접근될 경우 지나치게 단순화될 수 있다. 인문학적 패러다임의 사고방식과 방법들이 간과된다면 번역의 전체적인 인문학적 성격을 놓칠 수 있는 것이다. 본고에서는 인지적 번역 연구에서 실증과학과 인문학의 접근 방식을 결합하는 방법인 통합적 서술 프로세스에 중점을 둔다.

1. 서론

실증적이고 과학적인 연구란 통제된 실험을 수행하고 최소한 간주관적 수준에서 비교, 반복 검증, 일반화가 가능한 결과를 도출하며 확인되고 발전될 수 있는 이론을 수립하는 것이다. 현재 번역 프로세스 연구자들이 데이터 수집을 위해 활용할 수 있는 다양한 도구와 소프트웨어 어플리케이션이 나와 있지만 많은 데이터가 여러 다른 방법으로 수집되었다는 사실만으로 그 가치가 보장될 수는 없다. 번역 프로세스 연구에서 나타나는 전형적인 문제 중 하나는 다양한 변수와 다량의 데이터 처리 그리고 특히 번역 연구 목적과 관련된 모든 데이터를 합리적으로 통합하는 데 있다. 이 문제는 잘 계획된 '통합적 서술(integrative description)' 프로세스로 해결될 수 있다는 것이 본고에서 주장하는 바이다. 이러한 프로세스를 통해 번역 연구의 목표 및 연구 질문의 종류와 타당성이 명확해질 수 있다.

번역학에서 통합적 서술의 목표는 연구 대상이 되는 이슈들을 보다 세부적으로 이해하는 것이다. 물론 이들 이슈에는 번역 및 산출되는 텍스트뿐 아니라 번역사들도 포함된다. 결국 번역 프로세스 연구는 관찰 가능한 번역 행위를 이해하고 그 기저에 있는 인지 프로세스를 연구하는 것과 깊은 관련이 있다.

2. 본고의 실증적 배경: 종단적 연구

'적절한 번역 프로세스'를 특징짓는 것은 무엇인가? 성공적인 번역사, 그들의 프로필, 역량 및 기술을 특징짓는 것은 무엇인가? 번역사들이 피할 수 있는 함정이 있는가, 있다면 어떻게 피하는가? 코펜하겐비즈니스스쿨(CBS)에서 학생들과 전문가들에 관한 실증적 종단 연구를 시작하던 당시 필자가 한센(1997, p.207)에서 제기한 질문들이다. 필자는 번역 프로세스는 인지적 프로세스이고 모든 번역사가 고유의 능력, 기술, 지식의 조합, 즉 '개별 역량 패턴(individual competence pattern)'을 가지고 있으며 개별 역량 패턴은(a) '번역사의 번역 결과물(b)'과 '번역 과정에서의 행동'을 통해 파악될 수 있다고 서술했다. 필자는 개별 역량 패턴을 발견하기 위해 CBS의 졸업반 학생들의 번역 프로세스에서 나타나는 행동을 이러한 프로세스의 결과인 번역 결과물의 품질과 연관 지어 연구하는 실험을 실시했다.

필자의 연구에서 '번역'은 사회적, 의사소통적 기능이 있는 실제 존재하는 텍스트에 대해 '실시간으로 진행되는 번역'을 의미한다. 필자는 '번역 프로세스'를 번역사가 출발 텍스트에 대한 작업을 시작하는 순간부터 도착 텍스트를 완성하는 순간까지 일어나는 모든 일로 정의하며 번역 브리프도 이 프로세스에 포함된다. 이는 모든 연필 움직임과 키스트로크에서부터 사전 사용, 인터넷 사용, 의사 결정과 문제해결 혹은 수정에 동원되는 전체적인 정신적 프로세스에 이르는 모든 요소를 아우르는 것으로써, 요약하자면 번역사가 출발 텍스트에서 도착 텍스트로의 변환을 위해 해야 하는 모든 일이라고 할 수 있다[한센(1997, p.204); 한센(2003, p.26) 참고].

필자의 주된 관심사는 주의 전략(attention strategies)와 고퍼(Gopher, 1993, p.300)가 제시한 복잡한 인지 과제에 대한 주의, 통제의 훈련 가능성이었다. 고퍼는 다음과 같이 말한 바 있다:

> 주의 전략의 채택 및 실행과 관련해 두 가지 중대한 질문이 제기될 수 있다. 첫 번째는 사람들이 자신들의 투자 효율성 및 다른 대안적 전략의 효용과 비용을 얼마나 인지하고 있는가 하는 질문이다. 두 번째 질문은 사람들이 자신들의 처리 노력을 통제하고 동원하는 데 얼마나 능한가 하는 것이다. 이들 질문과 관련이 있는 이슈에는 주의 통제의 훈련 가능성과 최상의 훈련 방법 등이 있다.

종단적 연구의 첫 단계에서(1997-2005) 필자는 번역사 교육에서 간과되거나 시간 부족 등으로 제대로 다뤄지지 않는 '번역 프로세스 방해의 원인(sources of disturbance in translation processes, SDs)', 즉 번역 문제의 원인에 초점을 맞췄다(한센, 2006).

필자는 번역사가 자신의 행동을 인식, 통제하고 있어 맥락과 의사소통 상황에 맞는 번역, 즉 출발 텍스트와 주제, 텍스트 유형, 사용역 그리고 도착 텍스트 독자들의 기대와 필요에 맞는 번역 등가물을 찾았는지 여부를 인식하는 프로세스를 '적절한 번역 프로세스(felicitous translation process)'로 정의했다. 즉 번역사가 주의를 기울이고 있어서 적절한 해법을 아직 찾지 못해 여전히 더 고민할 필요가 있는지 여부를 인식한다면 그것이 적절한 번역 프로세스인 것이다. '번역 능력(translation competence)'은 번역사가 읽기와 번역문 구성 단계에서 문제점과 오류를 인지하고 그 문제들을 해결하고 텍스트 품질을 개선하기 위한 문제해결 및 수정 전략을 가지고 있는 것을 의미한다(한센, 1997, p.205; 한센, 2006, p.20).

필자의 종단 연구는 예비 실험들과 6차례의 실험 및 대조 실험으로 구성되어 있다. 총 360개의 개별 실험이(양방향 번역) 있었고 피험자는 80명이었다. 최초 연구였던 1997년 학생 신분으로 연구에 참여한 많은 사람들이 현재는 전문가로 일하고 있는 번역 부서, 기관, 회사들과 긴밀히 연계해, 이전 표본 집단의 피험자 28인의 프로필과 번역 프로세스 그리고 결과물이 2007년에 다시 조사되었는데 이번에는 이들의 직장에서 연구가 이뤄졌다.[1]

이 종단 연구의 첫 단계에서 이미 번역사들 각자의 개별 역량 패턴이 있음이 확인되었다(한센, 2006, p.248). 번역은 개인적이며 정신적인 문화 간 의사소통 행위이다. 번역사들의 번역 관련 인지 자원(텍스트를 이해하고 구성하는 능력)과 번역 상황이 사회적, 문화적 조건과 개인적 성향, 경험, 지식의 차이로 인해 서로 다르기 때문에 어떠한 두 번역도 완전 동일한 방식으로 진행되지 않는다. 물론 이들은 번역뿐 아니라 인간의 모든 행동에 영향을 주는 요소들이다.

번역 결과물, 즉 도착 텍스트의 '수용(reception)'에 있어서도 마찬가지이다. 결과물의 품질에 대한 인식과 평가는 번역사 개인의 프로필과 이론적 성향, 번역 프로세스 간의 관계뿐 아니라 독자의 도착 텍스트에 대한 기대치와 그것이 사용되는 상황 그리고 독자의 배경과 이론적 성향에 의해서도 좌우된다(한센, 2007). '방해의 원인'과 '적절한 번역 프로세스'에 초점을 맞춘 필자의 종단 연구 프로젝트에서는 번역 결과물의 품질 평가가 중요한 요소였다. 평가 프로세스와 번역 및 교정의 품질 관리에 관해서는 한센(2007, 2008과 2009a)을 참고하기 바란다.

필자의 종단 연구의 '궁극적 목표'는 번역 교육 프로그램을 개발하고 그 품질을 개선하고 학생들과 전문 번역사들에게 성공적인 번역을 위한 귀중한 조언을 제공하는 것이다. 또한 연구 결과가 학계에 도움이 되었으면 하는 바람도 있다. 아래에 기술된 방법론적 고려 사항들은 번역 과정에서 나타나는 번역사들의 인지적 프로세스와 그들의 역량 패턴의 추이에 대한 포괄적인 개인별 종단 연구 경험을 바탕으로 한 것이다.

3. 번역 프로세스 연구

연구 프로젝트에서는 항상 '연구 대상과 연구 목표와 관련해' 가장 관련성이 높은 매개변수에 관한 결정을 내려야 한다. 즉 연구 대상이 되는 현상에 대한 부분적인(완전하지는 않더라도) 모델이라도 있어야 하는 것이다. 그러한 결정을 위한 전제 조건은 연구 대상의 성격에 관한 이해와 경험이다. 즉 관련성이 있을 수 있는 매개변수와 변수들 및 그들 간 연계성과 상관관계에 관한 아이디어를 어느 정도는 가지고 있어야 한다. 실증적 '번역 프로세스 연구'에서 이들 매개변수와 변수는 두 가지 상당히 다른 그러나 밀접하게 상호 연결된 영역에서 도출되며 번역 프로세스를 제대로 서술하는 데 매우 중요하다. 즉 (a) '사람(번역사들)'을 피험자로 하는 실험 연구와 (b) 언어적, 문화적 맥락 속의 '텍스트'를 대상으로 하는 연구가 있는 것이다. 전자는 인지와 번역 행위 간 연계성 및 상관관계 규명과 관련이 있고 후자는 번역이라는 행동의 시발점 및 결과물이 되는 텍스트에 중점을 둔다.

번역 프로세스 연구는 관찰 가능한 행동과 직접 관찰 가능하지 않은 인지 프로세스 간의 연결을 필요로 하기 때문에 관찰, 가설, 예비 실험, 본 실험, 피험자 관찰, 분석, 이해, 평가, 범주화, 코딩, 계산, 해석, 비교, 통합, 조합, 삼각 검증, 결론, 서술, 설명 등의 많은 요소와 단계로 이뤄질 수밖에 없다. 우리는 번역사의 인지적 자원에 관심이 있기 때문에 이런 종류의 연구는 피험자의 개인적 배경 역시 고려할 필요가 있다. 따라서 설문지 작성, 개별 로그 파일 수집, 자기 성찰 프로토콜(introspection protocol) 작성, 피험자 대화 전사 등의 작업이 필요하다. 이는 번역 프로세스 진행 중 혹은 그 직후에 피험자의 행동 및 발언 내용을 기록, 이해, 범주화하고 이 모든 인지, 행동적 측면을 통합적으로 서술하기 위한 것이다. 물론 앞서 언급된 대로 텍스트 역시 조사 대상이다.

텍스트와 관련해서는 모든 번역 프로세스에서 다양한 미시 프로세스들이 동원된다. 여기에는 언어와 문화, 장르, 출발 텍스트, 원작자의 의도와 개인의 스타일 그리고 독자의 기대와 필요에 대한 이해, 의사 결정, 논리 정연하고 의미 있으며 제 기능을 하는 텍스트를 적절한 문체로 생산하는 것 그리고 마지막으로 자신 및 때로는 타인의 번역 결과물에 대한 교정과 평가가 포함된다.

결과적으로 '번역'이라는 복잡한 현상에 대한 연구인 '번역학'은 진정한 학제 간 연구 분야이다. 번역은 서로 분리될 수 없는 다양한 미시 프로세스들로 이뤄져 있기 때문에 번역의 많은 측면이 다양한 분야에서 교육 및 연구되고 있다. 이러한 분야들은 '번역' 프로세스와 결과물 연구의 일부분으로 자연스럽게 받아들여진다. 우리가 최소한 두 언어 그리고 그 언어들로 쓰인 텍스트를 가지고 연구한다는 사실은 언어학(때로는 비교언어학, 코퍼스 언어학도 포함)의 여러 분야, 즉 화용론, 의미론, 논리학, 문체론, 해석학, 담화 분석, 전문 용어, 다양한 번역 이론 혹은 적어도 이러한 분야들에서 파생되는 '번역'에 관한 서로 다른 입장들을 배제할 수 없음을 의미한다.

3.1. 번역 프로세스에 대한 총체적(holistic) 연구

인간의 번역 프로세스는 사회적 맥락에서 나타나는 복잡한 정신적 프로세스이다. 그런데 단순히 보다 정확한 결과를 얻기 위해 번역 프로세스를 그것을 구성하는 개별적 현상들로 분해해 '통제된' 조건에서 관찰하고 분석하는 것은 번역이라는 '자연스러운 프로세스'의 성격을 변화시키고 결과를 왜곡할 위험이 있다. 그러나 우리가 그 프로세스를 분해할 수 없고 복잡한 상태로 연구할 수밖에 없다면 연구자는 주관적 관찰, 개인적 배경, 이상, 생각, 인상, 감정, 경험과 같은 다양한 변수에 직면하게 된다. 또한 종단 연구에서 사람들의 행동을 연구하는 것에는 경력, 개인적 경험, 가치관, 기억, 생각, 감정, 연구 대상이 되는 기간 동안의 지식의 발전과 같은 '인생 스토리'라는 차원이 추가되기 때문에 한층 더 복잡해진다.

번역의 '정신적 프로세스'에 관해 필자는 다음과 같은 근본적인 연구 질문들을 제기했다(한센, 2005):

(1) 어떻게 하면 여러 다른 분야와 사람들 그리고 텍스트들로 인한 다양한 변수가 존재하는 복잡한 상황을 일반화와 반복 검증 가능성을 포기하지 않고 연구할 수 있을까?
(2) 어떻게 우리 연구를 개인적이고 주관적인 수준에서 간주관적 수준으로 발전시킬 수 있을까?
(3) '주관적' 경험을 어떻게 '객관적으로' 서술할 수 있을까?

특히 데이터가 연구자에 의해 수집되고 해석되어야 한다는 근본적인 과학적 문제에 관해 다음과 같이 질문했다:

√ 어떻게 연구자 효과(연구자의 관심사, 편견, 태도)로 인한 왜곡을 최소화하거나 피할 수 있을까?

또한 총체적 연구의 복잡성으로 인한 필자의 질문은 다음과 같다:

√ 어떻게 '통제된 총체적 번역 연구'를 할 수 있을까? 즉 어떻게 그 모든 가능한 매개변수와 변수, 데이터 속에서 길을 잃고 표류하지 않을 수 있을까?

필자는 실증적 번역 프로세스 연구 경험을 바탕으로 '통합적 서술(integrative description)'을 이 질문들에 대한 답으로 제안하고자 한다.

4. 매개변수의 타당성

어떠한 번역 연구가 '총체적 연구'라고 불린다 하더라도, 번역이라는 복잡한 현상의 모든 상호 연계된 측면들(잠재적 매개변수들)을 연구하는 것은 불가능하다. 또한 번역 프로세스 연구에서는 처음에 들여다봤던 모든 매개변수가 차후에도 동일한 타당성을 가진 것으로 판명되는 것은 아니다. 연구 초기 단계의 경험과 예비 연구, 통제 실험들이 핵심 연구 질문 관련 매개변수들의 타당성에 관한 힌트를 제공해 줄 수 있다. 학생, 전문 번역사, 번역 교수자들을 대상으로 한 예비 연구 및 필자의 종단 연구에서 관찰된 학생들의 번역과 교정 양상들에 따르면 '프로필', '결과물', '프로세스'가 가장 타당성이 높은 매개변수들인 것으로 나타났다(한센, 2006, p.247f). 이 세 가지 매개변수의 데이터를 조사하고 통합함으로써 많은 연구 질문에 대한 답을 찾을 수 있었고 실험과 분석 과정에서 나타난 의문점도 해소될 수 있었다. 이렇게 파악된 매개변수들과 분류 방법은 이제 많은 번역 프로세스 연구에서 사용되고 있으며 이는 그 매개변수들이 번역 프로세스의 근본적인 부분들을 건드리고 있다는 방증이다.

'프로필 매개변수'에는 (a) 피험자의 개인적, 문화적, 교육적 배경, 습관, 인생 스토리, 자가 평가 그리고 (b) 전문가로서의 경험과 작업 환경(이들 정보는 설문지와 피험자 면접을 통해 수집)이 포함된다.

'결과물 매개변수'에는 (a) 최종 도착 텍스트 평가 결과, 즉 주로 오류 및 좋은 번역 사례, (b) 최종 결과물에서 나타나는 오류 유형 범주 그리고 (c) 번역 과정에서 이뤄진 피험자들의 수정에 대한 평가 결과가 있다. 이 중 마지막 항목은 변경 사항들 자체의 유형과 품질이 관찰되고 평가된 후 최종 결과물의 맥락에서 다시 평가될 수 있기 때문에 미시적 차원의 결과물이라 할 수 있다.

중요한 '프로세스 매개변수'에는 (a) 시간 관리[즉 여러 단계(phases)와 휴지(pauses)로의 분절 그리고 단계와 휴지의 위치 및 길이], (b) 번역 과정에서 나타나는 커서 움직임, 변경, 수정, (c) 단계, 휴지 그리고 번역 보조도구(사전 및 인터넷) 사용, (d) 번역 프로세스를 다시 보며 회상하면서 한 발언들 그리고 (e) 다시 보며 대화와 함께 회상하면서 한 설명이 있다. 단계와 휴지에 관해 부연 설명하자면 단계에는 준비 단계, 쓰기 단계, 수정 단계가 있을 수 있고 휴지는 문장을 쓰는 과정에서 나타나

<표 1> 프로세스 데이터 출처

출처	프로세스 a	프로세스 b	프로세스 c	프로세스 d	프로세스 e
	로그 파일	로그 파일	회상+ 다시 보기+ 로그 파일	회상+ 다시 보기+	회상+ 다시 보기+ 대화
방법	QUAN	QUAN	QUAL+quan	QUAL+quan	QUAL
조사 대상	시간 세그먼트 단계 휴지	커서 움직임 변경 수정	단계와 휴지에서 보조도구 사용	문제점 변경 수정 오류에 관한 언급	명료화 감정 경험 설명

는 긴 휴지와 짧은 휴지가 있는데 여기에는 문장을 쓰기 전에 나타나는 '오리엔테이션 휴지'와 문장을 마무리한 직후 나타나는 '컨트롤 휴지'도 포함된다.

<표 1>은 여러 다른 종류의 프로세스 데이터를 개괄적으로 보여 준다. 적용된 방법이 주로 양적인지 질적인지가 대문자로 표시되어 있다.

5. 질적·양적 연구와 연구 방법 및 데이터

번역 프로세스를 종합적으로 서술하고 설명의 명료성을 확보하기 위해 다양한 질적·양적 방법들이 활용되고 있다. 질적 연구 방법은 주로 개인의 경험이나 행동에서 나온 조사나 보고에 대한 '해석'에 바탕을 두는 데 비해 양적 연구 방법은 관찰된 현상과 그 현상의 측정 가능한 속성 및 범주에 대한 연구자의 생각과 가설에 기반하고 진행된다.

질적 연구는 종종 작은 표본에서 조사된 많은 변수 사이의 관계에 초점을 맞추는 데 비해 양적 연구는 일반적으로 큰 표본에서 나온 소수의 독립된 변수들 간의 관계에 중점을 둔다. 질적·양적 방법들은 모두 장단점이 있지만 두 방식 모두 지식 증대를 위한 노력에 기여한다. 예를 들어 우리가 인간의 신체를 연구한다고 하면 키, 몸무게, 발 치수, 혈압 등을(관찰된 현상의 측정 가능한 속성들) 측정할 수 있지만 사람의 안색, 머리 색깔 혹은 감정이나 고통 인식과 같은 내적인 상태를 묘사하려고 하면 주관적인 경험(연구 대상자의 경험뿐 아니라 연구자의 경험도 포함)에 기반한 해석과 보고에 크게 의존할 수밖에 없다.

질적 연구는 스트로스와 코빈(Strauss and Corbin, 1998, p.10)에 의해 "통계적 절차나 기타 계량화 수단에 의해 도출되지 않은 결과를 생산해 내는 모든 유형의 연구"로 정의되었다. 질적 연구는 가능한 한 많은 변수를 고려해 현상을 심층적으로 연구하는 것이다. 질적 연구는 사람들의 삶, 경험, 감정, 행동 그리고 문화적 현상, 사회 정치적 상호작용 등에 대한 자연주의적 접근법을 활용하는 해석적인 연구 방법이다. 덴진과 링컨(Denzin and Lincoln, 1994, p.2)에 따르면 질적 연구는 "초점이 있는 다중 방법"이며 "현상을 사람들이 부여하는 의미 측면에서 이해하고 해석하려는" 시도이다.

번역학 연구의 매개변수들을 보면 양적으로 접근할 수 있는 현상(예: 휴지, 커서 움직임, 시선 움직임 등)이 있고 보다 주관적인 특성 때문에 질적으로 접근해야 하는 현상(예: 회상 및 대화)이 있음을 알 수 있다. 번역 프로세스 연구에서 질적·양적 방법의 선택은 관련 매개변수(프로필, 결과물, 프로세스)에 따라 그리고 해당 연구 질문에 따라 이뤄져 왔다. 그러나 대부분의 경우 질적 데이터도 범주화되고 코딩되고 계산될 수 있고 양적 데이터와 결과도 항상 해석되고 설명되어야 하기 때문에 어떤 번역 연구에서든 질적·양적 측면이 모두 존재할 수밖에 없다.

그런데 이러한 '이중맹검(double blinding)'은 어떤 의미를 갖는가? 어떤 데이터는 코딩과 계산이 이뤄지기 전에 측정 가능한 속성에 따라 범주화되어야 하고 어떤 데이터는 해석부터 되어야 한다는 것은 어떤 의미인가? 후자를 위해 우리는 인문학에 속하는 커뮤니케이션학, 언어학, 해석학과 같은 분야에서 사용되는 툴이나 절차를 사용할 수 있고 사용할 필요가 있는가?

5.1. 질적 방법과 과학적 연구 패러다임

질적 연구 데이터는 개인적 지각, 사례 연구, 현장 기록, 인생 이야기, 일기, 면접, 설문지, 모든 종류의 텍스트와 문서, 필름, 비디오테이프 등에 대한 관찰 및 설명과 같은 다양한 경험적 자료들에서 나온다. 실증적 번역 연구에서는 설문지와 사고발화법(TAP) 혹은 회상을 통한 성찰 그리고 면접이나 대화가 자주 사용된다.

질적 방법들은 사회과학과 행동과학에서도 사용되는데 이들 분야에서의 질적 연구가 '진정한 과학'이라 불릴 수 있는가 하는 의문이 제기되어 왔다. 예를 들어 라인하츠(Reinharz, 1992, p.295)에 따르면 양적 연구는 "단단하고 확고하며 실질적이고… 강하다"고 일컬어진 반면 질적 연구는 "부드럽고 감상적이며 불분명하고 약하다"고 여겨져 왔다. '진정한' 과학적 연구 패러다임의 요건과 관련해, 질적 연구는 보다 직관적이고 추측에 근거하며 주관적이고 다분히 해석적이라는 이미지가 분명히 있다. 다시 말해, 질적 연구는 아주 '과학적'이지는 않다는 것이다.

심리학과 사회학과 같은 사회과학 연구자들은 이 문제를 늘 인식하고 강도 높은 토론을 해 왔다. 예를 들어 심리학이 독립된 학문 분야로 인정받기 시작한 초창기 학자인 분트(Wundt, 1911, p.134)는 심리학과 자연과학을 협력적 학문 분야들로 보고 인간의 지각을 공동의 보완적 접근법을 통해 연구하자고 제안했다. 하지만 분트는 연구 방법으로서의 자기관찰이 갖는 이점뿐 아니라 한계도 인식하고 있었다. 이와 비슷한 생각을 했던 학자들로 덴마크의 심리학자이자 수학자였던 트라네캐 라스무슨(Tranekær Rasmussen, 1967)과 물리학자 닐스 보어(Niels Bohr, 1964)가 있다.

특히 지각심리학, 현상학, 근거 이론, 민족지학, 의식연구와 같이 사람을 주된 피험자로 하는 실증적 연구 분야들에서 질적 연구를 '과학적 규범'의 범주에 포함시키기 위한 많은 노력이 이뤄졌다. 번역학도 이 중 하나라고 할 수 있는데, 이들 분야에서 연구는 질적 연구의 특별한 목적 및 조건들과 과학적 요건들(과학적 엄격성, 정밀성, 신뢰도, 타당도 그리고 가장 문제가 되는 '반복 검증 가능성') 간에 균형을 맞추는 행위가 된다.

심리학과 사회과학의 접근법들은 번역학에 아이디어와 이슈, 사고방식, 연구 방법, 테크닉, 절차(예: 행동을 분류하는 코딩 절차) 등을 제공해 줄 수 있다. 또한 여러 다양한 방법을 조합해 사용하고 그 결과를 삼각 검증하는 아이디어도 제공할 수 있다(조합과 삼각 검증은 차후 상세히 논의된다). 질적 연구에 반영되고 있고 실증적 번역 연구에도 상당히 유용한 한 가지 현상학적 가정은 어떤 현상을 경험하거나 지각하는 사람이 그 현상을 가장 정확하게 묘사할 수 있는 사람이라는 것이다[코프카(Koffka), 1953, p.73].

5.2. 번역학에서의 새로운 양적 연구 방법

대략 1996년 이래 번역 프로세스 연구에서는 성찰이나 특히 TAP와 같은 질적 방법들이 트랜스로그(Translog), 스크립트로그(ScriptLog), 프록시(PROXY)와 같은 소프트웨어를 활용한 컴퓨터 키스트로크 로깅과 함께 활용되는 사례가 증가해 왔다. 한센(2003)에 언급된 바와 같이, 이들 소프트웨어의 활용으로 인해 번역 프로세스 연구에 과학적 엄격성이 더해졌다. 직접 측정 가능한 데이터를 추출할 수 있을 뿐 아니라 과거의 방법들에 비해 번역사의 평상시 행동에 영향을 덜 주면서 번역 프로세스를 관찰할 수 있게 되었기 때문이다. 이렇게 번역사에 대한 방해가 적은 방법들은 '생태학적 타당도'를 높여 준다. 앞서 설명된(<표 1> 참조) 프로세스 매개변수들에서 알 수 있듯이, 이들 소프트웨어 어플리케이션은 쓰기 프로세스에 관한 양적 데이터(모든 커서 움직임, 수정, 변경, 쓰기 과정에서 나타나는 여러 단계와 휴지의 횟수, 위치, 길이)를 제공한다. 양적이라 하더라도 이 모든 데이터는 해석을 거쳐야 한다. 예를 들어 휴지를 기록하고 측정할 수는 있지만 연구자는 번역사가 왜 쓰기를 중단했고 쉬는 동안 무슨 생각을 하는지는 여전히 알 수 없는 것이다. 양적 데이터를 이해하기 위해 연구자는 피험자들의 구술 보고서와 주관적 해석에 의존해야 한다. 그럼에도 불구하고 이들 양적 데이터는 질적 데이터에 비해 '객관적'인 것으로 여겨진다.

최근에는 상용화되어 있는 스크린 로깅 소프트웨어(스크린 로거)가 등장해 키스트로크 로깅의 보조 도구로 활용될 수 있다. 스크린 로거는 번역사를 방해하지 않고 스크린 샷 기록을 통해 컴퓨터 화면에서 일어나는 모든 변화를 기록한다. 따라서 번역 연구자는 번역사의 인터넷 및 인터넷 사전 사용을 포착할 수 있는 것이다. 이 도구를 통해 번역사의 인터넷 사용에 대한 조사가 관찰, 회상, TAP 혹은 비디오 촬영에 의존해야 했던 과거에 비해 훨씬 정밀해졌다.

통번역 연구에서 더 오랫동안 사용되어 온 방법에는 아이트래킹(eye tracking)이 있다. 과거에 아이트래킹은 심리학 특히 아동의 읽기 능력 연구와 뇌 연구에 활용되었다. 번역학에서 아이트래킹은 키스트로크 로깅, 스크린 로깅과 가장 빈번하게 조합되어 사용된다. 시선 고정과 움직임을 모니터함으로써 번역사가 특정 시점에 어떤 단어나 텍스트 혹은 화면의 어떤 부분에 집중하고 있는지를 추정할 수 있다. 응시 및 핫 스팟(가장 많이 본 부분)에 관한 데이터와 읽기 경로가 추적되어 휴지 시간 동안 어떤 활동이 일어나는지에 대한 실마리를 얻을 수 있다. 하지만 이것만으로는 시선 데이터와 번역사가 직면한 번역 문제 및 의사 결정 간의 관계는 여전히 밝혀지지 않는다. 즉 사회과학과 행동과학에서 나온 새로운 방법들이 휴지와 같은 직접 측정 가능한 현상을 과학적으로 해석하는 데 도움을 주지만 그러한 데이터와 그 기저의 의사 결정 프로세스 그리고 그러한 결정이 만들어 낸 번역 결과물의 품질 간의 관계를 규명하는 작업은 남아 있는 것이다.

6. 학제 간 연구, 초학문적 연구 그리고 초패러다임적 연구

'학제 간 연구(interdisciplinarity)'가 학계에서 유행어가 되었다고 해도 과언이 아니고 번역학 연구도 예외는 아니다. 학제 간 연구라는 용어는 초학문적 연구(trans-disciplinarity), 즉 다른 학문 분야로부터 아이디어나 방법(혹은 패러다임 전체)을 직접 차용하려는 시도라는 의미에 더 가깝게 사용되기도 한다. 초학문적 연구는 연구 문제들이 일반적으로 '불가분의 관계에 있는 분야들(즉 번역학과 언어학, 문체론, 의미론, 전문용어 등)'과는 별개로 언뜻 보기에는 번역과 공통점이 거의 없어 보이는 분야나 패러다임에서 나온 지식, 방법, 도구, 절차, 테크닉을 활용해 다른 시각에서 연구되는 것을 의미한다.

앞서 제기한 근본적인 연구 문제(어떻게 하면 서로 다른 분야와 사람들 그리고 텍스트들에서 비롯되는 다양한 변수가 있는 복잡한 상황을 일반화와 반복 검증 가능성을 포기하지 않고 연구할 수 있을까?)에 대한 답을 번역학과 비슷한 관심사나 연구 문제가 존재하는 연구 패러다임에서 모색할 수 있다. 이러한 초학문적 연구 패러다임들이 사람과 관련된 복잡한 이슈들과 개인의 태도, 사고방식, 감정, 행동을 다루는 질적 연구에서 나타나는 문제들을 해결하는 데 도움이 될 수 있다.

앞서 우리는 심리학, 현상학, 사회과학, 인지과학, 뇌 연구에서 나온 실증적 패러다임들이 번역학에서도 활용될 수 있다고 밝힌 바 있다. 사람을 피험자로 하는 프로세스 연구를 발전시키고 번역학 연구 결과의 신뢰도와 타당도를 높이는 데 도움이 될 수 있는 사고방식과 절차, 방법을 이들 분야에서 찾을 수 있다.

그러나 실증적 연구 중심의 패러다임과 그 분야의 사고방식, 절차 및 방법을 성공적으로 채택하려면 번역 고유의 특성을 인식하고 고찰해 볼 필요가 있다. 여기서 필자가 하고자 하는 질문은 다음과 같다. 사회과학과 행동과학의 실증 중심 패러다임들이 '번역'과 '번역 과정의 정신적 프로세스'를 종합적으로 서술하는 데 정말 충분한가?

다른 분야에서 있었던 논쟁과 유사하게[알베손과 스콜트버그(Alvesson and Sköldberg)], 번역학에서도 실증적 연구 패러다임과 인문학 패러다임 중 하나의 접근법이 우리 분야에 최적의 연구 방식을 제공해 줄 수 있느냐 하는 논쟁이 가능할 것이다[예: 질(Gile), 2004, 2009].

번역의 복잡성과 성격을 고려할 때 우리가 해 볼 수 있는 질문은 우리의 연구 문제들이 이들 두 방향 중 하나로 진행되도록 강요될 수 있거나 그렇게 되어야 하는가 그리고 이 두 접근법 중 하나에만 집중하는 것이 합리적인가이다. 또한 우리는 다음과 같은 질문들을 해 봐야 한다: 실증적 번역 연구는 가장 '과학적인' 분야라 할 수 있는 자연과학과 정확히 어떻게 다른가? 가장 가까운 이웃이라 할 수 있는 사회과학, 행동과학과는 어떻게 다른가? 실증적 번역 연구는 심리학과 정말 다른가? 이러한 질문들에 답하는 과정에서 번역(번역학)에는 과학 분야와는 차별화되는 무엇이 있어 번역과 심리학의 단순 접목에는 무리가 있다는 점을 발견한다면 그것은 일부 실증적 번역 연구에서는 인문학 패러다임의 개념과 방법에만 의존해야 한다는 의미인가? 그러면서 동시에 '과학적임'의 기준도 충족할 수 있는가?

6.1. 과학적 규범과 요건 - 그리고 반복 검증

상기 두 가지 주요 패러다임 간의 대표적인 차이는 실증적 연구는 연구자와는 별도로 존재하는 객관적인 현실이 있다고 가정한다는 점이다. 실증적 연구의 접근 방식은 실험적이고 데이터 중심이다. 인문학 패러다임은 주로 잠재적으로 존재하는 현실과는 별개일 수 있는 이론과 아이디어, 주장에 주로 기반한다. 일반적으로 실증적 연구는 인문학적 패러다임으로 수행된 연구보다 과학적인 것으로 간주된다 [질(2004, 2009) 참고].

학계에서는 경성과학(hard science)과 연성과학(soft science)을 구분한다. '과학적임'의 정도, 즉 과학의 규범을 준수하기 위한 요건들은 연구 분야마다 다르다. 생물학, 물리학, 화학과 같은 자연과학은 보통 경성과학으로 간주된다. 연구와 결과가 엄격하고 정밀하고 정확하며 반복 검증이 가능해야 한다는 것이다. 예를 들어 사회학, 심리학, 정치학과 같이 덜 엄격한 규범이 적용되는 분야는 연성과학으로 간주되며 연성과학 분야에서는 반복 검증이 보장될 수 없다.

후자의 상황은 인문학 연구에서도 나타난다. 연구 품질에 대한 기준은 다를 수 있지만 인문학 연구가 항상 부실하거나 '비과학적'인 것은 아니다. 이는 인문학 패러다임이라는 거대한 틀 아래에서 취해진 구체적인 연구 방식에 상당 부분 좌우된다[알베슨과 스켈트버그, 2000; 슈톨츠(Stolze), 2003; 오르가르트와 노르가르트(Øhrgaard and Nørgaard), 2004]. 예를 들어, 역사와 같은 분야는 문학비평보다는 엄격한 기준이 적용된다고 볼 수 있다. 엄격함과 올바른 기록에 대한 요건은 사회와 시대에 따라서도 다를 수 있을 것이다(독일과 덴마크 대학에서의 필자의 경험이 예가 될 수 있다).

'과학은 체계적이고 신중하고 논리적이며 객관적이고 비판적이며 집단적이고 의사소통적이며 명료하다[질, 2004]'는 근본적인 과학적 규범은 패러다임에 상관없이 모든 연구 분야에서 지켜져야 할 것이다. 이 규범은 '연구'를 규정하는 것이지, 과학적 연구 패러다임에만 국한되는 것이 아니기 때문이다. 여기에 인문학에 있어 중요한 '연구는 회의적이다'라는 규범도 추가될 수는 있을 것이다(회의적인 것은 비판적인 것과 같지 않다).

6.2. 반복 검증(replication), 재생산 가능성(reproducibility), 검증 가능성(testability)

과학적 엄격성 관련 기대치에 있어 분야 간 차이점들은 경성과학에서 중요시하는 과학적 요건—실험이나 연구 결과를 같은 혹은 다른 연구자가 정확히 같은 방식으로 반복 검증, 재생산 혹은 검증할 수 있는 가능성—의 존재 여부에서 드러난다. 이러한 요건은 연성과학의 요건으로는 언급되지 않으며 질의 8가지 과학적 규범 목록에도 포함되지 않는다(2004).

사회과학과 심리학의 많은 분야, 특히 질적 방법이 사용되어야 하는 분야에서는 반복 검증이 어려운 것으로 여겨지는데 이는 단지 재시험 효과(re-test effect)[프랑크포드-나시미아스와 나시미아스(Frankfort-Nachmias and Nachmias), 1996, p.108] 때문만이 아니라 관찰되고 있다는 사실 때문에 연구 대상이 되는 현상이 변화할 수 있기 때문이다. 실증적 번역 연구에서는 반복 검증이 보장될 수 없기 때문에 반복 검증을 증거의 견고함을 위한 장치로 삼을 수 없다. 텍스트와 피험자와 상황이 다르며 반복 검증 가능성을 보장할 수 있을 정도로 완전하게 그 모든 차이를 설명하는 것이 불가능하다. 자연과학이나 사회과학, 의학에서는 그러한 차이로 인한 효과를 최소화하기 위해 표본의 크기를 확대할 수 있다. 그런데 실증적 번역 연구에서는 피험자를 확보하기가 매우 어렵기 때문에 충분히 큰 표본 규모를 확보하기가 쉽지 않다.

번역학에서 실험적 연구를 추구하는 학자들은 번역의 어떤 부분을 연구하고자 하든 그 부분은 텍스트, 상황 그리고 피험자인 사람들이 관여되는 복잡한 번역 현상에서 분리될 수 없기 때문에 이상적인 과학적 요건을 충족하기가 어렵다는 것을 이내 깨닫게 된다[한센(2004), p.92f]. 또한 잘 정의되고 계산과 측정이 가능한 층위 아래에 여러 층위의 모호한 데이터가 나타나는 경우가 많다. 예를 들어 회상이나 대화를 통해 얻게 되는 데이터가 그러하다. 사람을 대상으로 하는 연구에서는 특히 그 목표가 인과관계를 밝혀내는 것이라면 쉽게 수집, 측정되는 데이터를 기록하는 수준을 넘어설 필요가 있다. 이러한 상황에서 어떻게 '과학적 가치'를 담보할 수 있을까? 이에 대한 실마리와 방법 역시 다른 패러다임에서 얻을 수 있다.

7. 초패러다임적 연구

앞서 언급한 대로 통제 부족, 주관성 및 다양한 종류의 바람직하지 않은 효과들과 관련된 문제는 자연과학과 심리학에서 많이 논의되어 왔다.

예를 들어 보어(Bohr, 1959, p.20)는 관찰과 대화로 인한 주관적인 영향을 인지하고, 객관성을 '경험의 명확한 교환' 그리고 상세하고 '실험적 관찰 내용에 대한 명확한 서술'에 상응하는 것으로 정의한다. 즉 다른 연구자들이 그 실험을 반복 검증하고 관찰 내용의 타당성을 확인 혹은 기각할 수 있게 하는 것을 의미한다. 심리학적 분석과 관련해 보어는 한 가지 구체적인 속성에 주의가 집중되면 의식의 내용이 변화할 수밖에 없다는 사실에서 비롯되는 어려움을 언급한다.

사회학에서는 하버마스(Habermas, 1987)가 의사소통 행위(communicative action)를 주관성을 피하기 위한 주요 개념으로 제시한다. 하버마스는 논리가 명확한 주장들의 교환을 가장 광범위하고 성찰적인 형태의 합리성, 즉 의사소통적 합리성이라고 한다. 참여자들의 대화를 통해 점차적으로 주관적인 견해를 극복하고 간주관성에 도달한다는 것이다(1987, p.27). 하버마스(1987, p.45)는 주장이 갖춰야 할 몇 가지 요건을 정의한다: 명료성, 정직성, 타당성, 정확성, 진실성. 이러한 요건들은 마우스트가드(Moustgaard, 1981, p.275)의 저술에 나타난 현상학적 서술의 주요 원칙에 따른 것이다. 이 원칙에서는 서술과 의사소통을 인간의 의식 연구에서 주관성을 극복하는 수단으로 제시한다. 마우스트가드는 과학에도 해석에 의존할 수밖에 없는 부분이 존재하고 연구에는 그 현상을 서술하는 사람의 특성이 반영될 수밖에 없다는 점을 인정한다.

우리는 엄격성과 정확성, 통제된 실험, 반복 검증이라는 특징이 있는 '경성과학'에서 '연성과학'으로 이행했다. 연성과학에서는 의사소통과

논증, 정직성과 진실성을 통해 그리고 연구 결과를 접하는 모든 이들이 자신이 그 결과에 동의하는지 여부를 판단할 수 있도록 가능한 한 정확하게 서술하는 것에 집중해 통제성을 확보함으로써 주관성을 감소시키기 위해 노력한다. 이러한 '협상'의 과정에서 '반대 의견과 갈등'은 현상을 다른 시각에서 보고 그에 대해 숙고할 수 있는 기회를 주기 때문에 객관성은 아니더라도 적어도 간주관성을 확보하는 데 귀중한 도구가 된다. 우리는 명확한 서술을 기반으로 한 의사소통과 논증을 활용해 인문학과 해석학의 인문학적 패러다임의 방향으로 이행했다.

독일어로 Geisteswissenschaften으로 번역될 수 있을 이러한 패러다임은 광범위한 분야에 적용될 수 있다. 일부 인문학 분야에서는 명확한 정의, 꼼꼼한 해석, 문헌 비판, 개연성 통제 그리고 의견 불일치, 협상, 논증을 통해 엄격성이 확보된다. 인문학 패러다임이라는 복잡한 이슈에 완전하게 접근하려면 그 패러다임하의 많은 분야 간 명확한 방법론적 차별화가 있어야 한다. 그렇게 되어야 모든 관련 분야가 하나의 분야로 간주되거나 각각의 방법론적 차이들이 퇴색되는 것을 피할 수 있다.

7.1. 번역학에 인문학적 패러다임이 왜 필요한가?

번역학에서 인문학적 패러다임이 중요한 것은 '텍스트'의 중심적인 역할 때문이다. 번역 프로세스의 모든 부분에는 텍스트가 있다: 출발 텍스트, 도착 텍스트, 병렬 텍스트, 모든 종류의 텍스트적 보조 도구, 그림, 사전 상의 텍스트, 교과서, 화면상 텍스트. 예를 들어 번역은 적절한 사용역(장르 분석)에 따라 텍스트를 구성하는 것이고, 현상학의 주요 이슈인 텍스트를 이해하고 분석하는 것이기도 하다. 인문학적 관점에서 번역은 텍스트를 결속력 있고 논리적으로 일관되며 개연성 있게 이해하고 해석하는 것을 목표로 간주관적 합의에 이르기 위한 수단으로 여겨질 수도 있다.

두 번째로, 텍스트는 번역 프로세스 연구 과정에서 메타 수준의 정보를 공유하기 위한 의사소통 도구이기도 하다. 실험을 위해 적절한 텍스트를 선정하기 위해서는 어느 정도의 화용론적, 언어학적, 문체론적 통찰력이 필요하다. 텍스트는 설문지와 성찰, 대화에서도 생산된다. 이런 모든 텍스트가 데이터로 사용되려면 이해되고 해석되어야 한다. 질적 연구 결과를 분석하고 범주화할 때도 마찬가지이다. 실증적 번역 프로세스 연구에서 결과물 평가는 불확실성의 중요한 요소였다(한센, 2007). 번역 결과물, 즉 도착 텍스트 평가는 일부 인문학 분야들의 방법론을 적용하지 않고는 신뢰성을 확보하기가 어렵다.

요컨대 번역이나 번역 프로세스에 대한 실증적 연구에서 인문학적 패러다임이 간과된다면 합리적인 결과 달성이 불가능하다.

8. 통합적 서술

최근 번역학계에서는 일종의 실증적 연구 붐이 일었다. 이는 아마도 데이터 수집 소프트웨어의 발전과 신뢰할 만한 양적 데이터를 빠르게 수집할 수 있는 원천인 거대 병렬 코퍼스로 인한 현상일 것이다. 이러한 변화로 인해, 특히 새로운 양적 데이터에 통계를 적용할 수 있게 되면서 과거에 비해 높은 수준의 객관성이 확보된다. 실증적 번역 연구에서 엄격성을 위한, 즉 방법과 결과를 보다 '과학적'으로 만들기 위한 노력이 진행되고 있다. 다시 말해, 보다 타당하고 정확하며 결과적으로 반복 검증이 가능하도록 만들기 위한 노력인 것이다. 그러나 새로운 기술적 역량에 환호하다 보니 번역의 인문학적 측면을 은연중에 간과하는 경향이 있다. 흥미롭게도 인문학 패러다임이 번역학에서 평가절하되는 동시에 과거에 활용된 번역에 대한 '엄격한' 접근법들(예: 비교언어학)의 인기도 떨어지고 있다(한센, 2009b).

'프로세스'와 '결과물'로서의 번역의 복잡한 성격에도 부합하고 '사람들(그리고 그들의 프로필)', '번역 프로세스' 그리고 '상황별 텍스트'에도 동일하게 중점을 두는 다중 패러다임 접근법이 해법이 될 것이다. 그러한 접근법이 있다면 '통합적 서술'이라고 명명할 수 있겠다. 꼼꼼한 서술 과정을 통해 사람들과 질적·양적 방법들, 데이터 그리고 추가적인 인문학적 관점을 모두 통제할 수 있다. 이러한 서술 과정은 연구자로 하여금 연구의 개별 부분들에 집중할 수 있게 해 준다. 예를 들어 번역 프로세스 연구라면 시간 관리나 교정 등에 개별적으로 집중할 수 있는 것이다. 동시에 전체 그림에서 중요한 많은 부분이 간과될 가능성도 방지할 수 있다. 예를 들어 문제점에 대한 피험자의 인지, 피험자의 사전이나 인터넷 사용 혹은 의사 결정이나 수정의 품질에 관한 결과물 데이터 등이 있을 수 있다. 이 모든 것이 밀접하게 연결되어 있다.

통합적 서술 프로세스는 관찰, 지각, 식별, 범주화 그리고 이어지는 언어화, 커뮤니케이션, (독자의) 수용과 같은 일련의 하부 프로세스들로 이뤄진다. 이러한 프로세스의 가장 중요한 목적은 인지적 명료화이며 여기에는 연구 대상이 되는 현상에 대한 최적의 이해에 다가가고 객관성 혹은 최소한 간주관성에 다가가기 위해 가장 중요한 매개변수들과 관찰 내용을 파악하고 그러한 관찰 내용과 데이터를 분명하게 전달하기 위한 표현을 찾는 노력이 수반된다.

이런 종류의 연구가 엄격성을 갖추려면 서술적, 성찰적, 설명적 부분을 구분해야 한다. 이러한 구분이 중요한 것은 보통 서술적 부분이 성찰적 부분과 연구자의 설명 부분보다 객관적이기 때문이다. 다른 연구자들도 서술된 데이터를 보면서 자신들만의 결론을 내리고 서술된 관찰 내용과 데이터의 타당도에 대한 입장을 취할 기회를 가져야 한다. 이는 원 데이터와 기록 내용을 구분해 깨끗하게 보존하고 모든 데이터를 보존하며 계속해서 문서화해야 한다는 것을 의미한다. 이것이 중요한 것은 복잡한 연구의 초기 단계에서는 어떤 관찰 내용과 데이터가 차후에 흥미로워질지가 항상 분명한 것은 아니기 때문이다. '용어적 일관성'도 엄격한 서술 과정의 한 측면으로 언급되어야 한다. 인문학의 경우 연구자들이 원래는 "문체와 표현의 다양성" 위한 훈련을 받은 사람들인 만큼 더욱 그러하다. 연성 실증 연구(soft empirical research)에서 서술은 신중하고 정밀하게 수행된 실험과 분석에 기반하지만 서술적 일관성과 신중한 성찰적 태도 역시 중요한 요소이다.

실증적 연구에서 '성찰적 태도'란, 예를 들어 지식 생산, 연구 과정의 맥락 그리고 연구자의 개입 혹은 영향 간의 복잡한 관계를 잘 통제하는 것을 의미한다. 이는 데이터와 결과 해석 시 연구자의 태도, 영향, 관심사, 편견, 관점 그리고 실험 과정에서와 그 이후 연구자의 역할과 같은 실험 상황에서 흔히 나타나는 편향성을 인식한다는 의미이다. 또한 연구기관의 이해관계 및 실험 과정에서 일어나는 오해나 실수와 같은 예상치 못한 사건들도 실험과 결과에 영향을 미칠 수 있다.

번역학 실험에서 성찰적 태도는 피험자 관련 연구 타당성 통제(이 번역사들이 대표성이 있는 사람들인가?), 텍스트(이 텍스트에 연구 목적에 맞는 인지적, 화용론적, 언어학적, 의미론적, 문체적 현상과 번역상 난해한 부분이 포함되어 있는가?), 실험 상황(실험 조건이 모든 피험자에 대해 동일한가?), 번역 브리프(실제 상황이 피험자들에게 정확히 설명되었나?) 등과 관련이 있다.

8.1. 보완적 서술

번역 행위와 그 기저의 인지적 프로세스와 같은 복잡한 현상을 이해하기 위해 두 가지 보완적 서술 방법이 사용될 수 있다: 분석적 서술과 종합적 서술[보완성 개념에 대한 보어(1959, 1964)의 정의에 영향받음]. '분석적 서술'이란 어떤 현상이나 그 일부분들을 분리해서 서술하는 것이다. 서술 대상이 되는 현상의 체계적 분리와 분명한 식별 및 범주화를 목표로 하는 일련의 차별화 과정으로서 서술되고 있는 그 '분리된' 현상의 경계에 대해 의심의 여지가 없도록 하는 것이다. 그러나 앞서 언급한 대로 구분과 범주화에는 대가가 따른다. 어떤 객체에 대한 분석적이고 '분리된' 서술은 그 객체가 자연스러운 환경에서 경험되는 방식과는 상반될 수 있다. 분석적 서술을 통해 어떤 현상을 분리시키는 순간 우리는 그 객체를 잃어버릴 위험이 있다. 실제의 자연스러운 정신적 맥락에서 떼어 내는 것이기 때문이다. 그렇기 때문에 번역 프로세스 연구와 같은 총체적인 연구에서는 분석적 서술을 종합적 서술로 보완할 필요가 있다. 후자는 연구 대상이 되는 현상과 그와 연계된 현상들 및 연구 전체와의 관계를 조사하는 것을 의미한다.

서술의 분석적, 종합적 프로세스가 보완적으로 이뤄지면 연구 대상이 되는 현상이 점점 더 명확하게 그려질 수 있다. 서술의 과정은 역동적이며, 두 방식의 서술은 서로 보완하며 서로 다른 분류법과 범주화를 조합해 새로운 패턴을 만들어 내면서 명료성과 객관성 확보를 통해 새로운 통찰과 지식을 얻는 데 도움을 준다.

보완의 필요성에 대한 한 가지 예를 번역 프로세스 연구에서 찾을 수 있다. 예를 들어 우리는 기록된 로그 파일에서 관찰되는 휴지들을 살펴볼 수 있겠다(앞서 논의된 '프로세스 매개변수' 참조). 쓰기 과정에서 나타나는 휴지는 정확하게 관찰, 기록될 수 있다. 가령 우리는 그 휴지들을 오리엔테이션 휴지와 컨트롤 휴지로 구분해 정의하고 범주화하고 묘사하고 그 수를 셀 수 있다. 분석을 통해 우리는 어떤 한 휴지에 대한 '분리된' 서술을 할 수 있게 된다. 그러나 휴지 시간 동안 실제로 어떤 일이 일어났는지에 대한 정보를 얻기 위해서는 '비휴지', 즉 번역사가 쉬지 않고 있는 시간에 존재하는 중요한 정보도 고려하는 종합적 서술도 필요하다.

보완적 서술을 위해 우리는 휴지 전후에 일어나는 일들 그리고 그것들이 최종 결과물에 미치는 영향을 알 필요가 있다. 성찰이나 대화로부터 얻을 수 있는 추가 정보에 의존할 필요도 있다.

8.2. 조합과 삼각 검증(Combination and triangulation)

연구 결과는 사용된 방법과 실험 조건, 실험 설정 그리고 연구자에 의해 영향을 받을 수 있다. 이러한 효과들은 '조합(combination)'의 과정을 통해 최소화될 수 있다. 조합이란 서로 다른 대조 실험 방법들과 설정들이 동일한 현상에 적용되는 것을 의미한다. 동일한 현상을 여러 다른 연구자가 여러 다른 조건 하에서 조사하는 것이다. 이러한 연구들로부터 나온 결과를 삼각 검증하여 결과적으로 관찰 결과를 확인한다.

복잡한 연구에서 조합과 삼각 검증의 목적은 확인(confirmation) 혹은 완전성(completeness)이다. 확인이란 여러 다른 방법을 적용해 나온 결과들이 서로를 확증하기 때문에 연구에 한층 높은 신뢰도와 타당도 그리고 신빙성을 제공해 주는 것을 의미한다. 예를 들어 TAP에서 나온 질적 프로세스 데이터는 로그 파일에 기록된 커서 움직임에서 나오는 양적 프로세스 데이터로 확증될 수 있다. 완전성은 다중 방법 활용의 또 다른 이점이다. 조합과 삼각 검증으로 인해 더 많은 정보가 창출되기 때문에 완전성이 높아지는 것이다.

'삼각 검증(triangulation)'은 사회과학과 보건 의료 연구 등에 적용되며 [메이즈와 포프(Mays and Pope), 1999] '조합'과 '삼각 검증'이라는 용어들은 복잡한 현상 이해를 위한 여러 절차의 복합적 사용에 대한 동의어로 사용된다. 삼각 검증에서는 연구에 엄격성을 더하고 확인과 완전성을 제공하기 위해 피험자, 재료, 전략, 방법, 목적, 관점 혹은 연구자가 수정되는 '멀티믹스(multimix)'가 일어날 수 있다.

8.3. 삼각형(The triangle)

원래 'triangulation'은 '삼각측량'이라는 의미로, 어떤 점의 위치를 그 점과 나머지 두 개의 기준점으로 만들어진 삼각형의 각도와 변의 길이에 기반해 삼각형 한 변의 길이를 계산함으로써 찾는 것을 뜻한다. 이는 삼각측량에서는 추가적인 결과와 정보를 얻기 위해 기존의 기준점, 즉 사전 지식(관찰, 서술 내용, 실험 결과)이 활용된다는 것을 의미한다. '삼각형'의 은유가 가진 원래 뜻을 염두에 두면서, 복잡한 총체적 연구에서는 '조합'과 '삼각 검증'의 개념을 구분하는 것이 좋다.

조합은 모든 종류의 정보 수집에 유용한 데 비해 삼각 검증은 그 용어의 원래 의미에 맞게 '새로운 결과나 지식을 기존에 획득한 결과로부터' 얻기 위한 추가적인 절차로 활용되어 복잡한 현상의 연구와 서술에 명료성과 일관성을 더하는 데 도움이 될 수 있다. 번역 프로세스 연구에서처럼 다양한 측면이 고려되어야 하는 경우 조합과 삼각 검증의 차별화는 여러 다른 관찰 내용과 데이터를 잘 통제하고 연구를 계획, 논의, 반복, 평가하는 작업을 수월하게 하는 데 도움이 된다.

한 예로, 앞서 설명한 필자의 종단 연구에서 초점은 개체 내 분산이다. 즉 피험자 개인이 주된 출발점인 것이다. 필자는 번역과 번역 결과물의 품질에 관심이 있기 때문에(설문지와 면접에서 나온) 개인의 프로필을 결과물 데이터(도착 텍스트와 수정에 대한 평가)와 조합했다. 성공적인 번역사들의 특징을 정의하는 데 한 걸음 다가가기 위해 이러한 초기 결과들은 프로필과 로그 파일 및 다시보기-회상을 통해 얻은 프로세스 데이터를 조합한 결과들과 삼각 검증되었다. 삼각 검증을 통해 두 가지 조합의 결과들이 서로를 완성시키거나 차이를 드러내 주어 프로필, 프로세스 그리고 결과물 간의 관계에 대한 새로운 통찰을 얻을 수 있다. 복잡한 총체적 연구는 기존의 기준점들(즉 결과들)을 바탕으로 새로운 연구 '삼각형'을 구축함으로써 새로운 결과를 얻을 수 있을 때 유연성과

규모가 확대될 수 있다. 이 과정이 <표 2>에 간단히 정리되어 있다.

<표 2> 조합과 삼각 검증의 예

출처	프로필	결과물	프로필	프로세스
조합	설문	평가 TT	설문	로그 파일
(이미 기존에 얻은 결과의) 삼각 검증	**결과 1** TT의 품질		**결과 2** 시간 관리	
목표	TT 품질과 시간 관리 간의 관계			

9. 결론

‘과학적 연구’라는 용어는 많은 분야를 아우르고 ‘경성과학’, ‘연성과학’ 그리고 심지어 ‘중간 과학’, ‘건전 과학’, ‘순수과학’과 같은 여러 다른 종류의 과학을 포함한다. 인문학 패러다임의 분야들도 엄밀히 말해 과학적인 분야는 아니라 할지라도 엄격한 연구 방법들을 가지고 있을 수 있다. 번역학은 과학적 패러다임과 인문학 패러다임 모두에서 아이디어를 얻을 필요가 있다.

모든 번역은 여러 조건으로 이뤄진 거대한 복합체로서 그 복합체 중 하나의 요소(예: 번역사, 텍스트 혹은 상황)라도 변하면 전체가 그에 변할 수 있다. 따라서 과학적 엄격성에 집중하면서도 상호 연계되고 복잡한 번역이라는 행위 전체에 대한 고려와 균형이 이뤄져야 한다. 번역 연구는 분석적인 동시에 종합적이어야 한다.

번역학은 ‘경성과학’과는 거리가 먼 분야이다. 우리에게 중요한 데이터는 엄격하게 개별적이고 관찰 및 측정 가능한 현상을 기반으로 한 양적 접근법에서 나올 수 없는 것이 많다. 우리는 질적 방법에 의존해야 하고 항상 결과를 '해석'해야 하기 때문에 주관성이 개입될 수밖에 없다. 번역이 가진 고유의 특성으로 인해 번역 연구에서는 경성과학의 가장 중요한 요건인 '반복 검증'은 쉽게 충족될 수 없다. 그럼에도 불구하고 우리에게는 엄격성을 위해 노력할 의무가 있다.

실증적 번역 연구 분야에서는 사람들과 텍스트와 같은 복잡한 이슈들이 다뤄진다. 성격상 번역은 질적·양적 방법 모두를 통해 연구될 수밖에 없고 번역 연구를 위해서는 측정 가능한 데이터 산출과 보다 주관적인 결과 해석이 모두 필요하다. 번역은 그 성격과 상황에 따라 접근할 필요가 있다. 번역학에서 엄격하고 '과학적인' 접근법에 가장 가까이 갈 수 있는 방법은 '통합적 서술'이다. 통합적 서술은 다양한 종류의 방법과 데이터를 활용해 복잡한 실증적 연구를 통제할 수 있는 수단이다. 여기에는 인문학적 패러다임 중심의 연구이든 실증적 연구 패러다임 중심의 연구이든 다각적 연구 결과들을 조합하고 삼각 검증하는 작업이 들어간다. 그 결과, 번역 연구에 필요하고 중요한 요소인 엄격성을 통합적 서술이 보완해 줄 수 있다.

미주

1. 이 프로젝트는 덴마크 연구 위원회와 헤도프스 재단(**Hedorfs Foundation**) 그리고 코펜하겐비즈니스스쿨의 지원을 받았다.

참고문헌

Alvesson, Mats and Sköldberg, Kaj. 2000. *Reflexive Methodology*. London: Sage.

Bohr, Niels 1959. *Atomfysik or menneskelig erkendelse I*. København: J. H. Schultz.

Bohr, Niels 1959. *Atomfysik or menneskelig erkendelse II*. København: J. H. Schultz.

Denzin, Norman K. and Lincoln, Yvonna S 1994. "Introduction: Entering the field of qualitative research." In *Handbook of Qualitative Research,* Norman K. Denzin and Yvonna S. Lincoln (eds.), 1-17. London: Sage.

Frankfort-Nachmias, Chava and Nachmias, David. 1996. *Research Methods in the ocial Sciences.* London: St. Martin's Press.

Gile, Daniel. 2004. "Scientific norms." In *Research Issues,* European Society for Translation Studies. http: //www.est-translationstudies.org. Accessed June 10, 2009.

Gile, Daniel. 2009. "What makes empirical research scientific?" In *Research Issues,* European Society for Translation Studies. http: //www.est-translationstudies.org. Accessed June 10, 2009.

Gopher, Daniel. 1993. "The skill of attention control: Acquisition and execution of attention strategies." In *Attention and Performance XIV: Synergies in Experimental Psychology, Artificial Intelligence and Cognitive Neuroscience,* David E. Meyer and Sylvan Kornblum (eds.), 200-322. Cambridge Mass: MIT Press.

Habermas, Jürgen. 1987. *Theorie de kommunikativen Handelns.* Frankfurt a. M.: Suhrkamp.

Hansen, Gyde. 1997. "Success in translation." *Perspectives.* Studies in Translatology 5 (2): 201-210.

Hansen, Gyde. 2003. "Controlling the process. Theoretical and methodological reflections on research in translation processes." In *Triangulating Translation,* Fabio Alves (ed.), 25-42. Amsterdam/Philadelphia: John Benjamins.

Hansen, Gyde. 2004. "Die Beschreibung von Übersetzungsprozessen." In *Translationskompetenz,* Eberhard Fleischmann, Peter A. Schmitt and Gerd Wotjak (eds.), 91-101. Tübingen: Stauffenburg.

Hansen, Gyde. 2005. "Qualitative research in TS – interdisciplinarity and intermethodology." In *Research Issues*, European Society for Translation Studies. http: //www.est-translationalstudies.org. Accessed June 10, 2009.

Hansen, Gyde. 2006. *Erfolgreich Übersetzen. Entdecken und Beheben von Störquellen.* Tübingen: Narr Francke Attempto.

Hansen, G. 2007. "Ein Fehler is ein Fegler, ader…? Der Bewertungsprozess in der Übersetzungs-prozessforschung." In *Quo vadis Translatologie?* Ein halbes Jahrhundert universitäre Ausbildung von Dolmetschern und Übersetzern in Leipzig. Rückschau, Zwischenbericht und Perspektiven aus der Außensicht, Gerd Wotjak (ed.), 115-131. Berlin: Frank & Timme.

Hansen, Gyde 2008. "The speck in your brother's eye- the beam in your own: Quality management in translation and revision." In *Efforts and Models in Interpreting and Translation Research*, Gyde Hansen, Andrew Cheterman and Heidrun Gerzymisch-Arbogast (eds.), 255-280. Amsterdam/Philadelphia: John Benjamins.

Hansen, Gyde. 2009a. "A classification of errors in translation." In CIUTI-Forum 2008. Enhancing Translation Quality: *Ways, Means, Methods,* Martin Forstner, Hannelore Lee-Jahnke and Peter E Schmitt (eds.), 313-326. Berlin: Peter Lang.

Hansen, Gyde. 2009b. "Moderne sprogvidenskab: Oversættelsesvidenskabens onde stedmoder?" In *Sprogvideskab i glimt,* Ken Farø, Alexandra Holsting, Neils-Erik Larsen, Jens Erik Mogensen and Thora Vinther (eds.), 413-415. Odense: Syddansk Universitetsforlag.

Koffka, Kurt. 1935. *Principles of Gestalt Psychology.* London: Routledge and Kegan Paul.

Mays, Nicholas and Pope, Catherine. 1999. *Qualitative Research in Health Care.* London: BMJ Publishing Group.

Moustgaard, Ib K 1981. *Beskrivelse og kommunikation. Kapitler af beskrivelsens psykologi.* København: Munksgaard.

Øhrgaard, Per and Nørgaard, Jens L. 2004. Hermeneutik. In *Omkring Erhvervshumaniora—Teori og Metode,* Pwe Durst-Andersen (ed.), 34-50.

Frederiksberg: Samfundslitteratur.

Reinharz, Shulamit. 1992. *Feminist methods in social research.* New York: Oxford University Press.

Stolze, Radegundis. 2003. *Hermeneutik und Translation*. Tübingen Narr.

Strauss, Anselm C. and Corbin, Juliet. 1998. *Basics of Qualitative Research: Techniques and Procedures for Developing Grounded Theory*. London: Sage.

Tranekjær, Rasmussen E. 1955/1967[2]. "Virkelighed og Beskrivelse." In *Psykologiske Tekster Bind* 6, De Psychologistuderendes Fagråd (eds.), 14-60. Copenhagen: Akademisk Forlag.

Wundt, Wilhelm. 1911. *Kleine Schriften* II. Leipzig: Engelmann.

모든 전문가는 숙련가인가?

프로세스 연구에 있어서의 전문성(expertise)의 개념 및 실증적 연구 결과에 대한 재해석

리타 야스켈라이넨(Ritta Jääskeläinen)
핀란드 요엔수대학

사고발화법(Think-Aloud Protocol, TAP)을 이용한 초기 번역 프로세스 실증 연구에서는 번역을 전문적으로 공부하지 않은 일반 언어학습자(naive translator)들의 번역 프로세스를 주로 기술했으며, 이후 연구의 초점은 초보 번역사(novice translator)와 프로페셔널 번역사(professional translator)로 확대되었다. 초보 번역사와 프로페셔널 번역사를 대상으로 한 연구에서는 프로페셔널 번역사들이 모두 우수한 품질의 번역을 하지는 않았음을 보여 주면서 "프로페셔널 번역사"라는 개념을 어떻게 정의할 것인가라는 질문을 던지고 있다. 번역 전문성에 관한 최근 연구에서는 번역에 있어 프로페셔널리즘(professionalism)과 전문성(expertise) 문제에 대한 새로운 시각을 제시했다. 본 논문에서는 프로페셔널리즘과 전문성이라는 두 가지 개념에 대한 다양한 정의를 살펴보고, 최근의 전문성 연구 시각에서 초기 번역 프로세스 연구 결과들을 재해석해 보고자 한다.

1. 서론

데이터 도출을 목적으로 하는 사고발화법(Think-Aloud Protocol, TAP)을 이용한 번역 프로세스 실증 연구는 번역을 전문적으로 공부하지 않은 일반 언어학습자(naive translator)들의 번역 프로세스를 기술하는 데서 출발했다[겔로프(Gerloff), 1986; 크링스(Krings), 1986; 뢰셔(Lörscher), 1986, 1991]. 이후 연구의 초점은 초보 번역사, 즉 번역 전공 학생[티르코넨 콩디(Tirkkonen-Condit), 1989; 야스켈라이넨, 1987]들을 거쳐 프로페셔널 번역사[겔로프, 1988; 크링스, 1988, 세귀노(Séguinot), 1989; 야스켈라이넨, 1990]로 확대되었다. 초보 번역사와 프로페셔널 번역사들을 대상으로 한 후기 연구에서는 프로페셔널 번역사들이라고 해서 모두 우수한 품질의 번역을 하지는 않았다는 예상외의 연구 결과가 나왔고, 이에 따라 "프로페셔널 번역사"라는 개념을 어떻게 적절히 정의할 것인가라는 질문이 제기되었다. 번역사의 전문성에 관한 최근 연구[예: 슈리브(Shreve), 2002; 사이렌과 학카이라이넨(Síren and Hakkarainen), 2002; 엥겔룬드-디미트로바(Englund-Dimitrova), 2005; 야콥센(Jakobsen), 2005]에서는 이러한 질문에 대한 새로운 관점을 제시했다. 본 논문에서는 프로페셔널리즘과 전문성에 관한 여러 다양한 정의를 살펴보고 전문성 연구 관점에서 프로세스 연구의 초기 연구 결과들에 대한 재해석을 시도하고 향후 후속 연구에 시사점을 제시하고자 한다.

2. 모든 프로페셔널(professional)은 전문가(expert)인가?

일각에서는 통번역 프로세스에 관한 실증적 연구 및 실험 연구가 그간 다양한 기여를 해 왔으며, 그 중 대표적인 기여점이 바로 통번역 프로세스 연구에서 사용되는 주요 개념 및 카테고리를 보다 구체적으로 정립할 수 있도록 해 준 것이라고 주장한다. 이때 구체성은 "통번역(translation)" 개념뿐만 아니라 우리가 "통번역사(translator)"라고 부르는 연구 대상 피험자들에 관한 문제로, 통번역 개념에서는 언어학습자들이 언어를 배우는 과정에서 통번역이 이뤄지는 경우인지, 아니면 전문적인 문화 간 중개 상황에서 통번역이 이뤄지는 경우인지를 구분할 필요가 있으며, 통번역 프로세스 연구에 참여하는 통번역사 피험자들의 경우에도 특징별로 구분할 필요가 있다. 예를 들면 일부 초기 프로세스 연구(예: 야스켈라이넨, 1987; 야스켈라이넨과 티르코넨-콩디, 1991)에서는 통번역 전공 학생들 중 초급 과정 학생과 고급 과정 학생들을 지칭해 "비프로페셔널 통번역사(non-professional translator)"와 "프로페셔널 통번역사(professional translator)"로 구분했다. 하지만 자신들을 "진정한" 프로페셔널 통번역사라고 믿고 있던 이들은 초기 프로세스 연구에서의 통번역사에 대한 치밀하지 못한 구분이 통번역사들에 대한 잘못된 정보를 줄 수 있을 뿐만 아니라 자신들의 전문성을 폄하하는 행위로 받아들였다[다나허(Danaher), 1992]. 이후 연구 피험자 분류가 보다 세분화됨에 따라, 이후에는 연구의 피험자로 참여한 통번역 전공 학생들을 "초보자(novice)"(예: 야스켈라이넨, 1996) 혹은 "준프로페셔널(semi-professional)"(예: 야스켈라이넨, 1993) 등으로 구분했다. 크링스(2001, p.72)는 준프로페셔널이라는 명칭을 프리스(Fries, 1988)가 최초로 사용했다고 밝히고 있다.

이처럼 초기 연구에서 나타나는 통번역 개념 및 피험자 분류 문제는 이와 관련해 추가적인 논의가 필요함을 방증한다. 특히 프로페셔널이라는 단어를 각국 언어로 번역한 결과물을 검토해 보면 전문가를 어떻게 정의하고 구분할 것인가의 문제가 그만큼 중요하다는 점을 알 수 있다. 예상하지 못했던 연구 결과 중 하나는 때로는 프로페셔널 통번역사로 분류된 사람들이 주어진 실험 과제를 성공적으로 수행하지 못한 반면 통번역 전공 학생들이나 통번역 경험이 없는 이중언어 화자들 중 일부가 오히려 주어진 실험 과제를 성공적으로 수행했다는 사실이다(예: 겔로프, 1988; 야스켈라이넨, 1990, 1999). 사고발화법 실험에서 프로페셔널 번역사들이 성공적으로 과제를 수행하지 못했던 데는 몇 가지 이유가 있을 수 있다. 예를 들면, 프로페셔널 번역사들이 불편하게 느끼는 자연스럽지 못한 실험 상황이 언어 학습자 혹은 번역 전공 학생들보다는 프로페셔널 번역사들에게 더 많은 영향을 미쳤을 수도 있다. 하지만 이러한 예상치 못한 연구 결과로 인해 "프로페셔널리즘" 개념 자체에 대해 연구자들은 스스로 질문을 제기하게 되었다. 초보 번역사들의 성과가 당연히 저조할 것이라는 암묵적인 기대를 가지고 연구 대상 텍스트와 과제를 선정했으며 프로페셔널 번역사들이 성공적으로 과제를 수행하지 못할 것이라고 전혀 예상하지 않았다. 초기 "프로페셔널리즘"에 대한 너무나 안일한 패러다임을 적용하면서, 연구자들은 프로페셔널 번역사가 과제를 제대로 수행하지 못할 것이라고 전혀 기대하지 않았다.

프로페셔널 번역사의 저조한 성과는 사실 그다지 놀랄 만한 일은 아니다. 실제 통번역 시장에는 실력이 부족한 통번역사들이 존재하며, 이들 중 일부가 실험에 참여할 가능성은 언제나 있다. 하지만 여기서 진정 흥미로운 질문은 바로 이것이다. 만약 "프로페셔널 통번역사"가 과제를 제대로 수행하지 못한다면 그 이유는 무엇일까? 현재로서는 이 질문에 대한 잠정적인 대답으로 수행한 과제의 특성 때문이 아닐까 하고 추측해 볼 수 있다. 즉 프로페셔널 번역사들이 일상적이지 않은 과제에 일상적인 접근 방법을 취함으로써 과제를 성공적으로 수행하지 못했을 수도 있다고 유추해 볼 수 있겠다[야스켈라이넨, 1990; 라우카넨(Laukkanen), 1993, 1997]. 이러한 유추를 비롯해 프로페셔널 번역사들의 성과가 저조한 이유에 대해서는 본고의 뒷부분에서 다시 논의하도록 하겠다. 다만 한 가지 가능한 설명은 적어도 일부 프로페셔널 번역사들의 저조한 성과는 프로세스 연구자들이 피험자 카테고리를 적절히 정의하지 못한 결과일 수도 있다는 점이다.

따라서 현재로서는 문제의 핵심은 바로 피험자 분류의 문제이다. 누가 프로페셔널 통번역사이고 누가 프로페셔널 통번역사가 아닌가? 프로페셔널 통번역사를 구분하는 실질적인 기준에 따르면 통번역을 주요

생계 수단으로 삼아 활동하는 경우 프로페셔널 통번역사라고 통칭한다. 하지만 프로페셔널 통번역사를 정의할 때 품질이라는 문제를 생각하지 않을 수 없다. 특히 통번역사 훈련이라는 관점에서 통번역 품질은 중요한 요소이다. 통번역사를 양성하는 교수진이라면 성공적인 통번역을 장려하고 이를 위한 효과적인 전략을 학생들에게 전수해 주는 데 관심을 가지는 것은 당연하다. 때로는 학생들이 제대로 된 통번역을 할 수 없는 이유를 분석, 파악하는 것이 통번역 교육을 개선하는 데 도움이 될 수 있을지는 몰라도[한센(Hansen), 2006] 통번역 교수진들은 기본적으로 학생들에게 잘못된 통번역 전략이나 기법을 전수해 주고 싶지는 않을 것이다. 따라서 연구의 목적으로 통번역 품질과 관련된 이슈들 역시도 논의가 필요하다고 하겠다.

통번역 품질은 인지 심리학에 있어 전문성(expertise)을 정의하는 데 핵심이 되는 개념이다[치 외(Chi et al.), 2006]. 전문성 연구 분야에서, 전문성은 "한 분야에서의 지속적으로 우수한 성과"라고 정의되어 왔다(예: 에릭슨, 2006, p.3). 본고에서는 전문성에 관한 다양한 정의에 대해 보다 세부적으로 논의를 하겠지만, 통번역과 관련해 사이렌과 학카라이넨(2002)은 전문성(expertise)과 프로페셔널리즘(professionalism)을 구분할 필요가 있다고 주장한다. 모든 전문가는 프로페셔널이지만, 모든 프로페셔널이 전문가는 아니라는 입장이다. 특히 "지속적으로 우수한 성과"라는 요건에 비춰 볼 때, 모든 프로페셔널을 전문가라고 정의할 수는 없다. 사이렌과 학카라이넨(2002, p.75)은 "통번역사로 일을 했다는 사실만으로는 전문성을 담보할 수는 없다"고 지적한다. 이 두 학자는 통번역 전문성에 대해 연구를 할 때 통번역사로 일한 경력(예: 활동 연수)만을 기준으로 피험자를 선정하는 것은 충분하지 않다는 입장이다. 대신 "이들 통번역사들의 통번역 결과물의 요건 및 품질 등에 대해서도 파악할 필요가 있다"고 주장한다.

또한 프로페셔널(professional)과 전문가(expert)에 관한 논의에 있어 고려해야 하는 또 하나의 측면이 있는데 바로 스페셜라이제이션(specialization)이다. 틴자라(Tynjälä, 2002)는 스페셜라이제이션 없는 전문성은 생각할 수 없지만(예: 전문성은 특정 분야와 관련이 있음), 전문성 없는 스페셜라이제이션은 가능하다고 주장한다. 즉 스페셜리스트들은 지속적으로 우수한 성과를 보여 주지는 않기 때문에 스페셜리스트들 중에는 전문가가 아닌 경우들이 있다는 것이다. 통번역과 관련해서는 사람들은 프로페셔널 통번역사에게 특정 분야 예를 들면, 법률, 의학 혹은 기술 분야의 스페셜리스트이기를 기대하는데 현실에서는 프로페셔널 통역사가 모두 스페셜리스트는 아니며 제너럴리스트(generalist) 통번역사 역시 존재한다(예: PACTE, 2009). 제너럴리스트 통번역사 대비 스페셜리스트 통번역사에 대한 수요는 특정 분야 통번역 시장의 여건에 따라 결정되며 시간이 지나면서 변할 수도 있다. 예를 들면, 1999년에 실시한 동핀란드 지역 프리랜서 통번역사 근무 여건에 관한 설문조사에서, 통번역사들은 4-6개의 스페셜라이제이션 분야를 가지고 있다고 응답했다[야스켈라이넨과 마우라넨(Jääskeläinen and Mauranen), 2005]. 하지만 핀란드 통번역 에이전시들의 최근 비공식 보고에 따르면 핀란드 통번역사들의 스페셜라이제이션 분야는 1-2개로 줄어들었다. 또한 전통적인 스페셜라이제이션은 통번역사 개인의 전문 영역을 정확히 기술하기에는 너무나 광의의 개념일 수 있다. 예를 들면, 퀸즐리(Künzli)의 연구(2005)에서는 피험자(피험자들은 모두 엔지니어-통번역사들이었음) 중 한 명은 "기술 통번역" 분야라는 일반적인 스페셜라이제이션 대신 "특허 통번역"이라는 좀 더 세부적인 분야에 대한 스페셜라이제이션을 달성한 경우였다.

정리하자면, 전문성을 "지속적으로 우수한 성과"라고 정의하게 되면 분명한 사실은 모든 프로페셔널 통번역사를 전문가라고 볼 수 없다는 것이다. 모든 전문가는 스페셜리스트일 가능성이 높지만, 모든 프로페셔널이 스페셜리스트일 수는 없다. 한편 제너럴리스트 통번역사들 중 일부는 전문가로서의 자격 요건을 갖추고 있을 수도 있다. 이들 제너럴리스트 통번역사들이 다루는 분야는 우리가 전통적으로 통번역 주제 분야로 분류하고 있는 구체적인 주제 분야보다 훨씬 더 광범위할 수 있다. 사실 스페셜라이제이션은 주제 분야 이상을 포함할 수 있다. 일부 통번역사들은 직접 통번역(모국어로의 통번역) 혹은 역(inverse)통번역(외국어로의 통번역; 예: 라우카넨, 1993)에 전문화되어 있는가 하면, 다른 통번역사들은 특정 매체(medium)를 통한 통번역(예: 자막 번역)에 전문화되어 있다.

마지막으로 적어도 핀란드에서는 자신들의 전문 분야 텍스트를 통번역하는 주제 전문 스페셜리스트들이 존재한다. 이들은 통번역을 주된 수입원으로 하는가 하는 측면에서 볼 때는 통번역 프로페셔널은 아니지만 자신들의 전문 분야 텍스트를 "지속적인 우수한 성과"를 내면서 통번역한다는 점에서는 전문가로 간주할 수 있다. 이처럼 프로페셔널, 전문가, 스페셜리스트의 개념은 서로 교집합이 있으면서도 각기 나름의 고유한 특성을 지닌다. 따라서 실증적 연구에서 이러한 개념들을 통합하고, 활용하는 것은 중요한 연구 우선순위의 하나이다.

3. 전문성(expertise)에 대한 정의

위에서 설명했듯이 통번역사들은 프로페셔널, 전문가, 스페셜리스트, 제너럴리스트 등 다양한 이름으로 불릴 수 있으며, 이러한 이름들은 때로는 겹치기도 한다. 한편 "전문성"은 인지심리학에서 다양한 방식으로 정의되어 왔다(예: 치 외, 1988; 에릭슨 외, 2006). 또한 전문성 연구에서는 체스[예: 글레이저와 치(Glaser and Chi), 1988], 레스토랑 주문 암기[에릭슨과 폴슨(Ericsson and Polson), 1988], 각종 운동[호지스 외(Hodges et al.), 2006]에서 작문[베라이터와 스카다말리아(Bereiter and

Scardamalia), 2006; 켈로그(Kellogg), 2006], 의학적 진단[그로엔과 파텔(Groen and Patel), 1988], 사법 판결[로렌스(Lawrence), 1988]에 이르기까지 다양한 과제(task) 수행에 있어서의 우수한 성과에 대해 탐색했다. 이들 연구 중에서 특히 작문 관련 연구 등 일부 연구가 통번역 전문성을 이해하는 데 좀 더 관련성이 있다고 볼 수 있다.

일반적으로 전문성은 "상당한 지식과 절차적 스킬을 보유하는 것"으로 정의할 수 있다(치 외, 1982, p.8). 이에 따라 대부분의 프로페셔널 통번역사들을 전문가로 간주하는 데에는 크게 무리는 없어 보인다. 치(2006, pp.21-23)에 따르면 전문성 연구는 다음의 두 가지 접근 방식으로 나눠 볼 수 있다. 첫 번째는 예외적으로 뛰어난 절대적 전문성에 관한 연구로 이는 주로 체스 마스터들을 대상으로 진행되었다. 두 번째는 상대적 전문성에 관한 연구로 초보자와 전문가의 성과 수준을 비교하는 데 중점을 둔 연구이다. 이 경우 초보자도 전문성을 달성할 수 있다는 전제에서 출발하고 있다. 한편 통번역 전문성에 관한 연구는 상대적 전문성에 중점을 두어 진행되어 왔다. 특별히 통번역에 타고난 재능이 있는 통번역사들을 대상으로 한 연구 대신 초보 통번역사와 프로페셔널 통번역사를 비교하는 연구를 많이 진행했다. 본고의 후반부에서 전문성 연구 관점에서 통번역사 비교 연구를 다시 분석해 보도록 하겠다.

전문성에 관한 일부 정의에서는 전문성을 확보하기 위해서는 최소 10년 혹은 1만 시간 이상의 경험이 필요하다고 적시하고 있는데(치 외, 1988), 이를 가리켜 "10년 법칙"(예: 켈로그, 2006)이라고 부른다. 하지만 모든 분야가 그런 것은 아니다. 전문성을 개발하기 위해서는 의도적 연습이 필요한데, 의도적 연습이란 "특정 분야에서 성과를 높일 수 있도록 특정 활동을 주기적으로 수행하는 것"을 의미한다(슈리브, 2006, p.29). 열심히 연습한다는 것은 일정 기준을 충족할 필요가 있는데, 적절한 난이도와 유익한 정보를 주는 피드백(슈리브, 2006) 등이 이에 해당한다. 그동안 통번역 연구에서는 피험자들의 통번역 경력 연수에 대한 정보가 상세히 제시되지 못했다. 일부 연구에서는 "수년"(로테-네베스(Rothe-Neves), 2003, p.101) 혹은 다른 연구에서는 "적어도 대학원 과정 2년"(야콥센, 2003, p.71) 등으로 개략적으로만 제시되고 있다. 또한 통번역사가 전문 분야가 있는 경우를(예: 사이렌과 학카이라이넨, 2002; 엥겔룬드-디미트로바, 2005; 퀸즐리, 2005) 제외하고는 통번역사의 업무상 통번역 경험 수준에 관한 세부적인 내용도 제시되지 않고 있다. 전반적으로는 사이렌과 학카이라이넨(2002)이 제안한 것처럼 프로세스 연구에서는 피험자들의 배경에 대한 보다 상세한 정보를 제시할 필요가 있다. 특히 통번역사의 전문성 혹은 프로페셔널리즘에 중점을 둔 연구[예: 괴퍼리히와 야스켈라이넨(Göpferich and Jääskeläinen), 2009]인 경우에는 더욱 그러하다. 물론 동전의 다른 면을 보자면, 피험자들을 모집하기 위해서는 익명성이 보장되어야 하는데, 그 규모가 크지 않은 통번역사 업계의 경우에는 너무 많은 피험자 정보를 제공할 경우 이러한 익명성이 훼손될 수 있는 여지가 있다. 또한 프로페셔널 통번역사의 업무 경험이 "의도적 연습"으로 간주할 수 있는 환경에서만 축적된 경우가 아닐 수도 있다. 또한 엥겔룬드-디미트로바(2005, p.18)가 지적했듯이 프로페셔널 통번역사들의 경우 자신들의 통번역 업무에 대해 피드백을 받지 못하기 때문에 수정된 통번역 결과물을 접할 기회가 전혀 없을 수도 있다. 연구 피험자를 모집하는 데 있어 10년 법칙을 엄격하게 적용한다면 이러한 기준을 충족시킬 수 있는 피험자 후보가 거의 없을 수도 있다.

한편 전문성을 일종의 프로세스로 보는 견해도 있다(베라이터와 스카다말리아, 1993). 이들은 누군가가 가지고 있는 자질 혹은 수준이라기보다는 어떤 일을 하는 방식으로 전문성을 이해한다. 이처럼 전문성을 일종의 프로세스로 보는 정의는 작문에 관한 전문성 연구에서 출발했다(예: 베라이터와 스카다말리아, 1987). 이들은 "초보자들이 힘겹게 하는 일을 전문가들은 신속하고 용이하게 수행하는" 다른 전문성 분야와는 달리, 작문 분야 전문가들의 작문 프로세스를 보면 "더 힘들게 작문을 하고 훨씬 더 많은 생각을 하는 것”으로 나타났다(베라이터와 스카다말리아, 1993). 마찬가지로 통번역 프로세스 연구에서는 전문 통번역사라면 자동적으로 통번역을 수행할 것이라는 일반적인 자동성 가정과는 반대로 초보 통번역사들이나 덜 우수한 통번역사들에 비해 오히려 성공적인 프로페셔널 통번역사들이 훨씬 더 노력을 많이 쏟는 것으로 나타났다(괴퍼리히, 1988; 크링스, 1988; 야스켈라이넨, 1999). 베라이터와 스카다말리아 역시 “많은 사람의 경우 수년간에 걸친 작문 연습의 결과가 수준 낮은 작문을 수월하게 하는 결과”로 나타날 수 있기 때문에 단순히 연습을 몇 년 했느냐가 아니라 얼마나 양질의 연습을 했느냐가 중요하다고 강조하고 있다. 즉 전문성을 갖추기 위해서는 높은 수준을 달성하는 것이 필요한데, 이를 위해서는 “선두적 전문성”을 배양해야 하는데, 이는 이미 마스터한 과제를 단순히 1만 시간 이상 반복하는 것이 아니라 자신의 능력의 최대치를 높이고자 노력을 기울이는 과정에서 얻게 되는 전문성을 의미한다. 이를 근거로, 베라이터와 스카다말리아(1993, p.11)는 “전문가”와 “경험이 많은 비전문가”, 즉 과제를 수행함에 있어 지속적으로 우수한 수준의 성과를 내지 못하는 경우를 구별하고자 했다. 이러한 구분은 통번역사들에게도 적용 가능할 것이다. 이때 경험만 많은 프로페셔널 통번역사는 수년간에 걸친 통번역 경험을 통해 통번역을 주된 수입원으로 활동하고 있지만, “지속적으로 우수한 성과” 기준에는 미치지 못하는 통번역사들을 지칭할 수도 있다.

이러한 구분과 관련해 하타노와 이나가키(Hatano and Inagaki, 1992)(틴자라, 2002, p.35에서 인용)는 “일상적인 전문가(routine experts)”와 “적응형 전문가(adaptive experts)”에 대해 설명하고 있다.

> 일상적인 전문가들이 “습득한 절차를 적용하고 익숙한 상황에서 일하는 데 있어서는 숙련되고 효율적”인 반면 적응형 전문가들은 익숙한 문제들에만 국한되지 않고 새로운 문제를 해결하고 자신들의 분야에 대한 새로운 개념적 이해를

구축할 수 있는 능력이 있다.

예외적으로 우수한 전문가 성과 수준에 대한 여러 정의를 검토한 결과, 하타노와 이나가키의 전문성에 대한 정의는 통번역 시장뿐만 아니라 통번역사 훈련이라는 관점에서도 유용한 정의라고 할 수 있다. 통번역학교를 졸업했다고 해서 모두가 예외적으로 아주 우수한 통번역사 카테고리나 혹은 적응형 전문가 카테고리에 자동적으로 속할 수는 없다. 이들 중 일부는 비교적 안정적이고 유능하게 자신들의 임무를 수행하는 일상적인 전문가로 분류될 수도 있다.

4. "전문성"이라는 측면에서 "프로페셔널"한 행동 재해석

이상에서 살펴본 전문성에 대한 다양한 견해를 바탕으로 프로페셔널 통번역사의 통번역 프로세스에 관한 선행 연구 결과의 일부를 재해석해 볼 수 있겠다. 다만 피험자의 배경과 관련해 상세한 정보를 항상 확보할 수 있는 것은 아니므로, 이러한 재해석은 확실한 사실이라기보다는 추정의 결과로 이해할 수 있겠다.

4.1. 분야별 특이성

프로페셔널 통번역사라고 해서 항상 우수한 품질의 통번역 결과물을 산출해 내는 것은 아니라는 불편한 진실(예: 야스켈라이넨, 1999)은 일상성(routineness) 문제에서 기인한다. 프로페셔널들이 일상적이지 않은 과제를 수행함에도 불구하고 특정 분야에서 습득한 일상적인 접근 방법을 취하고 있기 때문이다. 전문성 연구에서 확립한 그동안의 믿음은 전문가들이 반복적인 연습을 통해 습득한 특정 스킬 덕분에 자신들의 분야에서 우수한 성과를 낼 수는 있지만(예: 글레이저와 치, 1988; 에릭슨, 2006), 해당 분야에서 확보한 전문성을 다른 분야에 즉각적으로 적용할 수는 없다는 것이다. 그 결과 낮은 수준의 통번역 결과물을 생산해 내는 프로페셔널 통번역사들의 경우는 추정컨대 아마도 실험으로 채택한 통번역 과제가 피험자인 프로페셔널 통번역사들의 전문 분야가 아닌 경우였을 수 있다. 아마도 몇몇 연구는 실제 이러한 경우에 해당될 수도 있다. 대개 연구에서 설정한 통번역 과제들이 연구 목적에서는 흥미로운 과제들이지만, 프로페셔널 통번역사의 전문 분야라는 관점에서 보면 관련성 있는 과제가 아닐 수도 있기 때문이다. 하지만 그렇다 하더라도 이러한 논리로는 프로페셔널 통번역사들보다 우수한 성과를 내는 학생 통번역사들의 경우를 설명할 수 없다. 대신 "일상적인" 전문성 혹은 비유연성(inflexibility)이라는 말로(아래 참조) 설명해야 할 수도 있다. 분야별 특이성 측면에서 보면 야콥센(2005, p.177)의 연구에서 채택한 축구 관련 출발어 텍스트의 경우처럼 일반적인 텍스트라고 해서 선정한 경우라도 전문적인 지식이 필요한 텍스트일 수도 있다. 일부 예외적인 연구들을 제외하고는 대개 선행 연구에서 일상적인 과제를 채택하는 경우는 드물었다. 일상적인 과제와 비일상적인 과제를 구별하고 있는 라우카넨의 연구(1997)에서는 비일상적인 과제는 모든 피험자에게 동일하게 제시한 반면 일상적인 과제는 피험자들이 직접 제시하도록 했다. 한편 퀸즐리의 연구(2005)에서 채택한 과제는 기술 번역이었는데, 이때 엔지니어 출신 통번역사 중 한 명은 전문 분야가 특허 통번역이라는 특정 분야에 국한되어 있었다. 물론 이것만으로 피험자의 성과가 낮은 것을 다 설명할 수는 없을 것이다. 해당 통번역사가 공식적인 언어 교육을 받은 적이 없다는 사실 또한 또 다른 설명이 될 수 있을 것이다.

한편 하타노와 이나가키(1992)가 제시한 일상적 전문가와 적응형 전문가라는 개념 역시 필자의 연구(야스켈라이넨, 1990, 1999)에 참여했던 프로페셔널 통번역사의 낮은 성과에 대한 또 다른 설명이 될 수 있다. 피험자인 해당 프로페셔널 통번역사(가명 "루시")는 침착한 태도로 신속하고 효율적으로 과제를 수행하는 듯이 보였다. 겉으로 보이는 행동(예: 과제수행에 걸린 시간)과 과제 처리 양상(예: 문제 파악)만 보면 프로페셔널 통번역사들이 가지고 있을 것이라고 짐작하는 자동화된 프로세싱을 하고 있는 것으로 보여졌다. 하지만 루시의 통번역 결과물의 수준은 낮았다. 루시는 훈련을 받은 통번역사였고 10년 이상을 기업에서 커뮤니케이션 업무를 담당했다. 반면 다른 3명의 통번역사들은 프리랜서 통번역사들로 루시와 비슷한 정도의 경력을 가지고 있었지만, 이들의 통번역 결과물의 수준은 루시보다 높거나 아주 훌륭했다. 이러한 성과의 차이는 성과 수준이 낮은 프로페셔널의 경우는 일상적인 전문가인 반면 프리랜서 통번역사들의 경우에는 적응형 전문가이기 때문이라고 해석해 볼 수 있겠다. 루시의 낮은 성과 수준이 어디에서 비롯되었는지를 이해하기 위해, 또 다른 선행 연구에서는 역할 거리 두기(role-distancing)라는 사회심리학적 이슈를 다루기도 했다(야스켈라이넨, 1995).

4.2. 자동화된 프로세싱

전문성을 프로세스로 이해하는 관점은 자동화 문제 고찰에도 도움이 될 것이다. 대개 초보자들이 특정 과제수행을 위해 열심히 노력해야 하는 반면 전문가들은 크게 노력을 들이지 않고도 과제를 신속하게 수행한다고 생각한다. 이러한 자동화된 프로세싱의 일반적인 예로, 자동차 운전의 경우를 드는데, 초보 운전자들은 처음에는 동작 하나하나에도 힘겹게 주의를 기울이다가 운전 경험이 쌓이면서는 점차 자동적으로 거의 노력을 들이지 않고 운전을 하게 된다. 앞서 언급했듯이 베라이터와 스카다말리아(1993)는 "우리 연구에서는 동일한 과제를 줬을 때 전문가들이 훨씬 더 애를 쓰고 생각을 더 많이 한다는 사실을 지속적으로 확인할 수 있었다"라고 보고한다. 이와 비슷한 현상은 통번역 프로세스 연구에서도 확인할 수 있다. 겔로프(1988)는 이를 가리켜 "통번역이 시간이 지나면서 쉬워지지 않는" 현상이라고 불렀다(크링스, 1988; 야스켈라이넨, 1990, 1996; 사이렌과 학카이라이넨, 2002 참조). 인지적 과제인 통번역은 체스나 테니스보다는 작문 과제와 더 유사성이 있다. 따라서 전문가들이 비전문가들에 비해 과제수행에 더 많은 시간과 노력을 기울인다는 사실은 의미 있는 발견이며, 통번역 프로세스 연구에서 보다 관심을 기울여야 할 문제이다.

반면 특정한 종류의 프로세싱의 경우에는 자동화가 이뤄진다는 증거도 있다(예: 야스켈라이넨과 티르코넨-콩디, 1991). 예를 들면 특정한 언어적 작용과 대화를 주고받을 때(예: 친구가 아닌 경우는 피하기)에는 경험이 많을수록 보다 더 자동화되는 경향이 나타날 수 있다. 이 경우 해당 과제의 다른 측면을 다루기 위해 프로세싱 능력을 동원한다. 즉 일부 프로세싱은 자동화되어 있기 때문에 전문가들은 더 많은 시간을 과제수행 과정에서 나타나는 다른 어려운 문제를 해결하는 데 사용할 수 있다.

4.3. 세그멘테이션 및 지식 기반

전문가 프로세싱의 일반적인 특징 중 하나는 전문가들일수록 초보자보다는 더 큰 단위(전략, 정보 혹은 언어 단위)를 처리하는 경향이 있다는 것이다(글레이저와 치, 1988). 따라서 체스 마스터일수록 체스판을 개별적인 체스 말이 아니라 체스 말의 전체적인 움직임으로 인식한다. 통번역 프로세스 연구를 살펴보면 프로페셔널들일수록 텍스트의 보다 큰 세그먼트를 처리한다는 증거가 있다. 또한 프로페셔널 통번역사들은 텍스트 전체를 고려하고, 통번역 결과물을 사용할 예상 청중 혹은 독자들의 니즈와 같은 외부 요인도 고려한다. 반면 특히 초보 피험자들은 개별 단어 내지는 그에 준하는 작은 단위에 집착하는 경향을 보인다. 물론 개별 어휘는 텍스트를 구성하는 기본 단위이기 때문에 전문 통번역사의 프로세싱에 있어 개별 어휘가 들어와야 하지만 프로페셔널 통번역사들은 커뮤니케이션 상황을 보다 종합적으로 판단함으로써 주어진 통번역 과제에 대한 종합적인 수행 전략을 세우는 데 오히려 개별 어휘를 활용하고 있다.

또한 프로페셔널 통번역사들은 초보 통번역사들보다 훨씬 더 많이 자신들이 가진 세상에 대한 지식과 문화적 지식을 활용한다. 초보 통번역사들의 경우는 단순히 단어에 집착하다 의미가 통하지 않는 통번역 결과물을 생성하게 된다(예: 티르코넨-콩디, 1992). 피험자들의 나이 역시 한 가지 설명이 될 수 있다. 초보자들은 프로페셔널보다 대개 나이가 어린데, 동일한 연령대의 주제 스페셜리스트 피험자들의 경우에도 이와 비슷한 차이가 나타난다. 주제별 스페셜리스트의 경우 자신들이 언제든 활용할 수 있는 사실에 기반한 지식들은 갖추고 있을 수 있지만, 도구적 능력(예: PACTE, 2009; 괴퍼리히, 2008; 괴퍼리히와 야스켈라이넨, 2009)을 갖추고 있지 못한 경우에는 사전에서 제시하는 "등가표현"에 지나치게 의존하게 된다. 예를 들면, 야스켈라이넨(1999)의 연구에서는 초보 피험자 중 한 명이 내과의사였고 사고발화법 실험에서 사용한 출발어 텍스트는 의학 연구에 관한 텍스트였다. 이 텍스트는 《New Scientist》에 실린 일반적인 뉴스로 마늘이 혈중 콜레스테롤 수준에 미치는 영향에 관한 기사였다. 해당 텍스트는 피험자인 내과의사의 전문 분야였고, 그녀의 설명을 들어봤을 때 피험자 중 마늘이 인체 내에서 어떤 작용을 하는지를 정확하게 이해하고 있는 유일한 피험자였다. 하지만 이 피험자는 통번역 전문성을 갖추고 있지 못했기 때문에 출발어 텍스트의 "dicky heart"라는 표현을 "a staggering heart"로 어색하게 번역했다.

데이터 수집 툴로 "트랜스로그(Translog)"(야콥센, 1999)와 같은 키 로깅 소프트웨어를 채택함으로써 번역 과정에서의 세그멘테이션에 대한 분석이 보다 활발해지게 됨에 따라, 흥미로운 추가 연구 가능성이 열렸다. 예를 들면, 야콥센(2005)의 연구에서는 전문가들의 경우 처리 속도가 훨씬 빠르기 때문에 세그먼트의 길이가 더 긴 텍스트를 생성할 수 있음을 고찰했다. 물론 우수한 성과물이란 단순히 세그먼트의 길이가 긴 것뿐만 아니라 품질 기준도 충족시켜야 한다. 한 가지 흥미로운 점은 사고발화 방식이 프로페셔널 번역사로 하여금 보다 작은 텍스트 단위로 끊어 작업을 하도록 만든다는 사실로(야콥센, 2003), 이 때문에 연구의 실효성 문제를 제기할 수도 있다. 이러한 연구 결과는 번역 연구에 있어 발화 보고 방식에 대한 기본적인 방법론적 연구가 필요함을 잘 보여 준다고 하겠다(야스켈라이넨, 2000).

4.4. 자기 모니터링 스킬

전문성 연구에서는 전문가들이 자기 모니터링 스킬이 뛰어남을 알 수 있다(예: 글레이저와 치, 1988). 사고발화법을 통해 피험자들이 발화한 코멘트들은 피험자들의 자기 모니터링 스킬 보유 여부 및 수준을 잘 보여 준다. 예를 들면 야스켈라이넨(1999)의 연구에서, 성과 수준이 낮았던 루시라는 피험자는 성과 수준이 높은 다른 프로페셔널 피험자들에 비해 단위 시간당 자신을 평가하는 코멘트를 훨씬 적게 했다. 라우카넨(1993)의 연구에서는 프로페셔널 피험자는 일상적인 과제를 수행할 때보다 비일상적인 과제를 수행할 때 자신의 성과물과 잠정적 해결책에 대해 더 부정적으로 평가했다.

4.5. 전문가들의 실패

전문가들이 대개 여러 우수한 자질을 갖추고 있지만, 그렇다고 전문가들이 완벽한 것은 아니다. 치(2006)는 전문가들이라도 유연성 부족, 지나친 자신감, 편향성 등의 부족한 점이 있다고 보고한다. 이러한 요인들 때문에 실험 상황에서 프로페셔널 통번역사가 제대로 통번역을 수행하지 못할 수도 있다. 예를 들면, 필자의 연구(야스켈라이넨, 1999)에서 성과가 낮았던 프로페셔널 피험자의 경우를 다시 살펴보면 이 피험자는 자신이 가진 일상적인 프로세싱을 비일상적인 과제에 적용하지 못했는데, 이는 유연성 부족 때문일 수 있다. 결국 이 피험자가 가진 통번역 경험의 "요건 및 수준"에 대한 평가가 제대로 이뤄지지 못했다(예: 사이렌과 학카이라이넨, 2002).

5. 후속 연구에 대한 시사점

전문성 연구 관점에서 통번역 프로세스를 살펴보는 것은 방법론 및 교육적 측면에서 중요한 시사점을 가진다. 방법론 측면에 있어서는 전문성과 프로페셔널한 행동을 연구하고 설명하기 위해 다양한 접근 방법이 활용되고 있기 때문에 연구 결과를 제대로 비교 분석하기 위해서는 개별 연구에서 어떠한 관점을 채택하고 있는지를 명확히 밝혀 줄 필요가 있다. 위에서 언급했듯이 전문성 혹은 프로페셔널리즘에 관한 정의 그리고 피험자 배경 정보 등을 구체적으로 명시해야 한다. 이를 바탕으로 전문 통번역사들이 자신들의 전문 분야에서 어떻게 우수한 성과를 내고 있는지에 대한 후속 연구가 필요하다.

또한 전문성 개념을 세부적으로 분석해 보는 것은 통번역사 훈련을 위해서도 필요하다. 통번역학교 졸업생들이 모두 절대적인 의미에서의 통번역 전문가가 될 것으로 기대할 수는 없지만(치, 2006), 광범위한 지식 기반을 갖추고 상당한 양의 절차적 지식을 처리하는 전문가는 될 수 있다. 이들이 하타노와 이나가키(1992)가 이야기한 일상적 전문가 혹은 적응형 전문가로서 자신들의 커리어를 추구할 것으로 기대할 수 있을 것이다. 우리의 교육 목표를 통번역에 타고난 재능을 가진 통번역사들만을 교육하고 양성하는 것으로 삼는다면, 통번역학교 졸업생들의 자신감과 자부심을 저하시킬 뿐만 아니라 상당히 비현실적인 접근 방법이 될 것이다.

결론적으로 통번역 프로세스를 전문성 관점에서 분석하고 접근하는 것은 향후 연구에 상당한 가능성과 시사점을 지닌다고 볼 수 있다. 기존 선행 연구에서는 관련 이론 틀과 더불어 다른 분야의 전문가 성과에 관한 실증적 연구 결과를 제시하고 있는데, 우리는 이러한 이론 틀과 실증적 연구 결과 중 어떤 부분이 통번역과 가장 관련이 깊은지를 직접 판단할 필요가 있다. 또한 통번역에 있어 전문성과 전문가 성과를 구성하는 요소들을 보다 종합적으로 파악할 필요가 있다. 이때 기대와 달리 프로페셔널 통번역사의 처리 성과가 저조한 경우에 대해서는 전문성 연구가 그 이유를 설명하는 데 어느 정도 이론적 기반을 제공해 줄 수 있을 것이다.

Bereiter, Carl and Scardamalia, Marlene. 1987. The *Psychology of Written Composition.* Hillsdale, NJ: Lawrence Erlbaum Associates.

Vereiter, Carl and Scardamalia, Marlene. 1993. Surpassing Ourselves. *An Inquiry into the Nature and Implications of Expertise*. Chicago and La Salle: Open Court.

Chi, Michele T.H. 2006. "Two approaches to the study of experts' characteristics." In *The Cambridge Handbook of Expertise and Expert Performance,* K. Anders Ericsson, Neil Charness, Paul J. Feltovich and Robert R. Hoffman (eds.), 21-30. Cambridge etc.: Cambridge University Press.

Chi, Michelene T. H., Glaser Robert and Farr, Marshall J. 1988. *The Nature of Expertise*. Hillsdale, NJ: Lawrence Erlbaum Associates.

Chi, Michelene T. H., Glaser Robert and Rees, Ernest. 1982. "Expertise in problem solving." *In Advances in the Psychology of Human Intelligence, Vol. 1*, Robert J. Sternberg (ed.), 7-75. Hillsdale, NJ: Lawrence Erlbaum.

Danaher, Paul. 1992. "Deaf and blind – but not dumb: Translation theorists." *Language International* 4 (2): 15-16.

Dragsted, Barbara. 2005. "Segmentation in translation: Difference across levels of expertise and difficulty." Target 17 (1): 49-70.

Englund Dimitrova, Birgitta. 2005. Expertise and Explicitation in the Translation Process. Amsterdam/Philadelphia: John Benjamins.

Ericsson, K. Anders. 2006. "Introduction." In the *Cambridge Handbook of Expertise and Expert Performance*, Ericsson, K. Anders, Neil Charness, Paul J. Feltovich and Robert R. Hoffman (eds.), 3-19. Cambridge etc.: Cambridge University Press.

Ericsson, K. Anders and Polson, Peter G. 1988. "A cognitive analysis of exceptional memory for restaurant orders." *In The Nature of Expertise,* Michelene T.H. Chi, Robert Glaser and Marshall J. Farr (eds.), 23-70. Hillsdale, NJ: Lawrence Erlbaum Associates.

Ericsson, K. Anders, Charness, Neil, Feltovich Paul J. and Hoffman, Robert R. (eds.). 2006. *The Cambridge Handbook of Expertise and Expert Performance.* Cambridge etc.: Cambridge University Press.

참고
문헌

Fries, J. 1988. Affektie und rationale Elemente des Überetzens. *Eine empirische Untersuchung emotional beeinflusster Übersetzungsperformanz.* Unpublished Diplom thesis. Germersheim: Universität Mainz.

Gerloff, Pamela. 1986. "Second language learners' reports on the interpretive process." In Interlingual and Intercultural Communication. Discourse and Cognition in Translation and Second Language Acquisition Studies, Juliane House and Shoshana Blum-Kulka (eds.), 243-262. Tübingen: Guner Narr.

Gerloff, Pamela. 1986. "Second language learners' report on the interpretive process." *In Interlingual and Intercultural Communication. Discourse and Cognition in Translation and Second Language Acquisition Studies,* Juliane House and Shoshana Blum-Kulka (eds.), 243-262. Tübingen: Gunter Narr.

Gerloff, Pamela 1988. *From French to English: A Look at the Translation Process in Students, Bilinguals, and Professional Translators.* Unpublished doctoral dissertation, Ann Arbor: University Microfilms International.

Göpferich, Susanne. 2008. *Translationsprozessforchung: Stand – Methoden – Perspektiven.* Tübingen: Gunter Narr.

Göpferich, Susanne and Jääskeläinen, Riitta. 2009. "Process research into the development of translation competence: Where are we and we do we need to go?" *ACROSS Languages and Cultures* 10 (2): 169-191.

Glaser, Robert and Chi, Michele T. H. 1988. "Overveiw." In The Nature of Expertise, Michelene T.H. Chi, Robert Glaser and Marshall J. Farr (eds.), xv-xxviii. Hillsdale, NJ: Lawrence Erlbaum Associates.

Groen, Guy J. and Patel. Vimla L. 2988. "The relationship between comprehension and reasoning in medical expertise." *In The Nature of Expertise,* Michelene T.H. Chi, Robert Glaser and Marshall J. Farr (eds.), 287-310. Hillsdale, NJ: Lawrence Erlbaum Associates.

Hansen, Gyde. 2006. Erfolgreich Übersetzen. Entdecken und Beheben von Störquellen. Tübingen: Gunter Narr.

Hatano, Giyoo and Inagaki, Kayoko. 1992. "Desituating cognition through the construction of conceptual knowledge." In Context and Cognition: *Ways of Knowing and Learning*, Paul Light and George Butterworth (eds.), 115-133.

New York: Harvester.

Hodges, Nicola J., Starkes, Janet L. and MacMahon, Clare. 2006. "Expert performance in sport: A cognitive perspective." *In The Cambridge Handbook of Expertise and Expert Performance,* K. Anders Ericsson, Neil Charness, Paul J. Feltovich and Robert R. Hoffman (eds.), 471-488. Cambridge etc.: Cambridge University Press.

Jääskeläinen, Riitta. 1987. *What Happens in a Translation Process: Think-aloud Protocols of Translation.* (Unpublished M.A. thesis.) University of Joensuu, Savonlinna School of Translation Studies.

Jääskeläinen, Riitta. 1990. *Feature of Successful Translation Processes: A Think-aloud Protocol Study.* (Unpublished licentiate thesis.) University of Joensuu, Savonlinna School of Translation Studies.

Jääskeläinen, Riitta. 1993. "Investigating translation strategies" In *Recent Trends in Empirical Translation Research*, SonjaTirkkonen-Condit and John Laffing (eds.), 99-120. Joensuu: University of Joensuu.

Jääskeläinen, Riitta. 1995. ""The human Translator" in the light of verbal report data." In *Basic Issues in Translation Studies. Proceedings of the Fifth International Conference*, Albrecht Neubert, Gregory M Shreve and Klaus Gommlich (eds.). 135-143. [Kent Forum on Translation Studies II]. Ket, OH: Kent University Press.

Jääskeläinen, Riitta. 1996. "Hard work will bear beautiful fruit. A comparison of two think-aloud protocol studies." *Meta* 41 (1). Special issue: Translation process(es), ed. By Frank G. Königs, 60-74.

Jääskeläinen, Riitta. 1999. *Tapping the Process: An Explorative Study on the Cognitive and Affective Factors Involved in Translating* [Publications in the humanities 22]. Joensuu: University of Joensuu.

Jääskeläinen, Riitta. 2000. "Focus on methodology in think-aloud studies on translating." In Tapping and Mapping the Processes of Translation and Interpreting. Outlooks on Empirical Research, Riitta. Jääskeläinen and Sonja Tirkkonen-Condit (eds.), 71-82. Amsterdam/Philadelphia: John Benjamins.

Jääskeläinen, Riitta and Mauranen, Anna. 2005. "Translators at work: A case study of electronic tools used by translators in industry." In *Meaningful Texts. The Extraction of Semantic Information from Monolingual and Multilingual Corpora,* Geoff Barnbrook, Pernilla Danielson and Michaela Mahlberg (eds.), 48-53. London: continuum.

Jääskeläinen, Riitta and Tirkkonen-Condit, Jonja. 1991. "Automatised processes in professional vs. non-professional translation: A think-aloud protocol study." In *Empirical Research in Translation and Intercultural studies. Selected papers of the TRANSIF Seminar, Savonlinna* 1988, Sonja Tirkkonen-Condit (ed.), 89-109. Tübingen: Gunter Narr.

Jakobsen, Arnt Lykke. 1999. "Logging target text production with Translog." In *Probing the Process in Translation: Methods and Results,* Gyde Hansen (ed.), 9-20 [Copenhagen Studies in Language 24]. Copenhagen: Samfundslitteratur.

Jakobsen, Arnt Lykke. 2003. "Effects of think aloud on translation speed, revision and segmentation" In *Triangulating Translation. Perspectives in Process Oriented Research,* Fabio Alves (ed.), 69-95. Amsterdam/Philadelphia: John Benjamins.

Jakobsen: Arnt Lykke. 2005 "Investigating expert translators' processing knowledge." In *Knowledge Systems and Translation*, Helle V. Dam, Jan Engberg and Heifrun Gerzymisch-Arbogast (eds.), 173-189. Berlin & New York: Mouton de Gruyter.

Kellogg, Ronald T. 2006. "Professional writing expertise." In *The Cambridge Handbook of Expertise and Expert Performance,* K. Anders Ericsson, Neil Charness, Paul J. Feltovich and Robert R. Hoffman (eds.), 389-402. Cambridge etc.: Cambridge University Press.

Krings, Hans-Peter. 1986. Was in den Köpfen von Übersetzern vorgeht. Tübingen: Gunter Narr.

Krings Hans-Peter, 1988. "Blick in die "Black Box" – Eine Fallstudie zum Übersetzungsprozeßbei Berufisübersetzern." In *Textlinguistik und Fachsprache, Akten des Internationalen übersetzungswissenschaftlichen AILA-sympsosions, Hildesheim,* 13-16 April 1987. Rainer Arntz (ed.). 393-412. Hildesheim: Olms.

Krings, Hans-Peter. 2001. *Repairing Texts. Empirical Investigations of Machine Translation Post-editing Processes.* Translated by Geoffrey S. Koby, Gregory M. hreve, Katja Mischerikow and Sarah Litzer. Kent, OH: Kent University Press.

Künzli, Alexander. 2005. "Investigating translation proficiency – A study of the knowledge employed by two engineers in the translation of a technical text." *Bulletin Suisse de linguistique appliquée* 81: 41-56.

Laukkanen, Johanna. 1993. *Routine vs. Non-routine Processes in Translation: A Think-aloud Protocol Study.* (Unpublished M.A. thesis) University of Joensuu, Savonlinna School of Translation Studies.

Laukkanen, Johanna. 1997. *Affective Factors and Task Performance in Translation* (Unpublished licentiate thesis). University of Joensuu, Savolinna School of Translatioin Studies.

Lawrence, Jeanette A. 1988. "Expertise on the bench: Modeling magistrates' judicial decision making." In *The Nature of Expertise*, Michelene T. H. Chi, Robert Glaser and Marshall J. Farr (eds.), 229-259. Hillsdale, NJ: Lawrence Erlbaum Associates.

Lörscher, Wolfgang. 1986. "Linguistic aspects of translation processes: Towards an analysis of translation performance." In *Interlingual and Intercultural Communication: Discourse and Cognition in Translation and Second Language Acquisition Studies,* Juliane House and Shoshana Blum-Kulka (eds.), 277-292. Tübingen: Gunter Narr.

Lörscher, Wolfgang. 1991. Translation Performance, Translation Process, and Translation Strategies: *A Psycholinguistic Investigation.* Tübingen: Gunter Narr.

PACTE. 2003. "Building a translation competence model." In *Triangulating Translation. Perspectives in Process Oriented Research,* Fabio Alves (ed.), 43-66. Amsterdam & Philadelphia: John Benjamins.

PACTE. 2009. "Result of the validations of the PACTE translation competence model: acceptability and decision making." *ACROSS Languages and Cultures* 10 (2).

Rothe-Neves, Rui. 2003. "The influence of working memory features on some formal aspects of translation performance." In *Triangulating Translation. Perspectives in Process Oriented Research,* Fabio Alves (ed.), 97-119. Amsterdam & Philadelphia: John Benjamins.

Séguinot, Candace. 1989. "The translation process: An experimental study." In The Translation Process, Candace Séguinot (ed.), 21-53. Toronto: H.G. Publications.

Shreve, Gregory M. 2002. "Knowing translation: cognitive and experimental aspects of translation expertise from the perspective of expertise studies." In *Translation Studies: Perspectives on an Emerging Discipline,* Alessandra Riccardi (ed._, 150-171. Cambridge: Cambridge University Press.

Shreve, Gregory M. 2006. "The deliberate practice: Translation and expertise." *Journal of Translation Studies* 9 (1): 27-42.

Sirén, Seija and Hakkarainen, Kai 2002. "Expertise in Translation." *Across Languages and Cultures 3* (1). Special issue "Translation and Cognition," Sonja Tirkkonen-Condit and Tiitta Jääskeläinen (eds.), 71-82.

Tirkonnen-Condit, Sonja. 1989. "Professional vs. non-professional translation: A think-aloud protocol study." In *The Translation Process*, Candace Séguinot (ed.), 73-85. Toronto: H.G. Publications.

Tirroknen-Condit, Sonja. 1992. "The interaction of world knowledge and linguistic knowledge in the processes of translation." In *Translation and Meaning, Part 2*, Barbara Lewandowsk-Tomaszczyk and Marcel Thelen (eds), 135-156. Maastricht: Rijkhogeshool Maastricht.

Tynjälä, Päivi. 2002. "Learning and the development of expertise in the information society." In *Erikoiskielet ja käännösteoria. VAKKI-symposium XXII, Vaasa 9.*-10.2.2002, Merja Koskela and Mina Pilke (eds.), 31-47. Vaasa: VAKKI.

제 3 부

통번역 프로세스 연구와 인지과학의 통합

전문가-성과(expert-performance) 관점에서 본 통역에 있어서의 전문성[1]

K. 앤더스 에릭슨(K. Anders Ericsson)
미국 플로리다주립대학교[2)]

본 논문은 전문가-성과 관점이 일반적인 프로페셔널 능력 관점과는 어떻게 다른지 그리고 전문가-성과 관점을 프로페셔널 통역에 어떻게 적용할 수 있는지에 대해 기술하고 있다. 전문가-성과 접근 방법은 당초 체스, 음악, 의학, 스포츠 등과 같은 보다 전통적인 전문성 분야의 연구 결과를 설명하기 위해 최초로 도입되었다. 가장 중요한 사실은 전문가 수준의 성과는 잘 설계된 훈련 활동, 즉 의도된 연습을 통해 습득 가능하다는 것이다(에릭슨 외, 1993). 본고의 두 번째 섹션에서는 전문 통역 관련 선행 연구들을 간략히 소개하고 있는데, 이들 선행 연구는 통역 전문성에 관한 보다 전통적인 관점에 그 기반을 두고 진행되었다. 마지막으로 전문가-성과 접근 방법을 통역 전문성 연구에 적용하고, 어떤 잠재적인 후속 연구가 가능할지를 간략히 제시하고 있다.

1. 서론

개개인이 각자의 전문 분야에서 성과를 높이기 위해서는 경험이 필요하다. 개인들이 교육이나 훈련을 마친 후 한 전문 분야에 진입할 때 대개는 심리적으로 많이 위축이 되고 다른 사람들의 도움에 의존하게 된다. 몇 달 혹은 몇 년간 경험을 쌓은 후, 개인들은 어느 정도 수용 가능한 수준의 능숙함(proficiency)을 달성하게 되고, 독립적으로 일을 하고, 개인적인 명성을 쌓게 된다. 모든 개개인은 특정 영역에서 경험을 쌓으면서 발전해 가는데, 이 중 일부는 다른 사람들보다 좀 더 빨리 발전해 수년간 경험을 쌓아 전문가 혹은 마스터로 인정받게 된다. 반면 수년 동안에 걸친 연습 후에도 일부는 보통 정도의 수준을 달성한 후 커리어가 끝날 때까지 그 수준에서 그치기도 한다. 현재로서는 이러한 개개인 간의 성과 수준 차이가 왜 발생하는지를 완벽히 이해할 수는 없다. 이러한 성과 수준 차이에 대한 가장 일반적인 설명은 특정 영역에 있어 개개인의 잠재력 혹은 달성 가능한 성과 수준은 경험이나 훈련으로는 바뀔 수 없는, 즉 천부적으로 타고난 능력, 정신력, 선천적 재능 등과 같은 요인들에 영향을 받기 때문이라는 것이다. 이러한 관점에서는 선천적 재능을 가진 경우에만 경험을 쌓아 전문가 수준에 도달할 수 있다고 생각했기 때문에 그동안의 전문성 개발은 선천적 재능을 가진 개개인들을 파악하는 데 중점을 두어 왔다. 이에 따라, 최고의 학교 혹은 프로페셔널 기관들일수록 엄격한 시험과 인터뷰를 통해 가장 재능 있는 지원자들을 파악하는 데 주력했다.

최근 몇몇 리뷰 논문을 통해 필자와 동료 연구자들은[에릭슨과 샤르네스(Ericsson and Charness), 1994; 에릭슨, 크람페와 테시-로메르(Ericsson, Krampe and Tesch-Romer), 1993] 이러한 재능의 선천성에 관한 상식적 관점(이하 "상식적 관점")이 골튼(Galton, 1869, 1979)의 저서인 『유전적 천재(Hereditary Genius)』에서 출발했음을 적시했다. 이들 리뷰 논문에서는 하워드 가드너(Howard Gardner, 1983, 1993)의 다중지능이론 등과 같은 인간 능력에 관한 최신 이론들조차도 이러한 상식적 관점을 지지하고 있음에 주목했다. 우리와 하워드 가드너 간의 토론(에릭슨과 샤르네스, 1994; 가드너, 1995), 로버트 스턴버그(Robert Sternberg, 1996)와 필자(에릭슨, 1996) 간의 담화, 『뇌와 행동과학』이라는 책에 실린 첫 번째 논문과 코멘트[호우, 데이비드슨과 슬로보다(Howe, Davidson and Sloboda), 1998; 에릭슨, 1998] 등에서는 선천적 재능을 둘러싼 논의들과 그 한계와 타당성을 검증하고자 했다. 스턴버그(1996, p.349)는 오늘날까지도 유효하게 받아들여지는 '상식적 관점'의 핵심을 다음과 같이 요약했다. "타고난 재능이 없으면 아무리 오랜 시간 연습을 해도 그 성과가 미미하거나 없을 수 있다."

2. 상식적 관점의 프로페셔널 계발에 관한 최신 비판

지난 20년간 몇몇 이론에서는 상식적 관점의 프로페셔널 계발에 대해 의문을 제기하면서, 상식적 관점을 지지하는 실증적 증거들이 타당한지를 면밀히 검토했다. 최근 리뷰 논문에서는[에릭슨, 1998a; 에릭슨과 레만(Ericsson and Rehmann), 1996; 에릭슨 외, 1993] 상식적 관점을 지지하는 실증적 증거들이 예상외로 제한적이고 더구나 상식적 관점의 가정에 부합하고 있지 않다는 사실을 발견했다. 첫째, 다양한 영역에서 개인의 평판과 훈련 정도를 개인의 전문가 성과 수준을 대신하는 지표로 채택하고 있어, 과연 이것이 개인의 전문성을 제대로 평가하는 척도가 될 수 있을지 의문이다. 무엇보다 놀라운 사실은 전문성에 대한 이들 사회적 지표들이 객관적인 성과 지표와 그다지 밀접한 관련성이 없다는 점이다. 예를 들면, 임상심리사의 훈련 기간과 직업적 경험은 환자 치료 효율이나 성공 여부와 관련이 없는 것으로 나타났다[도우스(Dawes), 1994]. 마찬가지로 와인 전문가에게 와인 종류를 알려 주지 않고 와인의 특성을 설명하고 판별하도록 요청했을 때 와인 전문가들의 판단은 일반 와인 음용자들의 판단에 비해 미미하게 나은 정도에 그쳤다[가웰(Gawel), 1997; 발렌틴, 피숑, 드 보이쉐베르트와 아브디(Valentin, Pichon, de Boischebert and Abdi), 2000]. 또한 질병에 대한 의료적 진단을 해야 하는 경우 그리고 주식시장에 대한 투자를 결정해야 하는 경우에도 해당 영역에서의 직업적 경험이 오래되었다거나 사회적 지위가 높다고 해서 반드시 의사 결정의 정확성이 높은 것은 아니었다(에릭슨과 레만, 1996).

둘째, 훈련을 통해 성과 수준을 제고하는 개개인들의 능력을 관찰해 보면 상식적 관점에서 상정하고 있는 한계에 부합되지 않는다. 연구 결과, 경험이 많은 개인일수록 적절한 동기가 주어졌을 때 자신들의 객관적 성과를 극적으로 높일 수 있는 것으로 나타났다(에릭슨, 크람페와 테시-로메르, 1993). 마지막으로 선천적 재능을 성인 프로페셔널의 성취를 예측하는 지표로 사용하기 어렵다는 사실이다. 선천적 재능을 성인 프로페셔널의 성취 예측 지표로 사용하고자 하는 여러 시도가 있었지만 대부분 성공하지 못했고, 그 결과도 만족스럽지 않았다(에릭슨과 레만, 1996). 스포츠 분야에서 선수 선발 프로그램의 성공 사례들을 살펴보면 선천적 재능과 관련이 없는 요인들에 의해 훨씬 더 영향을 받는 것으로 나타났다. 예를 들면, 프로 축구 선수와 프로 아이스하키 선수들의 출생 월이 일 년 중 특정 월에 집중되어 있는 것으로(3-6배) 나타났다[보우셔와 무티메르(Boucher and Mutimer), 1994]. 현재 학계에서는 이러한 "출생일" 효과를 결정하는 다양한 요인들을 대체로 수용하고 있다. 아동들이 스포츠 운동을 시작할 때 대개 연령별로 그룹을 나누게 된다. 예를 들면, 아이스하키 팀을 구성할 때 같은 해의 1월 1일-12월 31일 출생 아동들을 같은 그룹으로 묶는다. 그 결과 동갑내기 그룹 내에서도 가장 생일이 빠른 아동들은 생일이 늦은 아동들과 거의 1년 정도 개월 수 차이가 나게 된다. 아동들은 대개 6살 정도의 어린 나이에 운동을 시작하게 되는데, 이렇게 어린 나이에는 신체 발달상 1살의 나이 차는 동년배 그룹 내에서 상당한 성과 차이를 가져오게 된다. 동갑내기 그룹이라고 해도 실제로는 7살 아동들과 6살 아동들이 경쟁하는 상황인 것이다. 아동들의 생일을 정확히 모르는 코치들은 당연히 일찍 태어나서 신체적으로 발육이 더 빠른 아동들을 더 재능이 있다고 인식하게 마련이다. 따라서 어린 아동들의 경우에는 생일이 빠른 아동들이 종종 유망주 그룹으로 분류된다. 이렇게 유망주 그룹에 선발된 아동들은 더 나은 훈련 기회를 얻게 되고, 이는 다시 아동들의 실력 발전을 더욱 촉진하게 된다. 머쉬와 헤이(Much and Hay, 1999)는 이 출생일 효과가 동년배 그룹 내에서 경쟁하는 아동들의 상대적 나이와 상당히 관련성이 높다는 결론을 도출했다. 또한 이보다 더 확실한 증거는 최근 연구[헬센, 스타크스와 윈켈(Helsen, Starkes, and Winckel), 2000]에서 나왔는데, 이 연구에서는 연령 집단을 정하는 기준 일을 변경할 경우 어떤 결과가 발생하는지를 분석했다. 벨기에에서는 동갑내기 유소년 축구 선수 그룹을 만들 때 생일을 기준으로 8월1일-7월31일로 정하고 있어, 그 결과 8월, 9월, 10월 출생 유소년들이 더 높은 성과 수준을 보였다. 반면 같은 해 출생을 기준을 정할 경우에는 1월-3월 출생 아동들이 유망주 그룹에 선발될 가능성이 가장 높은 것으로 조사되었다.

하지만 태어날 때부터 이미 선천적으로 결정되어 있어 훈련에 의해 바뀌지 않는 특성이면서 전문가 수준의 성과를 달성하는 데 핵심이 되는 그런 특성을 찾기는 어려웠다. 빠르게 수축하는 근섬유와 느리게 수축하는 근섬유의 비율, 심장 크기, 근섬유 수, 유산소운동 능력 등과 같은 인간의 신체적 특징들은 대개 태어날 때부터 결정된다고 오랫동안 알려져 왔으나, 최근 연구에서는 강도 높은 장기간의 훈련을 통해 이러한 신체적 특징을 바꿀 수 있다는 분석이 나오고 있다(에릭슨, 2003a, 2003b, 2003c). 연구 결과, 유전 인자에 의해 결정되는 요인들 중 성공적인 전문가 수준 성과에 핵심이 되는 유일한 신체적 특성은 신장과 신체 크기였다(에릭슨, 1990, 1996). 이들 연구에서는 평균 신장 이상의 운동선수들은 야구에서 유리한 반면 평균 신장 이하의 운동선수들은 체조에서 유리한 것으로 나타났다.

3. 본 논문 요약

이상에서 언급한 연구 결과들은 프로페셔널 계발에 관한 상식적 관점에 의문을 제기했으며, 동기가 강할수록 성과 수준 달성에 영향을 줄 수 있음을 시사한다. 만약 이것이 사실이라면, 성취도가 높은 개인들의 성과를 연구해 보는 것은 상당히 흥미로운 일이 될 것이다. 특히 우수한 엘리트 개인들이 전문가 수준의 성과를 어떻게 달성하는지를 보다 상세하게 분석하게 된다면 많은 정보를 얻을 수 있을 것이다.

본고에서 필자는 전문가-성과 관점을 프로페셔널 통번역 분야에 어떻게 적용할 수 있을지를 검토해 보고자 한다. 필자가 통번역 분야 연구를 수행한 경험이 없는 관계로, 우선 통역 분야 전문가 수준 성과가 어떻게 구성되어 있는지 그리고 이러한 통역 분야 전문가 수준 성과는 어떻게 달성 가능한지를 개략적으로 살펴보고자 한다. 전문가-성과 관점을 골프에 적용한 최근 논문(에릭슨, 2001)의 구성을 그대로 따라 본고를 두 개 파트로 구성하고자 한다. 첫 번째 파트에서는 전문가-성과 접근 방법이 체스, 음악, 의학, 스포츠 등과 같은 전문 영역에서 처음에 어떻게 개발되었는지에 대해 개략적으로 설명하고, 이들 영역에서 설계된 훈련 활동, 즉 의도적 연습을 통해 전문가 수준의 성과를 달성할 수 있었던 사례들을 간단히 소개하고자 한다(에릭슨 외, 1993). 다음으로 두 번째 파트에서는 전문가-성과 접근 방법을 활용함으로써 전통적인 전문성 연구 접근 방법을 이용한 연구에서 발생하는 문제들에 연구자들이 어떻게 효과적으로 대처할 수 있을지를 제안하고자 한다. 또한 실제 통역 상황과 유사한 조건하에서의 통역 성과 우수성에 관한 연구에 어떻게 이 전문가-성과 접근 방법을 확대 적용할 수 있을 것인가를 제시하고자 한다.

4. 전문가 성과와 그 달성에 관한 과학적 연구

우리는 어린 시절부터 훌륭한 운동선수, 음악가, 과학자들에 관한 놀라운 일화들을 익히 들어왔다. 하지만 막상 이러한 놀라운 성과를 뒷받침한다고 생각했던 과학적 증거들을 면밀히 검토해 본 결과, 독립적이고 객관적인 증거가 뒷받침되는 경우는 거의 없었다(에릭슨, 1996). 대개 이러한 우수한 성과에 관한 일화에서 유일하게 언급되는 출처는 우수한 성과를 보이는 사람들 본인들로, 성인이 되어 인터뷰를 하면서 자신들의 어린 시절을 되돌아보며 이야기를 들려주는 경우가 대부분이다. 또 다른 경우에는 이들을 관찰했던 사람들이 실제 어떤 일이 있었는지를 잘못 해석하는 경우들도 있었다. 예를 들면, PGA 골프 선수가 40피트 거리의 퍼팅을 성공시켜 골프 토너먼트에서 우승한 것을 보고, 사람들은 대개 이 골프 선수가 퍼팅 컨트롤이 아주 뛰어나 우승한 것으로 해석한다. 사실 일부 프로 골프 선수들은 기량이 절정기에 있을 때 자신들의 샷을 그대로 재현할 수 있다고 주장하는 경우도 있다(에릭슨, 2001b). 하지만 과학자들이 골프 선수들에게 동일한 샷을 10-20회 반복하도록 하는 실험을 실시했을 때 아마추어 골퍼들에 비해 프로 골프 선수들의 샷의 일관성이 좀 더 높기는 했지만 그렇다고 프로 골프 선수들의 샷이 항상 일관된 것은 아니었다. 따라서 세계적인 골프 선수들은 자신들의 샷이 태생적으로 변동성이 있음을 인식하고, 이를 감안해 타수를 최대한 줄일 수 있는 코스 공략 전략을 수립한다. 탁월한 성과를 과학적으로 규명하기 위해서는 반복적이고 신뢰할 수 있는 수준으로 관찰되는 증거로 그 근거 범위를 제한하고 실험실 내 표준화된 상황에서 재현 및 분석이 가능하도록 할 필요가 있다.

그렇다면 전문가 성과를 객관적으로 측정하고 통제된 실험실 상황에서 이러한 뛰어난 성과를 재현하는 것이 과연 가능할 것인가[추가 논의는 에릭슨과 스미스(Ericsson and Smith, 1991) 참조]? 전문가들은 다양한 유형의 우수한 성과를 일상 속에서 자발적으로 재현하고 있다. 예를 들면, 1마일을 4분 내에 달리는 달리기 선수들은 여러 육상 대회에서 우수한 달리기 실력을 재현할 수 있다. 운동경기는 오랜 동안에 걸친 표준화 설계 노력의 결과물로, 표준화된 경기를 통해 운동선수들은 공정한 경쟁을 할 수 있다. 음악, 춤, 체스 경연의 경우도 마찬가지이다. 이들 영역에서 공히 우수한 개인들은 상대적으로 그렇지 못한 개인들을 대부분 능가한다. 육상, 수영, 골프 등과 같은 개인 종목에서는 속도와 정확도 등과 같은 전통적인 측정 기준을 바탕으로 운동선수들의 성과를 수월하게 비교할 수 있다.

전문가 수준의 우수한 성과를 내는 사람들은 경기나 훈련 중 필요할 때는 언제든지 자신들의 성과를 안정적으로 재현할 수 있다. 에릭슨과 스미스(1991)는 전문성의 본질을 잘 대변하는 대표성을 띠는 과제를 설계하는 것이 어떻게 가능한지를 설명하면서, 전문가들은 통제된 실험실 상황에서 자신들의 우수한 성과를 반복적으로 재현할 수 있다고 설명한다. 예를 들면, 체스 선수에게 익숙하지 않은 체스 포지션을 제시하면서 최선의 체스 말의 움직임을 선택하도록 요구했을 때 체스 선수가 말을 움직이는 능력은 체스 경기에서의 순위와 밀접하게 상관관계가 있는 것으로 나타났다. 마찬가지로 의사들에게 환자의 증상을 제시하고 진단을 내려 달라고 요청할 수 있으며, 미국식 포켓볼 경기인 스누커 선수들에게 당구공을 다양한 형태로 매칭하고 형태별로 공을 쳐 달라고 요청할 수 있다. 또 골프 선수들에게 그린 위의 여러 지점에 골프 볼을 놓고 퍼팅을 하라고 요청할 수 있다(에릭슨, 2001b). 이처럼 다양한 영역에서 해당 영역의 전문성의 핵심을 포착해, 통제되고 표준화된 상황하에서 모든 참가자들에게 공통적으로 적용할 수 있는 대표성을 띠는 일련의 과제들을 파악할 수 있다.

4.1. 재현 가능한 우수한 전문가 성과의 습득

재현 가능한 우수한 전문가 성과 중 측정 가능한 성과를 분석해 봄으로써, 여러 다양한 영역에 걸쳐 일반화할 수 있는 다음과 같은 몇몇 공통된 주장을 파악할 수 있다(에릭슨, 1996; 에릭슨과 레만, 1996).

첫째, 재현 가능한 우수한 성과의 경우에는 통시적 성과 평가 결과 성과 달성 수준이 점진적으로 높아진다는 사실을 알 수 있다. 한 시점과 다음 시점 사이에 성과가 갑자기 개선되는 경우는 찾아보기 힘들다. 심지어 아동들을 대상으로 한 음악, 체스 교육의 경우에도 급격한 성과 개선은 관찰되지 않았다. 둘째, 성과의 정점에 달하는 나이는 격렬한 스포츠 종목의 경우는 20대 후반, 예술이나 과학의 경우는 30-40대이다. 18세를 전후해 신체적인 성숙이 완료됨에도 불구하고 이후 나이가 들어서도 계속 능력의 계발이 이뤄진다는 것은 우수한 개인들은 18세 이후에도 지속적인 연습을 통해 성과 개선을 이뤄 낸다는 것을 의미한다. 마지막으로 높은 수준의 성과를 달성하기 위해서는 사전에 해당 영역의 관련 활동에 참여하는 것이 필요하다는 주장이 있는데, 이를 뒷받침하는 가장 강력한 증거로서 스포츠, 과학, 예술 등의 영역에서 가장 "재능 있는" 사람들도 세계적인 수준에 도달하기 위해서는 약 10년의 연습과 훈련을 했다는 사실이다[에릭슨 외, 1993; 사이먼과 체이스(Simon and Chase), 1973]. 흥미롭게도 대부분의 엘리트 수준의 우수한 성과를 거둔 개인들은 세계적인 수준에 도달하기 위해 10년 이상의 집중적인 연습을 한 경우였다.

블룸(Bloom)과 동료 연구자들은 세계적 수준의 성과를 보이는 개인들을 대상으로 회상 구술 인터뷰를 실시한 결과, 엘리트 수준의 우수 성과자들은 대개 처음에는 해당 영역을 재미 삼아 시작했다는 사실을 확인할 수 있었다. 이들은 대체로 이웃 또래들에 비해 해당 활동을 좋아하고, 그 활동에 재능을 보이자 지도해 줄 선생님을 찾았고 정기적인 연습에 돌입했다. 인터뷰 결과, 블룸(1985)은 최고 수준에 도달하기 위해서는 최고의 훈련 자원에 대한 접근이 필요하다고 주장했다.

시대별 성과 비교를 통해 현대적인 훈련 방법과 연습 스케줄이 중요하다는 점도 확인했다(에릭슨, 2001b; 레만과 에릭슨, 1998). 역사적으로 성과 수준이 가장 극적으로 개선된 분야는 스포츠 분야이다. 마라톤이나 수영 종목의 경우 오늘날의 아마추어 선수들은 과거 올림픽 금메달리스트들을 능가할 수 있을 정도이다.

이러한 이슈들을 좀 더 면밀히 탐색하기 위해 필자와 크람페, 테시-로메르는(에릭슨 외, 1993) 최적의 성과 개선과 가장 상관관계가 밀접한 훈련 활동이 무엇인지 파악하고자 했으며, 밀접한 상관관계가 있는 훈련 활동들을 "의도적인 연습(deliberate practice)"으로 정의했다. 먼저 효과적인 연습의 몇몇 특징을 살펴보도록 하겠다.

지난 한 세기 간에 걸친 학습 및 스킬 습득에 관한 실험 연구를 종합적으로 검토해 본 결과, 우리는 성과 개선 동기를 가진 개인들에게 과제가 무엇인지를 잘 설명하고, 과제수행에 대한 적절한 피드백을 주고, 반복 수행할 수 있는 충분한 기회를 제공했을 때 예외 없이 성과 개선이 이뤄졌음을 확인할 수 있었다. 연습 세션을 1회당 1시간 정도(대학생들이 성과 개선에 필요한 정도로 충분한 집중을 유지할 수 있는 시간)로 제한한 상태에서 연습 세션을 반복했을 때 성과가 지속적으로 개선되었다. 현재 수준을 넘어 자신의 성과를 더욱 개선하고자 하는 의도적인 노력에는 문제를 해결하고 더 나은 과제수행 방식을 찾는 일들도 포함된다. 의도적인 연습이 제대로 이뤄지기 위해서는 성과의 특정 측면을 개선하기 위한 활동에 참여하는 것이 필수적이다. 의도적 연습과 그 중개 메커니즘의 핵심적 특징은 최근의 몇몇 리뷰 논문에 잘 정리되어 있다(에릭슨, 2001b, 2002).

전문가 수준의 성과를 달성하는 데 있어 의도적 연습이 중요하다는 사실은 음악적 성과 수준이 다른 세 그룹의 전문 음악가들을 대상으로 한 진행한 연구에서 처음 규명되었다. 우리는(에릭슨 외, 1993) 전문 음악가들이 일상을 어떻게 보내는지를 파악하고자, 전문 음악가들을 인터뷰하고 전문 음악가들에게 일주일 동안 상세 일기를 쓰도록 요청했다. 그 결과 전문 음악가 그룹들이 모두 다양한 유형의 음악 관련 활동에 비슷한 정도의 시간을 할애했지만, 성과 수준이 높은 두 그룹이 나머지 한 그룹에 비해 혼자 연습하는 데 더 많은 시간을 할애하고 있음을 알 수 있었다. 음악 선생님들이 내준 연습 과제를 혼자 연습할 때 전문 음악가들은 연주의 특정 측면을 개선하는 데 최대로 집중했는데, 이는 의도적 연습 기준에 부합하는 것이었다. 성과 수준 상위 두 개 그룹은 주말을 포함해 하루에 평균 약 4시간을 혼자 연습하는 데 할애했다. 한편 피험자들의 회상 구술 데이터를 바탕으로 에릭슨 등은(1993) <그림 1>과 같이 성과 수준이 다른 5개 음악가 그룹들을 대상으로 특정 연령에서 의도적 연습에 할애한 시간을 산출했다. 성과 수

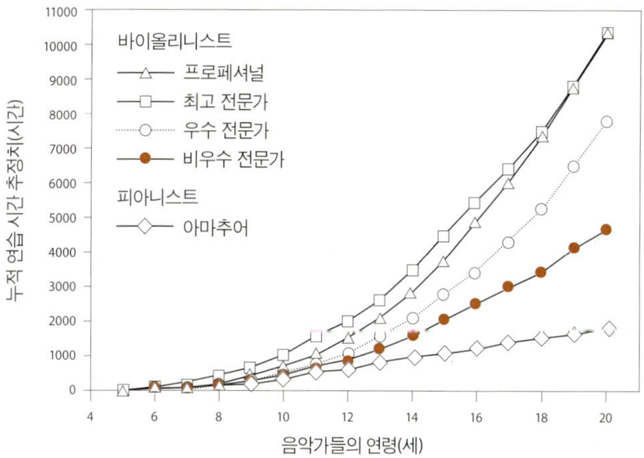

<그림 1> 중년 프로페셔널 바이올리니스트(세모), 최고 전문가 바이올리니스트(네모), 우수 전문가 바이올리니스트(흰색 원), 비우수 전문가 바이올리니스트(붉은색 원), 아마추어 피아니스트(마름모)들의 연령별 단독 연습 시간 추정치["전문가 성과 달성에 있어 의도적 연습의 역할", 에릭슨, 크람페, 테시-로메르 공저, Psychological Review, 100(3), p.379, p.384, 1993년 미국심리협회 저작권. 공식 허락을 받아 수정]

준 상위 두 그룹은 20세 무렵 누적 1만 시간 이상을 연습에 할애했는데, 이는 성과 수준이 낮은 다른 두 그룹에 비해서는 각각 2,500시간과 5,000시간을 더 연습한 셈이고, 아마추어 피아니스트 그룹에 비해서는 8,000시간을 더 연습했다(크람페와 에릭슨, 1996).

몇몇 후속 연구에서는 여러 다양한 영역에서 달성한 성과 수준과 의도적 연습 기준을 충족하는 단독 연습의 양과 질 사이에는 일관된 상관관계가 성립함을 발견했다[에릭슨, 1996, 2001b, 2002; 헬센, 스타크스와 호지스(Helsen, Starkes and Hodges), 1998]. 이는 의도적 연습이 전문가 성과 수준 유지에 있어 개인별 차이를 설명해 주는 개념임을 시사한다(크람페와 에릭슨, 1996). 또한 의도적 연습은 엘리트 운동선수들을 대상으로 한 통시적 연구 결과에도 부합한다[슈나이더(Schneider), 1993].

4.2. 전문가 성과와 의도적 연습을 통한 전문가 성과 달성을 중재하는 메커니즘

본 섹션에서는 왜 대부분 개인들의 성과 향상이 수개월 정도의 단기간에는 거의 변화가 없는 반면 전문가들의 경우에는 수년간 혹은 수십년간에 걸쳐서는 지속적으로 향상이 되는지를 설명하고자 한다.

개인들이 하나의 활동을 처음 접하게 될 때, 그 주요 목적은 일정 수준의 숙련도를 달성함으로써, 친구들과 재미있게 활동을 함께하거나 프로페셔널 동료들과의 의미 있는 활동에 함께 참여하기 위한 것이다. <그림 2>의 하단 화살표에서 보여 주듯이, 학습과 스킬 습득의 초기 단계에서[피츠와 포스너(Fitts and Posner), 1967] 일반 개인들은 전체적인 실수를 줄이기 위해 해당 활동에 집중해야 한다. 경험이 쌓이면 실수가 점차 줄어들고 성과는 안정화되고, 굳이 애써 집중하지 않아도 어느 정도 수용 가능한 수준의 성과를 낼 수 있게 된다. 일정 시간의 제한적인 훈련 및 경험을 쌓은 후에는(스키, 테니스, 운전 등과 같은 대부분의 여가 활동 및 일상 활동의 경우 50시간 미만), 의도적으로 집중하지 않아도 수용 가능한 정도의 성과 기준을 달성할 수 있게 된다. 자연스럽게 필요한 성과 수준을 충족시키게 되고 점차 자동화되어 의도적인 통제나 조정을 하지 않아도 된다. 예를 들면, 신발 끈을 어떻게 묶는지, 의자에서 어떻게 일어서는지 등은 자연스럽게 체득하게 된다. 이러한 상황에서는 추가적으로 경험을 쌓더라도 이것이 반드시 눈에 띄는 성과 개선으로 이어지지 않으며, 이때는 누적 경험 시간과 달성한 성과 수준 간의 상관관계도 성립되지 않는다.

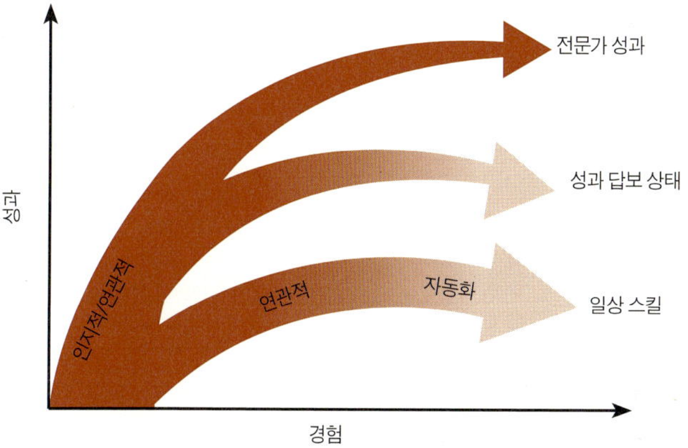

<그림 2> 전문가 성과 개선과 일상 활동 개선 간의 정성적 차이. 일상 활동의 목표는 최대한 신속하게 안정적이고 "자동화된" 수준에 도달하는 것임. "인지적", "연관적" 단계를 거치고 난 후, 개인들은 최소한의 노력만으로 거의 자동적으로 성과를 만들어 냄(그래프 하단의 회색/흰색의 평평한 부분). 반대로 전문가들은 자신들의 성과를 보다 잘 통제하기 위해 보다 복잡한 정신적 표상을 개발함으로써 자동화를 견제하고 "인지적", "연관적" 단계에 머무르지 않고자 함. 물론 일부 전문가들은 자신들의 커리어상 어느 시점이 되면 보다 나은 성과를 모색하는 노력을 포기하고 의도적인 연습을 더 이상 하지 않게 되어, 다른 전문가들보다 조기에 자동화 단계로 접어들기도 함("전문가 수준 성과에 대한 과학적 연구: 최적의 학습 및 창의성에 대한 시사점", 에릭슨, High Ability Studies, 9 p.90, European Council for High Ability 1998년 저작권).

이와는 반대로 전문가들의 성과는 의도적 연습을 통해 더 많은 경험을 쌓으며 계속 발전한다. 전문가 성과 수준을 달성하고자 하는 사람들에게 있어 하나의 핵심적인 도전은 자동화에 따른 성과 답보 상태를 피하고 지속적인 학습과 개선을 지원할 인지적 스킬을 습득하는 것이다. <그림 2>의 상단 화살표에서 보여 주듯이, 전문가 수준의 성과자는 지속적인 학습 및 개선을 뒷받침해 줄 인지 메커니즘을 적극적으로 습득, 정립함으로써 자동화 경향을 견제한다. 전문가들은 자신들의 현재 성과 수준보다 목표 수준을 높게 잡고, 이에 맞춰 훈련을 구성하고 진행한다. 즉 전문가들은 자신들의 전문 영역 내의 일상적인 상황에서 자신들의 성과를 통제하고 모니터링할 수 있는 능력을 배양하는 메커니즘을 습득한다(에릭슨 1998b, 2001b, 2002).

이들 메커니즘의 구조는 일반적인 원칙들을 반영하고는 있지만, 그 세부적인 구조와 성과 달성을 중재하는 실제 세부 실행 활동들은 전문 영역별로 다르다. 필자는 연구가 이뤄진 다양한 영역 중 체스와 타이핑 두 개 영역을 선택해 고찰했다(에릭슨, 1996, 2001b, 2002; 에릭슨과 레만, 1996). 영역별로 전문가 성과를 파악하기 위해 실험실 상황에 맞게 어떻게 대표적인 영역별 과제를 도출했는지를 설명하고, 이어서 전문가 성과를 중재하는 메커니즘을 어떻게 파악했고, 이들 메커니즘을 의도적 연습을 통해 어떻게 습득했는지에 대해 간략히 설명하고자 한다. 이를 위해 먼저 체스 그리고 이어 타이핑 영역에 대해 설명하겠다.

4.2.1. 체스

체스라는 전문 영역은 인지적 부담이 큰 활동 중 하나로 인식되어 왔으며, 체스를 잘하면 지능이 우수한 것으로 간주되어 왔다. 체스 마스터라면 체스 포지션의 모든 측면을 이해할 수 있어 스킬이 부족한 상대방의 모든 수를 쉽게 예측할 수 있다고 생각한다. 그렇다면 세계 수준의 체스 선수들이 체스 포지션을 분석하고, 각 포지션에 대해 최선의 체스 말 움직임을 파악하도록 해 주는 상세 프로세스를 규명하는 것은 가능한가? 체스 분야 전문성에 관한 연구에서 드 그루트(de Groot, 1946, 1978)는 체스 전문 플레이어들과 세계 수준의 체스 선수들에게 익숙하지 않은 일련의 체스 포지션을 제시하고, 이 상황에서 자신들이 최선이라고 생각하는 방향으로 체스 말을 움직이면서 동시에 자신들의 "생각을 발화하도록" 했다. 그 결과 두 그룹의 선택은 토너먼트 성적과 밀접한 상관관계가 성립되었고, 체스 스킬의 핵심을 잘 보여 줬다. 이들 두 그룹에 사고발화법을 적용한 결과, 피험자들은 모두 체스 포지션을 신속하게 파악한 후, 자신들의 기억으로부터 체스 말을 움직일 수 있는 가능한 대안들을 불러오고, 그 결과를 미리 머릿속에서 계산하고 평가한다는 것을 확인할 수 있었다. 심지어 세계 수준의 체스 선수들조차도 이러한 평가 과정을 거쳐 더 나은 체스 말 움직임을 파악했다.

성공적인 계획 능력과 체스 스킬 습득에 있어 핵심적인 도전 과제는 체스 플레이어들이 작업 기억에 저장된 체스 포지션들을 불러와 체스 말의 순차적 움직임을 평가하고 탐색할 수 있는 능력을 갖추는 것이다. 장기 기억에 저장된 체스 포지션을 불러와 조작하는 스킬은 체스 스킬 수준이 높아짐에 따라 천천히 발달하게 된다[에릭슨, 파텔과 킨취(Ericsson, Patel and Kintsch), 2000]. 결과적으로 스킬 수준이 높은 체스 플레이어일수록 더 긴 길이의 체스 말 움직임을 계획하고, 평가할 수 있으며, 마음속에 체스 말 움직임을 더 잘 구현할 수 있기 때문에 잠재적인 체스 말 움직임에 대해 더 논리적으로 사고할 수 있다. 또한 스킬 수준이 높은 체스 플레이어들은 스킬 수준이 낮은 플레이어들에 비해 잠깐 보여 준 체스 포지션을 훨씬 더 잘 기억하는 경향이 있다. 하지만 이러한 우수한 기억력은 자주 나타나는 체스 포지션에 국한되며 체스 포지션을 임의로 배열하는 경우에는 전혀 발현되지 않았다.

어떻게 하면 주어진 게임 상황에서 최선의 움직임을 계획, 실행할 수 있는 능력을 제고할 수 있을까? 대개 체스 플레이어들은 세계 유명 체스 선수들의 공개된 과거 게임들을 연구함으로써 이러한 문제를 해결하고자 한다. 체스 플레이어들은 말을 하나 움직일 때마다 유명 체스 선수들이 당초 선택했던 움직임과 자신들의 체스 말 움직임이 일치하는지를 비교한다. 만약 체스 선수의 말 움직임이 일반 체스 플레이어 자신의 말 움직임과 다르다면, 이는 스킬 수준이 낮은 일반 체스 플레이어가 체스 말 포지션의 어떤 부분을 간과했기 때문일 것이다. 체스 전문가가 되고자 하는 사람은 보다 신중하고 심층적인 분석을 통해 체스 마스터가 왜 체스 말을 그렇게 움직였는지, 그 의도를 정확히 파악할 필요가 있다. 체스 전문가를 꿈꾸는 플레이어들의 경우 많게는 매일 4시간 정도를 혼자 체스 말의 움직임을 연구하는 데 할애하고 있다[샤르네스, 크람페와 마이어(Charmess, Krampe and Mayr), 1996; 에릭슨 외, 1993].

체스 플레이어들이 체스 말 움직임을 개선하기 위해 사용하는 방법으로는 하나의 체스 포지션에 대해 말을 움직였을 때 예상되는 결과를 심층적으로 분석하는 것이다. 체스 전문가라면 새로운 체스 포지션에 대해 적절한 움직임을 즉각 기억해 낼 수 있겠지만[콜더우드 외(Calderwood et al.), 1988; 고벳과 사이먼(Gobet and Simon), 1996과 비교], 체스 말의 움직임을 계획하고, 사고하고, 평가하는 과정을 거치면서 더 나은 선택을 하고자 한다(에릭슨 외, 2000). 동일한 체스 포지션을 분석하는 데 더 많은 시간을 할애함으로써, 체스 플레이어들은 특정 체스 포지션에 대해 더 수준 높은 말 움직임을 구사할 수 있다. 수년간의 체스 게임 연구를 통해 체스 전문가가 되고자 하는 사람들은 체스 포지션을 계속해서 업그레이드시켜 나감으로써 동일한 혹은 유사한 움직임을 보다 신속하게 재현할 수 있다. 예를 들면, 체스 클럽에 가입해 취미로 체스를 하는 사람들은 특정 체스 포지션에 대한 적절한 말 움직임을 찾아내는 데 15분 정도가 걸리는 반면 체스 마스터들은 즉시 해결 가능하다. 체스 스킬 수준이 높은 전문 체스 플레이어들일

수록 연속적인 말의 움직임을 계획하는 데 탁월한 능력이 있다는 사실은 여러 연구에서도 이미 입증되었다. 사실 체스 마스터들은 현재 체스 포지션을 보여 주는 실물 체스보드가 없이도 머릿속으로도 체스를 둘 수 있는 정도이다[카르포브(Karpov), 1995; 콜타노우스키(Koltanowski), 1985]. 실험 결과 체스 마스터들은 순차적인 말의 움직임을 소리 내서 말해 주면 이것을 머릿속으로 따라올 수 있고 실험 진행자가 체스 포지션의 특정 측면을 다시 연상해 보라고 요청하면 그것을 복기할 수 있었다[에릭슨과 스타제브스키(Ericsson and Staszewski), 1989 논문에 인용된 에릭슨과 올리버(Ericsson and Oliver)의 연구]. 스킬 수준이 높은 체스 플레이어들은 복수의 게임을 머릿속에서 동시에 플레이할 수 있어, 다양한 체스 포지션을 기억 속에 유지할 수 있는 능력이 있었다[사릴로우마(Saarilouma), 1991].

4.2.2. 타이핑

대부분의 성인들은 타이핑을 할 수 있지만 능숙함에 있어서는 개인별로 커다란 차이가 있다. 타이핑 결과물이 오류가 없다는 전제하에서 보면 타이피스트들 간의 차이는 주로 속도 차이이다. 타이핑 속도를 측정하는 방법은 비교적 간단하다. 타이핑 테스트를 실시해, 피험자들에게 처음 보는 텍스트를 제시하고 2-3분 정도의 제한 시간 내에 오류 없이 최대한 빨리 타이핑을 하도록 지시한다. 고속 동영상을 이용해 타이핑 프로세스를 면밀히 분석해 보면 타이핑 속도가 빠른 타이피스트들은 키보드의 키를 두드리기 전에 벌써 다음 키 쪽으로 손가락을 움직이기 시작한다는 것을 알 수 있다. 스킬 수준이 높은 타이피스트들은 현재 타이핑하고 있는 단어를 넘어 텍스트에서 그다음에 나오는 부분을 미리 보는 능력이 있다[솔트하우스(Salthouse), 1984]. 앞에 나올 부분을 미리 봄으로써, 어떤 키를 눌러야 할지를 사전에 준비하는 것이다. 이러한 연구 결과는 실험 연구를 통해서도 입증되었는데, 이 실험 연구에서는 전문가 타이피스트들에게 텍스트의 다음 부분을 보지 못하도록 제한했다. 이러한 통제된 상황에서, 전문가 타이피스트들의 타이핑 속도는 확연히 줄어들어 비전문가 타이피스트들의 타이핑 속도와 비슷했다(솔트하우스, 1984). 정리하자면, 전문가 수준의 타이핑 속도는 전문가들의 신경계의 기본적인 처리 속도가 빨라서라기보다는 사전 준비 능력에서 나오는 것으로 짐작해 볼 수 있다.

타이핑에 대한 심층적인 연구에서는 예측을 통해 상황을 미리 재현해 보는 의도적인 연습이 타이핑 속도를 높이는 데 어떻게 도움이 되는지를 고찰했다. 그 결과 가장 핵심적인 발견 사항은 최대의 집중력을 유지할 수 있으면 타이핑 속도를 체계적으로 높여 나갈 수 있다는 것이다. 이러한 집중력 유지 시간은 전문 훈련을 받지 않은 타이피스트의 경우는 대개 하루에 15-30분 정도에 불과하다. 보다 빨리 타이핑을 해야 한다는 부담감을 스스로에게 줌으로써(보통 속도보다 10-20% 정도 빨리), 타이피스트들은 응시 대상을 텍스트의 다음 파트로 확대하는 예측 능력을 높이고자 노력하게 된다.

타이핑 속도를 높여 타이핑을 하게 되면 평소 잘 사용하지 않거나 치는 속도가 느린 키스트로크 조합이 무엇인지를 파악할 수 있다. 그런 다음 이렇게 파악한 키스트로크 조합을 특별 훈련을 통해 연습하도록 하고, 정규 텍스트 타이핑에 이들 키스트로크 조합을 반영한다. 이러한 방식으로 수정된 텍스트를 정규 타이핑 상황에 접목시킬 수 있다. 이처럼 취약점을 성공적으로 제거함으로써 타이피스트들은 평균 타이핑 속도를 높일 수 있고, 평소에도 평균 속도보다 10-20% 정도 빠른 수준에서 연습할 수 있다. 현재의 성과 수준을 넘어 성과를 제고할 수 있는 방법을 찾는 과정에서 취약한 부분을 찾아 수정할 수 있고, 또 예측 능력을 제고할 수 있기 때문에 결과적으로 전반적인 성과 수준 제고로 이어지게 된다.

4.2.3. 보다 광범위한 관점

전문가 성과에 관한 이론적 틀에서는 성인 전문가들의 재현 가능한 우수한 성과는 저절로 개선되는 것은 아니라고 주장한다. 성과 개선은 뇌와 신경계가 성과를 통제하는 인지적 메커니즘상의 변화와 우리 신체의 생리 시스템의 적응 정도상의 변화와 밀접히 관련이 있다. 전문가 수준의 성과를 달성하는 데 있어 도전 과제는 점진적 성과 개선을 가능하게 해 주는 지속 가능한 변화를 유도하는 일이다.

일단 성과 개선이 이뤄질 때는 우리는 생리적, 인지적으로 적응하게 되고, 적응이 완료되면 동일한 일상 스케줄상에서 연습을 하더라도 추가적인 성과 개선으로는 이어지지 않고 비슷한 수준에서 답보하는 경향이 있다. 추가적인 성과 개선을 이루기 위해서는 현 시점에서의 성과를 높여 줄 수 있도록 특별히 고안된 활동, 즉 의도적 연습 활동에 참여해야 한다.

실행, 모니터링, 계획 수립, 성과 분석을 위한 복잡하고 통합적인 재현 시스템을 통해 전문가 수준의 성과가 발현된다는 사실을 인식하고 나면, 전문가 수준의 성과를 달성하기 위해서는 이제 체계적이고 의도적인 접근 방법이 필요하다. 따라서 의도적 연습은 성과의 특정 측면을 개선하도록 고안된 활동으로, 변화가 성과 재현으로 성공적으로 이어질 수 있도록 하는 활동이다. 따라서 통합적인 전문가 성과 개선을 목표로 하는 연습은 무계획적으로 실행할 수 없고 전문가 성과가 나타나는 맥락과도 분리될 수 없다. 전문성의 어떤 영역이 되었건, 더 높은 수준의 성과를 달성한 개인들, 즉 프로페셔널 코치 혹은 교수자들은 미래의 전문가들이 보다 안전하고 효과적인 방식으로 우수한 성과를 달성할 수 있도록 지도하는 데 핵심적인 역할을 수행한다. 전문가 수준의 성과를 달성하고자 하는 사람들은 동료, 선생님, 코치의 도움을 받아 보다 높은 수준의 성과 달성을 가능하게 해 줄 훈련 활동들을 설계할 필요가 있다. 또한 장기간에 걸쳐 매일매일 의도적 훈련을 계속해 나아가기 위해서는 중간 휴식이나 연습 휴일 준수 등의 제약 요인들을 절충할 필요가 있다.

5. 통역에 있어서의 전문성(Expertise)

통역이라는 영역은 컴퓨터 프로그래밍, 의학, 회계 등과 같은 다른 프로페셔널 전문성 영역들과 많은 공통점을 가지고 있다. 프로페셔널 통역사들은 프로페셔널 통역사가 되기 전에 상당한 경험을 쌓아야 한다. 출발어와 도착어를 필수적으로 마스터해야 하고, 대학에서 언어를 전공하고 통번역의 다양한 측면을 공부했을 가능성이 높다. 통역 전문성과 다른 영역 전문성 간 또 하나의 유사점은 통역사들은 스페셜리스트들로, 통역이라는 과제를 정기적으로 수행하는 사람들은 전 세계적으로 극히 소수라는 점이다. 예를 들면, 스웨덴어와 같은 하나의 특정 언어에서 헝가리어와 같은 다른 특정 언어로 지속적으로 언어 간 전환을 하는 프로페셔널 통역사들의 수는 극히 소수이다. 이 경우에는 동일한 언어 조합을 가진 프로페셔널 통역사들만이 특정 이벤트에서 이뤄지는 실시간 통역 성과를 판단할 수 있기 때문에 이러한 극적인 스페셜라이제이션의 경우에는 그 전문성을 평가하고 측정하기가 상당히 어렵다.

문헌 조사 결과, 프로페셔널 통역사와 상대적으로 성과 수준이 낮은 개인들을 비교해 놓은 논문을 찾기는 쉽지 않았고, 그나마 존재하는 논문은 극소수에 불과했다. 따라서 숙련도가 높은 전문가 통역사에 대한 전통적인 연구 접근 방법을 먼저 소개한 다음, 전문가 통역을 연구하는 데 있어 전문가-성과 접근 방법이 기존 접근 방법과 어떻게 다른지를 설명해 보겠다.

5.1. 숙련도 높은 전문가 통역을 연구하는 전통적 접근 방법

동시통역 관련 선구적 연구는 "정보 이론"이라는 이론적 틀 안에서 진행되었다. 본 연구에서는 메시지를 따라서 반복하는 행동(쉐도잉)을 통역과 비교했다[거버(Gerver), 1976]. 초기 연구에서는 통역사들이 어떻게 주어진 메시지의 현재 파트를 듣고 이해하는 것과 동시에 해당 메시지의 다른 파트를 발화할 수 있는지를 평가하고자 했다. 거버의 연구에서는 인간의 기억 및 인지적 제약 요인하에서, 듣고 말하는 행위가 어떻게 이뤄질 수 있는지를 살펴보는 데 중점을 뒀다. 따라서 거버의 연구에서는 통역 성과의 개인별 차이에는 관심을 두지 않았다. 앞서 도입부에서 설명한 전문성에 관한 상식적 관점에 의거, 통역 성과는 개인들이 가진 기본적인 프로세싱 능력에 따라 결정되므로 극히 일부의 개인들만이 성공적인 통역사가 될 수 있다고 가정했다. 본 연구 주제에 있어 선구적 연구자인 롱리(Longley) 역시 통역 경험은 성과에 거의 영향을 미치지 않는다고 주장했다. "통역을 위해서는 특별한 훈련이 필요하지 않으며, 전적으로 타고난 특별한 스킬에 달려 있다"고[딜링거(Dillinger), 1989, p.17] 봤다. 이러한 가설이 맞는다면, 프로페셔널 통역사들은 기본적인 역량과 능력에 있어 다른 일반인들과 달라야 할 것이다. 하지만 후속 연구에서는 성공적인 통역 수행과 태생적으로 타고난 기본적인 능력 간의 연결점을 찾지 못했다[모저-머서, 프라우엔펠더, 카사도와 퀸츨리(Moser-Mercer, Frauenfelder, Casado and Künzli), 2000].

보다 귀납적인 접근 방법에서는 프로페셔널 통역사와 일반 이중언어 화자간의 성과 차이를 살펴봄으로써 능력상의 정성적 차이, 즉 태생적 차이를 파악하고자 한다. 딜링거(1989, 1994)는 더 많은 수의 프로페셔널 통역사를 대상으로 연구를 수행했다. 딜링거는 프로페셔널 통역사(N=8, 평균 통역 경력 8.5년 혹은 3,830시간)와 전문 통역 경험이 전혀 없는 일반 이중언어 화자(N=16)를 비교했다. 놀랍게도 본 연구에서는 두 그룹 간 정성적 차이를 발견하지 못했다. 전문가 통역사와 이중언어 화자는 여러 다양한 환경에서 거의 동일한 성과 패턴을 보였다. 프로페서널들은 모든 면에서 이중언어 화자 피험자들보다 더 나은 수준을 보였다. 예를 들면 전문가들은 기본적인 의미 단위를 70% 통역한 데 비해 이중언어 화자들은 54%만을 통역했다. 이를 바탕으로 딜링거는 전문가 통역은 두 개 언어의 담화를 처리하는 스킬과 역량에 달려 있다는 결론을 내리게 되었다. 하지만 딜링거의 횡단면 설계에서 인과관계 분석은 불가능하다. 즉 프로페서널 통역사가 이전에 습득한 스킬 덕분에 능숙한 통역사가 되었는지, 아니면 통역사로서 받은 훈련과 경험을 통해 이러한 스킬을 습득하게 되었는지를 평가하기는 어렵다는 한계가 있다.

5.1.1. 통역 전문가 성과 개발

전문가 성과 개발에 관한 통시적 연구는 극히 드문 반면 집중적인 교육 훈련을 통해 단기간에 마스터 수준에 도달하는 사례들을 연구하는 것은 충분히 가능하다. 집중적인 통역사 양성 과정을 시작하기에 앞서 거버, 롱리, 롱과 랑베르(Gerver, Longley, Long and Lambert, 1984)는 학생들이 달성 가능한 성과 수준(예: 학점)을 예측하고자 학생들이 가진 몇 가지 유형의 능력을 테스트했다. 본 연구에서 거버 등은 학생들의 텍스트 메모리와 논리적 메모리(이해의 깊이)가 개인 간의 순차 통역 성과 차이를 예측할 수 있는 중요한 요인임을 규명했으며, 또 상대적으로 시간 제약이 있는 동시통역에서는 단어나 동의어를 채워 넣어 문장을 완성하는 빈칸 완성 테스트(cloze test)가 동시통역 성과에 있어 개인 간의 차이를 예측할 수 있게 해 주는 요인임을 밝혀냈다. 이러한 연구 결과는 모두 통역사들이 기존의 두 개 언어의 숙련도를 바탕으로 새로운 추가적인 스킬을 개발하고 있음을 시사하는 다수의 통역 선행 연구 결과와도 일치한다. 따라서 전문가 통역은 자동화된 통역 프로세스를 통해 구현되는 것이 아니라, 통역을 보다 잘 컨트롤할 수 있는 툴을 통역사에게 제공하는 메커니즘과 정신적 표상을 통해 구현된다고 볼 수 있다[키랄리(Kiraly), 1997; 세귀노(Séguinot), 1997; 슈리브(Shreve), 1997]. 다만 전문가 통역사의 과제수행 수월성이 증가한 것은 자동화의 증거로 볼 수 있는데, 이는 제2언어 학습 과정에서의 리스트럭처링(restructuring)에 따른 개선된 표상을 습득하는 과정으로 설명할 수 있다[맥러드와 맥래프린(McLeod and Mclaughlin), 1986]. 정신적 표상을 개선함으로써 전문가 통역사들은 메시지의 여러 측면 중 정확한 통역을 하는 데 관련 있는 핵심적인 부분에만 집중할 수 있다. 상대적으로 관련이 없는 부분은 무시하고 관련이 있는 부분들만 장기 작업 기억(LTWM) 내에 코드화해 저장할 수 있다(에릭슨과 킨취, 1995).

5.1.2. 중개 메커니즘에 대한 자기 성찰적 기술

통역 영역에 있어 전문가 통역을 중개하는 복잡한 메커니즘과 전략들에 관한 대부분의 증거는 전문가 통역사 자신들의 인지 프로세스에 대한 자기 성찰적 분석에 그 기반을 두고 있다. 따라서 현재 나와 있는 증거의 상당 부분은 독립적인 확인 및 실험 검증이 부족한 상태로, 마사로와 슐레징거(Massaro and Shlesinger)가 주장한 실험실 연구 기준(1997)에도 부합하지 않는다. 사실 전문가 번역사에게 번역 작업을 하는 동안 “사고 발화”를 하도록 요청할 경우 전문가 번역사들은 세부적인 선략을 기술하기보다는 세부 진략의 결과물인 생각들을 주로 발화하게 된다[하우스(House), 2000]. 이러한 사고발화법의 한계를 인식한 일부 연구자들은 사고발화법을 버리고 대신 두 명의 번역사에게 하나의 출발어 텍스트를 주고, 공동 작업을 통해 하나의 단일 번역문 텍스트를 작성하도록 하는 방식을 택하게 되었다[쿠스마울(Kussmaul), 1995]. 이러한 후자의 방식은 더 많은 일련의 방법론과 전략들을 도출할 수 있다. 두 명의 번역사가 대화를 하면서 작업을 하게 되면 한 명의 번역사가 혼자 번역 작업을 할 경우에는 접근이 불가능하거나 굳이 발화할 필요가 없는 서술적 정보도 유도할 수 있다. 대화 방식과 구두 보고(예: 사고발화법) 간의 차이는 본 저서에 포함된 야스켈라이넨(2000)의 논문에 잘 설명되어 있으니, 야스켈라이넨의 논문을 참고하기 바란다.

야콥센(Jakobsen, 2002, 2003)은 통번역 수행 과정에서의 인지 프로세스에 대한 보다 세부적인 정보를 수집하는 또 하나의 새로운 방법을 제시했다. 사고발화법 이외에 야콥센은 번역사들이 일차로 번역을 하고, 편집, 수정하는 타이핑 전 과정에서 어떤 세부적인 반응을 보이는지를 추적하고 그 데이터를 수집했다.

5.1.3. 구두 보고 대안 방법론

역사적으로 심리학에서는 피험자들에게 피험자 자신들의 성과를 통제하는 요인을 직접 설명해 보라는 시도가 항상 있어 왔다. 피험자들이 자신들의 행동과 이러한 행동을 중개하는 세부 프로세스에 대해 유효한 설명을 할 수 있다면 시간과 노력이 많이 드는 실험실 내 데이터 수집 작업이 굳이 필요 없을 수도 있다. 하지만 전문가들을 포함한 피험자들이 구두로 제시하는 서술과 설명은 피험자들의 실제 행동을 면밀히 관찰한 결과와 종종 불일치할 때가 많다. 사실 사이먼과 필자는(에릭슨과 사이먼, 1980, 1984, 1993, 1998) 실제 행동과 인터뷰 및 설문 응답 내용 간의 여러 불일치 사례에 주목했다. 피험자들에게 실험 과제를 수행하도록 하고 왜 몇몇 가능한 대안 행동 중 특정 행동을 선택했는지를 설명하라고 했을 때에도 피험자들의 구두 보고와 연구진들이 피험자들의 행동을 관찰한 결과 간에는 일부 불일치가 발생했다[이와 관련한 대표적인 선행 연구인 니스벳과 윌슨(Nisbett and Wilson, 1977) 참조].

사실 행동에는 다양한 유형이 있으며, 특히 습관적인 행동의 경우는 행동을 중개하고 통제하는 데 필요한 사고(thoughts)를 굳이 보고하지 않고서도 행동이 이뤄지는 경우들이다. 물론 다른 다양한 유형의 행동들의 경우에는 모든 피험자가 행동을 중개하는 생각들을 자발적으로 보고하는 경우들이 대부분이다. 대학생들에게 36×24 곱셈을 암산으로 하라고 하고 이때 피험자들의 머릿속 생각을 "사고 발화" 하도록 요청했을 때(에릭슨과 사이먼, 1984, 1993, pp.375-379 참조), 피험자들은 모두 암산 과정에서 머릿속에 떠오른 생각들을 발화했다. 예를 들면, 피험자들은 "4 곱하기 6은 24", "2를 올려주고" "4 곱하기 3은 12", "14", "144", "8, 6, 4, 864"와 같은 생각들을 발화할 수도 있다. 사이먼과 필자는(에릭슨과 사이먼, 1980, 1984, 1993), 이론적 모형을 심층적으로 들여다보기보다는 피험자들이 다양한 중개적 사고를 머릿속에 떠올리는 동시에 발화하거나(사고 발화) 혹은 기억해 뒀다 과제를 완료한 직후에 발화할 수 있다고 주장했다. 학생 100여 명을 관찰한 결과, 적절한 발화 보고 절차를 채택할 경우 피험자들은 내재된 프로세스 구조를 바꾸지 않고도 이러한 유형의 발화 보고를 생성할 수 있음을 파악했다. 최근 인지과학 학계에서는 적절한 구두 보고 지시가 이뤄질 때 피험자들이 즉시 혹은 기억을 떠올려 자신들의 인지 프로세스에 대해 유효한 발화 보고를 할 수 있다는 사실에 대체로 동의하고 있는데, 이때 피험자들의 인지 프로세스에 관한 발화 보고는 관련 성과 및 프로세스 추적 데이터 증거들과도 일치하는 내용들이다[에릭슨, 2001a; 본 에카르트(Von Eckardt), 1998]. 프로토콜 분석 방법론에서는 논란이 되는 이론적 가설들을 받아들일 필요 없이 전문가 피험자들이 특정 행동을 하는 동안 이들 피험자들의 주의력을 관통해 지나가는 정보들을 연구자들이 파악할 수 있는 툴을 제공한다. 이러한 주장을 뒷받침하기라도 하듯 프로토콜 분석 방법은 전통적인 인지학을 넘어 인간의 사고를 진단하는 실질적인 툴로 자리 잡았다. 예를 들면 행동 분석 분야 연구원들[오스틴과 딜레이니(Austin and Delaney), 1998], 설문조사 설계자들[수드만, 브래드번과 슈와츠(Sudman, Bradburn and Schwarz), 1996], 컴퓨터 소프트웨어 개발자들은[핸더슨, 스미스, 포드, 바렐라-알바레즈(Henderson,

Smith, Podd and Varela-Alvarez), 1995] 정기적으로 구두 보고 데이터를 수집하고 프로토콜 분석을 활용한다. 하지만 통역 연구의 경우에는 즉시 발화 방식인 사고발화법을 사용하는 데 있어 제약 사항도 있다. 예를 들면 통역사가 사고 발화를 하면서 동시에 청중들에게 동시통역을 하기는 불가능하다. 반면 "사고 발화" 방법론은 발화할 필요 없이 도착어 텍스트를 컴퓨터에 입력하면 되는 번역의 경우에는 성공적으로 적용할 수 있다(야콥센, 2002, 2003).

5.1.4. 사고발화법과 번역 과정에서 생성되는 자기 성찰적 보고

번역 작업을 수행한 전문가들의 사고 발화 결과물은 대학생들이 텍스트를 읽으면서 사고 발화를 할 때 관찰했던 내용과 유사한 것으로 나타났다(에릭슨, 1988a). 텍스트를 읽으면서 사고발화를 할 것을 주문했을 때 피험자들은 대부분 텍스트의 일부분을 소리 내어 읽는다. 주어진 텍스트는 텍스트 독자가 텍스트 저자가 의도한 아이디어를 파악하는 경로가 된다는 점에서, 이는 타당한 방식이라고 볼 수 있다. 텍스트 저자는 텍스트에서 제시하는 아이디어들을 표현하는 가장 최적의 단어와 가장 자연스러운 방식을 채택했을 것이므로 따라서 텍스트 독자는 저자가 사용한 단어와 동일한 단어를 사용해 이러한 아이디어를 구두화하고자 할 수 있으며, 따라서 텍스트를 소리 내어 읽음으로써 저자가 제시한 아이디어를 이해했음을 나타낼 수 있다. 하지만 법률 문서나 사용설명서 등과 같이 텍스트가 텍스트 독자들이 사용하는 일상적인 어휘나 스타일과는 상당히 다른 비일상적인 방식으로 쓰인 경우에는 독자들은 텍스트를 자신들만의 아이디어 표현 방식으로 "전환"한다. 마찬가지로 친숙하지 않는 어휘 사용 혹은 필요한 배경지식 부족 등의 이유로 텍스트를 이해하기 어려운 경우에도 독자들은 텍스트의 의미를 파악하기 위해 문제해결 활동들을 시도하게 된다(킨취, 1988). 텍스트 내에 제시된 정보들을 통합하기 위해 이러한 문제해결 노력들을 시도할 때 사고 발화 방식에서의 구두화는 주어진 텍스트를 이해하기 위한 중개적 사고를 반영한다(에릭슨, 1988a). 이러한 원칙들에 입각해, 즉각적인 구두 보고와 자기 성찰적 구두 보고를 모두 활용해 통번역사의 사고 프로세스에 관한 정보를 어떻게 얻을 수 있는지에 대해서는 추후에 더 논의하기로 하겠다(에릭슨과 사이먼, 1993).

5.1.5. 텍스트 이해와 번역에 있어 실험적인 시도

텍스트 독자들이 정작 텍스트 이해와는 관련이 없으면서도 주의력을 필요로 하는 과제 때문에 방해를 받지만 곧이어 큰 어려움 없이 텍스트 읽기를 재개한다는 관찰 결과를 바탕으로, 텍스트 이해에 관한 또 하나의 연구 방법을 고안하게 되었다. 첫 한두 문장을 읽는 데 걸리는 시간이 비교적 더 긴데, 이는 독자들이 자신들의 장기 기억 속에 저장된 텍스트 기억에 접근하는 데 그만큼의 시간이 필요하기 때문이다. 하지만 이것이 텍스트를 이해하는 데는 그다지 영향을 미치지 않는다. 텍스트 내 관련 정보를 어떻게 코드화하고 통합하는지를 평가하기 위해, 다양한 단서 회상 조사를 통해 장기 작업 기억(LTWM) 내에 저장된 텍스트의 의미론적 표상을 연구하는 것이 가능하다(에릭슨과 킨취, 1995). 필자가 알기로 통번역 연구 중 이러한 방법론을 채택한 사례는 아직 없지만, 일부 연구 결과에서는 통역 시 제시된 텍스트에 대한 통역사의 장기 기억이 상당하다는 사실이 입증되었다. 거버(Gerver, 1974a)는 텍스트 통역 후 회상률이 51% 정도였음을 밝혀냈는데, 이는 단순히 텍스트를 청취만 할 때의 회상률(58%)과 비교해 보면 약간 낮은 정도이기는 하지만 텍스트를 따라 읽기 할 때의 회상률보다(43%)는 높은 수준이다.

5.1.6. 통역 연구 방법론에 관한 일반적인 견해

텍스트 이해와 통역이라는 복잡한 프로세스를 연구하는 데는 다양한 접근 방법이 존재한다. 인지심리학 분야의 보다 전통적인 실험실 연구 방법들은 단어 인식이나 단어 카테고리 분류와 같은 기본적인 프로세스를 연구에 활용한다. 하지만 텍스트 이해와 번역이라는 복잡한 프로세스를 독립적인 개별 구성요소들로 나누고자 시도하지 않는 데는 그만큼 충분히 납득할 만한 이유가 있다. 슐레징거(2000)는 통역을 개별 구성요소, 하부 프로세스, 하부 프로세스의 하부 프로세스들로 나눌 수 없는 근거들을 살펴봤다. 예를 들면, 슐레징거는 맥락에 근거한 의미 파악에 대한 연구에서 개별 단어들의 의미를 파악하는 것은 이것이 "프로세스의 다른 많은 요소와 결합했을 때 어떻게 작용하는지"에 대한 유용한 정보를 제공해 주지 못한다고 주장한다(슐레징거, 2000, p.5). 슐레징거는 하나의 단어 혹은 하나의 문장의 의미를 생성하는 데 있어 담화 차원의 복잡한 의미론적 맥락이 중요함을 보여 준다. 결과적으로 슐레징거는 통역 연구는 대표적인 통역 상황에서 직면하게 되는 정상적인 담화 변수와 구조를 담은 생태적으로 타당한 자료를 활용해야 한다고 주장한다.

전문가-성과 접근 방법(에릭슨과 스미스, 1991)은 세심하게 설계된 자료와 실험 등을 동원해 기본적인 프로세스를 연구해 온 전통적인 연구 접근 방법에 대한 하나의 대안으로 제시되었다. 이러한 접근 방법에 있어 핵심적인 아이디어는 일상 속에서 지속적으로 나타나는 우수한 성과 현상을 파악, 선별하고 이를 실험실 내 상황으로 재구성하는 것이다. 이러한 접근 방법에서는 전문가들 역시도 자신들의 전문 영역 이외 과제는 잘 수행하지 못할 수도 있음을 충분히 인식하고 있다. 또한 전문가라 하더라도 과제가 변형될 경우는 확연하게 우수한 성과를 내지 못할 수도 있다. 따라서 전문성에 관한 실증적 연구의 핵심은 재현 가능한 우수한 성과를 파악하고, 이러한 성과를 실험실 내 표준화된 상황에서 재현하는 방법을 개발하는 것이다.

5.2. 통역 연구에 있어서의 전문가-성과 접근 방법

통역과 같은 영역 전문성을 연구하기 위해 전문가-성과 접근 방법(에릭슨와 스미스, 1991)은 다음 3단계로 진행된다. 그 첫 단계는 필요한 언어적 지식을 다 가지고는 있지만 동시통역이나 순차 통역 경험이 없고 훈련을 받아 본 적이 없는 단순 이중언어 화자처럼 스킬 수준이 떨어지는 피험자들에 비해 전문가 통역사들의 "신뢰할 만하게 우수한 성과"를 포착하는 것이다. 따라서 핵심적인 도전 과제는 통역의 본질을 잘 보여 줄 수 있으면서 전문가 통역사들의 상대적으로 더 우수한 성과를 명확히 보여 줄 수 있는 대표성을 띠는 실시간 과제들을 파악하는 일이다. 따라서 다음 단계에서는 통역 중개 메커니즘을 파악하기 위해 이처럼 우수한 성과를 중개하는 프로세스를 검토해 봐야 한다. 다만 이것은 특정 과제에 있어 전문가 통역사들의 우수한 성과가 확실히 정립되어 있을 때에만 가능하다. 마지막 단계에서는 통역 중개 메커니즘이 어떻게 생겨나게 되었는지를 설명하고, 통역 중개 메커니즘을 습득하게 되었다면 어떤 훈련 활동들이 중개 메커니즘 습득에 도움이 되었는지를 설명해야 한다.

5.2.1. 일련의 대표 과제 파악하기

프로페셔널 통역사들이 일상적인 통역 업무 상황에서 실제 직면하게 되는 상황을 보다 면밀히 파악하게 될수록, 통역 경험이 없는 이중언어 화자에 비해 프로페셔널 통역사들의 성과가 더욱 우수함을 확인하게 될 것이다. 그렇다면 사람들은 이러한 성과의 차이가 딜링거의 연구(1989, 1994)와 같은 기존 연구에서 왜 그다지 크지 않았는지에 대해 의문을 제기하게 될 것이다. 딜링거의 연구에서는 일반적인 통역 상황의 여러 측면을 반영해 가장 실제 상황에 근접하도록 통역 과제를 설계했다. 하지만 보다 면밀히 분석한 결과 피험자인 프로페셔널 통역사들에게 제시된 자료는 일반적으로 사람들이 애드리브 방식으로 발화하는 문장 구조보다는 훨씬 복잡한 구조를 가진 텍스였음을 알게 되었다. 게다가 프로페셔널 통역사들에게 통역 과제가 너무 쉽지 않도록 하기 위해, 평소보다 빠른 속도인 1분당 145단어 빠르기로 텍스트를 제시했다. 거버(딜링거, 1989)는 1분당 145단어 속도로 텍스트를 제시했을 때 통역의 정확성이 약 75%를 기록했음을 보고했는데, 이는 딜링거의 연구 결과와 유사하다. 따라서 만약 텍스트와 텍스트 청취 속도가 프로페셔널 통역사들이 실제 통역 상황에서 직면하게 되는 일반적인 통역 상황에 좀 더 근접했더라면 결과는 달랐을 수도 있다. 연구자들이 우수한 통역 성과를 일관되게 보장하는 통역 과제 상황이 어떤 것인가에 대해 공통된 기준을 제대로 정립하기 전까지는 우수한 통역 성과를 중개하는 메커니즘에 대한 지속적인 연구가 어려울 수 있다.

다른 영역 전문가 성과를 포착하기 위해 고안된 일부 체험적 접근 방식(경험이나 직관에 기준한 의사 결정 방식)을 활용함으로써, 반복적으로 우수한 성과를 낼 수 있는 과제가 무엇인지를 파악했다. 이러한 체험적 접근 방식 중 하나는 전문가 통역사가 직면하게 되는 과제를 분석해, 전문가 통역사들이 상대적으로 스킬 수준이 떨어지는 통역사들보다 명확히 우수한 성과를 보여 주는 데 필요한 조건들을 검토했다. 사실 딜링거(1989)는 자신의 실험 조건들이 의도적으로 표준 통역 상황에서 벗어나 있음을 설명했다. 통역 과제를 탈맥락화하고 피험자들에게는 텍스트가 실제 전달되는 상황이나 맥락을 제시하지 않았다. 또한 통역사들에게 사전 준비 시간을 허용하지 않았고, 통역사 자신들의 배경지식이 해당 통역 과제를 수락하기에 충분한지에 대해 스스로 평가할 수 있는 기회조차 주지 않았다. 다른 영역에서도 과제 준비와 주제 관련 배경지식이 전문가들의 성과에 상당한 영향을 미치듯이, 실제 통역 상황과 사뭇 다른 통역 과제수행 상황이 실험 결과에 영향을 미쳤을 수 있다. 고도의 전문적인 지식은 다양한 영역에서 우수한 성과를 내는 데 핵심이 된다. 예를 들면, 감사들이 부정행위를 포착할 수 있는 능력은 특정 산업 부문(예: 제약 산업)에 대한 지식 보유 여부에 따라 달라질 수 있기 때문에 이를 다른 유형의 기업들에 일반화해 적용할 수 없다(에릭슨과 레만, 1996 참조). 마찬가지로 가설을 검증하는 과학자들의 능력 역시 같은 학문 분야라고 해서 항상 일반화해 적용할 수 있는 것은 아니다[슈라겐(Schraagen), 1993]. 이처럼 전문가들의 우수한 성과는 영역별로 고유한 특성을 지니는데, 이를 보여 주는 다양한 사례가 존재한다(에릭슨과 레만, 1996).

한편 또 다른 접근 방식은 많은 전문가가 일상적인 상황에서는 자신들의 우수성을 보여 주지 않는다는 점에 착안했다. 항공기 기장과 의사들의 경우 예상치 못한 문제가 발생하지 않는 일반적이고 일상적인 상황을 가정하고 훈련을 하기 때문에 훈련을 통해서는 일반적인 상황에 대처하는 능력은 충분히 마스터할 수가 있다. 그러나 이들 영역에서 예상치 못했던 문제가 발생하거나 비일상적인 상황 혹은 극한 상황에 대처하는 과정에서 전문가들은 우수한 성과를 발휘한다. 마찬가지로 체스에서도 익숙하지 않은 체스 말 배치를 제시하고 그 상황에서 최선의 말의 움직임을 선택하라고 주문할 때 체스 말을 움직일 수 있는 다양한 가능성이 열려 있는 만큼 숙련되지 않은 체스 플레이어들의 경우에는 수많은 다양한 가능성 중에서 최선의 움직임을 찾기란 쉽지가 않다. 마찬가지로 의료 전문가들의 우수성 역시 희귀 질병이나 복합 질병을 가진 환자들의 차트를 읽고 진단을 내릴 때 비로소 그 진면목이 발휘된다. 전문가 성과를 포착하기 위한 이러한 접근 방식에서는 영역별로 즉각적인 대처가 필요하고 전문가들만이 즉각적이고 효율적으로 대처할 수 있는 대표성을 띠는 상황들을 파악하는 것이 필요하다(에릭슨과 스미스, 1991).

이러한 접근 방법을 통역 분야에 확대 적용함으로써, 피험자들에게 1-2분 정도의 비교적 짧은 텍스트를 통역하도록 과제를 설계해 일상적인 통역 상황을 재현해 해당 과제가 통역 연구에 적합한 통역 상황인지를 탐색해 볼 수 있겠다. 이때 선정하는 텍스트는 프로페서널 통역사와 통역 교수자들에 대한 인터뷰를 통해 피험자들이 이전에 통역을 해 봤거나 경험으로 미뤄 볼 때 통역사들, 특히 숙련도가 떨어지는 통역사들이 도전적인 텍스트라고 간주할 만한 텍스트를 선정할 수 있을 것이다. 통역 성과 우수성에 대한 연구를 위해서는 이처럼 신중한 분석을 통해 텍스트를 선별하고, 이를 피험자들에게 제시함으로써 대표성을 띠는 일반 통역 상황을 최대한 재현할 수 있을 것이다. 이러한 방식으로 통역 과제별로 대표성을 띠는 일반적인 통역 상황을 재현할 수 있을 것이다. 또한 이때 일련의 통역 과제들을 수행하는 중간 중간에 대기 시간을 둠으로써 피험자인 통역사들의 통역 성과를 면밀히 관찰할 수 있다.

한편 통역사들이 직면하는 중요한 도전 과제는 장기간에 걸쳐 통역 성과를 유지하는 일로, 특히 한 명의 통역사가 통역을 전담해서 수행해야 하는 경우에는 부담이 크다. 숙련도가 높은 통역사는 휴식 시간이 제한되어 있는 상황에서 오랜 시간에 걸쳐 일정 수준 이상으로 통역 성과를 유지해야 하는 경우 자신만의 특별한 통역 노하우를 개발할 수도 있다.

마지막으로 특정 영역의 전문가라고 간주할 수 있는 사람들의 경우라도 대개 자신들의 성과가 상대적으로 더 우수함을 항상 입증해 보이지 못할 수도 있다. 앞서 서론에서 필자는 주식 중개 "전문가" 심리치료 "전문가"들이 객관적이고 우수한 성과를 반복적으로 재창출하지 못하는 경우가 있으며 와인 전문가들의 경우는 익숙하지 않은 와인을 감별하는 데 있어 비전문가들에 비해 그 능력이 크게 출중하지 않은 경우 등을 언급했다. "전문가"들이 우수한 성과를 보여 주지 못한다면 "전문가"들을 대상으로 먼저 사전 테스트를 실시해, 단순 이중언어 화자와 상대적으로 숙련도가 떨어지는 통역사들 대비 지속적으로 더 우수한 성과를 낼 수 있는 통역사들만을 선별하는 것이 필요할 것이다.

정리하자면, 전문가 성과에 관한 연구에 있어 핵심적인 도전은 전문가들이 반복적으로 재현하고 있는 우수한 성과를 잘 포착해 낼 수 있는 일련의 과제들을 파악하는 것이다. 이상적인 상황이라면 전문가 피험자들의 성과 수준이 눈에 띄게 높아 선별한 대표 과제들을 시행할 때마다 정성적으로 우수한 성과를 보여 줄 수 있어야 한다. 예를 들면 비전문가들에 비해 전문 체스 플레이어라면 말을 움직이는 데 있어 더 나은 선택을 해야 하고, 의료 전문가는 더욱 정확한 진단을 내려야 하며, 타이핑 전문가라면 더 빨리 타이핑을 해야 한다(에릭슨 외, 2000).

5.2.2. 재현 가능한 우수한 성과에 대한 프로세스 추적 및 실험 분석

일련의 구체적인 과제를 수행함에 있어 전문가 수준의 우수한 성과를 반복적으로 재현하는 것이 가능한 영역에서는 "프로세스 추적(process-tracing)"과 실험 방식들을 동원해 우수한 성과를 가능하게 해 주는 중개 메커니즘이 무엇인지를 파악할 수 있다(에릭슨과 사이먼, 1993; 에릭슨과 스미스, 1991). 하지만 통역의 경우에는 연구자들이 이처럼 일관되게 우수한 통역 성과를 발휘하는 사례들을 아직까지는 파악하지 못했다. 동시통역 관련 연구들에서는[체르노프(Chernov), 1979; 딜링거, 1989, 1994; 거버, 1974b] 모든 통역사 피험자가 평균 정도 수준의 통역 성과를 보였으며, 이에 대한 반응들이 각기 달랐음을 보고하고 있는데, 이를 고려할 때 통역사 피험자들 간의 개인적인 차이를 평가하는 것은 불가능하다. 다만 가장 우수한 통역사들 중 일부만이 선별 통역 과제에 한해 일관되게 확연히 우수한 성과를 보여 줄 수는 있을 것이다. 이처럼 일부 전문가 통역사들이 일관되게 우수한 통역 성과를 재현할 수 있는 대표성을 띠는 과제들을 연구자들이 모색하고, 설계할 수 있게 되기 전까지는 과제 분석, 프로토콜 분석, 정확도와 지연 속도 등을 기준으로 성과를 측정하는 실험 성과 분석 등과 같은 일련의 표준

분석 툴들을 채택하는 것은 불가능할 것이다. 만약 이것이 가능해진다 하더라도 이들 툴들 중 일부 툴들, 예를 들면 사고발화법, 자기 성찰 프로토콜 등을 일부 조정하며 동시통역과 순차 통역 연구에 적용하는 것이 필요할 것이다.

전문가 통역에 대한 필자의 문헌 조사를 바탕으로 판단해 볼 때, 일련의 제한적인 통역 과제를 수행해야 하는 실험 상황이라면, 가장 우수한 재현 가능한 통역 성과는 소수의 통역사들에게서만 관찰 가능하며, 극단적인 경우에는 단 한 명의 우수한 통역사에게서만 나타날 수도 있다. 그동안 전통적인 실험 연구에서는 상대적으로 대규모의 피험자 샘플이 필요했다면, 전문가 성과 관련 연구는 피험자 한 명의 성과를 실험적으로 어떻게 연구할 것인지, 성과를 중개하는 인지적 프로세스를 어떻게 추적할 것인지 하는 좀 더 방법론적인 문제에 직면해 있다고 하겠다. 우수한 성과를 내는 전문가들에 대한 가장 심층적인 실험 연구는 기억 관련 분야에서 진행되어 왔다. 동일한 과제수행 조건에서 일반 대학생들이 10-11개의 숫자를 기억할 수 있는 반면 특출한 기억력을 가진 전문가들의 경우는 대개 80-100개의 숫자를 기억할 수 있다. 이러한 차이를 전통적인 효과 추정치 차이 기법을 사용해 표현한다면, 일반 대학생 대비 전문가들의 성과 수준은 표준편차에 있어 10 혹은 때로는 50을 초과하는 수준이다[에릭슨, 체이스와 팔룬(Ericsson, Chase, and Faloon), 1980]. 전문가 피험자들은 예외적으로 탁월한 기억력 성과를 실험실 상황에서 반복적으로 보여 줬다. 우수한 기억력을 보여 준 피험자들은 표준 기억력 과제를 일부 변형한 실험 과제들을 수행하면서 자신들의 사고 프로세스에 대해 동시에 자기 성찰적 발화를 했다(에릭슨, 1988b). 과제 분석 및 사고 발화 결과물에 대한 프로토콜 분석을 바탕으로, 체이스와 에릭슨(1982)은 우수한 기억력 성과의 핵심은 코드화와 기억 인출(retrieval) 메커니즘이라고 주장했다. 통제 상황하에서의 기억력 성과와 실험 상황하에서의 기억력 성과를 비교함으로써 이들 메커니즘을 테스트했다. 전문가들 사이에 전략과 표상에 있어 지속적으로 차이가 나타날 때는 특히 각각의 전문가 개인이 가진 메커니즘을 연구해, 이들 메커니즘의 구체적인 특징을 검증할 수 있도록 맞춤형 실험을 설계하는 것이 중요하다. 그리고 무엇보다 중요한 것은 기본적으로 우수한 기억력 성과의 바탕이 되는 숙련된 메커니즘을 뒤흔들어 놓을 수 있는 실험 상황을 설계할 수 있었다는 점이다(체이스와 에릭슨, 1982; 에릭슨, 1988b; 에릭슨과 킨취, 1995). 전문 음악가, 체스 마스터, 운동선수들의 경우 비교 가능한 정도의 성과 수준 차이를 보였는데, 이들 분야에서는 전문가들의 재현 가능한 성과는 초보자들의 일반적인 성과 범위를 크게 벗어나는 수준으로 때로는 상대적으로 숙련도가 낮은 피험자들이 도달할 수 있는 최대치를 훨씬 넘어서는 수준이었다(에릭슨과 레만, 1996; 에릭슨 등, 2000).

우수한 숫자 기억력에 관한 연구에서 우수한 통역 성과와 관련이 있는 한 가지 흥미로운 사실을 발견할 수 있다. 탁월한 숫자 기억력을 중개하는 것으로 밝혀진 메커니즘들은 대개 장기 작업 기억(LTWM)의 영역에 속하는데(에릭슨과 킨취, 1995), 이러한 이유로 텍스트를 이해하는 과정에서 전문가들일수록 작업 기억 메모리가 더 우수하다고 유추해 볼 수 있다. 에릭슨과 킨취(1995)는 코드화 스킬과 텍스트 주제 관계 배경지식이 어떻게 텍스트 정보의 이해 및 기억을 촉진하는지에 관한 심층적인 증거들을 고찰했다. 따라서 LTWM 관련 이론적 프레임워크를 활용해 출발어 내에 포함된 정보를 더 잘 파악하고 코드화할 경우 통역 결과물의 생성을 어떻게 개선시킬 수 있는지를 규명할 수 있을 것이다(딜링거, 1989; 거버 외, 1984).

5.2.3. 전문가들의 우수한 성과를 중개하는 메커니즘을 어떻게 습득할 수 있는가에 관한 검토

전문가들의 안정적이고 수준 높은 성과를 중개하는 메커니즘이 무엇인지를 명확히 규명하기 전까지는 이들 메커니즘을 어떻게 습득하는지를 검토하는 것이 시기상조일 수도 있다. 하지만 훈련과 통역 경험 등을 통해 통역 학교 학생들의 성과 수준을 개선하는 것은 통역 교육 과정의 당면한 과제이기도 하다. 예를 들면 모저-머서(2000)는 통역 성과를 개발할 수 있다는 증거들을 제시하며, 통역 훈련 과정을 통해 점진적으로 제거할 수 있는 통역 실수 유형들을 정리했다. 하지만 체스, 음악, 스포츠 등과 같은 다른 영역에서 전문가들의 우수한 성과를 분석한 결과에서는(에릭슨, 1998, 2002) 수용 가능한 평균 수준의 성과를 비교적 단기간 내에 달성하도록 해 주는 중개 메커니즘은 전문가 수준을 달성하는 데 필요한 프로세스와는 다른 유형의 프로세스를 필요로 한다는 사실을 확인할 수 있었다.

우수한 통역 성과 달성이 주 관심사라면 우수한 통역 수준을 재현할 수 있는 전문가 개인들을 파악하는 것 역시 필요하겠다. 본 논문의 첫 번째 파트에서 검토했던 증거들을 기준으로 보면 엘리트 통역사들은 대개 통역을 10-20년 정도 공부했거나 실제 통역을 해 온 사람들일 가능성이 높다. 때문에 통시적 연구를 수행하기는 어려울 것이다. 결과적으로 개개인들이 엘리트 수준의 성과를 달성하는 방식에 관한 기초적인 정보를 얻는 가장 시간 효율적인 방법은 인터뷰가 될 것이다. 인터뷰를 통해 통역사들은 자신들의 통역 성장 역사에 대한 신뢰할 만한 정보를 제공해 줄 수 있다. 이러한 기본적인 정보를 바탕으로, 다음 단계로 엘리트 통역사들의 성과 수준과 상대적으로 숙련되지 않은 통역사들의 성과 수준을 비교할 수 있다. 인터뷰와 더불어 전문가들의 통역 활동 일지 등을 참고해 우리 연구진은(에릭슨 외, 1993) 음악 분야에서는 의도적 연습이 최고 수준의 성과를 달성하는 데 가장 관련성이 높은 훈련 활동이라는 사실을 파악할 수 있었다. 의도적 연습의 세부적인 특징은 전문 지식 영역마다 전문가 성과에 대한 수요 함수로 서로 다를 수 있지만, 최고 수준의 전문가들일수록 다양한 영역에서 더 많은 시간과 노력을 기울이고 있다는 사실을 확인할 수 있었다(에릭슨, 1996, 1998, 2001b; 크람페와 에릭슨, 1996).

전문가 통역의 특징을 살펴본 결과를 바탕으로, 우수한 통역 성과 중개와 관련해 다음 두 가지 중요한 측면을 추측해 볼 수 있다. 첫 번째 측면은 출발어 메시지의 이해와 관련이 있다. 통역 대상 정보의 코드화 정도가 통역 결과물의 수준 혹은 품질을 결정하게 된다. 예를 들면, 거버 등은(1984) 출발어 텍스트 이해와 코드화 능력 점수가 순차 통역 성과와 관련이 있음을 밝혀냈다.

그렇다면 사람들은 어떻게 텍스트에 대한 이해를 제고하고 출발어 메시지를 LTWM에 코드화할 수 있는가? 일차적인 코드화에 도움이 되는 의도적인 연습 활동들은 체스 플레이나 스포츠 분야에서 파악한 프로세스와 비슷한 프로세스를 거치게 된다. 체스 플레이나 스포츠의 경우에는 자신들의 실수 혹은 최적화되지 못한 행동 선택에 대한 피드백을 받는다. 그런 다음 사람들은 체스 말의 위치 혹은 녹화된 체스 게임 등과 같이 목표로 하는 상황으로 돌아가 미래에는 어떻게 하면 더 나은 선택을 할 수 있을지를 곰곰이 생각해 본다. 이상적으로는 실수를 한 후 자기 성찰적 분석을 하는 활동 사이의 시간 간격을 최대한 단축함으로써 최적화되지 못한 행동을 초래한 자신들의 생각이 무엇이었는지를 최대한 잘 기억할 수 있다. 체스 플레이어들이 체스 마스터들이 공개 경기에서 말을 어떻게 움직일지를 예측해 보는 연습을 하는 것처럼 통역 학생들도 전문가 통역사들이 통역하는 메시지를 주의 깊게 들어 보는 것이 상당히 도움이 될 것이다. 순차 통역의 경우 학생들은 메시지에 대한 자신들의 해석을 덧붙이고 전문가 통역사들이 통역한 메시지를 들어 보고 비교해 보는 것이 도움이 될 것이다. 학생의 통역 결과물과 전문가 통역사의 통역 결과물이 잘 매칭되면 추가적인 액션을 취할 필요 없이 메시지의 다음 파트로 넘어가면 된다. 하지만 매칭이 잘 되지 않는 경우에는 그 차이점을 분석하고 앞으로는 어떻게 하면 좀 더 나은 코드화를 할 수 있을지를 분석하고 고민해 봐야 할 것이다. 전문가 수준의 교수자가 이 프로세스를 관찰하고 학생 통역사가 텍스트의 중요한 측면을 파악하도록 도와주는 것이 좀 더 효과적이고 바람직한 훈련 방법이 될 것이다.

두 번째는 동시통역에 관한 부분이다. 거버 등은(1984) 동시통역은 텍스트 내에서 누락된 단어를 유추하고 동의어를 생성하는 능력에 있어 얼마나 높은 수준을 보유하고 있는지와 관련이 있다는 사실을 밝혀냈다. 동시통역 상황에서는 이해와 발화가 동시에 이뤄져야 하는 시간적 제약으로 인해 통역사들은 중심 아이디어를 선별적으로 도출해 내야만 한다. 따라서 중복되거나 덜 중요한 정보를 걸러 내는 능력 역시 중요하다(슐레징거, 2000). 동시통역 과제라는 도전은 눈으로 음악을 읽어 내야만 하는 음악가들의 도전과 닮아 있다. 음악가들은 때로는 사전 준비 없이 가수에 맞춰 반주를 해야 하는 경우도 있다. 레만과 에릭슨의 연구에서는(1993, 1996) 피아니스트들은 모두 눈으로 악보를 읽어 내는 과제를 수행할 수는 있지만 실제로 모든 음을 다 연주할 수 있는 피아니스는 존재하지 않았다. 이때 해결책은 핵심 멜로디는 유지하되 상대적으로 덜 중요한 음은 누락시키는 것이다. 또한 최고의 반주자는 음악의 구조를 유추할 수 있는 능력을 갖춘 사람들이라는 사실을 밝혀냈다. 예를 들면, 한 실험에서 훌륭한 반주자들은 음악을 계속해서 연주하면서 다음에 이어져 나올 음들을 성공적으로 유추할 수 있었다. 그리고 레만과 필자(레만과 에릭슨, 1993, 1996)는 악보를 가장 잘 읽는 피아니스트들은 음악가로서의 커리어 기간 중에 악보를 읽는 데 가장 많은 시간을 보낸 사람들이라는 사실을 확인했다. 이들은 반주 준비와 연습에 가장 많은 시간을 할애한 사람들이었다. 이러한 활동들은 다른 영역의 의도적 연습과 상당히 밀접한 관련이 있는 활동들이다. 최고의 동시통역사들에게서도 이와 유사한 패턴을 발견할 수 있을 것이다.

6. 결론

본고에서 필자는 하나의 특정 영역에서 전문가들의 재현 가능한 우수한 성과를 중개하는 메커니즘이 상대적으로 숙련되지 못한 사람들의 성과 중개 메커니즘과 어떻게 다른지를 설명했다. 전문가들의 우수한 성과와 이를 지탱하는 복잡한 메커니즘은 수년 혹은 수천 시간에 걸친 의도적 연습을 통한 점진적 개선의 결과임이 밝혀졌다. 즉 키와 몸집 크기를 제외하고 우수한 성과의 거의 모든 핵심적인 측면들은 훈련을 통해 습득했다고 볼 수 있다.

본고에서 필자는 여러 다양한 영역에서의 전문가 성과 분석 결과와 전문가 통역에 관련한 실질적 및 잠재적 발견 사항들 간의 유사점을 정리해 제시했다. 하지만 통역과 다른 영역들 간에는 일부 중요한 차이가 존재한다. 통역의 경우 통역 학생들은 10대 후반 및 20대 초반에 통역 훈련을 처음 시작하는 경우가 대부분이다. 반면 음악, 발레, 체스, 스포츠 등과 같은 보다 전통적인 영역에서는 대개 5-10세 사이에 훈련을 시작한다. 따라서 정식 통역 훈련을 시작하는 시점에서 대부분의 사람들은 해당 언어 스킬을 이미 습득한다. 이에 통역 교수자들의 도전은 이들 스킬을 보완, 조정해 순차 통역 및 동시통역의 수요를 충족시키는 일이다. 통역 수준이 언어 메시지 코드화 및 산출 능력이 어느 정도 수준인가에 따라 결정된다는 사실을 수긍한다면, 개인별 스킬 차이가 통역 수준 차이에 어느 정도 작용한다고 볼 수 있다. 이들 스킬의 일부 측면들을 심층 보완하는 것이 상당히 어렵기 때문에 높은 수준의 통역 성과를 달성하는 것이 어려울 수 있다. 전문가 수준의 통역을 중개하는 메커니즘에 대한 우리의 이해가 깊어지고 통역사 훈련 과정에서 이들 메커니즘을 평가하는 툴들이 개발된다면, 통역 교육 훈련을 개개인에게 보다 맞춤화해 그 효과성을 제고할 수 있을 것이다.

필자는 본고에서 전문가 통역사들의 우수한 성과를 포착하고자 시도하는 과정에서 전문가 통역에 대한 우리의 이해를 제고할 수 있을 것이라고 주장했다. 일단 이러한 우수한 성과를 포착하게 되면 이러한 우수한 성과를 중개하는 메커니즘을 파악하고 이들 메커니즘이 훈련을 통해 어떻게 습득 가능한지 판단할 수 있을 것이다. 동시에 필자는 통역에 대한 연구가 전문가 성과를 중개하는 메커니즘에 대한 전반적인 이해를 제고할 수 있을 것이라고 믿는다. 통역이라는 영역은 실시간으로 텍스트를 이해할 수 있는 기회를 제공하는 한편 다른 언어로 통역이 가능하도록 해 주는 의미 표상을 어떻게 습득하고 발전시킬 수 있을지를 파악하는 데 도움이 된다. 통역은 인지과학 분야 연구자들로 하여금 숙련된 활동 중 가장 모호한 현상 중 하나인 구두 메시지의 이해와 발화를 연구할 수 있는 단초를 제공하는 이상적인 통제된 과제라고 볼 수 있다. 따라서 후속 연구를 통해 전문가-성과 접근 방법을 통역에 적용함으로써 이 접근 방법이 언어의 이해와 발화, 통역 및 번역에 대한 우리의 이해의 지평을 넓혀 줄 수 있을지를 판단해 볼 수 있을 것이다.

미주

1. "통역 전문성: 전문가 성과 관점", Interpreting 5(2): 187-220. 존벤자민스 출판사의 승인을 얻어 논문 제목을 차용

2. 본고는 저자가 행동과학연구센터의 펠로우로 근무할 당시 작성했으며, 필자는 John D. and Catherine T. MacArthur Foundation의 재정 지원에 감사하는 바이다(Grant # 32005-0). 또한 본 연구는 플로리다주립대학교 재단 FSCW/Conradi Endowment Fund의 지원도 받았다. 필자는 논문 초안 작성에 소중한 조언을 아끼지 않은 렌 힐(Len Hill), 안트 야콥센(Arnt Jakobsen), 칼라 유레나(Carla Urena), 유스라 비저(Yusra Visser)에게 감사를 드린다.

Austin, John and Delaney, Peter F. 1998. "Protocol analysis as a tool for behavior analysis." *Analysis of Verbal Behavior* 15: 41-56.

Bloom, Benjamin S. 1985. "Generalizations about talent development." In *Developing talent in young people,* Benjamin S. Bloom (ed.), 507-549. New York: Ballantine Books.

Boucher, Jacques L. and Mutimer, Brian T. P. 1994. "The relative age phenomenon in sport: A replication and extension with ice-hockey players." *Research Quarterly for Exercise and Sport* 65: 377-381.

Calderwood, Roberta, Kelin, Gary A. and Crandall, Beth W. 1988. "Time pressure, skill and move quality in chess." *American Journal of Psychology* 101: 481-493.

Charness, Neil, Krampe, Ralf Th. And Mayr, Ulrich. 1996. "The role of practice and coaching in entrepreneurial skill domains: An international comparison of life-span chess skill acquisition." In *The road to excellence: The acquisition of expert performance in the arts and sciences, sports, and games,* K. Anders Ericsson (ed.), 51-80. Mahwah, NJ: Erlbaum.

Chase, William G. and Ericsson, K. Anders. 1982. "Skill and working memory." In *The psychology of learning and motivation* Vol. 16, Gordon H. Bower (ed.), 1-58. New York: Academic Press.

Chernov, Ghelly V. 1979. "Semantic aspects of psycholinguistic research in simultaneous interpretation." *Language and Speech* 22: 277-295.

Dawes, Robyn M. 1994. *House of cards: Psychology and psychotherapy built on myth.* New York: Free Press.

De Groot, Adriaan. 1978. *Thought and choice in chess.* The Hague: Mouton (Original work published 1946).

Dillinger, Michael 1989. *Component processes of simultaneous interpreting.* Unpublished doctoral dissertation. Department of Educational Psychology, McGill University, Montreal, Canada.

Dillinger, Michael. 1994. "Comprehension during interpreting: What do interpreters know that bilinguals don't?" In *Bridging the gap: Empirical research in simultaneous interpretation,* Sylvie Lambert and Barbara Moser-

Mercer (eds.), 155-189. Amsterdam: John Benjamins.

Ericsson, K. Anders. 1988a "Concurrent verbal reports on reading and text comprehension." *Text* 8 (4): 295-325.

Ericsson, K. Anders. 1988b. "Analysis of memory performance in terms of memory skill." In *Advances in the psychology of human intelligence*, Vol. 5, Robert J. Sternberg (ed.), 137-179. Hillsdale, NJ: Erlbaum.

Ericsson, K. Anders. 1990. "Peak performance and age: An examination of peak performance in sports." In *Successful aging*: Perspective from the behavioral sciences, Paul B. Baltes and Margaret M. Baltes (eds.), 164-195. New York: Cambridge University Press.

Ericsson, K. Anders. 1996. "The acquisition of expert performance: An introduction to some of the issues." In *The road to excellence: The acquisition of expert performance in the arts and sciences, sports, and games*, K. Anders Ericsson (ed.), 1-50. Mahwah, NJ: Erlbaum.

Ericsson, K. Anders. 1998a. "The scientific study of expert levels of performance: General implications for optimal learning and creativity." *High Ability Studies* 9: 75-100.

Ericsson, K. Anders. 1998b. "Basic capacities can be modified or circumvented by deliberate practice: A rejection of talent accounts of expert performance. A commentary on M. J. A. Howe, J. W. Davidson, and J. A. Sloboda 'Innate Talents: Reality or Myth?'". *Behavioral and Brain Sciences* 21: 413-414.

Ericsson, K. Anders. 2001a. "Protocol analysis in psychology." In *International encyclopedia of the social and behavioral sciences,* Neil Smelser and Paul Baltes (eds.), 12256-12262. Oxford, UK: Elsevier.

Ericsson, K. Anders. 2001b. "The path to expert golf performance: Insights from the masters on how to improve performance by deliberate practice." In *Optimising performance in golf,* Patrick R. Thomas (ed.), 1-57. Brisbane: Australian Academic Press.

Ericsson, K. Anders. 2002. "Attaining excellence through deliberate practice: Insights from the study of expert performance." In *The pursuit of excellence in education,* Michel Ferrari (ed.), 21-55. Hillsdale, NJ: Erlbaum.

참고문헌

Ericsson, K. Anders. 2003a. "The development of elite performance and deliberate practice: An update from the perspective of the expert-performance approach." In *Expert performance in sport expertise,* Janet Starkes and K. Anders Ericsson (eds.), 491. Champaign, IL: Human Kinetics.

Ericsson, K. Anders. 2003b. "How the expert-performance approach differs from traditional approaches to expertise in sports: In search of a shared theoretical framework for studying expert performance." In *Expert performance in sport: Recent advances in research on sport expertise,* Janet Startkes and K. Anders Ericsson (eds.), 371-401. Champaign, IL: Human Kinetics.

Ericsson, K. Anders. 2003c. "The search for general abilities and basic capacities: Theoretical implications from the modifiability and complexity of mechanisms mediating expert performance." In Perspective on the psychology of abilities, competencies, and expertise, Robert J. Sternberg and Elena L. Grigorenko (eds.), 93-125. Cambridge: Cambridge University Press.

Ericsson, K. Anders and Charness, Neil. 1994. "Expert performance: Its structure and acquisition." *American Psychologist* 49 (8): 725-747.

Ericsson, K. Anders and Charness, Neil. 1995. "Abilities: Evidence for talent or characteristics acquired through engagement in relevant activities." *American Psychologist* 50 (9): 803-804

Ericsson, K. Anders, Chase, William and Faloon, Steven. 1980. "Acquisition of a memory skill." *Science* 208: 1181-1182

Ericsson, K. Anders and Kintsch, Walter. 1995. "Long-term working memory." *Psychological Review* 102: 211-245.

Ericsson, K. Anders, Krampe, Ralf Th. And Tesch-Romer, Clemens. 1993. "The role of deliberate practice in the acquisition of expert performance." *Psychological Review* 100: 363-406.

Ericsson, K. Anders and Lehmann, Andreas C. 1996. "Expert and exceptional performance: Evidence on maximal adaptations on task constraints." *Annual Review of Psychology* 47: 273-305.

Ericsson, K. Anders, Patel, Vimla L. and Kintsch, Walter. (2000). "How experts' adaptations to representative task demands account for the expertise effect in memory recall: Comment on Vincente and Want (1998)". *Psychological Review* 107: 578-592.

Ericsson, K. Anders and Simon, Herbert A. 1980. "Verbal reports as data." *Psychological Review* 87: 215-251.

Ericsson, K. Anders and Simon, Herbert A. 1984. Protocol analysis: *Verbal reports as data.* Cambridge, MA: Bradford Books/MIT Press.

Ericsson, K. Anders and Simon, Herbert A. 1993. Protocol analysis; Verbal reports as data (revised edition). Cambridge, MA: Bradford books/MIT Press.

Ericsson, K. Anders and Simon, Herbert A. 1998. "How to study thinking in everyday life: Contrasting think-aloud protocols with descriptions and explanations of thinking." *Mind, Culture and Activity* 5 (3): 178-186.

Ericsson, K. Anders and Smith, Jacqui. 1991. "Prospects and limits in the empirical study of expertise: An introduction." In *Toward a general theory of expertise: Prospects and limits,* K. Anders Ericsson and Jacqui Smith (eds.), 1-38. Cambridge: Cambridge University Press.

Ericsson, K. Anders and Staszewski, James. 1989. "Skilled memory and expertise: Mechanisms of exceptional performance." In *Complex information processing: The impact of Herbert A. Simon,* David Klahr and Kenneth Kotovsky (eds.), 235-267. Hillsdale, NJ: Erlbaum.

Fitts, Paul and Posner, Michael I. 1967. *Human performance.* Belmont, CA: Brooks/Cole.

Galton, Francis. 1879/1979. *Hereditary genius: An inquiry into its laws and consequences* (Originally published in 1869). London: Julian Friedman Publishers.

Gardner, Howard. 1983. *Frames of mind: The theory of multiple intelligences.* New York: Basic Books.

Gardner, Howard. 1993. *Multiple intelligences: The theory in practice.* New York: Basic Books.

Gawel, Riachrd, 1997. "The use of language by trained an untrained experienced wine tasters." *Journal of Sensory Studies* 12: 267-284.

Gerver, David. 1974a. "Simultaneous listening and speaking and retention of prose." *Quarterly Journal of Experimental Psychology* 26: 337-341.

Gerver, David. 1974b. "The effects of noise on the performance of simultaneous interpreters: Accuracy of performance." *Acta Psychologies* 38: 159-167.

Gerver, David. 1976. "Empirical studies of simultaneous interpretation: A review and a model." In *Translation: Applications and research*, Richard W. Brislin (ed.), 165-207. New York: Gardner Press.

Gerver, David, Longley, Patricia, Long, John and Lambert, Sylvie. 1984. "Selecting trainee conference interpreters: A preliminary study." *Journal of Occupational Psychology* 57: 17-31.

Gobet, Fernand and Simon, Herbert A. 1996. "The roles of recognition processes and look-ahead search in time-constrained expert problem solving: Evidence from grand-master-level chess." *Psychological Science* 7: 52-55.

Helsen, Werner F., Starkes, Janet L. and Hodges, Nicola J. 1998. "Team sports and the theory of deliberate practice." *Journal of Sport and Exercise Psychology* 20: 12-34.

Helsen, Werner F., Starkes, Janet L. and van Wincekl, Jan. 2000. "Effect of a change in selection year on success in male soccer players." *American Journal of Human Biology* 12: 729-735.

Henderson, Ron D., Smith, Mike C., Podd, John and Varela-Alvarez, Hugo. 1995. "A comparison of the four prominent user-based methods for evaluating the usability of computer softward." *Ergonomics* 39: 2030-2044.

House, Juliane. 2000. "Consciousness and the strategic use of aids in translation." In *Tapping and mapping the processes of translation and interpreting: Outlooks on empirical research,* Sonja Tirkkonen-Condit and Riitta Jääskeläinen (eds.), 149-162. Amsterdam: John Benjamins.

Howe, Michaek J., Davidson, Jane W. and Sloboda, John A. 1998. "Innate talents: Reality or myth?" *Behavioral and Brain Sciences* 21: 399-342.

Jääskeläinen, Riitta. 2000. "Focuse on methodology in think-aloud studies on translating." *In Tapping and mapping the processes of translation and interpreting: Outlooks on empirical research*, Sonja Tirkkonen-Condit and Riitta Jääskeläinen (eds.), 71-82. Amsterdam: John Bejamins.

참고문헌

Jakobsen, Arnt L. 2002. "Translation drafting by professional translators and by translation students." In Empirical studies: Process and product (Copenhagen Studies in Language, vol. 27), Gyde Hansen (ed.), 191-204. Copenhagen: Samfundslitteratur.

Jakobsen, Artn L. 2002. "Translation drafting by professional translators and by translation students." In *Empirical translation studies: Process and product* (Copenhagen Studies in Language, vol. 27), Gyde Hansen (ed.), 191-204. Copenhagen: Samfundslitteratur.

Jakobsen, Arnt L. 2003. "Effect of think aloud on translation speed, revision and segmentation." In *Triangulating translation*, Fabio Alves (ed.), 69-95. Amsterdam: John Benjamins.

Karpov, Anatoly. 1995. "Grandmaster musings." *Chess Life* November: 32-33.

Kintsch, Walter. 1988. "The role of knowledge in discourse comprehension: A construction-integration model." Psychological Review 95: 163-182.

Kiraly, Donald C. 1997. "Think-aloud protocols and the construction of a professional translator self-concept." In *Cognitive processes in translation and interpreting,* Joseph H. Danks, Gregory M. Shreve, Stephen B. Fountain and Michael K. McBeath (eds.), 137-160. Thousand Oaks, CA: Sage.

Koltanowski, Goerge. 1985. *In the dark.* Coraopolis, PA: Chess Enterprises.

Krampe, Ralf Th. And Ericsson, K. Anders. 1996. "Maintaining excellence: Deliberate practice and elite performance in young and older pianists." *Journal of Experimental Psychology: General* 125: 331-359.

Kussmaul, Paul. 1995. *Training the translator.* Amsterdam: John Benjamins.

Lehmann, Andreas C. and Ericsson, K. Anders. 1993. "Sight-reading ability of expert pianists in the context of piano accompanying." *Psychomusicology* 12 (2): 182-195.

Lehmann, Andreas C. and Ericsson, K. Anders. 1996. "Music performance without preparation: Structure and acquisition of expert sight-reading." *Psychomusicology* 15: 1-29.

Lehmann, Andreas C. and Ericsson K. Anders. 1998. "The historical development of domains of expertise: Performance standards and innovations in music."

In *Genius and the mind*, Andrew Steptoe (ed.), 67-94. Oxford, UK: Oxford University Press.

Massaro, Dominic W. and Shlesinger, Miriam. 1997. "Information processing and a computational approach to the study of simultaneous interpretation." *Interpreting* 2: 13-53.

McLeod, Beverly and Mclaughlin, Barry. 1986. "Restructuring or automaticity? Reading in a second language." Language Learning 36: 109-123.

Moser-Mercer, Barbara. 2000. "The rocky road to expertise in interpreting: Eliciting knowledge from learners." In *Translationswissenschaft,* Mira Kadric, Klaus Kaindl and Franz Pöchhacker (eds.), 339-352. Tübingen: Stauffenburg Verlag.

Moser-Mercer, Barbara, Frauenfelder, Ulrich, Casado, Beatriz and Künzli, Alexander. 2000. "Searching to define expertise in interpreting." In *Language processing and interpreting,* Kenneth Hyltenstam and Birgitta Englund-Dimitrova (eds.), 1-21. Amsterdam: John Bejamins.

Musch, Jochen and Hay, Roy. 1999. "The relative age effect in soccer: cross-cultural evidence for a systematic discrimination against children born late in the competition year." *Sociology of Sport Journal* 16: 54-64.

Nisbett, Richard E. and Wilson, Timothy D. 1977. "Telling more than we can know: Verbal reports on mental processes." *Psychological Review* 84: 231-259.

Saariluoma, Pertti. 1991. "Aspects of skilled imagery in blindfold chess." *Ada Psychologica* 77: 65-89.

Salthouse, Timothy A. 1984. "Effects of age and skill in typing." *Journal of Experimental Psychology*: General 113: 345-371.

Schneider, Wolfgang. 1993. "Acquiring expertise: Determinants of exceptional performance." In *International handbook of research and development of giftedness and talent,* Kurt A. Heller, Franz J. Monks and A. Harry Passon (eds.), 311-324. Oxford, U.K.: Pergamon Press.

Schraagen, Jan M. 1993. "How experts solve a novel problem in experimental design." *Cognitive Science* 17: 285-309.

Séguinot, Candace. 1997. "Accounting for variability in translation." In Cognitive processes in translation and interpreting, Joseph H. Danks, Gregory M.Shreve, Stephen B. Fountain and Michael K. McBeath (eds.), 104-119. Thousdand Oaks, CA: Sage.

Shlesinger, Miriam. 2000. "Interpreting as a cognitive process: How can we know what really happens?" In *Tapping and mapping the processes of translation and interpreting: Outlooks on empirical research,* Sonja Tirkkonen-Condit and Riitta Jääskeläinen (eds.), 3-15. Amsterdam: John Benjamins.

Shreve, Gregory M. 1997. "Cognition and the evolution of translation competence." In *Cognitive processes in translation and interpreting,* Joseph H. Danks, Gregory M. Shreve, Stephen B. Fountain and Michael K.McBeath (eds.), 120-136. Thousand Oaks, CA: Sage.

Simon, Herbert A. and Chase, William G. 1973. "Skill in chess." *American Scientist* 61: 394-403.

Sudman, Seymour, Bradburn, Norman M. and Schwarz, Norbert (eds.). 1996. Thinking about answers: *The application of cognitive processes to survey methodology.* San Francisco, CA: Jossey-Bass.

Sternberg, Robert J. 1996. "The costs of expertise." In *The road to excellence: The acquisition of expert performance in the arts and sciences, sports, and games*, K. Anders Ericsson (ed.), 347-354. Mahwah, NJ: Erlbaum.

Valentin, Dominique, Pichon, Marie, de Boishebert, Virginie and Abdi, Hervé. 2000. "What's in a wine name? When and why do wine experts perform better than novices?" *Abstracts of the Psychonomic Society* 5: 36.

Von Eckardt, Barbara. 1998. "Psychology of introspection." In *Routledge encyclopedia of philosophy*, Edward Craig (ed.), 842-846. London: Routledge.

John Benjamins Series

06 Translation and Cognition

통역 전문성의 신경생리학적 상관관계 탐색

바바라 모저-머서(Barbara Moser-Mercer)
스위스 제네바대학

본 논문에서는 통역 프로세스에 관한 실증적 연구 결과와 학습 및 전문성에 관한 신경생리학적 연구 결과를 통합하고 있다. 본고는 통역이라는 고도의 복잡한 인지 스킬에 있어 전문성을 개발, 유지하기 위해 성인 인간의 뇌가 경험하는 잠재적 신경생리학적 변화를 보다 잘 이해하는 것을 그 주요 목적으로 하고 있다. 동시통역 스킬은 집중적인 훈련을 통해 습득할 수 있다. 따라서 동시통역 스킬을 실행하는 과정에서 요구되는 자원 및 인지 프로세싱상의 변화는 뇌의 장기적인 기능 및 구조 변화를 가져오게 되는데, 통역 분야에서 차별적으로 요구되는 뇌의 특정 부위뿐만 아니라 일반적인 통제 기능을 담당하는 부위에서 이러한 변화가 일어나게 된다. 이에 본고에서는 통역 연구의 연구 초점을 보다 정교하게 하기 위한 시도로서 이들 뇌의 특정 부위 및 일반적인 부위를 규명하고자 한다.

1. 통역 전문성 개발

통역 연구의 이론적 기반으로 어떤 통역 프로세스 모형을 선택하건 간에, 순차 통역 혹은 동시통역을 구성하는 하부 스킬들은 존재하기 마련이며, 이러한 하부 스킬들의 존재에 대해서는 대체적으로 동의하고 있다(모저-머서 외, 1997). 이들 하부 스킬로는 언어 이해, 언어 발화,

결과물 모니터링, 출발어로부터 도착어로의 전환 메커니즘 등이 있다. 한편 언어 이해 하부 스킬은 다시 발화 지각(speech perception), 의미 분석, 사고 등의 요소로 이뤄져 있으며 언어 발화를 구성하는 요소로는 의미 차원의 계획 수립, 구문 차원의 계획 수립, 형태론적 계획 수립, 음성학적 계획 수립 등이 있다. 동시통역의 어려움은 동시에 여러 과제를 실시간으로 수행해야 하는 데 있다. 동시통역을 수행하는 동안 통역사는 인풋에 대한 구문, 의미, 스타일상의 충실성을 확보할 수 있도록 자신의 통역 산출물을 지속적으로 모니터링하는 한편, 언어 이해와 언어 발화라는 작업을 동시에 수행해야 한다. 이러한 프로세스들을 조율하기 위해서는 상당한 인지적 통제와 주의력이 요구된다. 이해 프로세스의 경우 출발어의 원 메시지를 이해하고 도착어로 통역되는 도착어 메시지를 이해하는 프로세스가 사실상 병렬적으로 동시에 진행된다. 도착어 메시지는 불과 몇 초에서 최대 1분(아주 예외적인 경우에 한해) 정도 뒤이어 발화될 뿐이다. 이러한 시차는 전문성, 출발어와 도착어 간의 구조적인 차이, 의미의 밀도, 출발어를 인지하는 데 있어서의 청각적 난이도, 출발어 메시지의 발화 속도 등에서 기인한다.

동시통역 프로세스를 설명하기 위해 개발된 다양한 모형은 동시통역 과제의 심리적, 언어적, 신경학적, 사회학적 및 응용 측면을 집중적으로 다루고 있다[거버(Gerver), 1976; 모저(Moser), 1978; 랑베르(Lambert), 1983; 질(Gile), 1995; 세튼(Setton), 1999]. 이들 모형들에서는 동시통역 프로세스를 총체적으로 분석하거나 그 구성요소들을 세부적으로 분석했다. 이들 모형 중 일부는 계산적 접근 방법(computational approach)에 그 이론적 기반을 두고 있다. 계산적 접근 방법을 통해 연구자들은 동시통역 프로세스에 대한 세부적인 분석을 시행할 수 있어 다른 모형들과의 차별화를 꾀할 수 있다. 한편 다른 모형들은 정보처리 접근 방법(information processing approach)에 그 기반을 두고 있는데, 이 접근 방법을 통해 연구자들은 자극이 들어오는 단계에서 그에 대한 반응에 이르기까지의 시스템을 관통하는 정보의 진행을 추적할 수 있다. 동시통역처럼 하나의 특정 시점에 여러 단계가 동시에 진행되는 상황에서는 시스템 내에서 정보처리가 이뤄질 때 시간의 흐름에 따른 정보의 흐름을 연구할 수 있는 이러한 접근 방법이 효과적인 툴이 될 수 있다. 어떤 모형을 채택하건 통역 연구 역사에 있어 자기 성찰은 중요한 방법론으로 자리매김해 왔다. 이 방법론은 최초의 프로페셔널 회의통역사들의 자기 성찰, 상당한 프로페셔널 통역 경험을 쌓은 통역사들을 대상으로 한 연구 등에 다양하게 사용되었다. 자기 성찰적 모형의 경우는 대개 이론으로 정립되기 전 단계로 검증 가능하지 않은 상태이기는 하지만 통역 교육 환경에서는 상당히 유용한 모형이다.

번역과 달리 동시통역은 여러 처리 단계를 실시간으로 동시에 진행한다는 특징이 있다. 이러한 동시통역의 복잡성을 가장 잘 표현할 수 있는 이론적 모형들은 인접 학문 분야의 연구 결과들을 종합함으로써 확립 가능한데, 인접 학문 분야에서는 그동안 이미 통역 프로세스의 개별 구성요소들에 대한 상당한 연구가 진행되어 왔다. 동시통역 스킬을 이해하는 데 있어 주요한 도전 과제의 하나는 이들 개별 구성요소들이 어떻게 총체적으로 작용을 하고, 이들 구성요소들을 결합하는 과정에서 전문성을 어떻게 습득하고 유지할 수 있는가 하는 문제이다.

통역 전문성은 앤더슨(Anderson, 2005)이 제시하고 모저-머서(2008)가 세부적으로 기술한 다음과 같은 3단계를 거쳐 개발된다. 그 첫 번째 단계는 인지 단계로, 이 단계에서는 학습자가 과제와 프로세스 자체에 대한 기본적인 정보를 습득한다. 두 번째 단계는 연관(associative) 단계로, 이 단계에서 학습자는 시행착오를 통해 과제수행에 따르는 어려움을 극복하는 데 필요한 전략을 습득한다. 다음 세 번째 단계는 자동화 단계로, 이 단계에서 학습자는 추가적인 연습을 통해 전략을 보완하고, 특정 반응을 자동화하고, 지속성을 높여 나아가게 된다. 과제에 할애하는 시간 측면에서, 통역 전문성을 습득하기 위해서는 다른 복잡한 스킬들의 경우와 마찬가지로 약 5,000-10,000시간 정도가 필요하다. 5,000시간은 일반적인 통역 교육기관의 훈련 과정에 해당하는 시간으로, 통역 학교 졸업생을 전문가로 간주하지 않고 호프만(Hoffman)의 표현을 빌려 여행자(journeymen)라고 규정할 경우에는 통역 학교 졸업 후 프로페셔널 통역사로서 활동하는 처음 2-3년도 이 시간에 포함될 수 있겠다. 프로페셔널로서의 전문성을 달성하기 위해서는 실제 과제수행 환경에서의 추가적인 연습이 필요하다.

초보 통역사들은 지식과 지식의 구성, 분석 전략, 메모리 프로세스 활용, 통역 과제수행의 자연스러움과 속도 측면에서 전문 통역사와는 다르다. 모저-머서(2008)는 초보 통역사들이 통역 스킬 습득 초기 단계에서 직면하게 되는 도전들을 설명하고 더불어 속도, 정보 밀도, 출발어 억양 등의 측면에서 인풋 난이도가 높아지더라도 주의력, 통제, 멀티테스킹 관련 근본적인 도전들을 완전히 제거하지 않으면서 어떻게 이러한 높아진 인풋 난이도를 마스터할 수 있는지에 대해 설명한다.

한 언어로 된 발화를 이해하는 데에서 한 걸음 더 나아가 해당 발화를 다른 언어로 동시에 통역하기 위해서는 통역 교육 프로그램에 입학하기 전에 이미 과제를 구성하고 있는 하부 프로세스들에 대한 상당한 적응이 필요하다. 다만 이는 언어 이해와 지식 조직과 관련이 있는 부분으로, 커뮤니케이션을 위해서는 비통역사들 역시 필요로 하는 하부 스킬이다.

따라서 우리는 통역 스킬을 습득하는 과정에서 학습, 지식 재구성, 전략 습득, 과제 모니터링의 결과로 우리의 뇌 활동(기능적 변화 혹은 기능적 가소성) 및 뇌 구조(구조적 가소성)에 상당한 변화가 일어날 것을 가정해 볼 수 있다. 힐과 슈나이더(Hill and Schneider, 2008)는 가장 두드러진 변화로 뇌 활성화 감소를 주장하는데, 다만 이러한 변화는 대뇌피질의 여러 영역에 걸쳐 상당히 다른 양상을 띤다고 주장한다. 힐과 슈나이더는 과제 통제 및 작업 기억을 담당하는 뇌의 전두(frontal) 영역 내

활동이 거의 일어나지 않는다고 주장한다(2008, p.654). 또한 주의력 통제를 담당하는 뇌의 뒷부분에 위치한 두정엽 피질(parietal cortex) 활동 역시 감소한 것으로 나타났다. 이러한 결과는 통역 학교 학생들이 인지 단계에서 자동화 단계로 발전해 나아가는 3단계 이론과도 일맥상통하는 것으로, 자동화 단계가 되면 보다 신속하게 의식적인 통제를 덜 하면서도 동시통역을 수행할 수 있게 된다. 이 이론에 따르면 통역 스킬 습득 중에는 통역 학습자의 통역 스킬 달성도에 따라 뇌의 다양한 영역이 관여하게 된다. 초기 학습 단계에서는 전략의 선택 및 실행, 정보 단위 끊기(chunking), 저장된 지식에 접근하기 및 뇌의 통제 기능 담당 네트워크를 작동시키는 데 있어 보다 의식적인 통제가 필요하다. 뇌의 통제 기능 담당 네트워크는 주의력 통제를 담당하는 외측전두엽 피질(lateral frontal cortex), 내측전두엽 피질(medial frontal cortex), 후방두정엽 피질(posterial parietal cortex), 프로세스 모니터링, 의사 결정, 충돌 관리 등을 담당하는 전방 대상피질(anterior cingulate cortex), 목표 처리 및 과제 스위칭을 담당하는 배외측 전전두엽 피질(dorsolateral prefrontal cortex)로 구성되어 있다. 이들 부위는 모두 새로운 과제를 습득하는 과정에서 학습을 지원하며 목표 처리, 주의력, 의사 결정 등을 통제하는 피질층으로, 이들 각각의 주제에 대해서는 다음 섹션에서 이어서 살펴보기로 하겠다.

초심자들에게 있어 통제형 프로세싱은 상당한 노력과 자원이 요구되는 일로 과제 부하량과 스트레스 요인에 상당히 민감하다. 하지만 통제형 프로세싱을 통해 주어진 과제에 적응할 수 있고, 기억을 수정할 수 있으며, 스킬의 신속한 습득에 도움이 된다. 하지만 통역의 복잡성 및 시간 제약성으로 인해, 통역사는 통제형 프로세싱에만 의존할 수 없다. 통역 프로세스 속도를 높이고 통역사들이 경험하는 인지적 부하를 줄이기 위해서는 장시간의 연습을 통해 통역 스킬의 일정 부분에 대한 프로세싱 자동화를 이뤄야 한다.

하지만 자동화에 따른 부정적인 측면도 있다. 과제의 일상화, 자동화가 증가하게 되면 그만큼 수정에 둔감해지게 되어 성과 수준이 "고착화"되는 현상이 나타나게 된다. 에릭슨(2006)은 이를 "일상적 전문가(routine expert)"의 특징이라고 규정했다[하타노와 이나가키(Hatano and Inagaki), 1986]. 일상적 전문가들은 오랜 연습의 결과로 자신들이 익숙한 상황에서는 우수한 스킬을 보여 주지만 대개 새로운 스킬 수준으로 진전을 이루지 못하고 성과 맥락이 바뀌면 성과 수준이 하락한다. 이는 "적응형 전문가(adaptive expert)"와는 대조되는 특징으로, 적응형 전문가들의 경우도 성과 수준이 높지만 일상적 전문가들과의 차이는 적응형 전문가들은 신속히 변화를 받아들여 다양한 방식으로 새로운 상황에 자신들의 인지적 자원을 적응하도록 만든다는 것이다. 일상적 전문성보다는 적응형 전문성을 확보할 수 있도록 학습자와 전문가들은 통제형 프로세싱과 자동화 프로세싱 사이에서 적정 수준을 유지할 필요가 있다. 이러한 스킬 실행의 핵심적인 측면을 살펴봄으로 높은 수준의 전문성 개발 및 유지에 관한 문제를 이해할 수 있을 것이다. 일상적 전문가들이 자연적으로 적응형 전문가로 진화한다고 단순하게 가정할 수 없으며, 이에 따라 전반적인 훈련 접근 방법을 수정함으로써 초보자들이라도 메타인지 학습을 하도록 유도해 초보자들이 필요할 때는 자동화를 지원하는 동시에 초보자들로 하여금 해당 과제 프로세스에 대한 의식적 통제를 유지하도록 해야 한다(모저-머서, 2008). 이것이 바로 '의도적 연습(에릭슨, 2006)'의 핵심으로, 의도적 연습이란 일종의 메타인지 학습 방식으로 학습자들에게 학습자들이 아직 안정적으로 달성할 수 없는 과제를 제시하지만 해당 과제의 핵심 측면에 집중할 경우 충분히 과제를 달성할 수 있으며 전문가 피드백을 통해 성과를 성공적으로 향상시킬 수 있는 학습 방식이다. 이 과정에서는 고도의 집중력이 필요하며 건성으로 하는 연습은 지양해야 한다. 자기 성찰과 피드백 수준에 따라 성과 제고 수준이 결정되므로, 단순히 해당 과제에 물리적인 시간을 많이 할애하기보다는 제대로 된 자기 성찰과 피드백이 이뤄지도록 해야 한다.

새로 습득한 과제의 자동화가 이뤄지고 성과 수준이 점차 안정적이 되면 통제형 프로세싱에 관여했던 뇌 부위들이 자유로워지게 되어 해당 과제 프로세싱에 관여했던 부위들이 과제 성과 전반을 지원할 수 있게 된다[힐과 슈나이더(2008)에서 인용된 슈나이더와 첸(Schneider and Chein, 2003)]. 필요한 새로운 표상이 만들어지고 일상적인 통제에 관여하는 부위들이 수정, 통합됨에 따라, 이들 뇌 부위의 활동이 줄어들 가능성이 높다. 스킬 숙련도상의 변화는 뇌 프로세싱상의 변화를 수반한다. 즉 학습과 통제에 관여하는 뇌 부위의 관여가 줄어들거나 다른 양상을 보이게 된다.

2. 학습과 통역사의 뇌

전문성 개발의 상당 부분은 의도적 연습에 의한 학습에 따라 좌우되므로(에릭슨, 2003, 2006) 학습과 기억의 신경생리학적 기반을 간략히 검토해 볼 필요가 있다. 일반적으로 학습은 "연관적" 혹은 "비연관적" 학습으로 구분할 수 있다. 연관적 학습은 개인이 특정 사건과 자신들의 행동의 결과 간의 상관관계를 학습하는 경우이다. 반면 비연관적 학습은 개인들이 자신들이 노출된 자극의 특성에 대해 배우고 기억하면서 학습을 하는 경우이다. 어떤 학습 유형이 되었건 두 가지 형태의 학습 모두 코드화, 저장, 인출 등의 여러 단계를 거치며 정보와 스킬을 습득할 필요가 있다. 이때 코드화 단계에서는 학습 대상 자료를 제시하고 프로세싱하는 단계이며, 저장 단계에서는 처리한 정보를 기억 내에 저장, 보관하고, 인출 단계에서는 의도적 표상, 인식 혹은 다른 학습 행동의 형태로 저장된 정보를 기억으로부터 불러온다. 정보의 습득, 저장,

인출은 별도의 신경 프로세스로 각 단계는 서로 독립적으로 진행될 수 있다. 과제의 특성에 따라 특정 신경계 경로가 학습에 관여하게 되는데, 관여한 신경계 경로의 대부분에서 변화가 일어날 수도 있지만 모든 신경계 경로에서 변화가 일어나는 것은 아니다. 이를 바탕으로 정보는 소수의 특정 구조 내부에 저장되기보다는 분산 방식으로 저장된다고 결론 내릴 수 있겠다[레비 외(Levy et al.), 2005].

통역을 구성하는 세부 프로세스[딜링거(Dilinger), 1994; 모저-머서, 1997]와 통역 프로세스 모형(거버, 1976; 모저, 1978; 랑베르, 1983; 질, 1995; 세튼, 1999)에 관한 논의에서는 통역이라는 복잡한 과제를 성공적으로 수행하는 데 있어 기억의 역할이 핵심적이라는 사실에 주목했다. 카민커(Kaminker) 형제들과 같은 초기 순차 통역사들의 뛰어난 기억력은[모지오-오르티즈(Moggio-Ortiz), 1995] 통역 연구자들이 기억에 관심을 가지게 된 계기가 되었다. 카민커 형제들은 최대 1시간 이상의 연설을 듣고 메모를 하지 않고도 기억에 의존해 다른 언어로 동일한 연설을 완벽히 재산출할 수 있었다. 이에 모든 이중언어 화자와 다중언어 화자들이 숙련된 통역사로 발전할 수 있는 것은 아니므로, 숙련된 통역사로 발전한 사람들은 특출한 장기 기억력 덕분일 가능성이 크다는 가설을 세워 볼 수 있다. 이중언어 구사 관련 연구가 주로 이중언어 어휘에 중점을 뒀고, 이에 따라 자연히 장기 기억에 연구의 초점이 맞춰짐에 따라, 1970년대에 들어서면서 통역에 관여하는 다른 기억 관련 구조들에 대한 관심이 대두되었다. 당시 거버는 동시통역에 관한 최초의 실증적 연구(1974) 결과를 발표했는데, 이 연구를 통해 (동시)통역 프로세스의 정보처리 모형을 정립할 수 있었다(거버, 1976). 이 모형에서는 단기 기억, 메모리 버퍼, 장기 기억을 포함하는 다양한 기억 구조들을 규명했다. 이 중 메모리 버퍼는 추가적인 정보처리가 가능하도록 정보를 충분히 오랫동안 저장하는 곳으로, 정보처리 단계의 동시성으로 인해 단기 기억의 과부하가 걸리지 않도록 하부 과제의 신속한 스위칭이 필요하다.

모저(1978)가 동시통역 프로세스 모형을 발표함에 따라, 단기 기억과 처리 속도에 대한 추가적인 탐색이 이뤄졌다. 단일 언어 이해와 발화 현상을 설명하기 위해 마사로(Massaro, 1975)가 개발했던 정보처리 모형에 그 기반을 둔 모저의 모형은 모든 분석 및 발화 층위에서의 지속적인 예측과 모니터링의 중요성을 염두에 두고, 동시통역 시 정보처리 흐름에 대한 보다 정교한 분석을 제시했다. 통역은 시간에 제약을 받는 과제이므로, 추후에 나올 메시지의 모호성을 줄이기 위해 추가적인 인풋이 나올 때까지 기다릴지 여부를 결정하거나 실수를 교정할지 여부를 결정하는 일들은 통역사의 초기 정보처리 속도에 따라 크게 좌우된다. 통역사가 연사보다 너무 뒤처져 가게 될 경우 추가적인 시간 손실로 인해 문제가 더 복잡해지고 추가적인 정보 손실이 따르게 되기 때문에 추가적인 인풋을 기다리거나 실수를 정정할 가능성이 없어진다. 대신 통역사가 추가적인 인풋을 기다리거나 실수를 교정하기로 하는 경우라면, 출발어 메시지를 잘못 이해하거나 스타일상의 실수가 발생할 경우 출발어 메시지를 더 잘 이해하거나 인풋의 수준을 개선할 수 있도록 이전의 정보처리 단계들을 한 사이클 반복할 수 있도록 피드백 프로세스가 진행된다. 모저의(1978) 모형에서는 정보처리 단계의 상호의존성을 강조하는 한편, 단기 작업 기억 내에서의 정보처리를 통해 장기 기억 내 정보에 접근해야만 하므로, 단기 작업 기억과 장기 기억 간의 상호작용에도 주목하고 있다. 분명한 사실은 순차 통역이 타격을 입을 정도로 국제회의에서 동시통역이 증가함에 따라, 통역 프로세스에 관한 이들 두 모형들은 통역 연구자들 사이에서 단기 기억의 역할에 관해 지대한 관심을 불러일으켰다.

통역에 있어 기억이라는 주제에 관한 초기 연구들에서는 단순히 (순차) 통역사들의 단순 일화들이 주로 포함되었던 반면 1990년대에 들어서면서 통제 상황에서의 실험 연구들이 등장했다. 이들 대표적인 연구들로는 파브로와 그란(Fabbro and Gran)의 연구(1991, 1997), 다로와 파브로(Daró and Fabbro)의 연구(1994)가 있다. 특히 다로와 파브로의 연구에서는 베들레이(Baddeley, 1986, 1992, 1997)의 작업 기억 모형을 채택해 발화 억제 조건하에서도 통역사들의 언어산출, 즉 도착어 발화 프로세스가 강력하게 돌아가고 있음을 입증했다. 이후 관련 연구는 2000년대에 들어서도 이어졌는데, 몇몇 연구자는 통역사가 아닌 이중언어 화자 대 통역사들의 우수한 작업 기억 능력에 관한 연구를 수행했다[모저-머서 외, 2000; 리우 외(Liu et al.), 2004; 켑케와 네스폴러스(Köpke and Nespoulous), 2005; 파디야 외(Padilla et al.), 2005; 크리스토펠스 외(Christoffels et al.), 2006; 시뇨렐리(Signorelli), 2008]. 두 개의 하부 시스템인 음운회로(phonological loop)와 시공간메모장(visuo-spatial sketchpad)에 의해 작동하는 중앙 집행 기능이 있다는 베들레이의 작업 기억 패러다임은 이들 연구에 이론적 틀을 제공해 줬다. 켑케(2009)의 연구에서 적시했듯이 피험자 선정에 있어 상당한 편차로 인해 연구 결과는 확정적이지는 않았다. 이들 연구들에 있어 실험 결과를 상호 비교하기 위해서는 통역 전문가가 누구인가에 대한 정의가 매우 중요한데, 연구 결과를 비교하는 데 어려움이 있었다는 것은 숙련된 통역 성과에 있어 전문가 수준에 대한 수용 가능한 정의와 기술의 필요성을 다시금 느끼게 해 줬다. 이들 연구 결과를 확정적인 결과로 받아들이기 힘들었던 또 다른 이유는 켑케의 연구(2009)에서도 언급했듯이 샘플 크기가 작고 통제 집단을 선정하는 데 있어 편차가 발행한 데서 기인한다. 이밖에도 켑케는 실험 상황이 실제 통역 과제를 충분히 모방하지 못했음을 그 이유로 언급했는데, 연구에서 채택한 작업 기억 과제 중 그 어떤 과제도 통역 과제처럼 시간에 민감한 과제는 아니었다. 전문가 통역사들의 작업 기억 성과가 우수했다는 결과를 도출한 연구에서조차도 이러한 우수한 기억력이 통역의 전제 조건인지 아니면 집중적인 훈련의 결과인지를 판단할 수 있도록 연구가 설계되지 못했다. 따라서 동시통역사들이 우수한 작업 기억을 가졌을 것이라는 가설을 검증하는 데는 결국 실패했다. 동시통역 스킬이 상당히 복잡하고 동시통역을 수행하기 위해서는 다양한 하부 스킬들을 총동원해야 한다는 사실을 고려할 때 단기 작업 기억과 중앙 집행 기능은 높은 수준의 동시통역 성과를 유지까지는 아니더라도 적어도 이를 개발하는 데 중요한 역할을 한다고 가정해 볼 수 있겠다. 단기 및 장기 기억의 신경 기질들을 살펴보면 통역이라는 복잡한 스킬이 초보 통역사와 전문가 통역사들에게 있어 어떻게 수행되고 뇌의 어느 부위가 가장 우선적으로 관여하는지, 통역사가 아닌 이중언어 화자 및 다중언어 화자에 비해 통역 전문가들의 기억 구조상에 차이가 있는지 등을 보다 명확히 규명할 수 있을 것이다.

3. 전 생애에 걸친 두뇌 발달

두뇌 발달은 자연적인 성장 혹은 인위적 두뇌 계발 중 하나의 당연한 결과로 단정 지을 수 있는 것이 아니라 자연적인 성장과 인위적 두뇌 계발이 복합적으로 작용한 결과이다. 인간의 뇌는 출생 시 완전한 형태를 갖추고 있지 않고 유아기와 아동기의 경험이 두뇌 발달에 강력한 영향을 미친다[그리노, 주라스카와 폴크마르(Greenough, Juraska, and Volkmar), 1979; 그리노, 블랙과 윌리스(Greenough, Black and Wallace), 1987]. 이는 특히 가지치기(pruning) 과정에서 두드러진다. 어린아이의 두뇌는 뇌세포(뉴런)와 뇌세포 접합부(시냅스)를 과다 생성한 후, 3세 정도가 되면 가치치기를 시작하고 5-6세가 되면 뇌 구조의 상당 부분이 형성된다. 하지만 연구자들은 뇌의 한 부위인 전전두엽 피질(prefrontal cortex)은 사춘기 무렵 또 한 번의 성장과 뇌세포 과다 생성 시기를 거친다는 점을 발견했다. 전전두엽 피질은 통제 기능이 자리하고 있는 부위인 동시에 의사 결정과 과제 관리를 담당하는 작업 기억과 중앙 집행 기능과도 관련이 있는 부위이다(베들레이, 1996). 다른 연구자들은

[톰슨 외(Thompson et al.), 2000] 사춘기 무렵 뇌량(corpus collossum) 부위의 성장 징후들을 발견했는데, 사춘기 시기에 뇌량이 다른 주변 부위보다 더 급속히 성장한다. 뇌량은 좌우 대뇌 반구를 연결하는 섬유조직이다. 소뇌(cerebellum) 역시 사춘기에 변화를 겪게 되는데, 쌍둥이를 대상으로 한 연구 결과를 보면 소뇌는 유전적으로 통제 받기보다는 환경적으로 통제를 받으므로 환경적 인풋에 영향을 받을 가능성이 높음을 알 수 있다(톰슨 외, 2000). 따라서 인간 뇌의 주요 부위는 유아기나 아동기에 형성이 되기는 하지만 다른 부위들은 각기 다른 주기로 성장하게 된다. 이들 연구를 통해 인간의 뇌는 당초 생각했던 것보다 상당히 유연하고 변화 가능하며 사춘기 이후에도 중요한 구조적 변화가 일어날 수 있다는 것을 알 수 있다. 시각, 청각, 모국어 학습 등의 발달에 아주 민감한 시기를 제외하고는 인간의 뇌는 유아기 이후에도 충분히 성장 가능하다.

유아기 이후 뇌의 가소성에 대한 증거는 동물들을 대상으로 한 신경학적 가소성 연구에서 찾아볼 수 있는데, 이 연구들은 생리학적 연구와 현미경적 연구를 병행했다. 최근까지 일반적으로 믿고 있었던 것과는 달리, 학습을 뒷받침하는 가장 중요한 구조적 신경 프로세스인 새로운 시냅스 형성(synaptogenesis)이 성체 포유동물의 뇌에서도 일어난다는 사실이 새롭게 밝혀졌다[클라임 외(Kleim et al.), 2007; 히하라 외(Hihara et al.), 2006]. 심지어 학습으로 인해 성체 포유류의 뇌에서 새로운 뉴런이 형성된다는 증거도 나왔다[굴드 외(Gould et al.), 1999]. 지 등(Ge et al., 2007)은 바이러스를 이용 성체 쥐의 해마 내에 있는 형광 단백질을 가진 새로운 뇌세포를 선별적으로 구별함으로써 새로운 뉴런이 형성된 이후 각기 다른 시기별로 새로운 뉴런의 전기생리학적 성질을 분석했다. 해마는 학습과 기억을 담당하는 뇌의 중심 부위이다. 이러한 분석을 통해 뇌세포가 얼마나 적응력이 있는지, 즉 뇌세포의 가소성 정도를 측정할 수 있었다.

연구 결과, 성체 동물들의 경우 새로운 뉴런은 막 태어난 새끼 동물들의 뇌세포에서 보이는 것과 유사한 패턴의 가소성을 보이는 것으로 밝혀졌다. 즉 성체 동물들에게서 새롭게 생성된 뇌세포는 성숙한 뇌세포가 되어 가소성을 잃어버리기 전까지 "결정적 시기(critical period)" 동안은 가소성이 상당히 높은 것으로 나타났다. 갓 태어난 새끼 동물들의 경우는 이 결정적 시기가 도래할 때까지 경험을 통해 새로운 뇌 회로망을 폭발적으로 연결하게 된다. 분자 분석 결과에서는 이들 성체 동물의 신생 뉴런의 가소성은 갓 태어난 새끼 동물들의 학습 관련 프로세스와 연관이 있는 신경 수용체의 작용에 따라 결정이 된다는 사실을 밝혀냈다. 신경 수용체는 인접 뉴런에서 내뿜는 신경전달물질이라고 불리는 화학적 신호를 접수해 신경전달물질을 받아들인 뉴런 내의 신경 충격을 촉발시킨다. 수용체의 미세한 변화를 통해 뇌는 학습 및 기억 프로세스에 있어 선호하는 연결 통로를 만들게 된다.

지 등(2007)은 성체 동물들의 뉴런에 대한 해부학적 증거들을 관찰해, 성체 동물들의 뇌에서도 갓 태어난 새끼 동물들의 뇌에서 경험에 대한 반응으로 새로운 연결 통로가 만들어지는 것과 같은 연결 통로가 만들어진다는 것을 확인했다. 이를 바탕으로 성체 동물들의 결정적 시기 가소성이 어린 동물들의 가소성과 유사하므로, 성체 동물들에게서 결정적 시기 동안 새롭게 형성된 뉴런은 경험에 기반한 가소성을 중개하는 핵심적인 역할을 수행하며, 전 생애에 걸쳐 특정 뇌 기능에 도움이 된다는 결론에 도달했다. 따라서 성체 동물의 신경조직 발생은 단순히 뉴런 손실을 대체하기 위한 것이 아니라 생애 전주기에 걸쳐 경험에 대한 반응으로서 보다 확장된 가소성을 제공해 궁극적으로는 신경 시스템을 지속적으로 재생하고 활성화시키는 지속적인 발달 프로세스의 기반이 될 수 있다. 성체 동물들의 뇌 가소성에 관한 관련 증거들은 초심자들이 통역 전문성을 어떻게 개발할 수 있는지를 이해하는 데 있어 중요한 참고 자료가 될 것이다.

4. 통역을 구성하는 스킬과 이들 스킬의 신경생리학적 발달

앞서 설명했듯이 연구자들은 통역이라는 복합적인 스킬을 구성하는 다양한 스킬과 그 하부 스킬들을 규명했다(모저-머서 외, 1997). 통역 전문성을 습득한다는 것은 성과를 우수한 수준으로 끌어올릴 수 있도록 의도적 연습을 통해 통역을 구성하는 이들 하부 스킬들의 수준을 제고한다는 것을 전제한다. 본 섹션에서는 언어 유창성과 의미론적 분석 및 사고라는 통역을 구성하는 두 개 핵심 스킬의 습득 과정을 살펴보도록 하겠다. 이를 통해 뇌의 어떤 부위가 이들 스킬 습득 과정에서 가장 많이 관여하게 되는지를 파악할 수 있을 것이다. 그렇게 되면 통역 유창성 습득 과정에서 가장 많이 관여하는 뇌 부위를 파악하고자 하는 연구에 있어 우리의 연구 초점을 정립하는 데도 도움이 될 것이다.

그리노, 블랙과 월리스(1987)는 "경험기대형"과 "경험의존형"이라고 불리는 뇌의 발달을 견인하는 두 가지 메커니즘을 규명했다. 경험기대형 메커니즘의 경우 시각이 정상적으로 발달하기 위해서는 뇌가 빛에 대한 특정 유형의 노출을 "기대"하게 된다. 또한 청각 시스템이 정상적으로 발달하기 위해서는 뇌는 음파를 받을 것을 기대하게 된다. 신경학자들은 일부 기능의 경우 그 기능이 제대로 발달하기 위해서는 아이들에게 적절한 감각 인풋을 제공해야 하는 결정적 시기가 존재함을 밝혀냈다. 아동들의 초기 발달 과정에서 특정 자극이 이 결정적 시기에 주어지지 않을 경우 해당 기능을 발달시킬 수 있는 기회는 영원히 사라져버리게 된다. 한편 경험의존형 메커니즘에서는 특정 종이 아니라 개인에게만 나타나는 경험을 지칭하는데, 이러한 경험은 개인의 특정 환경에 좌우된다. 따라서 산악 지대의 농장에서 태어난 아이는 목축과 트랙터 운전에 대해 배우게 되는 반면 도시에서 태어난 아이는 지하철 타기, 박물관 관람, 다른 아이들과 어울려 놀기 등에 더 많은 시간을 보내게 됨으로써 농촌의 아이와는 다른 환경에서 사회성을 배우게 된다. 일반적으로 언어는 특정 환경에 좌우되지는 않지만, 한 아이의 언어 환경은 그 아이만의 특징을 지니게 된다. 불변의 문법 규칙이라는 큰 틀에서 일부 문법 변형이 일어나는 것과 같은 언어 현상은 보편적 문법이 태생적으로 지닌 특징이기도 하며[페라니 외(Perani et al.), 1998], 특정 언어 환경에 대한 노출은 이러한 언어 현상 중 하나가 굳어지는 결과를 낳기도 한다.

대부분의 우리 인간의 학습은 민감한 시기 혹은 결정적 시기에만 이뤄지는 것은 아니며 특정 나이에 배운 지식에만 의존하는 것은 아니다. 인간은 전 생애에 걸쳐 학습을 하며, 일부의 사람들은 어린 시절에 학습을 하지 않고서도 고도의 전문성을 달성하기도 한다. 따라서 통역을 구성하는 가장 중요한 스킬 중 하나인 언어 유창성이 통역사의 능동어와 수동어에 있어 어떻게 개발되는지, 결정적 시기라는 개념이 관련 연구에서는 어떻게 적용되고 발전되었는지를 살펴보는 것은 의미가 있을 것이다.

제2언어 습득에 있어 일부 연구자들은[렌네버그(Lenneberg), 1967] 특정의 결정적 시기를 파악했지만, 힐텐스탐(Hyltenstam, 1992)이 지적했듯이 이러한 결정적 시기가 제1언어(L1) 습득에도 적용이 된다는 결론을 도출할 수 있는 확실한 증거는 사실상 존재하지 않는다. 힐텐스탐은 학계에서는 제2언어 습득을 하나의 단일 현상으로 간주해 옴에 따라, 제2언어 습득을 언어 습득 전반을 지원하는 여러 다양한 능력으로 쪼개어 보지 못했고, 동시에 혹은 동일한 속도로 이러한 능력들이 발달하는 것이 아니라는 사실을 간과해 왔다고 지적한다. 존슨과 뉴포트(Johnson and Newport, 1989)는 결정적 시기 가설을 테스트하고 결정적 시기라는 개념을 모국어 습득에서부터 제2언어 학습으로 확대해 적용할 수는 있지만 그 구성요소 능력들이 감소하는 시점은 렌네버그(1967)가 제안했던 시점과는 다르다는 결론을 내렸다. 즉 능력의 감소가 사춘기에 일어나지 않고 빠르면 7세에도 일어날 수도 있다는 것이다. 7세가 되면 복잡한 지적 프로세스에 있어 중요한 역할을 담당하는 전두엽의 시냅스 수가 감소하기 시작한다. 하지만 L1 습득에 있어 결정적 시기 개념은 바르가-카뎀 등(Vargha-Khadem et al., 1997)에 의해 도전을 받아왔다. 바르가-카뎀의 데이터에서는 좌대뇌반구가 손상을 입거나 기능이 저하될 경우 기능이 좌대뇌반구에서 우대뇌반구로 이전되며 이러한 이전 현상은 L1 습득의 결정적 시기 이후에도 일어날 수 있다는 것을 보여 준다.

피질 중 언어에 관여하는 부위에 영향을 주는 요인 중 하나는 언어 습득 연령인 것으로 추정된다. 몇몇 기능영상기법 연구에서는 화자의 L1, L2 관련 대뇌 활성화 패턴의 차이를 규명했다(페라니 외, 1998). 또한 L2 유창성 수준 또한 중요한 요인이 될 수 있다. 페라니와 동료 연구자들은 화자의 L2 유창성 수준이 높을 경우 L1 청취에 관여하는 피질 부위와 L2 청취에 관여하는 피질 부위가 유사하다는 것을 입증했다. 따라서 언어 습득 시기보다는 L2 유창성이 피질에서의 L2 관련 부위를 결정하는 중요한 요인인 것으로 추정해 볼 수 있다. 보다 구체적으로는 이들 연구자들은 L2 유창성이 높은 피험자들의 경우 L1 청취 시 좌대뇌반구의 측두극(temporal pole), 상측두구(superior temporal sulcus), 중측두회(middle temporal gyrus), 해마조직 등이 집중적으로 활성화되는 한편, L2 청취 시에는 좌대뇌반구의 측두극, 중측두회, 후측두회와 좌우 해마조직이 집중적으로 활성화된다는 것을 보여 줬다. 골스타니 등(Golestani et al., 2006)은 fMRI를 이용해 유창성이 낮은 후기 이중언어 화자의 L1, L2에 있어서의 구문론적 프로세싱의 기능적 상관관계를 고찰한 연구에서, L1, L2 모두 피험자들의 좌측 하전두회(inferior frontal gyrus)와 보조운동영역(supplementary motor area)이 활성화되지만 L1에 비해 L2의 경우는 특히 문장 발화와 단어 읽기를 수행할 때 더 많이 활성화된다는 사실을 확인했다. 이처럼 피험자의 유창성 수준이 뇌 활성화 패턴을 결정하는 것으로 보인다. 통역사들의 경우는 L1과 L2에 있어 상당히 높은 수준의 유창성을 달성하고 있기 때문에 통역사들의 뇌 활성화 패턴은 페라니 등의 연구 결과와 유사한 양상을 보일 것으로 예상할 수 있으며, 통역사들이 L1과 L2 프로세싱을 위해 동원하는 뇌 영역은 어느 정도는 겹칠 가능성이 있다.

이중언어 화자의 두 개 언어에 관여하는 뇌 부위가 중첩된다는 주장은 다른 연구 방법론을 채택한 연구들에서도 제기되었다[오제만과 휘테커(Ojemann and Whitaker), 1978; 클라인 외(Klein et al.), 1994]. 이들 연구에서는 이중언어 화자가 L1, L2 두 개 언어 모두에서 단어의 의미 및 음운 분석을 위해 뇌의 좌측전두 영역을 활성화한다는 것을 보여 줬다(클라인 외, 1995). 이러한 연구 결과로 미뤄 볼 때, 단순히 사물의 이름을 말하는 경우는 L1과 L2에서 동일한 뇌 부위를 활성화시키지 않는 반면에, 단어의 어휘적, 의미적 판단을 할 경우에는 L1과 L2에서 중첩되는 뇌 부위를 활성화시킨다고 추정할 수 있다. 다만 뇌 안에서 2개 이상의 언어 간의 상호작용에 대해 알려진 바가 거의 없기 때문에 이러한 유형의 연구를 동시통역사와 같이 여러 개의 L2에 있어 높은 언어 능력을 가진 다중언어 화자로까지 확장시킬 경우 상기의 연구 결과와 같은 동일한 연구 결과가 나올지는 확신할 수 없다.

동시통역사들의 전문성은 단순히 언어 유창성에만 달려 있는 것이 아니라 대개는 주제 관련 배경지식을 습득하고 이를 과제수행 중 효율적으로 불러올 수 있도록 지식을 조직화할 수 있는 능력에 따라 좌우된다. 슈나이더와 첸(2003)은 전문 영역과 상관없이 과제 습득에 관여하는 소수의 일반적인 통제 기능 담당 영역들이 존재하며, 이들 영역이 다수의 전문 영역별로 과제수행에 관여하는 특정 부위들을 통제한다고 가정했다. 이는 통역 스킬의 복잡성과 통역 프로세스의 멀티태스킹 측면을 고려할 때 우수한 통역 성과를 습득하고 유지하는 데 있어 중요한 시사점을 지닌다. 징거(Singer, 1995)는 가능한 무한대의 관계들을 분석하고, 표상을 형성하기 위해 우리의 뇌가 두 가지 상호보완적인 전략을 활용한다고 주장했다. 그 첫 번째 전략은 자주 일어나는 관계의 표상을 분석하는 것으로, 이는 일부 특정 특징에만 선별적으로 반응하는 세포들에 의해 가능하다. 두 번째 전략은 이러한 세포들을 기능 단위들과 역동적으로 결합하는 것이다. 이들 두 가지 전략은 모두 경험에 의존하게 되는데, 첫 번째 전략은 출생 전 그리고 유아기에 주로 발현되는 전략인 반면 두 번째 전략은 새로운 인식과 운동 패턴의 새로운 표상들에 적응하고 이를 처리하기 위해 전 생애에 걸쳐 취하게 되는 전략이다. 징거는 주의력과 활동의 관련성이 특히 중요하며 이는 두 번째 전략이 성공하기 위한 전제 조건이라고 주장하면서, 자극의 일부 측면에 대한 주의력이 뉴런 반응을 최대 50-100%까지도 증가시킬 수 있는 잠재력이 있다고 추정했다. 이는 신경발달과 행동이 밀접한 연관성을 지닌다는 추가적인 증거라고 볼 수 있다. 하지만 행동은 단순히 신경발달의 자연스러운 결과이기보다는 행동이 신경발달에 적극적으로 영향을 미친다고 볼 수 있다. 세포 그룹들 간의 연결은 대개 유전적으로 결정이 되지만[샹제(Changeux), 1983], 안정적이지는 않다. 인풋에 의존하는 시냅스 후세포의 전반적인 활동에 따라, 시냅스의 불안정성이 강화 혹은 약화될 수 있다. 이때 인풋은 환경적 영향에 의한 자발적 활성화의 결과로 나타날 수 있다.

통역 교수자들은 통역 학생들이 특정 주제 관련 연설을 통역하러 부스에 들어가기 전에 학생들에게 브레인스토밍 연습을 시킴으로써 뇌의 생리학적 잠재력을 극대화시키고자 한다. 통역 교수자들은 이러한 브레인스토밍 연습을 통해 학생들이 자신들이 가진 지식, 보다 구체적으로는 개념들 간의 연계를 활성화시킴으로써 학생들의 작업 언어로 해당 주제에 대한 모든 잠재적 지식을 총동원할 수 있도록 하고 있다. 일종의 정신 훈련인 "연관적 브레인스토밍(associative brainstorming)"을 통해 통역사들은 자신들이 가진 지식을 활성화시킴으로써, 통역 부스 안에서 통역을 할 때 즉각적으로 이런 지식들을 활용할 수 있다. 이러한 연관적 브레인스토밍은 뉴런 반응을 증가시키고 성과의 신속성을 높일 수 있도록 자극의 특정 부분에 주목하는 징거의 전략에 그 기반을 두고 있다. 이러한 맥락에서 우리는 헵 이론(Hebbian theory)에 주목할 수 있는데 이 이론에서는 같이 활성화되는 세포는 같이 연결된다고 주장한다. 이 이론에 따르면 특정 유형의 연관적 학습은 셀을 동시에 활성화시켜 결과적으로 시냅스 강도를 증가시키게 된다. 헵(Hebb, 1949, p.70)에 따르면 "반복적으로 동시에 활성화되는 두 개의 세포 혹은 세포계는 서로 '연관'되어 하나의 활동이 다른 하나의 활동을 촉진시키게 된다." 일반적으로 "기억 덩어리(memory chunk)"라고 불리는 기억 단위를 헵의 세포군(cell assembly)과 같은 형태로 제시할 수 있다고 믿고 있다. 전문성 연구에 있어 가장 영향력 있는 이론 중 하나인 "정보 단위 이론(Chunking theory)"에서는(체이스와 사이먼, 1973a, b) 전문가의 기억은 장기 기억 내 수많은 정보 덩어리로 구성된 대규모 데이터베이스에 그 기반을 두고 있다고 주장한다. 하지만 전문가들은 덩어리화되어 있는 정보의 양에서뿐만 아니라 정보 덩어리의 조직에 있어서도 차이를 보인다. 고벳(Gobet, 1998)의 "판형 이론(template theory)"은 정보 단위 이론의 연장선에서 이해할 수 있는데, 지식 구조화와 계획 수립을 통합해 정보 덩어리에 성공적으로 접근할 수 있도록 한다는 이론이다. 아미지크 등(Amidzic et al., 2006)은 전문가 기억의 진화를 연구, 전문가와 초보자의 뇌 활성화에 있어 상당한 거시적 차이가 있음을 밝혀냈다. 즉 전문가들은 저장된 정보를 신피질(neocortex) 내 세포군을 활성화시킴으로써 장기 기억 내에 저장된 정보를 불러오는 반면 초보자들은 신피질보다는 주로 새로운 정보를 코드화하고 중측두엽(medial temporal lobe) 조직과 해마를 활성화시킨다는 것이다. 이들 연구자들은 중측두엽과 해마 형성은 신피질 내 전문가 기억 형성에 있어 전환적 역할만을 수행할 수도 있다고 주장한다. 초보 통역사들이 전문가로 성장하는 과정에서의 뇌의 구조적, 기능적 가소성에 대한 추적분석(골스타인 외, 2008)을 통해 통역 학생들이 지식을 보다 효율적으로 조직화함으로써 통역 실력이 높아지는 과정에서 나타나는 뇌 활성화의 변화를 이해할 수 있을 것이다.

통역 전문성과 관련이 있는 구체적이고 조직화된 지식은 선언적 지식인 동시에 절차적 지식인데, 이때 정보처리 속도와 효율은 선언적 지식 과제 고유의 구조에 따라 결정이 된다[안토넬리(Antonelli), 2008]. 따라서 선언적 지식과 절차적 지식이 뇌의 특정 부위에만 존재할 가능성은 낮다. 가자니가(Gazzaniga, 1994)는 문법을 담당하는 별도의 뇌 영역이 존재하며 이에 따라 해당 부위가 고유의 특정 부위로 국소화되어 있지만, 어휘 국소화에 대한 증거를 제시하기는 상당히 어렵다고 주장했다. 한편 절차적 지식의 경우는 주로 학습을 통해 획득한 정보로, 우리는 이러한 지식이 뇌의 일반적인 기억과 지식 체계의 일부로 뇌 전반에 걸쳐 존재한다고 알고 있다. 한편 의미 처리를 담당하는 부위는 주로 좌뇌 전전두엽에 국소화되어 있는 것으로 알려져 있다[프라이스 외(Price et al.), 1997].

5. 통역 전문성의 신경생리학적 상관관계 규명

동시통역은 통역사가 연사가 출발어로 표현하는 메시지를 듣는 동시에 도착어로 자신이 발화하는 내용을 모니터링하는 작업으로, 이 과정에서 통역사는 두 개의 서로 다른 정보의 흐름을 동일한 구두 발화 방식으로 처리해야 한다. 이때 출발어 메시지 정보와 도착어 통역 메시지 정보는 메시지 표현 언어 자체도 다를 뿐 아니라 출발어 발화와 도착어 발화 간의 시간 차로 인해 시간 흐름에 있어서도 차이를 보인다. 이러한 동시통역에 있어 발화 모드의 중복 현상은 언어 사용의 예외적인 시나리오로 그동안 통역 실증 연구의 주요 관심 주제가 되어 왔으며(다로와 파브로, 1994; 모저-머서 외, 2000) 청각적 피드백을 나중에 가서야 들을 수 있거나 속으로 미리 통역을 해 볼 수 있는 상황이 아닌 동시통역 상황에서 통역사들이 비록 언어 사용에 있어 특별한 강점을 가지고 있다고 하더라도 이러한 강점은 어느 정도 그 대가를 치를 수밖에 없다.

발화 모드 중복 현상에 대한 실증적 증거는 언어 발화와 인식에 관한 연구들에서 찾아볼 수 있다. 다양한 언어활동 시 대뇌 혈류량을 측정한 연구[밀트너(Mildner), 2008]에서는 피험자들이 쓰인 단어를 시각적으로 응시할 때 후두엽(occipital lobe)의 이차시각피질이 활성화되는 반면 명사를 청각적으로 들었을 때는 좌우 측두엽의 일차 및 이차시각피질이 모두 활성화되었으나, 단어를 눈으로 볼 때와 청각적으로 들었을 때 활성화되는 부위들 간에 겹치는 부위는 없었다. 이는 시각과 청각이라는 두 개의 모드에 있어 단어 처리가 개별적으로 이뤄지고 있음을 의미한다. 이러한 연구 결과와 마찬가지로 엠모리 등(Emmorey et al., 2008)은 언어와 수화 두 가지 모드를 구사하는 이중언어 화자의 경우는 언어와 수화라는 두 가지 모드를 구동시킬 경우 서로 다른 운동 및 인지 시스템이 관여하게 되므로 모드 중복 현상이 없어져 오히려 언어 통제에 대한 필요성이 그만큼 줄어들게 된다고 보고하고 있다.

하지만 2개 이상의 발화 언어를 사용하는 동시통역사들은 두 개의 동일한 발화 모드로 두 개의 인풋 정보 흐름을 처리해야 한다. 이러한 발화 모드의 중복 내지 경쟁은 상당한 대가를 지불해야 한다. 또한 일종의 변형 동시통역 상황에서 연사가 미리 작성, 제시한 글을 눈으로 보는 동시에 연사의 발화를 귀로 들으면서 통역을 해야 할 때는, 동일한 정보라고 간주되는 정보를 읽고 들으면서 시각적, 청각적으로 정보를 처리해야 하므로 대개 이런 경우를 가장 어려운 통역 상황으로 간주한다. 이러한 통역이 어려운 이유는 미리 준비한 텍스트를 연사가 읽는 경우에는 대개 중복되는 부분이 적고 인풋을 분당 최대 180단어 수준 정도로 상당히 빨리 읽기 때문일 수도 있지만, 이보다는 모드의 중복에 의한 요인이 더 크다고 볼 수 있다. 통역사는 시각 모드로 제시되는 또 다른 인풋을 처리하는 한편, 연사의 출발어 메시지와 통역사 자신의 발화라는 두 개의 서로 다른 인풋을 동일한 청각 모드 내에서 컨트롤해야 한다. 상기 이유 중 어떤 이유가 되었건 통역사 입장에서는 상당한 주의력이 요구되는 작업으로 자동화된 반응에 의존할 수 있는 경우는 거의 없다. 레이칠(Raichle, 1994)은 뇌의 자동화 반응은 연사 입장에서는 아무런 주의나 노력이 필요 없는 반면 비자동화 반응은 주의력을 요한다고 주장한다. 비자동화 메커니즘은 주로 언어를 관장하는 좌뇌반구에 위치하며 일부는 우뇌반구에 위치한다. 반면 자동화 메커니즘은 좌우 양측에 위치하고 있다. 하지만 브룩하이머 등(Brookheimer et al., 2000)은 자동화 및 비자동화 언어를 연구하는 데 사용된 과제 유형에 따라 관련 뇌 영역이 어느 정도 관여하게 되는지가 결정된다고 주장한다. 복잡한 과제일수록 좌뇌가 관여하는 정도가 높은데, 이는 비자동화 언어 과제의 경우와 유사하다고 볼 수 있다.

특정 과제 영역과 무관하게 일반적인 통제 기능을 담당하는 영역이 존재한다고 상정한다면, 동일한 발화 모드로 진행되는 통역 프로세스 하부 과제들 간 어느 정도의 경쟁은 불가피할 것이다. 이때 통역 프로세스 하부 과제란 출발어로 발화되는 메시지를 듣고 이해하는 과제와 통역사 자신이 도착어로 발화하는 메시지를 모니터링하는 과제를 의미한다. 반면 뇌의 서로 다른 영역을 동원하는 비경쟁적 과제들, 예를 들면 숫자를 듣고 나중에 사용하기 위해 이를 받아 적는 경우에는 정보를 처리하기 위해 서로 다른 모드를 구동시키기 때문에 통역과 동일한 경쟁적 상황은 아니다. 모드 중복으로 인한 경쟁의 부정적 효과는 통역 전문성으로 어느 정도는 극복할 수 있는데, 초보 통역사들이 모드 중복으로 인한 인지적 한계를 극복하기 위해 새로운 전략을 개발하고 이를 적용하게 되면 이러한 부정적 효과는 상당 부분 극복할 수 있다. 예를 들면 보다 효과적인 모니터링 전략을 통해, 모드 경쟁 이슈를 해결할 수 있을 것이다. 통역 전문성 습득에 관한 통시적 연구(모저-머서, 2000, 2008)에서 알 수 있듯이, 자신의 발화를 모니터링하는 것은 학습자들이 학습 후기 단계에 가서야 습득하게 되는 하부 과제 중 하나로, 예상하지 못한 도전, 즉 빠른 인풋 속도 혹은 난해한 의미의 인풋 등에 직면했을 때 전문 통역사들이 가장 쉽게 포기하는 부분이기도 하다. 이에 따라 이들 연구에서는 통역 전문성을 개발하는 데 있어 효과적인 모니터링 능력을 발전시켜 나가는 것이 핵심 요소라고 주장한다.

앞서 논의한 대로 전문성 개발은 경험을 통한 학습과 밀접한 연관성을 지닌다. 통역 전문성을 습득해 가는 과정에서 배워 나가는 능력, 예를 들면 보다 효과적인 모니터링 전략 등은 통역사의 실력을 높여 줄 뿐만 아니라 통역사의 뇌 구조와 조직에도 변화를 가져온다. 힐과 슈나이더(2003)는 뇌의 기능적·구조적 구성에 있어 상관관계를 규명하고자 한 학습 관련 연구에서 다음과 같은 5가지 핵심 연구 주제를 파악했다.

(1) 뇌에서 학습을 담당하는 부위는 국소화, 전문화되어 있으며, 학습 과정에서 뇌의 각기 다른 부위가 역동적으로 변화한다.

(2) 학습과 프로세싱은 동일한 피질 부위에서 일어난다; 학생 통역사가 통역 과제를 수행하는 보다 효율적인 전략을 발견하게 되면 과제수행을 지원하는 특정 부위가 새롭게 조직되고 이것이 통역 과제에 관여하는 뇌 부위에도 변화를 가져올 수 있다.

(3) 학습을 통해 활성화되는 부위가 증가 및 감소할 수 있다. 이는 곧 활성화 부위의 범위와 프로세싱 속도에도 영향을 미치게 된다. 활성화 부위 증가는 학습에 관여하는 피질 부위가 강화됨에 따라, 기존에 활성화된 부위가 강화되거나 활성화 부위가 확장된 결과일 수 있다. 반면 활성화 부위 감소는 활성화 정도가 감소하거나 활성화 부위가 축소되는 경우로 다만 신경 효율은 오히려 증가할 수도 있다. 즉 장시간의 연습을 통해 자극에 대해 특

정 뉴런들만 반응하면 되기 때문에 오히려 일상적인 자동화된 반응을 불러일으키게 된다. 운동 과제 습득의 경우에는 대개 활성화가 증가하는 것으로 보고되고 있는 반면 인지 과제 전문성이 확대되는 경우에는 반대로 활성화 감소로 이어진다.

(4) 전문가들은 과제실행에 관련이 있는 정보를 독자적인 방식으로 처리한다. 이는 전문가들이 과제실행에 관련이 있는 지식을 독자적인 방식으로 조직한다는 가설을 뒷받침한다(안토넬리, 2008).

(5) 학습은 뇌의 구조를 변화시킬 수 있다. 즉 학습의 결과로 전문가 스킬과 관련이 있는 특정 유형의 정보를 처리하는 데 관여하는 회백질과 뇌의 다양한 영역을 연결하는 백질에 있어 형태 변화를 가져온다[뱅트손 외(Bengtsson et al.), 2005].

린 등(Rinne et al., 2000)과 톰몰라 등(Tommola et al., 2009)은 쉐도잉이라는 기준 과제 대비 동시통역 시 뇌의 어느 부위가 활성화되는지를 분석해, 전문직 통역사들의 경우 쉐도잉 과제 대비 동시통역 과제수행 시 추가적인 뇌 활성화는 비교적 제한적이며, 특히 좌측 전두엽 피질(frontal cortex)과 좌측 하측두엽(inferior temporal lobe)에 국한되어 있음을 밝혀냈다. 이들 연구자들은 기존의 기능영상화 연구를 바탕으로 이들 부위의 활성화가 증가한 것은 단어 찾기 및 의미 처리뿐만 아니라 기억해야 하는 출발어 자료의 구두 코드화, 음운고리 기능, 의미 통제 프로세스 등과 같이 동시통역과 관련이 있는 다수의 기능 혹은 스킬 구성요소들이 존재한다는 것을 의미한다고 주장한다. 이들 연구에서는 또 한 가지 흥미로운 사실을 확인할 수 있었는데, 통역사들이 다소 단순한 과제로 받아들일 수 있는 기준 과제인 쉐도잉의 경우 우세 언어보다는 열세 언어로 쉐도잉 할 때 뇌의 활성화 정도가 더 높았다. 이 밖에 우리의 논의와 관련이 있는 또 다른 흥미로운 사실은 대개 더 어렵다고 생각하는 우세 언어(모국어 혹은 A 언어)에서 열세 언어(L2)의 동시통역의 경우 그 반대 방향보다 혈류가 현저히 증가했는데, 이는 그만큼 B → A 동시통역보다 A → B 동시통역이 더 많은 노력을 필요로 한다는 것을 시사한다.

골스타니 등(2008)은 통역 스킬 습득에 관한 통시적 연구를 통해 학생 통역사들이 통역 전문성을 키워 나감에 따른 구조적 및 기능적 가소성 변화를 살펴보고자 했다. 음악[판테브 외(Pantev et al.), 2003], 청각 구별[얀케 외(Jancke et al.), 2001], 절차 학습[드라간스키 외(Draganski et al.), 2004] 분야에서의 훈련 과정 설계 관련 연구에서 이와 같은 가소성이 존재한다는 연구 결과가 기존에 발표된 바 있다. 단일언어 화자들을 대상으로 한 연구에서는 발화 작업 기억 네트워크에는 뇌의 여러 다양한 부위가 포함된다는 사실을 규명했다. 반복 발화 시에는 조음 고리 내의 전두 영역이 관여하며, 후두 영역은 임시 음운 저장소의 역할을 한다[밀더(Milder), 2008, p.151; 폴레수 외(Paulesu et al.), 1993]. 전대상피질(ACC: anterior cingulate cortex)과 배외측 전전두 피질(dorsolateral prefrontal cortex)은 선택, 조작, 에러 통제 시에 활성화된다. ACC의 두 개 하부 영역인 배외측(dorsal) ACC와 슬상부(perigenual) ACC 중 배외측 ACC만이 인지에 관여하는 것으로 알려져 있다[부시(Bush), 2004]. 배외측 ACC는 인지 유추 과제, 주의력 분배 과제, 반응 선택/억제 과제 등에도 관여하는데, 이는 배외측 ACC가 주의력뿐만 아니라 통역과 같이 인지적으로 복잡한 과제를 수행하는 데 핵심이 된다는 것을 시사한다. 루와 페드슨(Luu and Pederson, 2004)은 ACC가 관여함으로써 '행동 유도 주의력(attention for action)'[포스너와 드앤(Posner and Dehaene), 1994]이 가능하다고 설명한다. 이때 행동 유도 주의력이란 자동 프로세스가 충분하지 못하거나 성공적이지 않을 때 혹은 환경적 요구에 맞춰 신속히 행동을 지속적으로 수정할 필요가 있을 때 자동 프로세스에 영향을 미치는 자발적 프로세스를 가능하게 해 주는 일련의 인지적 작용이라고 이해할 수 있다(루와 페더슨, 2004).

따라서 배외측 ACC는 인지적 처리와 주의력을 관장하도록 진화되어 왔으며, 이로써 급작스러운 변화에 보다 잘 적응하게 되었다. 루와 페더슨(2004)은 행동을 규제하는 데 ACC가 (1) 맥락 위반 여부 모니터링(기대치 위반 등), (2) 맥락 대비 반응 모니터링, (3) 기대치 위반으로 인한 동기상의 변화 혹은 정서적 결과를 평가하는 등의 3가지 유형으로 관여를 하고 있다고 설명한다. 통역, 특히 동시통역에 있어서의 지속적인 인지적 처리라는 측면에서, 앞의 두 가지 프로세스는 핵심이 되며, 부시(2004)의 연구 결과를 토대로 이들 세 가지 프로세스에는 배외측 ACC가 관여한다고 가정할 수 있다. 세 번째 프로세스, 즉 동기 혹은 정서적 정보에 대한 평가는 ACC를 구성하는 두 번째로 큰 부위인 슬상부 ACC를 통해 중개될 가능성이 높다. 앞서 논의했듯이 맥락 위반에 대한 반응과 새로운 환경 정보에 대한 신속한 적응은 하타노와 이나가키(1986)가 말한 적응형 전문지식의 가장 대표적인 특징이다. 적응형 전문지식은 통상적 전문지식과는 달리 전문가들이 통상적인 상황에서도 우수한 대응을 하도록 해 줄 뿐만 아니라 도전적인 상황에서도 일관되게 우수한 반응을 보일 수 있도록 해 준다는 점에서 더 우수한 전문성으로 간주된다[브로피 외(Brophy et al.), 2004; 모저-머서, 2008].

ACC의 관여 이외에도 피에즈 등(Fiez et al., 1996)은 (가자니가 외, 2002에서 인용) 발화 연습이 포함되는 과제의 경우에는 좌측 전전두 피질(prefrontal cortex)의 하부 영역과 우측 대뇌반구 내에서 혈류 흐름이 증가했음을 발견했다. 이들은 대뇌 활성화가 무발성 반복에 의한 것이고 브로카 영역의 활성화는 음성적 코드화 덕분이라고 주장했다. fMRI를 이용해 크로손 등(Crosson et al., 1999)은 정보가 의미, 음성, 철자 정보이냐에 따라 좌대뇌반구의 여러 다양한 후방 부위가 정보의 디코딩과 저장에 관여한다는 사실을 발견했다. 또한 작업 기억을 필요로 하는 과제수행 중에는 전운동 피질(premotor cortex)을 포함해 좌측 전두엽(frontal lobe)뿐만 아니라 피질하 조직(subcortical structures)이 추가적으로 활성화된다는 사실을 발견했다. 이들 연구자들은 또한 다양한 형태의 구어 작업 기억이 존재하며, 전전두 피질의 기능들을 다시 재고해 볼 필요가 있다는 결론을 도출했다.

뇌의 중앙 집행 기능은 통역에 있어 상당히 중요한 기능이다. 여러 임상 연구에서는 중앙 집행 기능의 신경생리학적 기질은 좌우 대뇌반구의 전두엽 부위, 특히 외측 전전두 부위에 존재한다고 주장하고 있는데, 이 부위는 표상을 임시로 저장하는 공간으로 여겨진다. 주어진 과제를 수행하는 데 필요한 정보를 이곳에서 일시적으로 저장하는 역할을 한다(거버의 "버퍼"와 유사한 개념; 1976). 새로운 자극이 도착하면, 뇌의 후방 부위와의 커뮤니케이션을 통해 전전두 피질 내에 일시적 표상을 불러오고 저장하게 되며, 뇌의 후방 부위에는 표상이 영구적으로 저장된다. 이러한 관점에서 단기 작업 기억(STWM)은 동시에(일시적으로) 정보를 저장하고 처리할 수 있는 능력이 있다고 보는데, 이는 베들레이의 작업 기억 이론(2000a, 2000b, 2003)과 일맥상통하는 부분이다. 골스타니 등(2008)은 인지적 통제에 관여하는 것으로 밝혀진 뇌의 부위들, 예를 들면 전방 대상피질, 배외측 전전두 피질, 피질하 부위 등에서 기능적·구조적 변화가 있을 것이라고 추측했다.

우리는 단기 작업 기억이 중요하다는 사실을 인식하는 한편, 성공적인 통역 성과는 저장된 정보에 얼마나 신속하고 안정적으로 접근할 수 있느냐에 달려 있다는 사실을 간과해서는 안 될 것이다. 통역사의 출발어와 도착어 간의 구조적인 차이로 인해 통역사는 통역을 시작하기 전에 한 문장 혹은 하나의 아이디어가 끝날 때까지 기다릴 수 없기 때문에 통역사는 연사가 무엇을 말하려고 하는지, 연사가 문장이나 아이디어를 어떻게 마무리 지을 것인지를 끊임없이 예측해야 한다. 이러한 동시통역 과제의 미래 예측 측면에서 보면 동시통역 과제수행을 위해 정보의 연관 네트워크를 구축하는 일은 성공적인 통역의 핵심 근간이 된다. 통역사가 특정 과제수행 전에 그리고 과제수행의 전 과정에 걸쳐 정보를 선별, 조직, 저장하는 능력은 통역사의 통역 능력을 구성하는 중요한 요소이다(안토넬리, 2008). 이러한 능력은 통역뿐만 아니라 다른 영역에서 성공하는 전문가들의 대표적인 특징으로 에릭슨과 킨취(1995)로 하여금 '장기 작업 기억 이론'을 정립하도록 이끌었다. 이 이론에 따르면 전문가들은 단기 작업 기억 내의 절차의 개별 구성요소를 찾아서 조합하기보다는 정보를 장기 작업 기억 내에 일종의 절차로 저장하고 접근한다. 덕분에 통역사는 상당한 시간을 절약할 수 있을 뿐만 아니라, 겉으로 보기에 별로 노력을 들이지 않고도 매끄럽고 원활하게 통역을 할 수 있게 해 준다. 전체 절차적인 정보를 불러올 수 있는 능력은 자동화와 신속성에도 도움이 되는데, 자동화와 신속성이야말로 초보 통역사와 전문가 통역사를 구별 짓는 특징이라고 할 수 있다. 기억력의 신경학적 기질을 살펴볼 때, 단기 작업 기억의 집행 기능에만 집중할 것이 아니라 장기 기억과 장기 작업 기억이 기여하는 부분도 살펴볼 필요가 있다.

본템피 등(Bontempi et al., 1999)은 장기 기억 저장의 기저에는 시간에 따른 신경회로의 재구성이 있다는 사실을 발견했는데, 이 과정에서 해마와 신피질 형성 사이의 일시적인 상호작용을 통해 오래 지속되는 피질층의 장기 기억 표상이 만들어지게 된다. 장기 기억에 저장될 정보는 파페즈(Papez)의 회로를 통과해야 한다. 대뇌 변연계(limbic system)의 다양한 구조는 해마 다발 혹은 유두시상 다발이라고도 불리는 파페즈 회로를 통해 해마와 측두엽(temporal lobe)에 영향을 미친다. 파페즈 회로를 통해 변연계 조직들은 상호 연결되어 있다. 기억해야 할 정보는 해마로부터 시상하부(hypothalamus)의 유두체(mammillary body)로 전달되고, 이어 전방 시상핵(anterior thalamic nucleus), 대상 피질, 내후각 피질(entorhinal cortex)로 넘어가고 최종적으로는 다시 해마로 돌아오게 된다. 특정 사건에 의해 대뇌피질 뉴런(cortical neuron)이 일시적으로 연결이 되면 파페즈 회로를 통해 특정수의 이러한 "통로"가 만들어지게 되며, 이들 통로를 한데 묶어 주는 일종의 물리적인 리모델링이 진행된다. 최종적으로 이들 연결 통로들은 강화되고 안정화되어 해마와는 별도의 독립적인 조직으로 자리 잡게 된다. 이러한 변연계의 점진적인 분리로 인해, 기억은 더 이상 파페즈 회로를 통과하지 않게 되고 대신 피질의 특정 부위에 코드화된다. 이들 부위는 기억을 만들어 낸 감각 정보를 처음 수신한 부위이기도 하다. 통역사가 수신하는 청각 정보의 경우에는 측두엽이 바로 그 부위가 된다. 이에 따라 통역 스킬 습득 기간 동안 통역사 뇌의 가소성 측면에서, 전문성이 축적될수록 측두엽 내의 변화를 예상해 볼 수 있다.

뉴런 층위에서 보면 하나의 단일 뉴런이 기억을 재구성하는 데 필요한 모든 정보를 다 담고 있을 수는 없다. 오히려 이러한 기억의 흔적은 잠재되어 있거나 가상적이다. 이러한 기억은 수많은 뉴런들이 상호 연결되어 있는 뉴런 네트워크가 활성화될 때에만 그 존재를 확인할 수 있다. 다수의 기억은 다양한 시냅스 연결 패턴을 통해 하나의 뉴런 네트워크 내에 코드화될 수 있다. 반대로 하나의 기억은 우리 뇌의 여러 다양한 부위에 존재하는 여러 개의 뉴런 그룹을 활성화시킬 수 있다. 이전 섹션에서 설명했듯이 뇌의 다양한 부위에 존재하는 대뇌피질 뉴런 그룹은 통역이라는 특정 과제를 위해 사전에 준비된 특정 뉴런 네트워크가 있어 가능하다. 분명한 것은 이들 네트워크들 중 가장 잘 알려진 네트워크가 해마 형성 회로로, 이들 회로는 명시적인 장기 기억을 형성하는 데 관여한다[뒤빅(Dubuc), 2002]. 이러한 사실은 이들 연결 네트워크가 동시통역 전문성을 지원하는 데 있어 얼마나 유용한 역할을 하는지에 대한 기존의 관찰 결과를 다시금 상기시켜 준다. 높은 수준의 전문가들일수록 신속성을 기하기 위해 장기 기억에서부터 전체 정보를 다 불러온다고 주장하는 장기 작업 기억 이론(에릭슨과 킨취, 1995) 역시 이들 뉴런 네트워크에서 신경생리학적 연관성을 발견할 수도 있을 것이다.

6. 결론

통역 전문성의 신경생리학적 상관관계를 논의하는 데 있어, 우리는 인간의 뇌가 전문성을 확보하는 긴 여정에 있어 의도적 연습과 스킬 습득 요구에 반응함에 따라 지속적으로 변화하는 가소성을 가진 조직이라는 가정을 가지고 출발했다. 이 과정에서 우리는 다양한 통역 프로세스 모형을 살펴봤으며, 더불어 이들 모형에서 주장하고 있는 동시통역 프로세스가 인지 시스템에 어떤 요구 혹은 부하를 가하게 되는지를 살펴봤다. 통역 스킬을 구성하고 있는 다양한 하부 스킬들에 대한 설문조사를 통해, 우리는 아동에서 성인에 이르기까지 이들 하부 스킬들이 어떻게 발달하는지를 추적 조사했으며, 이를 통해 뇌의 가소성을 보다 잘 이해하고, 높은 수준의 통역 성과를 달성하는 데 있어 이러한 뇌의 가소성이 가지는 잠재력을 이해하고자 했다. 여러 인간의 인지 기능 중, 통제 기능, 장기 기억 내 지식 표상, 단기 작업 기억 내 정보처리 기능이 통역에 있어 전문가 수준의 성과를 가져다주는 특히 중요한 인지적 구성요소임을 규명했다. 한편 우리는 자동화가 진행됨에 따라 스킬 습득이 인지 처리 과정에 변화를 가져올 수도 있다는 사실을 규명하고자 했지만, 뇌의 특정 부위는 스킬별 인풋에 민감할 뿐 아니라 우수한 성과에서 요구하는 수준에 따라 관여하는 뇌의 부위 역시 바뀔 수 있다.

동시통역 스킬은 심층적인 훈련을 통해 습득할 수 있다. 따라서 우리는 인지 처리와 통역 스킬 실행을 위해 필요한 자원들에 있어서의 변화가 뇌의 장기적인 기능적·구조적 변화를 가져올 수 있다고 전제한다. 즉 통역 분야에 관여하는 특정 부위뿐만 아니라 뇌의 일반적인 통제 영역에 있어서의 변화를 가져올 수 있다는 것이다. 우리는 이처럼 통역 분야에 관련된 부위뿐만 아니라 일반적인 부위들을 규명하고자 노력했는데, 이는 우리 연구의 주요 관심 주제들을 더욱 명확히 하는 한편,

실험 연구 설계를 더욱 정교화함으로써 기존의 가설이나 전제의 타당성 여부를 확인하기 위한 노력이다.

7. 감사의 글

본 논문의 초안에 유용한 코멘트를 해 준 날리 골스타니와 도미니크 마사로에게 감사의 뜻을 전하는 바이다. 본고는 스위스 국립과학재단으로부터 연구비 지원(#320030-122085)을 받아 작성되었으며, 이 기회를 빌려 재단의 연구비 지원에 감사의 뜻을 전하는 바이다.

참고문헌

Amidzic, Ognjen, Riehle, Hartmut J. and Elbert, Thomas. 2006. "Toward a psychophysiology of expertise. Focal magnetic Gamma bursts as a signature of memory chunks and the aptitude of chess players." *Journal of Psychophysiology* 20 (4): 253-258.

Anderson, John R. 2005. *Cognitive psychology and its implications* (6th edition). Worth Publishers, New York: Worth Publishers.

Antonelli, Alice. 2008. *Le traitment de l'information de la part de l'interprète dans la phase de préparation à une conférence.* Unpublished Master's thesis. Ecole de traduction et d'interprétation, Geneva: Université de Genève.

Baddeley, Alan D. 1986. *Working memory.* Oxford: Oxford University Press.

Baddeley, Alan D. 1992. "Working memory." *Science* 255: 556-559.

Baddeley, Alan D. 1996. "The concept of working memory." In *Models of short-term memory,* Sue E. Gathercole (ed.), 1-27. Hove: Psychology Press.

Baddeley, Alan D. 2000a. "The episodic buffer: A new component of working memory?" *Trends in Cognitive Sciences* 4 (11): 417-423.

Baddeley, Alan D. 2000b. "Working Memory and language processing." In *Language processing and simultaneous interpreting: Interdisciplinary perspectives,* Birgitta Englund Dimitrova and Kenneth Hyltenstam (eds.), 1-16. Amsterdam: Benjamins.

Baddeley, Alan D. 2003. "Working memory: Looking back and looking forward." *Nature Reviews* 4: 829-839

Bengtsson, Sara L., Nagy, Zoltán, Skare, Stefan, Foresman, Lea, Forssberg, Hans and Ullén, Fredrik. 2005. "Extensive piano practicing has regionally specific effects on white matter development." *Nature Neuroscience* 8 (9): 1148-1150.

Bontempi, Bruno, Laurent-Demir, Catherine, Destrade, Claude and Laffard, Robert. 1999. "Time-dependent reorganization of brain circuitry underlying long-term memory storage." *Nature* 400: 671-675

Bookheimer, Susna E., Zeffiro, Thomas A., Blaxton, Teresa A., Gaillard, William and Theodore, William H. 2000. "Activation of language cortex with automatic speech tasks." Neurology 55 (8_: 1151-1157.

Brophy, Sean, Hodge, Lynn and Bransford, John. 2004. "Work in progress—

Adaptive expertise: Beyond apply academic knowledge." In 34th ASEE/IEEE *Frontiers in Education Conference, October 20-23, 2004, Savannah,* GA (S1B-28-30).

Bush, George. 2004. "Multimodal studies of cingulate cortex." In The cognitive neuroscience of attention, Michael I. Posner (ed.), *The cognitive neuroscience of attention,* 207-218. New York: The Guilford Press.

Changeux, Jean-Pierre. 1983. *L'homme neuronal.* Paris: Fayard.

Chase, William G. and Simon, Herbert A. 1973a. "The mind's eye in chess." In *Visual information processing,* William G. Chase (ed.), 215-281. New York: Academic Press.

Chase, William G. and Simon, Herbert A. 1973b. "Perception in chess." Cognitive Psychology 4: 51-81.

Christoffels, Ingrid, de Groot, Annette M. B. and Kroll, Judith. 2006. "Memory and language skills in simultaneous interpreters: The role of expertise and language proficiency." *Journal of Memory and Language* 54: 324-345

Crosson, Bruce, Rao, Stephen M., Woodley, Scott J., Rosen, Allyson C., Hammeke, Thomas A., Bobholz, Jule A., Mayer, Andrew, Cunningham, Joseph M., Fuller, Scott A., Binder, Jeffrey R., Cox, Robert W. and Stein, Elliot A. 1999. "Mapping of semantic, phonological, and orthographic verbal working memory in normal adults with functional magnetic resonance imaging." *Neuropsychology* 13 (2): 171-187.

Daró, Valeria and Fabbro, Franco. 1994. "Verbal memory during simultaneous interpretation: Effects of phonological interference." Applied linguistics 15: 365-381.

Dillinger, Mike. 1994. "Comprehension during interpreting: What do interpreters know that bilinguals don't?" In *Bridging the gap: Experimental research in simultaneous interpretation,* Slyvie M. Lambert and Barbara Moser-Mercer (eds.), 155-189. Amsterdam: John Benjamins.

Draganski, Bogdan, Gaser, Christian, Kempermann, Gerd, Kuhn, H. Gerog, Winkler, Jürgen, Buchel, Christian and May, Arne. 2006. "Temporal and spatial dynamics of brain structure changes during extensive learning." *Journal of Neuroscience* 26 (23): 6314-6317.

참고
문헌

Dubuc, Bruno. 2002. The brain from top to bottom. http: //thebrain.mcgill.ca/flash/pop/pop_plan/plan_a.html (Retrieved on August 30, 2009). Montreal: McGill University.

Emmorey, Karen, Luk, Gigi, Pyers, Jennie E. and Bialystok, Ellen. 2008. "The source of enhanced cognitive control in bilinguals." *Psychological Review* 19 (12): 1201-1206.

Ericsson, K. Anders. 2003. "The acquisition of expert performance as problem solving. Construction and modification of mediating mechanism through deliberate practice." In *The nature of problem solving*, Janet E. Davidson and Robert J. Sternberg (eds.), 233-262. New York: Cambridge University Press.

Ericsson, K. Anders. 2006. "The influence of experience and deliberate practice on the development of superior expert performance." In *The Cambridge handbook of expertise and expert performance,* K. Anders Ericsson, Neil Charness, Paul J. Feltovich and Robert R. Hoffman (eds.), 683-703. Cambridge: Cambridge University Press.

Ericsson, K. Anders and Kintsch, Walter. 1995. "Long-term working memory." *Psychological Review* 102: 211-245.

Fabbro, Franco, Gran, Laura, Basso, Gianpaolo and Bava, Antionion. 1990. "Cerebral lateralization in simultaneous interpretation." *Brain and Language* 39: 69-89.

Fabbro, Franco and Gran, Laura. 1991. "Hemispheric specialization for semantic and syntactic components of language in simultaneous interpretation." *Brain and Language* 41: 1-42.

Fabbro, Franco and Gran, Laura. 1997. "Neurolinguistic research in simultaneous interpretation." In *Conference interpreting: Current trends in research,* Yves Gambier, Daniel Gile and Christopher Taylor (Eds.), 9-27. Amsterdam: John Benjamins.

Fiez, Julie A., Raichele, Marcus E., Balota, David A.Tallal , Paula and Petersen, Steven E. 1996. "PET activation of posterior temporal regions during auditory word presentation and verb generation." *Cerebral Cortex* 1996 (6): 1-10.

Gazzaniga, Michael S. 1994. "Language and the cerebral hemispheres." *Discussions in Neuroscience* 10 (1/2): 106-109.

Gazzaniga, Michael S., Ivry, Richard B. and Mangun, George R. 2002. *Cognitive science: The biology of the mind,* New York: W. W. Norton.

Ge, Shaoyu., Yang, Chih-hao., Hsu, Kuei-sen, Ming, Guo-li and Song, Hongjun. 2007. "A critical period for enhanced synaptic plasticity in newly generated neurons of the adult brain." *Neuron* 24 (54): 559-566.

Gerver, David. 1974. "Simultaneous listening and speaking and the retention of prose." *Quarterly Journal of Experimental Psychology* 26: 337-342.

Gerver, David. 1976. "Empirical studies of simultaneous interpretation. A review and a model." In *Translation: Applications and research*, Richard W. Brislin (ed.), 165-207. New York: Gardner Press.

Gile, Daniel. 1995. *Basic concepts and models for interpreter and translator training.* Amsterdam: John Benjamins.

Gobet, Fernand. 1998. "Expert memory: A comparison of four theories." *Cognition* 66: 115-152.

Golestani, Narly, Alario, E.Xavier, Meriaux, Sébastien, Le Bihan, Denis, Dehaene, Stanislas and Pallier, Christophe. 2006. "Syntax production in bilinguals." Neuropsychologia 44: 1029-1040.

Golestani, Narly, Michel, Christoph, Hagman, Patric and Moser-Mercer, Barbara. 2008. *Experience-dependent brain structural and functional plasticity in simultaneous language interpreters.* Swiss National Science Foundation Project 320030-122085.

Gould, Elizabeth, Beylin, Anna, Tanapat, Patima, Reeves, Alison and Shors, Tracey J. 1999. "Learning enhances adult neurogenesis in the hippocampal formation." *Nature Neuroscience* 2: 260-265.

Greenough, William T.., Black, James E. and Wallace, Christopher S. 1987. "Experience and brain development." *Child Development* 58 (3): 539-559.

Greenough, Willioam T., Juraska, Janice M. and Volkmar, Fred R. 1979. "Maze training effects on dendritic branching in occipital cortex of adult rats." *Behavioral and Neural Biology* 26: 287-297.

Hatano, Giyoo and Inagaki, Kayoko. 1986. "Two courses of expertise." In *Child Development and Education in Japan,* Harold Stevenson, Hiroshi Azuma and

Kenji Hakuta (eds.), 263-272. New York: W. H. Freeman.

Hebb, Donald O. 1949. *The organization of behavior.* New York: Wiley.

Hihara, Sayaka, Notoya, Tomonori, Tanaka, Michio, Ichinose, Shizuko, Ojima, Hisayuki, Obayashi, Shigeru, Fuiji, Naotaka and Iriki, Atsushi. 2006. "Extension of corticocortical afferents into the anterior bank of intraparietal sulcus by tool-sue in adult monkeys." *Neuropsychologia* 44: 2636-2646.

Hill, Nicole M. and Schneider, Walter. 2006. "Brain changes in the development of expertise: Neuroanatomical and neurophysiological evidence about skill-based adaptation." In *The Cambridge handbook of expertise and expert performance*, K. Anders Ericsson, Neil Charness, Paul J. Feltovich and Robert R. Hoffman (eds.), 653-682. Cambridge: Cambridge University Press.

Hoffman, Robert R. 1997. "The cognitive psychology of expertise and the domain of interpreting." *Interpreting* 2 (1/2): 189-230.

Hyltenstam, Kenneth. 1992. "Non-native features of near native speakers: On the Ultimate attainment of childhood L2 learners." In *Cognitive processing in bilinguals,* Richard J. Harris (ed.), 351-368. Amsterdam: North-Holland.

Jancke, Lutz, Gaab, Nadine, Wüstenberg, Torsten, Scheich, Henning and Heinze, Heinz-Jochen. 2001. "Short-term functional plasticity in the human auditory cortex. An fMRI study." *Brain Research* 12 (3): 479-485.

Johnson, Jacqueline S. and Newport, Elissa L. 19889. "Critical period effects in second language learning. The influence of maturational state on the acquisition of English as a second language." *Cognitive Psychology* 21: 60-99.

Kleim,Jefferey A., Barbay, Scott, Cooper, Natalie R., Hogg, Theresa M., Reidel, Chelsea N., Remple, Michael S. and Nudo, Randolph J. 2002. "Motor learning-dependent synaptogenesis is localized to functionally reorganized motor cortex." Neurobiology of Learning and Memory 77: 63-77.

Klein, Denise, Milner, Brenda, Zatorre, Robert J., Meyer, Ernst and Evans, Alan C. 1995. "The neural substrates underlying word generation: A bilingual functional-imaging study." *Proceedings of the National Academy of Sciences of the United States of America* 92: 2899-2903.

Klein, Denise, Zatorre, Robert J., Milner, Brenda, Meyer, Ernst and Evans, Alan C. 1994. "Left putanimal activation when speaking a second language: Evidence from PET." *Neuroreport* 5: 2295-2297.

Köpke, Barbara. 2009. *Approche neuropsycholinguistique de la gestion des langues chez le sujet plurilingue.* Dossier de synthèse présenté pour l'obtention de l'Habilitation à diriger des recherces. Roulouse: Université de Touslouse Le Mirail.

Köpke, Barbara and Nespoulous, Jean-Luc. 2005. "La mémoire de travail et le role de l'expertise dans l'interprétation simultanée." *Journées d'études/ Workshop "Aspects cognitifs de l'interprétation simultanée/Cognitive aspects of simultaneous interpreting".* Université de Toulouse Le Mirail, 19-20 May 2005.

Lambert, Sylvie M. 1983. *Recognition and recall in conference interpreters.* Unpublished doctoral dissertation. University of Stirling, Scotland.

Lenneberg, Eric H. 1967. *Biological foundations of language.* New York: Wiley.

Levy, Matthew N., Koeppen, Bruce M. and Stanton, Bruce A. (eds.). 2005. *Berne and Levy principles of psyciology* (4th ed.), Saint Louis: Mosby Elsevier.

Liu, Minhua, Schallert, Diane L. and Carroll, Patrick J. 2004. "Working memory and expertise in simultaneous interpreting." *Interpreting* 6 (1): 19-42.

Luu, Phan and Pederson, Stacy M. 2004. "The anterior cingulate cortex. Regulating actions in contect." In *The cognitive neuroscience of attention*, Michael I. Posner (ed.), 232-242. New York: The Guilford Press.

Massaro, Dominic. 1975. "Language and information processing." In *Understanding language: An information processing analysis of speech perception, reading and psycholinguistics*, Dominic Massaro (ed.), 3-28. New York: Academic Press.

Mildner, Vesna. 2008. *The cognitive neuroscience of human communication.* New York: LEA.

Moggio-Ortiz, Evelyn. 1995. *The interpreters: A historical perspective.* Film produced on the occasion of the 50th anniversary of the United Nations. New York: United Nations.

Moser, Barbara. 1978. "Simultaneous interpretation: A hypothetical model and its practical application." In *Language, interpretation and communication,* David Gerver and H. Wallace Sinaiko (eds.), 353-368. New York: Plenum Press.

Moser-Mercer, Barbara, Lambert, Sylvie M., Daró, Valeria and Williams, Sarah. 1997. "Skill components in simultaneous interpreting." In *Conference interpreting: Current trends in research,* Yves Gambier, Daniel Gile and Christopher Taylor (eds.), 133-148. Amsterdam: John Benjamins.

Moser-Mercer, Barbara, Frauenfelder, Ulrick, Casado, Beatriz and Künzli, Alexander. 2000. "Searching to define expertise in interpreting." In *Language processing and simultaneous interpreting,* Birgitta Dimitrova Englund and Kenneth Hjyltenstam (eds.), 107-132. Amsterdam: John Benjamins.

Moser-Mercer, Barbara. 2000. "The rocky road to expertise in interpreting: Eliciting knowledge from learners." In *Translationswissenschaft. Festschrift für Mary Snell-Hornby zum 60. Geburtstag,* Mira Kadric, Klaus Kaindl and Franz Pöchhacker (eds.), 339-352. Tübingen: Stauffenberg Verlag.

Moser-Mercer, Barbara. 2008. "Skill acquisition in interpreting: A human performance perspective." *The Interpreter and Translator Trainer* 2 (1): 1-28.

Ojemann, George A. and Whitaker, Avakian A. 1978. "The bilingual brain." *Archives of Neurology* 35: 409-412.

Padilla, Francisca, Bajo, Maria T. and Macizo, Pedro. 2005. "Articulatory suppression in language interpretation: Working memory capacity, dual tasking and word knowledge." *Bilingualism: Language and Cognition* 8 (3): 207-219.

Pantev, Christo, Ross, Bernhard, Fukioka, Takako, Trainor, Laurel J., Schulte, Michael and Schulz, Matthias. 2003. "Music and learning-induced cortical plasticity." *Annals of the New York Academy of Sciences* 999: 438-450.

Paulesu, Eraldo, Frith, Christopher D. and Frackowiak, Richard S. 1993. "The neural correlates of the verbal component of working memory." *Nature* 362: 342-345.

Perani, Daniela, Paulesu, Eraldo, Sebastian-Galles, Nuria, Dupoux, Emmauel, Dehaene, Stanislas, Bettinardi, Valentino, Cappa, Stefano F.,Fazio, Ferruccio and Mehler, Jacques. 1998. "The bilingual brain. Proficiency and age of acquisition of the second language." *Brain* 121: 1841-1852.

Posner, Michael I. and Dehaene, Stanislas. 1994. "Attentional networks." *Trends in Neuroscience* 17: 75-79.

Price, C.J., Moore, C.J., Humphreys G. W. and Wise, R.J.S. 1997. "Segregating semantic from phonological processes during reading." *Journal of Cognitive Neuroscience* 9 (6): 727-733.

Raichele, Marcus E. 1994. "Positron emission tomographic studies of verbal response selection." *Discussions in Neurosicence* 10 (1/2): 130-136.

Rinne, Juha O., Tommola, Jorma, Laine, Matti, Krause, Bernd J., Schmidt, Daniela Kaasinen, Valtteri, Teräs, Mika, Sipilä, Hannu and Sunnari, Marianne. 2000. The translating brain: cerebral activation patterns during simultaneous interpreting. *Neuroscience Letters* 294 (2): 85-88.

Schneider, Walter and Chein, Jason M. 2003. "Controlled and automatic processing: Behavior, theory, and biological mechanisms." *Cognitive Science* 27: 525-559.

Setton, Robin. 1999. *Simultaneous interpretation.* A cognitive-pragmatic analysis. Amsterdam: John Benjamins.

Signorelli, Teresa M. 2008. *Working memory in simultaneous interpreters.* Unpublished doctoral dissertation. CUNY, New York.

Singer, Wolf. 1995. "Development and plasticity of cortical processing architectures." *Science* 270 (5237): 758-764.

Thompson, Paul M., Giedd, Jay N., Woods, Roger P., MacDonald, David, Evans, Alan C. and Toga, Arthur W. 2000. "Growth patterns in the developing brain detected by using continuum-mechanical tensor maps." *Nature* 404 (6774): 190-193.

Tommola, Jorma, Laine, Matti,Rinne, Juha O. and Suunari, Marianne. "The translating brain: Cerebral activation patterns during simultaneous interpreting by novices." (Personal communivation by J. Tommola, August 30, 2009).

Varga-Khadem, Faraneh, Carr, Luncinda J., Isaacs, Elizabeth, Brett, Edward, Adams, Christopher and Mishkin, Mortimer. 1997. "Onset of speech after left hemispherectomy in a nine-year-old boy." *Brain* 120: 159-182.

John Benjamins Series

06 Translation and Cognition

이중언어 화자 뇌에서 통번역을 담당하는 부위의 신경생리학적 상관관계: 최신 견해를 중심으로

브루스 J. 다이아몬드(Bruce J. Diamond), **그레고리 M. 슈리브**(Gregory M. Shreve)
미국 뉴저지주 윌리엄패터슨대학/미국 오하이오주 켄트주립대학[1)]

통번역 연구에 있어 통번역 프로세스의 근간이 되는 인지 프로세스를 살펴보고, 통번역사의 뇌의 어느 부위가, 어떻게 통번역 관련 인지 프로세스에 관여하는지를 규명하고자 다양한 연구 방법론이 동원되어 왔다. 아이트래킹과 키보드 로깅과 같은 최신 데이터 수집 기법들은 이제 번역 프로세스 연구에서는 상당히 정립된 연구 툴로 자리 잡았다. 하지만 다른 연구 방법들, 특히 직접적인 신경생리학적 데이터를 제공해 주는 신경영상기법들은 아직까지 통번역 연구에서 널리 채택되고 있지 못하다. 본 논문에서는 이중언어학, 언어 스위칭, 통번역 관련 연구에 있어 새로운 데이터 수집 기법들을 채택한 최근 연구들을 중심으로, 통번역 관련 신경생리학적 상관관계에 관한 연구 결과들을 종합, 정리했다.

1. 서론

"통역 및 번역에 있어서의 인지 프로세스(*Cognitive Process in Translation and Interpreting*)"(슈리브와 다이아몬드, 1997) 저서 내 동일한 제목의 논문이 발표된 이후로 통번역을 매개하는 인지 프로세스와 이들 인지 프로세스를 구성하는 구성요소 메커니즘 그리고 이들 프로세스와 메커니즘이 통번역사의 뇌의 어느 부위에서 어떻게 나타나는지를 살펴보기 위해 다양한 연구 방법론이 채택되었으며, 그 기법이 상당히 정교화되어 왔다. 아이트래킹과 키보드 로깅과 같은 최신 데이터 수집 기법들은 이제 번역 프로세스 연구에서는 상당히 정립된 연구 틀로 자리 잡았다. 하지만 다른 연구 방법들 특히 직접적인 신경생리학적 데이터를 제공해 주는 신경 영상기법들은 아직까지는 통번역 연구에서 널리 채택되고 있지 못하다.

본고에서는 새로운 다양한 데이터 수집 기법들을 채택한 최근 연구들을 중심으로, 통번역과 같은 언어 중개 활동에 있어 신경생리학적 상관관계에 관한 연구 결과들을 종합, 정리했다. 논의 대상이 된 새로운 데이터 수집 기법으로는 fMRI, fMRA, PET, EEG, ERP, fNIRCWS, 심박수 측정 등이 있다.

이들 최근 연구들의 언어 중개에 관한 관점들을 이해하는 데 도움이 되는 이론적 맥락을 제시하고자 이중언어학, 통역, 번역, 언어 선택, 언어 스위칭 관련 인지학적 모형과 프로세스를 비롯해 행동 모형과 프로세스들을 논의에 포함시켰으며, 이들 모형 및 프로세스와 작업 기억, 의미 기억, 어휘 인출, 집행 기능(executive function) 간의 상관관계에 관한 연구 결과 역시 논의에 포함되었다. 본 논문의 결론 부분에서는 관련 연구 결과들을 종합 정리해서 제시하는 한편, 통번역 인지 처리 제고를 포함해 향후 추가 연구 및 탐색을 위한 시사점을 제안하고 있다.

2. 이중언어 어휘-의미 체계(bilingual lexico-semantic system)

이중언어 화자들에게 있어 단어와 단어의 의미를 나타내는 인지 체계로서 이중언어 어휘-의미 체계[보타(Votaw), 1992]를 제안했다. 이 체계는 단어의 철자(물리적 특징), 음운(소리 특징), 의미, 구문, 발화 특징들을 정의하는 다양한 구성요소들로 이뤄져 있다[패터슨과 쉐웰

(Patterson and Shewell), 1987; 레벨트(Levelt), 1989].

어휘-의미 체계는 대부분의 이중언어 화자들이 동시통역과 같은 보다 전문화된 과제를 수행하거나 숙련된 전문 통번역사들만이 수월하게 할 수 있는 전문 통번역에 필요한 읽기와 말하기 등과 같은 언어 간 활동의 근간이 되는 자원이다. 따라서 다수의 신경생리학적 연구에서 드러난 본 체계의 본질, 구조 및 개발상의 특징은 통번역 프로세스 연구자들에게 상당히 근본적인 관심 주제일 수밖에 없다. 이중언어 어휘-의미 체계의 내용 및 구성은 L2에 대한 일차적인 노출이 이뤄지는 연령에도 영향을 받지만, 모국어 혹은 우세 언어인 L1과 L2 간의 중개를 통해 이뤄지는 과제의 본질, 수준 및 과제 분량 등에도 영향을 받는다. 즉 이중언어 화자인 통번역사의 뇌는 일상적인 발화와 이해를 목적으로 두 개 언어를 구사하는 일반 이중언어 화자에 비해 상당히 다른 양상을 보일 것으로 예상된다. 장기간에 걸쳐 특정 언어 간 과제를 반복적으로 연습한 결과로, 언어 중개 전문가의 어휘-의미 체계와 인지 구조의 특징 및 작동 기제 등은 해당 언어 중개 전문가의 언어 유창성과 언어 전환 과제수행 유창성이 높아짐에 따라 변화할 것으로 예상된다.

프라이스(Price)와 동료 연구자들(프라이스 외, 1999)은 이중언어 어휘-의미 체계의 구성요소를 넘어, 이 체계의 통제 기제를 이해하는 것이 단순한 과제에서부터 보다 복잡한 과제에 이르기까지 다양한 이중언어 과제들을 어떻게 수행하는지를 설명하는 데 있어 핵심적인 문제의 하나라고 주장한다. 이중언어 어휘-의미 체계가 어떻게 언어 교차 읽기와 말하기를 가능하게 해 주는지, 이중언어 어휘-의미 체계를 통해 모든 이중언어 활동의 필수요소인 언어 스위칭이 어떻게 가능한지를 설명하고자 연구자들은 그동안 다양한 통제 기제를 제안해 왔다. 이중언어 어휘-의미 체계 통제를 설명하는 인지 메커니즘과 모형들은 순차 통역(예: 언어 발화와 이해에 있어 언어 스위칭에 중점), 번역(예: 출발어 읽기와 도착어 쓰기 간에 일어나는 언어 스위칭에 중점)과 같이 보다 복잡한 이중언어 활동들을 이해하는 데에도 핵심적인 요소들이다.

이중언어 어휘-의미 체계가 어떻게 통제를 받고 언어 스위칭을 어떻게 가능하게 해 주는지를 설명하기 위해 동원된 몇몇 기제로는 차별적 언어 활성화[그로장(Grosjean), 1997; 파라디스(Paradis), 1997], 도착어 언어 활성화 증가[드봇과 슈로더(De Bot and Schreuder), 1993; 폴리세와 본가에르츠(Poulisse and Bongaerts), 1994], 비도착어 억제(시각 단어 인식 모형에서 나타나는)[다이크스트라와 반 휴벤(Dijkstra and van Heuven), 1998] 등이 있다.

3. 억제, 경쟁 및 통제

이중언어 뇌 인지 모형에서는 일반적으로 두 언어에 있어 하나의 개념적 표상이 존재한다는 아이디어를 수용해 왔다. 이는 두 개의 서로 다른 어휘 표상이 상호 연결되어 하나의 개념적 표상을 이룬다는 주장이다[크롤과 스튜어트(Kroll and Stewart), 1994; 프란시스(Francis), 1999; 골란과 크롤(Gollan and Kroll), 2001]. 언어의 산출과 이해를 탐색한 기능적 영상기법 연구들에서는 서로 다른 언어라 하더라도 공통의 대뇌 네트워크를 활성화한다는 증거들을 제시하고 있다. 다만 이때 활성화 패턴은 주로 언어 유창성 수준과 L2 습득 연령에 따라 결정되는 경향이 있다[페라니 외(Perani et al.), 1998; 지 외(Chee et al.), 1999; 프라이스 외, 1999; 페라니와 아부탈레비(Perani and Abutalebi), 2005].

어휘 인출을 비롯해 통번역과 같은 언어 교차 활동에 관한 프로세스를 설명하는 언어 스위칭 모형들은 주로 경쟁 프로세스라는 관점에서 개념화되어 왔다[크롤과 페크(Kroll and Peck), 1998; 코스타와 카라마자(Costa and Caramazza), 1999; 콜로메(Colomé), 2001; 리와 윌리엄스(Lee and Williams), 2001]. 이러한 경쟁 프로세스를 통해 이중언어 화자들은 비목표 언어 활성화를 억제하거나[그린(Green), 1998], 활성화 임계점을 높이는(그로장, 2001) 한편, 목표 언어를 적극 선별한다. 이때 비목표 언어 활성화 임계점을 모듈화하는 것이 중요하다. 예를 들면, 열세한 L2를 사용해 언어산출을 할 때 원하지 않는 L1 간섭 현상이 자주 발생하는 것을 목격할 수 있다[그레인저와 다이크스트라(Grainger and Dijkstra), 1992; 그로장, 1992; 그레인저, 1993]. 즉 L2 유창성이 높아짐에 따라 L1의 영향력은 일종의 억제 통제 기제에 의해 성공적으로 억제된다. 활성화 임계점의 모듈화는 번역 과정에서의 도착어 글쓰기와 같은 다른 형태의 언어 프로세스에서도 나타날 수 있다. 이럴 경우 L2 인풋(번역 교수자들의 일화와 기술적 증거들에 기반)은 도착어 L1 텍스트의 생성에 원하지 않는 영향을 미칠 수 있다. 활성화-억제 경쟁 모형을 통번역 프로세스에 적용할 경우 통번역 프로세스를 설명하는 데 상당히 도움이 될 것이다.

3.1. 억제 통제 모형과 언어 과제 스키마 경쟁

통번역을 포함해 다양한 언어 교차 과제에서 어떻게 경쟁이 발생하는지를 설명하기 위해 억제 통제 모형(IC 모형)이라는 유용한 모형이 제시되었다(그린, 1998a, 1998b). 이 모형에서는 다양한 언어 신경 네트워크의 활성화 정도는 수행 대상 언어 과제에 따라 조정 가능하다고 제안한다. IC 모형은 보다 일반적인 주의감독체계모형(SAS)[노먼과 셸리스(Norman and Shallice), 1980, 1986; 셸리스, 1994]로부터 도출했다. SAS 모형과 마찬가지로 IC 모형에서는 (1) 주의감독체계를 구성하는 집행층위, (2) 언어 과제 스키마 층위, (3) 이중언어 어휘-의미 체계 자체 내 층위 등과 같이 다양한 층위에서 통제가 이뤄진다고 주장한다. 예를 들면, 스키마는 통상적인 언어 행동을 통제한다. 하지만 더 복잡한 행동과 새로운 과제수행을 필요로 하는 새로운 행동(이로 인한 새로운 스키마 형성)은 반드시 주의감독체계를 동원하게 된다.

물론 IC 모형에 대한 세부적인 설명은 본 논문의 범위를 넘어서는 것이기는 하지만 특히 통번역 프로세스 연구의 주요 관심사인 IC 모형의 핵심 개념은 바로 언어 과제실행 스키마라는 개념이다. 그 명칭에서 알 수 있듯이 언어 과제실행 스키마는 이중언어 어휘-의미 체계의 인풋과 아웃풋을 특정 행동 반응으로 연결시켜 주는 일종의 통제 기제이다. 이러한 행동 반응들은 출발어 텍스트 읽기 및 이해, 언어 교차 어휘 매칭 및 전환, 도착어 산출 등과 같이 통역과 번역을 구성하는 순차적 인지 요소 및 하부 프로세스들과 관련이 있다. 통번역이 아닌 단순 과제의 경우 한 사람의 이중언어 화자는 L1으로 단어를 산출하기 위한 실행 스키마를 가지고 있고 L2 단어 산출을 위해서도 유사한 스키마를 가지고 있다고 가정해 보자. L2로 발화하기 위해서는 이중언어 화자는 L2 발화 스키마를 활성화하는 동시에 L1 발화 스키마를 억제해야 한다(프라이스 외, 1999). IC 모형에서는 이름 명명하기, 어휘 결정 등과 같은 비교적 간단한 L1 및 L2 활동 과제 스키마와 더불어 통번역과 같은 좀 더 복잡한 언어활동 스키마 역시 제시하고 있다. 전문 통번역사들의 경우에는 자신들이 참여하고 있는 언어활동 영역에 수반되는 행동 과제 및 순차적 인지 활동들과 관련이 있는 일련의 구체적인 언어 과제실행 스키마를 이미 정립해 놓고 있을 것으로 예상된다. IC 모형에 의거, 우리는 단순히 하나의 언어 대 다른 언어로 말하기를 넘어 순차 통역, 동시통역, 문서 번역과 같은 일련의 전문적인 언어 중개 활동들이 구체적인 L1, L2 언어 과제실행 스키마를 동원해 이뤄진다는 것을 전제한다. 이러한 관점에서 복잡한 과제를 수행하는 어느 특정 시점을 놓고 볼 때, 다양한 스키마들이 서로 경쟁하고 있다고 이해할 수 있겠다.

4. 스위칭과 통번역 방향

4.1. 언어 스위칭 비용

따라서 IC 모형에 따르면 어떤 언어 교차 과제에서라도 다양한 우세 언어(L1) 스키마들은 L2 스키마와 경쟁을 할 수밖에 없다. 언어 스위칭이 핵심이 되는 번역과 같은 언어활동의 경우에는 이해 단계에서 L2 텍스트를 읽고 L2 어휘 선택을 하는 과제에서 산출 단계의 L1 쓰기에 이르기까지 성공적으로 번역을 수행하기 위해서는 L1, L2 언어 실행 스키마들을 활성화하고, 억제하고 재활성화하는 과정을 반복해야 한다. 이러한 스키마 간 스위칭에는 산출 단계[뮤터와 올포트(Meuter and Allport), 1999]와 인풋 단계[본 스투드니츠와 그린(von Studnitz and Green), 1997]에서의 언어 간 스위칭과 관련한 비용이 들게 마련이다. 최근 연구 데이터를 살펴보면 이 스위칭 비용들은 비대칭 관계를 이루고 있음을 시사한다. 즉 우세 언어산출 스키마의 경우 더 많은 억제가 필요하고 이에 따라 우세 언어산출 스키마를 재활성화하기 위해서는 훨씬 더 많은 자원이 필요하기 때문에 우세 언어의 경우 재활성화에 더 많은 시간이 걸린다는 것이다(뮤터와 올포트, 1999).

앞서 설명했듯이 스위칭이라는 개념은 언어 선택 기제를 의미하는 것으로, 이 기제를 통해 과제의 필요 요건과 활성화 스키마를 바탕으로 언어 네트워크 활성화의 우선순위를 결정하게 된다. 언어산출 과정에서의 스위칭에 관한 여러 연구 결과[암르하인(Amrhein), 1999; 에르난데스와 코너트(Hernandez and Kohnert), 1999; 뮤터와 올포트, 1999; 코스타와 산테스테반(Costa and Santesteban), 2004]로부터 이중언어 화자가 언어 교차 과제를 수행하고 비목표어의 간섭을 피하기 위해 어떻게 언어 선택을 하는지를 이해하고자 했다[에르난데스, 리와 맥휘니(Hernandez, Li and McWhinney), 2005]. 언어 선택 관련 연구에서는 일반적으로 피험자들에게 L1, L2로 그림 이름 말하기와 같은 과제를 수행하도록 하고, 피험자들이 L1으로 이름 말하기를 할 때 걸리는 시간과 L2로 이름 말하기를 할 때 걸리는 시간의 시간 차를 살펴보고, 이러한 시간 차를 언어 스위칭 비용이라고 부르고 있다.

일반적으로 이중언어 화자들은 L2보다는 L1으로 이름을 말할 때 걸리는 시간이 짧은 것으로 나타났다(크리스토펠스, 드 그루트와 크롤, 2006). 하지만 이러한 시간 차는 특정 언어 스위칭 과제에서는 반대로 L2로 이름 말하기를 할 때 시간이 덜 걸리는 경우도 보고된 바 있다[뮤터와 올포트, 1999; 크롤, 밥과 와드니에카(Kroll, Bob and Wodniecka), 2006]. 이러한 연구 결과들에 대한 해석은 다를 수 있지만, 일반적으로는 L1과 L2는 신경 표상의 상대적 강도에 따라 서로 다른 정도의 억제를 필요로 한다는 사실에는 대체로 공감하고 있다. 즉 L1 어휘 표상이 L2보다 더 강력하기 때문에 그만큼 더 강력한 억제가 필요하다는 것이다. 따라서 L2로 스위칭(억제 정도가 더 낮음)하는 것이 더 수월한(그린, 1998) 반면 L1으로 다시 스위칭하는 것이 더 어렵고 오히려 반응시간이 더 오래 걸리는 등 이에 따른 스위칭 비용이 발생한다. 하지만 이러한 해석에 대해 일부 연구에서는 반론을 제기하기도 했다(코스타와 카라마자, 1999).

4.2. 통번역 방향과 통번역 경로

L1, L2 표상의 상대적 강도는 통역과 번역에 있어 특정 패턴의 경쟁을 예상할 수 있음을 시사한다. 예를 들어 우세 언어인 L1에서 L2로 통번역을 하는 경우 즉 L1이 출발어, L2가 도착어일 때, 일부 이중언어 연구자들은 이를 가리켜 전 방향 통번역(forward translation)이라고 지칭한다. 이때는 L1 단어 이름 말하기 스키마를 억제할 필요가 있어 스키마 간의 경쟁이 유발된다. 그 결과 새로운 언어 자극이 하나씩 제시될

때마다 L1 이름 말하기 스키마를 활성화시키게 되어, L1 이름 말하기 스키마와 L2 이름 말하기 스키마 간 다이내믹한 경쟁이 유발된다. 이는 셸리스(1994)가 설명한 일종의 논쟁 조정 프로세스와 유사한데, 이 프로세스에서는 관련 있는 스키마는 활성화시키는 대신 관련 없는 스키마(이 경우에는 L1 이름대기 스키마)는 억제시킨다(프라이스 외, 1999).

통번역 방향에 관한 심리언어학적 연구 결과는 두 개의 통번역 경로가 존재함을 시사한다(크롤과 스튜어트, 1994; 크롤과 드 그루트, 1997). 이 중 하나는 비의미적인 직접 경로로 이 경로를 통해 등가의 단어들이 레마(lemma) 층위에서 연결되며[예셰니아크와 레벨트(Jescheniak and Levelt), 1994], 다른 하나는 간접적인 의미 경로로 이 경로에서는 등가 단어들이 의미(어휘 개념)를 통해 연결된다. 예를 들면, 크롤과 스튜어트(1994)는 L2에서 L1으로 단어를 통번역하는 경우보다 L1에서 L2로 단어를 통번역할 때 시간이 더 오래 걸린다는 사실을 보고하면서, L2에서 L1으로 오는 후방향 통번역(backward translation)의 경우는 어휘 메모리 내의 노드(node)들을 직접 연결하는 반면 전 방향 통번역은 개념적 메모리를 통해 진행이 된다고 주장했다. 또한 유창한 이중언어 화자와 상대적으로 덜 유창한 이중언어 화자에 있어 일종의 비대칭 효과도 관찰되었는데, 이러한 비대칭 효과는 특히 덜 유창한 이중언어 화자에게서 더 큰 것으로 나타났다(크롤과 스튜어트, 1994).

PET를 이용한 한 연구에서는 동시통역 중에 통역사들의 뇌 활성화 패턴이 통역 방향에 영향을 받는다는 사실을 보고했다. 즉 L2로의 통역인 경우 좌측 대뇌반구의 배외측 전두 피질이 집중적으로 활성화되었다. 이는 처리 요구가 증가한 때문으로 추정된다[린 외(Rinne et al.), 2000]. 그 결과 앞서 언급한 것처럼 전 방향 통번역(L1 → L2)에서는 의미 경로가 주로 작동을 하는 반면 후방향 통번역(L2 → L1)에서는 어휘 경로가 주로 작동하는 것으로 추정할 수 있다(프라이스 외, 1999).

fMRA 기법을 활용한 한 연구에서는 전 방향 통번역과 후방향 통번역 사이의 차이점을 관찰했다. 자극이 반복적으로 제시될 때, 즉 첫 번째 자극이 제시되고 나서 몇 초 후에 다음 자극이 제시될 때는 뇌 활성화가 감소하는 적응(adaptation) 현상이 일어난다. 이러한 효과를 가리켜 "반복 억제(repetition suppression)"라고 부른다[데시모네(Desimone), 1996; 그릴-스펙터 외(Grill-Spector et al.), 1999; 그릴-스펙터, 헨슨과 마틴(Grill-Spector, Henson and Martin), 2006]. 클라인 등(Klein et al., 2005)이 수행한 fMRA 연구에서는 4세 이후에 L2를 습득한 영어-불어 이중언어 화자들에 있어 단어 말하기에서 언어 내 그리고 언어 간의 적응 현상을 고찰했다. 본 연구에서는 L1과 L2 처리 시 체적 요소(voxel) 내 기능적 특이성이 나타나는지를 살펴봤다. 복셀은 영상기법을 이용한 연구에서 사용되는 체적 단위로, 1 픽셀은 약 6만 개의 뇌세포를 나타낸다. 저자들은 많은 뇌 부위가 L1과 L2 모두에 관여하고 있지만, 후방향 통번역 대비 전 방향 통번역에 있어 적응 현상의 차이가 발생했음을 관찰했다. 연구자들은 이러한 결과가 이중언어 화자들이 어휘 층위에서는 L1, L2 신경 물질을 공유하고 있지만 공유하는 부위 내의 일부 뉴런은 언어별 뉴런 반응을 보인다는 사실을 잘 보여 주는 것으로 해석했다.

다양한 신경영상기법 연구를 통해, 통번역과 언어 선택 프로세스에서는 피질과 하부 피질 부위를 포함해 통번역과 언어 선택에 관여하는 고유한 분산 네트워크 활성화가 일어난다는 것을 입증했다. 즉 언어 스위칭 대비 통번역과 같은 복잡한 언어 교차 활동의 경우 수반되는 인지 프로세스들이 뇌에서 같은 강도로 동시에 촉발되는 것은 아님을 알 수 있다. 예를 들면, 통번역의 경우는 전방 대상피질과 하부 피질 기저핵(basal ganglia) 구조물 내 활성화가 증가한 반면 언어 스위칭의 경우는 브로카 영역과 연상회(supramarginal gyrus) 부위가 높은 활성화를 보였다(프라이스 외, 1999). 비언어 스위칭 과제 대비 언어 스위칭 과제 조건인 경우에는 우측 배외측 전전두 피질의 활성화가 증가하는 것으로 보고되었다(에르난데스 외, 2001).

이러한 연구 결과가 전문 통번역사의 인지에 관한 연구에 시사하는 바는 물론 현재로서는 완전히 명확한 것은 아니지만, 기억 프로세스에 관여하는 뇌 영역들이 통번역을 매개하는 반면 스위칭 기능에 있어서는 주로 전전두 부위가 많이 관여를 한다는 것이다. 이제 남은 질문은 그렇다면 언어활동 연습을 많이 할 경우 이것이 통번역 방향과 관련된 "경로"를 바꾸느냐 하는 문제이다. 즉 유의미한 과제 유창성과 언어 유창성 효과가 있는지를 규명해 보는 일이 될 것이다.

5. 신경 기질, 언어 선택, 이중언어 화자의 뇌

이중언어 화자의 뇌를 이해하기 위한 신경생리학 연구에 있어 동원어(同源語: cognate) 연구를 활용할 수 있다. 일반적으로 동원어는 언어별로 뇌에서 어느 정도 서로 다르게 나타난다고 전제를 하고 있는데, fMRA와 같은 특정 연구 툴들을 활용할 경우 이를 효과적으로 규명할 수 있을 것이다. 앞서 설명한 바와 같이 적응 개념에 따르면 반복을 할 경우 당초 자극이 주어졌을 때 활성화되었던 뇌 부위의 활성화 정도는 감소한다[섹터와 버크너(Schacter and Buckner), 2000; 위그스와 마틴(Wiggs and Martin), 1998; 바그너, 쿠츠탈, 마릴, 섹터와 버크너(Wagner, Koustall, Maril, Schacter and Buckner), 2000]. L1에서 하나의 단어를 반복적으로 제시할 경우 L1에 맞춰진 복셀 내 뉴런의 활성화를 억제할 것이라는 가정에 바탕을 두고, fMRA를 이용해 L1, L2에서 동일한 의미를 지니는 동원어의 뇌 활성화 정도와 L1, L2 내 서로 다른 단어의 뇌 활성화 정도를 측정했다. 복셀 내 뉴런들이 언어에 민감하지 않다면, L2 단어를 제시할 경우에도 계속해서 적응 프로세스가 진행될 것이다. 하지만 복셀이 이질적인 뉴런 그룹들을 포함하고 있고 이들 각각의 뉴런 그룹들이 각기 다른 언어에 맞춰져 있다면, 각각의 개별 언어 "아이템"은 새로운 언어 고유의 뉴런 그룹을 활성화시킬 것이라고 유추해 볼 수 있겠다. 이에 따라 L2 뉴런에 반응을 할 때 적응 상태에서 벗어나게 되고, 따라서 강력한 fMRA 신호가 나타나게 된다(그릴-스펙터 외, 1999).

fMRA를 이용한 이중언어 화자 뇌 연구에서 피험자들에게 중국어 한자와 영어 단어를 읽는 과제를 수행하도록 했다(지 외, 2003). 피험자들의 반응을 분석해, 한 단어와 그에 대한 통역 결과물이 동일한 신경 기질을 공유하고 있는지 그리고 동일한 의미를 지닌 단어들이 의미 처리와 관련이 있는 뇌 부위에서 반복 효과를 유발시키는지 등을 살펴봤다. 본 연구에서는 중국어와 영어 두 언어 모두에 있어 의미-민감 효과가 좌측 전전두(prefrontal)(배외측과 하측 포함), 좌측 중측두(mid-temporal)와 좌측 두정엽 부위에서 관찰되었다. 언어 민감 부위는 배외측 전전두 부위와 외측 측두 부위로 나타났는데, 이들 부위 중 일부는 단어 의미에 민감한 부위와 겹친다. 이러한 결과에 대한 해석으로 서로 다른 두 개 언어가 믹스되는 상황에서 활성화가 더 높게 나타난 것은 전두엽의 집행 프로세스가 가동되면서 스위칭 비용이 발생했다는 것을 의미한다고 해석해 볼 수 있다. 하지만 또 다른 해석은 L2와 L1 프로세싱에 있어 서로 다른 뉴런 집단이 관여했을 수도 있다는 것이다. 이러한 연구 결과가 궁극적으로 시사하고 지지하는 뇌 조직 모형은, 서로 다른 의미 민감도와 언어 민감도를 지닌 뉴런 네트워크가 뇌의 동일한 넓은 부위에 공존하고 있지만 보다 세부적인 단계에서는 언어별로 차이가 존재하는 형태이다.

이러한 연구 결과가 시사하듯이, 이중언어 화자 관련 연구와 통번역 연구에 있어 중요한 연구 주제의 하나는 바로 L2 프로세싱에 관여하는 신경 기질들이 L1 신경 기질들과 동일한가 하는 문제이다. 이중언어 화자들이 하나의 언어 내에서 그리고 서로 다른 언어 간에 탐색을 할 때 동일한 피질이 관여하는지를 살펴보고자 PET 영상기법을 활용한 연구를 진행했다. PET와 fMRI 연구 결과, 이중언어 화자 피험자들에게 있어[페라니 외, 1996; 지 외, 1999a; 지 외, 1999b; 프라이스 외, 1999; 이예스 외(Illes et al.), 1999; 에르난데스, 마르티네스와 코너트(Hernandez, Martinez, and Kohnert), 2000] 서로 다른 언어 간 그리고 서로 다른 과제 간에[클라인, 자토레, 밀너, 마이어와 에반스(Klein, Zatorre, Milner, Meyer and Evans), 1994; 클라인, 자토레, 밀너, 마이어와 에반스, 1995; 클라인, 밀너, 자토레, 자오와 니켈스키(Klein, Milner, Zatorre, Zhao and Nikelski), 1999] 유사한 대뇌 활성화 패턴이 관찰되었다. 하지만 이중언어 화자들의 언어 우세 반구 내에서 L1과 L2의 활성화 패턴이 서로 다르게 나타날 수 있다는 일부 연구 결과도 있다. L2 습득 연령과[예: 김, 렐킨, 리와 히르쉬(Kim, Relkin, Lee and Hirsch), 1997; 드앤 외(Dehaene et al.), 1997] 언어 유창성이(페라니 외, 1998) 이러한 차이를 설명하는 데 도움이 될 수도 있을 것이다.

5.1. 임상 사례 연구로부터 도출할 수 있는 시사점

실어증 회복기 환자들을 대상으로 한 임상 사례들 역시 이중언어 화자 뇌의 특성에 관한 유용한 시사점을 제시한다. 화자가 "이중언어 모드"(그로장, 2001)를 가동시킬 때 언어 선택은 좌뇌의 전전두 기저핵 신경 네트워크에 의해 통제를 받는 것으로 보인다[크리니온 외(Crinion et al.), 2006]. 일부 임상 연구에서도 좌뇌의 연상회가 어느 정도 역할을 하고 있다고 보고하고 있다(에르난데스 외, 2001에 인용된 파라디스, 1983). 언어를 믹스하거나 스위칭하는 병리학적 증상을 보이는 환자들과 이중언어 화자 실어증 환자들에게 있어 하나의 언어만 회복되는 현상은 선택적 언어 회복 상황에서[아글리오티와 파브로(Aglioti and Fabbro), 1993] 언어 선택 기제가 작동하지 않기 때문이거나(그린, 1998) 혹은 좌뇌 전전두 피질 병변[파브로, 스크라프와 아글리오티(Fabbro, Skrap, and Aglioti), 2000]이나 좌뇌 기저핵 병변[아부탈레비, 미오조와 카파(Abutalevi Miozzo, and Cappa, 2000)으로 인해 언어 스위칭 통제가 제대로 이뤄지지 않기 때문으로 유추해 볼 수 있다. 대체로 이중언어 화자 실어증 환자의 회복 패턴에 대한 임상 연구 결과는 언어 선택에 있어 경쟁 모형이 작동한다는 사실을 뒷받침해 주고 있다. 다만 이러한 언어 선택 경쟁 모형을 모두가 수용하고 있는 것은 아니다[코스타와 카라마자, 1999; 로엘로프스(Roelofs), 2003].

신경심리 환자들에 대한 연구 결과 역시 언어 스위칭과 통번역에 배외측 전전두 피질이 관여하고 있을 수도 있음을 시사한다. 전두엽이 언어 처리, 특히 우세 언어 반응을 억제하는 데 관여하고 있다는 것을 뒷받침하는 증거가 존재한다[부르게스와 셸리스(Burgess and Shallice), 1996]. 사실 이중언어 화자들이 전두엽에 손상을 입게 되면 대화 시 그리고 그림 이름 말하기 과제를 수행할 때 의도하지 않은 언어 믹싱이 발생할 수 있다[스텡걸과 젤마노비츠(Stengel and Zelmanowicz), 1933]. 또 전두엽에 손상을 입은 환자들의 경우에는 색깔 신호에 따라 언어를 스위칭해서 숫자를 말하는 과제를 수행할 때 색깔 신호에 맞는 언어로 숫자를 정확하게 말하지 못하는 경우들도 있었다[뮤터와 험프리스(Meuter and Humphreys), 1997].

또 다른 신경심리 환자들에 대한 연구에서는 연상회 부위가 통번역과 언어 스위칭 과제수행에 있어 핵심적인 영역이라는 것을 잘 보여준다[허쉬만과 푀츨(Herschmann and Potzl), 1983; 카우더스(Kauders), 1983; 푀츨, 1983]. 하지만 다른 환자들에 대한 연구에서는 이들 부위의 병변이 있는 일부 환자들의 경우 언어 스위칭에 있어 문제가 없다고 보고하고 있다[글로닝과 글로닝(Gloning and Gloning), 1983; 밍코스키(Minkowski), 1983]. 임상 연구에 있어 이처럼 상이한 연구 결과가 나온 것은 병변의 심각성 정도와 위치 차이, 연구 방법론의 차이, 언어 습득 연령 차이와 언어 유창성과 같은 피험자들의 다른 변수들에서 기인하는 것으로 해석할 수 있을 것이다. 전반적으로 뇌병변 이중언어 환자들에 있어 언어별로 그 회복 정도가 차이를 보인다는 초기 임상 연구 결과들은 두 개의 서로 다른 언어에 있어 서로 다른 신경 기질들이 관여하고 있다는 사실을 시사하고 있지만, 신경영상 연구에서는 일반적으로 L1과 L2 모두 동일한 뇌 영역이 관여하고 있다는 명확한 증거들을 제시하고 있다.

5.2. 언어 보편적 프로세스 vs. 특정 언어별 프로세스

단일언어 화자와 이중언어 화자 피험자들에게 있어 비도착어의 음운 간섭 현상을 고찰한 연구에서, 로드리게스-포네스(Rodriguez-Fornells)와 동료들은(2005) 피험자들에 대한 행동 분석, 전기생리학적 검사와 fMRI 실험을 통해 이중언어 화자 피험자들이 도착어로 그림 이름을 소리 내지 않고 마음속으로 말하는 과제를 수행할 때 음운적 간섭이 발생한다는 사실을 보고했다. 이들 연구자들은 이중언어 화자들이 이러한 간섭을 통제하고자, 좌뇌 중간 전전두엽(브로드만 영역 9, 46) 보조운동영역과 같이 특정 언어에만 관여하는 것이 아니라 모든 언어에 관여하는 언어 보편적 영역들을 활성화시킨다고 주장했다. 크리니온 등(2006)은 이중언어 화자 피험자들을 3개 그룹으로 나눠 의미 결정 과제를 수행하도록 했다. 그 결과 좌뇌의 미상핵(caudate nucleus)이 언어 변화에 민감하게 반응했는데, 이는 이 부위가 선택된 언어를 모니터링하고 통제하는 데 역할을 하고 있음을 시사한다. 하지만 전전두엽 및 두정엽 부위 역시 인지 및 집행 주의력 통제 기제에도 관여하는 것으로 짐작되는 바, 특정 언어별 집행 통제가 아닌 언어 보편적 집행 통제 기능에 관여한다고 볼 수 있다[디에스포시토, 데트레, 알소프와 신(D'Esposito, Detre, Alsop and Shin), 1995; 스웨인슨 외(Swainson et al.),

2003; 브라스, 울스퍼거, 크노쉐, 본 크라멘과 필립스(Brass, Ullsperger, Knoesche, von Cramen and Phillips), 2005; 네벨 외(Nebel et al.), 2005; 셀리스, 1994].

언어 스위칭의 신경생리학적 상관관계가 특정 언어별 기제로서 나타나는지 아니면 일반적인 인지 통제 기제인지를 살펴보기 위해, 카테브, 아부탈레비, 미첼, 페그나, 리-양케와 아노니(Khateb, Abutalebi, Michel, Pegna, Lee-Jahnke and Annoni, 2007)는 피험자들이 이미지 이름 말하기 과제를 수행할 때 과제 선택 프로세스 대비 언어 선택 프로세스와 관련이 있는 사건관련전위(ERP: event-related potentials)를 분석했다. "과제 선택 상황"(단일언어)에서는 피험자들에게 이미지를 주고 각 이미지에 이어 바로 신호 단어(cue word)를 제시하고, 이를 바탕으로 피험자들은 이미지 이름 혹은 이미지와 관련된 동사를 L1으로 말하도록 했다. "언어 선택 상황"에서는 이중언어 화자 피험자들에게 다른 이미지들을 주고 신호 단어를 제시한 후 이를 바탕으로 이미지의 이름을 L1이나 L2로 말하도록 했다. 언어 스위칭에 관여하는 신경계가 하나의 언어 사용역에서 다른 언어 사용역으로의 스위칭에 관여하는 시스템과 동일하다면, 과제 선택 상황과 언어 선택 상황에 있어 모두 L1으로 이미지 이름을 말할 때 촉발되는 ERP 반응은 다르지 않을 것이라고 추정했다.

이 연구 결과, 신호 단어를 제시한 후 220-300밀리초 사이에 ERP 차이가 나타났으며 언어 선택 상황에서 좌뇌 중앙의 전두 중심전회(precentral gyri), 연상회, 각회(angular gyri)의 활성화가 더욱 증가했다. 이러한 연구 결과는 보편적 인지 프로세스와 언어 처리의 두 가지 프로세스에 모두 관여하는 신경 네트워크를 통해 언어 선택이 이뤄진다는 것을 시사한다고 해석해 볼 수 있겠다.

5.3. 음운 간섭 및 유창성

어휘 항목의 활성화는 모든 언어에서 보편적으로 나타나는 현상일 수 있지만[콜로메, 2001; 코스타, 카라마자와 세바스티안-가예스(Costa, Caramazza, and Sebastian-Galles), 2000; 허먼스, 본가에르츠, 드 봇과 슈로더(Hermans, Bongaerts, de Bot, and Schreuder), 1998], 해당 어휘의 음운적 형태가 두 개 언어에서 모두 활성화되는지 여부는 추가적인 규명이 필요한 문제이다. 이러한 문제를 규명하고자 설계된 한 연구에서는 변형된 형태의 그림-단어 간섭 패러다임을 이용해, 비우세어(영어)로 이름 말하기 과제를 수행하는 과정에서 우세어(네덜란드어)로부터의 간섭 현상이 일어나는지를 고찰했다. 연구자들은 어휘 선택 과제를 수행하는 과정에서 이중언어 화자들은 비목표어로부터의 간섭을 피할 수 없다고 결론을 내렸지만, 음운 코드화 과정에서의 간섭 현상을 입증하는 명확한 증거는 찾을 수 없었다(허먼스 외, 1998).

반면 다른 패러다임을 활용해 수행한 연구에서는 이와 정반대되는 결론을 도출했다(코스타 외, 2000; 콜로메, 2001; 로드리게스-포네스 외, 2005; 로엘로프스, 2003). 예를 들면, 동원어 조작을 활용한 연구에서, 코스타 등(2000)은 스페인어-카탈란어 유창성이 아주 높은 이중언어 화자들의 경우에는 비반응어의 음운이 활성화된다는 결론을 도출했다. 피험자들이 비동원어에 반응하는 시간보다 동원어에 반응하는 시간이 더 짧다는 사실은 동원어 촉진 효과가 존재한다는 것을 의미한다. 이러한 현상은 스페인어와 카탈란어 두 개 언어의 어휘 항목이 모두 활성화됨에 기인하는 것으로 해당 어휘 항목의 활성화로 인해, 그에 대응하는 음운 세그먼트가 활성화된다. 사실 이러한 동원어 촉진 현상은 L2 유창성 수준뿐 아니라 우세어인 L1의 유창성 수준이 서로 다른 화자들에게서도 나타난다[크리스토펠스, 드 그루트와 왈도르프(Christoffels, de Groot and Waldorp), 2003; 크리스토펠스, 포르미사노와 실러(Christoffels, Formisano and Schiller), 2006].

앞서 언급했듯이 유창성 수준이 높은 이중언어 화자들의 경우 L2에 비해 L1으로 그림 이름을 말할 때 반응시간이 더 짧게 나타났는데, 이는 유창성 수준이 높은 이중언어 화자들이라 하더라도 우세어와 비우세어가 존재한다는 것을 의미한다[예: 첸과 륭(Chen and Leung), 1989; 크리스토펠스 외, 2006; 포터, 소, 본 에카르트와 펠드만(Potter, So, von Eckardt, and Feldman), 1984]. 하지만 이러한 L1과 L2 간 이름 말하기 반응시간 차는 사라질 수도 있고 반대로 나타날 수도 있다. 즉 L1보다 L2로 그림 이름 말하기 반응시간이 더 짧은 경우들도 있었는데[코스타와 산테스테반, 2004; 코스타, 롤스트레트와 하르츠슈이커(Costa, Roelstraete and Hartsuiker), 2006; 뮤터와 올포트, 1999; 필립과 코흐(Philipp and Koch), 2006; 크롤 외(Kroll et al.), 2006], 이는 언어 간 스위칭이 L1 생성에 영향을 미칠 수 있음을 의미한다.

이중언어 화자들이 말할 때 L1과 L2 사이에 어떻게 스위칭을 하는지 살펴본 연구에서는 L1(독일어)과 L2(네덜란드어) 유창성 정도가 다른 이중언어 화자들을 대상으로 그림 이름 말하기 과제를 수행하도록 하고 ERP와 반응시간을 측정했다. 피험자들은 L1 혹은 L2 중 하나로 그림 이름을 말하거나(예: 고정 언어 상황), L1과 L2간에 언어를 스위칭해(예: 가변 언어 상황) 가면서 그림 이름 말하기를 수행했다. 이 연구에서는 등가어 혹은 동원어의 형태적 유사성을 인위로 조작했다. 연구자들은 L1과 L2에서 동원어 촉진 효과가 나타났다고 보고했는데, 이는 고정언어 상황과 가변 언어 상황에서 모두 비반응어의 음운 활성화가 일어나는 것으로 해석할 수 있다. ERP 데이터를 보면 동원어 효과가 작지만 안정적으로 나타나고 있음을 알 수 있다. ERP 파형을(275-375밀리초와 375-475밀리초) 보면 언어 스위칭이 두 개 언어에 있어 동일한 스위칭 비용을 유발함을 알 수 있다. L1은 특히 가변 언어 상황에서 영향을 받는 것으로 나타났다. 즉 ERP 반응시간이 L2보다 L1에서 더 느리게 나타났다는 것이다[크리스토펠스, 퍼크와 실러(Christoffels, Firk and Schiller), 2007].

앞서 논의했듯이 의도한 언어를 선택하고 하나의 언어에서 다른 언어로의 언어 스위칭을 중개하는 기제를 규명하는 일은 여전히 중요한 이론적 이슈들이다. 특히 유창성 수준 등과 같은 다양한 변수들이 스위칭 프로세스에 영향을 주고, 스위칭 프로세스와 상호작용을 할 가능성이 높다. 이러한 문제들을 살펴보는 데 있어 혈류 흐름의 변화를 매핑하는 기능적 영상 연구들을 통해 유창성 수준이 높은 이중언어 화자들이 여러 다양한 언어로 언어 과제들을 수행할 때 뇌의 유사한 부위가 활성화되는 패턴을 확인할 수 있었다. 유창한 이중언어 화자들은 머릿속으로 L1으로 다시 번역할 필요 없이 L2로 개념에 직접 접근할 수 있다는 연구 결과도 있다[지, 혼, 리와 순(Chee, Hon, Lee and Soon), 2001]. 따라서 유창성 수준이 높아질 경우 대개 이중언어 화자의 뇌가 조직되는 방식에 있어서도 특이한 변화가 수반될 가능성이 높다.

6. 언어 처리와 기억

번역-인식 과제를 이용해, 비질-콜레트, 페레스-오예와 가르시아-알베아(Vigil-Colet, Pérez-Ollé and Garcia-Albea)는 카탈란어와 스페인어 유창성이 높은 24명(여성 17명, 남성 7명)의 대학생 피험사들을 대상으로 언어 처리와 기억 표상을 분석했다. 피험자 중 12명은 카탈란어가 L1이었고 나머지 12명은 스페인어가 L1이었다. 이들 피험자들의 경우 단어 빈도와 과제 유형이 반응시간과 P300 진폭에 유의미한 영향을 미쳤으며, 언어 우세성에 따른 유의미한 상호작용을 보였다. 이들 연구자들은 ERP 데이터 분석을 통해 다음과 같은 추론이 가능하다고 주장한다. 먼저 자극 인식 과정에서의 P300-P600 복합체가 단기 기억과 관련이 있으며, 또한 P300과 P600 진폭 둘 다 자극 관련성을 보여 줄 뿐만 아니라 자극과 단기 기억 내 자극 표상 간의 일치 수준도 보여 준다는 것이다(비질-콜레트 외, 2000).

뇌전도측정법(EEG)을 이용해 인지 정보처리 과정에서의 뇌 진동 활동의 기능적 변화와 뇌 구조 내부 그리고 뇌 구조 간의 다이내믹한 상호작용에 대한 고찰이 이뤄졌다. 인지 프로세스 과정, 특히 언어 처리 과정에서의 뇌 진동 다이내믹스상의 기능적 변화 지표로는 사건반응동기화(ERS: event-related synchronization)와 사건반응탈동기화(ERD: event-related de-synchronization) 수치를 사용했다. 세타 대역(4-7 Hz)과 알파 대역(7-13 Hz)은 L1 의미 정보처리를 나타내는데, 세타 대역은 어휘-의미 인출 프로세스와 관련이 있으며 알파 대역 중 높은 구간은(~10-12 Hz) 의미 기억 부하와 관련이 있다[그라브너, 브루너, 리브, 노이페르, 프푸르트쉘러(Grabner, Brunner, Leeb, Neuper, and Pfurtscheller), 2007].

하지만 그동안 세타 파워 변화가 언어에 국한되어 나타나는 현상이 아니라 작업 기억과 관련이 있는 일반적인 인지 처리 과정에서도 나타나며, 대뇌 좌반구 상위 알파 파워가 감소한 것은 의미 처리 작업량이 증가한 것과 관련이 있다는 주장이 제기되어 왔다[클리메쉬, 도펠마이어, 파칭거와 리퍼(Klimesch, Doppelmayr, Pachinger and Ripper), 1997]. 이상을 종합해 보면 이러한 연구 중 일부에서는 수행 과제에 어휘 인출 및 의미 기억 프로세스가 포함되어 있는지 여부에 따라, 세타 대역과 상위 알파 대역에서의 ERS/ERD 측정치에 있어 민감도의 차이가 나타날 수 있음을 시사하고 있다(그라브너 외, 2007).

13명의 통번역 전공 여학생들을 대상으로 한 연구에서 피험자들에게 사용 빈도가 높은 영어 단어와 사용 빈도가 낮은 영어 단어를 시각적으로 제시하고 이를 독일어로 전환하는 과제를 시행하고 시주파수 기법을 이용해 2-50헤르츠 대역에서의 ERS/ERD 반응을 분석해 본 결과, 세타 대역(2-50 Hz)에서는 단어를 제시한 후 200-600밀리초 후에 ERS 반응이 관찰되었고, 베타 대역(20-30 Hz)에서는 400밀리초 후에 ERD 반응이 그리고 알파 대역에서는 200-400밀리초 후에 ERS와 ERD 반응이 관찰되었다. 이러한 결과는 사용 빈도가 높은 단어에 비해 사용 빈도가 낮은 단어를 전환하는 경우 두정엽 세타 ERS와 전두엽 상위 알파 ERD가 더 높게 나타났음을 보여 준다. 또한 본 연구에서는 사용 빈도가 낮은 단어를 성공적으로 전환한 경우에 특히 하위 알파 대역에서의 ERD 반응과 대뇌 좌반구 상위 알파 대역의 ERD가 더 강하게 나타났다. 이에 따라 본 연구의 저자들은 이러한 연구 결과가 세타 대역과 알파 대역의 ERS/ERD 수치가 언어 전환 과정의 어휘-의미 프로세스에 민감하게 반응한다는 사실을 최초로 입증한 것이라고 연구의 의의를 해석했다(그라브너 외, 2007).

다만 이러한 연구 결과만으로는 많은 것을 유추하기에는 아직은 충분하지 못한 상황이다. 하지만 이들 연구 결과는 통번역사들의 어휘 및 의미 전환 프로세스를 이해하는데 ERP와 ERS/ERD 데이터를 활용할 수 있는 가능성을 보여 줬다는 점에서 의의가 있다. 통번역학 연구에 있어 다수의 언어 중개 모형들은 전환 과정에서 의미(개념적) 중개가 핵심적인 역할을 한다고 상정하고 있는데, 위에서 설명한 기법들을 활용한 후속 연구들을 통해 의미 전환의 특징을 규명할 수 있는 실증적 증거를 제시할 수 있을 것이다.

6.1. 동시통역, 기억 및 주의력

동시통역의 복잡성에 대해서는 여러 문헌에서 이미 많은 논의가 이뤄졌으며, 통역에 있어 기억과 주의력이 중요한 역할을 한다는 가설이 정립되었다[코완(Cowan), 2000; 프라우엔펠더와 슈리퍼즈(Frauenfelder and Schriefers), 1997; 모저-머서, 2000; 푀히하커(Pöchhacker), 2004]. 하지만 이러한 가설들을 추가적으로 입증할 수 있는 실증적 증거가 필요한 상황이다[예: 친코타와 언더우드(Chincotta and Underwood), 1998; 다로와 파브로, 1994; 파디야 베니테스(Padilla Benítez), 1995]. 이러한 사실에 입각해, 동시통역 연습 기간이 12개월-60개월 정도인 24명의 통역 전공 석사생들을 대상으로 청취 후, 쉐도잉(shadowing) 후, 조음 억압 후, 동시통역 후 등의 4가지 각기 다른 상황에서 숫자 외우기 과제(digit span task)를 시행하는 연구를 수행했다. 피험자들의 숫자 외우기 과제 성과는 다른 상황에 비해 동시통역 후에 특히 저조했다. 이러한 결과는 4가지 상황 중 통역이 가장 인지적으로 복잡한 과제라 작업 기억 과제를 동시에 수행함에 따라 음성적 간섭 및 분열이 동시에 나타나기 때문으로 해석해 볼 수 있다(다로와 파브로, 1994).

또한 다수의 연구에서 작업 기억 능력이 통역 경험에 비례해 개선되는지 여부를 살펴보고자 초보 통역사와 전문 통역사들의 기억력 성과를 비교했다[친코타와 언더우드, 1998; 리우, 샬레르트와 캐롤(Liu, Schallert and Carroll), 2004; 노르데트와 보그트린(Nordet and Voegtlin), 1998; 파디야 베니테스, 1995]. 동시통역이 특히 주의력이나 작업 기억 등 인지적 자원을 많이 필요로 하는 과제이며, 이들 인지적 자원이 전문적 통역 경험에 비례해 증가할 것이라는 가설에 기반해, 21명의 전문가 수준의 직업 통역사 집단, 18명의 2년 차 통역 학교 학생인 초보 통역사 집단 그리고 2개의 대조군(20명의 다중언어구사자 집단과 20명의 학생 집단)을 대상으로 작업 기억 능력을 테스트하는 과제를 시행했다.

과제수행 상황은 단기 저장(short-term retention)만 하는 경우 단기 저장과 더불어 조음 억압 상황에서 회상 과제(recall task)를 동시에 수행하는 경우 듣기 폭 과제(listening span task)를 수행하는 경우 카테고리와 압운 유추 과제(category and rhyme probe task)를 수행하는 경우 단일언어 혹은 이중언어 상황에서 스트루프 과제(Stroop task)를 수행하는 경우 등으로 구성되었다. 그 결과 단기 저장 과제와 스트루프 과제에서는 피험자 집단 간 유의미한 차이가 관찰되지 않았다. 하지만 조음 억압 상황에서의 자유 회상 과제와, 카테고리 유추 과제, 듣기 폭 과제에서는 피험자 집단 간 유의미한 차이가 관찰되었다. 한편 최고의 성과는 전문 통역사가 아닌 초보 통역사들에게서 항상 나타났다[켑케와 네스폴러스(Köpke and Nespoulous), 2006]. 단기 기억 과제, 특히 음성적 간섭으로 인해 인지적 부하가 증가하는 과제에 있어서는 동시통역을 전문적으로 수행하는 것이 음성적 간섭에 대한 저항력을 키우는 데, 즉 조음 억압에 도움이 될 수는 있다. 하지만 이러한 결과가 초보 통역사에 비해 전문 통역사들이 인지적 통제 능력이 더 뛰어나거나, 조음 억압 과제를 수행할 때 조음 간섭에 저항할 수 있는 능력이 더 뛰어나다는 것을 입증하는 것은 아니다. 사실 전문 통역사와 초보 통역사를 구분하는 문제에 있어서도 문헌들마다 차이가 있는데, 이는 전문 통역사와 초보 통역사의 특징과 이들을 정의하는 데 있어 차이가 있기 때문으로 사료된다.

7. 번역과 언어 스위칭 과제수행 시의 대뇌피질의 활성화 패턴

스트루프 과제와 스트루프 유사 과제를 활용한 번역 수행 연구에서는 전방 대상 피질의 활성화가 증가했음을 보고하고 있다[파르도, 파르도, 야네르와 레이칠(Pardo, Pardo, Janer and Raichle), 1990; 벤치, 퍼스, 그라스비와 프리스톤(Bench, Firth, Grasby and Friston), 1993; 조지 외(George et al.), 1994; 테일러, 콘블럼, 미노시마와 올리버(Taylor, Kornblum, Minoshima and Oliver), 1994]. 스트루프 과제와 언어 스위칭 과제 사이의 연관성은 두 과제 모두 우세한 반응 스키마를 의도적으로 억제한다는 데 그 기반을 두고 있다. 본 연구에서는 특정 색깔이 주어질 때만 피험자들이 시각적으로 제시된 단어를 말하도록 했다.

이중언어 화자들이 하나의 언어에서 다른 언어로 어떻게 전환을 하는지 그리고 두 개 언어 사이에서 어떻게 스위칭을 하는지에 관한 신경학적 상관성을 조사하기 위해, 16명의 21세-39세 독일어-영어 성인 이중언어 화자들을 대상으로 독일어(L1)와 영어(L2)로 혹은 L1과 L2를 번갈아 가며 단어를 제시하고 제시된 단어를 번역하거나 읽는 과제를 시행하고, 이를 PET를 활용해 분석했다. 그 결과 번역을 할 때 전방섬엽(anterior insula), 소뇌, 보조운동영역 등의 조음 관련 부위와 더불어 전방 대상피질하구조(sub-cortical structure)의 활성화가 증가했다.

한편 단어 의미와 관련이 있는 일부 측두 및 두정엽 등 언어 영역에서는 활성화가 감소했다. 이러한 현상은 두 번째 언어로 반응을 활성화할 때 첫 번째 언어의 읽기 반응을 억제하기 때문으로 해석할 수 있다. 이들 연구자들은 이러한 결과가 번역과 언어 스위칭의 경우 활성화 패턴이 서로 다르게 나타나며, 따라서 이는 번역과 언어 스위칭이 어느 정도는 서로 다른 메커니즘에 기반하고 있음을 시사한다고 주장했다(프라이스 외, 1999).

L1과 L2 어휘의 신경 활성화 패턴에 공통점이 존재한다는 데는 대체로 동의를 하고 있지만, 이중언어 화자가 여러 개의 언어를 구사할 때 이중언어 화자의 뇌에서 여러 다양한 언어들이 어떻게 나타나는지에 대해서는 추가적인 규명이 필요하다. 일부 연구에서는 번역 과제수행 시 이중언어 화자의 언어 피질 활성화와 유사한 패턴이 관찰되었음을 보고했다. 즉 영어-스페인어 이중언어 화자들이 의미 판단을 하는 과제를 수행하는 과정에서 좌뇌 전두엽이 활성화되었다(이예스 외, 1999). 마찬가지로 PET를 활용한 또 다른 연구에서도 영어-불어 번역 과제수행 시 이중언어 화자들의 좌뇌 전두엽에서 유의미한 혈류 흐름 증가가 관찰되었으며[클라인, 자토레, 밀너, 마이어와 에반스(Klein, Zatorre, Milner, Meyer and Evans), 1995], 번역과 동시통역 과제수행 시에는 좌

뇌 배외측 전전두엽 피질의 활성화가 보고된 바 있다(린 외, 2000).

상기 연구 결과들을 종합해 보면 번역과 동시통역 과제수행 시 그리고 단일 언어 이름 말하기에 대비 이중언어 이름 말하기 상황에서 좌뇌 전두엽 피질과 좌뇌 배외측 전전두엽 피질이 관여한다는 사실을 유추해 볼 수 있다[에르난데스 외, 2000, 2001; 지 외, 2003; 왕, 쉬에, 첸과 동(Wang, Xue, Chen and Dong), 2007]. 단어 번역 시에는 전방 대상 피질과 하부 피질 기저핵 역시 활성화되었으며 스위칭 시에는 양쪽 뇌의 연상회 부위가 활성화되었다(프라이스 외, 1999).

추가적으로 규명해야 할 이론적 이슈는 비언어 영역과 언어 영역 내에서의 선별적인 활성화를 중개하는 공통된 메커니즘이 존재하는가 하는 문제이다. 하부 피질 기저핵이 손상을 입거나 교란이 일어날 경우 비언어 영역과 언어 영역에서의 선별적인 활성화에 영향을 줄 수 있다는 실증적 증거가 존재한다[노먼과 셸리스, 1980; 카나반, 닉슨과 패싱검(Canavan, Nixon and Passingham), 1989]. 또한 하부 피질 기저핵이 손상을 입을 경우 번역 방향에 영향을 미칠 수 있다는 연구 결과도 존재한다. 예를 들면, L1 및 L2의 자발적 발화가 양호한 한 환자에게서 조가비핵(putamen)의 일부, 미상핵 머리 부분, 미상핵 머리 부분과 좌뇌 속섬유막(internal capsule)에서 허혈성 병변이 보고되었는데, 이 환자는 L2에서 L1으로 번역을 하지 못했지만 L1에서 L2로는 번역이 가능했다(파브로와 파라디스, 1995).

전전두엽, 전방 대상 피질, 연상회, 하부 피실 기서핵 등이 하나의 네트워크를 형성, 인지적 통제 기능에 관여한다는 가설에 입각해[밀러와 코헨(Miller and Cohen), 2001], 언어 선택 시에는 억제 메커니즘에 기반한 인지적 통제가 이뤄진다는 주장이 제기되었는데(아부탈레비와 그린, 2007), 이러한 주장은 이상에서 논의한 다양한 연구 결과와도 일치한다.

7.1. 이해 과제(comprehension task)

그동안 많은 연구가 산출 과제(production task)에 보다 중점을 둔 결과, 이해 과제수행 시의 언어 스위칭 신경 기전을 살펴보는 노력은 상대적으로 미흡했다. 하지만 최근 유창성 정도가 높은 이중언어 화자들을 대상으로 한 ER-fMRI 연구에서는 이해 과제를 시행했다. 본 연구에서는 피험자들에게 L1 → L2로 그리고 L2 → L1으로 예측 불가능한 언어 스위칭이 일어나는 지문을 들려줬다. 문장 구조의 완결성이 언어 스위칭 메커니즘에 미치는 영향을 알아보기 위해 스위칭의 절반은 문장 구조를 잘 지킨 경우 나머지 절반은 문장 구조를 위반한 경우로 문장을 구성했다. 그 결과 스위칭 시에는 양쪽 뇌의 전두엽과 측두엽 관련 부위를 포함해 상당히 광범위한 신경 네트워크가 관여한다는 사실을 알 수 있었다. 규칙적인 스위칭의 경우는 어휘 처리와 밀접하게 관련이 있는 뇌 부위가 활성화된 반면 불규칙적인 스위칭의 경우에는 언어 처리의 구문 및 음성학적 측면에 관여하는 뇌 부위들이 활성화되는 것이 관찰되었다.

본 연구의 저자들은 상대적으로 덜 유창한 언어로 스위칭이 일어날 때 전방 대상피질과 같은 피질하 구조가 활성화된다고 보고했는데, 이는 인지적 통제 및 집행 통제에 관여하는 부위들이 선별적으로 활성화되는 것으로 해석할 수 있다(아부탈레비 외, 2007). 또한 상대적으로 노출이 덜 된 언어, 즉 덜 유창한 언어로 스위칭이 이뤄지는 경우에는 언어 처리 자원을 통제할 필요가 있는데, 이때의 뇌 활성화 패턴은 이중언어 화자들의 언어 우세성을 보여 준다.

한편 다수의 ERP 연구에서는 문장 이해 시의 언어 스위칭을 분석했다[모레노, 페더마이어와 쿠타스(Moreno, Federmeier and Kutas), 2002; 알바레즈, 홀콤과 그레인저(Alvarez, Holcomb, and Grainger), 2003; 프로베르비오, 레오니와 자니(Proverbio, Leoni and Zani), 2004; 잭슨, 스

웨인슨, 뮬린, 커닝톤과 잭슨(Jackson, Swainson, Mullin, Cunnington and Jackson), 2004]. 이들 연구에서는 비스위칭 과제에 비해 스위칭 과제에 있어 비우세 언어에서 우세한 언어로 스위칭이 일어나는 경우가 아니라 우세 언어에서 비우세 언어로 스위칭이 일어날 때, 좌뇌 전두 중앙 부위에서 N400파가 증가한다는 사실을 도출했다.

8. 통번역 프로세스 연구에 흥미로운 단초를 제공할 수 있는 생리학적 연구

기능적 근적외 연속파 분광법(fNIRCWS: Functional Near-Infrared Continuous Wave Spectroscopy)은 두피에서 2센티미터까지 침투 가능하며, 약 0.5센티미터의 공간해상도를 자랑한다[오브리그 외(Obrig et al.), 2000; 오카다 외(Okada et al.), 1997]. 이 기법은 비침습식 영상기법으로 피질 소혈관(예: 모세혈관계, 세동맥계, 세정맥계) 내의 산화헤모글로빈(O2Hb)과 탈산소헤모글로빈(HHb)의 부위별 농도 변화를 매핑하는 데 유용하다. 따라서 이 기법은 산소 공급과 산소 소비 간의 차이를 정량화해 산화 정도의 변화를 보여 주는 방식으로, fMRI[메그노울-쉬퍼 외(Mehagnoul-Schipper et al.), 2002; 토로노브 외(Toronov et al.), 2001]와 PET[호크 외(Hock et al.), 1997]가 신경 활성화 패턴을 보여 주는 반면 이 기법은 신경 활성화 강도 변화를 보여 주는 데 적합한 기법이다.

12개 채널로 이뤄진 fNIRCWS 시스템을 활용한 한 연구에서는 다중언어 피험자들이 짧은 문장을 서로 다른 언어 방향으로 소리 내어 번역할 때 피험자들의 좌뇌 외측 전두엽 피질의 헤모글로빈 변화가 감지되었다[콰레시마, 페라리, 반 데르 슬루이스, 멘센과 콜리어(Quaresima, Ferrari, van der Sluijs, Menssen and Colier), 2002]. 유창한 영어를 구사하는 8명의 네덜란드인 학생 피험자들에게 짧은 네덜란드어 문장을 보여 주고 영어로 소리 내서 번역하거나, 반대로 영어 문장을 네덜란드어로 소리 내서 번역하도록 했다. 그 결과 브로카 영역을 포함하는 좌뇌 하전두 피질(inferior frontal cortex)이 활성화되었는데, 활성화 패턴을 보면 양방향 모두 탈산소헤모글로빈이 살짝 감소한 반면 산화헤모글로빈은 일관되게 증가하는 양상을 보였다. 해당 연구자들은 이러한 결과를 번역 과정에서 브로카 영역이 관여하며, 활성화는 번역 방향에 영향을 받지 않는 것으로 해석했다. 또한 해당 연구는 번역과 같은 언어 처리 과제를 수행하는 과정에서의 대뇌피질 산화도의 공간적 및 시간적 변화를 연구하는 유용한 툴로서 근적외선 분광 기법을 제안했다는 데 중요한 의의가 있다(콰레시마 외, 2002).

한편 주의력, 정보처리, 노력, 감정 및 기억력을 나타내는 지표로 그동안 심박수 변화를 활용해 왔다[다이아몬드, 메이예스와 뮤델(Diamond, Mayes and Meudell), 1996]. 심박수 변화는 번역 과제의 난이도를 측정하는 지표로도 활용되어 왔다. 심박수 측정법은 새로운 자극이 주어졌을 때 처음에는 주의력 자원을 이들 새로운 자극으로 향하도록 반응을 조정하는 과정에서 심박수가 감소했음을 보고한 연구들에 그 기반을 두고 있다[예: 베리(Barry), 1994; 베리와 트레메인(Barry and Tremayne), 1987; 레이시와 레이시(Lacey and Lacey), 1980]. 반면 레이시 등(1963)은 심박수 증가가 머릿속의 사고 과정(mental process)을 촉진한다고 주장했다. 예를 들면 지아나로스, 반 데르 빈과 제닝스(Gianaros, Van der Veen, and Jennings, 2004)는 피험자들에게 의식적인 운동 조절 과제와 더불어 언어 작업 기억 과제와 공간 작업 기억 과제를 시행, 대조 과제(control task)에 비해 인지적 부하가 높은 많은 작업 기억 과제들을 수행할 때 심박수가 유의미하게 증가함을 관찰했다.

최근의 한 연구에서는 단어 번역 시의 심박수 변화를 측정해 번역 과제의 난이도를 나타내는 지표로 사용했다. 해당 연구에서는 통번역 과정에 재학 중인 12명의 학생들에게 익숙한 기술 용어, 생소한 기술 용어와 더불어 사용 빈도가 높은 영어 단어와 사용 빈도가 낮은 영어 단어를 제시하고 이를 모두 독일어로 번역하도록 했다. 그 결과 번역 난이도가 높은 단어들을 번역했을 때 번역 난이도가 낮은 단어들에 비해 심박수 감소가 두드러졌다. 해당 연구의 저자들은 번역 산출물을 타이핑하기 위한 준비 활동으로 인해 심박수의 변화 및 심박수 감소가 촉발되는 것이지, 과제의 난이도에 따라 심박수가 결정되는 것은 아니라고 보고했다. 한편 해당 연구는 최초로 번역 과제 난이도와 심박수 변화 사이의 상관관계를 규명하는 첫 번째 실증적 증거를 제시했다는 데 그 의의가 있다[프푸르트쉘러, 그라브너, 브루너와 노이페르(Pfurtscheller, Grabner, Brunner, and Neuper), 2007].

8.1. 언어 처리와 번역 성과 제고

이상에서 살펴본 연구들은 정상적인 언어 처리 반응을 이끌어 내는 상황하에서 번역과 언어 스위칭 과제들에 대한 반응을 측정했다. 하지만 상당히 흥미로운 몇몇 연구에서는 언어 처리 성과를 의도적으로 변형시키는 외부 메커니즘을 분석했다. 경두개자기자극법(TMS: Transcranial Magnetic Stimulation)과 반복적 TMS(rTMS)는 뇌를 자극하는 비침습식 기법으로 피질 영역을 자극하거나 억제하는 데 사용되어 왔다[험멜과 코헨(Hummel and Cohen), 2006; 탈레리와 로스웰(Talelli and Rothwell), 2006]. rTMS는 저주파수 대역(최대 1Hz)에서 적용했을 때 뇌졸중 후에 나타나는 장해와 유사한 일시적 기능 소실을 유도하면서도 흥분성(excitability)을 억제할 수 있어 "가상 병변 접근법"이라고 불려왔다[파스쿠알-레온, 바르트레스-파즈와 키넨(Pascual-Leone, Bartres-Faz, and Keenan), 1999].

여러 문헌에는 잘 나오지 않지만, 일부 연구에서는 건강한 피험자[보루에르디 외(Boroojerdi et al.), 2001; 모타기 외(Mottaghy et al.), 1999]

와 우울증 환자 피험자(모저 외, 2002)를 대상으로 고주파수 rTMS를 적용한 결과, 두 집단 모두에서 인지 기능이 향상되었음을 보고했다. 예를 들면, TMS는 단어 연관성 과제[브리저스와 딜레이니(Bridgers and Delaney), 1989], 숫자 외우기 과제[두젤, 후푸나겔, 헬름스테드터와 엘거(Duzel, Hufnagel, Helmstaedter, and Elger), 1996], 의미 처리[안도 외(Andoh et al.), 2006], 그림 이름 말하기 과제[네스 외(Naeser et al.), 2005; 카파, 산드리니, 로시니, 소스타와 미누시(Cappa, Sandrini, Rossini, Sosta, and Miniussi), 2002; 모타기 외, 1999; 스파링 외(Sparing et al.), 2001; 토퍼, 모타기, 부르그만, 노스와 휴버(Topper, Mottaghy, Brugmann, Noth, and Huber), 1998; 바세르만 외(Wassermann et al.), 1999] 등 다양한 언어 관련 과제들을 촉진하는 것으로 보고되었다.

한편 TMS와 대비되어 일부 연구에서는 경두개직류자극법(tDCS: Transcranial Direct Current Stimulation)을 활용해 인지 기능을 보다 효과적으로 조절할 수 있다고 제안했다[험멜과 코헨, 2006; 폴러스(Paulus), 2004; 탈레리와 로스웰, 2006]. tDCS를 적용하고 있는 동안, 두피에 붙여 놓은 두 개의 전극을 통해 약한 분극 직류를 대뇌피질에 전달한다. 운동 피질의 tDCS는 피질 흥분성에 장기적인 변화를 가져오는 것으로 보고되었다[니쉐와 폴러스(Nitsche and Paulus), 2001; 니쉐, 리베탄츠, 폴러스와 테르그(Nitsche, Liebetanz, Paulus, and Tergau), 2005].

언어 처리 과정을 조절하는 데 약한 tDCS(예: 전류 밀도, 57 A/cm2)를 활용할 수 있는지를 살펴본 한 연구에서는 15명의 건강한 피험자들에게 후방 페리실비안 영역(PPR: posterior perisylvian region)에 tDCS를 적용하기 전, 적용한 동안 그리고 적용한 후에 그림 이름을 말하도록 했다. 후방 페리실비안 영역에는 베르니케 영역과 브로드만 영역 22가 포함된다. 피험자들은 좌뇌 PPR에 양극 tDCS를 적용한 후에 유의미하게 빠른 반응을 보였다. 한편 과제수행 성과의 저하는 관찰되지 않았다. TMS와 rTMS를 활용한 이전 연구 결과와 본 연구 결과를 종합해 볼 때, 건강한 피험자군과 환자 피험자군에서 모두 일시적인 언어 처리 효율성을 제고하는 데 있어 뇌 자극법이 비교적 안전한 기법이 될 수 있음을 시사한다. 후속 연구에서는 번역 중개 과정 역시 이러한 기법을 활용해 개선할 수 있는지를 검토해 볼 필요가 있겠다[스파링, 다포타키스, 마이스터, 티루그나나삼반담과 핀크(Sparing, Dafotakis, Meister, Thirugnanasambandam, and Fink), 2008].

9. 종합 및 토의: 새로운 연구 가능성

앞서 살펴봤듯이 이중언어 화자를 대상으로 하는 연구에서 도출한 신경학적, 생리학적 실증적 증거들은 통번역에도 어느 정도 중요한 시사점을 지닌다고 하겠다. 방대한 데이터를 분석, 정리한 결과, 여러 연구에서도 이미 입증되었듯이 이중언어 화자들은 어휘 차원에서 L1과 L2 관련 신경 기질들을 공유하고 있지만, 뉴런 하부 조합은 언어별로 고유한 뉴런 반응을 나타낼 수도 있다.

PET와 fMRI 영상기법을 활용한 연구에서는 여러 다양한 언어와 다양한 과제에 걸쳐 유사한 대뇌 활성화 패턴이 나타남을 확인할 수 있었다. 또한 이들 연구 결과 데이터는 통역사와 번역사들이 언어 스위칭을 할 때 처리 비용이 발생한다는 것을 보여 준다. 이는 이중언어 화자들이 L1으로 그림 이름 말하기에 걸리는 시간이 L2로 그림 이름 말하기에 걸리는 시간보다 짧다는 사실에서도 확인할 수 있다. 반면 일부 연구에서는 ERP 파형 조절을 통해 확인할 수 있듯이 L1이건 L2건 동일한 언어 스위칭 비용이 발생한 경우도 있었으며, 또 다른 연구에서는 L2보다 L1의 ERP 반응 속도가 느리게 나타남으로써 특히 L1이 영향을 받는다는 결과도 보고된 바 있다.

한편 언어 방향에 따른 유의미한 효과가 관찰되었는데, 이는 L2에서

L1으로 단어를 번역할 때보다 L1에서 L2로 번역할 때 더 시간이 많이 걸리고 좌측 배외측 전두엽이 특히 많이 활성화되는 것으로 나타났다. 이로써 번역학 연구에서 오랫동안 믿어 왔던 가설, 즉 L2로의 번역이 더 어렵고 성공 가능성이 낮다는 가설에 대한 실증적 증거를 제시했다.

임상 사례 연구들을 통해 언어 선택을 중개하는 메커니즘에 대해 어느 정도 직관적인 이해를 할 수 있게 되었는데, 일부 연구 결과는 언어 선택이 좌뇌 전전두 하부 피질 기저핵 신경망의 통제하에 있음을 시사하고 있으며 다른 연구 결과는 좌뇌 연상회도 중요한 역할을 하는 것으로 파악하고 있다. 번역과 언어 스위칭에 관한 영상화 기법을 이용한 연구들의 경우 서로 다른 활성화 패턴이 나타났는데 이는 번역과 언어 스위칭의 경우 일부 서로 다른 메커니즘이 작용하고 있다는 것을 시사한다. 이는 언어 스위칭 관련 활성화와 억제 메커니즘으로는 번역을 충분히 설명할 수 없다는 것을 시사하는 것으로, 상당히 중요한 연구 결과라고 할 수 있다. 언어 스위칭이 번역의 중요한 구성요소이기는 하지만 번역을 비롯한 여러 언어 중개 활동들은 언어에 국한된 메커니즘뿐만 아니라 다양한 메커니즘들이 관여할 가능성이 높다.

번역과 동시통역에 관여하는 뇌 부위가 일반적인 경로나 회로인지, 아니면 언어와 관련한 특정 경로나 회로인지, 이 둘이 복합적으로 관여하는지에 관한 문제에 대해 그간 활발한 연구가 진행되어 왔다. 실증적 연구 결과에 따르면 이중언어 화자들은 좌뇌의 중앙 전전두 피질(브로드만 영역 9와 46)과 보조운동영역 내 언어 관련 부위가 아닌 다른 부위들도 활성화하는 것으로 나타났다. 다른 연구에서도 이와 맥을 같이하는 연구 결과가 나왔는데, 인지 및 집행-주의력 통제 기능을 동원하는 과제들을 수행할 때 전전두 및 두정엽 영역이 관여하는 것으로 나타났다. 이들 부위는 언어에만 국한되는 집행 통제 회로가 아닌 일반적인 집행 통제 회로에 속한다. 번역과 동시통역 과정의 핵심이 되는 간섭 통제 기능 역시도 언어에만 국한되는 메커니즘이 아닌 일반적인 메커니즘을 구동시킨다. 이러한 연구 결과들은 종합적으로 번역과 번역을 구성하는 하부 프로세스들이 단순한 언어활동이 아니라 보다 복잡하고 고차원적인 문제해결 활동임을 실증적으로 보여 주는 것이다.

또한 다른 일련의 연구에서는 언어 관련 기능들이 유창성 수준에 따라 달라질 수 있음을 시사하고 있다. 즉 유창한 이중언어 화자들은 L1으로 머릿속에서 먼저 전환을 하지 않고 L2에서 바로 해당 개념에 직접 접근할 수 있다는 연구 결과가 보고되었다. 이는 이중언어 화자의 어휘-의미 시스템은 정체된 존재가 아니라 L2에 대한 노출 정도와 특정 언어 과제를 수행하는 데 있어 피험자의 경험의 특성이나 정도에 따라 달라질 수 있다는 것을 의미한다. 물론 상기에서 언급한 기법들을 활용해 후속 연구를 통해 추가적인 규명이 필요하겠지만, 번역의 유창성은 "언어 유창성"뿐만 아니라 "과제 유창성"에 의해 결정될 가능성이 높다. 억제 통제 모형이라는 맥락에서 볼 때, 과제 유창성은 언어 과제와 관련이 있는 스키마를 보다 효과적이고 효율적으로 개발하고 적용할 수 있는 능력이라고 이해할 수 있겠다.

통역과 번역은 일반적인 인지 시스템 내에서 언어 고유의 구성요소들이 작동하는 복잡한 언어 과제라는 점을 고려할 때 최신 영상화 기법들을 활용해 번역과 동시통역을 분석함으로써 번역과 동시통역을 구성하는 하부 프로세스들을 보다 명확히 이해할 수 있는 보다 정교한 정보들을 확보할 수 있을 것이다. 예를 들면, 세타 대역과 상위 알파 대역의 ERS(EEG를 활용한 사건반응동기화)와 ERD(EEG를 활용한 사건반응탈동기화)를 활용해, 의미 기억 프로세스와 어휘 인출 프로세스를 구분할 수 있을 것이다.

본고에서 인용하고 있는 연구들에서는 동시통역과 같은 일부 언어 과제들의 경우 언어처리 부담이 균등하지 않은데, 이것이 다음에 이어지는 과제수행에 영향을 줄 수 있다는 증거들을 제시하고 있다. 통번역학 연구에서는 오랜 동안 동시통역이 더 노력이 많이 들어간다고 믿어 왔는데, 최근의 연구에서는 인지적 노력과 그 효과를 측정하는 새로운 세부적인 접근 방법을 제시하고 있다. 예를 들면, 다른 조건에서보다 동시통역을 수행한 후 숫자 외우기 과제를 했을 때 점수가 하락했다는 연구 결과가 있다. 노력이 많이 들어가는 과제를 수행하는 데 따르는 처리 부담과 난이도 증가는 심박수 변화로도 나타날 수 있다. 훨씬 더 복잡하고 노력이 많이 드는 번역 과제의 경우 주의력 자원을 더 많이 할당하게 됨에 따라 심박수가 감소할 수도 있다.

최근 연구의 특이할 만한 사실은 이들 연구가 언어 과제 성과를 제고할 수 있는 메커니즘을 제시해 줄 수도 있다는 것이다, 비침습식 뇌 자극기법(예: TMS, rTMS, tDCS 등)들은 언어 관련 과제수행을 원활히 해주기 때문에 일시적인 언어 처리 개선을 유도할 수 있는 안전한 방법이다. 이들 기법들은 통역과 번역 성과를 제고하는 데에도 활용될 수 있는 잠재력을 지니고 있다. 또한 언어 과제수행 시 작업 기억, 처리 속도, 집행 기능을 개선하고 자율신경계(예: 심박수 감소)와 신경생리 기능을 바꾸어 놓을 수 있는 방법으로 이들 기법을 활용할 수 있을 것이다. 휴식 혹은 명상 기법 역시 심박수를 조정해 주의력을 높여 줄 수 있는 기법으로, 통역 혹은 번역의 특정 프로세스를 의식적으로 통제하고 조절하는 데 도움이 될 수도 있다. 또한 바이오피드백 기법은 의미 처리 및 어휘 처리에 관여하는 특정 대역 내에서 EEG 주파수를 형성하고 개선하는 데 효과적일 수 있다.

이들 연구 결과, 특히 이상에서 살펴본 뇌영상화 기법들의 실용적인 측면은 이들 기법을 활용해 효율적인 통역과 번역 그리고 그 하부 프로세스들에 대한 신경생리학적 표식자를(marker) 파악할 수 있다는 점이다. 초보 통번역사와 전문 통번역사들을 대상으로 하는 연구에서 통역 및 번역 과제수행 시 실시간으로 생리학적 모니터링을 할 수 있다. 그렇게 되면 통번역학 학자들이(슈리브, 2002) 통번역 전문성 개발과 관련이 있는 것으로 추정해 온 인지적 변화와 관련 있는 중요한 신경생리 데이터를 확보할 수 있을 것이다. 일단 가장 성공적인 언어 중개자의 인지 프로파일을 파악하게 되면 우수한 통번역사가 될 잠재력을 가진 인재들을 파악할 수 있는 방법도 개발 가능해질 것이다.

상기에서 설명한 새로운 기법이나 방법은 후속 연구에 새로운 가능성을 던져 주고 있다. 물론 일부 연구는 나름의 제약이 있기는 하지만 [예: 번역 과제가 단어 층위의 번역에 국한되고 피험자 풀(pool)이 전문 통번역사보다는 이중언어 화자나 언어 학습자들을 중심으로 구성되어 있는 점], 그럼에도 불구하고 향후 연구에 있어 사고발화법, 키보드로깅, 아이트래킹 등의 기존 방법을 넘어 새로운 방법을 제시하고 있다는 점에서 상당히 중요한 의의가 있다. 기존의 억제 통제 모형이나 언어 전환 과제에서 언어 과제 자체의 역할에 중점을 두는 기존의 이중언어 모형에 이들 새로운 기법을 접목시킴으로써, 통번역 프로세스 연구의 관심을 이중언어 연구와 심리언어학 연구 분야 관심과 결합할 수 있는 다양한 실증적인 접근 방법에 한 발 더 가까이 다가갈 수 있을 것이다.

미주

1. 저자들은 편집 작업을 지원해 준 아만다 폴하버(**Amanda Faulhaber**)와 문헌 조사를 지원해 준 캐롤 실로나(**Carol Cilona**)에게 감사의 뜻을 전한다.

참고
문헌

Abutalebi, Jubin, Brambati, Simona M., Annoni, Jean-Marie, Moro, Andrea, Cappa, Stefano F. and Perani, Daniela. 2007. "The neural cost of the auditory perception of language switches: An event-related functional magnetic resonance imaging study in bilinguals." *Journal of Neuroscience* 27: 13762-13769.

Abutalebi, Jubin and green, David. 2007. "Bilingual language production: The neurocognition of language representation and control." *Journal of Neurolinguistics* 20: 242-275.

Abutelabi, Jubin, Miozzo, Antonia and Cappa, Stefano F. 2000. "Do subcortical structures control "language selection' in polygots? Evidence from pathological language mixing." Neurocase 6: 51-56.

Aglioti, Salvatore and Fabbro, Franco. 1993. "Paradoxical selective recovery in a bilingual aphasic following subcortical lesions." *Neuroreport* 4: 1359-1362.

Alvarez, Ruben P., Holcomb, Phillip J. and Grainger, Jonathon. 2003. "Accessing word meaning in two languages: An event-related brain potential study of beginning bilinguals, *Brain and Language* 87: 290-304.

Amrhein, Paul C. 1999. "On the functional equivalence of monolinguals and bilinguals in "monolingual mode": The bilingual anticipation effect in picture-word processing." *Psychological Science* 10: 230-236.

Andoh, J., Artiges, E., Pallier, C., Riviere, D., Manging, J. F., Cachia. A. et al. 2006. "Modulation of language areas with functional MR image-guided magnetic stimulation." *Neuroimage* 29: 619-627.

Barry, Robert J. 1984. *EEG Brain Dynamics: Relations between EEG and Brain Evoked Potentials*. Amsterdam: Elsevier.

Barry, Robert J. and Tremayne, Patshy. 1987. "Separation of components in the evoked cardiac response under processing load." *Journal of Psychophysiology* 1: 259-264.

Barry, Robert J. 2006. "Promise versus reality in relation to the unitary orienting reflex: A case study examining the role of theory in psychophysiology." *International Journal of Psychophysiology* 62: 353-366.

Bastiaansen, Marcel and Hagoort, Peter. 2003. "Event-induced theta responses as a window on the dynamics of memory." *Cortex* 39: 967-992.

Bastiaansen, Marcel and Hagoort, Peter. 2006. "Oscillatory neuronal dynamics during language Comprehension." In *Event-Related Dynamics of Brain Oscillations,* Christa Neuper and Wolfgang Klimesch (eds.), 179-196. Amsterdam: Elsevier.

Bastiaansen, Marcel, van der Linden, Marieke, Keurs, Mariken ter, Dijkstra, Ton and Hagoort, Peter. 2004. "Theta responses are involved in lexical-semantic retrieval during language processing." *Journal of Cognitive Neuroscience* 17: 530-541.

Bench, C.J., Firth, C. D., Grasby, P. M. and Friston, K. J. 1993. "Investigations of the functional anatomy of the attention using the Stroop test." *Neuropsychologia* 31: 907-922.

Boroojerdi, B., Philips, M., Kopylev, L., Wharton, C. M., Cohen, L. G. and Grafman, J. 2001. "Enhancing analogic reasoning with rTMS over the left prefrontal cortex." *Neurology* 56: 526-528.

Brass, Marcel, Ullsperger, Markus, Knoesche, Thomas R., von Cramon, D. Yves and Phillips, Natalie A. 2005. "Who comes first? The role of the prefrontal and parietal cortex in cognitive control." *Journal of Cognitive Neuroscience* 17: 1367-1375.

Bridgers, Samuel L. and Delaney, Richard C. 1989. "Transcranial magnetic stimulation: An assessment of cognitive and other cerebral effects." *Neurology* 39: 417-419.

Burgess, Paul W. and Shallice, Tim. 1996. "Bizarre responses, rule detection, and frontal lobe lesions." Cortex 32: 241-259.

Canavan, A. G., Nixon, P. D. and Passingham, R. E. 1989. "Motor learning in monkeys (Macaca fascicularis) with lesions in motor thalamus." *Experimental Brain Research* 77: 113-126.

Cappa, S. F., Sandrini, M., Rossini, M., Sosta, K. and Miniussi, C. 2002. "The role of the left frontal lobe in action naming." *Neurology* 59: 720-723.

Chee, Michael W. L., Hon, Nicolas, Lee, Hwee Ling and Soon, Chun, Siong. 2001. "Relative language proficiency modulates BOLD signal change when bilinguals perform semantic judgments." *Neuroimage* 13: 1155-1163.

Chee, Michael W. L., Soon, Chun Siong and Lee, Heww Ling. 2003. "Common and segregated neuronal networks for different languages revealed using functional magnetic resonance adaptation." *Journal of Cognitive Neurosicence* 15: 85-97.

Chee, Michael W. L., Caplan, David, Soon, Chun Siong, Sriram, N., Tan, Edsel W. L., Thiel, Thorsten and Weekes, Brendan. 1999. "Processing of visually presented sentences in Mandarian and English studies with fMRI." *Neuron* 23: 127-137.

Chee, Michael W. L., Tan, Edsel W. L. and Thiel, Thorsten. 1999. "Mandarin and English single word processing studied with fMRI." *Journal of Neuroscience* 19: 3050- 3056.

Chen, Hsuan-chih and Leung, Yuen-sum. 1989. "Patterns of lexical processing in a nonnative language." *Journal of Experimental Psychology: Learning Memory, and Cognition* 15: 316-325.

Chincotta, Dino and Underwood, Geoffrey. 1998. "Simultaneous interpreters and the effect of concurrent articulation on immediate memory." *Interpreting* 3: 1-20.

Christoffels, Ingrid K., De Groot, Annette M. and Kroll, Judith F. 2006. "Memory and language skills in simultaneous interpreters: The role of expertise and language proficiency." *Journal of Memory and Language* 5: 324-345.

Christoffels, Ingrid K., De Groot, Annette M. and Waldorp, Lourens J. 2003. "Basic skills in a complex task: A graphical model relating memory and lexical retrieval to simultaneous interpreting." *Bilingualism: Language and Cognition* 6: 201-211.

Christoffels. Ingrid K., Formisano, Elia and Schiller, Niels O. 2006. "Neural correlateds of verbal feedback processing: An fMRI study employment overt speech." *Human Brain Mapping* 28: 868-879

Christoffels, Ingrid K., Firk, Christine and Schiller, Niels O. 2007. "Bilingual language control: An event-related brain potential study." *Brain Research* 1147: 192-208.

참고문헌

Colomé, Angels. 2001. "Lexical activation in bilinguals' speech production: Language-specific or language independent?" *Journal of Memory and Language* 45: 721-736.

Costa, Albert and Caramazza, Alfonso. 1999. "Is lexical selection in bilingual's language specific? Further evidence from Spanish-English bilinguals and English-Spanish bilinguals." *Bilingualism: Language and Cognition* 2: 231-244.

Costa, Albert, Caramazza, Alfonso and Sebastian-Gales, Nura. 2000. "The cognate facilitation effect: Implications for models of lexical access." Journal of Experimental Psychology: Learning, Memory and Cognition 26: 1283-1296.

Costa, Albert, Roelstraete, Bjorn and Hartsuiker, Robert J. 2006. "The lexical bias effect in bilingual speech production: Evidence for feedback between lexica and sublexical levels across languages." *Psychonomic Bulletin and Review* 13: 972-977.

Costa, Albert and Santesteban, Mikel. 2004. "Lexical access in bilingual speech production: Evidence from language switching in highly proficient bilinguals and L2 learners." Journal of Memory and Language 50: 491-511.

Cown, Nelson. 2000. "Processing limits of selective attention and working memory: Potential implications for interpreting." *Interpreting* 5: 117-146.

Crinion, J., Turner, R., Grogan, A., Hanakawa, T., Noppeney, U., Devlin, J. T. et al. 2006. "Language control in the bilingual brain." Science 312: 1537-1540.

Danks, Joseph H., Shreve, Gregory M., Fountain, Stephen B., Mcbeath, Michael K. (eds.). 1997. *Cognitive Processes in Translation and Interpreting.* Sage: Thousand Oaks.

Daro, Valeria andFabbro, Franco. 1994. "Verbak memory during simultaneous interpretation: Effects of phonological interference." *Applied Linguistics* 15: 365-381.

De Bot, Kees and Schreuder, Robert. 1993. "Word production and the bilingual lexicon." In *The Bilingual Lexicon*, Robert Schreuder and Bert Weltens (eds.), 191-214. Amsterdam: Benjamins.

Dehaene, Stanislas, Dupoux, Emmanuel, Mehler, Jacques, Cohen, Laurent, Paulesu, Eraldo, Perani, Daniela et al. 1997. "Anatomical variability in the cortical representation of first and second language." *Neuroreport* 8: 3809-3815.

Demonet, J. F., C., Wise, R. and Frackowiak, R.S. J. 1994. "A PET study of cognitive strategies in normal subjects during language tasks: Influence of phonetic ambiguity and sequence in processing on phoneme monitoring." *Brain: A Journal of Neurology* 117: 671-682.

Desimone, Robert. 1996. "Neural mechanisms for bisual memory and their role in attention." Proceedings of the National Academy of Science USA 93: 13494-13499.

D'Esposito, Mark, Detre, Joh A., Alsop, David C. and Shin, Robert K. 1995. "The neural basis of the central executive system of working memory." *Nature* 378: 279-281.

Diamond, Bruce J., DeLuca, John, Kelley, Sharon M. 1997. "Executive functions and memory impairments in patients with aneurysms of the anterior communicating artery." *Brain* 120: 1015-1025.

Diamond, Bruce J., Johnson, Susan K., Kaufman, Michael and Graves, Linda. 2008. "Relationship between information processing, depression, fatigue and cognition in Multiple Sclerosis." *Archives in Clinical Neuropsychology* 23: 189-199.

Diamond, Bruce J., Mayes, Andrew R. and Meudell, Peter. 1996. "Autonomic and recognition indices of aware and unaware memory in amnesics and healthy subjects" *Cortex* 32: 439-459.

Dijkstra, Ton and van Heuven, Walter J. B. 1998. "The BIA model and bilingual word recognition" In *Localist Connectionist Approaches to Human Cognition*, Jonathon Grainger and Arthur M. Jacobs (eds.), 189-225. Mahwah, NJ: Lawrence Erlbaum Accociates.

Duzel, Emrah, Hufnagel, Andreas, Helmstaedter, Christoph and Elger. Christian. 1996. "Verbal working memory components can be selectively influenced by transcranial magnetic stimulation in patients with left temporal lobe epilepsy." *Neuropsychologia* 34: 775-783.

Fabbro, Franco and Paradis, Michael. 1995. "Differential impairments in four multilingual patients with subcortical lesions." In Aspects of Bilingual

Aphasia, Michael Paradis (ed.), 139-176. Oxford: Pergamon Press.

Fabbro, Franco, Skrap, Miran and Aglioti, Salvatore. 2000. “Pathological switching between languages after frontal lesions in a bilingual patient.” *Neurosurgery & Psychiatry* 68: 650-652.

Francis, Wendy S. 1999. “Cognitive integration of language and memory in bilinguals: Semantic representation.” *Psychological Bulletin* 125: 193-222.

Frauenfelder, U. H. and Schriefers, H. 1997. “A psycholinguistic perspective on simultaneous interpretation” *Interpreting* 2: 55-89.

Freedman, David J., Reisenhuber, Maximilian, Poggio, Tomaso and Miller, Earl K. 2001. "Categorical representations of visual stimuli in the primate prefrontal cortex.” Science 291: 312-316.

French, Robert M. and Jacquet, Maud. 2004. “Understanding bilingual memory: Models and data.” *Trends in Cognitive Sciences* 8: 87-93.

George, M. S., Ketter, T. A., Parekh, P. I., Rosinsky, N., Ring, H., Casey, B. J. et al. 1994. "Regional brain activity when selecting a response despite interference: An H_2^{1} 5O PET study of the Stroop and an emotional Stroop.” *Human Brain Mapping* 1: 194–209.

Gevins, Alan, Smith, Michael E., McEvoy, Linda and Yu, Daphne. 1997. “High-resolution EEG mapping of cortical activation related to working memory: Effects of task difficulty, type of processing, and practice.” *Cerebral Cortex* 7: 374-385.

Gianaros, Peter J., van der Veen, Frederik M. and Jennings, J. Richard. 2004. "Regional cerebral blood flow correlates with heart period and high-frequency heart period variability during working-memory tasks: Implications for the cortical and subcortical regulation of cardiac autonomic activity.” *Psychophysiology* 41: 521-530.

Gloning, I. and Gloning, K. 1983. “Aphasia in polyglots contribution to the dynamics of language disintegration as well as to the question of the localization of these impairments.” *In Readings on Aphasia in Bilinguals and Polyglots*, Michael Paradis (ed.), 681-716. Quebec: Didier.

Gollan, Tamar and Kroll, Judith. 2001. "Bilingual lexical access.” In *A Handbook of Cognitive Neuropsychology: What Deficits Reveal about the Human Mind*, Brenda Rapp (ed.) 321-345. New York: Psychology Press.

Grabner, R. H., Fink. A., Neuper, C. and Neubauer, A. C. 2004. "Intelligence and working memory systems: Evidence of neural efficiency in alpha band ERD" *Cognitive Brain Research* 20: 212-225.

Grabner, Roland Neubauer, Aljoscha C. and Stern, Elsbeth, 2006. "Superior performance and neural efficiency: The impact of intelligence and expertise." *Brain Research Bulletin* 69: 422-439.

Grabner, Roland H., Brunner, Clemens, Leeb, Robert, Neuper, Christa and Pfurtscheller, Gert. 2007. "Event-related EEG theta and alpha band oscillatory responses during language translation", *Brain Research Bullet*in 72: 57-65.

Grainger, Jonathon and Dijkstra, Ton. 1992. "On the representation and use of language information in bilinguals." In *Cognitive Processing in Bilinguals*, Richard J. Harris (ed.), 207-220. Amsterdam: Elsevier.

Grainger, Jonathon. 1993. "Visual word recognition in bilinguals." In *The Bilingual Lexicon*, Robert Schreuder and Bert Weltens (eds.), 11-25. Amsterdam: John Benjamins.

Green, David. 1998. "Mental control of the bilingual lexico-semantic system. *Bilingualism: Language and Cognition* 1: 67–81.

Grill-Spector, Kalanit, Henson, Richard and Martin, Alex. 2006. "Repetition and the brain: Neural models of stimulus specific effects." *Trends in Cognitive Sciences* 10: 14-23.

Grill-Spector, Kalanit, Kushnir, Tammar, Edelman, Shimon, Avidan, Galia, Itzchak, Yacov and Malach, Rafael. 1999. "Differential processing of objects under various viewing conditions in the human lateral occipital complex." *Neuron* 24: 187–203.

Grosjean, Francois. 1992. "Another view of bilingualism." In *Cognitive Processing in Bilinguals*, Richard J. Harris (ed.), 51-62. Amsterdam: Elsevier.

Grosjean, Francois. 1997. "Processing mixed language: Issues, findings, and models." In *Tutorials in Bilingualism: Psycholinguistic Perspectives,* Annette M. de Groot and Judith F. Kroll (eds.), 225-254. Mahwah, NJ: Lawrence Erlbaum Associates.

참고
문헌

Grosjean, Francois. 2001. "The bilingual's language modes." In *One Mind, Two Languages: Bilingual Sentence Processing*, Janet L. Nicol (ed.), 1-22. Oxford: Blackwell.

Hald, Lea A., Bastiaansen, Marcel C. and Hagoort, Peter. 2006. "EEG theta and gamma responses to semantic violations in online sentence processing" *Brain and Language* 96: 90-105.

Hermans, Daan, Bongaerts, Theo, de Bot, Kees and Schreuder, Robert. 1998. "Producing words in a foreign language: Can speakers prevent interference from their first language?" *Bilingualism: Language and Cognition* 1: 213-229.

Hernandez, Arturo E. and Kohnert, Kathryn. 1999. "Aging and language switching in bilinguals." *Aging, Neuropsychology, and Cognition* 6: 69–83.

Hernandez, Arturo E., Martinez, Antigona and Kohnert, Kathryn. 2000. "In search of the language switch: An fMRI study of picture naming in Spanish-English bilinguals." *Brain and Language* 73: 421-431.

Hernandez, Arturo, Li, Ping and MacWhinney, Brian. 2005. "The emergence of competing modules in bilingualism." *Trends in Cognitive Science* 9: 222-225.

Hernandez, Arturo E., Dapretto, Mirella, Mazziotta, John and Bookheimer, Susan. 2001. "Language switching and language representation in Spanish-English bilinguals: An Fmri study." *Neuroimage* 14: 510-520.

Herschmann, H. and Potzl, O. 1983. "Observations on aphasia in polyglots." In *Readings on Aphasia in Bilinguals and Polyglots,* Michael Paradis (ed.), 148-154. Quebec: Didier.

Hock, Christoph, Villringer, Kersten, Muller-Spahn, Franz, Wenzel. Ruediger, Heekeren, Hauke, Schuh-Hofer, Sigrid et al. 1997. "Decrease in parietal cerebral hemoglobin oxygenation during performance of a verbal fluency task in patients with Alzheimer's disease monitored by means of near-infrared spectroscopy (NIRS) – correlation with simultaneous rCBF-PET measurements." *Brain Research* 755: 293-303.

Hummel, Friedhelm C. and Cohen, Leonardo G. 2006. "Non-evasive brain stimulation A new strategy to improve neurorehabilitation after stroke?" The Lancet Neurology 5: 708-712.

참고 문헌

Illes, Judy, Francis, Wendy S., Desmond, John E., Gabrieli, John D., Glover, Gary H., Poldrack, Russel et al. 1999. "Convergent cortical representation of semantic processing in bilinguals." *Brain and Language* 70: 347–363.

Jackson, G. M., Swainson, R., Mullin, A., Cunnington, R. and Jackson, S.R. 2004. "ERP correlates of a receptive language-switching task." *The Quarterly Journal of Experimental Psychology A: Human Experimental Psychology* 57A: 223-240.

Jensen, Ole and Tesche, Claudia D. 2002. "Frontal theta activity in humans increases with memory load in a working memory task." *European Journal of Neuroscience* 15: 1395-1399.

Jescheniak, Jorg D. and Levelt, Willem J. M. 1994. "Word frequency effects in speech production: Retrieval of syntactic information and of phonological form." *Journal of Experimental Psychology* 20: 824–843.

Kauders, O. 1983. "On polyglot responses in a sensory aphasia. In *Readings on Aphasia in bilinguals and Polyglots*, Michael Paradis (ed.), 286–300. Quebec: Didier.

Khateb, Asaid, Abutalebi, Jubin, Michel, Christoph M., Pegna, Alan J., Lee-Jahnke, Hannelore and Annoni, Jean-Marie. 2007. "Language selection in bilinguals: A spatio-temporal analysis of electric brain activity" *International Journal of Psychophysiology* 65: 201-213.

Kim, Karl H., Relkin, Norman R., Lee, Kyoung-Min and Hirsch, Joy. 1997. "Distinct cortical areas associated with native and second languages." *Nature* 388: 171-174.

Klein, Denise, Zatorre, Robert J., Milner, Brenda, Meyer, Ernst and Evans, Alan C. 1994. "Left putaminal activation when speaking a second language: Evidence from PET." *Neuroreport* 5: 2295-2297.

Klein, Denise, Milner, Brenda, Zatorre, Robert J., Meyer, Ernst and Evans, Alan C. 1995. "The neural substrates underlying word generation: A bilingual functional imaging study." *Proceedings of the National Academy of Science USA* 92: 2899–2903.

Klein, Denise, Milner, Brenda, Zatorre, Robert J., Zhao, Viviane and Nikelski, Jim. 1999. "Cerebral organization in bilinguals: A PET study of Chinese-English verb generation." *Neuroreport* 10: 2841-2846.

Klein, Denise, Zatorre, Robert J., Chen, Jen-Kai, Milner, Brenda, Crane, Joelle, Belin, Pascal and Bouffard, Marc. 2005. "Bilingual brain organization: A functional magnetic resonance adaption study." *Neuroimage* 31: 366–375.

Klein, Denise, Zatorre, Robert J., Milner, Brenda, Meyer, Ernst and Evans, Alan C. 1995. "The neural substrates of bilingual language processing: Evidence from positron emission to mography." In *Aspects of Bilingual Aphasia*, Michael Paradis (ed.), 23–36. Oxford, UK: Pergamon Press.

Klimesch, Wolfgang. 1997. "EEG-Alpha rhythms and memory processes." *International Jour of Psychophysiology* 26: 319-340.

Klimesch, W., Doppelmayr, M., Pachinger, Th. and Ripper, B. 1997. "Brain oscillations and human memory: EEG correlates in the upper alpha and theta band" *Neuroscience Letters* 238: 9-12.

Klimesch, W., Doppelmayr, M. Pachinger, T. and Russegger, H. 1997. "Event-related desynchronization in the alpha band and the processing of semantic information." *Cognitive Brain Research* 6: 83-94.

Klimesch, Wolfgang, Schack, Barbel and Sauseng, Paul. 2005. "The functional significance of theta and upper alpa oscillations." *Experimental Psychology* 52: 99-108.

Kopke, Barba and Nespoulous, Jean-Luc. 2006. "Working memory performance in expert and novice interprters." Interpreting 8: 1-23.

Krause, Christina M., Porn, Bodil, Lang, A. Heikki and Laine, Matti. 1997. "Relative alpha desynchronization and synchronization during speech perception" *Cognitive Brain Research* 5: 295-299.

Kroll, Judith F, and De Groot, Annette M. 1997. "Lexical and conceptual memory in the bilingual mapping form to meaning in two languages" In *Tutorials in bilingualism: Psycholinguistic perspectives*, Judith F. Kroll and Annette M. De Groot (eds.), 169-199. Mahwah, NJ: Lawrence Erlbaum Associates.

Judith F. and Peck, A. 1998. "Competing activation across a bilingual's two languages: Evidence from picture naming." *Paper Presented at the 43rd Annual Meeting of the I*nternational Linguistic Association, New York University, New York.

참고
문헌

Kroll, Judith F. and Stewart, Erika. 1994. "Category interference in translation and picture naming: Evidence for asymmetric connections between bilingual memory representations." *Journal of Language and Memory* 33: 149–174.

Kroll, Judith F., Bobb, Susan C. and Wodniecka, Zofia. 2006. "Language selectivity is the exception, not the rule: Arguments against a fixed locus of language selection in bilingual speech." *Bilingualism: Language and Cognition* 9: 119-135.

Lacey, J. I., Kagan, J., Lacey, B. C. and Moss, H. A. 1963. "The visceral level: Situational determinants and behavioral correlates of autonomic response patterns." In *Expression of the Emotions in Man*, Peter H. Knapp (ed.), New York: International Universities Press.

Lacey, Beatrice C. and Lacey, John I. 1980. "Cognitive modulation in time-dependent primary bradycardia." *Psychophysiology* 17: 209–221.

Lee, Ming-Wei and Williams, John N. 2001. "Lexical access in spoken word recognition by bilinguals: Evidence from the semantic competitor priming paradigm." Bilingualism: *Language and Cognition* 4: 233-248.

Levelt, Willem I M. 1989. *Speaking: From Intention to Articulation*. Cambridge, MA: The MIT Press.

Liu, Minhua, Schallert, Diane L. and Carroll, Patrick J. 2004. "Working memory and *expertise in simultaneous interpreting." Interpreting* 6: 19-42.

Mehagnoul-Schipper, D. Jannet, van der Kallen, Bas F., Colier, Willy N. van der Sluijs, Marco C., van Erning, Leon J., Thijssen, Henk O. et al. 2002. "Simultaneous measurements of cerebral oxygenation changes during brain activation by near infrared spectroscopy and functional magnetic resonance imaging in healthy young and elderly subjects." *Human Brain Mapping* 16: 14-23.

Meuter, Renata F. and Allport, Alan. 1999. "Bilingual language switching in naming: Asymetrical costs of language selection." *Journal of Memory and Language* 40: 25-40.

Meuter, Renata F. and Humphreys, Glyn W. 1997. "The frontal lobe and bilingual switching: costs of language selection." In *International Workshop on the Psycholinguistics of Bilingualism*, 20-21. France: University of Provence.

Minkowski, M. 1983. "A clinical contribution to the study of polyglot aphasia especially with respect to Swiss-German." In *Readings on Aphasia Bilinguals and Polyglots*, Michael Paradis (ed.), 205-232. Quebec: Didier.

Miller, Earl K. and Cohen, Jonathon D. 2001. "An integrative theory of prefrontal cortex function." *Annual Review of Neuroscience* 24: 167-202.

Moore, Caroline J. and Price, Cathy J. 1999. "A functional neuroimaging study of the variables that generate category-specific object processing differences." *Brain: A Journal of Neurology* 122: 943–962.

Moreno, Eva M., Federmeier, Kara D. and Kutas, Marta. 2002. "Switching Palabras (words): An electrophysiological study of code switching." *Brain and Language* 80: 188–207.

Moser, D. J., Jorge. R. E., Manes, F., Paradiso, S., Benjamin, M. L. and Robinson, R. G. 2002. "Improved executive functioning following repetitive transcranial magnetic stimulation." *Neurology* 58: 1288–1290.

Moser-Mercer, Barbara. 2000. "Simultaneous interpreting: Cognitive potential and limitations" *Interpreting 5: 83-94.*

Mottaghy, Felix M., Hungs, M., Brugmann, M., Sparing, R., Boroojerdi, B., Foltys. H. Huber, W. et al. 1999. "Facilitation of picture naming after repetitive transcranial magnetic stimulation." *Neurology* 53: 1806-1812.

Naeser, Margaret A., Martin, Paula I., Nicolas, Marjorie, Baker, Errol H., Seekins, Heidi, Kobayashi, Masahito et al. 2005. "Improved picture naming in chronic aphasia after TMS to part of right Broca's area: An open-protocol study." *Brain and Language* 93: 95-105.

Nebel, Katharina, Wiese, Holger, Stude, Phillip, de Greiff, Armin, Diener, Hans-Christoph and Keidel, Matthias. 2005. "On the neural basis of focused and divided attention." *Cognitive Brain Research* 25: 760-776.

Nitsche, Michael A. and Paulus, Walter. 2001. "Sustained excitability elevations induced by transcranial DC motor cortex stimulations in humans." *Neurology* 57: 1899-1901.

Nitsche, M. A., Liebetanz, D., Paulus, W. and Tergau, F. 2005. "Pharmacological characterization and modulation of neuroplasticity in humans." *Current Neuropharmacology* 3: 217-229.

참고
문헌

Nordet, Lilian and Voegtlin, Lara. 1998. *Les tests d'aptitude pour l'interprétation de conférence. La mémoire.* Mémoire pour l'obtention du Diplôme de Traducteur, École de Traduction et d'Interprétation, Université de Genève.

Norman, Donald A. and Shallice, Tim. 1980. *Attention to action: Willed and automatic control of behavior*. La Jolla, CA: University of California.

Obrig, Hellmuth, Wenzel, Rudiger, Kohl, Matthias, Horst, Susanne, Wobst, Petra, Steinbrink, Jens et al. 2000. "Near-infrared spectroscopy: Does it function in functional activation studies of the adult brain" *International Journal of Psychophysiology* 35: 125–142.

Okade, Eiji, Firbank, Michael, Schweiger, Martin, Arridge, Simon R., Cope, Mark and Delpy, David T. 1997. "Theoretical and experimental investigation of near-infrared light propagation in a model of the adult head" *Applied Optics* 36: 21-31.

Padilla, Benitez, P. 1995. "Procesos de memoria y atericion en la interpretacion de lenguas." Tesis Doctoral, Facultad de Filosofia y Letras, Universidad de Granada.

Paradis, Michael. (ed.). 1983. *Readings on Aphasia in Bilinguals and Polyglots.* Quebec: Didier.

Paradis, Michael. 1997. "The cognitive neuropsychology of bilinguals." In Tutorials in Bilingualism: Psycholinguistic Perspectives, Annette M. de Groot and Judith F. Kroll (eds.), 225-254. Mahwah, NJ: Lawrence Erlbaum Associates.

Pardo, Jose V., Pardo, Patricia J., Janer, Kevin W. and Raichle, Marcus E. 1990. "The cingulate cortex mediates processing selection in the Stroop attentional conflict paradigm." *Proceedings of the National Academy of Sciences* 87: 256-259.

Pascual-Leone, Alvaro, Bartres-Faz, David and Keenan, Julian P. 1999. "Transcranial magnetic stimulation: Studying the brain-behaviour relationship by induction of 'virtual lesions'" *Philosophical Transactions of the Royal Society of London Biological Sciences* 354: 1229-1238.

Patterson, Karalyn and Shewell, Christina. 1987. "Speak and spell: Dissociations and word-class effects." In *The Cognitive Neuropsychology of Language*, Max

Coltheart and Giuseppe Santori (eds.), 273-294. Hillsdale, NJ: Lawrence Erlbaum Associates.

Paulus, W. 2004. "Outlasting excitability shifts induced by direct current stimulation of the human brain." *Supplements to Clinical Neurophysiology* 57: 708-714.

Perani, Daniela and Abutalebi, Jubin. 2005. "Neural basis of first and second language processing." *Current Opinions in Neurobiology* 15: 202-206

Perani, Daniela, Dehaene, Stanislas, Grassi, Franco, Cohen, Laurent, Cappa, Stefano F., Dupoux, Emmanuel et al. 1996. . "Brain processing of native and foreign languages." *Neuroreport* 7: 2439–2444.

Perani, Daniela, Paulesu, Eraldo, Galles, Nuria S., Dupoux, Emmanuel, Dehaene, Stanislas, Bettinardi, Valentino et al. 1998. "The bilingual brain: Proficiency and age of acquisition of the second language" *Brain* 121: 1841-1852.

Philipp, Andrea M. and Koch, Iring. 2006. "Task inhibition and task repetition in task switching" *European Journal of Cognitive Psychology* 18: 624-639.

Pfurtscheller, Gert, Grabner, Roland H., Brunner, Clemens and Neuper, Christa. 2007. "Phasic heart rate changes during word translation of different difficulties." *Psychophysiology* 44: 807-813.

Pochhacker, Franz.2004. *Introducing interpreting studies.* London: Routledge.

Potter Mary C., So, Kwok-fai, von Eckardt, Barbara and Feldman, Laurie B. 1984. "Lexical and conceptual representation in beginning and proficient bilinguals." *Journal of Verbal Learning and Verbal Behavior* 23: 23–38.

Potzl, O. 1983. "Aphasia and multilingualism." In *Readings on Aphasia in Bilinguals and Polyglots*, Michael Paradis (ed.), 301-316. Quebec: Didier.

Poulisse, Nanda and Bongaerts, Theo. 1994. "First language use in second language production." *Applied Linguistics* 15: 36-57.

Price, Cathy J., Green, David W. and von Studnitz, Roswitha. 1999. "A functional imaging study of translation and language switching." *Brain: A Journal of Neurology* 122: 2221–2235.

Price, Cathy J., Moore, C. J., Humphreys, Glyn W. and Wise, R. J. 1997. "Segregating semantic from phonological processes during reading." *Journal of Cognitive Neuroscience* 9: 727-733.

Proverbioado, Alice Mado, Leoni, Guliana and Zani, Alberto. 2004. "Language switching mechanism in stimultaneous interpreters: An ERP study." *Neuropsychologia* 42: 1636-1656.

Quaresima, Valentina, Ferrari, Marco, van der Sluijs, Marco C., Menssen, Jan and Colier, Willy N. J. M. 2002. "Lateral frontal cortex oxygenation changes during translation and language switching revealed by non-invasive near-infrared multi-point measurements." *Brain Research Bulletin* 59: 235-243.

Laine, J. O., Tommola, J., Laine, M., Krause, B. J., Schmidt, D., Kaassinen, V. et al. 2000. "The translating brain: Cerebral activation patterns during simultaneous interpreting." *Neuroscience Letter* 294: 85-88.

Rodriguez-Fornells, Antoni, van der Lugt, Arie, Rotte, Michael, Britti, Belinda, Heinze, HansJochen and Munte, Thomas F. 2005. "Second language interferes with word production in fluent bilinguals: Brain potential and functional imaging evidence." *Journal of Cognitive Neuroscience* 17: 422-433.

Roelofs, Ardi. 2003. "Shared phonological encoding processes and representations of language in bilingual speakers." *Language and Cognitive Processes* 18: 175-204.

Rohm. D. Klimesch, W. and Doppelmayr, M. 2001. The role of theta and alpha oscillations for language comprehension in the human electroencephalogram." Neuroscience Letters 310: 137–140.

Schacter, Daniel L. and Buckner, Randy L. 1998. "Priming and the brain." *Neuron* 20: 185-195.

Shallice, Tim. 1994. "Multiple levels of control processes." In *Attention and Performance 15: Conscious and nonconscious information processing*, Carlo Umilta and Morris Moscovitch(eds.), 395-420. Cambridge: The MIT Press.

Shreve, Gregory. 2002. "Knowing translation: Cognitive and experiential aspects of translation expertise from the perspective of expertise studies." In *Translation Studies: Perspectives on an Emerging Discipline*, Alessandra Riccardi (ed.), 150-171. Cambridge: Cambridge University Press.

Shreve, G. M. and Diamond, B. J. 1997. "Cognitive processes in translation and interpreting. Critical issues." In *Cognitive processes in translation and interpreting*, J. H. Danks. G. M. Shreve, S. B. Fountain and M. K. McBeath (eds.), 233-251. Thousand Oaks, CA: Sage.

Sparing, Roland, Dafotakis, Manuel, Meister, Ingo G., Thirugnanasambandam, Nivethida and Fink, Gereon R. 2008. "Enhancing language performance with non-invasive brain stimulation - A transcranial direct current stimulation study in healthy humans. *Neuropsychologia* 46: 261-268.

Sparing, Roland, Mottaghy, Felix M., Hungs, Marcel, Brugmann, Marc, Foltys, Henrik, Huber, Walter et al. 2001. "Repetitive transcranial magnetic stimulation effects on language function depend on the stimulation parameters." *Journal of Clinical Neurophysiology* 18: 326–330.

Stengel, E. and Zelmanowicz, J. 1933. "On polyglot motor aphasia." In *Readings on Aphasia in Bilinguals and Polyglots*, Michael Paradis (ed.), 356-375. Quebec: Didier.

Swainson, R., Cunnington, R., Jackson, G. M., Rorden, C., Peters, A. M., Morris, P. G., Jackson, S. R. 2003. "Cognitive control mechanisms revealed by ERP and fMRI: Evidence from repeated task switching." *Journal of Cognitive Neuroscience* 15: 785-799.

Talelli, Penelope and Rothwell, John. 2006. "Does brain stimulation after stroke have a future?" *Current Opinion in Neurology* 19: 543–550.

Topper, R., Mottaghy, F. M., Brugmann, M., Noth, J. and Huber, W. 1998. "Facilitation of picture naming by focal transcranial magnetic stimulation of Wernicke's area." *Experimental Brain Research* 121: 371–378.

Toronov, Vladislav, Webb, Andrew, Choi, Jee Hyun, Wolf, Martin, Michalos, Antoios, Gratton, Enrico et al. 2001. "Investigation of human brain hemodynamics by simultaneous nearinfrared spectroscopy and functional magnetic resonance imaging." *Mecidal Physics* 28: 521-527.

Vandenberghe, R., Price, C., Wise, R., Josephs, O. and Frackowiak, R. 1996. "Functional anatomy of a common semantic system for words and pictures. *Nature* 383: 254-256.

Vigil-Colet, Andreu, Perez-Olle, Jordi and Garcia-Albea, Jose E. 2000. "The role of the P300 component in a translation recognition task." Psicothema 12: 605-

614.

von Studnitz, Roswitha E. and Green, Davod W. 1997. "Lexical decision and language switching." *International Journal of Bilingualism* 1: 3-24.

Votaw, Marianne C. 1992. "A functional view of bilingual lexicosemantic organization." In *Cognitive Processing in Bilinguals*, Richard J. Harris (ed.), 299–321. Oxford, UK: North-Holand.

Wagner; Anthony D., Koutstall, Wilma, Maril, Anat; Schacter, Daniel L. and Buckner, Randy L. 2000. "Task-specific repetition priming in left inferior prefrontal cortex." *Cerebral Cortex* 10: 1176-1184.

Wallis, Jonathon D., Anderson, Kathleen C. and Miller, Earl K. 2001. "Single neurons in prefrontal cortex encode abstract rules." *Nature* 411: 953-956.

Wang, Yapeng, Xue, Gui, Chen, Chuansheng, Xue, Feng and Dong, Qi. 2007. "Neural bases of asymmetric language switching in second-language learners: An ER-fMRI study." *NeuroImage* 35: 862-870.

Wartenburger, Isabell, Heekeren, Hauke R., Abutalebi, Jubin, Cappa, Stefano F., Villringer, Arno and Perani, Daniela. 2003. "Early setting of grammatical processing in the bilingual brain." Neuron 37: 159-170.

Wassermann, E. M., Blaxton, T. A., Hoffman, E. A., Berry, C. D., Oletsky, H., Pascual-Leone. A. Theodore, W. H. 1999. "Repetitive transcranial magnetic stimulation of the dominant hemisphere can disrupt visual naming in temporal lobe epilepsy patients." *Neuropsychologia* 37: 537–544.

Wiggs, Cheri L. and Martin, Alex. 1998. "Properties and mechanisms of perceptual priming." *Current Opinion in Neurobiology* 8: 227-233.

John Benjamins Series

06 Translation and Cognition

이중언어 어휘 체계 내 동원어(同源語: cognate) 프롬프팅(prompting)

번역 과정에서 어휘에 대한 접근 최적화하기[1)]

막심 I. 스타메노브(Maxim I. Stamenov), **알렉산드 제르가노브**(Alexander Gerganov),
이보 D. 포비바노브(Ivo D. Popivanov)
불가리아 뉴불가리아대학

심리언어학자들은 이중언어 어휘 연구에 프라이밍(**priming**) 기법을 활용한다. 본 논문에서는 번역 과정에서 이중언어 어휘에 대한 접근을 최적화하기 위한 방법으로 프라이밍 기법을 적용, 프라이밍 기법에 기반을 둔 새로운 방법론을 개발할 것을 제안한다. 즉 프라이밍 기법의 일반 내용들을 번역사를 지원하는 목적으로 응용하고자 한다. 프롬프팅 기능을 활용해 번역사들이 찾고자 하는 도착어 단어에 이르는 "최적의 지름길"을 찾는 것을 도와줄 수 있다. 본고의 첫 번째 섹션에서 설명하고 있는 프라이밍과 프롬프팅 개념을 적용, 두 개의 실험을 진행했으며, 실험 내용은 본고의 두 번째 섹션에서 자세히 설명하고 있다. 이러한 실험을 통해, 프롬프팅이 개별 단어의 가짜 동원어(**false cognate**)와 비동원어(**noncognate**)를 온라인상에서 번역할 때 일종의 촉진 효과를 지닌다는 것을 실증적으로 규명했다.

1. 이중언어 사전 등록 단어로서의 동원어

동원어는 한 언어의 단어 중 "다른 언어의 단어와 동일한 기원을 가진 단어"를 가리킨다[불론(Bullon), 2005]. 가짜 동원어는 동일한 언어 내 혹은 서로 다른 언어 내에서 형태와 의미는 비슷하지만 기원이 서로 다른 단어를 가리킨다. 가짜 동원어는 진짜 동원어나 가짜 유사어

(false friends)와는 배치되는 개념이다. 가짜 유사어의 경우는 형태나 소리는 비슷하지만 의미가 다른 경우를 가리킨다. 이들 세 가지 개념 간의 비대칭적 관계로 인해 그 활용도가 달라지고 때로는 오해를 낳기도 한다. 본 논문에서는 (진짜) 동원어의 개념을 보다 확장해서 영어-독일어의 'carrot-Karotte'처럼 그 기원이 반드시 동일하지 않더라도 두 언어에 있어 형태와 의미가 모두 동일하거나 유사한 단어들은 모두 동원어로 간주한다. 한편 가짜 동원어는 영어-독일어의 'become-bekommen' 처럼 실제로는 의미가 서로 다르지만 형태가 동일하거나 유사해 이중언어 화자들로 하여금 의미 역시 동일하거나 유사할 것이라고 착각하도록 만드는 경우를 가리킨다. 실제 독일어 단어 'bekommen'은 "얻다, 받다"라는 의미로 사용된다. 본고에서 채택하고 있는 보다 확장된 개념에서는 동원어와 가짜 동원어(가짜 유사어 포함)를 언어 계보 혹은 언어 접촉의 부산물로 간주한다.

전문가들은 대개 동원어를 이중언어 사전에 등록된 단어의 한 종류로 인식하고 있지만, 어휘론, 사전학, 통번역학 전문가들조차 동원어의 위치와 존재를 과소평가하는 경향이 있다. 일반적으로 동원어, 특히 가짜 동원어들은 단순히 번역사를 속이기 위해 혹은 외국어 학습을 보다 빨리 그리고 보다 정확하게 하도록 언어 조합별로 일부러 고안한 수백 개에 이르는 단어들을 지칭하는 것은 아니다[바르니켈(Barnickel), 1992과 비교]. 또한 동원어는 심리언어학자들이 이중언어 화자들의 심상 어휘(mental lexicon)를 연구하기 위해 특별히 고안한 장치도 아니다[코스타 외(Costa et al.), 2005, 2007; 산체스-카사스와 가르시아-알베아(Sanchez-Casas and Garcia-Albea), 2005와 비교]. 예를 들면, "공유어와 유사어"라는 제목으로 최근 출판된 불가리아어-루마니아어 사전을 보면[칼디에바-자하리에바(Kaldieva-Zaharieva), 2007과 비교], 불가리아어와 루마니아어는 표준 사전에 포함된 용어들까지 합해 약 12,000-13,000 항목의 공유어 내지는 유사어를 보유하고 있음을 알 수 있다.

즉 불가리아어 화자나 루마니아어 화자에게 친숙한 이중언어 어휘의 약 20-25%가 본 논문에서 정의하고 있는 보다 넓은 의미의 동원어에 속한다. 언어 계보로 볼 때, 불가리아어와 루마니아어는 서로 밀접하게 연관성이 있는 언어들은 아니다. 루마니아어는 로마어인 반면 불가리아어는 슬라브어이다. 이 두 언어는 수 세기 간에 걸친 밀접한 언어 접촉을 통해 서로 더 가까워졌다.

오늘날 전 세계적으로 동원어가 확산된 주요인은 정보통신 교류의 글로벌화로 인한 언어 접촉의 확대에서 찾아볼 수 있다. X 언어에서 Y 언어로의 단어 차용이 일어나고, 이 두 언어를 모두 아는 사람들이 있다면 자연히 동원어가 존재하게 된다. 미래에는 전 세계적으로 언어 접촉이 더욱 확산될 것으로 예상되는 바, 보다 다양한 언어 조합에서 더 많은 동원어가 생겨날 것이다. 특히 언어 조합 중 한 언어가 지역 차원 혹은 전 지구적 차원에서 문화적 지배력을 가지고 있고 더 많이 보급된 언어인 경우에는 동원어가 더 많이 생겨날 것이다. 이러한 언어들로는 영어, 스페인어, 불어, 러시아어, 독일어, 중국어 등이 있다. 이러한 현상과 그로 인한 결과에 대한 보다 심층적인 논의는 스타메노브(2009)를 참조하기 바란다.

진짜 동원어, 가짜 동원어, 부분 동원어가 서로 다른 분포를 보인다는 점을 인지할 필요가 있다. 영어와 불가리아어의 경우에는 전문 용어와 차용어를 제외하고 일반적으로 사용되는 진짜 동원어는 약 160단어 정도이고, 가짜 동원어는 약 180단어 그리고 부분 동원어는 2,868단어에 이른다. 이러한 수치는 6만 항목이 수록된 사전을 기준으로 발췌한 것이다[안드레이친 외(Andreychin et al.), 1994]. 한편 영어와 독일어 가짜 동원어는 2,500 항목[베네만 외(Bennemann et al.), 1994], 불어와 독일어 가짜 동원어는 2800 항목(퀴넬(Kühnel), 1995)으로 비슷한 수준이다.

1.1. 이중언어 심상 어휘의 특징과 이중언어 심상 어휘 연구 절차로서의 프라이밍 기법

심상 어휘는 개념적으로 한 개인이 알고 있는 특정 언어의 모든 단어가 저장되어 있는 일종의 저장소라고 할 수 있다. 즉 우리가 머릿속에 가지고 있는 일종의 단일언어 사전이라고 볼 수 있는데, 문제는 실제 어느 정도까지 사전 비유가 적절한가 하는 것이다. 이때 우리는 심상 어휘를 검색하고 인출하는 과정이 "실제" 사전에서 단어를 찾는 과정과는 상당히 다르다는 점에 유의해야 한다. 어휘소에서 정보를 인출하는 과정은 어휘 접근의 형태로 이뤄진다. 어휘에 접근하는 과정에는 눈으로 보거나 귀로 들은 단어의 형태를 어휘소 내에 저장되어 있는 연관어의 의미와 매칭하는 과정이 포함된다. 이때 주목할 점은 정보 인출의 형태와 의미 프로세스는 모두 두 단계에 걸쳐 이뤄진다는 사실이다. 첫 번째 단계는 어휘 활성화로 이는 확률적으로 일어난다. 즉 제시된 자극의 형태와 유사한 어휘를 활성화시킨다는 것이다. 이 단계에서는 방금 제시된 단어와 형태는 다르지만 유사한 의미를 지닌 후보 단어들이 활성화된다. 다음으로 두 번째 단계에서는 어휘 선택이 이뤄지는데, 활성화한 단어 형태 중 하나를 제시된 단어와 가장 잘 매치되는 단어로 선택하게 된다[예: 다이크스트라(Dijkstra), 2005, 2007; 프란시스(Francis), 2005].

어휘 접근 과정과 심상 어휘 구조를 연구하는 데 사용된 핵심적인 실험 절차는 프라이밍 절차이다. 프라이밍 절차를 활용한 실험에서는 대개 피험자들에게 2개의 자극을 쌍으로 순차적으로 보여 줬다 제거하는 방식을 취한다. 첫 번째 자극은 '프라임(prime)'으로 일종의 맥락을 형성하는 역할을 하며, 두 번째 자극은 '타깃(target)'으로 조작을 통해 프라임 맥락에 맞거나 맞지 않는 항목을 제시한다. 초기 프라이밍 연구에서는 '나무'라는 프라이밍 뒤에 나오는 경우보다는 '개'라는 프라이밍 뒤에 나올 때 '고양이'라는 어휘를 더 빨리 선택한다는 사실을 보고했다[마이어와 슈베인벨트(Meyer and Schvaneveldt), 1971]. 또한 프라이밍은 프라임과 타깃 사이의 시간 차가 짧을 경우로 국한되며 프라임을 의식하느냐 여부에 크게 좌우되지는 않는 것을 전제로 했다. 이후 여러 연구에서 타깃을 처리하는 과정이 프라임과 타깃이 어떤 관계인지에 크게 영향을 받을 수 있음이 밝혀졌다[보닌(Bonin), 2003; 발로타 외(Balota et al.), 2006, pp.323-337; 페레아 외(Perea et al.), 2008]. 다양한 유형의 프라이밍으로 인해 프라이밍 효과 역시 다양하다는 사실이 입증되었다. 이에 우리는 본 연구에서 여러 프라이밍 중 시각, 청각, 의미, 구문 프라이밍 등 다양한 프라이밍을 활용했다.

단어 차원의 프라이밍으로 의미 프라임이나 형태 프라임을 채택할 수 있다. 의미 프라이밍은 자극의 의미에 바탕을 두는 것으로 의미 카테고리 분류 등과 같은 의미 파악 과제를 통해 프라이밍 효과를 제고할 수 있다. 예를 들면, '테이블'과 '의자'는 동일 카테고리에 속하기 때문에 '테이블'은 '의자'에 대해 프라이밍 효과를 지닌다. 한편 형태 프라이밍은 'pop-pot'처럼 단어의 음성 혹은 철자 형태를 기준으로 프라임과 타깃이 잘 매치될수록 프라이밍 효과가 높아진다. 이 밖에도 언어 간 프라이밍도 여러 다양한 형태가 존재한다. 영어와 독일어의 경우 'helicopter-Helikopter'처럼 형태와 의미가 동일한 동원어 프라이밍도 존재하며, 'table-Tisch(테이블)'처럼 동일한 의미가 반복되는 프라이밍도 있을 수 있고, 'table-Stuhl(의자)'처럼 의미적 관계로 연결되어 있는 프라이밍도 있다.

한편 프라임을 얼마 동안 제시하느냐에 따라 다양한 프라이밍 방식이 존재한다. 50밀리초 이하로 아주 짧게 제시하는 경우에서부터 400밀리초 정도로 아주 길게 제시하는 경우가 있는데, 길게 제시하는 경우는 피험자들이 시각적으로 프라임을 인지하고 프라임에 대해 보고할 수 있는 충분한 시간이다. 프라임을 아주 짧게 제시하는 경우와 비교적 길게 제시하는 경우를 비교해 보면 그 처리 과정에서 인간의 뇌에서 서로 다른 프로세스를 유발한다는 행동연구 및 신경영상학 연구 결과가 나와 있다[코위더 외(Kouider et al.), 2007]. 프라임과 타깃 간의 시간 관계에 따라, '적극적 전방 프라이밍(forward priming)'과 '반응적(retroactive) 후방 프라이밍(backward priming)'으로 나눌 수 있다. 전방 프라이밍은 문장 처리 과제에서(발로타 외, 2006, p.332-336) 단어들이 계속 나오는 상황에서 다음에 나올 단어를 예측하는 최적의 메커니즘이다. 반면 후방 프라이밍은 두 단어를 처리하는 데 시간적으로 겹치는 부분이 생기는 경우로, 첫 번째 단어를 아직 처리 중인에 두 번째 단어가 제시될 때, 두 단어가 관련성이 없는 경우일 때보다 서로 관련성이 있을 때 두 단어를 보다 신속히 동시에 처리할 수 있다.

최근 몇 년 사이에 프라이밍 기법을 비롯해 이중언어 이해와 번역 연구를 위한 다양한 실험 절차들이 등장하면서, 이중언어 어휘가 중점 연구 주제로 부상했다. 이중언어 어휘 연구에 있어 가장 영향을 많이 미치는 모형이 바로 수정 "위계 모형"[예: 크롤과 토코비치(Kroll and Tokowicz), 2001, 2005]인데, 이 모형에서는 L2 학습 초기 단계의 학습자들은 L1을 통해 의미 체계에 접근한다고 가정했다. 높은 정도의 유창성을 갖췄을 때에만 L2에서 직접 의미 처리가 가능하다. 이 모형에서는 학습 초기 L2 단어의 의미에 접근하기 위해 L1에 의존함으로써, 언어 간 연결에 있어 일종의 비대칭 관계가 발생하게 된다. 따라서 의미 층위에서 이 모형은 L1 단어에 대한 강력한 연계를 상정하고 있지만, L2 단어 연계성은 상대적으로 약한 것으로 가정한다. 그러나 유창성이 높은 이중언어 화자일수록 의미 층위에서의 L1과 L2의 연계성은 점차 동등하게 강해진다.

이중언어 어휘 관련 연구에서 등장하는 또 다른 영향력 있는 모형은 '이중언어 상호작용 활성화(BIA) 모형'이다[추가적인 정보는 다이크스트라와 반 휴벤(Dijkstra and va Heuven, 1998)을 참조할 것]. 당초 BIA 모형은 이중언어 화자가 자신의 기억 속에 가지고 있는 철자 표상을 인식하는 것을 설명하기 위해 고안되었다. 예를 들면, BIA 모형은 언어 내 그리고 언어 간 차폐(masked) 형태 프라이밍 효과를 시뮬레이션할 수 있다. 이후 의미 부분까지도 다루고자 이 모형을 확대한 BIA+모형을 개발했다. BIA+모형에서는 이중언어 단어 인식 과정이 언어 맥락에 영향을 받을 수 있다. 즉 단어 형태의 철자 표상이 활성화되면 의미 표상을 활성화시키기 시작한다는 것이다. 따라서 둘 중 한 언어로 단어를 읽는 동안, 두 언어의 의미 표상이 동시에 활성화되는 것이다. 따라서 BIA+모형은 두 언어에 걸쳐 자동적인 형태 프라이밍과 의미 프라이밍이 모두 존재한다고 예측한다.

다만 상기에서 언급한 이중언어 어휘 모형들은 두 언어의 단어들이 의미에 있어 완전히 일치하거나 겹치는 경우가 극히 드문 상황은 고려하고 있지 않다. 자연어의 대부분의 단어는 여러 의미를 지니고 있으며, 이러한 다의성은 언어의 고유한 현상이다. 어휘 층위에서 발견되는 언어 간의 심각한 비대칭 문제도 고려해야 할 것이다. 더불어 부분 동원어 대비 동원어에 대한 논의도 필요하다. 이중언어 어휘 특징을 연구하는 심리언어학자들에게도 이 문제는 중요한 관심 주제이다. 핀크바이너 등(Finkbeiner et al., 2004, p.3)이 개발한 "의미 모형"에서는 보편적으로 존재하는 언어 간 단어 대 단어 간 비대칭 문제를 고려해, 의미적으로 서로 관련 있는 단어들 간의 프라이밍은 의미 공유의 정도에 따라 결정된다고 주장한다. 예를 들면, 영어의 'black'이라는 단어와 일본어의 'kuroi'라는 단어는 번역상의 등가어이다. WordNet 1.6[펠바움(Fellbaum), 1998]에 따르면 'black'이라는 단어는 21가지의 의미를 지니고 있음에도 불구하고 이 경우에는 색깔이라는 한 가지 의미만을 공유하며 나머지 의미는 공유하고 있지 않다. 즉 번역의 등가성을 결정하는 단일 의미를 넘어서 두 단어는 사실 각 언어 내에서는 다양한 의미를 지닌다.

이것은 언어 간 프라이밍, 즉 번역 프라이밍에 있어 중요한 시사점을 지닌다. 왜냐하면 프라이밍의 강도가 프라임과 타깃에 의해 활성화되는 의미의 중복 여부에 의해서만 결정되는 것이 아니라 더 중요하게는 타깃과 관련이 있는 의미 중 프라임되는 의미와 프라임되지 않는 의미의 비율에 의해 결정되기 때문이다(핀크바이너 등, 20014, p.8). 이중언어 화자들은 대개 L2보다는 L1이 더 유창하며, 따라서 L1 단어 활용에 대해 더 잘 알고 있으며, L2 단어에 연관된 의미보다 L1 단어에 연관된 의미를 더 많이 알고 있다(핀크바이너 등, 2004, p.8). 따라서 '의미 모형'에서는 아래와 같이 프롬프팅을 활용해 어휘 접근 및 어휘 선택 과정에서 L2 → L1 방향의 프라이밍이 비대칭적으로 부족한 것을 보상하고, 프라이밍을 바탕으로 번역 작업에 대한 인식을 최적화할 수 있을 것이다.

1.2. 프라이밍 또는 번역 인식/확인과 대비되는 프롬프팅

메리암-웹스터(Merriam-Webster) 사전에서는 프롬프트라는 단어의 뜻을 다음과 같이 정의하고 있다. 1) 행동을 하도록 유도하다, 2) 잊어버린 일이나 완벽히 알지 못하는 일을 제안하거나 혹은 그 단어를 말하도록 행동이나 말하는 것을 보조하다, 3) 증거가 조사를 촉발하듯이 어떤 일을 촉발하는 원인이 되다. 이러한 세 가지 뜻은 우리가 본고에서 프롬프트를 소개하고자 하는 의도에 모두 부합된다. 아래에서 보고하고 있는 실험 맥락에서 프롬프트를 이해를 돕는 보조 수단으로 활용하고자 하는 것은 아니다. 번역사들에게 그들이 이미 알고 있으리라 예상되는 것들 혹은 L2의 높은 유창성 덕분에 맥락으로부터 파악할 수 있는 것을 프롬프트로 제시하는 것은 그다지 효과적인 방법이 아닐 것이다. 프롬프팅은 출발어나 도착어 이해에 관한 것이라기보다는 도착어로 최대한 신속하게 적절하고 정확한 번역에 도달하는 일종의 '지름길'을 찾는 일이다. 일반적으로 프롬프팅은 언어 간 비대칭을 연계하는 데 도움이 되어야 한다. 다양한 종류의 단어와 문장들을 서로 다른 방식으로 번역하는 데 있어 어려움을 덜어 주고자 프롬프팅을 활용할 수 있다. 예를 들어 동원어의 경우 특히 부분 동원의의 경우에는 L1으로 번역할 때 해당 부분 동원어가 공유하고 있는 의미에서 가장 벗어나는 L2 단어의 의미를 프롬프팅을 통해 제시할 수 있다(이후 논의 부분에 나올 스타메노브 연구 참조). 하지만 프롬프팅이 비동원어와 가짜 동원어에 도움을 줄 수 있다는 증거를 제시하기 전까지는 프롬프팅을 통해 번역의 어려움을 완화시키는 문제를 논의할 수는 없을 것이다. 이 문제는 아래에서 설명하는 실험 연구의 주제이기도 하다.

프롬프팅과 프라이밍을 비교하자면, 둘 사이의 가장 주된 차이점은 둘의 목적이 다르다는 데 있다. 프라이밍은 심상 어휘와 문장 처리를 연구하는 하나의 실험 절차로 활용되는 반면 프롬프팅은 번역의 보조 수단으로 개발되었기 때문에 번역사들의 작업을 최적화하는 기능을 수행해야 한다. 어떤 관점에서는 프롬프팅이 심리언어학 연구에서 '번역 인식(translation recognition)'이라고 알려진 실험 과제와 유사하다고 볼 수 있다. 번역 인식 과제에서 피험자들은 도착어로 제시된 단어, 구 혹은 문장이 출발어로 앞서 제시되었던 단어, 구 혹은 문장의 충실한 번역인지를 확인해야 한다[드 그루트 외(de Groot et al.), 1994; 드 그루트 외, 2000; 알타리바(Altarriba), 1997]. 이상에서 설명한 프라이밍 효과를 기준으로 볼 때, 이러한 인식은 아주 짧게 프라이밍을 제시하는 경우 자동적으로 이뤄지는 인식과는 달리 고차원적인 의사 결정과 전략적인 하향식 인지 프로세스에 달려 있다(코위더 외, 2007). 이러한 상호 관계에서, 우리는 프롬프팅을 프라이밍과 번역 인식의 중간 단계로 이해할 수 있을 것이다. 즉 프롬프팅은 보다 신속히 번역을 인식하고자 프라이밍 효과를 활용하는 하나의 절차라고 이해할 수 있겠다.

2. 영어-불가리어어 번역 과정에서 영어 비동원어, 진짜 동원어와 가짜 동원어 프롬프팅을 활용한 두 가지 실험

본 섹션에서는 비동원어와 동원어를 이용한 두 개의 실험 결과를 보고하고 있다. 본 실험들은 번역 과제수행 과정에서의 프롬프팅 절차의 유효성을 검증하기 위한 것으로 앞서 소개한 개념들에 대입해 그 결과를 보고하고자 한다.

2.1. 실험 목적, 설계 및 절차

2.1.1. 목적

1) 비동원어 프롬프팅이 도착어의 해당 단어를 찾는 데 도움이 될 수 있으며, 2) 프롬프팅은 프롬프팅이 필요 없을 때(예: 진짜 동원어의 경우)와 대비해서 프롬프팅이 필요할 때(예: 가짜 동원어의 경우) 도움이 될 수 있으며, 3) 가짜 동원어는 비동원어와 진짜 동원에 비해 번역사에게 구체적인 도전을 던져 준다는 것을 입증할 수 있는 방향으로 아래 두 실험을 설계했다. 단일 단어 번역 과제에서, 단일 단어 프롬프팅을 제시하는 경우와 제시하지 않는 경우 번역 수준, 정답 비율, 반응시간(RT), 기타 아이트래킹 데이터[토비(Tobii) 1750 아이트래커를 활용해 수집] 등에 있어서의 차이를 살펴봤다.

2.1.2. 피험자

본 실험에는 불가리아어가 모국어인 22명의 언어학 전공 학생 피험자들이 자발적으로 참여했다. 22명 중 남성 피험자는 5명, 여성 피험자는 17명으로, 이들의 연령대는 19세-25세였다(평균 연령=20.7세, 표준편차=1.4세). 피험자 전원 다이아랭(DiaLang)[2]의 영어 유창성 평가에서

C1 등급을 받았다.

2.1.3. 자극 및 과제

첫 번째 실험의 자극으로는 60개의 영어-불가리아어 비동원어(NC)가 제시되었고, 두 번째 실험에서는 60개의 가짜 동원어(FC)(예: fabric-фабрика)와 60개의 진짜 동원어(TC)(예: crystal-кристал)가 제시되었다. 단어 길이는 철자 수 기준 5-8개 사이로 구성되었다. 진짜 동원어, 가짜 동원어, 비동원어의 카테고리별로 명사 40개, 형용사 10개, 동사 10개로 구성했다. 번역된 단어 등을 포함 단어 목록에서 자극을 선정하는 작업은 전문 번역사의 감독하에 진행되었다.

영어-불가리아어 이중언어 사전(PONS, 2005)에서 TC와 FC를 발췌한 후, 영어-불가리아어 단어 쌍의 경우 가짜 유사어를 담고 있는 영어-불가리아어 사전이 없는 관계로 단일어 사전인 현대불가리아어사전(Dictionary of Contemporary Bulgarian)(안드레이친, 1994)을 통해 확인했다. 영어 NC는 MRC Psycholinguistinc Database[3]에서 발췌했다. 세 개 카테고리의 단어 목록은 "워싱톤대학 영어어휘프로젝트"[4]의 기준에 따라 평균 길이, 단어 빈도(HAL), 적절한 반응 비중에 있어 평균값이 동일하도록 구성했다. 적절한 프롬프트인 정확한 번역과 부적절한 프롬프트인 잘못된 번역은 화면상에서 영어 동원어 위쪽에 불가리아어로 제시했다. 부적절한 프롬프트란 철자 형태는 적절한 번역과 상당히 비슷하지만 최소 2개 이상의 철자를 틀리게 제시하는 것으로, 예를 들면 타깃 FC인 'cigar'를 보여 준 뒤 'пура(cigar)'와 'гара(station)'를 보여 주는 방식이다.

L2 단어들은 단어 빈도와 단어 길이(철자 수)의 객관성을 담보하기 위해 조정을 거쳤으며, L1 프롬프트들은 형태학적 구조가 비슷하도록 조정했다. 실험 설계에 있어서는 가장 기본적인 요소가 L1 프롬프트 단어들의 빈도의 객관성을 확보하는 것이었다. 사후 검정분석 결과 적절

한 프롬프트는 부적절한 프롬프트에 비해 빈도가 높은 것으로 나타났다. 이 때문에 L1 프롬프트의 객관적인 빈도를 데이터 분석 과정에서 공변량으로 포함시켰다(아래 참조).

실제 실험 진행 시 피험자들에게 아이트래커 장비인 토비 1750 화면에 제시된 영어 단어를 불가리아어로 바로 번역하라는 과제수행 지시를 내렸다.

<표 1> 실험 1과 실험 2에 사용된 단어 카테고리별 분포

실험 1: 비동원어(NC)	실험 2: 진짜 동원어(TC) vs. 가짜 동원어(FC)
프롬프트를 제시하지 않고 30개의 NC 제시 적절한 프롬프트를 제시하고 30개의 NC 제시	적절한 프롬프트를 제시하고 30개의 TC 제시 부적절한 프롬프트를 제시하고 30개의 TC 제시 적절한 프롬프트를 제시하고 30개의 FC 제시 부적절한 프롬프트를 제시하고 30개의 TC 제시

2.1.4. 설계 및 절차

모든 피험자는 2개의 실험을 2개의 연속 세션으로 수행했다. 실험 1에서는 프롬프트를 제시 혹은 제시하지 않고 NC를 제시했고, 실험 2에서는 적절한 프롬프트나 부적절한 프롬프트를 제시하고 TC나 FC를 제시했다. 세션 1에서는 총 120회, 세션 2에서는 총 60회를 시행했다. 피험자의 절반은 세션 1부터 수행했고, 나머지 절반은 세션 2부터 수행했다. 다만 두 실험의 조건이 완벽하게 동일하지는 않았다. 실험 1에서 프롬프트를 제시하지 않는 조건이 있는데, 이 경우는 실험 2에서는 찾아볼 수 없다. 한편 실험 1에서 적절한 프롬프트를 제시하고 NC를 제시하는 경우는 실험 2에서 적절한 프롬프트를 제시하고 TC와 FC를 제시하는 경우와 동일한 조건이다.

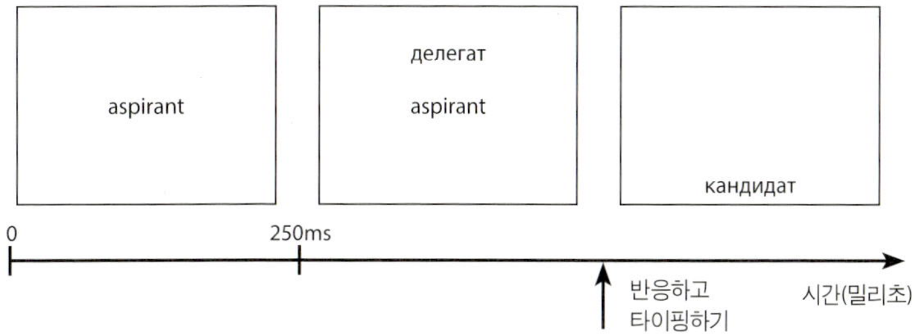

<그림 1> 실험 1과 실험 2에서의 시간별 자극 제시 순서

자극과 프롬프트를 토비 아이트래커상에 무작위로 제시했다. <그림 1>에서는 실험 1과 실험 2에서 화면을 통해 피험자에게 프롬프트를 실제 어떻게 제시했는지를 보여 주고 있다. 각 실험 수행 회차별로 시작 시점에 화면에 십자표를 보여 주고(3000밀리초) 난 다음, 화면 중앙에 영어 단어가 등장했다. 영어 단어를 250밀리초 보여 준 후, 영어 단어 위쪽에 시각도 기준 6도 정도 지점에 프롬프트가 나타났다. 피험자가 제시된 영어 단어의 불가리아어 번역을 알고 있을 경우 즉각 "입력" 키를 눌렀고, 입력 키를 누른 동시에 화면은 암전이 되었고, 피험자는 불가리아어 번역을 타이핑해서 입력했다. 입력이 완료되면 피험자는 다시 "입력" 키를 눌러 번역이 완료되었음을 확인했고, 바로 다음 실험 수행 회차가 시작되었다.

2.2. 행동 데이터 결과

본 섹션에서는 두 실험에서 나온 적절한 번역 비율(PC)과 반응시간 결과를 분석하고자 한다. 피험자 중간값 데이터는 '1'로 표기(예: t_1, F_1, p_1)했고, 항목 중간값은 '2'로 표기(t_2, F_2, p_2)했다.

2.2.1. 실험 1: NC 프롬프팅 효과 연구

우리가 답하고자 했던 첫 번째 연구 질문은 단어 번역과 같은 번역 과제수행 시 프롬프팅 제시 여부가 도움이 되느냐 하는 것이었다. 직관적으로 답을 하자면, 프롬프팅을 제시하는 것이 번역에 도움이 된다는 답이 가능하겠지만, 통제 실험 조건에서 체계적으로 분석이 이뤄진 적은 없었다.

2.2.1.1. 적절한 반응 비율(PC)

조건별로 피험자 전원(n=22)의 PC를 산출했다. PC간 차이가 그다지 크지는 않았지만(프롬프트를 제시한 경우 93% 대비 프롬프트를 제시하지 않은 경우 81%), t 검증 반복 측정 결과, PC는 프롬프트를 제시하지 않았을 때보다 제시했을 때 유의미하게 높았다(t_1=5.06, $p_1 < 0.001$). 항목 중간값 분석 결과에서도 프롬프트를 제시한 경우와 제시하지 않은 경우 PC에 있어 유의미한 차이가 나타났다(t_2=4.93, $p_2 < 0.001$).

2.2.1.2. 반응시간(RT)

프롬프트를 제시한 경우와 제시하지 않은 경우 반응시간 중간값은 피험자 간이건 항목 간이건 유의미한 차이가 없었다(모두 $ps > 0.05$). 실제 RT값은 <표 2>에 정리, 제시했다. 피험자 중간값과 항목 중간값 수치 열에 해당하는 표준편차도 제시했다.

두 조건별 RT값은 서로 매우 유사한 수준인데, 이는 비동원어를 프롬프팅하는 것이 번역 속도에는 영향을 주지 않는다는 것을 의미한다. 반면 앞서 언급했듯이 적절한 프롬프팅을 제시하는 것은 피험자들의 번역 수준(적절한 번역 비율) 향상에는 도움이 되는 것으로 보인다.

<표 2> 실험 1의 PC와 RT

	프롬프트 제시	프롬프트 제시하지 않음	
PC	93% (5%)	81% (12%)	피험자 중간값
RT	2.57초 (1.33초)	2.45초 (1.62초)	
PC	93% (12%)	81% (24%)	항목 중간값
RT	2.70초 (0.99초)	2.86초 (1.16초)	

2.2.2. 실험 2: 적절한 번역과 부적절한 번역 프롬프트를 제시했을 때의 TC와 FC 비교

두 번째 실험에서는 프롬프팅의 역할이 타깃 단어의 동원어 상태(TC 대 FC)에 영향을 받는지에 관한 연구 질문을 다뤘다. 우리는 적절한 프롬프팅이 FC의 경우에 훨씬 더 도움이 될 것이라는 가설을 세웠는데, 왜냐하면 이 단어들은 NC나 TC에 비해 번역사들이 번역하기에 훨씬 더 어려운 단어들이라고 생각했기 때문이다. 또한 부적절한 프롬프팅은 NC, TC, FC 번역 과정에서 모두 방해가 될 것이라고 생각했는데, 특히 FC의 경우에는 L1의 의미 자체를 잘못 이해하고 있는데 더해져 가장 문제가 될 것이라고 예상했다.

2.2.2.1. 적절한 반응 비율(PC)

데이터 소실로 인해 실험 2에서는 두 명의 피험자를 PC 분석에서 제외했다. 먼저, 각 피험자(n=20)의 각 조건별 PC를 산출해, 피험자 중간값을 구했다. 95% 신뢰도 구간에서의 평균 PC는 <그림 2>에 제시했다. 각 조건별 실제 값은 <표 3>에 정리했다. ANOVA 반복 측정 결과 동원어 유형[$F_1(1, 19)=175.4$; $p_1 < 0.001$]과 프롬프트 유형[$F_1(1, 19)=7.7$; $p_1 < 0.05$]에 모두 주요한 영향을 미치는 것으로 나타났다. 또한 두 인자들 간에 유의미한 상호작용이 있는 것으로 나타났다[$F_1(1, 19)=11.3$; $p_1 < 0.01$]. 하지만 본페로니(Bonferroni) t 검증 사후분석 결과 적절한 프롬프트를 제시한 FC와 부적절한 프롬프트를 제시한 FC의 PC가 유

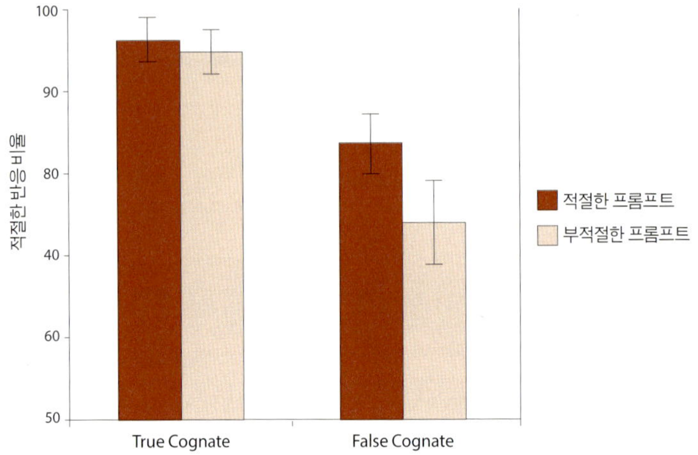

<그림 2> 적절한 번역 프롬프트와 부적절한 번역 프롬프트를 제시하는 경우 TC와 FC의 적절한 반응 비율(PC)(피험자별)

<표 3> 실험 2의 PC와 RT

	TC		FC		
	적절한 프롬프트	부적절한 프롬프트	적절한 프롬프트	부적절한 프롬프트	
PC	96% (6%)	95% (6%)	84% (8%)	74% (12%)	피험자 중간값
RT	1.85초 (0.62초)	2.08초 (0.82초)	2.12초 (0.74초)	2.26초 (0.82초)	
PC	95% (11%)	95% (10%)	84% (24%)	74% (30%)	항목 중간값
RT	1.88초 (0.61초)	2.22초 (0.88초)	2.55초 (1.37초)	2.88초 (1.32초)	

의미하게 차이를 보인 반면(모든 $p_1 < 0.001$), TC의 경우는 두 조건 간 PC가 서로 유의미한 차이를 보이지 않았다(p_1=1). 한편 FC와 TC 간에는 상당히 큰 차이가 나타났다(모든 ps < 0.001).

다음으로 조건별 각 항목에 대해 PC를 산출했다(항목 중간값). 적절한 번역 프롬프트를 제시하는 경우와 부적절한 번역 프롬프트를 제시하는 경우의 TC와 FC의 PC값을 <표 3>에 정리했다. <표 3>에 포함된 수치는 피험자 중간값과 항목 중간값으로 각각의 표준편차도 함께 제시했다. 항목 중간값 PC는 피험자 중간값 PC와 유사한 패턴을 보인다. ANOVA 반복 측정 결과 동원어 유형[$F_2(1, 117)=21.1$; $p_2 < 0.001$]과 프롬프트 유형[$F_2(1, 117)=15.2$; $p_2 < 0.001$]에 모두 주요한 영향을 미치는 것으로 나타났다. 또한 두 인자들 간에 유의미한 상호작용이 있는 것으로 나타났다[$F_2(1, 117)=12.4$; $p_2 < 0.01$]. TC의 경우 적절한 번역의 수는 프롬프트 유형에 영향을 받지 않는 것으로 나타났으나(본페로니 t 검증, $p_2=1$), FC의 경우에는 프롬프트 유형이 PC에 영향을 주는 것으로 나타났다(본페로니 t 검증, $p_2 < 0.001$).

2.2.2.2. 반응시간(RT)

데이터 소실로 인해 실험 2의 RT 분석에서는 5명의 피험자를 제외하고 17명에 대한 결과를 분석했다. <표 3>에서 RT 값과 표준편차 수치를 제시했다. 95% 신뢰도 구간에서 피험자 RT 중간값은 <그림 3>에 제시했다. ANOVA 반복 측정 결과, 피험자 중간값 분석과 항목 중간값 분석 모두에서 두 요인 간 상호작용은 통계적으로 유의미하지 않았다($F_1(1, 16)=0.35$; $p_1=0.56$; $F_2(1, 117)=0$; $p_2=0.94$). 하지만 동원어 유형 인

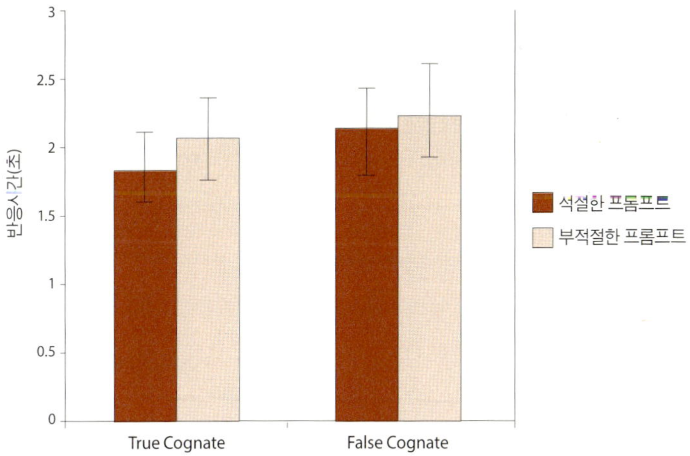

<그림 3> 적절한 번역 프롬프트 혹은 부적절한 번역 프롬프트가 주어질 때의 TC와 FC의 RT

자[$F_1(1, 16)=8.39$; $p1=0.01$; $F_2(1, 117)=13.62$; $p_2 < 0.001$]와 프롬프트 유형 인자[$F_1(1, 16)=4.72$; $p_1 < 0.05$; $F_2(1, 117)=13.7$; $p_2 < 0.001$]에는 주요한 영향을 미치는 것으로 나타났다. 사후분석 결과 적절한 프롬프트를 제시한 TC의 RT 중간값과 부적절한 프롬프트를 제시한 FC의 RT 중간값 사이에는 유의미한 차이가 존재했다(본페로니 t 검증 결과 $p_1 < 0.01$; $p_2 < 0.001$).

TC의 경우 적절한 반응 비율(PC)은 약 95%로 상당히 높았다. TC의 RT는 FC의 RT보다는 빨랐는데, 이는 번역사들이 아마도 FC를 더 번역하기 어렵다고 느끼기 때문으로 해석할 수 있다. 즉 프롬프트 유형(적절한 프롬프트 혹은 부적절한 프롬프트)이 FC의 경우에만 종속변수에 영향을 미치기 때문일 것이다. 분명한 것은 TC의 경우는 상당히 쉬운 과제로 따라서 이 경우에는 번역사들의 성과가 프롬프트의 제시 여부에 따라 결정되지 않는다.

2.2.3. 실험 1과 실험 2: 적절한 번역 프롬프트를 제시하는 경우의 TC, FC, NC 간 비교

본고에서 보고한 두 개 실험의 경우 실험 조건 중 한 가지 조건이 두 실험에서 동일했다. 즉 적절한 프롬프트를 제시한 상황에서 TC, FC, NC를 제시했다. 따라서 번역 과정에서 프롬프트가 언제 가장 도움이 되는지를 RT를 기준으로 직접 비교 가능하다. 즉 적절한 프롬프트가 제시될 경우 동원어 번역에 더 도움이 되는지, 비동원어 번역에 더 도움이 되는지를 판단할 수 있다. 직관적으로 우리는 TC의 경우에는 이미 번역이 제시되어 있는 셈이므로 프롬프트가 불필요한데 반해 NC의 경우에는 프롬프트가 도움이 될 것이라는 것을 예상할 수 있다. 문제는 프롬프트가 FC의 경우 혹은 NC의 경우 중 언제 더 도움이 되는가이다. 즉 두 언어에 있어 서로 형태가 매치되지 않는 단어인 NC에 비해

FC가 번역하기가 더 어려운가 하는 문제이다.

2.2.3.1. 적절한 반응 비율(PC)

피험자 전원(n=20)에 대해 적절한 프롬프트가 제시되었을 때의 세 가지 자극 유형인 TC, FC, NC 각각의 PC를 측정했다. TC의 평균 PC는 96%였으며(표준편차=6%), FC의 평균 PC는 84%(표준편차=8%), NC의 평균 PC는 93%였다(표준편차=5%). ANOVA 반복 측정 결과 각 조건들 간에는 유의미한 차이가 있었다($F_1(2, 19)=40.65$; $p_1 < 0.001$). 본페로니 t 검증 사후분석 FC의 PC는 TC나 NC의 PC와 유의미한 차이를 보였으나(둘 다 ps < 0.001), TC의 PC와 NC의 PC 간에는 유의미한 차이가 발견되지 않았다($p_1 > 0.05$). 이러한 차이 패턴은 항목 중간값 분석에서도 관찰되었다. 한편 일원분산분석(one-way ANOVA) 결과는 세 유형 간에 유의미한 차이가 있음을 보여 주며(($F_2(2, 176)=7.31$; $p_2 < 0.01$), 특히 FC의 PC가 TC나 NC의 PC보다 유의미하게 낮음을 알 수 있다(본페로니 t 검증 $p_2 < 0.01$).

2.2.3.2. 반응시간(RT)

피험자들의 RT 중간값은 TC의 경우 1.85초(표준편차=0.62초), FC의 경우 2.12초(표준편차=0.74초), NC의 경우는 2.57초(표준편차=1.33초)였다. ANOVA 반복 측정 결과, 각 조건들 간에는 유의미한 차이가 있었다[$F_1(2, 16)=5.49$; $p_1 < 0.01$]. 일원분산분석(one-way ANOVA) 결과는 항목 중간값 RT 간에 유의미한 차이가 있음을 보여 준다[$F_2(2, 176)=10.43$; $p_2 < 0.001$]. 피험자 중간값 분석의 경우에는 사후분석 결과 TC와 NC 간에만 유의미한 차이가 발견된 반면(본페로니 t 검증 $p_1 < 0.01$), 항목 중간값 분석의 경우에는 TC의 RT 중간값이 FC나 NC의 RT 중간값에 비해 유의미하게 빨랐다(본페로니 t 검증, 둘 다 $p_2 < 0.01$).

이러한 결과를 바탕으로 우리는 적절한 번역 프롬프트가 주어질 경우 피험자들에게 TC와 NC의 번역 난이도가 비슷하게 쉽다는 결론을 내릴 수 있을 것이다. 하지만 TC는 NC보다 0.8초 정도 더 빨리 번역이 되었는데, 이는 NC에 비해 TC가 번역하기 수월하다는 것을 입증한다. NC와 FC의 RT 중간값은 유의미하게 다르지 않았지만, NC와 FC의 PC 중간값을 살펴보면 적절한 번역 프롬프타 주어진 상황에서도 FC가 NC보다 더 빈번히 부정확하게 번역됨을 알 수 있다.

2.3. 눈동자 움직임 데이터 결과

번역 과제수행 점수가 낮은(정답율 70% 미만) 피험자들의 데이터를 비롯해 아이트래킹 품질 기준에 부합하지 않는 데이터들(피험자가 움직이는 바람에 눈동자 데이터가 제대로 포착이 되지 않았거나 데이터 자체에 소음이 지나치게 많은 경우)은 제외했다. 아래 데이터는 실험 2에 참여한 13명의 불가리아인 피험자들의 눈동자 움직임 데이터만을 정리한 자료이다. 실험 1에서는 실험 조건에서 프롬프팅을 제시하지 않고 타깃 단어만을 모니터에 제시하는 조건이 포함되어 있었기 때문에 눈동자 움직임 데이터를 따로 보고하거나 기록하지 않았다. 아래의 모든 분석에서 F_1은 피험자 중간값을, F_2는 항목 중간값을 나타낸다. 모든 그래프는 항목 분석 중간값을 보여 준다. 이 실험에서 우리는 일차 패스, 총응시시간,

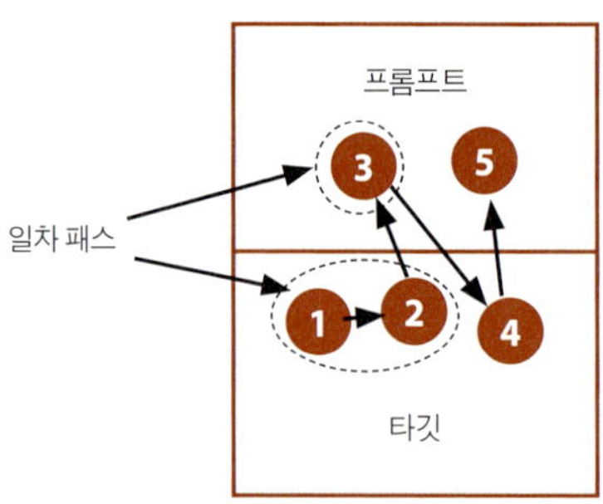

<그림 4> 타깃(1+2) 단어와 프롬프트(3) 단어를 주시할 때의 일차 패스

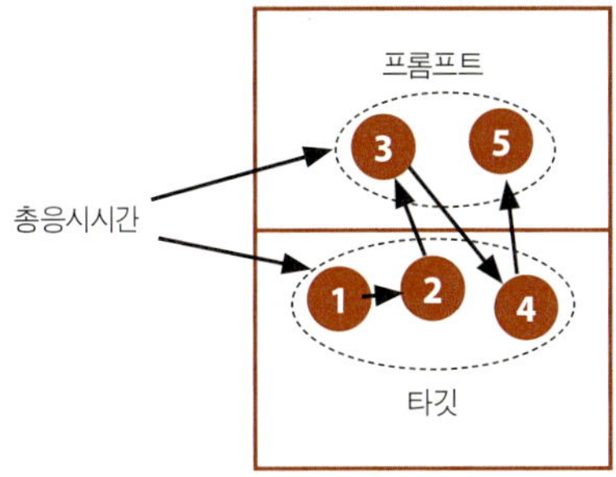

<그림 5> 타깃(1, 2, 4) 단어와 프롬프트(3, 5) 단어를 주시할 때의 총시간

타깃 응시시간과 프롬프트 응시시간 간 비율, 회귀 횟수 등의 몇몇 종속변수들을 사용했다.

일차 패스(혹은 응시시간)는 최초의 응시(fixation)를 시작하는 시점에서 제시된 단어에서 눈을 뗄 때까지 하나의 영역을 순차적으로 응시하는 데 걸리는 시간을 나타낸다(<그림 4> 참조). 일차 패스 동안 대개 어휘에 대한 접근이 이뤄지는 것으로 간주한다. 하지만 이 실험에서는 일차 패스 동안 어휘에 대한 접근뿐만 아니라 L1에서 적절한 단어를 찾는 과정도 함께 일어났다. 피험자들에게 단어 하나를 번역하라는 과제가 주어졌음을 고려하면, 일차 패스에는 어휘 접근이나 의미 선택 등과 같은 자동화된 과정만 포함되는 것이 아니라 L2로 제시된 타깃 단어의 적절한 L1 번역을 찾고 파악하는 것과 관련이 있는 전략적 판단 및 의사 결정 과정도 포함되었을 수 있다.

한편 *총응시시간*은 눈동자의 주시 순서와 상관없이 하나의 영역 상에서 모든 눈동자 응시가 일어나는 전체 시간이다. 이 실험에서는 타깃 단어를 처리하는 데 걸리는 총시간과 프롬프트 단어를 처리하는 데 걸리는 총시간 간에 차이가 발생하는 것은 제시된 두 단어를 비교하고 두 번째 제시된 단어가 첫 번째 단어에 대한 정확한 번역인지를 결정하는 전략적 과정이 개입되기 때문이다(<그림 5> 참조).

*타깃 단어 응시시간과 프롬프트 단어 응시시간 간 비율*은 프롬프트

단어를 응시하는 시간을 타깃 단어를 응시하는 시간으로 나눈 값으로 타깃 단어 대비 프롬프트 단어를 어느 정도 중요하게 간주하는가를 보여 준다. 프롬프트 단어가 도움이 될수록 타깃 단어에 비해 응시시간이 길어질 것이다.

일반적으로 글을 읽을 때 회귀 횟수는 하나의 구 혹은 문장에 등장하는 연속된 단어들을 의미적으로 결합하는 과정에서의 어려움을 나타낸다. 하지만 본 실험의 경우는 하나의 단어를 제시하는 실험이므로 이때 회귀는 적절한 등가 번역을 찾기 위해 이중언어 심상 어휘를 검색하고, 의사 결정을 내리는 전략적 과정이 다소 지연되는 경우로 이해할 수 있겠다. 즉 회귀란 일차 패스 후 프롬프트 단어를 응시하다 다시 타깃 단어로 시선이 되돌아가거나 반대로 프롬프트 단어를 응시하다 타깃 단어로 되돌아가는 경우에 해당된다. 따라서 <그림 5>에서는 프롬프트 단어에서 타깃 단어(3→4)로 회귀 1회 그리고 타깃 단어에서 프롬프 단어로(4→5) 회귀 1회를 관찰할 수 있다.

2.3.1. 타깃 단어 일차 패스 시간

타깃 단어 영역에서의 일차 패스 중간값에서 유의미한 차이가 관찰되지 않았으며, 이는 4가지 조건에서 모두 동일했다. 다만 한 가지 눈에 띄는 점은 모든 조건에서 일차 패스에 소요된 시간이 1초 이상이었다는 사실이다(<표 4> 참조). 일반적인 읽기 상황에서는 능숙한 독서자라면 하나의 단어를 응시하는 데 걸리는 일차 패스 시간은 대개 300-350밀리초 정도이다[레이너와 폴랏섹(Rayner and Pollatsek), 2006, p.635].

2.3.2. 프롬프트 단어 일차 패스 시간

객관적 빈도를 공변량으로 놓고 공분산분석(항목 중간값 ANCOVA)을 실시한 결과, 프롬프트 단어의 일차 패스 시간에 있어 동원어 유형별로 유의미한 효과가 관찰되었다[$F(1,229)=5.71$; $p < 0.05$](중간값은 <표 5> 참

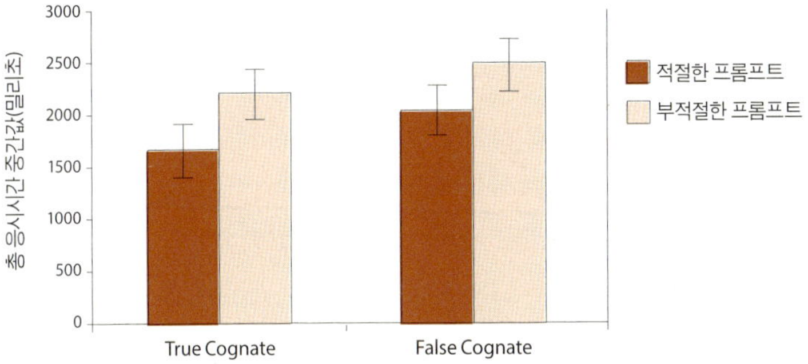

<그림 6> 타깃 단어 총응시시간 중간값

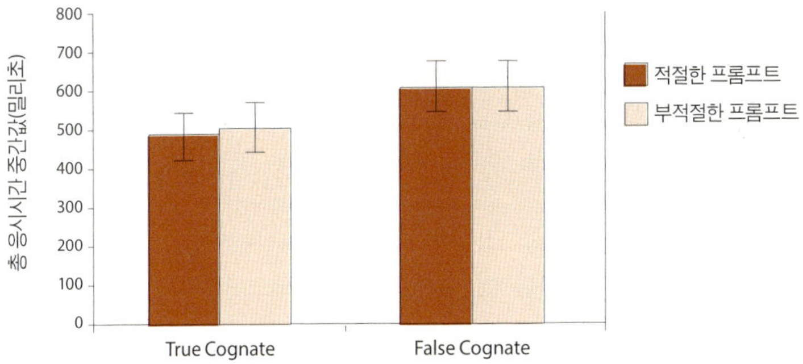

<그림 7> 프롬프트 단어 총응시시간 중간값

조). 공변량의 효과는 유의미했다[$F(1, 229)=28.42$; $p < 0.001$]. 반면 프롬프팅 혹은 상호작용 유형 효과는 관찰되지 않았다.

2.3.3. 타깃 단어 총응시시간

타깃 단어 영역에서의 총응시시간은 프롬프트 유형에 주된 영향을 받는 것으로 나타났다[$F_1(1, 48)=3.22$; $p_1=0.079$; $F_2(1, 235)=7.09$; $p_2 < 0.01$]. 적절하지 않은 프롬프트 단어가 제시된 경우 타깃 단어 영역을 응시한 총시간은 더 길었다. 또한 동원어 유형에 대해서도 타깃 단어의 총시간은 주요한 영향을 미치는 것으로 나타났다[$F_1(1, 48)=5.3$; $p_1 < 0.05$; $F_2(1, 235)=14.430$; $p_2 < 0.001$]. TC가 제시된 경우보다 FC가 제시

된 경우 타깃 단어 총응시시간이 더 길었다(<그림 6> 참조). 동원어 유형과 프롬프트 유형 간의 상호작용은 없는 것으로 나타났다.

2.3.4. 프롬프트 단어 총응시시간

프롬프트 단어를 응시하는 총응시시간에 있어서는 동원어 유형 효과가 관찰되었다[$F_1(1, 48)=2.18$; $p_1=0.146$; $F_2(1, 235)=12.56$; $p_2 < 0.01$]. TC가 제시된 경우보다 FC가 제시된 경우 프롬프트 단어 총응시시간이 더 길었다(<그림 7> 참조).

2.3.5. 타깃 응시시간 대 프롬프트 응시시간 비율

이 비율은 프롬프트 유형에 주된 영향을 받는 것으로 나타났다[$F_1(1, 48)=1.19$; $p_1=0.28$; $F_2(1, 235)=10.62$; $p_2=0.001$]. 부적절한 프롬프트가 제시되었을 때보다는 적절한 프롬프트가 제시되었을 때 타깃 단어에 비해 프롬프트 단어를 더 오래 응시했다(<그림 8> 참조). 본페로니(Bonferroni) t 검증 사후분석 결과 FC의 경우는 적절한 프롬프트와 부적절한 프롬프트 간의 차이는 유의미하지 않은 반면($p > 0.1$), TC의 경우에 한해 적절한 프롬프트와 부적절한 프롬프트 간에 유의미한 차이가 관찰되었다($p < 0.05$).

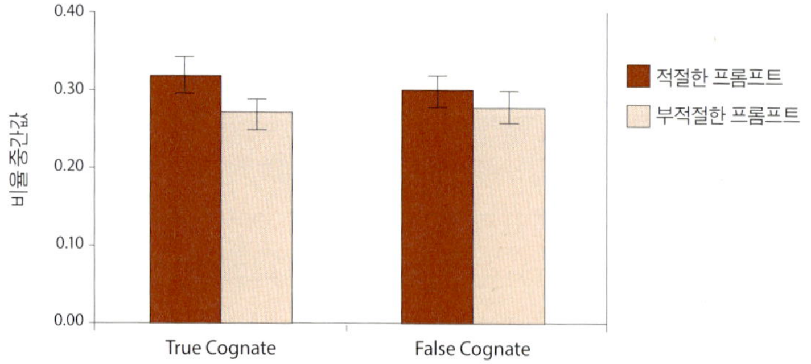

<그림 8> 타깃 단어 응시시간 대 프롬프트 단어 응시시간 비율 중간값

2.3.6. 타깃 단어 회귀 횟수

이 수치는 동원어 유형에 주된 영향을 받는 것으로 나타났다[$F_1(1, 48)=2.68$; $p_1=0.108$; $F_2(1, 230)=12.04$; $p_2 < 0.001$]. TC일 때보다 FC일 때 타깃 단어로 되돌아오는 횟수가 더 높았다. 프롬프트 유형에 따른 영향은 없었으며, 동원어 유형과 프롬프트 유형간 유의미한 영향은 없었다(<그림 9> 참조).

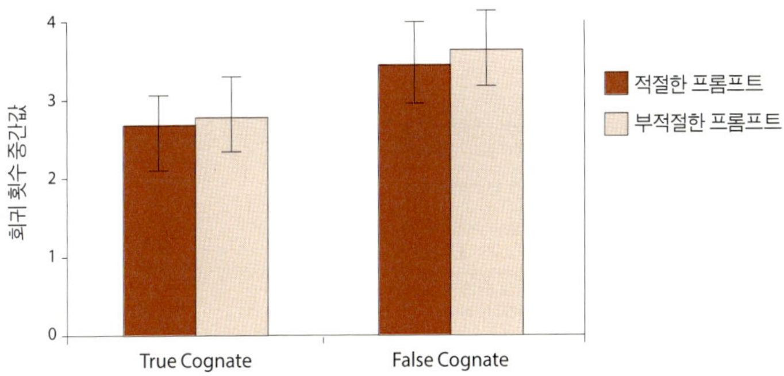

<그림 9> 타깃 단어 회귀 횟수 중간값

2.3.7. 프롬프트 단어 회귀 횟수

이 수치는 동원어 유형에 주된 영향을 받는 것으로 나타났다[$F_1(1, 48)=1.88$; $p_1=0.177$; $F_2(1, 230)=9.41$; $p_2 < 0.01$]. TC일 때보다 FC일 때 프롬프트 단어로 되돌아오는 횟수가 더 높았다. 프롬프트 유형에 따른 영향은 없었으나, 부적절한 프롬프트보다 적절한 프롬프트를 좀 더 많이 "다시 보는" 경향이 미미하게 관찰되었다[$F_1(1, 48)=1.19$; $p_1=0.28$; $F_2(1, 230)=2.41$; $p_2=0.122$]. 이때 프롬프트 유형이 비율 종속 변수에 영향을 미치는 것과 같은 경향을 보이고 있는 점 역시 특기할 만한다(<그림 10> 참조).

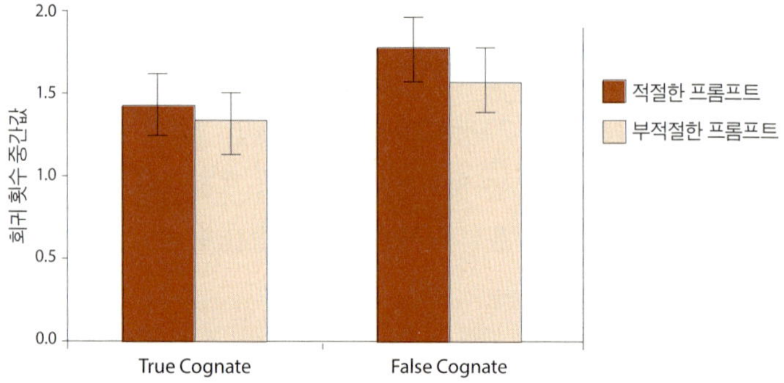

<그림 10> 프롬프트 단어 회귀 횟수 중간값

2.3.8. 눈동자 움직임 결과 요약

실험 2의 주요 결과를 요약하면 다음과 같다.

(1) 대부분의 종속변수에 있어 동원어 유형에 따른 효과가 관찰되었다. 모든 경우에 TC가 FC보다 처리하기가 수월한데, 이는 타깃 단어와 프롬프트 단어 응시시간에도 나타나고 있다.

(2) 프롬프팅 유형에 따른 효과 역시 관찰되었으나 적절한 프롬프트에 비해 부적절한 프롬프트를 항상 더 오래 응시하는 것은 아니었다. 부적절한 프롬프트를 더 오래 응시하는 경우는 빈도 요인에 의한 것일 수 있다. 특히 프롬프트 영역의 일차 패스 시간의 경우가 이에 해당한다. 하지만 부적절한 프롬프트에 비해 적절한 프롬프트를 응시하는 비율이 더 높은 경우는 빈도로 설명하기 힘든데 이는 전략적 프로세싱에 시간을 할애하기 때문으로 유추해 볼 수 있다.

(3) 타깃 단어의 경우 프롬프팅 유형에 따른 효과가 관찰되었다. 부적절한 프롬프트 단어가 제시되었을 때 타깃 영역을 응시하는 총응시시간이 더 길게 나타났는데, 이는 단어 번역 과제수행의 어려움을 의미한다. 프롬프트 단어와 타깃 단어 총응시시간 간의 비율에서는 적절한 프롬프트가 제시된 조건에서 부적절한 프롬프트에 비해 적절한 프롬프트를 상대적으로 더 오래 응시했다. 이 역시도 일종의 전략적 프로세싱으로 인한 결과일 것이다. 즉 번역 후보로서 프롬

<표 4> 실험 2 타깃 단어 일차 패스, 총응시시간 및 회귀 횟수

종속변수	TC		FC		
	적절한 프롬프트	부적절한 프롬프트	적절한 프롬프트	부적절한 프롬프트	
일차 패스	1013 ms 44ms)	995ms(44 ms)	1030 ms (44 ms)	1025 ms (44 ms)	피험자 중간값
총 응시시간	1623 ms (159 ms)	2017 ms (199 ms)	2117 ms (199 ms)	2437 ms (199 ms)	
회귀 횟수	2.40 (0.29)	2.62 (0.29)	2.88 (0.29)	3.10 (0.29)	항목 중간값
프롬프트/타깃비율	0.30 (0.03)	0.27 (0.03)	0.29 (0.03)	0.26 (0.03)	
일차 패스	1017 ms (23 ms)	1011 ms (23 ms)	1047 ms (23 ms)	1023 ms (23 ms)	
총 응시시간	1619 ms (126 ms)	2019 ms (127 ms)	2162 ms (126 ms)	2436 ms (126 ms)	
회귀 횟수	2.41 (0.23)	2.62 (0.24)	3.24 (0.24)	3.44 (0.24)	
프롬프트/타깃비율	0.32 (0.01)	0.27 (0.01)	0.30 (0.01)	0.27 (0.01)	

<표 5> 실험 2 프롬프트 단어 일차 패스, 총응시시간 및 회귀 횟수

종속변수	TC		FC		
	적절한 프롬프트	부적절한 프롬프트	적절한 프롬프트	부적절한 프롬프트	
총 응시시간	490 ms (73 ms)	522 ms (73 ms)	609 ms (73 ms)	617 ms (73 ms)	피험자 중간값
회귀 횟수	1.41 (0.12)	1.31 (0.12)	1.60 (0.12)	1.44 (0.12)	
프롬프트/타깃비율	0.30 (0.03)	0.27 (0.03)	0.29 (0.03)	0.26 (0.03)	항목 중간값
일차 패스	368 ms (13 ms)	373 ms (14 ms)	394 ms (14 ms)	412 ms (14 ms)	
총 응시시간	491 ms (33 ms)	510 ms (33 ms)	617 ms (33 ms)	620 ms (33 ms)	
회귀 횟수	1.41 (0.1)	1.31 (0.1)	1.76 (0.1)	1.56 (0.1)	
프롬프트/타깃비율	0.32 (0.01)	0.27 (0.01)	0.30 (0.01)	0.27 (0.01)	

프트 단어를 고려하고 평가하는 데 시간이 걸리는 것으로 해석할 수 있다.

(4) 동원어 유형과 프롬프트 유형이 상호 영향을 미친다는 증거는 관찰되지 않았다.

L2 타깃 단어에 대한 결과는 <표 4>에, L1 프롬프트 단어에 대한 결과는 <표 5>에 요약되어 있다. 이들 표에는 피험자 중간값과 항목 중간값 그리고 각각의 표준편차 수치가 제시되어 있다. <표 5>에서는 항목에 대해서만 일차 패스 중간값이 제시되어 있는데, 이는 ANCOVA 분석을 실시한 때문이다.

앞서 제시한 행동 데이터 결과를 눈동자 움직임 데이터 결과와 비교해 보면 눈동자 움직임 데이터가 종속 변수 효과를 좀 더 보완적인 방식으로 보여 준다는 측면에서 도움이 될 뿐만 아니라 이들 눈동자 움직임 데이터가 피험자들의 눈동자 응시 행동과 번역 프로세스 다이내믹스를 보다 잘 이해하고 해석할 수 있도록 하는 데 도움이 되는 증거들을 제시해 준다.

2.4. 종합 토의

실험 1의 결과는 프롬프팅이 번역사들의 번역 과제수행에 도움이 된다는 것을 입증해 주고 있다. 이러한 결론은 적절한 반응 비율(PC)에 대한 정성적 평가에 그 기반을 두고 있다. 하지만 프롬프팅을 제시할 때와 제시하지 않을 때 두 가지 조건에서의 반응시간(RT)은 거의 유사한데, 이는 NC 프롬프팅은 번역 속도에 영향을 미치지 않는다는 것을 시사한다.

실험 2에서는 FC에 비해 TC의 경우 PC가 더 높게 나타났으며, 부적절한 프롬프트에 비해 적절한 프롬프트를 제시했을 때 PC가 더 높았다. 한편 FC 조건에서는 프롬프트 유형이 PC에 영향을 미쳤지만, TC

조건에서는 PC는 프롬프트 유형에 영향을 받지 않았다. RT 중간값은 부적절한 프롬프트가 제시되었을 때의 FC에 비해 적절한 프롬프트가 제시되었을 때 TC 조건에서 유의미하게 차이가 있었다. 즉 번역의 품질뿐만 아니라 번역 속도에서도 차이가 발생했다. 한편 RT가 가장 긴 경우는, 번역하기 가장 어려운 단어인 FC에 대해 부적절한 프롬프트가 주어졌을 때였다.

한편 두 실험에서 공통된 조건인 적절한 프롬프트가 주어졌을 때 모든 조건에 대한 결과 데이터를 비교해 보면 번역 성과가 가장 저조한, 즉 PC가 가장 낮은 경우는 FC 조건에서 나타났다. 반면 RT가 가장 긴 경우는 피험자들이 NC를 번역할 때였다. 즉 PC와 RT라는 두 가지 변수는 NC, TC, FC라는 세 가지 자극 유형에 따라 번역 품질과 번역 속도면에서 차이를 보인다. 특히 FC가 문제인데, 적절한 번역 프롬프트가 주어졌다 하더라도 FC는 NC보다 더 빈번히 부적절하게 번역되었다.

실험 2의 눈동자 움직임 데이터 결과를 보면 번역 프로세스 다이내믹스를 보다 잘 이해할 수 있다. 타깃 단어의 경우 일차 패스 시간에 있어 유의미한 차이는 없었다. 다만 예상치 못한 결과는 일차 패스 시간 자체가 생각보다 오래 걸린다는 것과 TC와 FC 간에 일차 패스에 있어서는 그다지 차이가 없었다는 것이다. 반면 프롬프트 단어의 경우는 일차 패스 시간이 동원어 유형에 따라 유의미한 차이가 있었다. 즉 TC보다는 FC 조건에서 프롬프트 단어의 일차 패스 시간이 더 길게 나타났다. 이는 부적절한 프롬프트를 동반하는 FC는 부적절한 프롬프트를 동반하는 NC와는 다른 어휘 접근 방식을 취한다는 것을 의미한다. 즉 FC 조건에서 부적절한 단어를 처리하는 방식은 TC 조건에서 부적절한 단어를 처리하는 방식과 적어도 어느 정도는 차이가 있다는 것이다. 이는 단순히 FC의 경우 동원어와 프롬프트의 의미가 비교불가능하기 때문만은 아니다. 오히려 비교 불가능한 의미일수록 출발 단어의 잠재적 번역 등가로서 신속히 폐기하기가 쉬울 수 있다.

타깃 단어 총응시시간은 동원어 유형과 프롬프트 유형의 영향을 받는 것으로 나타났다. FC 조건에서는 총응시시간이 더 길었는데, 특히 부적절한 프롬프트가 제시되는 경우에 총응시시간이 더 길었다. 응시시간이 길다는 것은 그만큼 타깃 단어를 응시하는 동안 적절한 번역을 처리하고 찾아가는 것이 어렵다는 것을 의미한다. 프롬프트 단어의 총응시시간은 FC 조건에서 더 길었는데, 이는 전혀 관련이 없는 단어에 비해 FC가 특히 처리하기 어렵다는 것을 보여 주는 증거이다.

타깃 단어 응시시간 대 프롬프트 단어 응시시간 비율은 적절한 L1 번역 등가를 결정하는 데 있어 타깃 단어와 프롬프트 단어의 상대적 기여도를 판단하는 데 도움이 된다. 실험 결과, 적절한 프롬프트 단어가 제시되었을 때 프롬프트 단어를 응시하는 시간이 타깃 단어 대비 더 길게 나타났다. 이 경우 더 오래 프롬프트 단어를 응시한다는 것은 긍정적인 확인 과정을 나타내는 것으로 해석할 수 있겠다.

눈동자 움직임을 나타내는 마지막 데이터인 타깃 단어와 프롬프트 단어 회귀 횟수 역시 우리의 연구 목적에 부합하는 데이터이다. 타깃 단어 회귀의 경우에는 FC 조건에서 회귀 횟수가 더 높은 것으로 나타났다. 프롬프트 단어 회귀 역시 FC 조건에서 회귀 횟수가 더 높게 나타났으나 프롬프트 유형에 따른 유의미한 차이는 없었다. 마찬가지로 중요한 차이는 확인 단계와 관련이 있다. 즉 FC가 적절한 프롬프트 혹은 부적절한 프롬프트와 함께 제시될 경우 확인을 하는 단계가 필요하다. 후속 연구를 통해 추가 검증이 이뤄질 경우 이러한 연구 결과는 FC 처리에 특별히 주의를 기울일 필요가 있다는 것을 입증하는 결과라고 볼 수 있겠다.

이상을 종합해 볼 때, 세 개의 종속 변수인 PC, RT, 눈동자 움직임 데이터는 번역 프로세스의 본질과 다이내믹스를 이해하는 데 도움이 되는 부가적인 정보를 제공한다. 번역 품질을 파악하는 차원에서는 PC가 가장 유용한 데이터였으며, RT는 프롬프팅이 번역 속도를 높이는 데 도움이 된다는 것을 보여 주는 데이터였다. 눈동자 움직임 데이터는 단어 처리의 다이내믹스를 이해하는 데 실마리를 제공해 줬다. 특히 타깃 단어와 프롬프트 단어를 화면에 제시하는 과정에서 단어를 번역하는 데 있어 확인 및 의사 결정 단계가 개입한다는 것을 유추하는 데 도움이 되었다.

프롬프팅이 무엇인지를 이해하고, 번역 툴로서 프롬프팅을 어떻게 활용할 수 있을 것인가에 대해서는 앞으로 보다 더 심층적인 연구가 필요할 것이다. 다만 상기 실험 결과는 프롬프팅이 번역사들에게 실질적인 도움이 될 수 있음을 입증했으며, 또한 심리언어학 실험을 통해 번역 기술이라는 측면에서 프롬프팅이라는 유용한 툴을 잘 이해하고 그 가치를 증명할 수 있는 가능성을 확인했다.

핀크바이너 등(2004)의 '의미 모형'에서는 프롬프팅을 소개하면서, 프롬프팅이 어휘 접근 및 선택 과정에서 L2 → L1 방향으로의 프라이밍이 비대칭적으로 일어나는 것을 보완해 줄 수 있을 것이라고 주장했다. 하지만 프롬프팅은 FC 조건에서 그리고 부적절한 프롬프팅이 제시되는 조건에서는 오히려 번역 프로세스에 방해가 될 수도 있음을 상기할 필요가 있다.

미주

1. 본 논문의 연구는 EC의 6차 프레임워크 프로그램의 연구비 지원을 받은 "인지와 통번역 연구를 위한 인간-컴퓨터 모니터링 및 피드백 시스템"이라는 프로젝트(FET-517590)의 일환으로 수행되었다.

2. http://www.dialang.org/english/index.htm

3. http://www.psych.ac.uk/

4. http://elexicon.wustl.edu/query14/query14.asp

참고문헌

Andreychin, Lyubomir (ed.). 1994. Български тълковен речник (Dictionary of Contemporary Bulgarian). Sofia: Nauka i izkustvo.

Altarriba, Jeanette. 1997. "Conceptual and lexical development in second language acquisition." *Journal of Memory and Language* 36: 550-568.

Balota, David A., Yap, Melvin J. and Cortese, Michael J. 2006. "Visual word recognition: The journey from features to meaning (a travel update)." In Handbook of Psycholinguistics Matthew J. Traxler and Morton A. Gernsbacher (eds.), 285–375. Amsterdam: Elsevier.

Barnickel, Klaus-Dieter. 1992. Falsche Freunde. *Ein vergleichendes Worterbuch Deutsch-Englisch*. Heidelberg: Julius Groos.

Bennemann, Heinrich, Herting, Beate and Prause, Thomas. 1994. Typische Fehler Englisch: 2500 *"false friends" Englisch und Deutsch*. Berlin: Langenscheidt.

Bonin, Patrick (ed.). 2003. *Mental Lexicon: Some Words to Talk About Words*. Hauppauge, NY: Nova.

Bullon, Stephen (ed.). 2005. *Longman Dictionary of Contemporary English, Fourth Edition*. Harlow: Longman.

Costa, Albert, Santestebana, Mikel and Caco, Agnes. 2005. "On the facilitatory effects of cognate words in bilingual speech production." *Brain and Language* 94: 94-103.

Costa, Albert, Alario, F.-Xavier and Sebastian-Galles, Nuria. 2007. "Cross-linguistic research on language production." In *The Oxford Handbook of Psycholinguistics*, M. Gareth Gaskell (ed.), 531-546. Oxford: Oxford University Press.

De Groot, Annette M. B. 1993. "Word-type effects in bilingual processing tasks. Support for a mixed representational system." In *The Bilingual Lexicon*, Robert Schreuder and Bert Weltens (eds.), 191-214. Amsterdam: John Benjamins.

De Groot, Annette M. B., Delmaar Philip and Lupker, Stephen. 2000. "The processing of interlexical homographs in translation recognition and lexical decision: Support for nonselective access to bilingual memory." *Quarterly Journal of Experimental Psychology* 53A: 397-428.

Dijkstra, Ton. 2005. "Bilingual visual word recognition and lexical access. In Handbook of Bilingualism: *Psycholinguistic approaches*, Judith F. Kroll and Annette M. B. de Groot (eds.), 179-201. Oxford: Oxford University Press.

Dijkstra Ton. 2007. "The multilingual lexicon" In *The Oxford Handbook of Psycholinguistics*, M Gareth Gaskell (ed.), 251–265. Oxford: Oxford University Press.

Dijkstra. Ton and van Heuven, Walter J. B. 1998. "The BIA model and bilingual word recognition" *In Localist Connectionist Approaches to Human Cognition*, Jonathan Grainger and Arthur M. Jakobs (eds.), 189-225. Mahwah, NJ: Lawrence Erlbaum.

Fellbaum, Christiane (ed.). 1998. *WordNet: An Electronic Lexical Database*. Cambridge, MA: MIT Press.

Finkbeiner, Matthew, Forster, Kenneth, Nicol, Janet and Nakamura, Kumiko. 2004. "The role polysemy in masked semantic and translation priming" *Journal of Memory and Language* 51: 1-22.

Francis, Wendy F. 2005. "Bilingual semantic and conceptual representation." In *Handbook of bilingualism: Psycholinguistic approaches*, Judith F. Kroll and Annette M. B. de Groot (eds.), 251-267. Oxford: Oxford University Press.

Kaldieva-Zaharieva, Stephena, 2007. *Румънско-български речник: общи и подобни думи* (Rumanian-Bulgarian dictionary: Similar and shared words). Sofia: Academic Publisher Marin Drinov.

Kouider, Sid, Dehaene, Stanislas, Jobert, Antoinette and Le Bihan, Denis. 2007. "Cerebral bases of subliminal and supraliminal priming during reading." Cerebral Cortex 17: 2019-2029.

Kroll, Judith F. and Tokowicz, Natasha. 2005. "Models of bilingual representation and processing: Looking back and to the future." In *Handbook of Bilingualism: Psycholinguistic approaches*, Judith F. Kroll and Annette M. B. de Groot (eds.), 531-553. Oxford: Oxford University Press.

Kuhnel, Helmut/ 1995. Typische Fehler Französisch (2800 *"falsche Freunde" Französisch und Deutsch*). Berlin: Langenscheidt.

Meyer. David E. and Schvaneveldt, Roger W. 1971. "Facilitation in recognizing pairs of words: Evidence of a dependence between retrieval operations." *Journal of Experimental Psychology* 90: 227-234.

Perea, Manuel, Dunabeitia, Jon Andoni and Carreiras, Manuel. 2008. "Masked associative/semantic priming effects across languages with highly proficient bilinguals" *Journal of Memory and Language* 58: 916-930.

PONS. 2005. *Нов универсален речник. Английско- български речник* (New English-Bulgarian universal dictionary), Daniela Shurbanova (ed.). Sofia: Ernst Klett Sprachen.

Rayner, Keith and Pollatsek, Alexander. 2006. "Eye-movement control in reading." In *Handbook of Psycholinguistics*, Matthew J. Traxler and Morton A. Gernsbacher (eds.), 613-657. Amsterdam: Elsevier.

Sanchez-Casas, Rosa and Garcia-Albea, Jose E. 2005. "The representation of cognate and noncognate words in bilingual memory: Can cognate status be characterized as a special kind of morphological relation?" In *Handbook of Bilingualism: Psycholinguistic Approaches*, Judith F. Kroll and Annette M. B. de Groot (eds.), 226–250. Oxford: Oxford University Press.

Stamenov, Maxim I. 2009. "Cognates in language, in the mind and in a prompting dictionary for translation." In *Behind the Mind: Methods, models and results in translation process research. Copenhagen Studies in Linguistics*, 37, Susanne Goepferich, Arnt L. Jakobsen and Inger Mees (eds.), 219–251. Copenhagen: Samfundslitteratur.

John Benjamins Series

06 Translation and Cognition

인지번역학

이론 및 방법론의 발전

산드라 L. 할베르손(Sandra L. Halverson)

노르웨이 베르겐대학

인지번역학자들의 연구는 대개 번역 현상과 관련한 질문에서 출발하지만 심리언어학, 이중언어학, 심리학, 인지과학, 제2언어습득론 분야의 이론 발전에 필연적으로 영향을 받는다. 예를 들면 이중언어 의미/개념 표상 모형과 같은 새로운 이론은 코퍼스 기반 번역학 연구 결과를 이해하는 데 직접적으로 영향을 미친다. 본 논문은 과대 표상(over-representation), 과소 표상(under-representation), 중력 가설(gravitational pull hypothesis) 등과 같은 코퍼스 기반 번역학의 현상과 개념을 이해하는 데 있어 이중언어 의미/개념 표상 모형이 어떤 시사점을 가지는지에 초점을 맞추고 있다. 또한 본고에서는 번역 코퍼스에서 나타나는 패턴을 인지적 관점에서 이해하는 하나의 메커니즘으로서 실험 연구 방법론과 코퍼스 기반 방법론을 결합하는 방안을 제시하고 있다.

1. 서론

"인지번역학"이라는 명칭을 사용하고, 인지번역학의 구체적인 접근 방법이나 인지번역학자들을 인정하는 일은 현재로서는 어느 정도 시기상조라고 느낄 수도 있다. 아직은 인지번역학 접근 방법을 일목요연하게 정의하거나 인지번역학자들 집단을 명확히 규정할 수는 없다 하더라도, 본고에서 종합적으로 소개하고 있는 번역학 및 인접 학문 분야의 최근 동향들을 살펴보면 "인지번역학"이라는 표현을 사용할 수 있는 근거는 충분해 보인다. 인지번역학자들의 연구는 대개 번역 현상과 관련한 질문에서 출발하지만 다양한 방식으로 언어학, 심리언어학, 이중언어학, 심리학, 인지과학, 제2언어습득론 등의 여러 인접 학문 분야 연구와 밀접한 관련성을 가지고 있다. 특히 인지번역학은 새로운 연구 방법론 도입 및 이론 개발 등 다양한 측면에서 이들 인접 학문 분야와 관계를 맺고 있다.

본 논문은 인지 이론과의 접점이라는 하나의 커다란 주제에서 출발하는데, 이를 논문의 출발점으로 삼은 이유는 다음과 같다. 상기에서 언급한 인접 학문 분야의 발전 양상을 살펴보면 기본 개념과 주장들이 그만큼 중요하다는 사실을 알 수 있는데, 이들 기본 개념과 주장들은 모두 강력한 이론적 기반과 철저한 실증적 프레임워크를 갖춘 인지번역학의 발전을 위해서도 필요할 뿐만 아니라 인지번역학의 발전에 핵심적인 역할을 담당하기 때문이다. 또한 이들 인접 학문 분야에서는 다양한 방법론이 동시다발적으로 등장함에 따라, 여러 학문 분야에서 공통적으로 다양한 방법론들을 결합해 채택하고 있다. 이러한 맥락에서 본고는 두 가지에 초점을 맞추고 있다. 첫째 현재 진행 중인 이론 발전을 중점적으로 살펴보고 다음으로는 이들 인접 학문 분야의 이론 발전이 데이터 및 방법론의 선택을 포함하는 실증적 연구에 시사하는 바가 무엇인지를 살펴보고자 한다. 이에 본고에서는 이론 분야 중 이중언어 의미/개념 표상을 중점적으로 살펴봤다.

본 논문의 구성은 다음과 같다. 먼저 첫 번째 섹션에서는 논의의 출발점이 되는 번역학의 인지학적 기반에 대해 간략히 살펴봤다. 다음으로 두 번째 섹션에서는 현재의 인지언어학과 이중언어학 연구 관점에서 개념/의미 표상을 살펴봤으며, 세 번째 섹션에서는 실증적 연구에 대한 시사점을 논의했다. 네 번째 결론 부분에서는 인지번역학의 실증적 패러다임을 추가적으로 개발하는 데 있어 예상되는 구체적인 도전 과제들에 대해 살펴봤다.

2. 번역 보편소의 인지적 기반

번역 현상 분석을 위한 다양한 실증적 접근 방법 중 특히 주의를 끄는 부분은 1990년대 초반부터 시작된 코퍼스 기반 번역학의 급격한 성장이다. 투리(Toury)는 1980년대 초부터 기술(記述)적 연구를 적극 주장해 왔으나(1980, 1995), 1980년대에는 다양한 연구 방법론이 시도되기보다는 비교적 획일적인 연구 방법론이 채택되었으며, 특히 사례 연구가 주를 이뤘다[최신 연구 방법론 동향은 수삼-사라예바(Susam-Sarajeva, 2009) 참조]. 데이터가 다르고(예: 사고발화법), 연구의 포커스가 달랐을 뿐(예: 전문지식 개발, 번역 단위, 문제해결, 감정 등), 이러한 현상은 프로세스 연구에서도 마찬가지로 나타났다. 하지만 통역 연구의 경우는 1960년대 이후 다양한 실험 연구 기법을 채택해 왔기 때문에[이에 대한 개괄은 질(Gile, 2009) 참조], 연구 설계의 이러한 획일성은 통역 연구에서는 찾아볼 수 없다. 한편 1990년대에 구축된(단일 언어) 번역 코퍼스는 오늘날에는 더 대규모로 확장되었는데, 그 결과 새로운 연구 질문들이 등장했으며[혹은 최소한 알려진 질문을 재구성, 핌(Pym, 2008) 참조] 새로운 정량적 방법론들이 개발될 수 있었다.

한편 코퍼스 기반 방법론과 관련한 주요한 연구 질문들은 대개 "번역 보편소" 개념으로 설명 가능하다[베이커(Baker), 1993]. 처음 번역 보편소를 제안하면서 베이커는 번역 보편소를 "특정 언어 시스템의 간섭 현상으로 인한 결과가 아닌, 출발 텍스트보다는 번역 텍스트에 전형적으로 나타나는 언어적 특징"이라고 정의했다(베이커, 1993, p.243). 기본적으로 동일한 언어로 작성된 비번역문 텍스트와 구별되는 번역문 텍스트의 고유한 특징이 존재한다는 것이다. 다음과 같이 번역 보편소 후

보들이 존재한다(베이커, 1996, pp.176-177).

(1) 단순화(simplification): 번역사들은 무의식적으로 언어, 메시지 혹은 언어와 메시지 모두를 단순화시킴
(2) 외연화(explication): 번역 텍스트에서 가장 단순한 형태로 설명하고자 하는 경향으로 필요한 경우 배경 정보를 추가함
(3) 규범화(normalization) 혹은 관습화(conservatism): 도착어 고유의 패턴과 관습을 따르고자 하는 경향으로 지나칠 경우에는 과장되기도 함
(4) 평준화(leveling out): 번역 텍스트가 어떤 연속선상에서 가장자리보다는 중심으로 수렴되는 경향을 가리킴

베이커는 일명 "비교 코퍼스"를 활용해 이러한 패턴을 연구할 것을 제안했다. 이때 비교 코퍼스란 다양한 출발어에서 하나의 도착어로 번역된 일련의 번역 텍스트라고 정의했다. 두 언어 간의 차이점을 파악할 수 있도록, 베이커는 이들 도착어 번역 코퍼스를 동일한 도착어의 단일언어 코퍼스와 비교할 것을 제안했다. 이러한 종류의 코퍼스 중 최초의 코퍼스는 사라 라비오사(Sara Laviosa)가 구축한 "영어번역코퍼스(TEC: Translational Corpus of English)"가 있다(http://www.nomabaker.com/tsresources/TranslationalEnglishCorpus.htm). 이 코퍼스는 영국국가코퍼스(BNC: British National Corpus)의 하부 코퍼스와 비교 가능한 방식으로 구축되었다. 번역 텍스트의 보편적인 특징들에 대한 체계적이고 결정적인 증거를 확보했다고 확실하게 말할 수 있는 단계는 아니지만, 번역 보편소 중 일부에 대한 실증적 증거가 계속 등장하고 있다[개괄 정보는 라비오사 2002; 올로한(Olohan, 2004) 참조].

2003년에 출간한 논문에서 할베르손(2003)은 인지학의 특징, 보다 구체적으로는 이중언어 화자인 번역사의 심상 어휘 내 스키마 의미 네트워크 구조와 네트워크 내부 연결 특징을 참고해, "번역 보편소"

[베이커, 1993; 라비오사, 2002; 마우라넨과 쿠야매키(Mauranen and Kujamäki), 2004; 올로한, 2004]라고 부르는 다양한 번역 텍스트 패턴을 설명할 수 있다고 주장했다. 이 논문에서는 일명 "중력 가설"을 제안하면서(할베르손, 2003, p.218), 네트워크 스키마와 원형(prototype)의 인지적 특징을 참고해 베이커와 다른 학자들이 단순화, 일반화, 규범화, 건전화, 관습화, 과장이라고 지칭한 도착어 고유의 패턴을 설명할 수 있다고 주장했다. 또한 반대로 도착어의 언어 구조가 상대적으로 덜 나타나는 것은 이중언어 화자 번역사의 의미 네트워크 내에서 활성화된 개념들 간 "중복을 피하거나" "거리를 확보하고자" 하는 패턴과 관련성이 있다고 주장하기도 했다. 본 논문이 기본적으로 주장하는 바는 번역 보편소 혹은 "번역 특징"(올로한, 2004)에 대한 테스트를 개별 어휘 항목 차원에서 시행해야 하며, 이때 각 항목에 연결된 구체적인 인지적 어휘 구조를 고려해야 한다는 것이다.

위에서 언급한 번역 보편소 중 하나에 대해 복수의 서로 다른 가설이 존재한다는 점을 고려하면 가설들이 어느 차원에 위치하고 있느냐가 특히 중요하다. 위에서 언급했듯이 베이커는(1996) 번역된 텍스트는 일부 도착어 고유의 특징이 과장되는 정도로까지 규범화 혹은 관습화된다고 주장했다. 이후의 다른 연구에서 티르코넨-콩디(Tirkkonen-Condit, 2001, 2004)는 정반대 효과를 주장했다. 즉 일부 도착어 고유의 항목들은 이들 항목을 유발시키는 출발어 항목이 없을 경우 과소 표현될 수도 있다는 것이다. 티르코넨-콩디는 핀란드어의 특정 접사 어미를 예로 들며 "고유 항목 가설"(2004, 2005)이라고 부른 이러한 본인의 가설에 대해 실증적 증거를 제시했다. 에스콜라(Eskola, 2004) 역시 이 가설을 지지했다.

중력 가설에서는 특정 도착어 항목의 과대 표상 혹은 과소 표상이 모두 가능하다고 주장한다. 하지만 특정 번역 결과물(예: 과대 표상 혹은 과소 표상)은 어느 시점에 활성화되는 이중언어 의미 네트워크 구조에 따라 결정될 가능성이 크다. 따라서 구체적인 의미 네트워크 구조에 따라 구체적인 번역 결과물을 예측할 수 있다.

중력 가설은 랭가커(Langacker)의 인지 문법 이론(1987, 1991)과 드 그루트(de Groot)의 이중언어 화자 의미적 표상 분산 모형(1992a, 1992b)에서 도출했으며 학습자 언어의 특정 언어 항목의 과대 표상 및 과소 표상 패턴에 대한 연구를 포함해 번역학, 제2언어습득론, 이중언어학 연구로부터 나온 여러 실증적 증거들을 인용했다. 더불어 다양한 코퍼스 데이터를 조합하게 되면 이 문제를 연구하는 적절한 분석 툴이 될 수 있음을 제안했다. 즉 비교 코퍼스(동일한 도착어의 단일언어 코퍼스와 번역 코퍼스)를 활용해 번역어와 비번역어 간의 구조의 분포 차이를 포함해 둘 간에 존재하는 패턴 상의 차이를 입증할 수 있다는 것이다. 이러한 정보를 이용해, 후속 연구에서는 특정 개념 카테고리를 선정하고, 기존의 개념 분석을 바탕으로 번역 결과물과 관련한 구체적인 가설을 도출할 수 있을 것이다. 그런 다음 코퍼스 연구를 통해 구체적인 가설들을 검증할 수 있을 것이다. 단일 어휘 항목뿐 아니라 문장 구성 등 다양한 언어 카테고리에 대한 검증과 다양한 언어 쌍에 대한 검증을 통해 가설을 좀 더 일반화할 수 있을 것이다.

최근 몇 년 동안, 인지언어학, 제2언어습득론, 이중언어학 분야의 연구를 통해 번역학과 인지학 방법론의 근간이 되는 이론적 토대가 더욱 풍성해졌다. 동시에 인지언어학, 이중언어학, 제2언어습득론 분야의 방법론적인 발전의 결과로 이상에서 설명한 것보다 더 광범위한 실증적 프레임워크가 필요하게 될 것이다. 요약하자면 인지번역학 분야의 가설을 검증하는 데 필요한 데이터 유형과 연구 방법론이 보다 명확해짐에 따라, 인지번역학 이론의 발전 방향 역시 좀 더 명확해졌다고 하겠다. 다음 두 섹션에서는 인지번역학 이론, 데이터, 방법론과 관련한 구체적인 사항들을 중점적으로 살펴보도록 하겠다.

3. 이론 관련 핵심 이슈: 개념/의미 표상

한 가지 분명한 사실은 인지번역학 이론은 이중언어 화자들의 구체적인 언어 사용 특징을 설명할 수 있는 이론 등을 포함해 인지언어학 이론에 그 기반을 두어야 한다는 점이다. 이러한 다학제적 특성은 오랜 동안 통역 연구에서 두드러졌는데, 통역 연구의 경우에는 이중언어학 연구자들과의 대화를 통해 통역 프로세스의 심리언어학적 혹은 인지적 모형들을 제시해 왔다[예: 거버(Gerver), 1976; 모저(Moser), 1978; 파라디스(Paradis), 1994; 크리스토펠스와 드 그루트(Kristoffels and de Groot), 2005]. 하지만 번역 연구에서는 이러한 수준의 학제 간 연구가 진행되지 못했다. 다양한 언어학 이론들이 번역학 이론 발전에 영향을 미쳤지만, 번역학에서는 이중 혹은 다중 언어 구사의 구체적인 언어학적 영향을 설명할 필요성을 그다지 인식하지 못했다. 이중언어 화자의 심상 어휘와 인지 프로세스는 단일언어 화자의 심상 어휘와 인지 프로세스와는 확연히 다르다는 점을 인식하게 됨에 따라, 인지적 접근에 있어 이제는 이중언어 구사로 인한 언어학적 영향을 설명할 필요성이 분명해졌다[자비스와 파블렌코(Jarvis and Pavlenko), 2008, p.119]. 이제 인지언어학 이론만으로는 충분하지 않으며 인지번역학 이론에서는 이중언어학에 관한 인지 이론까지도 포괄해야 한다.

일반적인 언어학 이론과 구체적인 이중언어학 이론을 결합하기 위해서는 기본 가정에 있어 서로 양립할 수 있는 이론을 찾는 것이 필요하다. 또한 일반적인 이론에 보다 구체적인 이론을 접목할 수 있는 구체적인 접점을 찾고, 이를 정당화할 필요가 있다. 본고의 초점은 개념/의미 표상을 결합하는 것으로, 이는 언어학 이론과 이중언어학 이론에 있어 핵심이 되는 개념인 동시에 중력 가설[1] 검증 등을 포함해 번역학 연구와도 밀접한 관련이 있다.

초기 논문에서는 랭가커의 인지 문법 이론과 드 그루트의 이중언어

의미 표상 이론(1992a, 1992b, 1993) 이 두 이론을 결합하기에 적합한 이론이라고 평가했다(할베르손, 2003). 그 근거는 이 두 이론이 다음과 같은 3가지 기본적인 특성을 공유하고 있다는 것이었다. 1) 의미 표상과 음운/'어휘' 표상을 포괄하는 두 개 층위의 표상 시스템을 공유하고 있으며, 2) 의미 표상 네트워크 모형과 3) 암묵적인 활성화 모형도 역시 공유하고 있다.

추가적인 이론의 발전과 그에 따른 실증적 연구의 결과로 이제 이러한 결합 모형도 어느 정도 수정이 필요하게 되었다. 이에 다음 섹션에서는 왜 수정이 필요한지를 구체적으로 살펴보도록 하겠다. 이를 위해 1) 결합 모형을 구성하고 있는 각 개별 모형의 주요 특징을 간략히 개괄하고, 2) 당초 결합 모형의 문제점을 파악하고, 3) 문제에 대한 해결책을 모색하는 단계적인 접근 방법을 제시할 수 있을 것이다.

최초의 결합 모형은 랭가커의 인지 문법 모형(1987, 1991)으로, 이 이론에서는 어휘 및 문법을 망라해 모든 언어 요소들이 공유하고 있는 인지적 구조를 상정하고 있다. 이러한 상징적 구조를 가리켜 "양극화" 구조라고 지칭하며, 하나의 상징 단위 내에서 양극은 의미 층위와 음운 층위로, 의미 층위는 개념화로 이뤄져 있고 음운 층위는 발성(혹은 발성의 철자 표상)으로 이뤄진다. 우리의 주된 관심은 의미 층위 즉 개념화를 구성하는 것이 무엇인가 하는 데 있다.

랭가커의 관점에서는 "언어적 의미에는 개념적 내용과 그 내용에 부과된 구조 둘 다가 포함되어 있다"(2008, p.44).[2)] 특정 음운 단위에 연결된 개념적 내용을 가리켜 "개념적 매트릭스"라고 부르며 이를 "하나의 표현이 촉발하는 일련의 영역들"이라고 정의하고 있다(랭가커, 2008, p.47). 한편 이때 영역이라는 용어는 "경험에 대한 구상 혹은 경험의 영역이라고 개략적으로 해석해 볼 수 있다"(p.47). 영역은 공간, 시간, 음높이, 온도 등과 같이 절대적으로 기본적인 성격을 띠기도 한다. 랭가커는 대부분의 영역은 "기본적이지 않다고" 주장하며, 그 예로 "지적 활동의 결과물(예: 정의, 척추동물, 타율 등과 같은 개념)을 비롯해 즉각적인 감각, 감정, 운동 경험 사례들이(예: 축축한 느낌, 공포감, 풍선 불기 등)이 포함된다"고 본다(2008, p.45). '반지'라는 개념에 대한 개념 매트릭스에는 반지의 시각적 이미지뿐만 아니라 '원 모양의 작은 금속 물체'라는 기본적인 영역을 비롯해 어디에서 어떻게 반지를 끼는 것인지에 대한 지식, 즉 반지의 문화적 활용에 대한 지식(약혼반지, 결혼반지, 우정 반지 등)이 내포되어 있다. 이러한 백과사전식 의미에서, 매트릭스는 다이내믹하고 유연하고 그 경계는 모호한 편이다. 의미 활성화 패턴은 개별 인자와 맥락적 인자 둘 다에 민감하다.

랭가커는 이러한 주장을 뒷받침하고자 '확장(extension)'과 '상세 기술(elaboration)'이라는 두 가지 일반적인 인지 과정의 결과로 생성된 보다 큰 '개념 스키마 네트워크' 안으로 특정 상징 단위가 어떻게 통합되어 들어가는지를 설명한다(2008, pp.215-222). 확장은 카테고리 원형과의 비교 과정의 결과이고, 상세 기술은 카테고리 스키마를 포함하는 일반화 과정에서 일어난다. 스키마 네트워크는 다의적 단어가 가지고 있는 다양한 의미를 연결하고 의미적으로 관련이 있는 단어들을 연결한다. 예를 들면 'ring'의 경우 스키마 네트워크는 상기에서 언급한 매트릭스가 제시하는 원형적 의미를 '원 모양의 사물', '원 모양 표식', '원 모양 영역' 등의 다양한 의미와 연결시킨다(랭가커, 2008, p.37). 'ring'을 둘러싼 스키마 네트워크는 이 밖에도 '반지', '원' 등과 같은 다른 관련 항목들과도 연결되어 있을 것으로 짐작해 볼 수 있다.

드 그루트의 '이중언어 화자 의미 표상 모형' 역시 '어휘 기억'과 '개념 기억'의 두 개 표상 층위를 구분하고 있다. 어휘 기억소는 "단어의(철자 및 음운) 형태가 저장되어 있는" 곳인 반면 개념 기억소는 "단어의 의미가 저장되는" 곳이다(드 그루트, 1997, p.34). 이들 두 층위는 랭가커가 제시한 두 개의 극(pole), 즉 음운극과 의미극에 해당한다. 개념 층위에서는 일련의 노드(node)들이 연결되어 이것이 함께 한 단어의 의미를 구성한다. 이는 흔히 랭가커의 의미 매트릭스에 비유된다.

할베르손(2003)이 제시한 아이디어는 드 그루트의 이중언어 표상 이론과의 접목을 통해 의미 구조에 대한 랭가커의 설명을 외삽법 방식으로 이중언어 화자에 대입할 수 있다는 것이다. 결합 모형에 관한 번역 이론과 중력 가설 이론에 대한 견해에서는 동일한 가설이 번역 텍스트의 과소 표상과 과대 표상이라는 패턴을 설명해 줄 수 있을 것이라고 본다. 할베르손은 촉발 요인(중력)을 개념 층위에 위치시켰고, 이 촉발 요인은 이중언어 화자의 두 언어의 특정 구조 패턴(원형 혹은 스키마) 혹은 '멀거나 약한' 연결점이라고 표현되는 추가적인 특징들을 포함하는 것으로 파악했다(할베르손, 2003, pp.222-223). 이 가설은 이중언어학, 제2 언어습득론과 번역학의 실증적 연구에 대한 해석에 그 기반을 두고 있음을 명심할 필요가 있다.

하지만 이 두 개의 촉발 요인에는 문제가 있다. 당초 정의에 따르면 사실 중력 모형은 두 개의 개별 요인을 융합하고 있다. 그 중 하나는 원형과 스키마를 포함하는 스키마 네트워크의 내용이고 다른 하나는 이중언어 화자의 언어 내에 존재하는 네트워크 구성과 어휘 항목 간 직접적 연결의 존재 혹은 부재를 나타내는 네트워크 내 구체적인 연결 패턴이다.[3] 또한 스키마 네트워크의 구조는 매트릭스 층위에서 개념적 내용에 있어 두 언어 간의 차이를 즉각적으로 포착하지는 못한다. 이 가설을 작동시키기 위한 후속 작업에서는(할베르손, 2009) 이들 세 가지 인자들을 잘 해체해서 개별적으로 고려해야 한다는 점을 분명히 했다. 즉 개념 내용, 원형과 스키마의 존재 여부, 연결 패턴 등은 각각 별도의 이론으로 정립이 되어야 하고 실증적으로도 분리 가능해야 한다. 따라서 보다 완전하고 타당한 복합 모형에 도달하기 위해서는 추가적인 후속 연구가 필요하다.

한 가지 예를 살펴보자. 영어의 경우 비번역 텍스트 대비 번역 텍스트에서 'get'처럼 상당히 스키마적인 어휘 항목이 과대 표상되는 현상은 스키마 네트워크 내 특정 항목의 중력에 의한 결과일 수 있다. 즉 'receive', 'accept' 등에 대비되는 '소유의 시작'이라는 개념의 원형 표상으로서 'get'이 갖는 중력이 될 수도 있고 혹은 이 어휘 항목이 가지고 있는 여러 다양한 의미 중 원형적 의미로서의 '소유의 시작'이라는 중력이 될 수도 있다. 반면 번역사의 다른 언어 내 개념 네트워크의 일부가 특히 현저하게 나타남으로써(예: 노르웨이어 'få'에 대한 원형적 의미) 이에 영향을 받아 과대 표상이 나타날 수도 있다. 혹은 과대 표상과 과소 표상이 이중언어 화자의 심상 어휘 내 관련 개념들 간의 특정 연결 유형의 결과일 수도 있다. 즉 'få'와 'get' 사이의 '거리' 혹은 '겹침의 정도'에 따른 결과라는 것이다. 이러한 번역 효과의 3가지 출처인 개념 내용, 원형과 스키마의 존재 여부, 연결 패턴을 이론적으로 구분함으로써, 번역 효과에 대한 다양한 대안적 설명을 상호 검증할 수 있어야 할 것이다.

이중언어학 연구자들 역시 동일한 문제로 고민하고 있는데, 최근 일부 연구에서는 심상어휘 내 개념 구조, 원형성 패턴, 연결 패턴이라는 3가지 인자들을 구분하는 문제에 대해 비슷한 우려를 언급했다[크리스토펠스와 드 그루트(Christoffels and de Groot), 2005; 자비스와 파블렌코, 2008; 파라디스, 1994, 1997a, 2004; 파블렌코, 2009]. 이들 연구 중 일부에서는 이 문제에 대해 직접 다뤘으며(자비스와 파블렌코, 2008; 파블렌코, 1999; 파블렌코, 2009), 다른 연구에서는 간접적으로 다뤘다(크리스토펠스와 드 그루트, 2005; 파라디스, 1994). 하지만 자비스와 파블렌코(2008, p.82)는 "단어 관련 지식이 3개의 서로 다른 층위에서 표출된다는 데 대해 공감대가 형성되고 있다고 주장했다[예: 드 봇(de Bot) 2004b; 크롤과 드 그루트(Kroll and de Groot), 1997; 레벨트(Levelt), 1989; 파블렌코, 1999]. 이들 3개 층위, 즉 어휘소(lexeme), 레마(lemma), 개념(concept) 층위는 이상에서 언급한 번역 현상들을 포착하는 데 필요한 3개 층위에 맞춰져 있을 수도 있다. 우리는 이러한 주장을 번역의 중력 가설을 정교화하는 데 어떻게 활용할 수 있을지를 고민해 보고자 한다.

파블렌코(1999, 2000, 2009)와 파블렌코와 자비스(2008)는 이중언어 표상에 있어 3개의 서로 다른 층위가 존재한다는 데 대해 설득력 있는 실증적 증거들을 제시했다. 이들 연구 결과는 실증적 증거에 대한 가장 종합적인 개괄이자 가장 종합적인 모형을 제시하고 있으므로, 이들 연구의 접근 방법에 대해 아래에서 해당 논문을 직접 인용해 자세히 살펴보고자 한다. 이러한 모형이 나오기 전에는 특히 파라디스(1997a, 1997b)의 연구가 그 기초를 다졌다(파블렌코, 1999 참조).

자비스와 파블렌코의 모형에서는, 1) 어휘소, 2) 어휘 레마, 3) 개념이라는 3개 표상 층위를 상정하고 있다. 첫 번째 층위인 어휘소 층위는 단어 형태의 "음운과 철자 표상"으로 구성된다(자비스와 파블렌코, 2008, p.82). 두 번째 층위인 레마는,

> 추상적인 개념으로 단어의 어휘 입력 층위로, 문법 등급, 하위범주화 틀(subcategorization frame) 및 기타 결합(syntagmatic)[연어(collocational) 및 문장 구조상의] 제약에 관한 정보를 담고 있다. 또한 이 층위에는 단어의 의미 세부내역(specification)이 담겨 있으며 단어 형태를 개념적 의미에 어떻게 매핑할 것인가에 관한 청사진이 담겨 있다(레벨트, 1989, p.11). 즉 이 층위에는 다의어 정보와 같은 의미 내역이 담겨 있는데, 예를 들면 'chair'라는 단어는 '특정 형태의 가구'라는 개념뿐만 아니라 '위원회나 부서를 이끄는 사람'이라는 개념에도 매핑된다(p.82).

다음 세 번째 층위는 개념 층위로,

> 이 층위에는 시각, 청각, 후각, 촉각, 운동 감각을 비롯한 다양한 유형의 느낌, 이미지, 특징, 스키마, 스크립트 등이 저장되어 있으며, 이는 다양한 개념 카테고리로 나뉘어져 있다[키엘(Kiel), 1989a, b; 말트(Malt), 1993; 머피, 2002]. 이들 개념

> 카테고리들은 다시 세상과 세상이 작동하는 방식에 대해 한 사람이 가지고 있는 지식망 안으로 통합된다(p.82).

두 번째와 세 번째 층위에 대해서는 보다 상세히 기술을 하면서, 이를 각각 의미 표상과 개념 표상이라고 지칭했다. 저자들은 이 두 층위를 중점적으로 다뤘다.

> … 개념 표상은 1) 특정 카테고리와 관련이 있는 특징과 스크립트에 관한 지식, 2) 카테고리 원형과 경계에 속하는 개념들에 대한 지식, 3) 카테고리 내부 구조 및 다른 카테고리와의 연계에 관한 지식 등과 같이 대부분 내포적 지식을 담고 있다. 이러한 지식에는 시각(심상), 청각(소리), 지각(촉감), 운동감각(감각-운동 정보) 정보들이 포함되는데, 이에 국한되지는 않는다. 의미 표상은 대체로 1) 특정 단어가 얼마나 많은 개념을 표현하고 있는지 그리고 어떤 특정 개념이 해당 단어에 의해 표현이 되는지 등 단어와 개념 간의 매핑에 관한 지식과 2) 연어, 단어 관련성, 단어간 연계 즉 동의어, 반의어 등의 현상을 설명해 주는 단어 간 관계에 관한 내포적 지식을 포함하고 있다(2008, p.118).

드 그루트의 모형(1992a)을 비롯해 두 개 층위 구조를 채택하고 있는 기존 모형들과는 달리 3개 층위 모형에서는 의미(레마) 층위와 개념 층위를 구분하고 있다. 한편 형식과 관련이 있는 층위인 어휘소 층위는 두 모형 모두 동일하다. 앞서 번역의 출발점에 대해 논의한 부분에서는 3개 층위 모형의 필요성에 대해 지적했다. 이중언어학 연구라는 맥락에서, 전환, 어휘 접근, 처리 현상 등과 같은 이중언어 심상 어휘의 작동과 관련한 다양한 현상들을 포착하는 수단으로서 3개 층위 모형이 제안되었다. 파블렌코는 3개 층위 모형의 장점을 다음과 같이 기술하고 있다.

의미 표상이라는 별도의 층위를 둠으로써 의미 전환에 관한 연구에서 핵심적이라고 간주되는 1) 심상 어휘에서 더 이상 간과할 수 없는 중요한 이슈인 다의성[레이코프(Lakoff), 1987; 비르쯔비카(Wierzbicka), 1996]와 2) 핵심 의미 대 주변 의미 혹은 문자 그대로의 의미 대 은유적 의미 사이의 구별과 같은 중요한 의미 현상에 보다 더 관심을 기울일 수 있을 것이다[켈러만(Kellerman), 1978, 1986] (파블렌코, 1999, p.213).

이러한 추가 층위를 둠으로써 무엇이 가능해지는지, 왜 인지번역학 이론에서 이것이 필요한지를구체적으로 이해하는 것이 중요하다. 번역 보편소 연구에서는 단순화, 규범화/관습화, 평준화, 고유 항목 등의 특징들이 비번역 텍스트에 비해 번역 텍스트를 특징짓는 특성이라고 주장한다. 중력 가설에서는 당초 번역 특징들에 대한 인지적 근거를 제시했다. 중력 가설에 대한 추가 연구를 통해 다른 종류의 인지언어학적 지식과 관련한 촉발 요인들을 분리할 필요가 있음을 명확히 했다. 이제는 서로 다른 번역 결과물(예: 과대 표상 혹은 과소 표상의 특정한 패턴)은 서로 다른 유형의 지식 혹은 서로 다른 표상 층위와 연결시켜 이해해야 한다는 점이 분명해졌다. 원형/스키마 항목의 과대 표상은 스키마와 원형에 연결시켜 이해해야 한다. 이론적으로 볼 때, 하나의 원형이 스키마적인 다의어 네트워크 안에 존재한다면, 해당 원형은 개념 층위(원형적인 'ring' 혹은 원형적인 'get')의 문제일 수도 또는 의미 층위의 문제일 수도 있다. 번역 텍스트의 일부 과소 표상 패턴은 의미 층위에 국한된 연결 패턴과 연계해 이해해야 한다. 출발어 대응어가 없는 도착어 항목의 경우가 이에 해당한다(예: 고유 항목 가설). 선택되어진 네트워크를 분석함으로써 주어진 원형 혹은 스키마와 번역에 관여하는 언어 구성 간에 연결 패턴을 설명할 수 있어야 한다. 이때 연결 구조 및 패턴을 파악함으로써 번역 산출물에 대한 구체적인 가설을 확립할 수 있을 것이다. 가설을 종합적으로 검증하기 위해서는 다양한 언어 쌍에서의 다양한 형태의 네트워크 구성을 모두 검증해야 할 것이다.

제2언어습득론과 이중언어학 연구에서는 상당한 실증적 증거를 바탕으로 어휘 표상을 의미 표상과 개념 표상으로 구분하고 있다. 다양한 설계 유형, 다양한 데이터 유형, 다양한 분석 방법론 등을 망라해 기존 데이터 및 새로운 연구 결과에 대한 재해석을 통해 실증적 증거를 확보했다. 파블렌코(1999)와 자비스와 파블렌코(2008)의 연구에서는 기존 선행 연구들을 종합적으로 검토함과 동시에 언어 간 영향[4)]에 대한 저자 자신들의 견해를 체계적으로 제시하고 있다. 본고에서 인용한 연구들에서는 데이터 형식 및 연구 방법론의 발전과 더불어 이론적 프레임워크 개발이 진행되었다. 다음 섹션에서는 바로 이러한 변화에 대해 중점적으로 살펴보고자 한다.

4. 데이터와 방법론

앞서 언급한 대로 번역 텍스트의 특징 즉 번역 보편소에 관한 연구에서는 대개 코퍼스에 기반한 방법론을 채택하고 있다. 비교 가능한 병렬 코퍼스(출발어 텍스트와 그에 대한 번역 텍스트로 구성된 코퍼스)를 다양한 코퍼스 쌍에 대해 구축해 왔다. 이러한 병렬 코퍼스로는 위에서 언급한 TEC 코퍼스를 비롯해, 영어, 불어, 독일어, 노르웨이어, 스웨덴어 번역 텍스트와 다양한 출발어 텍스트로 이뤄진 오슬로다국어코퍼스(OMC), 영어와 포르투갈어 병렬 코퍼스인 COMPARA, 핀란드어번역코퍼스(CTF), 헝가리아어-영어코퍼스인 ARRABONA 등이 있다. 물론 엥겔룬드-디미트로바(Englund-Dimitrova, 2005)와 같이 예외적으로 번역의 명시화를 연구하는 데 코퍼스에 기반한 방법론이 아닌 사고발화법과 키스트로크 로그 방법을 사용한 경우도 있다.

번역학 연구에 있어 번역 텍스트의 특징에 관한 연구의 상당수는 번역의 특징들이 다양한 언어 쌍에서 그리고 다양한 번역 맥락에서 나타나고 있는지, 나타난다면 어떻게 표현이 되고 있는지를 기술하는 데 관심을 기울여 왔다. 라비오사(2002, pp.23-25)는 이와 관련해 이제까지 제시되어 온 다양한 잠재적 설명들을 요약 정리했다. 베이커의 연구(1999)를 참고하면서 라비오사는 "파생된 텍스트"로서의 번역의 지위, 다양한 출발어와 도착어 혹은 출발 문화와 도착 문화의 상대적 우위, 번역가의 전략 등에 대해 언급한다(라비오사, 2002, p.24). "번역가의 전략"을 제외하고, 상기의 이론들에서는 핵심 촉발 인자를 사회적 제도 및 관계 층위에 위치하는 것으로 파악했다. 이에 여러 학자들은 특정 번역 현상을 설명하는 데 있어 인지적 접근의 필요성을 인식했다[예: 베이커, 1993; 체스터만(Chesterman), 2008; 맘개어(Malmkjær), 2008; 할베르손, 2003, 2008].

서론에서 언급했듯이 본고에서 제안하고 있는 인지적 프레임워크는 다양한 중요한 실증적 함의를 제시한다. 다만 이들 실증적 함의의 모두를 저자 본인을 포함한 번역 학자들이 명시적으로 인정한 바는 아니다. 하지만 할베르손의 연구(2003)에서 요약, 설명한 코퍼스 기반 방법론은 그 자체만으로는 완벽하지 않으며 다른 종류의 데이터 및 분석 방법론을 통해 보완이 필요하다.

4.1. 코퍼스 데이터와 인지학적 설명

코퍼스 언어학의 한 가지 중요한 최근 동향은 코퍼스 데이터와 실험 데이터를 결합하는 데 대한 관심이다. 최근의 리뷰 논문에서 길퀸과 그리스(Gilquin and Gries)는 코퍼스 언어학에서 코퍼스 분석과 실험 데이터 결합을 고려해야 하는 다음 4가지 이유를 제시했다.

(1) 현재 사용되고 있는 코퍼스의 규모를 고려할 때 가장 소규모 결과라 하더

라도 상당히 규모가 크기 때문에 추가적인 실증적 실험 증거들을 통해 알곡을 가려낼 수 있을 것임

(2) 코퍼스가 다를 경우 다른 결과가 나올 수 있으므로 추가적인 실증적 실험 증거들을 통해 현상을 보다 정확하게 이해할 수 있을 것임

(3) 코퍼스에 기반한 결과를 코퍼스 외적인 분석 결과에 대해 검증할 수 있어야 함

(4) 코퍼스와 실험 데이터를 결합함으로써 두 가지 유형의 데이터 간의 관계를 파악하는 데 도움이 됨(2009, pp.16-17)

이 두 저자는 처음 두 가지 이유는 비교적 "명확하고 이견의 여지가 없는" 반면 다른 두 가지 이유에 대해서는 어느 정도 이견이 있을 수 있음을 인정한다(2009, p.17). 이 두 저자는 세 번째 이유에 대해 심층적으로 파고들지는 않았지만, 이 세 번째 이유는 인지언어학 연구에서 중점적으로 다루고 있는 문제이다. 코퍼스에 기반한 분석 결과를 인지적 구조나 프로세스에 직접 대입하는 것이 타당한가 하는 문제는 일찍이 산드라와 라이스(Sandra and Rice, 1995), 산드라(1998)[크로프트(Croft, 1998) 참조] 그리고 최근에는 투머스 등(Tummers et al., 2005)에 의해 제기되었다. 길퀸과 그리스는 헤일렌 등(Heylen et al., 2008)을 참조해 "… 코퍼스 분석은 심상 모형이 설명해야 하는 정보가 무엇인지를 파악하는 데에 그친다"고 주장한다(2005, p.250). 이 말은 즉 인지언어학 이론을 실증적으로 제대로 검증하고자 한다면 코퍼스 데이터만으로는 충분하지 않다는 것이다.

현 논의의 맥락에서 볼 때, 길퀸과 그리스가 상기에서 언급한 4가지 이유 중 마지막 네 번째 이유를 언급했다는 사실에 특히 주목할 필요가 있다. 코퍼스 분석과 실험 분석의 결과가 자주 상이하다는 사실에 주목하면서, 길퀸과 그리스는 다음과 같이 언급했다.

> 코퍼스 데이터와 실험 데이터 간의 차이를 설명하기 위해 다양한 가능한 설명들이 제시되었으며, 이 두 데이터 간의 간극을 줄이고자 다양한 제안이 이뤄졌다. 하지만 여전히 두 데이터 유형 간의 관계는 명확하지 않으며, 이 두 데이터의 결과가 동일하게 나오는 것을 당연한 결과로 받아들여서는 안 될 것이다(2009, p.17).

특히 이 문제는 인지학적 관점을 가진 번역학자들이 고민해야 할 문제이다. 현재, 인지 의미 구조와 그 처리에 관한 가설들을 검증하기 위해서는 분석 방법론을 결합할 필요가 있다는 데 대해 점차 인식의 저변이 확대되고 있다. 이러한 필요성에 대해서는 투머스 등(2005)이 심도 있게 다뤘으며 다른 여러 논문에서도 인지언어학 연구에서 코퍼스 데이터와 실험 데이터를 결합하는 다양한 조합들을 예로 제시했다[예: 아르페와 야르비키비(Arppe and Järvikivi), 2007; 디브작과 그리스(Divjak and Gries), 2008; 노르드키스트(Nordquist), 2004; 그리스 등, 2005]. 이들 논문에서 채택한 실험 유형으로는 평가 과제, 분류 과제, 다양한 유도 과제 등이 있으며, 이들 연구들은 대부분 코퍼스 분석 결과를 실험적으로 검증하는 것이 그 목표이다.

4.2. 심리언어학 이론과 자연 데이터

흥미롭게도 인지 코퍼스 언어학자들이 방법론의 결합을 주장하고 있는 것처럼, 심리언어학자들의 이중언어학 및 제2언어습득론 연구에 있어서도 그동안 심리언어학 분야의 주된 연구 방법이었던 실험 방법론에 자연 데이터를 결합하는 변화가 점차 두드러지고 있다. 파블렌코(2009, p.126ff)는 이중언어 화자의 어휘 개념 연구에 있어 방법론적 발전을 두 단계로 구분해 설명한다. 파블렌코는 1단계에서는 1단계의 특징이라 할 수 있는 실험 과제들을 나열했는데, 그중에는 "… 어휘 결정,

의미 프라이밍, 문장 프라이밍, 그림 이름 말하기, 번역, 번역 등가 인식, 단어 연관성 찾기, 의미 카테고리 분류, 스트루프(Stroop) 개입 과제 등의 반응시간 과제들"이 포함된다. 파블렌코는 이와 관련해 드 그루트(1992)와 크롤(1993), 스노그라스(Snodgrass, 1993), 알타브리바와 베스나이트-브라운(Altabribba and Basnight-Brown, 2009)의 연구를 인용하고 있다. 파블렌코에 따르면 다음 두 번째 단계는 보다 최신 방법론을 채택하는 단계로 이들 최신 방법론은 "… 언어고고학, 인지 심리학, 문화 심리학과 응용언어학 분야에서 문화 간 연구를 위해 개발한 방법론들"에서 나온 것으로(2009, p.130), 이름 말하기, 카테고리 분류하기, 분류하기 등의 실험 과제를 포함한다. 한 가지 흥미로운 것은 일명 '내러티브 유도 과제'라는 것이 추가된 것인데, 이 과제는 피험자가 이전에 들었던 내용, 그림 혹은 비디오 클립을 보고 스토리를 다시 말하는 과제이다(파블렌코, 2009, p.131). 이러한 유형의 데이터들이 갖는 분명한 장점은 이들 데이터의 생태학적 유효성이다. 이러한 과제들은 피험자들이 일상적으로 수행하는 언어활동과 보다 더 유사한 장점이 있다. 하지만 파블렌코는 이런 방법들이 "언어 간 차이를 민감하게 인식"하고 있기 때문에 이들 방법론을 선호하게 된다고 말한다(p.131). 또한 파블렌코는 이들 방법들이 한 이중언어 화자의 두 개 언어가 공유하고 있는 표상 유형을 구별할 수 있다는 점도 언급했다. 즉 단일언어 화자와 이중언어 화자가 공유하고 있는 표상은 무엇이고, 공유하고 있지 않은 서로 다른 표상은 무엇인지를 구별할 수 있다는 것이다(2009, p.132). 따라서 이들 방법은 생태학적으로도 타당할 뿐 아니라 이중언어 표상에 대한 보다 정교한 분석을 가능하게 해 준다. 자비스와 파블렌코는 자신들의 연구의 결론으로 데이터 유형과 분석 기법을 결합하는 것이 필요함을 주장했다(2008, pp.229-232).

이와 유사한 맥락에서 최근 발간된 이중언어학 및 다중언어학 연구 방법론에 관한 한 저서에서는 코퍼스, 내러티브 분석, 담화 분석에 관한 내용을 중요하게 다루고 있다[웨이와 모예르(Wei and Moyer), 2008]. 이 저서는 심리언어학 방법론만을 다루고 있지 않고, 상당히 다양한 데이터 유형과 방법론을 소개하고 있다는 점이 흥미롭다.

제2언어습득론 연구에서는 오랫동안 방법론의 정교화를 추구해 왔으며, 방법론에 대한 인식 수준 역시 높은 분야로 정평이 나 있다. 최근 제2언어습득론 분야의 데이터 수집에 관한 저서에서, 가스와 맥키(Gass and Mackey)는 심리언어학적 접근 방법에서는 전통적으로 실험 방법론을 채택해 왔으며 "… 자연 데이터를 활용하는 것이 일반적이지 않다"고 지적했다(2007, p.16). 제2언어습득론 분야에서 자연 데이터는 비교적 새로운 유형이기는 하지만 가스와 맥키는 자신들이 다루고 있는 제2언어습득론의 전 분야에 걸쳐 자연 데이터를 포함시킴으로써 모든 분석에 있어 자연 데이터와 실험 데이터를 둘 다를 분석 대상으로 삼고 있다.

4.3. 인지번역학 연구에 있어 방법론의 결합

인지 코퍼스 언어학자들과 심리언어학, 이중언어학 연구자들은 모두 상기에서 설명한 연구 방법론을 결합하는 추세를 점차 널리 수용하고 있어, 인지번역학 분야에서도 이러한 연구 방법론의 결합에 대한 요구가 높아질 것으로 예상된다. 인지 이론과 코퍼스 데이터를 결합하는 것이 유효성 측면에서 문제가 없는지 그리고 실험 데이터만을 활용하는 것이 생태학적으로 타당한지는 둘 다 상당히 중요한 이슈이다. 인지번역학 연구 분야에서 연구 방법론을 결합한 두 사례를 다음에서 소개하고자 한다.

첫 번째 사례는 필자가 중력 가설을 검증하기 위해 제안한 방식이다. 이를 위해 총 6개의 일련의 실증 연구를 설계했는데, 이 중 4개 연구는 코퍼스 기반 연구이고 2개는 실험 연구이다(할베르손, 2009 참조). 분석 대상은 스키마 동사인 'get'으로, 이 동사는 상당히 스키마적이고 다의적인 동사로 필요한 원형 카테고리 구조를 가지고 있는 것으로 간주된다[그론메이어(Gronemeyer), 1999; 요한손과 옥세피엘(Johansson and Oksefjell), 1996]. 이 일련의 연구는 먼저 영어-노르웨이어 병렬코퍼스(ENPC: English-Norwegian Parallel Corpus)와 영국국가코퍼스(BNC)의 코퍼스 데이터를 분석하는 작업에서 출발했다. 본 연구의 목적은 가설에서 예측한 대로 원형적인 의미가 과대 표상되는지를 살펴보는 것이었다. 다음 연구에서는 ENPC의 영어 데이터(노르웨이어에서 영어로 번역)와 TEC 코퍼스의 영어 데이터(다양한 출발어에서 영어로 번역)를 비교함으로써, 총빈도 패턴을 결정하는 데 있어 출발어의 역할을 살펴보고자 했다. 세 번째 연구에서는 단어 목록을 분석했는데, 새로운 통계 절차를 활용해 코퍼스의 유사성 혹은 차이점을 검증하고자 했다[킬가리프(Kilgariff), 2001]. 다음 네 번째 연구에서는 코퍼스 차이점을 검증하고자 "행동 프로파일"이라고 불리는 또 다른 통계 검증 방법을 채택했다(디브작과 그리스, 2006 참조). 다음 다섯 번째와 여섯 번째 연구는 실험 연구로 유도 과제와 키스트로크 로깅 데이터를 채택했다. 유도 과제로는 문장 생성 과제를 시행했는데, 그 목적은 기상정한 원형 구조가 문장 생성 과제에도 반영되는지를 파악하기 위한 것이었다. 키스트로크 로그를 분석함으로써, 주저 및 일시 정지하는 현상과 자체 편집 현상을 설명하고자 했다. 이러한 분석 작업들은 여전히 초기 단계로 키스트로크 로깅 데이터의 이론적 통합과 관련해서는 추가적인 분석이 필요한 부분이다.

이러한 분석 작업에서 코퍼스 데이터와 실험 데이터를 결합하게 된 동기는 코퍼스 데이터가 인지적 이슈들을 직접 설명해 줄 수 없다는 것을 인식한 데서 출발했다. 즉 실험 데이터를 통해 코퍼스 데이터를 검증할 필요성이 제기되었다. 이상에서 설명한 일련의 연구에서는 코퍼스 방법론과 통계 방법론을 결합한 다양한 접근 방법을 통해, 개별 연구를 통해 이미 원형 구조를 상정해 놓은 다의어 동사의 복수의 의미에 대해 그 빈도와 순위 패턴을 파악, 비교하고자 했다(그론메이어, 1999; 요한손과 옥세피엘, 1996). 표준 유도 절차와 처리 변수들을 이용해 원형 구조를 검증했다. 자비스와 파블렌코(2008)가 제시한 모형에 따라, 다양한 유형의 데이터 및 방법론을 이론적으로 결합했다.

인지번역학 분야에서 방법론을 결합해 연구를 진행한 가장 대표적인 사례는 스페인의 PETRA 그룹이 수행한 연구이다. PETRA 그룹은 상기에서 설명한 프레임워크와는 약간 다른 인지학적 프레임워크를 채택하기는 했지만, 전체적으로 볼 때, "… 파일럿 테스트, 사회언어학적 설문조사, WEISS III/TOEFL/DELE 테스트, … 트랜스로그(Translog) 2000…" 등의 다양한 데이터 수집 방법론을 채택했으며, 다양한 분석 기법들을 시도했다[무뇨즈 마르틴(Muñoz Martín), 2006, p.1. PETRA 그룹도 다른 연구 그룹들과 마찬가지로 높은 수준의 실증적 유효성을 확보하는 데 중점을 뒀다.

5. 결론

본 논문의 주된 관심사는 인지번역학 이론을 구축하고, 기존의 가설(예: 중력 가설)을 검증하는 실증적 수단을 개발하는 것이었다. 인지번역학 이론은 인지언어학 이론과 이중언어학 이론을 기반으로 하되 두 이론을 보완해 개발해야 한다는 주장이 제기되어 왔다. 관련 연구 분야의 최근 동향을 고려해 보면 랭가커의 주장(1989, 1991, 2008)을 자비스와 파블렌코(2008)가 제안한 모델에 충분히 접목시킬 수 있을 것이다. 그 결과 3개 층위로 이뤄진 표상 시스템을 제안하게 되었는데, 이 시스템에서는 번역학 연구에서 제기되었던 번역 텍스트의 과대 표상 혹은 과소 표상의 다양한 패턴을 설명하기 위해 표상의 특징들을 각기 다른 층위로 분리하고 있다.

다양한 현상들을 설명하기 위해 고안된 다양한 모형들은 나름의 연구 분야에서 비교적 자율적으로 운영이 되었는데, 이들 모형들을 통합하는 것에 물론 전혀 위험이 따르지 않는 것은 아니다. 예를 들면 할베르손(2003)의 제안은 이중언어 표상 모델의 중요한 특징을 간과했을 수도 있다. 의미 표상 모형과 개념 표상 모형은 일반 언어학 이론과 이중언어학 이론, 제1언어습득론과 제2언어습득론의 핵심이다. 이들 각 분야는 나름의 전통적인 이론과 방법론에 의존하고 있기 때문에 모든 분야에서 학제 간 연구가 수월하게 진행될 수 있는 상황은 아니다. 또한 고도의 전문화가 오히려 힘들게 얻은 지식을 공유하는 데 장애가 되기도 한다. 하지만 인지학적 접근 방법이 설사 이론 공유 측면에서는 도움이 되지 않는다 하더라도, 적어도 동일한 출발선상으로 되돌아갈 수 있게 해 준다는 점에서 그 의의가 있다고 하겠다.

본고에서 인용한 여러 연구자들은 이러한 어려움을 인식하고, 특정 표상 시스템 혹은 처리 특성에 대해 명확한 주장을 하는 데 다소 조심스러운 태도를 취한다. 이는 랭가커의 경우에도 해당되는데, 랭가커는 "특정 언어 구조가 신경학적으로 정확하게 어떻게 실행되는지를" 이해하는 초기 단계에 있다는 신중한 주장을 펼쳤다(2008, p.31). 마찬가지로 디브작과 그리스는 연구 방법론을 결합해 "심상 클러스트"를 분석하면서, "… 인지 현실"을 설명하기 위해 다양한 것들을 참고하지만 어휘 클러스터에 대한 정확한 심상 표상이나 그 처리 문제와 관련해 어떤 구체적인 입장을 수용한 것은 아니다"라고 주장한다(2008, p.198). 한편 본고에서 채택하고 있는 이론적 모형들은 반드시 신경학적 현실은 아니더라도 표상과 관련한 기존의 가정들에 그 기반을 두고 있다.

연구 방법론 관점에서 한 가지 흥미로운 사실은 키스트로크 로깅 소프트웨어와 같이 특정 방법론 툴의 사용이 증가하고 있다는 점이다. 특히 이 소프트웨어를 채택함으로써 언어 프로세스(번역 포함) 데이터와 그 결과물 데이터를 동시에 수집할 수 있게 되었다. 상기에서 설명한 의미 표상과 개념 표상 모형 역시 전통적으로 언어 처리와 관련이 있는 변수(예: 반응시간)들을 포함하는 전통적인 실험 데이터에 그 기반을 두고 있다. 자비스와 파블렌코(2008)의 모형은 다양한 데이터 유형에 대한 해석에 그 기반을 두고 있으며, 또한 연구 논의에서도 활성화와 억제라는 언어 처리의 서로 다른 측면들을 모두 다루고 있다(2008, p.222ff). 일부 이슈에 있어서는 표상과 처리를 구분하는 것이 필요하겠지만, 표상 모형이 되었건 처리 모형이 되었건 상호 존립 가능한 모형이어야 한다. 인지 문법 학자들이 이 문제를 인식하고 있는 만큼, 이에 대한 문제의식도 서로 공유하고 있다(예: 랭가커, 2008, p.31).

본고에서 인용하고 있는 저자들은 모두 종합적인 인지 모형이라면 언어 수행의 표상 측면과 처리 측면을 모두 고려해야 한다는 점을 잘 인식하고 있다. 종합적인 인지 번역 이론에서는 이 두 측면을 전문적이고 통합적으로 다뤄야 한다. 본고에서 언급한 다양한 연구 분야의 현재이론 발전 단계를 고려할 때 표상 요인과 처리 요인 간의 관계에 대해 확정적인 답을 제시할 수는 없지만 적어도 여러 모형들의 상호 존립성을 확보하기 위해 노력해야 할 것이다.

인지언어학과 이중언어학 연구에서 연구 방법론을 결합하는 경향이 점차 증가함에 따라 인지번역학 연구 역시 이러한 경향을 따라가게 될 것이다. 특히 중력 가설 검증 연구 등 일부 연구에서는 이처럼 연구 방법론을 결합하는 것이 절대적으로 필요하다. 사실 어떤 데이터 유형과 분석 툴을 선택할 것인가는 연구 질문에 달려 있다. 번역학 연구에 인지학적 접근 방법을 접목시키고자 하는 시도가 점차 확대됨에 따라, 이 분야의 전통적인 실증적 연구에 비해 연구 방법론 측면에서 보다 다양한 시도들이 등장할 것으로 예상된다.

미주

1. 이중언어학 학자들은 언어 관련 지식을 나타내는 것과 관련해 "의미적"이라는 용어와 "개념적"이라는 용어를 사용함에 있어 학자들마다 상당한 차이를 보인다. 프란시스(Francis)는 "… '의미적'과 '개념적'이라는 용어 사이에 어떤 관계를 의도하고 있는지가 명확하지 않다. 대부분의 논문에서 저자들은 이 둘 사이에 어떤 관계를 가정하고 있는지를 구체적으로 명시하지 않는다. 일부 논문에서는 이들 용어는 서로 상호 호환적으로 사용이 되고 있지만, 또 다른 논문들에서는 둘 중 하나의 용어만이 사용되고 있다"고 적시한다(2005, p. 251). 본고에서는 이 두 용어를 연결해 "개념적/의미적"이라고 사용하고 있는데, 이 두 용어를 분명히 구분할 필요성이 제기될 때까지는 두 용어를 나란히 사용하고자 한다. 이 두 용어를 분명히 구분해야 할 필요성이 제기되면, 두 용어는 두 개의 각기 다른 층위에서의 영향을 지칭하는 데 사용될 것이다.

2. 인지번역학 이론의 중요한 요소이기는 하지만 여기에서 구조 문제를 논하는 것은 타당하지 않아 보인다(할베르손, 2007 참조). 슬로빈(Slobin)의 "말하기를 위한 사고하기" 개념을 대입시키는 것만으로도 충분할 것으로 판단된다.

3. 이 두 개 모형을 결합하는 데 있어 또 하나의 추가적인 문제가 있을 수 있다. 파블렌코는 드 그루트의 모형이 개념 구조에 대한 특징 기반 접근법에 의존하고 있으며 이러한 접근법은 "원형과 맥락 의존 효과[머피(Murphy, 2002); 드 그루트, 1992, pp. 406-408 참조]"를 설명하지 못한다고 주장한다. 만약 사실이 그렇다면, 이전에 생각했던 것처럼 드 그루트의 모형을 랭가커의 모형을 개념적으로 보완한 것으로 간주할 수 없을 것이다.

4. 자비스와 파블렌코는 여러 이유로 보다 전통적인 용어인 "전환(transfer)"보다는 "언어 간 영향(crosslinguistic influence)"이라는 표현을 선호하는데(2008, pp. 3-4), 이에 본인도 자비스와 파블렌코가 사용한 용어를 채택했다.

Altaribba, Jeanette and Basnight-Brown, Dana M. 2009. "An overview of semantic processing in bilinguals: methods and findings." In *The bilingual mental lexicon. Interdisciplinary approaches*, Aneta Pavlenko (ed.), 79-98. Bristol: Multilingual Matters.

Arppe, Antti and Jarvikivi, Juhani. 2007. "Every method counts: combining corpus-based and experimental evidence in the study of synonymy." *Corpus linguistics and linguistic theory* 3 (2): 131-159.

Baker, Mona. 1993, "Corpus linguistics and translation studies: Implications and applications." In *Text and Technology: In Honour of John Sinclair*, Mona Baker, Gill Francis and Elena Tognini-Bonelli (eds.), 233-250. Amsterdam: John Benjamins.

Baker, Mona. 1996. "Corpus-based translation studies: The challenges that lie ahead." In *Terminology, LSP and translation: Studies in language engineering*, Harold Somers (ed.), 175-186, Amsterdam: John Benjamins.

Baker, Mona. 1999. "The role of corpora in investigating the linguistic behavior of professional translators." *International Journal of Corpus Linguistics* 4 (2): 1-18.

Chesterman, Andrew. 2008. "On explanation." In *Beyond Descriptive Translation Studies. Investigations in homage to Gideon Toury*, Anthony Pym. Miriam Schlesinger and Daniel Simeoni (eds.), 363–379. Amsterdam: John Benjamins.

Christoffels, Ingrid and de Groot, Annette M. B. 2005. "Simultaneous interpreting: A cognitive perspective." In *Handbook of Bilingualism. Psycholinguistic Approaches*, Judith Kroll and Annette M. B. de Groot (eds.), 454-479. Oxford: Oxford University Press.

Croft, William. 1998. "Linguistic evidence and mental representations" *Cognitive linguistics* 9(2): 151-173.

De Bot, Kees. 2004. "The multilingual lexicon: Modeling selection and control." *The International Journal of Multilingualism* 1: 17–32.

De Groot, Annette M. B. 1992a. "Bilingual lexical representation: A closer look at conceptual representations." In *Orthography, Phonology, Morphology, and Meaning*, Ram Frost and Leonard Katz (eds.), 389–412. Amsterdam: North

Holland.

De Groot, Annette M. B. 1992b. "Determinants of word translation." *Journal of Experimental Psychology: Learning, Memory, and Cognition* 18 (5): 1001-1018.

De Groot, Annette M. B. 1993. "Word-type effects in bilingual processing tasks. Support for a mixed representational system." In *The bilingual lexicon*, Robert Schreuder and Bert Weltens (eds.), 27–51. Amsterdam: John Benjamins.

De Groot, Annette M. B. 1997. "The cognitive study of translation and interpretation Three approaches." In *Cognitive processes in translation and interpreting*, Joseph H. Danks et al. (eds.), 25–56. Thousand Oaks/London/New Delhi: Sage.

Divjak, Dagmar and Gries, Stefan Th. 2006. "Ways of trying in Russian: Clustering behavioral profiles." *Corpus linguistics and linguistic theory* 2 (1): 23–60.

Divjak, Dagmar and Gries, Stefan Th. 2008. "Clusters in the mind? Converging evidence from near synonymy in Russian." *The Mental Lexicon* 3 (2): 188-213.

Englund-Dimitrova, Birgitta. 2005. *Expertise and explicitation in the translation process.* Amsterdam: John Benjamins.

Eskola, Sari. 2004. "Untypical frequencies in translated language: A corpus-based study on a literary corpus of translated and non-translated Finnish" *In Translation universals. Do they exist?*, Anna Mauranen and Pekka Kujamäki (eds.), 83-100. Amsterdam: John Benjamins,

Francis, Wendy. 2005. "Bilingual semantic and conceptual representation." In *Handbook of Bilingualism. Psycholinguistic Approaches*, Judith Kroll and Annette M. B. de Groot (eds.), 251–267. Oxford: Oxford University Press.

Gass, Susan and Mackey, Alison. 2007. *Data elicitation for second and foreign language research.* Mahwah, NJ: Lawrence Erlbaum.

Gerver, David. 1976. "Empirical studies of simultaneous interpretation: a review and a model." *In Translation: Applications and research*, Richard W. Brislin (ed.), 165-207. New York: Gardner.

Gile, Daniel. 2009. "Conference interpreting, historical and cognitive perspectives."

In *Routledge Encyclopedia of Translation Studies. Second Edition*, Mona Baker and Gabriela Saldanha (eds.), 51-58. London: Routledge.

Gilquin, Gaëtenelle. 2006. "The place of prototypicality in corpus linguistics: Caustion in the hot seat. In *Corpora in cognitive linguistics. Corpus-based approaches to syntax and lexis*, Stefan Th. Gries and Anatol Stefanowitsch (eds.), 159-191. Berlin: Mouton de Gruyter.

Gilquin, Gaötenelle and Gries, Stefan Th. 2009. "Corpora and experimental methods: A state-of-the-review." *Corpus Linguistics and Linguistic Theory* 5 (1): 1-26.

Gries, Stefan Th. 2006. "Corpus-based methods and cognitive semantics." In *Corpora in cognitive linguistics Corpus based approaches to syntax and lexis*, Stefan Th. Gries and Anatol stefanowitsch (eds.), 57–99. Berlin: Mouton de Gruyter.

Gries. Stefan Th., Hampe, Beate and Schönefeld, Doris. 2005. "Converging evidence: Bringing together experimental and corpus data on the association of verbs and constructions." *Cognitive Linguistics* 16 (4): 1-17.

Gronemeyer Claire. 1999. "On deriving complex polysemy: the grammaticalization of get." *English language and linguistics* 3 (1): 1-39.

Halverson, Sandra. 2003. "The cognitive basis of translation universals." *Target* 15 (2): 197-241.

Halverson, Sandra. 2007. "A cognitive linguistic account of translation shifts" *Belgian Journal of Linguistic*s 21: 105–119.

Halverson, Sandra. 2009. "Elements of doctoral training: The logic of the research process, research design and the evaluation of research quality." *The Interpreter and Translator Trainer* 3 (1): 79-106.

Heylen, Kris, Tummers, Jose and Geeraerts, Dirk. 2008. "Methodological issues in corpus-based cognitive linguistics." In *Cognitive sociolinguistics. Language variation, cultural models, social systems*, Gitte Kristiansen and René Dirven (eds.), 91-128. Berlin: Mouton de Gruyter.

Jarvis, Scott. 2009. "Lexical transfer." In *The bilingual mental lexicon. Interdisciplinary approaches*, Aneta Pavlenko (ed.), 99-124. Bristol:

Multilingual Matters.

Jarvis, Scott and Pavlenko, Aneta. 2008. *Crosslinguistic influence in language and Cognition.* New York: Routledge.

Johansson, Stig and Oksefjell, Signe. 1996. "Towards a unified account of the syntax and semantics of GET." In *Using corpora for language research*, Jenny Thomas and Mick Short (eds.), 57–75. London: Longman.

Keil. Frank C. 1989a. *Concepts, kinds, and cognitive development.* Cambridge, MA: Bradford Books.

Keil Frank C. 1989b. "Spiders in the web of belief: The tangled relations between concepts and theories." *Mind and language* 4: 43–50.

Kellerman, Eric. 1978. "Giving learners a break: Native language intuitions as a source of predictions about transferability. *Working papers on bilingualism* 15: 60-92.

Kellerman Eric 1986. "An eye for an eye: Crosslinguistic constraints on the development of the L2 lexicon." In *Cross-linguistic influence in second language acquisition,* Eric Kellerman and Michael Sharwood Smith (eds.), 35–48. New York: Pergamon Press.

Kilgariff, Adam. 2001. "Comparing corpora." *International Journal of Corpus Linguistics* 6 (1): 97-133.

Kroll, Judith 1993 "Accessing conceptual representations for words in a second language." In *The bilingual lexicon*, Robert Schreuder and Bert Weltens (eds.), 53-81. Amsterdam: John Benjamins.

Kroll, Judith and de Groot, Annette M. B. 1997. "Lexical and conceptual memory in the bilingual: Mapping form to meaning in two languages." *In Tutorials in bilingualism: Psycholinguistic perspective*. Annette M. B. de Groot and Judith F. Kroll (eds.). 169-199. Mahwah, NJ: Lawrence Erlbaum.

Lakoff, George. 1987. *Women, fire, and dangerous things*. Chicago: University of Chicago Press.

Langacker, Ronald. 1987. *Foundations of cognitive grammar. Volume 1. Theoretical prerequisites.* Stanford, CA: Stanford University Press.

Langacker, Ronald. 1991. *Foundations of cognitive grammar. Volume 2. Descriptive application*. Stanford, CA: Stanford University Press.

Langacker, Ronald. 2008. *Cognitive Grammar. A basic introduction*. Oxford: Oxford University Press.

Laviosa, Sara. 2002. *Corpus-based translation studies. Theory, findings, applications*. Amsterdam: Rodopi.

Levelt, Willem. 1989. *Speaking: From intention to articulation*. Cambridge, MA: MIT Press.

Malmkjær, Kirsten. 2008. “Norms and nature in translation studies.” In *Incorporating corpora. The linguist and the translator*, Gunilla Anderman and Margaret Rogers (eds.), 49-59. Clevedon: Multilingual Matters.

Malt, Barbara. 1993. “Concept structure and category boundaries.” In *Categorization by humans and machines*, Glenn Nakamura, Douglas L. Medin and Roman Taraban (eds.), 363-390. New York: Academic Press.

Mauranen, Anna and Kujamäki, Pekka (eds.). 2004. *Translation universals. Do they exist?* Amsterdam: John Benjamins.

Moser, Barbara. 1978. “Simultaneous interpretation. A hypothetical model and its practical applications.” In *Language interpretation and communication*, David Gerver and H. Wallace Sinaiko (eds.), 353-368. New York: Plenum.

Muñoz Martín, Ricardo. 2006. Expertise and environment in translation. Paper presented at the Second IATIS Conference, “Intervention in Translation, Interpreting and Intercultural Encounters," University of the Western Cape in South Africa. 11-14 July 2006.

Murphy, Gregory L. 2002. *The big book of concepts*. Cambridge, MA: Bradford Books.

Nordquist, Dawn. 2004. “Comparing elicited data and corpora.” In *Language, culture, and mind*, Michel Achard and Suzanne Kemmer (eds.), 211-223. Stanford, CA: CSLI Publications.

Olahan, Maeve. 2004. *Introducing corpora in translation studies*. London: Routledge.

Paradis, Michel. 1994. “Toward a neurolinguistic theory of simultaneous translation.” *International Journal of Psycholinguistics* 10: 319–335.

참고
문헌

Paradis, Michel. 1997a. “The cognitive neuropsychology of bilingualism” In *Tutorials in bilingualism. Psycholinguistic perspectives*, Annette M. B. de Groot and Judith Kroll (eds.), 331-354. Mahwah, NJ: Lawrence Erlbaum.

Paradis, Michel. 1997b. “Representation lexicale et concetptuelle chez les bilingues: deux langues, trios systèmes.” In *Explorations du lexique*, Julie Auger and Yvan Rose (eds.), 15-27. Québec: CIRAL.

Paradis, Michel. 2004. A *neurolinguistic theory of bilingualism*. Amsterdam: John Benmains.

Pavlenko, Aneta. 1999. “New approaches to concepts in bilingual memory.” *Bilingualism: Language and Cognition* 2 (3): 209-230.

Pavlenko, Aneta. 2000. “New approaches to concepts in bilingual memory.” *Bilingualism: Language and Cognition* 3 (1): 1-4.

Pavlenko, Aneta. 2009. “Conceptual representation in the bilingual lexicon and second hand language vocabulary learning.” In *The bilingual mental lexicon. Interdisciplinary approaches*, Aneta Pavlenko (ed.), 125-160. Bristol: Multilingual Matters.

Pym, Anthony. 2008. “On Toury's laws of how translators translate.” In Beyond Descriptive *Translation Studies. Investigations in homage to Gideon Toury, Anthony Pym, Miriam* Schlesinger and Daniel Simeoni (eds.), 311-328. Amsterdam: John Benjamins.

Sandra, Dominiek. 1998. "What linguists can and can't tell you about the human mind: A reply to Croft.” *Cognitive linguistics* 9 (4): 361-378.

Sandra Dominiek and Rice, Sally. 1995. "Network analyses of prepositional meaning: Mirroring whose mind - the linguist's or the language user's?” *Cognitive linguistics* 6 (1): 89-130.

Slobin, Dan. 1996. “From thought and language to thinking for speaking.” In *Rethinking linguistic relativity*, John Gumperz and Stephen Levinson (eds.), 70-96. Cambridge: Cambridge University Press.

Snodgrass, Joan. 1993. “Translation *versus* picture naming: Similarities and Differences.” In *The bilingual lexicon*, Robert Schreuder and Bert Weltens (eds.), 83–114. Amsterdam: John Benjamins.

Susam-Sarajeva, Şebnem. 2009. "The case study research method in translation studies." *The Interpreter and Translator Trainer* 3 (1): 37–56.

Tirkonnen-Condit, Sonja. 2001. "Unique items - over- or underrepresented in translated language?" Paper presented at the Third International EST Congress, Copenhagen, Denmark, 30 August - 1 September 2001.

Tirkkonen-Condit, Sonja. 2004. "Unique items - over- or underrepresented in translated language?" In *Translation universals. Do they exist?*, Anna Mauranen and Pekka Kujamäki (eds.), 177-186. Amsterdam: John Benjamins.

Tirkkonen-Condit, Sonja. 2005. "Do unique items make themselves scarce in translated Finnish?" In *New trends in translation studies. In honour of Kinga Klaudy*, Krisztina Károly and Ágota Fóris (eds.), 177-189. Budapest: Akadémiai Kiadó.

Toury, Gideon. 1980. *In search of a theory of translation.* Tel Aviv University: Porter Institute for Poetics and Semiotics.

Toury, Gideon. 1995. *Descriptive translation studies and beyond.* Amsterdam: John Benjamins.

Tummers, Jose, Heylen, Kris and Geeraerts, Dirk. 2005. "Usage-based approaches in Cognitive Linguistics: A technical state of the art." *Corpus linguistics and linguistic theory* 1 (2): 225-261.

Wei, Li and Melissa Moyer (eds.). 2008. *Research methods in bilingualism and multilingualism.* Malden, MA: Blackwell.

Wierbicka, Anna. 1996. *Semantics: Primes and universals.* Oxford: Oxford University Press.

저자소개
역자소개

파비오 아우베스(FABIO ALVES)는 브라질 미나스제라이스연방대학교 앵글로-게르만어학과의 독일어 및 번역학 전공 부교수로 재직하고 있다. 아우베스 교수의 주요 연구 분야는 번역에 관한 실증적-실험 연구로, 특히 번역 프로세스의 심리언어학적 특성 및 화용적 특성, 제2언어 습득 및 교수법에 있어 이문화간 상호관계성과 자율성, 비형식주의 관점에서의 언어, 인지, 문화 간 관계 등에 관심을 가지고 있다. 아우베스 교수는 Meta, Intercâmbio, TradTerm, Estudos da Linguagem 등의 저널에 다수의 논문을 발표했으며 "통번역 연구 삼각 검증: 프로세스 연구에 관한 다양한 관점(Trangulating Translation: Perspectives in Process Oriented Research)"이라는 제하의 저서를 비롯해, 브라질과 독일에서 다양한 저서를 출판했다.

에릭 앙헬론(ERIK ANGELONE)은 미국 켄트주립대학교 현대고전언어학과 산하 응용언어연구소에서 독일어 및 번역학 전공 조교수로 재직하고 있다. 앙헬론 교수는 독일 하이델베르그대학교에서 번역학 박사 학위를 취득했다. 앙헬론 교수는 실증적 번역학 연구를 수행하면서, 특히 번역 프로세스와 행동, 메타인지, 전문성, 프로세스 중심의 번역사 교육 등의 연구 주제에 관심을 가지고 있다.

브루스 J. 다이아몬드(BRUCE J. DIAMOND)는 미국 뉴저지주 윌리엄패터슨대학교의 부교수로 재직하고 있다. 윌리엄패터슨대학교 재직 이전에는 뉴저지 의과 및 치과대학 재활의학과에서 근무한 바 있으며, 미국립보건원/미국립재활의학 연구센터(NIH/NCMRR) 펠로우 및 임상연구원으로도 재직했다. 다이아몬드 교수는 임상신경심리사로 평가 및 재활이 전문 분야이다. 기억, 정보처리, 학습, 집행 기능, 기분(mood)의 인지적 및 신경생리학적 상관관계를 중점 연구하고 있다. Brain, Cortex, Journal of Clinical and Experimental Neuropsychology 등의 저널에 다수의 논문을 발표했다. "통역과 번역의 인지 프로세스(Cognitive Processes in Translation and Interpreting)" 저서에도 저자로 참여했다.

바바라 드래그스테드(BARBARA DRAGSTED)는 덴마크 코펜하겐비즈니스스쿨 국제언어학 및 계산언어학과 번역 전공 조교수로 재직하고 있다. 드래그스테드 교수는 번역과 번역 기술 연구 및 혁신 센터(CRITT)에서 관장하는 다수의 연구 프로젝트에 참여하고 있다. 박사학위 논문인 "번역 세그멘테이션과 번역 기억 체계"에서 인지적 세그멘테이션에 대한 실증적 분석과 더불어 번역 기억 체계를 번역 프로세스에 통합하는 인지 효과에 대한 실증 분석을 진행했다. 현재는 번역 인지 프로세스, 번역 기술, 전문 용어 및 지식 공유, 번역과 통역의 결합 등의 연구 주제에 특히 관심을 가지고 있다.

K. 앤더스 에릭슨(K. ANDERS ERICSSON)은 미국 플로리다주립대 콘라디석학(Conradi Eminent Scholar)으로 동 대학 심리학과 교수로 재직 중이다. 에릭슨 교수는 스웨덴 스톡홀름대에서 심리학 박사를 취득했으며, 카네기멜론대에서 박사 후 펠로쉽, 베를린 막스프랑크인간개발교육연구소의 방문 교수 등을 거쳤다. 허버트 사이먼(Herbert Simon)과의 협업을 통해, '순차적 사고 발화 과정 모형'을 제안했다. 당초 Psychological Review 저널에 이 모형을 발표했으며, 이를 발전시켜 이후 "프로토콜 분석: 데이터로서의 구두 보고(Protocol Analysis: Verbal Reports as Data)"라는 저서를 출판했다. 윌리엄 체이스(William Chase)와 함께, 숙련 기억(skilled memory) 이론을 개발했다. 월터 킨취(Walter Kintsch)와 협업을 통해, 전문가들의 우수한 작업 기억을 설명하고자 이 이론을 확장해 장기 작업 기업이라는 개념으로 발전시켰다. 현재는 전문가 성과의 구조 및 습득, 특히 전문가들이 어떻게 장기간의 의도적 연습을 통해 우수한 성과를 달성하고 유지하는지를 연구하고 있다. 에릭슨 교수는 전문성(expertise)의 본질에 관한 다수의 저서에 편집자로 참여했는데, 그중에는 "전문성 이론의 일반화: 그 전망과 한계(Toward a General Theory of Expertise: Prospects and Limits)"도 포함되어 있다.

알렉산더 제르가노브(ALEXANDER GERGANOV)는 불가리아 소피아 소재의 뉴불가리아대학교 인지과학동유럽센터의 박사과정생이다. 제르가노브는 소피아 기술대학교에서 컴퓨터시스템기술을 전공했으며, 지각적 학습 신경 네트워크 모델링을 주제로 인지과학 전공 석사학위를 취득했다. 심리언어학, 이중언어학, 인지언어학, 난독증, 아이트래킹, 연결주의 모델링, 지각적 학습, 지각 등의 연구 분야 및 주제에 관심을 가지고 있다.

산드라 L. 할베르손(SANDRA L. HALVERSON)은 노르웨이 베르겐대학교 외국어학과의 부교수로 재직 중이다. 주요 연구 관심 주제는 인지언어학 개념과 접근 방법을 번역학에 접목하는 것으로 이론적 연구와 실증적 연구를 모두 수행 중에 있다. 현재 Target 저널의 국제자문위원으로 활동하고 있으며 Target, Meta, Across Languages and Cultures 등의 유수 저널에 다수의 논문을 발표했다. 할베르손 교수는 그동안 번역학 분야 여러 대표 선집과 참고 저서에 논문을 기고했다.

귀데 한센(GYDE HANSEN)은 덴마크 코펜하겐비즈니스스쿨 국제언어학 및 계산언어학과 번역 및독일어 전공 교수로 재직 중에 있으며 독일어 학과장을 맡고 있다. 비교 문법, 문화 간 소통, 텍스트 분석, 번역 프로세스, 번역 이론, 번역 비평, 실증적 연구 방법론 등 다양한 연구 분야와 주제에 관심을 가지고 있다. 2004년 이후, 유럽번역학회의 부회장을 맡고 있다. 또한 TRAP(1996-2000) 프로젝트, 코펜하겐 회상 프로젝트(Copenhagen Retrospection Project, 2004), 학생에서 전문가로의 성장 종단 연구(1996-2008) 그리고 현재 진행 중인 번역과 번역 수정 프로세스의 품질을 분석하는 TraRedit 프로젝트 등 다수의 주요 프로젝트에 연구 책임자로 참여했다. 다수의 논문과 저서를 출간했으며, 특히 앤드류 체스터만(Andrew Chesterman)과 하이드룬 게르지미쉬-아보가스트(Heidrun Gerzymish-Arbogast)와 함께 "통번역 연구에 있어 노력과 모형(Efforts and Models in Interpreting and Translation Research)"을 공저했다.

실비아 한센-쉬라(SILVIA HANSEN-SCHIRRA)는 독일 게르메스하임 소재 마인츠요하네스구텐베르크대학교 번역학과의 계산언어학 전공 조교수로 재직 중에 있다. 주요 연구 관심 분야와 주제는 실증적 번역 연구, 기계 번역, 전문 소통 등이다. 사브리켄대학교에서 번역학 연구 주제에 계산언어학 및 심리언어학 방법론을 접목하는 것을 주제로 계산언어학 박사학위를 취득했다. 박사 논문 주제는 "번역의 본질에 대한 결과물 및 프로세스 중심 분석"이었다. 병렬 코퍼스와 비교 코퍼스를 이용해 번역 특징 및 번역 보편소를 연구하는 프로젝트에 연구 책임자로 참여하기도 했다. 현재는 다층위 코퍼스 분석과 인지 실험을 기반으로 한 전문 소통 및 번역 연구에 참여하고 있다.

리타 야스켈라이넨(RITTA JÄÄSKELÄINEN)은 핀란드 요엔수대학교 외국어 통번역학과의 영어 전공 교수로 재직 중에 있다. 전문 분야는 통번역 연구로 현재 번역 프로세스에 관한 실증적 연구를 중점 수행하고 있다. 1999년 "번역 프로세스 연구(Tapping and Process)"라는 제목으로 박사학위 논문을 발표했다. 이후 번역학 연구 저널에 다수의 논문을 발표했는데, 그중에는 Target 저널에 발표한 "번역 사고발화법 연구 해설(Think-aloud Protocol Studies into Translation: An Annotated Bibliography"도 포함되어 있다. 또한 "통번역 프로세스 연구 및 매핑하기:실증적 연구 전망(Tapping and Mapping the Process of Translation and Interpreting: Outlooks and on Empirical Research)"이라는 중요한 저서를 손자티르코넨-콩디(Sonja Tirkkonen-Condit)와 공동 편집했다. 이 밖에도 주요 관심 연구 분야로는 자막 번역, 통번역사 교육, 통번역 정책 등이 있다.

크리스티안 라쇼드(CHRISTIAN LACHAUD)는 현재 스위스 제네바대학교 실험심리언어학연구소에서 심리언어학 전공 박사 후 과정생으로 발화 단어 인지 연구를 수행 중에 있다. 또한 캘리포니아주립대학교 데이비스캠퍼스 심리두뇌연구소와 공동으로 미국수화언어(ASL) 인지에 대한 연구를 수행하고 있다. 2007년에는 "EYE-TO-IT" 유럽연구프로젝트의 노르웨이 연구진에 합류했다. 최근에는 번역사들의 성과 수준 향상을 위해, 노르웨이 릭스호스피탈레대학병원 국립뇌전증연구소와 공동으로 영어-노르웨이어 이중언어 화자의 심상 어휘 구조 분석 연구를 진행했다.

이사벨 라크루즈(ISABEL LACRUZ)는 미국 켄트주립대학교 현대고전언어학과 산하 응용언어연구소 소속 스페인어 및 번역학 전공 조교수로 재직 중에 있다. 2005년에 켄트주립대학교에서 실험심리학 박사학위를 취득했다. "시각 단어 인지에 있어서의 형태론(Morphology in Visual Word Recognition)"이라는 제목으로 작성한 박사학위 논문에서는 단어 인지의 심리언어학적 측면을 중점 연구했다. 번역의 심리언어학적 측면, 이중언어 기억, 제2언어습득 등의 연구 주제에 관심을 가지고 있다. 가장 최근 연구에서는 아이트래킹 방법론을 이용해, 번역 프로세스를 분석했다.

바바라 모저-머서(BARBARD MOSER-MECER)는 제네바대학교 통번역학과 회의통역 전공 교수로 재직 중에 있으며 회의통역프로그램 디렉터를 겸하고 있다. 인스브루크대학교에서 통번역학을 전공하고 뉴욕 로체스터대학교에서 심리언어학 및 신경언어학을 공부했다. 박사학위 논문에서는 통시통역 인지 모델링 가능성을 검토했다. 통역 관련 2권의 저서를 공동 집필했는데, 그 중 한 권이 실비 랑베르(Silvie Lambert)와 공저한 "간극 줄이기: 동시통역 실증적 연구(Bridging the Gap: Empirical Research in Simultaneous Interpretation)"이다. 이 밖에도 회의통역사 적성 검사와 통역사 근무 조건의 다양한 측면을 다룬 다수 논문을 발표했다. 최근에는 통역 전문성 습득, 인적 요인과 이것이 통역 근무 조건에 미치는 영향, 원격 통역에 있어 인지적 퍼라미터 등에 관한 연구를 수행했다. 모저-머서 교수는 "통역 및 번역에 있어서의 인지 프로세스"의 주요 저자 중 한 명이다.

리카르도 무뇨즈 마르틴(RICARDO MUÑOZ MARTÍN)은 스페인 라스팔마스데그란카나리아대학교의 번역학 교수로 재직 중이다. 1993년 캘리포니아주립대학 버클리캠퍼스에서 박사학위를 취득한 후, 인지적 관점에서 번역을 연구하기 시작했다. 현 직책을 맡기 전에는 스페인 그라나다대학교에서 통번역 인지 프로세스 관련 박사과정의 디렉터를 역임했다. "번역언어학"을 포함한 다수의 저서에서는 번역학 연구에 있어 의미의 개념과 언어학 및 다학제성이라는 주제들을 다뤘다. 최근에는 인지적 접근 방법과 실증적 연구 간의 관계를 중점 연구하고 있다. 2001년부터, PETRA 연구팀의 연구 코디네이터를 맡고 있다. PETRA 연구팀은 상황 인지와 구성주의에 기반한 인지번역 이론을 개발하는 한편, 번역사들의 인지 프로세스를 규명하고 번역 전문성 개발을 목표로 연구에 매진하고 있다.

스텔라 뉴만(STELLA NEUMANN)은 독일 자르브뤼켄 소재 자르란트대학교 현대영어학 전공 부교수로 재직 중에 있다. 응용언어학 박사학위를 취득했으며 언어학적 변이에 대한 정량적 연구, 특수 목적어, 영어와 독일의 실증번역 연구 분야에 관심을 가지고 있다. 최근 연구 프로젝트로는 어역 변이 비교 연구, 번역물의 언어적 특성에 관한 코퍼스 기반 분석, 번역 프로세스에 관한 실증적 연구 등이 있다. 텍스트 유형과 번역에 관한 연구를 다룬 "텍스트 유형과 번역(Textsorten und ?bersetzen)", "대조 언어(Languages in Contrast)" 등의 저서를 출간했다.

샤론 오브라이언(SHARON O'BRIAN)은 아일랜드 더블린시티대학교 응용언어및문화간연구학과에서 번역학 전공 강사로 재직하고 있다. 현재 로컬라이제이션, 번역 기술, 번역 실습, 번역 이론 등의 과목을 가르치고 있다. 또한 소프트웨어 로컬라이제이션 업체에서 언어 기술 컨설턴트로도 재직한 바 있다. 주요 연구 주제로 통제 언어와 이것이 기계 번역 결과물에 미치는 영향, 편집 사후 프로세스 등에 관심을 가지고 있다. 본 저서에 기고한 논문에서는 키보드 로깅과 아이트래킹 기법을 심층적으로 활용했으며, "아이트래킹과 번역 기억 매칭", "번역 기억 툴 매칭 처리: 아이트래킹 분석"이라는 영향력 있는 논문을 발표하기도 했다. 아일랜드 현지 로컬라이제이션 기업과의 협업을 수행하도록 아일랜드기업청으로부터 펀딩 지원을 받기도 했다. 현재 더블린시티대학교의 차세대로컬라이제이션연구소와 번역및텍스트연구센터의 연구원으로도 활동하고 있다.

아드리아나 파가노(ADRIANA PAGANO)는 브라질 미나스제라이스연방대학교에서 통번역학 교수로 재직하고 있다. 미나스제라이스연방대학교의 통번역실험연구소인 LETRA의 코디네이터로, 통번역 전문성에 대한 연구를 수행하고 있다. 또한 LETRA에서 번역분석 프로세스 코퍼스인 CORPRAT 개발프로젝트를 수행 중에 있다. "번역 프로세스 방법론"을 포함한 다수 저서를 편집했으며, "담화의 인지적 번역을 위한 자율적이고 우수한 번역 수행"이라는 제목의 저서를 공저했다.

이보 D. 포피바노브(IVO D. POPIVANOV)는 불가리아 소피아 소재 뉴불가리아대학교 인지과학동유럽센터의 인지과학 전공 석사생이다. 실험 심리학, 전자생리학, 신경과학, 안면 자각, 인식 등의 연구 주제에 관심을 가지고 연구를 수행하고 있다.

안틴 포그너 리드닝(ANTIN FOUGNER RYDNING)은 노르웨이 오슬로대학교 문학/지역학/유럽언어학과의 불어 및 번역학 전공 교수로 재직하고 있다. 2002년 파리 소르본느의 ESIT에서 방문 교수로 활동했다. 리드닝 교수는 "은유 표현 번역"이라는 책의 저자로 이 책은 곧 출간을 앞두고 있다. 현재 EYE-TO-IT 프로젝트에 파트너로 참여하고 있으며 인지적 관점에서 전문가 번역을 연구하는 ExperTrans 국제공동연구네트워크의 코디네이터를 맡고 있다. 노르웨이 국가공인번역사길드의 회장을 역임한 바 있으며, 현재는 불어-노르웨이어 국가공인번역사위원회의 회장을 맡고 있다. 현재까지 30여 년 동안 프랑스와 노르웨이에서 국가공인번역사 및 회의통역사로 활동해 오고 있다.

그레고리 M. 슈리브(GREGORY M. SHREVE)는 미국 켄트주립대학교 현대고전언어학과의 응용언어연구소 소속 번역학 전공 교수로 재직하고 있다. 미국 내 유수의 전문통번역사 양성 대학원 과정을 운영 중인 켄트주립대학교 응용언어연구소는 슈리브 교수가 알브레히드 노이베르트(Albrecht Neubert)와 공동 설립한 기관으로, 슈리브 교수는 현재 이 연구소의 명예 소장직을 맡고 있다. 1993년에는 독일 라이프찌히대학교 언어학 및 통번역학 학과장을 역임한 바 있다. 컴퓨터 보조 번역, 번역 인지 프로세스, 실증적 번역 연구 방법론 등에 관심을 가지고 연구를 수행하고 있다. 미국 내 실증적 번역학 연구의 대표적인 옹호론자로 번역학 분야 전문서적인 "번역학 연구" 총서의 편집장을 맡은 바 있다. 이 밖에도 다수의 논문을 발표하고, 여러 저서의 공통 편집자로 참여했으며, "텍스트로서의 번역"(노이베르트와 공저)과 "통역 및 번역에 있어서의 인지 프로세스"[조셉 단크스(Joseph H. Danks)와 공저]를 공저했다.

막심 I. 스타메노브(MAXIM I. STAMENOV)는 불가리아 소피아 소재 불가리아 과학아카데미의 불가리아어연구소의 책임연구원으로 재직하고 있다. 현재 뉴불가리아대학교 인지과학동유럽센터가 수행 중인 "인지와 번역 연구를 위한 인간-컴퓨터 모니터링 및 피드백 시스템" EU 집행위원회 프로젝트에 프로젝트 코디네이터로 참여하고 있다. 언어와 인지 분야에서 문장 처리 시의 동사 정보 모델링에 있어 구문론-의미론간 인터페이스, 이중언어 어휘 내 동원어 지위, 언어 처리 문제에 있어 최신 정보기술의 적용 문제 등에 관심을 가지고 있다. "언어 구조, 담화와 의식에 대한 접근"[비토리오 갈레세(Vittorio Gallese)와 공저]과 "거울신경세포와 두뇌와 언어의 진화" 등의 저서를 발간했다. 1995년부터 존벤자민스 시리즈물인 "의식 연구 발전"의 편집자를 맡고 있다.

에리히 슈타이너(ERICH STEINER)는 독일 자르란트대학교 응용언어학부의 영어언어학 및 번역학 교수와 학과장으로 재직하고 있다. 자르브뤼켄, 룩셈부르크, 단스트 등 각지에서 다양한 직책을 역임했으며, 자르란트대학교의 학과장, 학장 등 다수의 주요 보직을 역임했다. 기능주의 언어학, 번역 이론, 비교 및 계산언어학 등에 관심을 가지고 연구를 수행하고 있다. EU와(ESPRIT/FRAMEWORK, LEONARDO, MINERVA), 독일연구회로부터 다수의 연구 프로젝트를 수주했다. 라이스대학교, 남가주대학, 더블린시티대학교, 시드니대학교, 오슬로대학교, 홍콩폴리텍대학교 등 세계 유수의 대학에서 방문 교수로 활발한 연구 활동을 이어나갔다. "번역 텍스트: 특징, 변이, 평가"[콜린 얄롭(Colin Yallop)과 공저]와 "번역 텍스트와 다언어 텍스트 산출 탐색하기: 내용을 넘어"라는 저서를 포함 다수의 저서를 단독 혹은 공저로 출간했다.

박현주는 연세대학교 영어영문학과를 졸업 후, 한국외국어대학교 통번역대학원 한영과에서 석사 및 박사학위를 받았다. 박사학위 논문으로 fMRI를 활용해 한영 초보통역사와 전문통역사의 뇌 활성화를 비교, 고찰함으로써 통역 연구에 뇌 영상 기법을 접목하는 시도를 하였다. 이중언어화자의 학습 동기에도 관심을 가지고 연구를 수행, 2018년에는 "L2 Motivational Self System, international posture and competitiveness of Korean CTL and LCTL college learners: A structural equation modeling approach"라는 제목으로 국제저명학술지 System에 논문을 게재하였다. 현재 한국외국어대학교 통번역대학원 특임교수로 재직 중이며 홍익대학교, 고려대학교에도 출강하고 있다. 관심 연구 주제로는 통역 프로세스 연구, 통번역사의 인지 과제 수행 능력, 이중언어화자 학습 동기, 통번역 교육 등이 있다.

배문정은 한국외국어대학교 통번역대학원에서 한영 국제회의통역학 석사학위를, 영국 런던대학교(UCL)에서 신경과학·언어·커뮤니케이션 전공 석사학위를 받았다. 또한 통역과 작업기억의 관계에 관한 실험 연구로 한국외대 통번역대학원 통번역학 박사학위를 취득했다. 외국계 은행, 보험사를 포함한 다수의 금융기관에서 통역사로 활동해 왔으며 한국외대 통번역대학원, 중앙대학교 국제대학원에 출강했다. 관심 연구 주제로는 작업기억, 메타인지, 통역 훈련을 통해 향상되는 인지 능력, 통번역 교수법 등이 있다.

존 벤자민스 통번역 총서 **06**

통번역과 인지

Translation and Cognition

초판 인쇄	2020년 12월 24일
초판 발행	2020년 12월 31일
편저자	Gregory M. Shreve, Erik Angelone
기　획	정호정(존 벤자민스 통번역 총서 기획위원장)
옮긴이	박현주, 배문정
발행인	윤성우 Director, University Knowledge Press
편집장	신선호 Executive Knowledge Contents Creator
전자책 · 도서편집	장혜린 Contents Creator
도서편집	이근영 Contents Creator
재무관리	조아라 Managing Creator
발행처	한국외국어대학교 지식출판콘텐츠원 02450 서울특별시 동대문구 이문로 107 전화 02)2173-2493~7 팩스 02)2173-3363 홈페이지 http://press.hufs.ac.kr 전자우편 press@hufs.ac.kr 출판등록 제6-6호(1969. 4. 30)
디자인 · 편집	(주)이한디앤비 02)2254-4301
인쇄 · 제본	네오프린텍(주) 02)718-3111

ISBN 979-11-5901-789-6 94700　　　정가 34,000원
978-89-7464-914-2 (세트)

*잘못된 책은 교환하여 드립니다.

HUiNE은 한국외국어대학교 지식출판콘텐츠원의 어학도서, 사회과학도서, 지역학 도서 Sub Brand이다. 한국외대의 영문명인 HUFS, 현명한 국제전문가 양성(International +Intelligent)의 의미를 담고 있으며, 휴인(携引)의 뜻인 '이끌다, 끌고 나가다'라는 의미처럼 출판계를 이끄는 리더로서, 혁신의 이미지를 담고 있다.